Tilman Heisterhagen · Rainer-W. Hoffmann

Lehrmeister Währungskrise?!

Tilman Heisterhagen · Rainer-W. Hoffmann

Lehrmeister Währungskrise?!

Drei Familien-Generationen zwischen Gold, Mark und Euro

Westdeutscher Verlag

Bibliografische Information Der Deutschen Bibliothek
Die Deutsche Bibliothek verzeichnet diese Publikation in der Deutschen Nationalbibliografie; detaillierte bibliografische Daten sind im Internet über <http://dnb.ddb.de> abrufbar.

Gedruckt mit freundlicher Unterstützung der Deutschen Forschungsgemeinschaft.

1. Auflage Juli 2003

Lektorat: Frank Engelhardt

Der Westdeutsche Verlag ist ein Unternehmen der Fachverlagsgruppe BertelsmannSpringer.
www.westdeutscher-verlag.de

Umschlaggestaltung: Horst Dieter Bürkle, Darmstadt
Druck und buchbinderische Verarbeitung: Rosch-Buch, Scheßlitz
Gedruckt auf säurefreiem und chlorfrei gebleichtem Papier
Printed in Germany

ISBN 3-531-13871-5

Inhalt

1. Danksagungen und Würdigungen

Die empirische Grundlage dieses Buches sind die Ergebnisse eines Forschungsprojekts, in dem die Währungserfahrungen und -erwartungen der Deutschen über drei Generationen hinweg untersucht wurden. An diesem Projekt, das am Soziologischen Seminar der Georg-August-Universität Göttingen durchgeführt wurde, waren viele Personen und Institutionen direkt oder indirekt beteiligt. Die Idee und das ursprüngliche Konzept gehen auf Rainer-W. Hoffmann zurück. Für die kostspielige Bewilligung des entsprechenden Antrags und die spätere Verlängerung der Laufzeit gebührt der Deutschen Forschungsgemeinschaft als *Institution* herzlicher Dank; als *Personen* gilt er Helga Hoppe und Ingrid von Maikowsky sowie den (anonymen) Fachgutachtern im Hintergrund. Eine kleine Zuwendung von der Hans-Böckler-Stiftung und eine weitere von der Landeszentralbank in Bremen, Niedersachsen und Sachsen-Anhalt haben wichtige Arbeitsschritte ermöglicht, die sonst ausgeblieben wären.

Neben den Autoren haben zahlreiche Personen durch ihre engagierte Arbeit zur Weiterentwicklung des Konzepts und zu diesem Buch beigetragen. Ganz besonderes Gewicht hat Frank Mußmann, der bis weit in die Auswertung hinein als Freund und Kollege mit uns kooperiert hat und ausgerechnet in der „Haupt-Schreibzeit“ in eine leitende Funktion anderer Art wechseln mußte. Er kann insbesondere auf die Realisierung der Stichprobe, viele grundlegende Ideen und die Koordination unseres Interviewerteams stolz sein. Die „Bilanzen“ der großen Währungsereignisse im 20. Jahrhundert, die quer durch das Buch eine große Rolle spielen, und die sozialstrukturellen Zuordnungen sind wesentlich sein Werk. Ohne diese ungemein arbeitsintensiven Verdichtungen hätten die einschlägigen Kapitel nicht das jetzt vorhandene Niveau an Binnenstruktur (v. a. 6.2, 7.1, 9.3). Nicht nur diese Basisvariablen, sondern auch die Abschnitte 3.4, 10.2-10.5 und 11.1 tragen seine Handschrift. Holger Jendral hat fruchtbare Auswertungsschritte und hochwertige Rohmanuskripte (v. a. für 5.1.1, 5.1.2, 5.3.1, 5.3.2 und 17) beigesteuert. Verbunden sind wir auch Ellen Kuhlmann und Claudia Köberling für ihr Engagement in den frühen Phasen des Projekts; in den Jahren der Auswertung war Sibyll-Annett Strecker unsere Weggefährtin.

Die besondere Qualität der Gespräche und Transkriptionen ist in sehr starkem Maß den hoch qualifizierten und motivierten Studentinnen und Studenten unseres Interviewerteams zu verdanken: Frauke Brandt, Ferdinand Eggert, Peter Fischer, Karin Jenner, Annette Langner, Holk Stobbe und Marc Pleimann. Letzterer hat sich von der studentischen Hilfskraft zum geistigen Vater der Auswertungssoftware

„pooltool“ entwickelt. Dieses Programm hat nicht nur beschleunigt, effektiviert und Fehler unterbunden, sondern vieles überhaupt erst ermöglicht.

Durch die engen Verbindungen zwischen dem Projekt und der Lehrtätigkeit des Antragstellers haben viele Studierende einen Hauch von Humboldt verspürt. Schon bei kleineren Arbeiten für Seminare und Zwischenprüfungen war das manchmal der Fall. Darüber hinaus wurde eine beträchtliche Anzahl von akademischen Abschlußarbeiten im Zentrum oder Gravitationsfeld des Projekts angesiedelt: Jan-Alexander Bethge, Katja Blinkert, Stefanie Heinemann, Sylvia Hellmold-von Hinüber, Odette Holdefleiß, Annette Langner, Christian Ottich, Marc Pleimann, Karsten Stock. Sie alle haben den „Betreuungsaufwand“ durch ihren kreativen Eigensinn überreichlich zurückgegeben! Einige der bislang Genannten haben sich noch länger und so intensiv für das Projekt engagiert, daß unser Dank durch Fußnoten am Ort ihrer Mitwirkung vertieft werden kann.

In der Zielgeraden der Textproduktion sind Katja Kummer, Kai Marquardsen und Tobias Stähler zu uns gestoßen; ihr unbefangener Blick und ihre tatkräftige Sorgfalt haben dem Manuskript gut getan und unsere „Projektblindheit“ ein wenig therapiert. Im Schlußspurt hat uns Uwe Hofschröer mit Umsicht und Einfallsreichtum bei der Lösung von manch kniffligem Computerproblem geholfen. Seit dem Abfassen des ersten Entwurfs für den Projektantrag war Barbara Temps als Sekretärin mit dabei, die überdies viel für den Zusammenhalt der Gruppe und die Integration der immer wieder neuen Beteiligten getan hat.

Pauschal sei auch den Leitungen der Altenzentren und den Verantwortlichen vieler Zeitungen und Rundfunksender gedankt, die uns geholfen haben, das gewagte Design dieses Projekts (siehe 2) zu realisieren: ohne diese nachhaltige Unterstützung wäre es nicht möglich gewesen, im Rahmen strenger Stichprobenkriterien 48 gesprächsbereite Höchstbetagte mit 48 gesprächbereiten Kindern und noch einmal 48 gesprächsbereiten Kindeskindern zu finden. Diese insgesamt 144 Menschen waren keine „Probanden“, sondern unsere Partner in Gesprächen, die manchmal über fünf Stunden gedauert und thematisch oft an Traumata gerührt haben. Unser Dank an sie ist mehr als die obligatorische „Pflichtübung“ am Ende eines Vorworts. Gerade für die Ältesten sollten wir Mittler zur Mit- und Nachwelt sein; wir haben diese Herausforderung angenommen, wollten aber auch die erfahrenen Lebensgeschichten wissenschaftlich mit der Gesellschaftsgeschichte vermitteln.

Wir hoffen, daß unser Buch[1] diesen Erwartungen genügt.

Tilman Heisterhagen
Rainer-W. Hoffmann

---

1 Der von Tilman Heisterhagen verfaßte Teil des Buches ist unter dem Titel „Sozialcharakter – Geld – Krise“ von der Sozialwissenschaftlichen Fakultät der Universität Göttingen im Sommersemester 2003 als Dissertation angenommen worden.

2. Wissenswertes zum Projekt

Über Jahrzehnte haben es die Sozialwissenschaften versäumt, den literarischen „Steilpaß" aus den zwanziger Jahren aufzufangen und die Frage nach den „sozialen Wirkungen der Währungsverhältnisse" (Eulenburg 1924) für damals empirisch zu beantworten und sie, bezogen auf die späteren Währungsereignisse, neu zu stellen. Das gilt auch für die früh angedeuteten Verbindungen zwischen der ersten großen Währungskrise im 20. Jahrhundert und dem „Familienleben in der Gegenwart" (Salomon 1930).

Bei der wissenschaftlichen Beschäftigung mit Geld allgemein und mit Währungskrisen im besonderen haben die Sozialwissenschaften ihre einst große Bedeutung (Marx, Veblen, Simmel, Weber, Schumpeter) verloren und sich mehr oder weniger aus dem Problemfeld zurückgezogen. Seit einiger Zeit wird dies immerhin problematisiert. Die Alltagssoziologie der Inflation sei nicht über „anekdotenhafte Ansätze" (Waldmann 1987: 369) hinausgekommen; zu beklagen sei eine regelrechte „Ignoranz der Soziologie in geldtheoretischen Fragen" (Deutschmann 1995: 376); die soziologische und die wirtschaftswissenschaftliche Theorie seien „kategorial unterausgestattet" (Ganßmann 1996: 14). Für das angloamerikanische Ausland schlagen aus familiensoziologischer Sicht Millman (1991: IX) und aus sozialpsychologischer Perspektive Furnham/Argyle (1998: 2ff.) in dieselbe Kerbe.

In diese Lücken stieß unser geldsoziologisches Forschungsprojekt vor, um etwas empirisches Licht in das Verhältnis Geld/Familie/Individuum zu bringen und Erkenntnisse darüber zu gewinnen, wie die großen Währungsereignisse des 20. Jahrhunderts gewirkt und zu welchen Änderungen im monetären Denken und Verhalten der Bevölkerung sie beigetragen haben. Auch sonst gibt es Anzeichen für ein Ende der sozialwissenschaftlichen Abstinenz in Sachen Geld: die „Entdeckung" des Themas durch bedeutende Fachzeitschriften ist einer der erfreulichen Aspekte im neuen Jahrhundert. In allen wichtigen „Sparten" sind die neuen Akzente nicht zu übersehen: vom Aufsatz (Heisterhagen u. a. 2000, Nollmann 2002) über die Sammelrezension (Müller 2000) im Themenheft „Die Macht des Geldes – 100 Jahre ‚Philosophie des Geldes'" des Berliner Journals für Soziologie bis zum groß angelegten Sonderheft über „Die gesellschaftliche Macht des Geldes" (Deutschmann 2002) tut sich etwas.

Jede Statistik oder Grafik zur Altersstruktur der deutschen Bevölkerung (z. B. Geißler 1992: 292) zeigt auf einen Blick, daß die „Biographieträger" (Schütze 1984: 84) zu Fragen der güldenen Reichsmark und der ersten großen Währungskrise des 20. Jahrhunderts bald verstorben sein werden. In der Abbildung (Statistisches Bundesamt, Hrsg., 1998: 59) für 1996 ist sofort ersichtlich, wie schmal – vor allem bei den Männern – die Spitze der Pyramide ist, auf der seinerzeit empirisch „getanzt“ werden sollte.

Abb. 1: Altersaufbau der Bevölkerung Deutschlands 1996

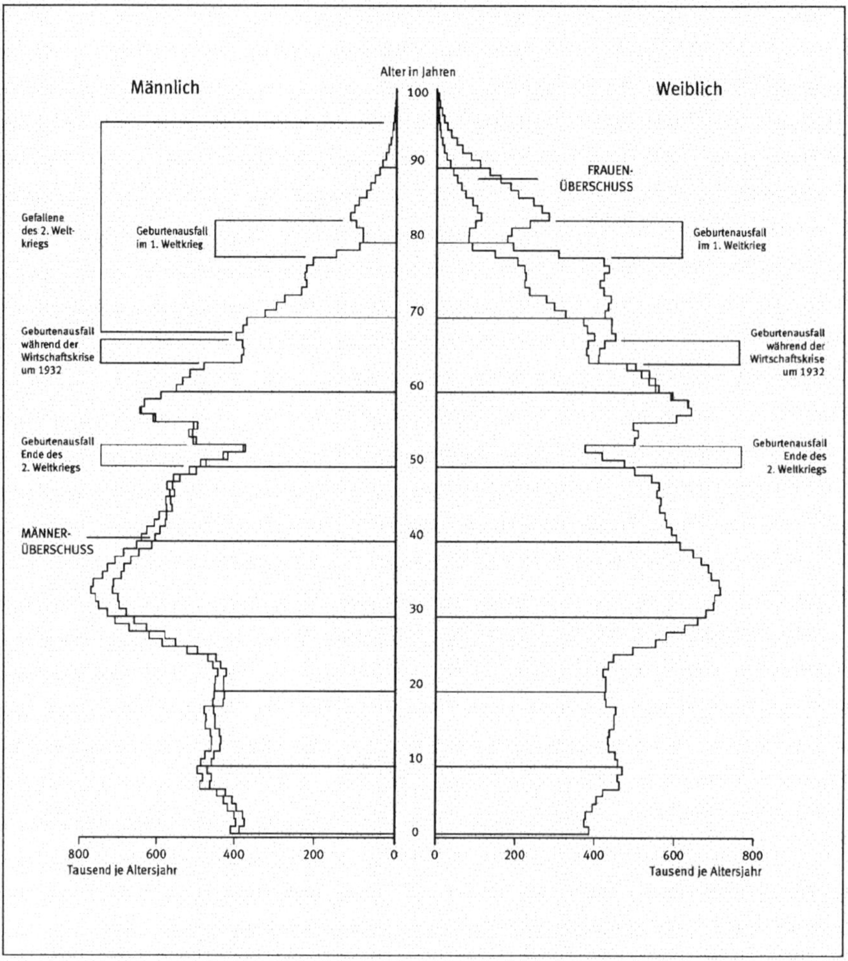

Im Jahre 1996 konnte gerade noch rechtzeitig („now or never“) ein Forschungsprojekt mit Menschen realisiert werden, die um 1900 geboren worden sind. Sie haben alle Währungskrisen und -reformen eines turbulenten Jahrhunderts erlebt, haben Kinder und Enkel bekommen und familial alle Rollen gespielt, die es im Prozeß monetärer Sozialisation gibt. Während Eulenburg (1924) im wesentlichen nach den Veränderungen der Makrostrukturen fragt (Unternehmer und Arbeiter, Gläubiger und Schuldner, neuer und alter Mittelstand), werden die sozialen Wirkungen der Währungsverhältnisse in dieser Studie erheblich weiter gefaßt: es geht *auch* um die mikrosozialen Konsequenzen der zentralen Währungsereignisse für die Familien. Untersucht werden u. a. monetäre Werte und Normen, Erziehungs- und Sozialisationsprozesse sowie Differenzen zwischen Ost und West. Thema sind Lernprozesse und Konsequenzen, die aus den Krisenerfahrungen gezogen worden sind.

Ein willkommener synergetischer Nebeneffekt unseres Projektes besteht darin, daß die Ergebnisse nicht nur das geldsoziologische Defizit lindern, sondern auch noch in eine andere „riesige Lücke" eingefügt werden können, die bezüglich der inneren Strukturen der Drei- bis Viergenerationenfamilien beklagt wird. (Liebau 1997: 28) Dieses neue „demographische Massenphänomen" verdient in der Tat besondere Aufmerksamkeit, weil „damit Gelegenheiten zu generationsübergreifenden Interaktionen, vor allem auch zwischen nicht direkt aufeinanderfolgenden Generationen, erst geschaffen" (Marbach 1997: 85) worden sind.

„Unsere" Befragten (BPn) waren zur Zeit der Hyperinflation in den zwanziger Jahren junge Erwachsene, Jugendliche oder zumindest ältere Kinder; die älteste befragte Person (BP) wurde im Jahre 1896 geboren. Sie standen nur selten schon selbst in der vollen wirtschaftlichen Verantwortung, waren aber alt genug, um sich an die große Inflation zu erinnern und kompetent über monetäre Besonderheiten der Ära des Goldstandards zu berichten. Nach diesen 48 Interviews in der „Startgeneration" (= G1) wurde jeweils ein Kind (= G2) und ein Kindeskind (= G3) befragt, so daß sich die Untersuchung auf drei familial verbundene Generationen erstreckt. Da im Interview auch über die Eltern der Ältesten und die (prospektiven) Kinder der Jüngsten gesprochen wurde, sind für einige Themen empirisch fundierte Aussagen über fünf Generationen möglich. Der familiale Generationenbegriff, dessen theoretische Plausibilität für das Hier und Jetzt von Liebau postuliert (Liebau 1997: 25) worden ist, wird sich in dieser Studie als eine der zentralen analytischen Kategorien erweisen.

Die folgenden Ausführungen konzentrieren sich auf Methodenfragen, enthalten aber auch Einsprengsel an Wissenswertem sonstiger Art.

2.1 Die explorative Phase: Gruppengespräche und Probeinterviews

Zu Beginn der explorativen Phase waren Gruppengespräche über Geld-, Währungs- und Krisenerfahrungen das wesentliche Erkenntnisinstrument. Im Spektrum zwischen üppiger „Seniorenresidenz" und kargem Altersheim wurde die Begegnung mit Menschen aus verschiedenen sozialen Schichten, Lebensräumen und Regionen gefunden. Die Lernprozesse des Projekts bezogen sich einerseits auf die spezifischen Erinnerungen mit ihren Erlebnishintergründen. Andererseits war jeder Termin in einem Altenzentrum eine Art ethnologische Exkursion, die auch dem

Verständnis spezifischer Mitteilungsbedürfnisse und Sprechweisen, den Schwerpunkten der Erinnerungen und den monetären Tabuzonen galt. Wir stießen auf eine große Bereitschaft der Alten, über ihre Geld- und Krisenerfahrungen zu sprechen, wobei das Projekt durchaus auch als Unterhaltung und Abwechslung vom Alltag fungiert haben mag. Auffällig war ferner die unerwartet aufgeschlossene Grundhaltung zur sozialwissenschaftlichen Empirie überhaupt, die sich positiv mit dem Mitteilungsdrang verbindet.

In kognitiver Hinsicht haben die Gruppengespräche gelehrt, daß Erkenntnisse der psychologisch-psychiatrisch orientierten Altersforschung für die empirische Soziologie beachtenswert sind. Wir fanden die für das ganze Projekt zentrale Erkenntnis bestätigt, daß es bei den Hochbetagten eine nicht ganz kleine Teilgruppe gibt, die zwar das eine oder andere Gebrechen hat, aber langen Gesprächen dennoch in jeder Hinsicht gewachsen ist. (Perls 1995) Teilweise bestätigt wurde auch die zunächst provozierende Hypothese, daß es bei den Alten zu geänderten Einstellungen gekommen sei, die im Prinzip einen Brückenschlag zur Jugend erleichtern. (Hansen 1996) In diesem Sinne kamen wir etwa mit dem Phänomen eines „Altershedonismus" in Berührung: Menschen, die sich selbst für den größten Teil ihres gelebten Lebens als sparsam bis geizig charakterisieren, bekennen sich für das noch zu lebende Leben zu Großzügigkeit und etwas Luxus. Zunächst zufällig stießen wir auf das Phänomen der „Altersoffenheit": das sehr hohe Alter wird als Chance oder gar als Pflicht begriffen, über „alles" zu sprechen und – über uns als „die Wissenschaft" – der Mitwelt (oder auch Nachwelt) Zeugnis abzulegen.

Die Gruppendiskussionen ermöglichten die Einkreisung des späteren Fragehorizonts, machten mit der zu erwartenden Meinungsvielfalt vertraut und schufen ein langsam wachsendes Urteilsvermögen über das methodisch Machbare. Innerhalb der kontroversen Fachdiskussion um die Möglichkeiten, Grenzen und Risiken des narrativen Interviews erhielten wir wesentliche Belehrungen durch die Praxis, die sich positiv mit den Erkenntnissen der neueren Erzählforschung berühren. Einige Tendenzen seien angedeutet. Dominante Persönlichkeiten sind durchaus verbreitet, und einige führen das Gespräch so unweigerlich auf „ihre" Bahnen, daß sie den „Kampf um die Lufthoheit im Interview" (Projektjargon aus dieser Zeit) mehr als einmal gewonnen haben. Auch die Warnung vor dem Typus des neurotischen Erzählers oder des chronischen Schweigers ist berechtigt. In der ungesteuerten Stegreiferzählung liegen starke Akzente auf den dramatischen Ereignissen des Lebens, insbesondere der Hyperinflation. Dabei ist das spontane Erzählen thematisch häufig selektiv bis stereotyp (z. B. Verlust der Ersparnisse, Geldtransport in Waschkörben), und es bedarf ergänzender Impulse, um speziellere und komplexere Aspekte auf die Tagesordnung zu bringen (z. B. krisenbedingte Veränderungen im Arbeitsleben, Entwertung einer erst später angefallenen Erbschaft). Die Hochbetagten kommen von sich aus kaum auf den Geldalltag oder die monetäre Sozialisation und so gut wie nie auf die späteren Währungsereignisse zu sprechen. Was Geiger für die Welt der Arbeit früh gesehen hat, gilt analog für die Welt des Geldes: „Vom Abenteuer erzählt man – die Eintönigkeit des Arbeitsalltags trägt man stumm.“ (Geiger 1931: 243)

Umgekehrt wurde unsere anfängliche Besorgnis über die angebliche Zugeknöpftheit der Deutschen beim Thema Geld zerstreut. Für die uns interessierenden Themen haben wir keine Zweifel daran, daß die Erzählungen authentisch sind; und indiskrete Blicke in die finanzielle Intimsphäre wollte das Projekt ohnehin nicht tun. In der Summe dieser Phase erlangten wir Gewißheit über die hohen Anforderungen, denen das künftige Instrumentarium würde genügen müssen.

Stehender Bestandsteil der Gruppengespräche war die Abschlußfrage nach der Bereitschaft, ggf. ein Einzelgespräch mit einem Mitglied der Forschungsgruppe folgen zu lassen und bei der Vermittlung anderer Gesprächspartner behilflich zu sein. Aus den Einzelgesprächen in G1, in denen sich sukzessive das für diese Jahrgänge gültige Erhebungsinstrument entwickelte, gingen zwanglos Kontakte zu Kindern, Enkeln und Bekannten hervor, die um solche aus der Projektgruppe ergänzt wurden. So konnten die Gesprächsleitfäden sukzessive an die Besonderheiten der jüngeren Generationen angepaßt werden. Ein förmlicher Pretest war am Schluß der explorativen Phase entbehrlich geworden; das Team war seiner Sache inhaltlich, methodisch und zeitlich so sicher, wie man nur sein kann.

2.2 Die Hauptstudie

Insgesamt wurden 144 Interviews geführt, je 48 in der ältesten, der mittleren und der jüngsten Generation. Um den Umfang des Materials anzudeuten, sei eine Übersicht zur Länge der Interviews angeführt, die ja als Indikator für die Intensität dienen kann.

Tab. 2.1: Interviewdauer nach Generation (N = 144; gerundete Spalten-%)

Interviewdauer	**G1**	**G2**	**G3**	**Mittelwert**
bis 1 Stunde	0	0	8	3
> 1 bis 2 Stunden	25	50	77	51
> 2 bis 3 Stunden	33	33	10	25
> 3 bis 4 Stunden	30	15	4	16
> 4 Stunden	13	2	0	5
Summe	101	100	99	100

© Heisterhagen / Hoffmann, Soziologisches Seminar, Universität Göttingen

Die Verteilung läßt sich formelhaft knapp bezeichnen: je älter die BPn desto länger die Interviews. Die seltenen Kurzgespräche sind eine reine Domäne der Jüngsten, die wiederum bei den längsten Interviews (über 4 Stunden) nicht ein einziges Mal vertreten sind. Partner dieser ganz langen Gespräche waren fast immer Angehörige von G1. Dieser hohe Zeitbedarf geht im wesentlichen auf zwei Faktoren zurück, deren relatives Gewicht freilich nicht zu bestimmen ist. Einerseits haben die Ältesten in ihrem langen Leben auch monetär einfach mehr „er-lebt" und zu erzählen; insbesondere sind sie Zeitzeugen und Betroffene aller großen Krisen und Reformen im 20. Jahrhundert. Andererseits treten die typischen Beschwerden hohen Alters vermehrt auf, was, etwa bei Schwerhörigkeit, die Gesprächszeit nachhaltig verlängern kann.

Im folgenden wird es darum gehen, die wesentlichen Phasen in der Entwicklung des Projekts zu umreißen und die zentralen Entscheidungen nachvollziehbar und hoffentlich plausibel zu machen.

2.2.1 Stichprobe

Die *Samplebildung* unterlag zunächst jenen bestimmt vorhandenen, aber nicht exakt bestimmbaren quantitativen Grenzen, die einer qualitativ orientierten Studie gesetzt sind. In diesem Rahmen wurde, nach diversen explorativen Erprobungen und Kurskorrekturen, schließlich eine theoretische Stichprobe gebildet, deren Muster skizziert werden muß, um die später präsentierten Ergebnisse transparent, nachvollziehbar und kritisierbar zu halten. In der Literatur besteht zunächst weithin Konsens, daß im Hinblick auf monetäre Krisen nach sozialökonomischen und sektoralen Kategorien zu differenzieren ist. Unternehmer z. B. waren als Bezieher elastischer Einkommen und als Sachwertbesitzer und/oder Schuldner eher begünstigt; die Landbevölkerung im allgemeinen war unter Bedingungen zumindest partieller Subsistenzwirtschaft relativ unberührt, wobei die Selbständigen sich u. U. durch vorzeitige Tilgung von Hypothekendarlehen Vorteile verschaffen konnten. Der (1) sozialökonomische Status (selbständig/abhängig) und der (2) Sektor im Sinne von Fourastié (primär, sekundär, tertiär) bildeten daher die Hauptachsen der geplanten Stichprobe. In der Kombination dieser zwei Achsen entsteht eine Matrix mit sechs Feldern, die i. S. einer theoretischen Stichprobe gleich stark besetzt werden sollten, um später in allen Richtungen unmittelbare Vergleiche vornehmen zu können. Im Rahmen der verfügbaren Ressourcen und besagter bestimmt-unbestimmten Obergrenze wurden für jede dieser Zellen acht Interviews geplant.

Da mit dem Ende des Zweiten Weltkriegs und der Gründung zweier deutscher Staaten eine fundamentale Verzweigung auch der monetären Verhältnisse verbunden war, die mit der deutsch-deutschen Währungsunion von 1990 endete, war (3) über den Wohnort in der BRD bzw. DDR ein weiteres Kriterium „einzuziehen", das jede der sechs Zellen noch einmal intern gliedert. Schließlich sollten die prospektiven BPn möglichst alt und die Geschlechter möglichst gleich verteilt sein.

Dieses Raster schien gerade richtig grob *und* fein zu sein, weil es auch die Werdegänge zweier nachfolgender Generationen aufnehmen können mußte, die zwar vollzogen waren, aber aus Projektsicht im Dunkeln lagen. Genauere Klassen-, Schichtungs-, Lagen- und Milieu-Modelle sind als Momentaufnahmen konzeptionell gut für Feinanalysen geeignet, liegen aber für das späte 19. und das frühe 20. Jahrhundert empirisch nicht vor. Außerdem hätte die notwendige telefonische Erfassung derart feinkörniger Daten alle Beteiligten überfordert. Das hier entwickelte Modell verfügt über eine genügend „grobe Feinstruktur“, die den konkreten Erfordernissen der Feldarbeit zugute kommt.

Im Ergebnis wurde eine Zusammensetzung der „Startgeneration“ gewählt, die u. E. das empirisch überhaupt noch Machbare realisiert hat. Die folgende Abbildung zeigt die Struktur nach Sektor (Land, Produktion, Handel/ Verwaltung/ Dienstleistungen), sozialökonomischem Status (Selbständige, Abhängige), Bundesland (Ost, West) und Geschlecht; die Geburtsjahre der BPn sind beigefügt.

Tab. 2.2: Soziodemographische Struktur der Startgeneration G1 (N = 48)

Sozioökonomischer Status	**Primärer Sektor**		**Sekundärer Sektor**		**Tertiärer Sektor**	
	West	Ost	West	Ost	West	Ost
Selbständige	♂ *1902	♂ *1906	♂ *1896	♀ *1904	♀ *1904	♀ *1899
	♀ *1907	♀ *1911	♂ *1908	♂ *1906	♀ *1905	♂ *1903
	♂ *1910	♂ *1911	♀ *1912	♂ *1906	♀ *1911	♀ *1906
	♀ *1914	♀ *1912	♀ *1913	♀ *1907	♀ *1911	♂ *1909
				♀ *1911		
Abhängige	♂ *1903	♀ *1900	♂ *1902	♀ *1907	♀ *1896	♀ *1902
	♀ *1903	♂ *1912	♀ *1904	♂ *1908	♂ *1903	♂ *1908
	♂ *1911	♀ *1913	♂ *1905	♂ *1908	♀ *1903	♂ *1912
	♀ *1915	♀ *1916	♂ *1908		♀ *1906	
					♀ *1909	

Der Umfang der Stichprobe und ihr auswertungstechnischer Clou lassen sich anhand des Schaubilds präziser darstellen: Die *Größe* von 48 Stafetten ergibt sich aus der kleinsten Idealverteilung, wenn jedes der drei inneren Kriterien über Kreuz erfüllt ($2^3 = 8$) und für alle sechs Felder des Sektorenmodells umgesetzt ist ($2^3 \times 6 = 48$). Aufgrund dieser Konstruktion kann jederzeit und auf einen Blick zwischen gleich großen Zahlen verglichen werden: zwischen den drei Sektoren, aber auch zwischen selbständig und abhängig oder Ost und West. Diesen Vorteilen steht u. E.

kein Verlust gegenüber, weil die Realstruktur der Gesellschaft um 1900 im gegebenen quantitativen Rahmen auf keine Weise hätte abgebildet werden können. Umgekehrt wird sich im Verlauf zeigen, daß die Konsequenzen der großen Währungsereignisse mit dem gewählten Zuschnitt gut dargestellt werden können. (Siehe 6.2, 7.1)

Der Weg zu diesen Gesprächen (N = 48) war schwer zu bahnen. Der Feldzugang selbst wurde über die Medien hergestellt: zunächst im Umkreis von 150 km um Göttingen und später, zwecks Vervollständigung der Stichprobe, in Berlin sowie in Mecklenburg-Vorpommern. Insgesamt haben ca. 40 regionale Zeitungen und einige Hörfunksender Aufrufe an Zeitzeugen der Hyperinflation veröffentlicht, die zu ca. 400 Gesprächsangeboten geführt haben[2]. Die Bereitschaft zum Interview war jedoch nur die basale notwendige Bedingung. Zusätzlich mußten die prospektiven BPn den Gesprächen geistig und körperlich gewachsen sein, und sowohl ein Kind als auch ein Kindeskind mußten ihre Bereitschaft zum Interview bekundet haben. Diese Bedingung impliziert, daß eventuelle „schwarze Schafe" in den Familien unterrepräsentiert sind, und daß nur dann eine Chance zum Interview bestand, wenn die drei Generationen ein mindestens neutrales, eher aber ein freundliches bis liebevolles Verhältnis zueinander haben. Die theoretische Stichprobe war für die einzelnen Zellen unterschiedlich schwer und mit dem Fortschritt des Projekts allgemein immer schwerer zu realisieren; Mägde und Knechte (abhängig Beschäftigte im primären Sektor) von damals waren nur mit allergrößter Mühe zu finden.

Für die Erschließung des Feldes darf der eingeschlagene Weg aber getrost als Königsweg bezeichnet werden. Insbesondere die Meldung aus eigenem Antrieb und der unmittelbare Telefonkontakt mit den Ältesten hatten für das Projekt strategische Bedeutung (solides Urteil über die Gesprächsfähigkeit, frühe und relativ sichere Informationen über die Angehörigen der beiden anderen Generationen, höhere Motivation auf seiten der künftigen Gesprächspartner).

Nach der Rekrutierung der theoretischen Stichprobe für die Startgeneration hatte das Projekt bei den Kindern (ebenfalls N = 48) und Kindeskindern (ebenfalls N = 48) nur sehr begrenzte Wahlmöglichkeiten. Wenn überhaupt mehrere Kinder (1) existierten, (2) gesprächsbereit sowie (3) zeitlich und (4) räumlich verfügbar waren, wurde auch hier nach dem zentralen Kriterium „so alt wie möglich" verfahren: eine wache Erinnerung auch an die späteren großen Währungsereignisse ist erst ab dem Jugendalter zu erwarten. Das „now or never" bei G1 setzt sich dominoartig fort und

2 Man könnte vermuten, daß die gesamte Untersuchung durch diesen Modus der Felderschließung „opferlastig" geworden ist oder zumindest einen entsprechenden Bias hat, weil ein fortbestehender Leidensdruck in besonderem Maße zur Kontaktaufnahme geführt haben könnte. Eine strikte Überprüfung dieser Vermutung ist nicht möglich. Die uns bekannt gewordenen Motive zur Meldung sprechen eher dagegen: z. B. allgemeines Mitteilungsbedürfnis, fachliches Interesse, Hoffen auf einige interessante Stunden für den alten Vater bzw. die alte Mutter. Die quantitativen Ergebnisse in 6.2, 7.1 und 9.2 widerlegen zumindest die krasse Opferlastigkeit.

hat dem Projekt eine erhebliche Heterogenität an Befragten[3] „beschert", die die Entwicklung der Erhebungsinstrumente maßgeblich bestimmt hat.

Wie die Grafik zeigt, konnten die Zellen plangemäß besetzt werden; nur eine Person mußte aufgrund von neuen Informationen im Interview „umgesetzt" werden. Das Ziel der Geschlechterparität konnte nicht zur Gänze erfüllt werden: In der ältesten Generation wurden 27 Frauen und 21 Männer befragt, in der mittleren 30 Frauen und 18 Männer, in der jüngsten wiederum 27 Frauen und 21 Männer. Der Frauenüberschuß bei den Älteren korresponiert jedoch ab ca. 60 Jahre mit dem Altersaufbau der Bevölkerung Deutschlands; unterhalb dieser Grenze herrscht freilich ein – wenn auch deutlich kleinerer – Männerüberschuß (siehe Grafik 2.1).

2.2.2 Hybrid-Interviews mit dem Komplex-Leitfaden

Bezüglich des *Interviewtyps* bestand zunächst eine Präferenz für das narrative Paradigma, die jedoch bald aufgegeben werden mußte. Der Erzählfluß mäandert nämlich in Schleifen, die an wesentlichen Erkenntnisinteressen des Projekts vorbeilaufen (z. B. alltäglicher Umgang mit Geld, monetäre Sozialisation, intergenerative Kommunikation über Währungskrisen). Zudem kann dieser Interviewtyp bei Gesprächen mit drei Generationen nicht sicherstellen, daß in vergleichbarer Form über Identisches gesprochen wird. Des weiteren wären die für das Thema unerläßlichen „cross examinations" zwischen den Generationen unmöglich gewesen.

Nach diesen Einsichten aus der explorativen Phase[4] brachte eine waghalsig wirkende Idee den Durchbruch für die Entwicklung der Erhebungsinstrumente. Ihr Kern besteht darin, die zentrale Prämisse des „fokussierten Interviews" aus der Enge ihres Ursprungs im Zweiten Weltkrieg (Merton/Kendall 1979) zu lösen und sie auf die zentralen Währungsereignisse eines turbulenten Jahrhunderts auszuweiten: bestimmte Erfahrungen werden als deutlich erinnerbar schlicht vorausgesetzt. Bei Merton/Kendall waren es Szenen des nationalsozialistischen Propagandafilms, bei uns die monetären Krisen und Reformen des 20. Jahrhunderts. Das scheinbare Wagnis war jedoch aufgrund der Erfahrungen aus den Gruppendiskussionen und Einzelgesprächen mit Höchstbetagten ein kalkulierbar kleines Risiko.

Nach Abschluß der Interviews, die diese Einschätzung ohne jede Ausnahme bestätigten, kann man als gesicherte Erkenntnis formulieren: die großen Währungsereignisse des 20. Jahrhunderts werden von allen Beteiligten ab dem Jugendalter erstaunlich präzise erinnert; für die Höchstbetagten handelt es sich um untilgbare Kernstücke ihres Langzeitgedächtnisses.

Eine weitere, diesmal unerwartete, Einsicht aus der explorativen Phase hat die Arbeit an den Erhebungsinstrumenten ähnlich maßgeblich bestimmt. Die Ältesten

3 Ohne hier in Einzelheiten gehen zu können, sei doch angemerkt, daß die globalen Trends des 20. Jahrhunderts (Bildungsexpansion, Tertiarisierung der Berufswelt, Bedeutungsverlust des Agrarsektors etc.) sich in den soziodemografischen Daten der Kinder und Kindeskinder vermittelt wiederfinden.

4 Bei Richter/Reher (Hg.) 2000 findet diese Einschätzung indirekt starken Rückhalt. Nur in einem Bruchteil der Interviews mit (mindestens) Hundertjährigen wird die monetäre Sphäre überhaupt angesprochen. Inwieweit dies an der Art der Interviewführung liegt oder liegen könnte, bleibt freilich im Dunkel; hierzu wird nichts ausgesagt.

sind nicht reserviert oder gar ablehnend gegenüber Standardisierungen, sondern weit offen für gut begründete methodische Erfordernisse. Aus der Zusammenschau beider Elemente, vorausgesetzte Erinnerung und Standardisierung, entstand dann ein methodisch interessanter Zwitter: standardisierte Fragen an standardisierten Verzweigungsstellen öffnen den qualitativen Raum der intergenerativen Kommunikation. Diese hybride Konstruktion ist die Voraussetzung dafür gewesen, erteilte *und* erhaltene Ratschläge, gesendete *und* empfangene Informationen qualitativ auszuwerten und die u. E. wichtigen Erkenntnisse über die Krisen als Lehrmeister der Nation zu gewinnen. (Siehe 10)

Die schwierigen Probleme, die zu Beginn des Abschnitts charakterisiert und dann hinsichtlich der Stichprobe entfaltet worden sind, haben auch die Entwicklung der Untersuchungsinstrumente und die Durchführung der Hauptstudie wesentlich bestimmt. So mußten die Gesprächsleitfäden ungewöhnlich komplexen Anforderungen genügen:

(1) Adäquanz gegenüber einem schon in der Startgruppe G1 extrem differenzierten Sample *und* einer unbeeinflußbar weiter steigenden Komplexität bei G2 und G3;

(2) Angemessenheit für die breit gefächerten Währungserfahrungen im 20. Jahrhundert und gegenüber den sehr unterschiedlichen Währungserfahrungen in der BRD und der DDR;

(3) Reduktion der Themenfülle auf ein in der maximal zumutbaren Interviewzeit zu bewältigendes Maß; und schließlich

(4) Passung der Verbindungsstellen zwischen den Gesprächen mit den drei Generationen („Sender-Empfänger").

Als Ergebnis der Entwicklungsarbeit, die sowohl methodisch-theoretisch als auch technisch aufwendig war, ist ein *Leitfadentyp* entstanden, der als „Hybrid-Interview" bezeichnet werden kann. Das Hybrid-Interview vereint ausgeprägt narrative Komponenten mit solchen des strukturiert-offenen Interviews. Es enthält halb- und vollstandardisierte Partien und sieht Korridore geduldeter Abschweifungen für Themen vor, die nicht zu den Erkenntnisinteressen des Projekts gehören, aber wegen des Mitteilungsdrangs der Befragten nicht vermieden werden können (z. B. traumatische Erlebnisse bei Flucht/Vertreibung). Schon das Projektdesign hatte für die Entwicklung der Erhebungsinstrumente ein schwieriges Problem aufgeworfen: die Gesprächspartner aus der ältesten Generation umfassen Geburtsjahrgänge bis 1915 und eine große Bandbreite von Soziallagen. Weil nun das Alter der Gesprächspartner aus der zweiten und dritten Generation von Projektseite nur bedingt und deren Bildungsstand, Sozialstatus etc. gar nicht beeinflußt werden konnten, mußten die Gesprächsleitfäden quasi „für den Rest der Welt" passen. Genauer: jeder Deutsche mit dem Geburtsjahr 1978 oder früher konnte im Prinzip Gesprächspartner werden. Weil das Alter determiniert, wer welches Währungsereignis in welchem Lebensabschnitt (Kind/jugendlich bis Ruhestand) erlebt hat, wurde der Leitfaden in fünf Versionen mit den folgenden Geburtsjahrgangsgrenzen zerlegt: Leitfaden 1 (bis *1909), Leitfaden 2 (*1910-1930),

Leitfaden 3 (*1931-1950), Leitfaden 4 (*1951-1972) und Leitfaden 5 (*1973-1978). Durch diese Aufteilung war auch ein letztes, ausgesprochen kniffliges Problem handhabbar geworden: das Spannungsverhältnis zwischen dem *familialen* und dem *ereignisorientierten Generationenbegriff.* Innerhalb gewisser Überschneidungszonen können Angehörige von G1 und G2 gleichaltrig sein. Ein Angehöriger von Jahrgang 1916 hat die Inflation als Kind erlebt und kann nur Fragen zu dieser Optik beantworten. Ob die BP als Kind einer anderen BP befragt wurde (= G2) oder als erster einer Familienstafette (= G1), ist insoweit unerheblich. Das bedeutet projektbezogen: für G1 sind die Leitfadenversionen 1 oder 2 möglich; für G2 im Prinzip die Versionen 2, 3 oder 4; und für G3 die Versionen 3, 4 oder 5. Entsprechend weicht die Häufigkeit des Einsatzes der Versionen natürlich von der Generationengliederung ab: Leitfaden 1 wurde für 32 BPn eingesetzt, Leitfaden 2 für 22, Leitfaden 3 für 40, Leitfaden 4 für 43 und Leitfaden 5 für 7.[5] Der einzelne Leitfaden ist somit das Erhebungsinstrument für das *Interview*; die drei für die Familie passenden Leitfäden bilden das *Stafetten-Set*; alle fünf Leitfäden zusammen fügen sich zu einem *Komplex-Leitfaden* für das Sample mit seiner mehrere Menschenalter überspannenden Altersstruktur.[6]

Intern gliedern sich alle Leitfäden in einen *chronologisch angelegten Zeitzeugenabschnitt* (Kapitel B bis E) und einen *thematisch geordneten Reflexionsabschnitt* (Kapitel F bis K), die von der Erhebung kurzer, gesprächsnotwendiger Vorabinformationen (Kapitel A) und dem üblichen Statistikteil (Kapitel L) umrahmt werden. Die Inhalte der Kapitel seien tabellarisch zusammengefaßt.

Tab. 2.3: Kommentiertes Inhaltsverzeichnis der Gesprächsleitfäden

A	Vorabinformationen	Überprüfung und Präzisierung von Vorabinformationen
B	Kindheit und Jugend	Geldkultur im elterlichen Haushalt, Inhalte monetärer Sozialisation, Zentren des gültigen Normensets
C	1923	Bestandsaufnahme der Krise zwischen ca. 1916 und 1923 (Fakten, Einstellungen, Folgen)
D	1948	Bestandsaufnahme der Währungsreform von 1948 und ihrem Vorfeld (Fakten, Einstellungen, Folgen, darin auch: Sondererhebung zur DDR-Geldkultur)

5 Im Feld kamen auch die dargestellten Überschneidungszonen vor. Nach Generation verteilt sich der Einsatz der Leitfäden wie folgt: bei G1 ergaben sich 32 Gespräche mit Version 1 und 16 mit Version 2; bei G2 waren es 6 Gespräche mit Version 2, 39 mit Version 3 und 3 mit Version 4; im Gespräch mit G3 wurde einmal Version 3 verwendet, Version 4 kam in 40 Gesprächen zum Einsatz; Version 5 wurde in 7 Fällen gebraucht.

6 Diese Struktur bringt es mit sich, daß sich in seltenen Fällen Tabellen und Aussagen finden, die nach der Leitfadenversion differenzieren und daher mit weniger geläufigen absoluten Zahlen operieren.

E	1990	Bestandsaufnahme der deutsch-deutschen Währungsunion von 1990 (Fakten, Einstellungen, Folgen)
F	Elternphase	Inhalte allgemeiner und monetärer Sozialisation
G	Grundfragen	Bedeutung der Arbeit, der Ausbildung der Kinder, des Wohneigentums, der Geldentwertung und der wechselseitigen Unterstützung der Generationen
H	Retrospektive	Erfahrungen als Gläubiger und Schuldner, Bewährung monetärer Grundsätze und Entscheidungen
J	Gegenwart	Einstellungen gegenüber Neuerungen im Zahlungsverkehr, Kenntnis- und Nutzungsprofil von Anlageformen
K	Zukunft	Inflations- und Krisenerwartung, EWU, Elektronisierung des Geldes
L	Statistik	Details zur sozioökonomischen Lage der Befragten

Die einzelnen Leitfäden stehen untereinander in einem spezifischen Verhältnis von Gleichheit und Abweichung, das ebenfalls knapp erläutert und illustriert sei. Es gibt einerseits *identische* Bereiche, wie z. B. die Frage nach der ersten monetären Kindheitserinnerung. Andererseits gibt es die *analogen* Partien, etwa die selbst erlebte(n) große(n) Währungskrise(n). Intergenerativ aufeinander bezogen sind die *„Stecker-Steckdose-Fragen"*; sie lassen sich gut durch die Häufigkeit des Sprechens über Krisenerlebnisse verdeutlichen (Kommunikatorsicht vs. Rezipientensicht). Des weiteren gibt es einige altersspezifische *Exklusivitäten* wie die Zeichnung von Kriegsanleihen 1914-18. Schließlich waren einige *Auslassungen* unumgänglich, die z. T. wegen der Grenze der zeitlichen Belastbarkeit und z. T. wegen altersbedingter „Peinlichkeitsschwellen" vorgenommen wurden. Nach den Erfahrungen der explorativen Phase haben sich die Ältesten i. d. R. nicht mehr mit Einzelheiten der Eurowährung beschäftigt, und die Jüngsten waren z. T. schlicht zu jung, um durch die deutsch-deutsche Währungsunion von 1990 sonderlich berührt zu sein. Nach diesen exemplarischen Erläuterungen sei das komplizierte Geflecht von Identitäten, Perspektivwechseln und Analogien in einem seinerseits komplizierten Schaubild zusammengefaßt:

Abb. 2: Die Struktur des Komplex-Leitfadens

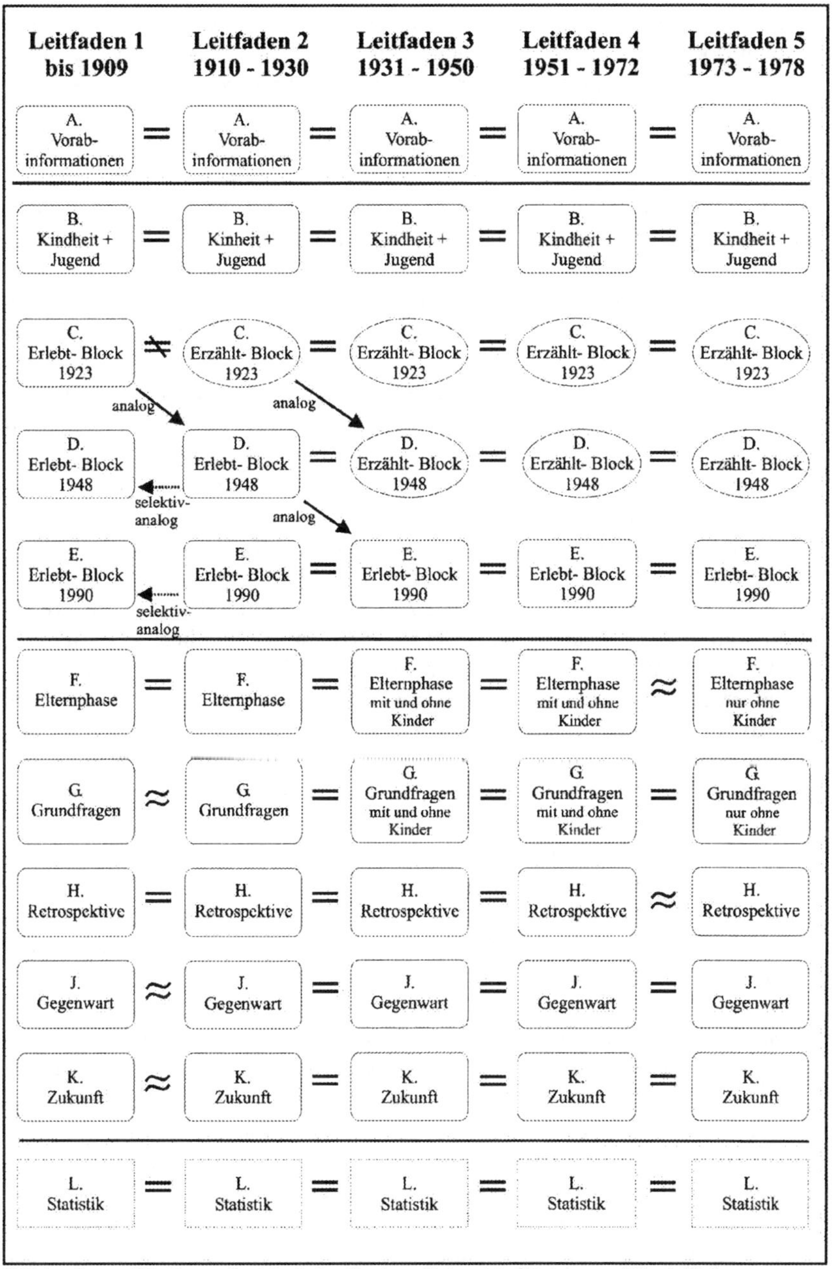

© Heisterhagen / Hoffmann, Soziologisches Seminar, Universität Göttingen und Frank Mußmann

Das Schema kommt nach den Konkretisierungen wieder zur Abstraktion und macht die Struktur des Komplex-Leitfadens in Gänze transparent. Formell kenntlich gemacht sind die Identitäten (=), die Unterschiede (≠), die Analogien (mit ihren Entwicklungslogiken) und Entsprechungsverhältnisse (≈). Verbal verdeutlicht werden die alters- und generationsabhängigen Perspektivwechsel (v. a. erlebt vs. erzählt).

Nach dem Studium dieser Übersicht kann das Werk der Forschungsgruppe komprimiert charakterisiert werden. Entwickelt wurde ein Komplex-Leitfaden, der im Prinzip für jeden Erwachsenen angemessen und auch in dem Sinne empirietauglich ist, daß alle Bildungsniveaus, Berufe, Altersgruppen etc. anfallen durften. Das Instrument enthält synchrone Klammern zwischen den ansonsten diachronen Erfahrungsebenen der Generationen (z. B. berichtet G2 im Interview über seine Erlebnisse etc. während einer Krise, und G3 wird gefragt, was ihm erzählt worden ist). Gleichzeitig folgt der Fragebogen im Hauptteil der Chronologie der Ereignisse und ist insoweit sehr eng an den Lebenslauf der Befragten geschmiegt. Der Leitfaden hat somit autobiographisches Erzählen nicht nur nicht vereitelt, sondern in vergleichbarer Form erst möglich gemacht. Die anderen Partien gelten Themen, die die BP von sich aus nicht unbedingt angesprochen hätte, so daß sich Überschneidungen in sehr engen Grenzen gehalten haben.

In den Interviews wird mit Begleitmaterialien gearbeitet, die zumeist konventionell (Karten etc.), in zwei Hinsichten aber u. E. originell und daher wissenswert sind. In der explorativen Phase hatten wir Anschauungsunterricht über die psychische und kulturelle Bedeutung des Geldes erhalten: erstaunlich viele unserer Gesprächspartner hatten uns Geld aus früheren Lebensabschnitten gezeigt und dazu interessant erzählt. Diese Erfahrung setzten wir didaktisch um: wir beschafften Sets der objektiv in Frage kommenden Münzen und Banknoten und setzten sie als Sprechimpuls am Anfang des Interviews ein: „Als Sie ein Kind waren, galt solches Geld. *(Münzen und Scheine übergeben!)* Welche Erinnerungen kommen Ihnen, wenn Sie dieses Geld wieder einmal sehen?“ Dieser Impuls war atmosphärisch hervorragend und inhaltlich sehr ertragreich. (Siehe 5.1.1) Zweitens legten wir der BP an wichtigen Stellen des Gesprächs „Zeitleisten“ mit einigen Schlüsselereignissen nebst Jahreszahl vor. Sie sollten als Gedächtnisstütze dienen und den gerade erörterten historischen Abschnitt einrahmen, um Vorgriffen auf spätere Themen nonverbal vorzubeugen. In der Praxis wirkten sie ähnlich wie jene farbigen Markierungen auf der Straße, die „nahelegen“, ohne zu unterbinden.

Wissenswert ist ferner der Nutzen einer *graphischen Unterstützung der Interviewer* in komplexen Situationen. Piktogramme neben der Frage ersetzen längere verbale Anweisungen: ein „Ohr“ z. B. steht für Anhören ohne Nachfragen, ein „Frage- plus Ausrufungszeichen“ für erschöpfendes Nachfrageverhalten, eine „Hand“ für das Überreichen von Karten und der genannten Hilfsmittel.

Mitteilenswert sind auch die Erfahrungen mit der wichtigsten Nebensache der Feld-Welt, der (Nicht-)Akzeptanz von Audio-Mitschnitten. Diese Frage war in allen Phasen des Projekts unproblematisch. Noch wenige Jahre vorher, bei einer Studie über die Währungsunion von 1990 (Hoffmann/Rühmann 1993), war der

Einsatz von Tonbandgeräten in der Ex-DDR auf so massive Ablehnung gestoßen, daß generell darauf verzichtet werden mußte; 1995/96 bereitete er keinerlei Schwierigkeiten. Nach guten Erfahrungen in der explorativen Phase und telefonischen „Ja-Worten" für die Hauptstudie wagten wir, voll auf die Karte „Audio-Mitschnitt" zu setzen. Der für den Notfall vorgehaltene, für die Mitschrift geeignete Fragebogen wurde jedenfalls nie benötigt, so daß sich alle Interviewer ganz auf die anspruchsvollen, bisweilen auch schwierigen Gespräche (z. B. körperliche Beeinträchtigungen der Ältesten, Dialekte) konzentrieren konnten.

In der Summe hat das Projekt sicherlich im Grenzbereich des empirisch Machbaren operiert. Gleichzeitig gab es unschätzbare Pluspunkte, die es erleichtert haben, diesen riskanten Sektor zu betreten: vor allem die im Vorhinein schon sichere, hohe Akzeptanz der prospektiven Gesprächspartner und das glänzend qualifizierte, hoch motivierte Team von Interviewerinnen und Interviewern. Interviewabbrüche oder -verweigerungen spielten praktisch keine Rolle.

Während der laufenden Erhebung und Transkription begann sich allerdings eine zunächst unangenehme und bald bedrohliche Konstellation abzuzeichnen, in die sich das Projekt aufgrund der selbst gesetzten Sachzwänge ahnenden Auges verstrickte: der stets weiter wachsende Umfang des Materials würde eine *traditionelle* Auswertung rasch an Grenzen stoßen lassen; die Möglichkeiten zur *EDV-Unterstützung* waren der Projektgruppe damals nicht hinreichend vertraut, und der Zeitdruck begann zu wachsen.

2.2.3 Auswertung zwischen Tradition und EDV

Die Transkription aller Interviews brachte ca. eine Million Wörter auf die Schreibtische der Projektgruppe. Bei der Suche nach geeigneter Software stießen wir[7] rasch auf einen Widerspruch, der unlösbar schien: je komplexer das Material und je vielfältiger der Methoden-Mix desto geringer die Reichweite und der Tiefgang der verfügbaren EDV-Unterstützung. Etwas genauer aufgefächert bestehen drei scharf konturierte Konstellationen, die sich aus der Kombination von drei tendenziell gleichläufigen Merkmalen von Befragungen (Strukturierungsgrad, Offenheit der Fragen, Größe der Fallzahlen) mit jeweils spezifischen Softwaretypen ergeben.

(1) In der *qualitativ* orientierten Sozialforschung mit ihrem spezifischen Merkmalsprofil (wenig strukturiert / offen / kleine Fallzahl) dominiert noch der Einsatz universell angelegter Software (z. B. Textverarbeitung) für unspezifische Zwecke (Verarbeitung, Editierung). Dieses Bild beginnt sich erst mit der Verfügbarkeit neuerer Systeme zur Qualitativen Datenanalyse (QDA) zu wandeln.[8] Der spezifische Widerspruch dieser Konstellation besteht darin, daß das Material vielgestaltig und variantenreich ist, während die derzeit angebotenen Programme starr und in

7 Gemeinsam mit Marc Pleimann.

8 In diesem Zusammenhang sind namentlich Programme vom Typ winMAX, ATLAS/ti oder NUD•IST gemeint.

ihrer Funktionalität nicht erweiterbar sind. Da sie keine eigene Makro- oder Programmiersprache zur Verfügung stellen, ist da Verhältnis zwischen den Anforderungen der Arbeitsgegenstände und den Möglichkeiten der Werkzeuge zu optimieren.

(2) In der *quantitativ* orientierten Sozialforschung (stark strukturiert / geschlossen / große Fallzahl) ist die verfügbare EDV demgegenüber außerordentlich elaboriert. Die Systeme zur Organisation, Durchführung und Auswertung von Interviews lassen mittlerweile die Integration sämtlicher Phasen des Forschungsprozesses zu. Neben verschiedenen CAI-Systemen (Computer Aided Interview) und spezialisierten Statistikpaketen stehen hier – aufgrund der Wesensverwandtschaft der zu verarbeitenden Daten – auch recht ausgefeilte Entwicklungsumgebungen in Form von Datenbanksystemen zur Verfügung. Hier tritt das Spannungsverhältnis in den Blick, daß für relativ einfache Arbeitsgegenstände ein überaus leistungsfähiger Werkzeugkasten bereitsteht, der sich aufgrund seiner Merkmale (Notwendigkeit starker Strukturierung der Daten wie der Darstellung) gegen einen Transfer in die qualitative Forschung zu sperren scheint.

(3) Zwischen diesen beiden Polen stehen Befragungen mit strukturiertem, ggf. teilstandardisiertem Erhebungsinstrument und mittleren Fallzahlen. Bei diesem Typ von Projekten, der einen sehr beträchtlichen Teil der insgesamt betriebenen Sozialforschung ausmacht, finden sich kaum frei verfügbare und speziell auf diese Zwecke zugeschnittene Unterstützungen durch die EDV. In diesem Bereich sind die Widersprüche zwischen Arbeitsgegenstand und Arbeitsmitteln besonders gravierend.

Mit den umrissenen Widersprüchen sah sich das Projekt in aller Schärfe konfrontiert, weil es typologisch „in der Mitte" und unter dem Aspekt des EDV-Einsatzes sogar „überall gleichzeitig" liegt; wegen seiner Größe und Komplexität ist es zugleich massiv auf effiziente Werkzeuge angewiesen. Ein Ausweg aus dem Dilemma wurde durch Kombination mehrerer Denk- und Arbeitsrichtungen gefunden: Umfunktionierung von Software, die nicht speziell für QDA gedacht ist; funktionale Erweiterung existierender Programme; parallele oder sukzessive Nutzung der Funktionalität verschiedener Programme.

Die Zusammenführung der verschiedenen Leitfadenversionen zu einem Master-Leitfaden bildet die technische Basis für den EDV-gestützen Einsatz von vier verschiedenen Auswertungsmethoden und -schritten, die zusammengenommen vom Primat des Qualitativen ausgehen, aber bewußt auch quantitative Elemente beinhalten. Dem Hybridcharakter der Gespräche korrespondiert eine hybride Auswertungsstrategie. Dieser Methoden-Mix besteht typologisch aus (1) rein quantitativen Auswertungen in Form der numerischen Grundauszählung von standardisiert erhobenen Daten, aus (2) Transformationen von standardisierten Einzeldaten und Datenblöcken zu höher aggregierten Aussagen, aus (3) der Bildung neuer Variablen durch Applikation von neuen Kategorien und deren allmählicher Verfeinerung und Sättigung (Strauss 1994: 56-68) und aus (4) Typisierungen in Form ganzheitlicher Einordnung von kleineren und größeren Gesprächskomplexen im Sinne neuerer gestalttheoretischer Überlegungen (Rosenthal 1995, von Engelhardt 1997). Der letzte Punkt ist für das Projekt besonders charakteristisch; er sei anhand eines Beispiels erläutert: Weiter unten wird die Hypothese entwickelt, daß die sozialcharakterologische Fraktionszugehörigkeit des Individuums sein Währungsschicksal wesentlich mitbestimmt (siehe 12.1). Eine Prüfung dieses Zusammenhanges kann jedoch nur dann erfolgen, wenn große Kondensationsflächen im qualitativen Material holistisch zusammengeschaut und dann analytisch einer neu zu schaffenden Variablen zugeordnet werden. Als Kondensationsfläche gilt entweder eine *Frage*, der man aufgrund bestimmter Einstellungen mit hoher Wahrscheinlichkeit zustimmt bzw. widerspricht, oder ein *Thema*, zu dem man sich aus demselben Grund vermutlich in bestimmter Weise äußern wird. Ein rigider *Puritaner* i. S. von Max Weber (1993) wird z. B. der Arbeit einen hohen Stellenwert in seinem Leben einräumen, Schulden vermeiden oder nur zu eng umrissenen Zwecken akzeptieren, eine zufällig erlangte Geldsumme sorgsam hüten und umsichtig verwenden. Der *Hedonist* als Antipode wird das Gewicht der Arbeit relativieren, die Kreditfrage lockerer sehen und einen Lottogewinn wenigstens teilweise „verjuxen". Durch dieses Verfahren, das als ganzheitliche Quantifizierung bezeichnet werden könnte, sind auch die feineren Schattierungen zwischen Puritaner und Hedonist zu erfassen.

2.3 „Sprachregelungen"

Abkürzungen für die verschiedenen Generationen in der Befragung (G1 mit den Geburtsjahren 1896-1916, G2 mit den Jahren 1921-1954, G3 mit den Jahren 1947-1977) und an ihren zeitlichen Rändern (G0, G4) sind bereits en passant eingeführt worden. Im Text ist außerdem von der ältesten, mittleren oder jüngsten Generation die Rede. Im Kontext von Sozialisationsprozessen wird wahlweise von den Großeltern, Eltern und Kindern bzw. Enkeln gesprochen. Auch andere eindeutige Synonyme (z. B. senior, medio, junior) lindern das sprachliche Einerlei. Diffusere Begriffe wie die Altvorderen oder Nachgeborenen, die Vorfahren oder die Jüngeren tragen das ihre dazu bei, wenn sich eine genaue Differenzierung erübrigt.

Im Verlauf des Buches werden die befragten Personen (BPn bzw. BP im Singular) sehr oft zitiert, und zwar stets mit Geschlecht, „Projektnamen" und Geburtsjahr (z. B. Frau Drewes, *1899). Während die Transkriptionen im Prinzip nach dem Verfahren „Standardorthographie" (Kowal/O'Connell 2000) vorgenommen wurden, hat die Orientierung an der Würde des Befragten im Verlauf des Schreibens zu leichten Modifikationen und Präzisierungen geführt. Lächerlich wirkende Häufungen von Füllwörtern („nicht wahr, „nicht" etc.) wurden genau so beseitigt wie die selten angemessenen Versuche, Dialekt zu verschriftlichen; Zeichensetzung und Grammatik wurden behutsam verbessert; im Bereich des Nonverbalen werden nur starke, eindeutige Äußerungen (z. B. „BP weint") wiedergegeben. Kürzungen durch uns werden im Text durch Punkte zwischen eckigen Klammern [...] kenntlich gemacht, während unvollendete Formulierungen der BP mit ... auslaufen. Neutrale Stimuli durch Interviewer werden im laufenden Zitat durch ein (X) angedeutet; wenn steuernde Effekte anzunehmen sind, folgt der Wortlaut der

Nachfrage. Entsprechend werden schlicht klärende Einschübe (Artikel, Hilfsverb etc.) kommentarlos zwischen eckige Klammern gestellt, während Erläuterungen mit einem Zusatz versehen werden: [- d. Verf.].

Der Projektname ist den drei Angehörigen einer „Familienstafette" identisch zugeteilt worden, während Geschlecht und Geburtsjahr natürlich stimmen. Die Zuweisung erfolgte durch die Interviewer anhand einer Liste, die nach Zufallskriterien aus einem Telefonbuch gezogen worden war; „Zungenbrecher" und Allerweltsnamen wurden nicht aufgenommen. Die Interviewer waren gehalten, bei der Auswahl des Projektnamens eine gewisse Nähe zum Originalnamen zu suchen (z. B. Anfangsbuchstabe oder Silbenzahl identisch). Diese für Außenstehende unleserliche Spur sollte im Inneren der Projektgruppe die Erinnerung an die befragte Persönlichkeit wachhalten. Der Projektname dient, genauso wie die Abkürzung von Orten und weiteren Personen mit dem Anfangsbuchstaben, der Anonymisierung der Angaben.

Darüber hinaus hoffen wir, daß dieses monoton wirkende Verfahren mit äußerster Beiläufigkeit, nämlich durch das bloße Lesen, etwas Wichtiges bewirkt. Es soll Bilder erzeugen: von markanten Persönlichkeiten unter den BPn, vom Denken und Sprechen der Generationen, von Tradierungsprozessen und Brüchen innerhalb der Stafetten, von Spezifika im Erzählstil von Männern und Frauen, von den Angst(t)räumen zur und in der monetären Zukunft. Bilder werden auch zu anderen Themen entstehen, die wir nicht kennen können. Bei der Lektüre können auch weitere Assoziationen, Bilder und vielleicht sogar Hypothesen zu anderen, neuen Themen angeregt werden. All dies sind Aspekte der angestrebten Synthese von holistischem Blick und strenger Quantifizierung. Auch die Porträts von Individuen und ganzen Stafetten, die durch Zusammenfügen aller geeigneten Auszüge aus dem Interview – unabhängig von der Systematik und den Variablen – „gezeichnet" werden, tragen zu diesem Bild bei.

Der Begriff Stafette mit seinem Anklang an den Sport transportiert einerseits gewollte Assoziationen. Die drei Generationen einer Familie stellen die „Läufer" oder die „Schwimmer" im Zeitstrom dar, die als „Stab" z. B. monetäre Werte und Normen, Verhaltensweisen und Erfahrungen mit sich führen. Der Begriff trägt andererseits die Gefahr eines Mißverständnisses mit sich, der hier vorgebeugt werden muß. Die Beziehung zwischen den drei Generationen wird nicht als Einbahnstraße von den Großeltern zu den Enkeln gesehen; bei der monetären Sozialisation z. B. kann sich die Richtung der Lern- und Vermittlungsprozesse umkehren, indem Ältere von den Jüngeren lernen. (Siehe 10.1.2) Schließlich sind die intergenerativen Beziehungen oft nicht so eindeutig und schnell wie die Stabübergabe, sondern es gibt Brüche, Widersprüche, Kommunikationsstörungen und Veränderungen.

I. Geld – Gesellschaft – Generation

Während das Tempo und die Intensität der Beschäftigung mit der Bedeutung des Geldes in der sozialwissenschaftlichen Forschung – wie eingangs skizziert (siehe 2) – deutlich zugenommen haben, gilt dies für die Auseinandersetzung mit Geldkrisen und Währungsreformen nicht. Daher nimmt es nicht wunder, daß bei den beiden monetären Großereignissen am Ende des 20. Jahrhunderts, der deutsch-deutschen Währungsunion und der EWU, von den politischen Entscheidungsträgern grundsätzliche soziale Aspekte und Dimensionen unterbelichtet, wenn nicht gar ausgeblendet wurden.

Schon eine vorläufige historiographische Einordnung der globalen monetären Trends (siehe 3.1) weist das 20. Jahrhundert als ein von Währungskrisen und Inflationen geprägtes Jahrhundert aus. Die zweimalige vollständige Zerrüttung der deutschen Volkswirtschaft dokumentiert, daß die Funktionen von Geld (siehe 3.2) weder auf ein ökonomisches Dreigestirn aus Tauschmittel-, Zahlungsmittel- und Wertaufbewahrungsfunktion reduziert werden können noch im systemtheoretischen Sinn eines symbolisch generalisierten Kommunikationsmediums aufgehen. Geld wird vielmehr von einem ganzen Kosmos sozialer und psychischer Bedeutungen inklusive entsprechender Handlungsroutinen überwölbt, welche eine in sich polyvalente Geldkultur bilden. (Siehe 3.3)

Die wirtschaftswissenschaftliche Modellfigur des homo oeconomicus erweist sich als eine krisenlogisch unangemessene Konzeptualisierung. Denn der Lehrmeister Währungskrise sendet seine langsam wirkenden katalysatorischen Botschaften an einen *homo socio-oeconomicus*. (Siehe 3.4) Der vorherrschende Normenhaushalt und die dominante psychische Befindlichkeit der Menschen um 1900 enthalten keine Schutzmechanismen gegen eine Inflation; eine Krise dieses Typs war damals einfach unvorstellbar. Die Erfahrung der Geldentwertung war daher oft zugleich ein Erlebnis von Selbstentwertung, die mit tiefen Einbrüchen in das Vertrauen zum Staat und den monetären Institutionen einhergehen mußte. (Siehe 3.5) Denn mit dem Besitz von Geld verbinden sich wichtige symbolische Qualitäten: Geld ist auch universelles Machtmittel, geprägte Freiheit, monetarisierte Lebensleistung. (Siehe 3.6)

Die normativen Implikationen, die sich mit dem Geld als dem zentralen Wert der (kapitalistischen) Gesellschaft sowie verschiedenen Geldregimen im Alltag verbinden (siehe 3.7), führen auf ein zentrales Thema der vorliegenden Monographie: den Wandel des monetären Sozialcharakters. Dieser verändert sich über die Generationen fundamental, wobei Geld-Generationen sowohl genealogisch-familial als auch im (erweiterten) Sinne Mannheims historisch-sozial zu verstehen sind. (Siehe 3.8) Hingegen spielen geschlechtsspezifische Unterschiede nicht die häufig in der Literatur behauptete Rolle. (Siehe 3.9)

Beim Sozialcharakter selbst stehen sich drei Fraktionen gegenüber: dem traditionellen Puritaner, der durch die monetären Normen der Goldstandardzeit Sparsamkeit und Anti-Verschuldung geprägt ist, opponieren die inflationsadaptierten Hedonisten sowie die situationsorientierten Pragmatiker. Ihren unterschiedlichen Normen- und Gefühlshaushalten (siehe 4.1), ihrem divergenten Abschneiden unter den Bedingungen einer Hyperinflation (siehe 4.2) sowie verschiedenen sozialisatorischen Instanzen und Wirkungsmechanismen (siehe 4.3) gelten zunächst theoretische Überlegungen und erste Hypothesen. Sie dienen der Vorbereitung der These von der mentalen Transformation des Sozialcharakters der Deutschen durch die Währungskrisen des 20. Jahrhunderts, welche in Buch V empirisch ausgeführt wird.

3. Sozialwissenschaftliche Dimensionen von Geld

„Im Deutschen reimt sich Geld *auf* Welt*; es ist kaum möglich, daß es einen vernünftigern Reim gebe; ich biete allen Sprachen Trotz!" (Lichtenberg)*

3.1 Globale historische Trends

Einem Staatsmann des 19. Jahrhunderts zufolge hat selbst die Liebe „nicht mehr Menschen zu Narren gemacht als das Grübeln über das Wesen des Geldes." (zit. bei Marx 1961b: 49) Mit der Herausbildung größerer nationaler Währungsräume (z. B. Deutsches Reich und Reichsmark) und einer weit darüber hinausgreifenden faktischen Konvertibilität des Geldes als Gold hat sich die monetäre Sphäre für einige Jahrzehnte vereinfacht. Damals „hätte nicht viel gefehlt, und der Franc wäre zur internationalen Währung geworden, denn ohne ‚Geld zu wechseln' und unabhängig von dem jeweiligen Münzbild konnte man ein und dasselbe Goldstück sowohl in Zürich als auch in Athen, Sankt Petersburg, Rom, Brüssel, Bukarest, Budapest oder Paris als Zahlungsmittel verwenden." (Sedillot 1992: 144ff.) Das Geheimnis dieser supranationalen Währungsgemeinschaft bestand darin, daß die Münzen zwar unterschiedliche Namen trugen, aber als Ausprägung einer identischen Menge von Edelmetall gleich und damit gleichwertig waren. Im 20. Jahrhundert setzt dann eine *Komplexitätssteigerung* der Geldwelt ein, die als erster der säkularen Trends gesehen werden kann, die eingangs skizziert werden sollen. Zwei Ereignisse sind epochal und viele andere säkular. Epochal ist zunächst der historische (Ver-)Fall des Goldstandards, der dem Papiergeld zum Durchbruch verhilft und, über die Plazierung der Druckmaschine auf der Bühne der Weltgeschichte, eine der notwendigen Voraussetzungen jener Währungskrisen ist, die im Zentrum der vorliegenden Abhandlung stehen. Epochal ist weiter der (real-)sozialistische Versuch, das Geld als aktive Kraft bei der Begründung und Erhaltung der Ungleichheit unter den Menschen zu neutralisieren. Säkular sind zahllose Einzeltendenzen, von denen einige in impressionistischer Absicht angetippt werden: Anschwellen der Geldmenge; Auffächerung der Institutionen des monetären Systems; Herausbildung eines breiten Spektrums von Zahlungsformen; ein immer differenzierteres Spektrum von Möglichkeiten zur Geldanlage; usw. Die „geborenen" Agenten monetärer

Sozialisation werden hierdurch im Lauf des Jahrhunderts zunehmend überfordert: das Reich der Optionen, Derivate und Futures ist – wenn überhaupt – den Jüngeren eher geläufig als ihren Erziehern.

Der *wachsende Monetarisierungsgrad* des Lebens stellt die zweite bedeutende Entwicklungslinie dar. Zwar haben die sozialwissenschaftlichen Klassiker (z. B. Marx, Simmel, Weber, Schumpeter) bereits vieles von dem erahnt oder gar beschrieben, was wir heute mit dem Geld erfahren. Aber zu ihren Lebzeiten war der Alltag großer Bevölkerungskreise keineswegs monetär durchdrungen oder gar beherrscht. Noch um die Jahrhundertwende waren z. B. Kindheiten oftmals geradezu geldlos. (Hoffmann 1998: 26)[9] Diese Monetarisierung hat mittlerweile dazu geführt, daß „das Geld in keiner anderen Kultur oder Zivilisation, die wir kennen, einen so allumfassenden und entscheidenden Einfluß ausgeübt hat. In der Welt, in der wir leben, dringt das Geld in alles und jedes ein, was der Mensch tut, und erfaßt jeden Bereich des Lebens. Das ist neu." (Needleman 1993: 12)

Im 20. Jahrhundert entwickelt sich drittens eine *verschachtelte Konstellation von Krisentendenzen* im Geldwesen. Mit dem Ende des Goldstandards sind die metallenen Schranken gefallen, die das Ausmaß und die Dauer früherer monetärer Krisen begrenzt und die Möglichkeiten zur Verschuldung limitiert hatten. Das Papiergeld und die noch unzulänglichen Möglichkeiten seiner Kontrolle ermöglichen mit der *offenen* Hyperinflation in den zwanziger Jahren eine Mega-Krise, die in der Literatur oft mit Krieg oder Revolution auf eine Stufe gestellt worden ist. (Siehe 6) Kein Menschenalter später, noch vor dem Zweiten Weltkrieg, entsteht eine *verdeckte* Inflation monströsen Ausmaßes. (Möller 1976) In der zweiten Hälfte des 20. Jahrhunderts scheint das Risiko monetärer Mega-Krisen im Zentrum der kapitalistischen Industrienationen schließlich beherrschbar geworden zu sein; es ist an die Peripherie ausgewandert. Parallel dazu hat sich aber in den Zentren die säkulare Inflation als Dauerzustand verfestigt und selbst „stabile" Währungen auf einen Bruchteil ihres ursprünglichen Wertes reduziert. Während noch zu Beginn des 20. Jahrhunderts das bloße Wort „Inflation" weitgehend unbekannt war (Muthesius 1973: 15)[10], ist sie heutzutage „ein allgegenwärtiges Phänomen" (Samuelson/Nordhaus 1987: 361ff.). Bei variierendem „Weltprofil" trägt sie an der Peripherie weiterhin als trabende oder gar galoppierende Inflation nachhaltig zur Zerrüttung ganzer Volkswirtschaften und Gesellschaftsstrukturen bei. (Hoffmann 1997: 263ff.)

Da die Erwartung des Fortganges der säkularen Inflation schon seit geraumer Zeit den Charakter einer „one-way-expectation" (Katona 1960: 314) angenommen hat, ist zum vierten auch die *monetäre Grundfrage* im Leben der Menschen selbst um-

9 Siehe hierzu den Monetarisierungsindex in Hoffmann (1998).

10 Ein Blick in die großen Lexika der damaligen Zeit bestätigt dieses Urteil, denn auch dort fehlt das Wort „Inflation". Es finden sich lediglich unter dem Lemma „Inflationist" Einträge, die die Fremdheit des Phänomens dokumentieren. Siehe Meyers Großes Konversationslexikon (1908: 823) und Brockhaus' Konversationslexikon (1902: 592).

formuliert worden. Sie lautet „nicht mehr so sehr: Wie komme ich zu Geld?, sondern vielmehr: Wieviel wird mein Geld künftig noch wert sein?“ (Galbraith 1976: 12) Während es früher in Einkommens- und Vermögensfragen nur um quantitative Größenordnungen ging, steht heute die Konstanz des Geldwertes maßgeblich mit auf der Tagesordnung. Die säkulare Inflation und der Eingang der monetären Krisen in das kollektive Gedächtnis tragen das ihrige zum langfristigen Wandel des Sozialcharakters bei. So erodiert der mit den wertrationalen Gelddispositionen der wilhelminischen Zeit (Sparsamkeit, Verschuldungstabu, personale Umgangsnormen) akkordierende puritanische Sozialcharakter über das 20. Jahrhundert hinweg zugunsten pragmatischer und hedonistischer Orientierungen. (Siehe 18)

Der fünfte große Trend besteht im *Substanzverlust* und der zunehmenden *Abstraktheit*[11] des Geldes, der bis hin zur Elektronisierung reicht. Die Geschichte der Entwicklung der verschiedenen Geldformen läßt sich bis dato in drei Entwicklungsstufen beschreiben. Auf der *ersten Stufe* existiert Geld als Geldsubstanz mit räumlichen Schranken (z. B. Muscheln, Vieh, Schmuck, Tee). Auf der *zweiten Stufe* emanzipiert sich die Substanz von solchen stofflichen Spezifika, von regionalen Schranken und technischen Unzulänglichkeiten. Bei Münzen aus Gold oder Silber wird das Metallgewicht ausschlaggebend. Die *dritte Stufe* wird durch einen Bedeutungsverlust des Geldstoffes charakterisiert, so daß von einer funktionsbedingten Geldsubstanz gesprochen werden muß (z. B. Papiergeld, Zeichengeld, Buchgeld). Diese Reduktion auf die Funktion ist das Wesenselement des heutigen Papier- und Buchgeldes, das immerhin noch in stofflicher Form sichtbar und fühlbar vorliegt. Die Eigenschaften und Implikationen elektronischer Geldformen lassen den Schluß zu, daß elektronisches Geld als qualitativ neue Geldform und somit in der Geldgeschichte als Weiterentwicklung zu einer vierten Stufe aufgefaßt werden kann. Noch einen Schritt weiter geht die Auffassung, daß der Geldfortschritt durch diese Entwicklung „einen neuen Höhe- und möglicherweise sogar einen Schlußpunkt erreichen“ (Hankel 1999) wird.

Schließlich sind die monetären Großereignisse zum Ausgang des 20. Jahrhunderts (v. a. deutsch-deutsche Währungsunion von 1990 und EWU) in einem so erheblichen Ausmaß von Freiwilligkeit und Planung geprägt, daß von Ansätzen einer *monetären Zukunftsgestaltung* gesprochen werden kann. Alle großen Währungsreformen der ersten fünfzig Jahre des 20. Jahrhunderts waren ja bloße Reaktion auf fundamentale Zerrüttungen des Geldwesens und Beendigung jener monetären Krisen, die im Schicksal der Generationen und dem Bewußtsein der Menschen tiefe Spuren hinterlassen haben.

11 Für diesen Aspekt läßt sich der vorausahnende Charakter von Simmels Analysen besonders gut demonstrieren. Die „Philosophie des Geldes“ erschien erstmals im Jahre 1900, und die eingeflossenen Aufsätze sind natürlich noch früher entstanden; eine zweite, vermehrte Auflage wurde 1907 veröffentlicht. Obwohl der Goldstandard zu dieser Zeit noch ungebrochen dominierte, schreibt Simmel: „Die Steigerung der intellektuellen, abstrahierenden Fähigkeiten charakterisiert die Zeit, in der das Geld immer mehr zum reinen Symbol und gegen seinen Eigenwert gleichgültig wird.“ (Simmel 1989b: 171)

3.2 Geldfunktionen

Das Geld als eine der Hauptinstitutionen in der Gesellschaft (Burghardt 1977: 31) hat zahlreiche soziale und psychische Funktionen, die mit kulturellen Phänomenen verzahnt sind. Sie werden im folgenden für stabile Bedingungen entwickelt, um eine Referenzfläche für den Wandel in den und durch die monetären Krisen und Reformen des Jahrhunderts zu gewinnen; gelegentlich finden sich Andeutungen zu diesem Wandel.

Das Geld verringert den Aufwand für die Suche nach tauschgeeigneten und tauschwilligen Wirtschaftssubjekten (Senkung der Informations- und Transaktionskosten) und bringt so eine große *Effizienzsteigerung* mit sich. Darüber hinaus wird auch das *Nutzenmaximum* der am Tausch Beteiligten erhöht, ohne daß sich an der gesellschaftlichen Produktionsleistung zunächst etwas ändern muß. Indem die Produzenten auf der Grundlage von Geld und geldvermittelter Markttransparenz großräumiger agieren können, realisieren sie Tauschvorteile, ohne daß andere Wirtschaftssubjekte Nachteile erleiden. (Schumpeter 1970: 19).

Über seine Funktionen als *Tauschmittel* und *Maßstab der Preise* hat das Geld historisch einen enormen Zugewinn an Differenzierung und Präzision gebracht und auch die kleinste ökonomische Größe rechenbar gemacht – mit dem erwähnten Viehgeld z. B. sind „Pfennigartikel“ nicht zu bezahlen und werden auch nicht produziert. Seit die säkulare Inflation ein universelles Phänomen geworden ist, hat sich diese historische Errungenschaft teilweise verflüchtigt. Die klein(st)en Währungseinheiten sind heute faktisch überall bedeutungslos: Pfennig, Öre, Centime, Cent etc. haben keine eigenständige Kaufkraft und spielen daher im Zahlungsalltag keine Rolle mehr.

Der Verlust an Präzision gilt sogar für Preiserhöhungen, die bei Gütern an der Unterkante der Werthierarchie („Pfennigartikel“) in großen Prozentsprüngen auftreten müssen. Der Preis der Schachtel Streichhölzer z. B. konnte zu DM-Zeiten nicht mehr von fünf auf sechs Pfennig erhöht werden (20%), sondern er mußte wegen der Randerosion gleich auf zehn Pfennig (100%) angehoben werden. Diese Tendenz frißt sich allmählich auf die höheren Ebenen der Werthierarchie durch. Über den Bedeutungsverlust der kleinen Nominalwerte ist es zu einer Art „Lirisierung“ vieler Währungen einschließlich der DM und auch schon des Euro gekommen. In den *statistischen* Warenkörben und Wägungsschemata, die der Berechnung des Preisindex für die Lebenshaltungskosten zugrunde liegen, schlägt dies nicht sonderlich zu Buche. Im *Konsumentenalltag* und in der Prägung der *monetären Normen* einer Bevölkerung spielt diese schleichende Erosion jedoch eine große Rolle. Kinder und Bettler haben vor der Ära der europäischen Gemeinschaftswährung zunehmend „'ne Mark“ verlangt und haben danach nicht auf 50 Cent „umgerechnet“. Umgekehrt leben die Pfennigbeträge in der Kultur (Lieder, Sprichwörter etc.) fort.

In die bislang betrachteten Geldfunktionen sind noch feinere soziale und psychische Faktoren eingewoben, die – wie alles am Geld – für sämtliche Angehörigen eines Währungsraumes gelten. Sie reichen von der Orientierung in Zeit und Raum bis zu den alltäglichen Gewohnheiten. Eine junge Frau aus der früheren DDR geriet nach ihrer Rückkehr von einer Auslandsreise in eine Situation, die diesen Aspekt gut illustriert. Sie mußte etwas bezahlen und suchte verzweifelt nach deutschem Geld. Erst als ein Nebenstehender ihr die DM in ihrem Portemonnaie zeigte, wurde ihr klar, daß sie noch Jahre nach der Währungsunion von 1990 auf die altvertraute DDR-Mark fixiert gewesen ist. Dieses Erlebnis machte ihr „bewußt, daß durch das Geld weitaus tiefere Ebenen in mir angesprochen wurden. Seither suche ich etwas: Ich suche bezüglich des neuen Geldes einen Teil meiner Identität in dem Land, wo diese Währung gilt." (Köberling 1995: Vorwort) So mancher „Euro-Payer" (Hoffmann 2001: 51) wird entsprechende Erlebnisse (gehabt) haben.

Tiefsitzende Bindungen und Gewohnheiten wirken auch bei der Funktion des Geldes als *Rechenmittel,* bei der es nicht leibhaftig in Erscheinung treten muß. Es ermöglicht den Menschen rein ideelle individuelle Orientierungen, die sich dem kollektiv gültigen monetären Koordinatensystem verdanken. Das Individuum weiß z. B. recht genau, wieviel es im ferner oder näher liegenden Alter brauchen wird, um einen angemessenen Lebensstandard zu erreichen. Wichtig ist weiterhin die oft verkannte Geldfunktion, *Norm künftiger Zahlungen* zu sein[12]. Hierbei geht es um den gesamten Bereich der sozial definierten Erwartungen (z. B. Höhe des „angemessenen" Geldgeschenks für den Anlaß XY) und der rechtlich fixierten Ansprüche und Sanktionen in Geldkategorien.

Die erstaunlichste Leistung des Geldes besteht indes darin, der bunten Vielfalt von Waren und Dienstleistungen ihr allgemeines Äquivalent geliefert zu haben und universelles ökonomisches *Maß der Werte* geworden zu sein. Geld „hat gesellschaftlichen Wert entkleidet jedweder spezifischen Stofflichkeit auszudrücken." (Herr 1992: 28) Diese zunächst statisch wirkende Bestimmung erhält dadurch eine große soziale Dynamik, daß das Maß zugleich als *Wertstandard* (Herr 1992: 28) mit einer starken Komponente von Zwang wirkt. Ein Produzent, der seine Produkte über dem etablierten ökonomischen Wert anbietet, wird national wie international darauf sitzen bleiben. Geld als Wertstandard ist die „Grundlage aller Geldfunktionen", obwohl es auch in dieser Funktion „physisch nicht in Erscheinung tritt." (Herr 1992: 28)

Indem das Geld die Arbeitsteilung und Produktion für fremden Bedarf bereits voraussetzt, treibt es die Entwicklung beider zugleich aktiv voran. Im Vergleich zu anderen Gesellschaften hat die kapitalistisch verfaßte Geldwirtschaft ganz besonders zur Differenzierung der Arbeitsteilung beigetragen. Das Geld ist die unabdingbare Voraussetzung für die Modernisierung der gesellschaftlichen Berufsstruktur. Es ermöglicht Tauschprozesse über Zeit und Raum, wobei weniger leistungsfähige Produzenten ausscheiden oder verdrängt werden. Geld ist damit eine Bedingung für die *Produktivitätssteigerung* und mit ihr eine Verbesserung der Möglichkeit, das gesellschaftliche Mehrprodukt zu erhöhen. Diese Erhöhung wiederum war und ist unabdingbare Voraussetzung, um die Reproduktion der Gattung Mensch vom bloßen Überleben zu emanzipieren. Schule, Wissenschaft, Kunst, medizinische Versorgung usw. sind allesamt Aktivitäten, die auf ein zuvor erwirt-

12 Schumpeter (1970: 36) verwendet den Begriff „Standard künftiger Zahlungen".

schaftetes Mehrprodukt angewiesen sind und ihrerseits wieder dazu beitragen können, dieses Mehrprodukt weiter zu steigern.

Eine der wichtigsten Geldfunktionen ist die der *Wertaufbewahrung*. Der englische Ausdruck „store of value“ macht noch klarer, daß die urtümliche Vorratshaltung der Menschen sich über das Geld qualitativ ausweiten konnte: sie emanzipiert sich von der Naturschranke der Verderblichkeit und relativiert die Zeitschranke des Handelns. Im Vorrat befindet sich Wert schlechthin, fast ein Joker, dem irgendwann seine stoffliche Form zugeteilt werden kann. Die Funktion der Wertaufbewahrung schließt die Möglichkeit ein, „das Bedürfnis nach ökonomischer Sicherheit zu befriedigen und überdies die Generationen zu verbinden, wodurch mittels Geld intertemporale Generationsbeziehungen gebildet und stabilisiert werden.“ (Burghardt 1977: 20) Für Normalverbraucher sind die ökonomischen Werte *psychologisch* monetarisierte Lebensleistung, die *materiell* für die Lebensqualität im Alter, die Ausbildungsperspektiven der Kinder, den Kauf des lang ersehnten Wohneigentums usw. zur Verfügung stehen soll. Die hartnäckigsten Erinnerungen an die Währungskrisen und -reformen des Jahrhunderts beziehen sich auf die Vernichtung von monetarisierter Lebensleistung, bei der zudem die symbolische Dimension von Geld (siehe 3.6) besonders sinnfällig ist.

Erst mit dem Geld konnte sich schließlich die Institution des *Kredits* auf jene Stufenleiter entwickeln, die ihn – in Verbindung mit der Inflation – zur Schubkraft der Modernisierung gemacht hat. (Hankel/Isaak 1981: 23ff.)

Die behandelten Funktionen des Geldes wirken nicht im luftleeren Raum, sondern in realen Gesellschaften. Es sei knapp angerissen, daß die kapitalistische Geldwirtschaft systemspezifische Unsicherheiten produziert, zugleich Mittel zu deren Reduktion bereitstellt und dabei Freiheitsgrade schafft, die zuvor unbekannt waren. „Die Grundstrukturen einer Geldwirtschaft, nämlich Privateigentum und Lohnarbeit, erzeugen Unsicherheiten, die in dieser Form anderen Gesellschaften fremd sind.“ (Herr 1992: 27) Diese strukturelle Unsicherheit ist in dem Maße größer geworden, wie die Geldwirtschaft die lange bedeutsamen Reste von Selbstversorgung (Tierhaltung, Nutzgarten etc.) zurückgedrängt hat; Geld ist gewissermaßen zum zentralen Lebens-Mittel aufgerückt. Indem das Geld Leistung und Gegenleistung nach Menge, Zeit, Ort und Person entkoppelt, schafft es andererseits Freiräume für Individualität, Lebensplanung und Zukunftsgestaltung. Geld impliziert eine „Ausweitung der Bedarfsdeckung derjenigen, die über Geld oder Geldforderungen oder die Chancen von Gelderwerb verfügen, und also: Geld für *beliebige* Güter und Leistungen anbieten können“ (Weber 1972: 42). Geld hat insofern auch eine „emanzipatorische Funktion“, als es seinem Besitzer Wahlmöglichkeiten eröffnet und so zur „Identitätsfindung“ (Burghardt 1977: 55) und Individualisierung beiträgt. In Gesellschaften, deren soziale Ungleichheit kaum noch über die Herkunft und den Namen dargestellt wird, avanciert Geld zur zentralen Quelle von Statussymbolen und wird so zum direkt und indirekt wirksamen Distinktionsmittel und Gelt-ungs-Mittel. Die Kehrseite ist unweigerlich, daß über Geld Armut stigmatisiert werden kann und entfremdete Beziehungen vielerlei Art entstehen und erhalten bleiben können – bis hin zur Selbstentfremdung in den monetären Pathologien des Geizes und der Raffgier (siehe 3.5, 3.7).

Parallel dazu verleiht Geld Macht. Es bringt „bedingten Gehorsam" von Personen, die auf das Geld angewiesen sind. Geld ist ein „legitimes Machtattribut" geworden, das nicht ausschließlich an Kapital gebunden ist, sondern auch „Einkommens-Reichen" (Burghardt 1977: 57) zufällt. Exemplarisch seien weitere Aspekte angedeutet, die im Verlauf keine Rolle mehr spielen werden. So hat Geld für Kinder *Spielzeugfunktion:* mit Münzen wird gestempelt oder gepaust, Banknoten sind Bilderbücher, die bereits zerlegt sind. In der belletristischen Literatur dient es dazu, z. B. Gefühle oder soziale Abstände zu symbolisieren.

3.3 Geldkultur

In der Summe kann das Geld getrost als eine der bedeutendsten Erfindungen in der Kulturgeschichte der Menschheit bezeichnet werden, um die sich wiederum eine eigene *Geldkultur* rankt. Burghardt (1977: 33f.) ist einer der wenigen Versuche auf diesem Gebiet zu verdanken; er definiert die Geldkultur als zweite Umwelt des Menschen, an deren präskriptiven Charakter er sich anpaßt und die sich nach der sozialen Nähe zum Markt subkulturell aufspaltet. So richtig es auch ist, Geldkultur nicht als völlig frei verfügbare und modellierbare Ressource aufzufassen, so frei schwebend bleibt diese Bestimmung, da sie den Raum des historischen Wandels leer läßt und den Kulturbegriff zum monolithischen und kausal determinierenden Block verfestigt. Man könnte hier von einem isolationistischen und letztlich geschlossenen Kulturholismus sprechen, in dem die Unterschiede (Subkulturen) nur durch mangelnde Teilhabe an der allgemeinen Geldkultur gekennzeichnet sind. Gegen ein solches „monolithisches" Vorgehen, aber auch gegen einen schrankenlosen Relativismus innerhalb einer empirischen Kultursoziologie, bringt Bühl (1987: 4ff.) in seiner Untersuchung, die sich dem Kulturwandel ausdrücklich widmet und deshalb für das vorliegende Untersuchungsdesign von besonderem Interesse ist, schwere Bedenken vor. Ihm zufolge kann man nicht mehr, wie es eben in älteren Kulturbegriffen noch vorausgesetzt wird, davon ausgehen, daß es so etwas wie einen monolithischen Block der Kultur als letztes bestimmendes Integral gibt, der aus sich selbst heraus alles Gesellschaftliche verklammert.[13] Diese geschlossene Herangehensweise an Phänomene der „Kultur" würde jegliche systematische und vergleichende Betrachtungsweise unterminieren. Andererseits sind für Bühl die Symbole als Grundeinheiten der Kultur auch nicht vollständig polyvalent.

Konkreter gesprochen lassen sich drei Felder der Geldkultur abstecken. Das erste besteht in der *stofflich-institutionellen* Seite der monetären Welt, die den Menschen in der jeweiligen Form des Geldes und seiner Vermittlung gegenübertritt: z. B. der Beschaffenheit des Geldmaterials, den symbolischen Bedeutungen der Abbildungen

---

13 Als besonders abschreckendes Beispiel für die Resultate solcher auf die kulturelle Ebene allein fixierten Denkgebäude sei hier Spengler (1923) mit seinem „Der Untergang des Abendlandes" angeführt.

und Zeichen auf den Münzen und Banknoten, den Transportbehältnissen (Geld-Beutel, Porte-Monnaie etc.), der Art der Vermittlung (z. B. privates Borgen, Bankwesen) und Aufbewahrung von Geld (z. B. Spardose, Tresor oder Konto). Im zweiten Feld sind die *Regelmäßigkeiten und Routinen* der Menschen im Umgang mit dem Geld (z. B. Bargeld vs. Buchgeldzentrierung) einschließlich der sich *darin* ausdrückenden sozialen Normen und Logiken anzusiedeln. Teil der Geldkultur sind schließlich drittens die *Auseinandersetzungen* der Menschen mit der monetären Welt. Hierunter fallen die rationalen Dispositionen und deren Muster sowie die expliziten Normen zum Geld und deren jeweiliger Wandel. Ein besonders wichtiger Aspekt ist die monetäre Sozialisation, bei der der Geldumgang erlernt und die monetären Erfahrungen verarbeitet werden.

Die drei Felder der Geldkultur stehen in einem interdependenten Zusammenhang: so bilden z. B. die Routinen, die materialisierte Kultur und die Institutionen gemeinsam etwas aus, was als „kulturelles Gedächtnis" bezeichnet werden kann, zu dem Geschichte überpersonell gerinnt und wo sie haften bleibt. Ebenso ist allen Feldern gemeinsam, daß sie einem historischen Wandel unterworfen sind. Dieser Rahmen besteht aus der Geld- und im weitesten Sinne der Wirtschaftsgeschichte selbst. Die jeweiligen Geldkulturen prägen sich in spezifischen Phasen der Entwicklung, die sich zunächst nach den monetären Großereignissen definieren, aber auch identifizieren lassen. Allerdings sind auch geldgeschichtliche Entwicklungen von enormer Bedeutung (z. B. die Einführung von Gehaltskonten), deren grundlegender Charakter eher schleichend sichtbar wird. Durch diese Ereignisse und Prozesse entstehen Deutungsmuster, die ihrerseits selbst wieder Gegenstand der wissenschaftlichen Tätigkeit werden – oder wie es Simmel für eine der Facetten der Geldkultur ausdrückt: „Die Entwicklungen des Geldstoffes bringen seinen soziologischen Charakter zu immer vollkommnerem Ausdruck." (Simmel 1989b: 212) Dies darf nicht als hart verkoppelte Synchronität aufgefaßt werden. In der Realität bleibt vieles erhalten und wird über Generationen hinweg tradiert, was schlagartig „entrümpelt" würde, wenn der homo oeconomicus nicht Modellfigur, sondern lebender Mensch wäre. Umgekehrt wirken gewachsene Dispositionen und verfestigte Regelmäßigkeiten im Verhalten als Teile der Geldkultur wieder auf die monetäre Sphäre selber zurück.

3.4 Der „homo socio-oeconomicus" des Geldes

Um eine der zentralen (und bestätigten) Hypothesen des Projekts bei der Lektüre „mitlaufen" lassen zu können, seien einige wichtige Befunde vorgreifend skizziert. Monetäre Normen, Verhaltensweisen und Dispositionen sind ungemein beständig und oftmals geradezu resistent gegen die Botschaften des Lehrmeisters Währungskrise. Über ein volles Jahrhundert unterliegen sie weder kurzfristigen Moden, noch passen sie sich umstandslos an längerfristige ökonomische Entwicklungen an. Änderungen unterliegen einem *eigenen* Zeitregime und gehorchen einer *eigenen* Logik. Individuen handeln selten nach dem Muster des homo oeconomicus, schon gar nicht im Kontext angsterzeugender Krisenerscheinungen. Unter den Bedingungen der Hyperinflation war es z. B. nur einer informierten, lernfähigen und anpassungsbereiten Minderheit vergönnt, rationale Gegenstrategien zu entwickeln. Die Mehrheit verhielt sich im Rahmen erlernter soziomonetärer Modi: man paßte sich lebenspraktisch kurztrittig an die veränderten Bedingungen an, ergriff oder vergab Chancen, arbeitete – so gut es ging – negativen Entwicklungen entgegen oder erduldete die Folgen der Währungsereignisse, selbst wenn sie schwerwiegend waren.[14] (Siehe 6.1) In dieser Vielzahl widersprüchlich wirkender Bestimmungen deutet sich schon an, daß Krisenschicksale nicht eindimensional und deterministisch ablaufen, sondern einen zunächst unbestimmten Verlauf haben, der durch ein ganzes Geflecht von Faktoren geprägt wird. Eigentum an Produktionsmitteln oder Grund und Boden macht *allein* noch keinen Krisengewinner. Ein traditioneller Normenset kann dies genau so vereiteln wie ein Verkennen des Faktors Zeit in der inflationären Dynamik. Umgekehrt kann eine aufgeklärte Eltern-Kind-Beziehung Nährboden der Fähigkeit sein, die junge Generation auch bei schwerwiegenden Entscheidungen als Ratgeber zu akzeptieren und auf diese Weise drohendes Unheil abzuwenden. Diese Bemerkungen dienen hier nur dem Zweck, den Begriff des „homo socio-oeconomicus" möglichst komplex zu fassen. Eine bloß kategoriale Kreuzung des homo sociologicus mit dem homo oeconomicus wie sie Weise (1989) vornimmt, ergibt gewissermaßen eine höher gezüchtete Modellfigur, die für die anstehenden Analysen (noch) nicht ausreicht.

Das Gesagte ist nicht monokausal oder deterministisch zu sehen. Die über das Jahrhundert wachsende Monetarisierung ganzer gesellschaftlicher Teilbereiche korrespondiert durchaus mit einer zunehmenden Distanz, ja Emanzipation von Individuen gegenüber der Geldwelt. So kann Wohlstand auch Gleichgültigkeit gegenüber der monetären Sphäre, Bildung gar Abneigung oder Verachtung für das Geld mit sich bringen. Die systemische Ausdifferenzierung der Geldwelt mit den entsprechenden Delegationen monetärer Zuständigkeiten und Verantwortlichkeiten kann geradezu als Voraussetzung dafür angesehen werden, daß sich der Mensch in den übrigen Subsystemen gleichgültig oder antimonetär orientiert.

Je mehr sich das Geld zur Hauptinstitution verselbständigt, desto stärker treten so entstehende Eigendynamiken in Widerspruch zu den erlernten soziomonetären Verhaltensweisen der Gesellschaftsmitglieder und desto mehr wächst der auf den monetären Sozialformen lastende Veränderungsdruck. Um die Jahrhundertwende häufig noch als privat erlebte Geldbeziehungen werden peu à peu entpersonalisiert und durch das Zwischentreten von immer mehr technischen und institutionellen Mittlern auch sinnlich als abstrakte gesellschaftliche Verhältnisse erfahren. In die gleiche Richtung wirken die Währungsgroßereignisse, die tiefe Einschnitte im Bewußtsein der meisten Zeitgenossen hinterlassen, weil sie in der einen oder anderen Form eine eingehende Beschäftigung mit Geld erzwingen. In gewisser Weise wirken diese Ereignisse wie Katalysatoren für zugrundeliegende Trends, die nun um so

14 Damit treten die Ergebnisse in Distanz gerade zu den beiden Konzepten von Kruedeners (1989) und Waldmanns (1987), die bei der Entwicklung der Erhebungsinstrumente eine große Rolle gespielt haben.

exponierter zu Tage treten. Langfristig wird der Geldumgang reflexiver, krisenspezifischer und schließlich weitgehend von normativen Vorgaben befreit.

Der Natur der Sache nach beschreibt ein solcher Basistrend nur einen Teil der Wahrheit. Ebensowenig wie die Monetarisierung ein eingleisig technikinduzierter Prozeß ist, schlägt die katalysatorische Wirkung von Währungsereignissen *unmittelbar* auf der Verhaltensebene durch. Im Gegenteil, beide sind komplex und vielfältig sozial vermittelt, es gibt retardierende und gegenläufige Momente. Im Medium des Sozialen entfalten sich monetäre Trends nur langsam. Bei den ältesten Befragten haben sich Rudimente unmittelbaren und wertrationalen Geldverhaltens bis heute erhalten. Bei Jüngeren wächst die Distanz, aber auch bei ihnen deutet vieles auf sozial bedingte Kontinuitäten im Geldverhalten hin. Tradition und Wandel überlagern einander. Ergebnis sind lange Zerfallszeiten für fundamentale monetäre Orientierungen selbst angesichts dramatischer Währungsereignisse, obwohl jene prima facie doch flexible Gegenreaktionen erzwingen sollten. Den bekannten unmittelbaren ökonomischen Umverteilungswirkungen müssen daher eher mittelbare, einer eigenen sozialen Dynamik gehorchende mentale Langzeitwirkungen an die Seite gestellt werden. Als *soziomonetäre* Trends überlagern sie allesamt die rein ökonomische Kalkülebene.

3.5 Geld und Psyche

Hinter der glatten, oftmals unscheinbaren Fassade des monetären Alltags stehen ungemütliche psychische Konstellationen, die sich schwer erschließen und auch durch Interviews nur sehr bedingt zu erfassen sind. Das Mißgeschick eines amerikanischen Professors, ein Seminar vorzeitig beenden zu müssen, ist insoweit ein Glücksfall für die wissenschaftliche Öffentlichkeit. Er bat die Studierenden, in der verbleibenden Zeit ihren besten Gedanken, ihre dringlichste Frage darüber zu Papier zu bringen, was „Sie unbedingt über das Geld wissen möchten." Dieser Idee verdanken wir einen Katalog von Formulierungen, der u. a. die folgenden Punkte umfaßt. „Wie kann ich meine Angst vor dem Geld verlieren – sie nimmt mich völlig gefangen. Ich habe Angst, daß ich im Alter obdachlos sein werde." „Geld an sich ist für mich etwas sehr Erschreckendes. Ich verstehe es nicht. Es ist also nicht nur eine materielle Größe, sondern es ist an innere psychische Kräfte gebunden. Was kann ich tun, um zu erfahren, was Geld wirklich bedeutet?" „Warum bereitet mir das Geldausgeben soviel Schmerzen?" „Geld scheint wie eine objektive Realität zu sein, über die man in Form von Zahlen diskutieren kann. Aber wenn ich seiner emotionalen Komponente begegne, die seine anscheinende Objektivität zu zersetzen scheint, gerate ich schrecklich durcheinander. Ist Geld real – wie Steine oder Bäume? Und wenn nicht, warum erscheint das Geld so real?" (Needleman 1993: 148ff.)

Zu den tiefen Irritationen dieser Art treten die monetären Pathologien, die sich ebenfalls durch die Erschließung per Interview sperren. Simmel hat sie theoretisch überzeugend daraus abgeleitet, daß Geld nicht nur in Zweckreihen, sondern auch an deren Endpunkt stehen kann: Geldgier, Geiz, Verschwendung, asketische Armut, moderner Zynismus und Blasiertheit. (Simmel 1989b: 292-337) In der Transformation von psychologischen Kategorien wie Geiz und Verschwendung zu naheliegenden Dispositionen der monetären Sozialcharaktere Puritanismus und Hedonismus (siehe 4.1) zeigt sich noch die Virulenz der Simmelschen Behauptungen. Ebenso lassen sich die in der vorliegenden Untersuchung zwar nicht primär in den Blick geratenden, aber deshalb doch nicht prinzipiell ausgeblendeten monetären Phänomene der Gegenwartsgesellschaft[15] wie Spielsucht, Wettleidenschaft oder kreditfinanzierte Börsenengagements halbinformierter Kleinanleger am Neuen Markt durchaus zutreffend als pathogene Formen von Geldgier interpretieren.

Unter dem Label „sozialökonomische Verhaltensforschung" widmet sich die Kölner Schule der Geld- und Finanzpsychologie, die insbesondere mit den Namen Günter Schmölders und Günter Wiswede verbunden ist, seit einem halben Jahrhundert der empirischen Untersuchung der psychologischen Voraussetzungen und Implikationen von individuellen Finanzentscheidungen. Ausgehend von Fragen des Umgangs mit eigenem und fremden Geld (Schmölders 1966: 58-119) sowie der Steuermoral und des Steuerwiderstands (Schmölders 1970: 53-112) umfaßt die Themenpalette heutzutage auch die Psychologie des Versicherungsbetruges (Fetchenhauer 1999: 188-213) sowie unter Verwendung von Einsichten der Kognitionspsychologie die Rolle von Urteilsheuristiken bei Geldanlageentscheidungen (Stephan 1999: 101-134).

Der bewußte Verzicht auf den Blick ins Portemonnaie unserer Gesprächspartner sowie der in weiten Teilen retrospektive Charakter der Befragung reduziert die Überschneidungsflächen unserer Untersuchung mit den Ansätzen der gegenwärtig unter dem Etikett „behavioral finance" firmierenden Finanzpsychologie auf ein Minimum. Und dies gilt nicht nur aufgrund differenter methodischer Zugriffe, sondern auch wegen einer grundsätzlich anderen Einstellung zu Fragen der unmittelbaren ökonomischen Verwertung von wissenschaftlicher Forschung.

In der vorliegenden Monographie gerät das Verhältnis von Psyche und Geld vielmehr in verschiedenen besonderen Kontexten ins Blickfeld. Die hohe Verbindlichkeit der monetären Normen „Anti-Verschuldung" und „Sparsamkeit" (siehe 3.7) – insbesondere bei den Befragten der ältesten Generation – weist darauf hin, daß diese in einem „Kultur-Über-Ich" (Freud 2000: 267) fest verankert sind. Dies hinterläßt seine Spuren in der Identitätslogik der Geldkultur der Goldstandardzeit (siehe 5.1), der Monolithizität des puritanischen Sozialcharakters (siehe 5.2) sowie der Rigidität der Sozialisationsbotschaften der ältesten Generation.

Den zentralen psychologischen Bestimmungsfaktors für die Stabilität des Geldes bildet deshalb für die ältere Generation in erster Linie Vertrauen. Mit Keynes ist zu betonen, daß der „Zustand des Vertrauens", der seinerseits von der konkreten histo-

15 Als Beleg mögen diverse Reportagen des Spiegel-Spezial-Magazins vom August 1999 dienen, die unter dem Titel „Das schnelle Geld. Zocker, Spieler, Neue Reiche" versammelt sind. Die Berichte vom Roulettetisch, der Pferderennbahn oder den Wachstumssegmenten der Börse ließen sich relativ zwanglos auch in einer Kulturgeschichte der Inflation von Ostwaldscher Provenienz vorstellen – ein Indiz wenn nicht für die Langfristigkeit der Folgewirkungen von Inflationen so doch für die Aktualität des Themas.

rischen Situation abhängig ist, eine subjektive Wahrscheinlichkeit begründen hilft, die dem Individuum inmitten von Unsicherheit und Risiko überhaupt erst ein Handeln ermöglicht. „Der Zustand des Vertrauens ist eine Kategorie, die die Ökonomie mit gesamtgesellschaftlichen Prozessen verbindet." (Herr 1992: 24f.) Vertrauen ist gewissermaßen der psychosoziale Kitt, ohne den Kredit, Wertaufbewahrung, Generationenvertrag etc. nicht funktionieren können. Stets geht es um die subjektive Annahme, daß die Zahlungsfähigkeit und -bereitschaft der Schuldner fortbestehen, daß der Papierzettel Banknote oder die Zahl im Sparbuch auch in Zukunft Grundlage dafür sein werde, die erstrebten Güter erwerben zu können.

Dieser psychosoziale Kitt bestimmt auch die scheinbar rein ökonomischen Kategorien der Menge und Umlaufgeschwindigkeit des Geldes unmittelbar mit, die heute jeder wirtschaftlich handelnde Mensch durch seine Lebenspraxis beeinflußt. Ökonomisch können die Geldmenge und die Umlaufgeschwindigkeit des Geldes sich in einer gewissen Bandbreite gegenseitig vertreten. Eine kleine Geldmenge mit hoher Umlaufgeschwindigkeit hat dieselbe monetäre Potenz wie eine größere Geldmenge mit geringerer Umlaufgeschwindigkeit. Dieser Mechanismus kann in einer Zeit schwindenden Vertrauens in die Stabilität des Geldes zu Kettenreaktionen führen, die ihrerseits die Stabilität des Geldes beeinflussen. Inflationäre Tendenzen, selbst die Furcht vor ihrem Eintreten, drängen die Menschen dazu, weniger zu sparen und ihr Geld schneller auszugeben, was die inflationäre Tendenz noch einmal verstärken kann. Quantität kann in Qualität umschlagen, Menge in Tempo, Tempo in Menge, beides in Instabilität des Geldes.

In der Untersuchung der psychischen Auswirkungen der Währungskatastrophen des 20. Jahrhunderts ist zweitens das Verhältnis von Selbstwert und Geldwert zentral. Elias Canetti als Zeitzeuge hat diesen Zusammenhang folgendermaßen pointiert: „Der Mensch setzt sich selbst der Einheit seines Geldes gleich. Ein Zweifel an ihr beleidigt ihn, ihre Erschütterung bringt sein Selbstvertrauen ins Wanken. In der Herabsetzung seiner Geldeinheit tritt man dem Menschen selber nahe, man erniedrigt ihn." (Canetti 1988: 102) Diese Herabsetzung zum entwerteten Menschen war für viele Deutsche der Kern ihrer Währungserfahrungen. Am Zusammenhang von Geld und Psyche sind vielgliedrige Argumentationsketten festgemacht worden[16], die bei gesellschaftlichen und politischen Problemen allerhöchster Rangordnung enden. (Hoffmann 1990: 310ff.) Eine davon ist Canettis Hypothese, bei den Deutschen sei eine psychische Prädisponierung der durch die große Inflation „entwerteten Menschen" für Faschismus und Antisemitismus eingetreten. (Canetti 1988: 210ff.)

Interessanterweise spielt die Verbindung von Geld und Selbstwertgefühl im Zusammenhang mit dem Realsozialismus eine ziemlich komplizierte Rolle. Zu DDR-Zeiten bescherte die nicht konvertierbare Währung mit ihrer geringen Kaufkraft in den Zonen des gehobenen Bedarfs den Menschen demütigende Erfahrungen. Mit und nach der Wende kam es zu einem psychomonetären „Doppelsalto": die Verfü-

16 So findet sich eine theoretische Argumenatation über den Zusammenhang von Geldentwertung und Staatsverdrossenheit bei Schorer (1938: 76).

gung über die DM erhöhte das monetäre Selbstwertgefühl, und zeitgleich baute sich ein ganzes Syndrom von Entwertungsgefühlen auf, das in aller Vorsicht mit der ausländerfeindlichen Militanz in den östlichen Bundesländern in Verbindung gebracht worden ist. (Hoffmann 1994, 1999) Mit Blick auf die Europäische Währungsunion wird gesamtdeutsch und aktuell auf dieser Denklinie argumentiert: „Die Deutschen definieren einen Teil ihrer Person und ihrer Identität durch ihre Währung. Gerade die Mark hat eine äußerst starke Symbolkraft, sie verkörpert wirtschaftliche Stärke, Sicherheit und Beständigkeit.“[17] Ein französischer Wissenschaftler hat in diesem Sinne eine besonders weitgehende Prognose gewagt: „Was Deutschland betrifft, so wird die Angst vor dem Verschwinden der Mark die Nation destabilisieren – eine ganz gefährliche Sache.“[18]

Drittens war es selbstverständlich möglich, die Sichtweise unserer Befragten auf die monetäre Zukunft und die zugehörigen psychischen Befindlichkeiten zu eruieren und sich dabei bestimmter Konzepte aus dem Bereich der Emotionspsychologie zu bedienen. (Siehe 6.3, 16) Fragen nach der Bewertung einer zweiprozentigen Inflationsrate, nach der Einstellung zum Euro oder nach der Wahrscheinlichkeit künftiger monetärer Mega-Krisen können durch ihre Einbettung in die historische Gesamtanlage vergleichsweise tiefere Einblicke in den psychischen Haushalt der Deutschen erlauben als die Legion rein quantitativer Erhebungen.

Viertens gilt, daß in gesellschaftlichen Institutionen, zu denen auch und gerade das Geld zählt, ein bestimmter Bereich der menschlichen Tätigkeiten durch fortschreitende Habitualisierung unter soziale Kontrolle gestellt und somit quasi vergegenständlicht wird. Dem Menschen wird dieser Bereich als soziale und sinnhafte Alltagswelt zugänglich. Das Zusammenleben findet so eine „Routinegewißheit“ (Berger/Luckmann 1980: 61), die es den Menschen erlaubt, planend vorauszuschauen und ihnen eine enorme entlastende Komplexitätsreduktion für das Alltagshandeln gestattet.

Wenn (halbwegs) stabiles Geld die aufgezeigten Funktionen hat, läßt der Umkehrschluß – im Groben wie im Detail – erkennen, daß eine monetäre Krise noch andere schwerwiegende Auswirkungen hat, die bis in die feinsten Verästelungen der sozialen, kulturellen und psychischen Strukturen reichen. Indem dieses Buch von den Krisen im Deutschland des 20. Jahrhunderts handelt, gibt es zumindest Anregungen für gedankliche Ausflüge in andere monetäre Krisenregionen der Erde. „In der räumlichen wie in der zeitlichen Dimension ist jede Inflation ein singuläres Phänomen, und auch die Ursachenkonstellation ist von Fall zu Fall unterschiedlich. Bei den Konsequenzen für Gesellschaft und Politik scheint demgegenüber ein weithin ähnliches Grundmuster zu existieren, bei dem lediglich die Ausprägungen variieren.“ (Hoffmann 1997: 264f.)

17 Petermann im Interview mit der WirtschaftsWoche, H. 36/1995, S. 103.
18 E.Todd im Interview mit Der Spiegel 51/1995, S. 127.

3.6 Geld als Symbol

Als Verbindungsglied zwischen der psychischen und der normativen Dimension des Geldes sei eine neue Ebene eröffnet, die dem bisher Gesagten als gemeinsame Tiefenschicht unterliegt.[19] Geld ist stets auch Symbol. Während das Symbol in der Antike schlicht ein durch Boten überbrachtes Erkennungs- oder Beglaubigungszeichen war, ist das Geld ein sozialer Hans Dampf in allen Gassen; aufgrund seiner vielfältigen Funktionen (siehe 3.2) ist auch die symbolische Seite sehr komplex. In der symbolischen Dimension „wird ein Gegenstand, eine Gegebenheit oder ein Geschehnis nicht als es selbst erfahren, sondern als etwas, das für ein anderes Objekt steht, das dem erfahrenden Subjekt nicht unmittelbar gegeben ist." Dieses andere Objekt kann auch „etwas Geistiges oder Nicht-Materielles" sein. (Schütz 1971: 342f.) Auf den Verbund dieser Bestimmungen kommt es entscheidend an: *bedeutsame,* zumeist *nicht materielle* Gegenstände, die durch Geld als Symbol *vertreten* werden. In der durchmonetarisierten Moderne sind die Biographien der Menschen voller solcher Objekte, was zunächst mit zwei Beispielen aus dem „Buch der Hundertjährigen" (Richter/Reher 2000) verdeutlicht sei. Angemerkt sei noch, daß in der Längsschnittbetrachtung des Lebens Geld als Symbol an den bedeutenden Zäsuren gehäuft auftritt; im Querschnitt wird es bevorzugt als Mittel zur erzählenden Distinktion eingesetzt.

Herr Schmidt (*1897), ein sehr erfolgreicher Herrenschneider und nebenher Geiger in einem Orchester, hat in diesem Nebenjob „drei Mark bekommen für den Abend. Einen Abendauftritt im Orchester und drei Mark. Heute lacht man, drei Mark. Früher war das viel Geld. Ich kenne Schneider, Schneidergesellen, die hatten einen Wochenlohn von drei Mark, andere einen Stundenlohn von sechsundzwanzig Pfennig. So waren die Preise früher. Sie können sich da gar nicht reindenken." (Richter/Reher 2000: 100) Vordergründig wird die Interviewerin über einen Honorarsatz informiert. In der symbolischen Dimension stehen die drei Mark für das fachliche Niveau des Erzählers, der pro Abend nebenher erreicht, was andere pro Woche im Hauptberuf erzielen. Als Geiger war Herr Schmidt nur gut, in seinem eigentlichen Beruf als Schneider hingegen exzellent. Er hat – sei es selbständig oder angestellt – stets auf dem Spitzenniveau gearbeitet, ranghöchste Personen bedient und so viel verdient, daß er luxuriös leben konnte. Er besaß z. B. nicht einfach ein Motorrad, sondern eine Harley Davidson. „Wer die fuhr, da sagte man, der muß Geld haben. Und das hatte ich. Ich habe immer sehr viel verdient und eine gute, eine sehr gute Kundschaft hatte ich." (Richter/Reher 2000: 106) In der Summe steht Geld also für herausragende Leistungsfähigkeit und Männlichkeit, für Status, Anerkennung, Erfolg und gutes Leben.

Ganz anders und doch gleich gelagert ist der Fall von Frau Raschke-Reiß (*1892), die früh ihre Mutter verloren hat und bei ihrer Tante aufgewachsen ist. „Hab's aber sehr gut gehabt. Hab gleich in der Fabrik angefangen, kam aus der

19 Für Anregungen zu diesem Abschnitt sei Silke Erbslöh und Erik Käding gedankt.

Schule. Und die nächste Woche habe ich gleich angefangen, und wat denken Sie, ich werde das nie vergessen, wie ich das erste Geld bekommen habe. Da habe ich das Geld auf den Tisch gelegt und gesagt: ‚Gott sei Dank, jetzt brauchst Du nicht mehr das Gnadenbrot essen.' Das waren meine Gedanken, ich hab's für mich allein gesagt: ‚Gott sei Dank, nun brauchst Du nicht das Gnadenbrot essen.' Ich habe mein Geld selber verdient." (Richter/Reher 2000: 198) Wenige Zeilen später findet sich diese Formulierung vom Gnadenbrot noch einmal. Die Emphase der Greisin gilt der symbolischen Dimension des Lohns, der Befreiung, Freiheit, Erleichterung von Schuld, Unabhängigkeit ausdrückt. Mit dem ersten Lohn hat sie den Sprung vom gnädig gewährten zum tätig erworbenen täglichen Brot getan, hat sie ihr Leben in die eigenen Hände genommen, die Eltern und die an sich nicht zuständige Tante monetär ersetzt. Der erste Lohn markiert die Initiation in die Erwachsenenwelt. Einige Jahre später hat die junge Frau „fast 600 Mark gespart" und war „eine gute Partie, immer fein gekleidet." (Richter/Reher 2000: 199) Symbolisch zeigt das Geld hier die Chancen auf dem Beziehungsmarkt und den sozialen Aufstieg. Als vorgreifende Randnotiz sei angemerkt, daß die zitierten Hundertjährigen konträre Fraktionen (Hedonist versus Puritanerin) jenes Sozialcharakters verkörpern, der in diesem Buch theoretisch und empirisch eine große Rolle spielen wird. (Siehe 4, 5.2, 12)

Auch in der Gesellschaftsgeschichte wirken symbolische Dimensionen des Geldes, die sich mit denen in der individuellen Lebensgeschichte verschränken. Indem das Geld mit seinem *Nennwert* einen Ausschnitt universeller Kaufpotenz repräsentiert, symbolisiert es schon in der monetären Frühzeit einen Schein von Mehr-wert-sein. An den Münzschätzen im Museum ist dieser abstrakte Aspekt zu besichtigen. Der Schatz umfaßt in der Regel ein Sammelsurium von Stücken, die eine durchgehende Gemeinsamkeit haben: sie sind mehr oder minder abgeschliffen (im Doppelsinn von abfeilen und sich abschleifen) und somit nur noch Symbol des aufgeprägten Werts. Dieser Widerspruch von aufgeprägtem und gewogenem Wert widerfährt jeder Münze ab ihrem Eintritt in die Zirkulation, und er steigert sich mit jedem Händewechsel. „Indem sie benutzt wird, wird sie abgenutzt." (Marx 1961b: 88) Dieser Widerspruch erreicht seine höchste Stufe, wenn die Zahl nicht mehr lesbar, sozial aber dennoch bekannt ist. Er entfaltet sich, zweifach und mit wachsender Dynamik, erst zur Verwendung von unedlem Metall (Kupfer, Eisen usw.) und dann zum Papiergeld. Münzen und Banknoten sind jetzt von Anbeginn und gewollt Symbole höheren Goldwerts, was sich in der Rücktauschgarantie gegen Gold besonders klar manifestiert. Das Goldgeld sublimiert sich somit auf drei Stufen „zu seinem eigenen Symbol, erst in der Form der verschlissenen Goldmünze, dann in der Form der subsidiären Metallmünzen und schließlich in der Form der wertlosen Marke, des Papiers, des bloßen *Wertzeichens*." (Marx 1961b: 94) Virtuelles Geld überhöht diese Tendenz noch einmal.

Die Geld emittierende Instanz errichtet eine Hierarchie von Nominalwerten, die zwei weitere Dimensionen monetärer Symbolik umschließt. Die kleinsten Nominale symbolisieren bereits als solche so weitgehende und unterschiedliche Dinge wie

„Armut", „Minimum der milden Gabe", „billig" usw. Entsprechend repräsentieren die höheren Werte „Qualität", „Ansehen", „Status", „Reichtum" usw. Beim höchsten Nominal geht die *Stufung* der Hierarchie in die *Reihung* über, die bloße Vervielfältigung ihrer selbst in Stapeln, Haufen, Bündeln; erst jenseits der Hierarchie ist un-endlicher Reichtum überhaupt denkbar. Auf der zweiten Ebene der Symbolisierung werden die Stufen der Hierarchie unterschiedlich gewichtig ausgestattet. Das Staatswappen wird erst der höherrangigen Münze zuerkannt, die hierdurch wiederum besondere Weihen erhält. Besonders wertvolle Münzen werden gar nach dem Herrscher benannt. „Es hat Louisdors gegeben und Maria-Theresien-Taler. Man empfindet die Münze gern als eine *faßbare* Person." (Canetti 1988: 210) Die Bildnisse der nationalen „Dichterfürsten", der obersten „Sinnstifter", der „Renommierbauten" im Lande finden sich in den höheren Stockwerken des monetären Gefüges. Hieran lagern sich wieder soziale Distinktionen und Trennlinien zwischen jenen an, die der geldkulturellen Dimension wissend bzw. als monetäre Analphabeten gegenübertreten. Am Rande bemerkt kehrt sich die Hierarchie unter diesem Aspekt um: die Gebildeten kennen auch das Unbekanntere auf den unteren Ebenen.

Seitdem die „Geld-Macher" all dies wissen und beachten, gewinnt das Geld den Charakter eines Markenartikels, dessen stofflicher Gehalt mit einem von Anbeginn symbolischen Image umrahmt wird. Die Deutschen hatten mit der DM zugleich „Stabilität" und „Sicherheit", „Sauberkeit" und „Ordnung", „Bildung" und „Wissenschaft" in der Geldbörse. Die der „Euro-Payer" (Hoffmann 2001) soll neben dem Geld selbst „Entgrenzung", „Offenheit" und „gemeinsames Kulturerbe" enthalten.

Gerade die „Oberkante" der monetären Hierarchie ist mit vielerlei zusätzlicher Symbolik besetzt. Bei Traven findet sich irgendwo der Hinweis, daß indianische Analphabeten nicht nur die Geldsummen, sondern auch die Entfernungen jenseits ihres Vorstellungsvermögens mit „mil" bezifferten. Nicht zufällig werden hierzulande exakt 1 000 Küsse oder Grüße versandt. Speziell die Million hat einen „kosmopolitischen Klang", und der „Millionär hat einige der strahlendsten Eigenschaften des alten Märchenkönigs übernommen." (Canetti 1988: 212)

Die universelle Kaufpotenz hat eine personelle und eine zeitliche Dimension, die wiederum vielfältig mit Symbolen besetzt sind. Während das Geld selbst der unbelebten Warenwelt gegenübersteht, tritt sein Besitzer mit Kaufmacht und Wahlfreiheit auf, die sich im Geld symbolisieren. Doch dominiert das Geld auch seinen Besitzer, indem es ihm Symbole wie „Erbonkel" anheftet, die dann ihrerseits Handeln beeinflussen.

Die monetäre Symbolik bleibt nicht auf real existierende Beträge beschränkt, sondern sie wirkt auch im Reich der Wünsche und der Phantasie. In der Kunst wird sie bewußt eingesetzt, um gesellschaftliche Konstellationen (soziale Distanz, Neid etc.) und Charakterzüge (z. B. Geiz, Protzertum) auszudrücken. Der Betrag ist ein verschlüsselter Bedeutungsträger. Bei sinkendem Geldwert sind Mißverständnisse vorprogrammiert, die der heutige Interpret entschlüsseln muß. Das Kinderlied („Hätt' ich einen Pfennig, ach was wär' ich froh") und das Erwachsenenlied („I want to be a millionaire") *müssen* z. B. in einer Zeit geschrieben worden sein, als die verwendeten Summen Luxuswelten symbolisierten. Umgekehrt *muß* die „Wut über den verlorenen Groschen" empfunden und komponiert worden sein, als diese Münze bedeutsame Kaufkraft besaß.

Das menschliche Bewußtsein hat die „Fähigkeit, intuitiv einen in der figurativen Wahrnehmung eines Objektes nicht sichtbaren Teil assoziativ hinzuzufügen. Diese Assoziation besteht nicht in einer mechanischen Koppelung oder elementaren Codierung des Bewußtseins, sondern beruht auf einer eigenen, besonderen Modalität der konstruktiven Wahrnehmung, der Hinzuschaltung nämlich eines gestaffelten Sets von Horizonten, die die einzelne Wahrnehmung jeweils auf weitere Erfahrungen verweisen und damit eine systemartige Ganzheit – das Objekt – herzustellen vermögen." (Hülst 1999: 265) Die gebratene Gans *ist* genau so Weihnachten mit seinem Gehalt an Emotionen und Assoziationen wie eine bestimmte Marke Sekt die große Liebe und die „Eroberung".

Indem Geld, in der Summe, für Universalität, Allmacht und Ewigkeit steht, ist es das stärkste weltliche Symbol überhaupt – absolut auf der Fläche der Gegenwart *und* auf der Zeitachse. Seine häufig angemerkte Analogie zum Göttlichen drückt dies besonders dicht aus. Die symboltheoretischen Überlegungen lehren, daß Geld in den Biographien der Moderne auf vielen wichtigen Stationen vermittelte Beiträge zur Herausbildung der Identität leistet. Alle monetären Szenen und alle Geldbeträge, die erinnert und erzählt werden, haben symbolische Dimensionen: der Groschen für den ersten Einkauf als Kind *ist* Vertrauen und die Züchtigung wegen eines verlorenen Betrages Liebesentzug; das Geldgeschenk zur Kommunion oder Konfirmation *ist* Zuneigung, das erste eigene Einkommen *ist* Eintritt ins Erwachsenenalter, und die Miete der ersten gemeinsamen Wohnung *ist* Emanzipation und Erfolg; das Ersparte schließlich *ist* monetarisierte Lebensleistung. Diese Überlegungen machen die im vorigen Abschnitt dargestellte Hypothese von Canetti zum Verhältnis von Selbstwert und Geldwert verständlich.

Währungskrisen und die säkulare Inflation betreffen den Geldwert nicht nur in Kategorien von Vermögen und Kaufkraft, sondern auch in der symbolischen Dimension. Sie verzwergen gewissermaßen die Zentren personaler Identität und beschädigen die symbolische Botschaft, wenn sie nicht gar ins Gegenteil verkehrt und auf demütigende Weise lächerlich wird. In heutigen Wertgrößen wären die drei Mark für den Konzertabend ja ein Almosen, das niedersten Status anzeigte. Das erzählende Individuum spürt diese Deformationen der symbolischen Dimension natürlich und versucht sie zu reparieren: sei es diachron (Bezug auf die „Preise früher") oder synchron (Vergleich mit dem „Stundenlohn von sechsundzwanzig Pfennig"). Die Geldentwertung in allen ihren Formen übt also wegen der psychisch notwendigen Geldsymbolik einen starken Erzählzwang aus, die gemeinten Botschaften zu retten. Seinen tieferen Grund hat dieser Prozeß in der von Canetti formulierten Einsicht: „Zu lange hat er (der Mensch – d. Verf.) sich mit ihr (der Geldeinheit – d. Verf.) gleichgesetzt, das Vertrauen in sie war wie das Vertrauen in sich selbst." (Canetti 1988: 210)

Weiter unten wird sich zeigen, daß die älteste Generation oftmals bis heute in Kategorien denkt, die aus der Zeit der Goldwährung stammen und dort ihre Rationalität hatten. Das gilt auch für Menschen, deren Niveau im Interview jeden Versuch in die Schranken wiese, dies über „Alterserscheinungen" zu erklären. Die Gedanken zur symbolischen Dimension des Geldes bieten Hilfen bei dem Versuch, die anhaltende Pflege der Geldillusion, die Angst vor weiteren Währungskrisen, die enorme Skepsis gegenüber der Euro-Währung und andere Konstanten im monetären Horizont der Ältesten zu verstehen. Sie alle sind gleichsam Symbole des Symbols, indem *heutiges Geld* auf die monetäre Vergangenheit rückprojiziert wird. Ihre monetäre Symbolik ist daher wesentlich eine der *Stabilität* und notwendig rückwärtsgewandt. Eine Identität kann man nicht transponieren.

Natürlich gibt es auch eine Symbolik des Dynamischen, die eher ein Reservat der Generationen ist, die heute im jungen bis mittleren Erwachsenenalter stehen. Durch Aktivitäten an der Börse symbolisiert sich der Spaß am Kitzel genau so wie die hohe Bewertung eines monetären Erfolgs, der eher rationalem Kalkül und schneller Entscheidung geschuldet ist und den Grundsätzen der Altvorderen („Groschen auf Groschen" etc.) eine Absage erteilt. Der teure Sportwagen des „Erbneffen" *ist* auch in dem Sinne schnell, daß Freude an eben jener Beschleunigung ausgedrückt wird, die Simmel (1992b) mit einem fast schon programmatischen Aufsatztitel bereits am Ende des 19. Jahrhunderts erkannt hat: „Die Bedeutung des Geldes für das Tempo des Lebens".

3.7 Geld und Normativität

„Was einen Preis hat, an dessen Stelle kann auch etwas anderes als Äquivalent gesetzt werden; was dagegen über allen Preis erhaben ist, mithin kein Äquivalent verstattet, das hat eine Würde." (Kant)

Das Webersche Postulat der Wertfreiheit empirischer Wissenschaften, das auch die *Ökonomie* in normativen Fragen zurückhaltend gemacht hat, nutzen die für Sollens-Aussagen plädierenden Vertreter etwa der *Philosophie oder theologischen Ethik*[20] geradezu als Einfallstor für Wertungen in Sachen Geldwert und Inflation. Ein soziologischer Aufriß nimmt eine Zwischenstellung ein: er stellt keine Aussagen mit moralphilosophischem Anspruch auf, kann sich aber auch nicht auf die Analyse der internen Logik zweckrationaler Nutzen- und Präferenzkalküle reduzieren. Vielmehr geht es um einen theoretisch fundierten und empirisch geerdeten Zugang zu den sozialen Normen und Wertvorstellungen, die sich mit dem Geld im Generellen, mit Fragen des Geldwertes und der Inflation im Speziellen sowie mit den Regulierungen des Geldgebrauchs im Konkreten verbinden. Hieran schließt ein kurzer Exkurs an mit dem Ziel einer Differenzierung und Präzisierung des präskriptiven Bedeutungsgehaltes von Begriffen wie Norm, Wert, Konvention und Tugend im Kontext von monetären Fragestellungen.

---

20 Vgl. stellvertretend für viele Hösle (1997:1116) sowie die Arbeiten von Koslowski (1988, 1994).

Fundamentale Kritik am Geld als Wert der (kapitalistischen) Gesellschaft

Insofern Geld nicht nur ein neutrales Kommunikationsmedium innerhalb des Wirtschaftskreislaufes darstellt, sondern selbst zum zentralen und u. U. höchsten gesamtgesellschaftlichen Wert avanciert, ist es häufig Gegenstand fundamentaler Kritik gewesen.[21] So hat die theologisch inspirierte Geldkritik die mit Geld verbundene innerweltliche Erwerbsorientierung[22], die in natürlicher Konkurrenz zu religiös bestimmten Lebensentwürfen steht, mit Bezug auf Matthäus 6, 24 schon immer zum Thema gemacht: „Niemand kann zwei Herren dienen; er wird entweder den einen hassen und den anderen lieben, oder er wird zu dem einen halten und den andern verachten. Ihr könnt nicht beiden dienen, Gott und dem Mammon."
Kardinal Lehmann hebt zwar in seiner Darstellung der verschiedenen Kontexte, in denen Geld und Geldgebrauch in der Bibel eine Rolle spielen, dessen „ambivalente Realität" hervor. Dennoch nimmt der Hinweis auf „die Gefahr einer Überschätzung des Geldes in Richtung des höchsten Wertes für den Menschen" (Lehmann 1994: 133) – eine Haltung, die mit Fug und Recht als Mammonismus bezeichnet werden kann – einen besonderen Rang ein.

Auch die Marxsche Kritik an den entfremdenden Wirkungen des Geldes und der Reduktion von menschlichen Werten auf Tauschwerte darf als fundamentale Geldkritik gelten. So geißelt Marx in seiner Frühschrift „Zur Judenfrage" die mit dem Geld als absolutem Wertmaß einhergehende „Ver-Geldung" Gottes und Entfremdung des Menschen von sich und der Natur: „Das Geld erniedrigt alle Götter des Menschen – und verwandelt sie in eine Ware. Das Geld ist der allgemeine, für sich konstituierte *Wert* aller Dinge. Es hat daher die ganze Welt, die Menschenwelt wie die Natur, ihres eigentümlichen *Wertes* beraubt. Das Geld ist das dem Menschen entfremdete Wesen seiner Arbeit und seines Daseins, und dieses fremde Wesen beherrscht ihn, und er betet es an." (Marx 1961a: 101)[23]

In der 1844 entstandenen und 1932 erstmals edierten Schrift „Nationalökonomie und Philosophie" betont Marx die durch die entindividualisierende Kraft des Geldes bedingten gesellschaftlichen und moralischen Verkehrungen: „Was durch das *Geld* für mich ist, was ich zahlen, d. h., was das Geld kaufen kann, das *bin ich*, der Besitzer des Geldes selbst. So groß ist die Kraft des Geldes, so groß meine Kraft. Die Eigenschaften des Geldes sind meine – seines Besitzers – Eigenschaften und Wesenskräfte. Das was ich *bin* und *vermag*, ist also keineswegs durch meine Indi-

21 Einen konzisen systematischen Überblick bietet bspw. der von Reinhold (1997: 67-73) herausgegebene Sammelband.

22 Diese findet in der emblematischen Figur der avaritia ihren sinnfälligen Ausdruck. Avaritia als Geiz und Habsucht wird von der christlichen Religion nicht allein wegen ihrer Geldorientierung angeprangert, sondern weil sie den Gottesbezug menschlichen Denkens und Handelns durch weltliche Zwecke ersetzt. Auch von dem Verfasser des ersten Emblembuches Andrea Alciati wird Mitte des 16. Jahrhunderts avaritia gegeißelt, weil sie einen sinnvollen Gebrauch des angehäuften Geldes verhindert. (Henkel/Schöne 1967: 1654f.) Ihren Höhepunkt erreichen die avaritia-Darstellungen zweifelsohne in den Flugschriften und -blättern der Zeit der Kipper und Wipper (1620-1625), die gleichzeitig ihren Bedeutungsgehalt verändern: avaritia ist nicht mehr ein individuelles Laster, sondern „auf dem Gesamtkomplex der Inflation angesiedelt, ermöglicht sie neue Einsichten in Ursachen über Gesetzmäßigkeiten einer ökonomischen Erscheinung." (Hooffacker 1988: 202)

23 Vgl. hierzu Kramer (1996: 101).

vidualität bestimmt. Ich *bin* häßlich, aber ich kann mir die *schönste* Frau kaufen. Also bin ich nicht *häßlich*, denn die Wirkung der *Häßlichkeit*, ihre abschreckende Kraft, ist durch Geld vernichtet. [...] ich bin ein schlechter, unehrlicher, gewissenloser, geistloser Mensch, aber das Geld ist geehrt, also auch sein Besitzer, das Geld ist das höchste Gut, also ist der Besitzer gut [...]." (Marx 1964: 298)[24]

Im „Kapital" hingegen bezieht Marx seine Geldkritik auf ihre Wirkung der Verschleierung der wahren gesellschaftlichen Verhältnisse: „Es ist aber eben diese fertige Form – die Geldform – der Warenwelt, welche den gesellschaftlichen Charakter der Privatarbeiten und daher der gesellschaftlichen Verhältnisse der Privatarbeiter sachlich verschleiert, statt sie zu offenbaren." (Marx 1962: 90) Und selbst Georg Simmel, der in seiner Geldtheorie den emanzipatorischen und modernisierenden Wirkungen der kapitalistischen Geldwirtschaft einen hohen Rang einräumt, hat nicht versäumt, gleichzeitig auch auf die Inadäquatheit des Geldgebrauchs bei der Transformation von personalen in monetäre Werte hinzuweisen. (Simmel 1989b: 482-541)

Formen und Rudimente einer fundamentalen Geldkritik finden sich bei unseren Gesprächspartnern vorwiegend in der älteren, durch religiöse und traditionale Wertvorstellungen geprägten Generation sowie bei Bürgern der ehemaligen DDR. Letztere kritisieren vor dem Hintergrund ihrer eigenen Erfahrungen in einer sozialistischen Gesellschaft die Geldfixierung der westdeutsch bestimmten Gegenwartsgesellschaft und deren Wertekanon. Die Einschätzung der Dominanz von Geld allgemein in der heutigen Zeit war naheliegenderweise auch Gegenstand einer direkten Exploration in Form der provokativ und maximalistisch formulierten Frage: „Heute dreht sich alles nur ums Geld. Stimmen sie dieser Aussage zu?" Sie evozierte viele geldkritische Argumente seitens der Befragten. (Siehe 17.3)

Spezifische Kritik an Instabilität des Geldes und Inflation

Daß die mit der Existenz von Geld gegebenen Manipulationsmöglichkeiten auch schon in vorkapitalistischen Gesellschaften zu normativen und ethischen Reflexionen geführt haben, erhellt der folgende Lexikoneintrag, der gleichzeitig auch der allegorischen und etymologischen Bedeutung des Wortes „monetär" gilt: „Um den mit der wachsenden Manipulierbarkeit des Geldes und insbesondere mit dem geldtheoretischen Nominalismus als währungspolitischem Prinzip gegebenen Versuchungen vorzubeugen (Münzverfälschungen; inflationäre Fiskalpolitik), erscheint Geld von seinen Ursprüngen stets im Bannkreis der Ethik. Alte römische Münzen tragen nicht selten das Bildnis einer weiblichen Person, die durch die Beischrift ‚Moneta' als Münzgöttin bezeichnet ist (lat. Moneta, Münze) und als Attribut eine Waage hält. Dieses Attribut ist sonst nur noch der ‚Aequitas' zu eigen, einer Schwester der Göttin der Justitia. Sowohl Moneta wie Aequitas verweisen auf den Bereich der Verteilungsgerechtigkeit, insofern Aequitas auf den Anteil des Zugemessenen zu achten, Moneta dagegen die Aufmerksamkeit auf den Ausschluß des

24 Vgl. hierzu besonders Beutter (1977: 25ff.).

Betrugs beim Verteilungsakt nahezulegen hat – im Sinne der etymologischen Deutung, die Thomas von Aquin dem Wort ‚Moneta' gegeben hat: ‚Moneta' heißt (das Geld), weil es uns ‚moniert', daß kein Betrug unter den Menschen vorkomme, da es das geschuldete Wertmaß ist." (Weber 1974: 225)

Dieses Thema des Betruges durch Geldwertverlust greift Bamberger in seiner 1876 erschienen Schrift „Reichsgold" auf, in der er im Jahre der Gründung der Reichsbank für eine Deckung des Geldes in Edelmetall votiert und damit gleichzeitig gegen die Vertreter einer Currency-Theorie opponiert: „Die Tugend der Zahlungsmittel ist zu hüten. Und was ist Tugend? Innerer Wert! Wert, der nicht auf Fiktion, Übereinkunft, äußerem Schutz beruht, sondern auf eigener Kraft. Des Geldes Kraft liegt im Metall, nur und allein in diesem. Sowie hinter dem Namen des Geldes etwas steht, was weniger Kraft besitzt als die volle Quantität und Qualität des Metalls, von dem es den Namen ableitet, so ist der Empfänger betrogen." (zitiert nach Born 1994: 18)

Der moralische Appell Bambergers ist noch ganz von dem Vertrauen in die Möglichkeit stabilen Geldes geprägt, wie es im Zeitalter des Goldstandards und seiner monolithischen Geldkultur (siehe 5.1) herrschte. Hingegen hat die Erfahrung der Sequenzen von Währungskrise und -reform im 20. Jahrhundert auch zur ethischen Reflexion der mit Inflationen im besonderen verbundenen Probleme geführt. Der Theologe Beutter stellt als Fazit seiner Monographie „Zur sittlichen Beurteilung von Inflationen" deren Ungerechtigkeit in den sozialen Verteilungswirkungen in den Mittelpunkt seiner Betrachtung: „Die Inflation aber nimmt nach blinder und rücksichtsloser Gesetzmäßigkeit ihre Umverteilung vor, nicht nach sozialen Gesichtspunkten. Sie schafft keinen sozialen Ausgleich, sondern vergrößert vorhandene Ungleichheiten. Sie ergreift in jeder Schicht diejenigen verhältnismäßig stärker, die keine Möglichkeit haben, durch Organisierung ihrer Interessen oder durch ihre Macht über die Preisgestaltung einen Ausgleich zu erreichen. Die Inflation sucht nach der Art allen unsozialen Verhaltens ihre Opfer unter den wirtschaftlich Schwachen, unter den ökonomisch nicht Geschulten und unter den wenig organisierten Gruppen." (Beutter 1965: 150)[25]

Die moralische Empörung über die mit dem Inflationsschicksal verbundene Entwertung der eigenen oder der familialen Lebensleistung war bei vielen unserer Gesprächspartner in der ältesten Generation auch noch nach Jahrzehnten virulent. Diese wird zusätzlich noch verstärkt durch die Tatsache, daß politische oder ökonomische Akteure wie Regierungen, Parlamente, Notenbanken, Unternehmen etc. für das Inflationsgeschehen verantwortlich gemacht werden, dem man sich ohnmächtig ausgeliefert sah. Allerdings ist über das Jahrhundert hinweg auch eine

25 Ohne auf Beutters Arbeit Bezug zu nehmen, präsentiert Hesse, Präsident der Landeszentralbank von Nieersachsen, Bremen und Sachsen-Anhalt, fast dreißig Jahre später denselben Gedankengang als Resümee seiner Überlegungen zu der Moral einer Stabilitätspolitik: „Hiermit lassen sich die Überlegungen zur ethischen Beurteilung der Inflation abschließen. Sie haben ergeben, daß eine Inflation vergleichsweise stark die Schwachen, Nichtinformierten und Unorganisierten, die meist unten in der Einkommenshierarchie stehen, trifft und daß sich diese Menschen nicht dagegen wehren können. Die Inflation kann nicht als menschengerecht bezeichnet werden. Ihr muß aus Gründen der sozialen Gerechtigkeit und aus diskursethischen Erwägungen entgegen getreten werden." (Hesse 1994: 51)

Veränderung in der moralischen Besetzung des Inflationsthemas zu beobachten, die auf einer Veränderung von kognitiven Schemata[26] beruhen dürfte. Mit solchen Schemata oder Mustern, die ihrerseits ideelle Ablagerungen früherer Erfahrungen sind, verarbeitet ein Individuum Informationen über Ereignisse in seiner Umwelt.

Für die älteste Generation und deren Eltern gilt, daß sie sich auf kein krisenspezifisches kognitives Schema stützen können, sondern im monetären Stabilitätsbewußtsein der Goldstandardära völlig unvorbereitet in die Inflation und Hyperinflation der Zwanziger Jahre geraten. (Siehe 6.1) Die Währungsreform von 1948 hingegen ist durch den verlorenen Krieg, die Entbehrungen der Nachkriegszeit sowie die bereits gemachten Erfahrungen mit der Inflation von 1923 geprägt, so daß sich die moralische Empörung über erlittene Verluste bereits deutlich abschwächt. (Siehe 7.1) Für die Währungsunion 1990 ist zu beobachten, daß sie von den Angehörigen der mittleren und jüngeren Generation selbst u. U. zum Gegenstand eines ökonomischen Kalküls mit entsprechenden psychischen Dispositionen wird. Der Währungspessimist wendet ein Schema an, daß in den 20er und 40er Jahren erfolgreich gewesen wäre, 1990 aber geradezu zum Fiasko führt, während der Währungsoptimist – ob aus Tradition oder wegen eines komplexer gewordenen kognitiven Schemas sei dahin gestellt – 1990 auf dem „Siegertreppchen“ steht. (Siehe 9) Daß das eigene ökonomische Abschneiden wiederum die Wahrnehmung der Modalitäten der Währungsunion als gerecht oder ungerecht dirigiert, nimmt nicht wunder.

Normative Regulierung des Geldumgangs im Alltag: Anti-Verschuldung und Sparsamkeit

Schmölders weist auf die moralische Konnotation hin, die das deutsche Wort „Schulden“ von seinem englischen oder französischen Pendant unterscheidet: „In der deutschen Sprache bezeichnen die Wörter Schuld und schuldig sowohl das moralische wie das finanzielle ‚Verschulden‘; weder das englische Wort *debt* noch das französische *dette* enthalten zugleich den moralischen Beiklang von *guilt* oder gar von *culpabilité*. Es wäre eine reizvolle Aufgabe, die Semantik des deutschen Schuldbegriffes daraufhin zu untersuchen, ob hier psychologisch zu deutende Verbindungen bestehen; sicher ist, daß jegliches ‚Schuldenmachen‘ in breiten bürgerlichen Kreisen die abschätzige Nebenbedeutung von etwas Unsolidem besitzt, die der unvoreingenommenen Inanspruchnahme von Kreditmitteln, wie sie im geschäftlichen Alltag der Großwirtschaft so selbstverständlich ist, oft genug hemmend im Wege steht [...].“ (Schmölders 1966: 113) Die Wurzeln dieser am Beispiel einer Befragung mittelständischer Unternehmer sowie eigener empirischer Untersuchungen erhärteten Erkenntnis liegen in der monetären Stabilitätskultur des Kaiser-

26 Dieser Begriff wird hier im Anschluß an Seiler verwendet. Durch immer wiederkehrende Vorgänge entsteht für ein Thema eine „kognitive Struktur“, ein „relativ überdauerndes, in sich geschlossenes und interferenzresistentes Tätigkeits- oder Reaktionsmuster eines Organismus, das seiner erkennenden Umweltbewältigung dient, das selber durch Differenzierung und Integration schon vorhandener Strukturen entwickelt, und von ihm in vergleichbaren Situationen unbewußt oder willentlich, zufällig oder systematisch neu aktiviert werden kann.“ (Seiler 1978: 115).

reiches, die eine bruchlose Identität von monetären und moralischen Schulden postuliert. So erzählt der Wirtschaftspublizist Muthesius: „Schulden zu haben, galt vor dem Ersten Weltkrieg als ehrenrührig. Ein seriöser, ein solider Mann hatte keine Schulden. Das gleiche galt für Industrie- und Handelsunternehmungen: Aktiengesellschaften finanzierten sich durch die Emission ‚junger Aktien'; Einzelkaufleute und Firmen, die als offene Handelsgesellschaften betrieben wurden, mußten zusehen, daß ihr Geschäft Gewinne abwarf, die sie zum Teil zur Expansionsfinanzierung verwenden konnten. Dem Staat freilich war es in gewissem Rahmen gestattet, Schulden bei seinen Bürgern zu machen: Anleihen aufzunehmen, um Investitionen zu finanzieren." (Muthesius 1973: 153) Stolz auf die Einhaltung der Anti-Verschuldungsnorm dokumentiert bspw. die Rede des Stadtdirektors von Hannover Heinrich Tramm, der bei der Einweihung des neuen Rathauses am 20. Juni 1913 in Anwesenheit des Kaisers öffentlich bekundet, daß der Zehnmillionenbau bereits bar bezahlt sei. (Röhrbein 1990: 74f.)

Daß die Norm der Anti-Verschuldung auch in ihrer moralischen Bedeutung noch in der Zeit nach dem Zweiten Weltkrieg in Kraft ist, dokumentieren die Sätze von Röpke, seines Zeichens Nationalökonom und akademischer Lehrer Ludwig Erhards, der über die Wirkungen des Konsumentenkredits auf den Verbraucher schreibt: „Einerseits muß bei solchen Menschen die materielle Begehrlichkeit – der Drang, ein Motorrad ohne Aufschub sein Eigen [sic] zu nennen, den neuen Anzug ohne Einschränkung des Kinobesuchs sofort zu erwerben, die Wohnung mit allen möglichen Dingen, die Reichtum und Rang vortäuschen auszustatten – einen abnorm hohen Grad erreicht haben, andererseits aber der Gedanke an das Nachher ebenso abnorm abgestumpft sein. Ungeduld und Leichtsinn, Genußsucht und In-den-Tag-hinein-Leben, das sind die beiden Elemente, die sich in verhängnisvoller Weise zu dem Gesamtbild einer Lebensführung ergänzen, die von jeher und überall in einer gesunden Gesellschaft als ‚unordentlich', ‚leichtfertig' und ‚zigeunerhaft' gegolten hat und mit dem Makel des auf Kosten der übrigen Schmarotzenden, des Lebensuntüchtigen und des Verantwortungslosen behaftet ist." (Röpke 1954: 12)

Gleichzeitig hebt Röpke aber auch die Wirkungen der Inflation bei der Veränderung und „Entwertung" von monetären Normen wie der Anti-Verschuldung hervor: „Das also ist gemeint, wenn ich von dem Humus der bürgerlichen Lebensordnung und Lebensgesinnung sprach, der in Deutschland in bedenklichem Maße ausgewaschen ist. Dazu hat natürlich auch in hohem Grade die Tatsache beigetragen, daß die Deutschen innerhalb einer einzigen Generation zweimal eine den Geldwert fast völlig vernichtende Inflation erlebt haben." (Röpke 1954: 16)

Dasselbe wie für die Anti-Verschuldung gilt für ihr positives Gegenstück, die Norm der Sparsamkeit, die insbesondere das Vorsorge-Sparen meint und Geldhortung sowie eine Haltung des Verzichts einschließt. So schreibt der 1903 geborene Philosoph Bollnow über die Sparsamkeit als eine bürgerliche Tugend: „Die bekannte volkstümliche Regel für die Sparsamkeit heißt: Spare in der Zeit, so hast Du in der Not. Darin kommt das Wesen einer solchen Sparsamkeit deutlich zum Ausdruck: Es kommt darauf an, daß der Mensch sich einen augenblicklich für ihn erreichbaren Genuß entzieht, um sich für einen späteren Zeitpunkt einen Genuß aufzubewahren. Er nimmt also von der Gegenwart, um für die Zukunft zu haben. [...] Das Risiko der Sparsamkeit ist also immer: daß ich möglicherweise ganz umsonst gespart habe: Die Vorräte können verderben und von ‚Motten und Rost' verzehrt werden, das Geld kann entwertet werden, meine Bedürfnisse können sich ändern, [...]." (Bollnow 1958: 43)

Allerdings muß Sparsamkeit nicht auf Freiwilligkeit beruhen, sondern kann auch Ausdruck schierer ökonomischer Notwendigkeit sein: „Über Jahrhunderte hinweg war die Sparsamkeit eine selbstverständliche Tugend, jede andere Haltung galt als verwerflich. In den Not- und Mangelzeiten der 40er Jahre wurde aus der Tugend ein unmittelbarer Zwang; Beschränkung und Sparsamkeit waren nun nicht mehr freiwillig, sondern Folgen des Krieges, von denen man sich so schnell wie möglich lösen wollte. Unabhängig, ob Not- oder Normalzeiten, bis in die 50er Jahre deckte die Mehrheit beim Warenkauf lediglich ihren alltäglichen Bedarf, und die Ökonomen schenkten diesem Alltagskonsum keine Beachtung." (Andersen 1999: 32) Die im Zuge der Wertewandelsdiskussion aufgekommene These „eines generellen Abbaus des ‚deferred gratification pattern' [...]: aus der Sparmentalität werde zusehends eine *Verschuldungsmentalität*" (Wiswede 1995: 180), ist aber bisher empirisch nicht verifiziert worden.

Die monetären Normen der Anti-Verschuldung und Sparsamkeit spielen in zwei großen Auswertungsbereichen der folgenden Darstellung eine zentrale Rolle. Sie bilden einerseits den konstitutiven Ausgangspunkt bei der quantitativen und qualitativen Operationalisierung des puritanischen Sozialcharakters als monetärem „Erfolgsmodell" der Goldstandardzeit. (Siehe 5.2) Andererseits sind sie der zentrale Fokus im Bereich der Fragen der monetären Sozialisation: bei der eigenen (siehe 5.1.3, 18.5) wie der der Kinder (20.1).

Mit der Erörterung von monetären Idealen und Negativstereotypen finden auch Fragen der normativen Regulierung des Konsums ihren Platz. Während die klassischen Theorien von Aristoteles bis Simmel den goldenen Mittelweg zwischen den pathologischen Formen von Geiz und Verschwendung empfehlen, legen die empirischen Ergebnisse hier eine Differenzierung nahe und zeigen eine deutliche Schlagseite zugunsten der Kritik an Verschwendung. (Siehe 18.3)

Exkurs: Werte, Normen, Konventionen und Tugenden – begriffliche Differenzierungen

Der *Wertbegriff* ist in soziologischer Perspektive im Anschluß an Kluckhohn (1951: 395) zu bestimmen als die Vorstellung des Wünschenswerten, die explizit oder implizit für ein Individuum oder eine Gruppe von Individuen kennzeichnend ist und die Auswahl der zugänglichen Mittel und Zwecke des Handelns beeinflußt. Die Gesamtheit der gesellschaftlichen Werte bildet das für die Integration und Stabilität einer Gesellschaft bedeutsame Wertsystem, das in modernen Gesellschaften durch Ausprägung von Teil- und Subkulturen und schicht- bzw. klassenspezifischen Wertmustern stark differenziert ist.

Im Rahmen der sozialwissenschaftlichen Werteforschung, wie sie durch Ingleharts (1977) These vom Wertewandel von materiellen zu postmateriellen Werten initiiert wurde, fungiert Geld als Inbegriff materieller Werte und ökonomischer Sicherheit. Als für ein empirisches Projekt nicht sinnvoll erweist sich jedoch Ingleharts theoretische Vorannahme, materielle und postmaterielle Werte bipolar auf einer Achse zu verorten und somit zwangsläufig ein Substitutionsverhältnis zu unterstellen. Vielmehr ist im Sinne der Speyrer Werteforschung eine Zwei- bzw. Dreidimensionalität anzunehmen, um die Frage, ob tatsächlich ein Wertewandel oder aber eine Wertesynthese oder gar ein Werteverlust vorliegt, empirisch offen zu halten.[27] Fokussiert auf Geld als Inbegriff materieller Werte finden sich in unserem Sample sämtliche denkbaren Einstellungen: Ein hartleibig sozialdarwinistisch imprägnierter Materialismus wird kontrastiert durch religiös oder politisch-weltanschaulich motivierte Geldverachtung. Häufiger freilich sind vermittelnde Positionen, die entweder eine instrumentalistische Beziehung dergestalt annehmen, daß materielle Wertvorstellungen Mittel zur Realisierung von ideellen Wertkomplexen (persönliche Freiheit und Unabhängigkeit; familiale und soziale Verantwortung) sind oder eine Art friedlicher Ko-Existenz zwischen Materiellem und Postmateriellem annehmen.

Die Werte und das Handeln sind durch *Normen* verklammert: „Normen sind allgemein geltende und in ihrer Allgemeinheit verständlich mitteilbare Vorschriften für menschliches Handeln, die sich direkt oder indirekt an weitverbreiteten Wertvorstellungen orientieren und diese in die Wirklichkeit umzusetzen beabsichtigen. Normen suchen menschliches Verhalten in Situationen festzulegen, in denen es nicht schon auf andere Weise festgelegt ist. Damit schaffen sie Erwartbarkeiten. Sie werden durch Sanktionen abgesichert." (Bahrdt 1984: 48) Das Moment der Sanktionsgeltung unterscheidet soziale Normen von anderen erwartbaren Regelmäßigkeiten, wie sie durch Gewohnheiten, Bräuche oder dauerhafte Interessenlagen begründet werden.

Für die oben diskutierten beiden zentralen Normen der Anti-Verschuldung und Sparsamkeit stellt sich naheliegenderweise die Frage, in welchem Sinne hier die Sanktionsgeltung zu verstehen ist: Klammert man einmal den juristisch sanktionierten Fall des verweigerten oder unpünktlichen Schuldendienstes aus, so werden beide monetären Normen nicht rechtlich abgesichert, sondern besitzen einen sittlichen Charakter im Sinne einer gesellschaftlichen Sanktionierung. Besonders auffällig ist jedoch, daß es im Gegensatz zu anderen sittlichen Normen (Lärmen der Nachbarin, Untreue des Ehemannes etc.) im Falle von Verschuldung oder Nicht-Sparsamkeit keinen direkt Geschädigten gibt und der Normenverstoß trotzdem durch eine Gruppenöffentlichkeit in Form von ostentativer Mißbilligung bis hin zur sozialen Diskriminierung zum Ausdruck gebracht wird. (Popitz 1961: 193f.)[28]

---

27 Zur Kritik an Inglehart siehe insbesondere Franz/Herbert (1987: 57-63).

28 Das Fehlen eines direkt Geschädigten im Falle der genannten monetären Normen kann als ein maßgeblicher Grund dafür angesehen werden, daß Anti-Verschuldung und Sparsamkeit in der historischen Entwicklung an normativer Geltungskraft verlieren, je mehr sich in einer Gesellschaft zweckrationale Vorstellungen gegen wertrationale Verbindlichkeiten durchsetzen.

Insbesondere mit Blick auf die älteste Generation unseres Samples zeigt sich der normative Charakter der Anti-Verschuldung in deren rigider psychischer Internalisierung; hier kann sogar von einem Verschuldungstabu gesprochen werden, weil eine innere Barriere vorliegt, „die bereits den Gedanken an Übertretung verhindert oder ihn, falls er doch auftaucht, mit Angst-, Ekel- und Schamgefühlen besetzt." (Bahrdt 1984: 60)[29] Für die älteste Generation muß deshalb davon ausgegangen werden, daß die normative Qualität von Sparsamkeit und Anti-Verschuldung moralisch zu interpretieren ist, insofern sie – auch unter Verwendung eines minimalistischen Begriffs von soziologischer Moral – als Codes für die Frage der Achtung und Nicht-Achtung von Personen fungieren.[30]

Die Handlungsrelevanz von monetären Werten und Normen hängt entscheidend vom Grad ihrer Internalisierung und Anerkennung durch die Individuen ab. Ob und inwiefern auch eine Funktionalität der Normen für gewünschte Handlungsziele Voraussetzung für ihren Erhalt und ihre Tradierung sind, wird eine zu klärende Frage sein.[31] Der Grad der Verbreitung von monetären Normen in der Gesamtgesellschaft bildet für die verschiedenen sozialcharakterologische Konstellationen ein entscheidendes Kriterium. (Siehe 4.1)

Im Unterschied zu moralischen Normen besitzen *Konventionen* ihre Geltung jedoch nur in einem spezifischen gesellschaftlichen Umkreis, nicht aber in der Gesamtgesellschaft. Und die Kraft ihrer Geltung wird nicht verinnerlicht, sondern liegt eher in einer Furcht vor Mißbilligung der Außenwelt. Aber auch Konventionen besitzen präskriptiven Charakter und gelten aufgrund von Sanktionierung; dies grenzt sie ab von einem bloßen Gewohnheitshandeln. In diesem Sinne definiert

---

29 Zur aufklärerischen Semantik des Begriffs des Tabus führt Bahrdt treffend aus: „Der ursprünglich aus der Ethnologie stammende Begriff des ‚Tabu' ist in neuerer Zeit zu einem Modewort geworden. Meist wurde er in polemischer Absicht verwendet, und zwar vor allem dort, wo man gegen Verbote, die rational nicht hinreichend begründet schienen, Sturm lief. Aufklärerisches Denken nimmt Anstoß an dem irrationalen Charakter von Tabus. Der polemische Wortgebrauch trifft etwas Wesentliches. In dem ursprünglichen Sinn des Wortes ‚Tabu' steckt nicht nur das klare Verbot einer bestimmten Handlung, sondern auch das Verbot, eine bestimmte Sphäre zu berühren, sei es einen Ort zu betreten, einen Gegenstand anzufassen, über eine Sache zu reden oder über ihren Sinn nachzudenken." (Bahrdt 1984: 60) Die Markierung der Haltung der Anti-Verschuldung als Tabu folgt somit selbst einer rationalen Aufklärungslogik und trägt – freilich nur auf einer wissenschaftlichen Diskursebene – zu ihrer Delegitimation bei.

30 Vgl. zu einem soziologisch fundierten Begriff der Moral bspw. die Bestimmung bei Luhmann: „Alle Moral bezieht sich letztlich auf die Frage, ob und unter welchen Bedingungen Menschen einander achten bzw. mißachten. [...] Achtung wird personbezogen zugeteilt, jeder kann sie für sich gewinnen und verlieren (obwohl in älteren Gesellschaft Gruppenzugehörigkeiten als Voraussetzung für Achtung/ Mißachtung bedeutsam sind). In jedem Fall ist die Person als ganzes gemeint – im Unterschied zur Schätzung einzelner Verdienste oder Fähigkeiten, fachlichen, sportlichen, amourösen Könnens usw." (Luhmann 1984: 318f.) Vgl. ausführlich zum Thema Luhmann (1978).

31 Der spezielle Blick gerade auch auf die Währungskrisen erlaubt bzw. ermöglicht eine entsprechende Überprüfung in Bezug auf die monetären Normen. Es liegt auf der Hand, daß handlungssteuernde Normen der Goldstandardzeit in der Währungskrise ihre ökonomische Funktion auf der individuellen Ebene verloren. So kommt in den sehr emotionalen und teilweise recht drastischen Aussagen der Befragten, sofern sie sich in diesem Zwiespalt zwischen ökonomisch „richtigem" und sozial Anerkanntem bewegen, das Spannungsverhältnis von homo sociologicus und homo oeconomicus besonders dramatisch zum Ausdruck; noch nach Jahrzehnten werden die entsprechenden Ereignisse empört oder stolz berichtet. (Siehe 10.1.3)

Max Weber den Konventionsbegriff: „Unter ‚Konvention' wollen wir dagegen den Fall verstehen, daß auf ein bestimmtes Verhalten zwar eine Hinwirkung stattfindet, aber durch keinerlei physischen oder psychischen Zwang, und überhaupt zum mindesten normalerweise und unmittelbar durch gar keine andere Reaktion als durch die bloße Billigung oder Mißbilligung eines Kreises von Menschen, welche eine spezifische ‚Umwelt' des Handelnden bilden." (Weber 1967: 80)[32] Ob eine Rechnung bar oder per Banküberweisung bezahlt oder wann und wieviel Trinkgeld gegeben wird, ist typischerweise durch monetäre Konventionen geregelt, die je nach gesellschaftlichem Erfahrungshintergrund und sozialem Milieu ganz unterschiedlich ausfallen können.

Von Werten, Normen und Konventionen begrifflich zu unterscheiden ist der etwas altmodisch anmutende Begriff der *Tugend*. Im Gegensatz zu jenen schafft er keine intersubjektiven Erwartbarkeiten, sondern benennt nur für ein Subjekt selbst gültige Maximen der Lebensführung, die aber im Bewußtsein dieses Subjektes für andere Personen keine Verbindlichkeit haben müssen. Insbesondere unter den Angehörigen der älteren Generation existiert bei einer relevanten Minderheit zwar ein Bewußtsein davon, daß die Verschuldungsfrage in der Gegenwartsgesellschaft nicht primär als moralisches, sondern vielmehr als ökonomisches Problem definiert wird; gleichwohl wäre es für die betreffenden Personen aufgrund ihrer normativen Prägungen unvorstellbar, selbst Schulden zu haben.

3.8 Geld und Generation

Die im Projekt vorherrschenden Linien zwischen Großeltern, Kindern und Enkeln sind die sinnfälligste Dimension des Begriffs „Generation"; hierbei wird auf den genealogischen Generationenbegriff abgehoben, der „in unserem Kulturkreis, allem sozialem Wandel zum Trotz, an theoretischer Plausibilität bisher wenig eingebüßt" (Liebau 1997: 25) hat. Im Vorgriff auf die empirischen Befunde kann gesagt werden, daß die Generationszugehörigkeit quer durch das gesamte Projekt die am stärksten durchschlagende Variable ist – qualitativ, aber in thematisch geeigneten Bereichen des Hybrid-Interviews auch quantitativ, als Signifikanz auf höchstem Niveau.

Der Begriff der Generation ist jedoch erheblich reichhaltiger und wegen seiner Schlüsselstellung für die empirische Auswertung ein wenig genauer zu entfalten.[33] Karl Mannheim, Zeitgenosse unserer ältesten Befragten, hat schon in den zwanziger Jahren allgemein darauf hingewiesen, daß die Generationen ein „ernst zu nehmendes und wichtiges Problem" (Mannheim 1964: 522) sind. Beiläufig und womöglich unbeabsichtigt hat er zugleich die Aufmerksamkeit dafür geweckt, daß dies sowohl für das *Verstehen* der „beschleunigten Umwälzungserscheinungen der

---

32 Vgl. zum Begriff der sozialen Konvention bei Weber im Unterschied zu anderen Konventionsbegriffen Huntemann (1990: 23-26).

33 Wertvolle Anregungen zu diesem Abschnitt verdanken wir Katja Blinkert.

unmittelbaren Gegenwart" als auch für das „*Zustandekommen* der historischen Dynamik" (Mannheim 1964: 522, Hervorhebung d. Verf.) gilt. Die Zugehörigkeit zu einem traditionellen Typ von Sozialcharakter prädisponiert Individuen etwa dazu, in monetären Krisen Entscheidungen zu treffen, die ein streng ökonomisch urteilender Beobachter als Fehlentscheidungen mit schwerwiegenden Folgen für die nächste Generation werten würde.

Der Löwenanteil allen Lernens, Tradierens, Versorgens und Betreuens muß sich aufgrund der Naturausstattung des Menschen zwischen Generationen vollziehen. Während traditionelle Gesellschaften bei der Übermittlung von Kenntnissen, Werten und Normen gleichsam die Einbahnstraße „von alt nach jung" befahren, läßt sich die Moderne eher mit dem Bild einer Autobahn charakterisieren, die auch Fahrspuren mit der entgegengesetzten Richtung „von jung nach alt" besitzt. Hier sollen nur diejenigen Aspekte der Generation(en) dargelegt werden, die für die Anlage des Forschungsprojekts zentral sind. Historisch gleiten die Deutschen, im Gegensatz etwa zu den Schweizern, seit Mitte des Ersten Weltkriegs in eine zunächst noch nicht diagnostizierbare Hyperinflation hinein. Quer durch die wirtschaftlich aktiven Generationen (G0/G1) gehen noch feinere, schwerer zu konkretisierende Trennlinien, die eine weitere Dimension des Begriffs faßbar machen. Die Ältesten der Alten (im Projekt bis *1909) haben ihre monetäre Kindheit zunächst unter den Bedingungen von Goldstandard und Stabilität verbracht. Sie sind in eine andere Geldkultur hineingewachsen als die jüngere Teilgruppe (*1910 bis 1915), die in demselben Alter bereits Erosionstendenzen des Geldes erlebt hat. Mannheim selbst (*1893) ist zwar nur geringfügig älter als unsere älteste BP, gehört jedoch schon wieder einer anderen Kohorte an – der letzten, die mit der Goldwährung erwachsen geworden ist. Die Differenzierung des Generationsbegriffs um *Kohorten* muß in dem Maße engmaschiger werden wie die gesellschaftliche Dynamik sich beschleunigt. Kohorten sind gleichsam Generationen mit kürzerem Takt, Kohortenbeziehungen die kleinere Einheit von Generationsbeziehungen.

Der historische Generationsbegriff, mit oder ohne Differenzierung nach Kohorten, steht u. U. in einem Spannungsverhältnis zum *gesellschaftlichen* Generationsbegriff, der sich auf die „sozialen Altersklassen" mit den jeweils typischen „Altersrollen" der Kinder, Jugendlichen, Alten etc. konzentriert. (v. Engelhardt 1997: 56) Die große Inflation der zwanziger Jahre zerstört Teile dieses Rollengefüges und begründet z. B. Autoritätsvorsprünge der Jüngeren, die aufgrund größerer Flexibilität und modernerer Qualifikationen z. T. besser mit dem „Nullenrummel" fertigwerden und die sozioökonomische Dynamik der Krise klarer erfassen als die Älteren. Des ungeachtet ist die Inflation für *alle* Betroffenen ein Ereignis der höchsten Rangordnung, was die behauptete Trennlinie zwischen prägenden Jugenderlebnissen und den daran orientierten Späterlebnissen (Mannheim 1964: 536) fragwürdig macht. Die Hyperinflation und auch die späteren monetären Einschnitte sind „kritische Lebensereignisse", die massiv in das Passungsgefüge zwischen Person und Umwelt eingreifen und nach einer neuen Balance verlangen. (Filipp 1990) In der

Frage des Umgangs mit der Krise und der konkreten Betroffenheit durch sie bilden sich freilich Altersspezifika heraus.

Die einheitliche Generationslage[34] im kritischen Lebensereignis ist allerdings durch ein breites Spektrum unterschiedlicher Soziallagen vielfältig gebrochen, das die theoretische Stichprobe des Projekts auszugsweise abdecken soll. Um einer *Generationslage* anzugehören, muß man lediglich „im selben historisch-sozialen Raume [...] zur selben Zeit geboren worden sein [...]"; doch erst die „Partizipation an den gemeinsamen Schicksalen dieser historisch-sozialen Einheit" begründet den *Generationszusammenhang.* (Mannheim 1964: 542) Die Landbevölkerung im Sample hat in derselben Zeit in einer anderen Welt gelebt als der „neue Mittelstand" in der Metropole. „Klassenlage und Generationslage [...] haben [...] das Gemeinsame, daß sie [...] diese Individuen auf einen bestimmten Spielraum möglichen Geschehens beschränken und damit eine spezifische Art des Erlebens und Denkens, eine spezifische Art des Eingreifens in den historischen Prozeß nahelegen." (Mannheim 1964: 528) Jede Lage schaltet viele Varianten aus; ihr wohnt aber auch positiv „eine Tendenz auf bestimmte Verhaltungs-, Gefühls- und Denkweisen" (Mannheim 1964: 528) inne. Innerhalb des Generationszusammenhangs bestehen noch verschiedene, zum Teil auch konträre *Generationseinheiten,* deren jede gleichartig bis ähnlich handelt, ohne eine Gruppe sein zu müssen. (Mannheim 1964: 546ff.) Wer in der Geldwelt beheimatet oder durch die Kenntnis der Geldgeschichte mit Abwertungen und Krisen vertraut war, konnte dem rapiden Geldwertverfall in den frühen zwanziger Jahren eher etwas entgegenhalten als ein Hochschullehrer in den Geisteswissenschaften. Wer Dollar-Noten geschickt bekam, sie aber für bunte Bildchen hielt, konnte reich sein und Hunger leiden.

Im Sinne des genealogischen Generationsbegriffs sind aus heutiger Sicht einige markante Veränderungen hervorzuheben. Die verlängerte *Lebenserwartung* hat die Implikation, daß die greifbaren Generationenketten häufiger mehr Glieder haben als früher, so daß bisweilen schon drei Generationen an der Sozialisation der vierten beteiligt sind. Die Gesprächsmöglichkeit, der authentische Austausch zwischen (jungen) Erwachsenen und ihren (Ur-)Großeltern ist, jedenfalls als Massenphänomen, ein Geschenk der Moderne. Ungefähr jeder Dritte unserer Befragten aus G3 ist selbst schon wieder Mutter bzw. Vater, und vereinzelt wäre sogar ein Interview mit G4 möglich gewesen. Ungeachtet der tatsächlichen oder angeblichen Tendenzen zur Auflösung der klassischen Familie ist die intergenerative Kommunikation ein recht *vitaler Prozeß*, der durch die parallel laufende Entwicklung der Massenkommunikationsmittel (qualitativ und quantitativ) noch unterstützt wird. Dabei sind die Krisenerfahrungen im 20. Jahrhundert ein wichtiges Thema. (Siehe 10.1)

34 Mannheim verwendet „Generationslage" und „Generationslagerung" synonym, bevorzugt jedoch den letztgenannten Begriff, der auch in der Sekundärliteratur regelmäßig mit seinem Namen verbunden wird. Gerade wegen der plausiblen partiellen Analogie zwischen „Klassenlage" und „Generationslage" wird hier vom Üblichen abgewichen.

Soweit Werte und Normen berührt sind und die Kommunikationen somit zugleich Sozialisationsprozesse darstellen, sind auf der traditionellen „Fahrbahn“ im Prinzip verschiedene *intergenerative Muster* möglich, deren Ermittlung zur Funktionalität der Auswertungs-Software „pooltool“ (siehe 2.2.3) gehört. Es gibt zunächst die *Tradierungsbrücke* mit Identität oder starker Ähnlichkeit über die drei Generationen hinweg, die sich – technisch gesprochen – als gleiche Kategorie der gesamten Stafette auf einer Variablen darstellt (z. B. 111 oder 333 für die lückenlose Tradierung von Puritanismus oder Hedonismus). Möglich ist sodann der harte und weitreichende *Tradierungsbruch,* der schon nach der ältesten Generation (z. B. 133) oder erst zwischen der mittleren und der jüngsten Generation (z. B. 113) einsetzen kann. Analog ist der *moderate Wandel* (z. B. 122 oder 112 für den Wechsel vom Puritanismus zum Pragmatismus). Schließlich gibt es die *Tradierungslücke*, bei der die mittlere Generation mit dem Überkommenen bricht, während die Jüngsten zurückkehren (z. B. 131). Daneben sind Mischformen möglich, die aber nicht das intergenerative Muster, sondern nur den „Härtegrad“ betreffen (z. B. 132). Spiegelbildlich analoge Typen sind in der entgegengesetzten „Fahrtrichtung“ zu konstruieren, was nicht näher dargestellt werden muß.

Welche dieser Muster bei welchen Themen wie häufig vorkommen, ist eine besonders schwierige und interessante Frage. Die Generationenverhältnisse verschwimmen in einer Zeit, in der es „18jährige Computermillionäre, 30jährige Studierende und 50jährige mit Adoleszenzproblemen“ (Müller 1996: 34) gibt. Bei der Navigation in der Geldwelt oder beim Begreifen der Mechanik monetärer Krisen könnten z. B. die im Durchschnitt besser ausgebildeten Jüngeren durchaus an der Spitze der Hierarchie des Wissens stehen. Der Erfahrungsschatz aus den Krisen des 20. Jahrhunderts und die monetären Ratschläge der Alten würden dann im „Nadelöhr des intergenerationellen Transfers“ (Matthes 1985: 364) steckenbleiben oder nur als mild belächelte Karikatur des Gemeinten passieren.

Unter diesem Aspekt gewinnt die Frage des Wandels monetärer Normen sowohl in sozialcharakterologischer als auch in sozialisatorischer Hinsicht besondere Brisanz: Wenn aus der prämierten Sparsamkeit möglicherweise der negativ sanktionierte Geiz wird oder aus der negativ sanktionierten Verschwendung die positiv prämierte Konsumfreude[35], so bildet dies ein potentielles Thema starker intergenerationalen Wahrnehmungsdifferenzen. Diese waren aus der Perspektive der jeweils älteren Generation in Form der Frage „Hat es die jüngere Generation verlernt, mit

35 Den ideengeschichtlichen Referenzpunkt einer solch normativen Umwertung von Verschwendung in großherzige Konsum- und Lebensfreude bildet Mandevilles Bienenfabel: „Die Verschwendung, die ich die nobelste der Sünden nenne, ist nicht diejenige, die den Geiz zu ihrem Begleiter hat und die Menschen veranlaßt, einigen gegenüber sinnlos zu vergeuden, was sie andern ungerechterweise auspressen, sondern jenes liebenswürdige, gutmütige Laster, das den Schornstein rauchen und den Kaufmann gedeihen läßt: ich meine die ungetrübte Freigebigkeit leichtsinniger Genußmenschen, die, in Wohlleben erzogen, jede gemeine Profitsucht verabscheuen und lediglich das umherstreuen, was andere mühsam zusammenkratzten; die ihren Neigungen auf eigene Kosten frönen und die dauernde Genugtuung haben, altes Gold gegen neue Lust umzutauschen, wobei sie sich freilich durch ihr übertrieben weitherziges, freies Wesen allzu großer Verbreitung dessen schuldig machen, was die meisten Leute überschätzen.“ (Mandeville 1980: 150)

weniger auszukommen?“ Gegenstand einer direkten Exploration. (Siehe 18.4) Umgekehrt könnte die weit verbreitete Reserve der Deutschen gegenüber der Europäischen Währungsunion damit zu tun haben, daß Erfahrungen mit früheren Währungsumstelllungen über eine Tradierungsbrücke „von alt nach jung“ weitergegeben und als kognitives Schema für die Deutung der monetären Zukunft akzeptiert werden.

Die folgenden Kapitel werden viele derartige Fragen aufwerfen und einige davon beantworten. Zugleich bestätigen sich aber zentrale Einwände der aktuellen Generationenforschung gegen eine uneingeschränkte Aktualisierung Mannheims. So zeigt etwa die Generierung von Opfern aus Opferfamilien die Bedeutung des Gedankens, daß sich ein Generationenzusammenhang auch diachron, in der Interaktion mit anderen Generationen konstituieren kann. (Rosenthal 1997: 58) Auch das Plädoyer für die Bestimmung von Generationen durch rekonstruktive empirische Verfahren (Rosenthal 1997: 62), also das Abgehen von einer durch die Wissenschaft gesetzten Phasengliederung, erhält durch die hier vorgelegten Ergebnisse Unterstützung. Schließlich kann man es mit Liebau „theoretisch sehr fraglich“ finden, ob Generationseinheiten im präzisen Wortsinn überhaupt noch identifiziert werden können. (Liebau 1997: 23)

Ungeachtet solcher Feinheiten hat sich, z. T. stimuliert durch die epochalen Währungsereignisse, das Verhältnis von Geld und Generation im Laufe des 20. Jahrhunderts grundlegend gewandelt, z. T. geradezu umgekehrt. Dieser ganz überindividuelle Prozeß, der praktisch auf jedes Individuum wirkt, kann hier nur auf das Gröbste umrissen werden. Als Kinder waren die Angehörigen der Goldmarkgeneration, neben der monetären Säule von Ersparnissen, zugleich *die* Absicherung der Lebensrisiken der Älteren und Alten, und Kinderlosigkeit konnte fast als Synonym für (Alters-)Armut interpretiert werden. Die Generationen waren durch die Reziprozität nicht monetärer Leistungen am Menschen verbunden, deren Zyklus wiederum für jeden Menschen gleich war und von der Aufzucht bis zur Pflege am Lebensende reichte. Diese zwischenmenschliche Unmittelbarkeit in den Familien ist, von den Anfängen der Sozialpolitik bis zum voll ausgebauten Leistungssystem der Gegenwart, dem anonymen Generationenvertrag gewichen, der zugleich die Beziehungen zwischen den Generationen monetarisiert und entpersonalisiert hat: „Ich zahle, damit ihr zahlen möget“ – nicht mehr „do ut des“. Der schon immer verbreitete Einsatz für eine gute Ausbildung der Kinder hat hierdurch einen materiellen Einschlag erhalten; ein Sparen an dieser Stelle würde, über die Gefahr von wenig qualifizierter Arbeit und geringen Einkommens für den Nachwuchs, auf das eigene Versorungsniveau im Alter durchschlagen.

Parallel hierzu läuft die Entwicklung von der (nahezu) geldlosen zur durchmonetarisierten Kindheit, die ihrerseits vier Aspekte hat: die Kinder selbst sind mehr von Geld abhängig, ihre Aufzucht ist trotz der Abschaffung historischer Zahlungspflichten (Schulgeld etc.) verstärkt auf entgeltliche Leistungen angewiesen, und der Zeitraum dieser Abhängigkeiten hat sich annähernd verdoppelt. Die Kinderschar ist zur finanziellen Belastung, die Kinderlosigkeit zum monetären

Privileg geworden. Der vierte Aspekt, das wachsende Gewicht monetärer Themen im Prozeß der Sozialisation (näheres in 5.1.3, 18.5, 20.1) ist im Lauf des 20. Jahrhunderts in einen tiefen Widerspruch geraten. Die in dieser Zeiteingetretene enorme Steigerung der *Komplexität der Geldwelt* stellt den heutigen Menschen vor Anforderungen und Möglichkeiten, die seine Altvorderen mit ihren Goldstücken, Schatullen und Sparbüchern nicht einmal ahnen konnten. Die Kluft zwischen dem Verhalten des homo oeconomicus als Modellfigur und den Verhaltensmöglichkeiten des lebendigen homo sociologicus erweitert sich. Die entwicklungspsychologischen Verständnisbarrieren für monetäre Themen (Rosendorfer 1998) ziehen sich gewissermaßen als eine Schar von Parallelen mit konstanter Lage durch die Zeit, während die Komplexität der Themen exponentiell wächst.

3.9 Geld und Geschlecht

Der homo sociologicus des Geldes war bislang ein Neutrum. Die Frauen- und Geschlechterforschung hat aber nachdrücklich belegt, daß der Lebensalltag und die Weltanschauung des Individuums, somit auch die Gesellschaft, durch die Geschlechtszuweisung und die Geschlechtszuschreibung strukturiert wird. Der Tenor der spärlichen Literatur (v. a. Königswieser 1992, Kück 1988, Kuhlmann 1995, Schultz 1994) zu diesem Thema ist leicht zusammengefaßt. Es werden kräftige monetäre Geschlechtsunterschiede konstruiert, deren weiblicher Part durch folgende Schlagworte charakterisiert werden kann: eher kleines als großes Geld und ein entsprechender Ausschluß von den höherrangigen Transaktionen durch die Männer; eher an Sicherheit und konventionellen Formen der Geldanlage orientiert; starke Über-Ich-Instanzen, die Frau den unbeschwerten Genuß von Konsum und Luxus vergällen. Insgesamt entsteht das Bild einer Super-Puritanerin, die durch Anflüge von Hedonismus in einen immerwährenden Widerstreit zwischen der Sparnorm und der Schönheitsnorm verwickelt wird, der ein permanent schlechtes Gewissen beschert. Zur Begründung des monetären Mängelwesens Frau werden einerseits die bekannten Nachteile im Erwerbsleben angeführt, und andererseits wird gern auf das BGB von 1900 abgehoben, dessen restriktive Rechtsnormen mit den sozialen Normen und den realen Verhältnissen in den Familien gleichgesetzt werden. (z. B. Kuhlmann 1995) Die empirische Basis dieser weit reichenden Behauptungen ist schmal und selektiv.

In der vorliegenden Abhandlung ist die Variable Geschlecht eine von vielen, die interessante Ergebnisse bereithält. Vorgreifend sei bereits angedeutet, daß die monetären Geschlechtsunterschiede keineswegs so ausgeprägt sind wie in der Literatur behauptet. So ist es nach unseren Ergebnissen eine Legende, daß Frauen um 1900 *durchweg* vom aktiven Umgang mit dem Geld ausgeschlossen und im Haushalt monetärer Unterdrückung ausgesetzt gewesen seien. Auch in der Auseinandersetzung der Familien mit den Währungskrisen sind die Modernisierungsimpulse durchaus *auch* von den Frauen ausgegangen. Der Wahrheitsgehalt der gängigen Behauptungen wird also nicht rundum bestritten, sondern kräftig relativiert.

4. Sozialcharakter und Geld

„Er hatte keinen Charakter, sondern wenn er einen haben wollte, so mußte er immer erst einen annehmen." (Lichtenberg)

Unter Sozialcharakter soll ein Komplex von kognitiven, praktischen, emotionalen, und insbesondere normativen Dispositionen verstanden werden, der zum einen in Teilbereichen einer Gesellschaft oder der Gesamtgesellschaft eines bestimmten historischen Zeitraumes eine gewisse Verbreitung hat, zum anderen für die Verhaltenskonformität der Individuen sowie für den Stabilitätsgrad einer Gesellschaft selbst von entscheidender regulativer Bedeutung ist. Die für Gelderwerb, Geldumgang und Geldverwendung spezifischen und einschlägigen Dispositionen konstituieren *monetäre Sozialcharaktere.* (Siehe 4.1)

Die Fokussierung des Sozialcharakter-Konzepts auf die Währungskrisen des 20. Jahrhunderts erfolgt in dreierlei Hinsicht. Unter systematischem Gesichtspunkt ist die Frage der Anpassungsfähigkeit von Menschen an Währungskrisen zugleich zentral für die Modellierung von monetären Sozialcharakteren. Auf einer historischen Ebene harrt die Frage der Folgen von Währungskrisen für die ökonomische Potenz der verschiedenen sozialchakterologischen „Fraktionen" ihrer Beantwortung. Zum dritten ist die subjektive Bewältigung und Verarbeitung von Währungskrisen durch monetäre Sozialcharaktere von herausragendem Interesse. Dies gilt gerade dann, wenn das Untersuchungsdesign einen Zeitraum umfaßt, der größer als ein Jahrhundert ist. (Siehe 4.2)

Im letzten Abschnitt sind die sozialisatorischen Bedingungen von Kognitionen, Verhaltensattitüden und Normen, die monetäre Sozialcharaktere konstituieren, in den Blick zu nehmen. Der Rekurs auf Riesmans „Lonely Crowd" ermöglicht dort die Bildung fruchtbarer Hypothesen, die vom Stellenwert der Familie als Sozialisationsinstanz ausgehen. Im Anschluß hieran werden die zentralen theoretischen Aspekte zu Fragen der monetären Sozialisation behandelt. (Siehe 4.3)

4.1 Monetäre Sozialcharaktere

Systematisch-theoretische Überlegungen, die zur Konturierung und Unterscheidung verschiedener monetärer Sozialcharaktere führen, haben insbesondere zwei Aufgaben zu erfüllen: Sie müssen einerseits in der Lage sein, einzelne Kognitionen, Verhaltensattitüden oder monetäre und soziale Normen bestimmten Sozialcharakteren zuzuordnen. Andererseits konstituiert nicht die Attribution einzelner Merkmale bereits einen Sozialcharakter, sondern erst der Zusammenhang von kognitiven Wahrnehmungsformen, Verhaltensmodi und normativen Prägungen. Im Gegensatz bspw. zu Simmels Versuch, einzelne geldcharakterologische Bestimmungen wie Geldgier, Geiz, Verschwendung oder asketische Armut zur psychologischen Typenbildung zu verwenden (Simmel 1989b: 292-338, besonders 318-332) können diese im vorliegenden Konzept allenfalls als Indikator für einen bestimmten Sozialcharakter stehen; dieser selbst bildet sich jedoch auf der begrifflichen Ebene erst durch die Aggregation verschiedener Merkmale.

Sozialcharakterologisch relevante Merkmale sind zu analytischen Zwecken auf vier verschiedenen Ebenen anzusiedeln: Die *kognitive Ebene* besitzt die Pole „hoher Grad von Informiertheit und Komplexität von Wahrnehmungen" vs. „niedriger Grad von Informiertheit und Simplizität von Wahrnehmungen".[36] Die *praktische* Ebene bezieht sich auf verschiedene Formen von Handlungen, die sich von initiativ-strategischem Handeln über kurztrittig-situative Reaktionsweisen bis hin zu beharrenden Formen einschließlich passiv-resignativer Hinnahme erstrecken. Auf der *emotionalen* Ebene kontrastieren Gefühle, die eine unterschiedliche innere Einstellung in der Frage des Grades an Riskobereitschaft beinhalten. Der risikoaverse Pol umfaßt die Bandbreite von kontrolliertem Sicherheitsbedürfnis bis hin zu ausgeprägter Angst. Im Falle von Mißlingen dominieren Scham, Schuldgefühle und Wut. Der risikofreudige Pol ist hingegen durch Unbekümmertheit, Gelassenheit und Souveränität charakterisiert. Der Fall des Scheiterns wird jedoch nicht von einem Blick zurück im Zorn, sondern eher durch die Lust auf ein neues Abenteuer begleitet. Die *normative Ebene* besteht nicht allein aus den zentralen monetären Dispositionen „Sparsamkeit vs. Verschuldungsbereitschaft". Normativ bestimmt sind auch die Dyaden „Arbeitsamkeit und Fleiß vs. Spekulationsbereitschaft" und der Konsum mit den Extrempolen „Askese vs. Luxus". Eine wichtige Rolle bei der Bestimmung von Sozialcharakteren spielt ebenfalls die mögliche Zuweisung von Sekundärtugenden wie Ordnung und Pünktlichkeit, aber auch von moralischen Werten wie Rücksichtnahme, Hilfsbereitschaft, Akzeptanz der Würde und Integrität anderer Personen. Nicht zuletzt befinden sich „family values" auf der normativen Ebene: Hier opponieren Normen, die auf einer hohen Familienorientierung beruhen und Verantwortlichkeit und Vorsorge für die Familienangehörigen zum Ausdruck bringen, eher individualistischen Orientierungen und Werten.

Innerhalb dieses Quartetts gewinnt die Ebene der Normen eine herausgehobene Bedeutung. Denn der in sich konsistente Normenset aus Sparsamkeit, Fleiß und Arbeitsamkeit auf der Erwerbsseite, Askese und Luxusvermeidung auf der Verwendungsseite, Sekundärtugenden, moralischen Werten und hoher Familienorientierung nebst entsprechender Vorsorgestrategien definiert denjenigen monetären Sozialcharakter, der den historischen Ausgangspunkt unserer Untersuchung bildet: den traditionellen Puritaner[37] der Goldstandardzeit. (Siehe 5.2)

---

36 Vgl. hierzu und zur Verklammerung der verschiedenen Ebenen Hoffmann/Rühmann (1993: 53-57).

37 Die Verwendung des Begriffs des Puritanismus im vorliegenden Zusammenhang weist keine Allusionen an die puritanische Bewegung in der englischen Kirchengeschichte des 16. und 17. Jahrhunderts auf. In

Die Ausprägung, die der Puritanertyp auf der Handlungsseite besitzt, aber auch die konkrete Ausgestaltung einzelner ihn definierender Normen wird oft erst sichtbar, wenn sein Gegenbild genauer in Augenschein genommen wird. So setzt Vilfredo Pareto in seinem 1916 erstmals erschienen „System der allgemeinen Soziologie“ den puritanischen Sparer in Gegensatz zum kapitalistischen Unternehmer. Nach Pareto hat der Sparer in allererster Linie ein Interesse an hohen Zinsen und niedrigen Preissteigerungen, während es sich beim kapitalistischen Unternehmer genau umgekehrt verhält. Mit diesen unterschiedlichen ökonomischen Präferenzen gehen von den Individuen nicht frei wählbare sozialcharakterologisch differente Gefühlsstrukturen, Handlungsdispositionen und Adaptionsfähigkeiten hinsichtlich historischer Veränderungen einher: „Deshalb sind die Unternehmer im allgemeinen unternehmungslustige, neuerungssüchtige Leute sowohl auf ökonomischem wie auf sozialem Gebiet, so daß ihnen Veränderungen nicht mißfallen, aus denen sie Vorteil zu ziehen hoffen. Die einfachen Sparer hingegen sind oftmals ruhige, furchtsame Leute, die immer mit aufgestellten Ohren dasitzen wie ein Hase, die wenig hoffen und viel fürchten aus Veränderungen, denn sie wissen aus bitterer Erfahrung, daß sie fast immer die Kosten dafür zu tragen haben (§ 2316). Die Neigung zu einem abenteuerlichen und verschwenderischen Leben ebenso wie die zu einem ruhigen und sparsamen beruht großenteils auf Instinkten und nur sehr wenig auf vernünftigen Überlegungen.“ (Pareto 1962: 183) So opponieren auf der emotionalen Ebene Unternehmungslust vs. Furchtsamkeit und auf der praktischen Ebene innovatives Handeln vs. passive Beharrung.

Es ist insbesondere kennzeichnend für Paretos Ansatz, daß die Spekulationsbereitschaft (=S) des Unternehmers und die Sparsamkeit des Rentiers (=R) divergierende Konsequenzen für die Frage von Stabilität und Wandel einer Gesellschaft besitzen: „Die Kategorie S ist die hauptsächliche Ursache ökonomischen und sozialen Wandels und Fortschritts; die Kategorie R hingegen ein mächtiges Element der Stabilität, das in vielen Fällen die Gefahren der abenteuerlichen Bewegungen der Kategorie S aufhebt. Eine Gesellschaft, in der nahezu ausschließlich die Individuen der Kategorie R vorherrschen, verharrt immobil, wie kristallisiert. Eine Gesellschaft, in der die Individuen der Kategorie S vorherrschen, läßt es an Stabilität fehlen und befindet sich in einem instabilen Gleichgewichtszustand, der durch eine leichte, innere oder äußere Störung erschüttert werden kann.“ (Pareto 1962: 186f.)

Auch Max Webers Bestimmung des puritanischen Sozialcharakters im Kontext seiner Untersuchung über die Entstehung des Kapitalismus aus dem Geist des Protestantismus nimmt ihren Ausgang von Zuschreibungen wie Sparsamkeit, Arbeitsamkeit und Askese sowie Konsumverzicht. Diese für den Puritaner konstitutiven Bestimmungen werden jedoch auf der Handlungsebene mit anderen Attitüden verbunden, so daß auch der Oppositionstyp ein anderer ist. Weber setzt dem-

---

Anlehnung an Max Webers Interpretation ist vielmehr eine hohe normative Regulierung durch Sparsamkeit, Arbeitsamkeit und Askese gemeint, ohne daß hiermit weitergehende Behauptungen über die religionssoziologische Fundiertheit oder gar Korrektheit der Weberschen Auffassungen verbunden würden.

zufolge nicht den puritanischen Sparer dem Kapitalisten entgegen, sondern den puritanischen Kapitalisten mit seiner religiös motivierten Erwerbsmentalität gegen eine hedonistische Konsumorientierung: „Sondern vor allem ist das ‚summum bonum‘ dieser ‚Ethik‘, der *Erwerb* von *Geld* und immer mehr Geld, unter strengster Vermeidung allen unbefangenen Genießens, so gänzlich aller eudämonistischen oder gar hedonistischen Gesichtspunkte entkleidet, so rein als *Selbstzweck* gedacht, daß es als etwas gegenüber dem ‚Glück‘ oder dem ‚Nutzen‘ des einzelnen *Individuums* jedenfalls gänzlich Transzendentes und schlechthin Irrationales erscheint. Der Mensch ist auf das Erwerben als Zweck seines Lebens, nicht mehr das Erwerben auf den Menschen als Mittel zum Zweck der Befriedigung seiner materiellen Lebensbedürfnisse bezogen.“ (Weber 1993: 15)

Wie bei Pareto ist auch bei Weber der Kapitalist der Motor des ökonomischen und sozialen Wandels, im Gegensatz zu Pareto aber gerade wegen seiner puritanischen Gesinnung und Werte, die ihn in eine historische Opposition zur „Behaglichkeit“ vormoderner traditionalistischer Orientierungen mit einem kürzeren Maß an Arbeitszeit sowie der Absenz eines ausgeprägten Profitstrebens bringen. Während die normative Bestimmung des puritanischen Sozialcharakters bei Weber und Pareto kongruent ist, so ist doch dessen Disposition zum Handeln gänzlich different: die der residualen Gefühlsstruktur des Pareto-Puritaners inhärente Passivität wird eigentümlich kontrastiert durch die „Rastlosigkeit“, ja die „Entfesselung des Erwerbsstrebens“ (Weber 1993: 147) des Weber-Puritaners.

Diese Differenz in der Disposition zum Handeln schlägt teilweise auch auf die normative Ebene durch und bedingt bspw. eine unterschiedliche Akzentuierung in der Einstellung zur Frage von Verschuldung. Ist bei Pareto eine dezidierte Ablehnung von Verschuldung seitens des Rentiers zu verzeichnen, so ist Verschuldung selbst für den Weber-Puritaner nicht tabu; entscheidend ist vielmehr, daß sie mit persönlicher Bonität und pünktlichem Schuldendienst verbunden ist sowie im Zeichen seines kapitalistischen Akkumulationsregimes steht.

Ausgehend von der zentralen Stellung, die die Verpflichtung zur Arbeit innehat, ist bei Weber generell eine Priorität der Produktionsseite vor der Konsumtionsseite zu konstatieren, so daß Normen wie Askese, die eigentlich den Bereich der Geldverwendung regulieren, gleichzeitig unter investiven Gesichtspunkten begriffen werden: „Die innerweltliche protestantische Askese – so können wir das bisher Gesagte zusammenfassen – wirkt also mit voller Wucht gegen den unbefangenen *Genuß* des Besitzes, sie schnürt die *Konsumtion*, speziell die Luxuskonsumtion, ein. [...] Und halten wir nun noch jene Einschnürung der Konsumtion mit der Entfesselung des Erwerbsstrebens zusammen, so ist das äußere Ergebnis naheliegend: *Kapitalbildung* durch *asketischen Sparzwang.* Die Hemmungen, welche dem konsumtiven Verbrauch des Erworbenen entgegenstanden, mußten ja seiner produktiven Verwendung: als *Anlage*kapital, zugute kommen.“ (Weber 1993: 144ff.)

Für die Zwecke der Konzeptualisierung von monetären Sozialcharakteren im Rahmen der vorliegenden Untersuchung scheint es nicht sinnvoll, den Weber-Puritaner und den Pareto-Puritaner als zwei differente Sozialcharaktere, sondern als zwei unterschiedliche Ausprägungen eines Sozialcharakters anzusehen.

Noch facettenreicher ist der im folgenden (siehe 4.2) noch ausführlich zu erörternde monetäre Gegentyp des Puritaners: der inflationsadaptierte modernistische Hedonist. Auf der Handlungsebene ist ihm im Anschluß an Paretos Bestimmung des Unternehmers ein hohes Potential an Aktivität und Flexibilität zuzuschreiben, da sein Handeln auf Veränderung hin angelegt ist. Emotional wird dies begleitet von Freude, wenn nicht gar Lust am Risiko. Auf der normativen Ebene ist im monetären Bereich eine Bereitschaft zur Verschuldung zu lokalisieren, die – anders als beim Weber-Puritaner – nicht exklusiv investiven Aufgaben, sondern primär der Konsumtion dient; statt Arbeitsamkeit regiert Spekulationsfreude, statt Askese Genuß.[38]

Um der Gefahr einer konzeptualistisch eingeführten Dichotomisierung zu entgehen, sind auch sozialcharakterologische Ausprägungen zwischen Puritanismus und Hedonismus zu bedenken, die im folgenden als monetärer Pragmatismus bezeichnet werden. Diese umfassen nicht nur verschiedene differenzierte Abstufungen, sondern ergeben sich insbesondere aus der Möglichkeit, daß monetäre Einstellungen bei Personen nicht in dieselbe Richtung weisen. So kann in einer geldfernen Variante das Verschuldungstabu von keinerlei Sparsamkeitsbemühungen begleitet sein. Ebenso kann nach Maßgabe strategischer Überlegungen eine Kreditaufnahme mit hohen Sparanstrengungen einhergehen. (Zur genauen Operationalisierung aller Sozialcharaktere siehe 18 und 18.2)

Zusammenfassend und zugespitzt formuliert wird der puritanische Sozialcharakter durch eine *Logik der Normen*, die zum Aufschub von Bedürfnisbefriedigungen führt, regiert. Der hedonistische Sozialcharakter als sein Widerpart ist hingegen durch eine *Logik der Lust*, die eine schnelle Realisierung und Befriedigung von Bedürfnissen gebietet, bestimmt. Der pragmatische Mitteltyp entscheidet die Frage der Bedürfnisbefriedigung nicht prinzipiell, sondern differenziert und fallweise nach einer *Logik der Situation*.

Gleichzeitig ist deutlich, daß es sich sowohl beim puritanischen wie beim pragmatischen und hedonistischen Sozialcharakter um Typisierungen handelt, deren Wahrnehmungsmodi, Verhaltensattitüden und normative Ausstattung im jeweiligen Einzelfall voneinander abweichen, so daß dem Typus insgesamt eine gewisse Bandbreite zukommt. In theoretisch-konzeptueller Hinsicht ist hierbei dreierlei von Bedeutung:

(1) Schon der puritanische Sozialcharakter hat verschiedene Ausprägungen, ist aber durch einen im Kern monolithischen Normenset definiert. Sein hedonistischer Gegentyp hingegen besitzt eine noch größere Variationsbreite, wird dadurch als Typus jedoch diffuser: im Einzelfall können ihn so unterschiedliche Merkmale wie Cleverneß, Abenteurertum, Genußfähigkeit oder Verschwendungssucht prägen.

(2) Umfaßt der untersuchte Zeitraum – wie in unserem Falle – über hundert Jahre, so kann hierfür nicht einfach ein identischer Sozialcharakter „Puritanismus", „Pragmatismus" oder „Hedonismus" unterstellt werden. Da sich die Vorstellungen

38 Zu den geistesgeschichtlichen Wurzeln des modernen Hedonismus sowie zu verschiedenen sozialpsychologischen Erklärungsansätzen vgl. Stihler (1998: 114-156 und 177ff.).

von Sparsamkeit, Erwerbsmentalität[39], Askese, Konsumorientierung, Luxus usw. wandeln, unterliegen monetäre Sozialcharaktere zusätzlich auch einem intrinsischen Transformationsprozeß.

(3) Da das Sozialcharakter-Konzept intern hoch aggregiert ist, ist es nicht nur sinnlos, nach Art von Tugendkatalogen Einzelnormen auf einer Ebene herauszugreifen und zu typischen Eigenschaften zu stilisieren, sondern es ist insbesondere die Möglichkeit konfligierender Dispositionen und Normen zu bedenken, so daß einer Person u. U. kein homogener, sondern ein „gespaltener" Sozialcharakter (siehe Einleitung Buch V und 18.2) zugesprochen werden muß.

4.2 Sozialcharakter und Währungskrise

Die ökonomischen Umverteilungsmechanismen, die in einer inflationären Wirtschaft zum Tragen kommen, sind nicht allein Effekt der ökonomischen Ausgangsbedingungen: D. h. die Frage des Eigentums an Produktionsmitteln sowie an Grund und Boden, die Art des Einkommens und die Position als Gläubiger oder Schuldner entscheiden zwar in erheblichem Maße über die ökonomischen Perspektiven einer Person, doch ein automatischer Rückschluß von der ökonomischen Ausgangsposition auf die Gewinner- oder Verliererposition und auf die sozialen Auswirkungen der Inflation selbst ist nicht zulässig. Vielmehr treffen tiefgreifende Währungskrisen auf Menschen mit unterschiedlichen Erfahrungen, Gefühlen, Verhaltensattitüden sowie Normvorstellungen. Die Wahrnehmung und das Verhalten von Personen in einer Währungskrise ist mithin auch von ihren sozialen Vorprägungen und Dispositionen abhängig. Da dies durch das Sozialcharakter-Konzept beschrieben, analysiert und erklärt werden soll, ist das Verhältnis von monetären Sozialcharakteren und Währungskrise auf verschiedenen Ebenen zu thematisieren.

Schon auf der *theoretisch-konzeptuellen Ebene* geht in die unterschiedliche Bestimmung der jeweiligen monetären Sozialcharaktere die Frage ihrer Adaptionsfähigkeit an monetäre Krisen mit ein. Das Sozialcharakter-Konzept besitzt insofern einen historischen Index als das traditionelle Modell des Puritaners aus Geldillusion, Sparsamkeit, Fleiß und entsprechenden familialen Vorsorgestrategien die Vorstellungen und Werte der vorinflationären Gesellschaft der Goldstandardzeit widerspiegelt. Hingegen eignen dem inflationsadaptierten hedonistischen Sozialcharakter modernistische Einstellungen und Eigenschaften wie Flexibilität, Risikofreudigkeit, Spekulationslust und ausgeprägte Konsumneigung. Diese historische Indexikalisierung des Sozialcharakter-Modells an inflationäre Krisensituationen trägt auch einer Überlegung von Gerth und Mills Rechnung, die die Möglichkeit zu historischen Veränderungen durch Krisen der bisherigen institutionellen Ordnung in der Destruktion von bisher prämierten und in der Adaption von bisher negativ sanktionierten charakterologischen Eigenschaften sehen. Früher marginalisierte, an der Peripherie der Gesellschaft befindliche Außenseiter können auf diese Weise ins

---

39 Vgl. hierzu die historisch ausgerichtete Monographie von Hansen (1992).

Zentrum einer Gesellschaft gelangen und eine entsprechende Dominanz-Position einnehmen: „In Krisen institutioneller Ordnung, wie während einer Bauernrevolution, wenn unterdrückte Gefühle des Ärgers und aggressive Impulse gegen den Herrn in grausamer Aktion aufflammen, mögen soziale Steuerung und traditionelle Kontrollen der Person unwirksam, ja beinahe weggewischt werden. [...] Neue Normen werden inkorporiert als neue Verpflichtungen, als Ausdruck neuer Pflichten eines neuen Bewußtseins, so daß sie eine Stabilisierung und Integration der Persönlichkeit im Hinblick auf diese neuen Verhaltensmuster bilden. Veränderungen in der objektiven Sozialstruktur sind verbunden mit Veränderungen solcher psychischer Elemente, die in der Persönlichkeitsstruktur des Menschen akzentuiert sind." (Gerth/Mills 1970: 71)

Während der Hyperinflation 1923 sind es verschiedene Sozialfiguren, die auf je ihre Art hedonistische Züge tragen und so ins Zentrum der Gesellschaft gelangen. Ihnen wird von der puritanischen Mehrheit einerseits offen Neid und Verachtung entgegengebracht, (vielleicht) auch heimlich Bewunderung gezollt (Geyer 1998: 248).

Als erstes ist die Figur des *Finanzmagnaten* und *Spekulanten* zu nennen, der aufgrund geschickter Operationen und Transaktionen auf der Gewinnerseite steht. In der Wahrnehmung der Zeitgenossen darf als dessen Prototyp der rheinische Industrielle Hugo Stinnes gelten, der sich während der Großen Inflation – auch durch entsprechende politische Absicherungen – ein Industrie-Imperium zusammenbastelte.[40] Die Fähigkeiten und Eigenschaften von Stinnes besitzen für eine ganze Generation junger Männer Prägekraft, wie ein eindrucksvolles kulturgeschichtliches Dokument belegt. Es findet sich in der von Carl von Ossietzky herausgegebenen literarischen Zeitschrift „Weltbühne" im Jahr der Hyperinflation 1923 unter der Rubrik „Wirtschaftsführer" und der Überschrift „Dreißigjährige": „Ganz besonders viel Erfolgreiche aber wuchsen aus der Generation, die bei Kriegsbeginn in den Zwanzigern stand und heute die Dreißig erreicht hat. Sie hatten, als die neue Zeit anbrach, noch nicht gelernt, sie brauchten also auch nichts zu vergessen. Ihre Begabung konnte sofort in die neuen Gefäße einströmen, sie hatten nicht nötig, erst

40 Vgl. zur Biographie von Stinnes die umfassende Monographie des Inflationshistorikers Feldman (1998), in der auch kräftige Korrekturen am Bild des rücksichtslosen Kriegs- und Inflationsgewinnlers vorgenommen werden. Die Attribute, die Feldman in seiner abschließenden Würdingung der Person Stinnes zuschreibt, sind die eines monetären Hedonisten: „Man kann den enormen Einfluß, den Stinnes nach 1918 in der deutschen Wirtschaft und Politik ausübte, nur nachvollziehen, wenn man sich seinen außerordentlichen Einfallsreichtum und seine überwältigende Überzeugungskraft vergegenwärtigt, Qualitäten, die ihn in die Lage versetzten, den visionären Eigensinn eines selbsternannten Propheten mit der enormen taktischen Flexibilität eines höchst cleveren und gewieften Geschäftsmannes zu verbinden." (Feldman 1998: 951) So gewann der Typus „Stinnes" seine Ausstrahlungskraft, wie Geyer zu recht betont: „Stinnes' Erfolg war das Beispiel, Legion die Zahl der weit weniger erfolgreichen kleinen Spekulanten, die das große Vorbild nachahmten, indem sie mit dem Medium zu agieren versuchten, das allein Erfolg versprach: Geld, entwertetes Geld. Dabei bedeutete das, was die einen mißmutig als bürgerliche Tugenden zerstörende, subjektivistische Konsumkultur oder als zügellosen Hedonismus verdammten, für viele andere Befreiung und Chance auf neue Lebensformen." (Geyer 1998: 248) Heinrich Mann (1925) hat den Aspekt der sozialen Sprengkraft des System „Stinnes" in der Novelle „Kobes" literarisch verarbeitet. Vgl. hierzu aus literaturwissenschaftlicher Sicht Haupt (1988: 59-63).

einen alten falsch gewordenen Instinkt abzulegen, sie konnten sich sofort den neuen richtigen Instinkt ‚anschaffen'. Worin bestand dieser neue Instinkt? Er bestand darin, gerade die umgekehrten Regeln zu befolgen wie in der soliden Bauzeit vor dem Kriege, wo man sich weder mit Projekten noch mit Schulden überlasten durfte, wenn man reüssieren wollte, denn mit solcher Ueberfracht konnte man selbst den Erfolg guter geschäftlicher Gedanken gefährden. Jetzt aber wurde es richtig, so viel Sachmassen wie möglich aufzuraffen, so viel Schulden wie möglich zu häufen, denn daran konnte man unvergleichlich mehr verdienen als an der regelrechten, zuverlässigen Ausführung guter geschäftlicher Gedanken. Der Leichtsinn wurde zum stärksten geschäftlichen Aufbauprinzip, und die Hauptkunst Derjenigen [sic], die in dieser Zeit fortkommen wollten, mußte darin bestehen, diesem Leichtsinn Konsequenz und System zu geben." (Faßland 1923: 328) Leichtsinn fungiert so nicht mehr als ein moralisches Verdikt puritanischer Herkunft gegenüber der unbekümmerten Abkehr von den bewährten ökonomischen Prinzipien der Altvorderen, sondern mutiert zum kognitiven Erfolgsgeheimnis des Hedonismus.

Die Sozialfiguren des *Schiebers* und seine Berliner Variante, der *Raffke* als „allerneueste Zeiterscheinung" (Tucholsky 1999: 65)[41], verkörpern ebenfalls den inflationsadaptierten Sozialcharakter, dem Hans Ostwald in seiner „Sittengeschichte der Inflation" (1931) unter dem Stichwort „Gewinner der Inflation" (Ostwald 1931: 78-98) längere Passagen gewidmet hat. Deren Präsenz im gesellschaftlichen Alltag schildert der Historiker Craig: „Nicht nur die Drahtzieher aus der Hochfinanz konnten in den Tagen der Inflation viel Geld verdienen, sondern auch die Tausende kleiner Spekulanten, der Schieber und ‚Raffkes', die aus der Not anderer Gewinn zu schlagen wußten, die den Verzweifelten um ein Spottgeld ihren wertvollsten Besitz abkauften und ihn jenseits der Grenze in Holland und Belgien absetzten, die geschickt den schwarzen Markt ausnutzten, die knappe Lebensmittel horteten und Minderwertiges zu überhöhten Preisen verkauften. Und ein großer Teil dieses schnellverdienten Geldes wurde verschwenderisch, prahlerisch, überschwenglich für blendenden Luxus und lärmendes Amüsement wieder ausgegeben – und all dies trug zum Verfall der moralischen Normen, zum Anstieg der Kriminalität und zu dem weltverachtenden Zynismus bei, der aus den Liedern, aus den Theaterstücken und aus satirischen Schriften und Karikaturen der Zeit herausklang." (Craig 1980: 395) Die Diskrepanz zwischen Erfolg dieses hedonistischen Schiebertums und Verlust(en) puritanischen Anstands zählt zu den Essentials auch bereits der zeitgenössischen Gesellschaftskritik der Inflation. So bestimmt Kracauer mit kulturpessimistischem Unterton die soziologische Stoßrichtung des 1925 in die Kinos gekommenen Films „Die freudlose Gasse" von Pabst: „Eine Reihe von Episoden zeigt, wie Schieber und Schmarotzer Aktien kaufen, extravagante Frauen lieben und alle Freuden, die für Geld zu haben sind, an sich raffen. Dann wird das

41 Diese Kennzeichnung findet sich gleich in der Eingangszeile des Couplets „Raffke", das Kurt Tucholsky 1922 unter dem Pseudonym Theobald Tiger veröffentlichte. Tucholsky beschreibt den stark berlinernden Raffke als eine Mischung aus Aufstiegsorientierung, Geschäftssinn, Vergnügungssucht und vollständiger Unbildung.

Los derer vorgeführt, die auf der Verliererseite stehen. In ihrem Kampf ums Überleben macht einigen ihre ererbte Anständigkeit einen empfindlichen Strich durch die Rechnung." (Kracauer 1984: 177)[42]

Mit der Zunahme von Spielclubs (Epstein 1919) und -salons sowie der Entstehung regelrechter Wettkonzerne (Ostwald 1931: 32-40) kann die Figur des *Spielers* als die dritte Spielart eines inflationstypischen Hedonismus angesehen werden. Dessen Absage an Arbeit und Sparen in Form der Favorisierung des Glücksspiels findet ihren kondensiertesten Ausdruck in Fritz Langs Film „Dr. Mabuse, der Spieler" (1922): „Das Glücksspiel drückt in vieler Hinsicht das innerste Wesen der Inflation aus, indem es das Auf und Ab der Inflation imitiert und zugleich intensiviert. Beim Glücksspiel wie bei der Inflation steht die rasche Zirkulation des Geldes im Mittelpunkt. Am Kartentisch oder beim Roulette wechselt das Geld oder der Spielchip mehrfach am Abend den Besitzer. In der Inflation verbietet die rapide Entwertung des Geldes jegliches Sparen und zwingt dazu, es möglichst schnell in den Geldkreislauf zurückzubringen. Der Haufen von Geld vor dem Spieler ist ebenfalls nicht von Dauer und repräsentiert nicht seine Ersparnisse, sondern verändert sich mit jedem neuen Spiel. Zwar gehört ihm das Geld für einen Moment, doch ist diese Beziehung sehr flüchtig." (Widdig 2001: 28)[43] Wenn Geld nicht mehr die symbolische Qualität einer monetarisierten Lebensleistung hat, so werden auch die traditionellen monetären Normen und Arbeitstugenden obsolet, verlieren ihre soziale Integrationskraft, während die Gesellschaft selbst Züge eines Spielkasinos annimmt.

Es ist das Privileg ästhetischer Darstellungsweisen von Film, Literatur und bildender Kunst, die Eigenschaften des inflationsadaptierten Sozialcharakters und die einhergehende Erosion etablierter Normen wie unter einem Brennglas darzustellen.

---

42 Geyer merkt hierzu an, daß die Sozialkritik von Pabsts Film „alles andere als typisch für den Film während der Inflationszeit [war]. [...] Im Mittelpunkt eines großen Teils der Filme stand, ohne alle sozialkritischen Ambitionen, die neue ‚leisure class', die ein ‚faules Schlemmerleben' führte, nur Spekulation, Geld, Liebschaften und Intrigen im Kopf hatte, deren Töchter poussierten und flanierten und deren Söhne Schulden machten, sich mit den Vätern überwarfen und das väterliche Vermögen verpraßten." (Geyer 1998: 272) Für das ästhetische Medium der Literatur kann dieses Urteil jedoch keine Gültigkeit haben. Stefan Zweigs (1927) Novelle „Die unsichtbare Sammlung", Arnold Zweigs (1987) Erzählung „Alter Mann am Stock" sowie Georg Hermanns (1934) großer, heute weithin vergessener Inflationsroman „Eine Zeit stirbt" handeln von nichts anderem als der Verarmung des Mittelstandes und dem Angriff der Inflation auf den puritanischen Sozialcharakter.

43 Mit der Flüchtigkeit des Geldbesitzes und der Irrationalität der Geldbewegungen, wie sie für das Glücksspiel typisch sind, greift Widdig einen Gedanken von Feldman auf, der in seiner Monographie „The Great Disorder" ein Kapitel unter die Überschrift „The Year of Dr. Mabuse: The Hyperinflation and German Society in 1922" stellt: „Mabuse's victims invite their victimization, be it in the hectic madness of the stock exchange, where the exercise of Mabuse's unidentifiable power drives values up and down without any apparent rhyme or reason, or be it through the restless search for pleasure and sensation in the secret club run by inflation profiteers." (Feldman 1997: 513)

Abb. 3: George Grosz: Inflation (ca. 1923)

Aus Kestner-Gesellschaft Hannover: George Grosz. Die Berliner Jahre, Katalog 1-2 zur Ausstellung 1988, Tafel 126 und Text S. 244

Spekulanten, Schieber oder Spieler werden so nicht nur zu „neuen Kerlen“ sondern zu einer „neuen Klasse“ (Schickele 1959: 163)[44] erklärt. Sicherlich ist zu berücksichtigen, daß die Sozialfiguren in diesen Darstellungen häufig eher ein Heterostereotyp in Feindbild-Funktion verkörpern, als daß sie auf einer historisch angemessen Beschreibung basierten. Ohne einer Verwechslung von Fiktionalität und Realität anheim zu fallen, ist es aus der Perspektive der empirischen Sozialforschung doch legitim, sich diesen Themen und Thesen in heuristischer Absicht mit dem Ziel der Generierung von Hypothesen zuzuwenden.

So ist auf der *historischen Ebene* die Frage der Wirkung von Währungskrisen auf bestimmte monetäre Sozialcharaktere oder – schwächer formuliert – sozialcharakterologisch relevante Merkmale zu stellen. Schon kurz nach der Hyperinflation 1923 hat Franz Eulenburg die Hypothese einer quasi-darwinistischen Selektion des inflationsadaptierten auf Kosten des traditionelle Werte verkörpernden Sozialcharakters aufgestellt: „Die kräftigsten, rücksichtslosesten, aber auch vorausschauenden und gescheitesten Naturen haben gesiegt, die feineren, zaghafteren, geistigeren sind zurückgedrängt. [...] Andererseits das Emporkommen rücksichtsloser, waghalsiger, aber auch nüchterner Naturen ist für die große Schar der ‚Neureichen‘ charakteristisch. Es hat im ganzen eine bestimmte Auslese stattgefunden an Energie und Rücksichtslosigkeit auf der einen Seite, ein Zurückdrängen der weichen, soliden, vielleicht auch vornehmeren Naturen auf der anderen Seite. Jene mögen häufig genug sich ‚moralinfrei‘ betätigt haben, aber es sind die wirtschaftlich stärkeren.“ (Eulenburg 1924: 793f.) Unter Rückgriff auf Pareto erweitert Eisermann die Eulenburgsche These um den Aspekt der Veränderung des Stabilitätsgrades einer Gesellschaft durch die Elimination des traditionalistischen monetären Sozialcharakters: „Aber – und dies ist vielleicht noch wichtiger – es werden auf diese Weise nicht allein bestimmte Gruppen von Einkommensbeziehern, sondern ein bestimmter soziologischer Menschentyp betroffen, den Pareto nicht zufällig als ‚Rentner‘ im Gegensatz zu den trick- und kombinationsreichen ‚Spekulanten‘ bezeichnet hat. Das sind jene Menschen, in denen residuale Gefühlsstrukturen der Gruppenpersistenz überwiegen, der beharrenden Bindungen an Familie, soziale Klasse, demographische und geographische Ortschaft der Herkunft usw., und die mithin den eigentlichen Sozialzement des vielschichtigen Konglomerats der Gesellschaftsordnung darstellen. Es handelt sich deshalb nicht nur darum, daß die ‚Rentner‘ ihrer Einkommen und Vermögen beraubt werden, sondern daß diese für den

44 Die Verkehrung traditioneller Moralvorstellungen gibt René Schickele schon durch die Wahl des Untertitels seiner Komödie „Die neuen Kerle“ (1924) zu erkennen: „Von Schiebern/ Kriegs- und Revolutionsgewinnern/ und wie gewisse tüchtige Leute sonst noch geschimpft werden“. Den hier seines Erachtens zugrundeliegenden gesellschaftlichen Wandel führt Schickele zu Beginn des Vorwortes mit sarkastischer Ironie, aber auf derselben Argumentationslinie wie Gerth/Mills aus: „Daß ich's gleich sage: ich unternehme die kurze und deshalb leider nur summarische Rechtfertigung einer neuen Klasse, die durch den Krieg und die Revolution emporgekommen ist. Ich begrüße in ihr den letzten durchaus sensationellen Peer-Schub der Weltgeschichte. Ich weise dem neuen Adel den Platz an, der dem Adel seit jeher gehört, und den der Mann, der heute an der Reihe ist, ebenso brav erworben hat, wie jener Vorläufer, der sich rühmte, daß seine Ahnen reiche, in ganz Europa geachtete Kaufleute gewesen seinen, als die des Hohenzollern noch als Straßenräuber ihr saures Brot verdienten.“ (Schickele 1959: 163)

Bestand der Gesellschaft unerläßlichen beharrenden Gefühlsstrukturen proportional zurückgedrängt, zerstört und vermindert werden." (Eisermann 1967: 59f.)

Die Eulenburg-Eisermannsche These läßt sich dahingehend zuspitzen, daß ein kognitiv differenzierter, aktiver, normativ gering regulierter und entsprechend skrupelloser, individualistischer Sozialtyp in einer Währungskrise potentiell zur Gewinnerseite gehört.[45] Hingegen bildet der wenig informierte, passive, normativ hoch regulierte, anständige, familienorientierte Typ den klassischen Abstiegskandidaten. Um diese These empirisch überprüfen zu können, d. h. die Wirkung von Währungskrisen auf bestimmte monetäre Sozialcharaktere bestimmen und die Rolle von sozialcharakterologisch relevanten Merkmalen bei der Veränderung der Sozialstruktur einer Gesellschaft durch eine Währungskrise feststellen zu können, ist es notwendig, das Sozialcharakter-Konzept selbst nicht bereits von vornherein klassen-, schichten- oder lebenslagenspezifisch zu formulieren: Sowohl der betuchte Kaufmann als auch der geringverdienende Hilfsarbeiter müssen unabhängig von ihrem unterschiedlichen ökonomischen Status die gleiche theoretische Chance auf Zuweisung eines traditionell-puritanischen oder inflationsadaptiert-hedonistischen Sozialcharakters erhalten.[46]

Auf der *Ebene der subjektiven Verarbeitung* einer Währungskrise seitens der verschiedenen monetären Sozialcharaktere sind zwei Fragenkomplexe von besonderem Interesse: Gibt es zum einen im subjektiven Bewußtsein der Individuen einen Zusammenhang zwischen ihren eigenen charakterologischen Dispositionen und ihrem ökonomischen Abschneiden? Solche Zusammenhänge können nicht nur quantitativ ausgewiesen, sondern auch qualitativ in Form von Selbstzuschreibungen eruiert werden. So ist es zwar nicht zwingend, kommt aber häufig vor, daß der Puritaner nach einer Einbuße keine charakterologische „Fahnenflucht" begeht, sondern statt dessen treu zu sich, seiner Fraktion und seinen monetären Idealen steht.

Welche Formen von Krisenbewältigung sind zum anderen für die jeweiligen monetären Sozialcharaktere spezifisch? Zur Beantwortung dieser Frage erscheinen

---

45 So auch Geyers Urteil aus der Perspektive der Geschichtswissenschaft: „Zugleich verkörperte der Typus des Kriegs- und Inflationsgewinnlers den Aufsteiger par excellence. Mit egoistischer Energie setzte er sich – so das populäre Bild – in der rauhen Ellenbogengesellschaft der Nachkriegszeit souverän über gängige Konventionen und traditionelle moralische Tugenden hinweg, an denen, wie die ‚Verlierer' der Inflation zur Selbstrechtfertigung zu betonen pflegten, die Mehrheit der Bevölkerung festhalte. Erfolg gründete sich nicht so sehr auf harte Arbeit, sondern vielmehr auf Glück und vor allem auf die Fähigkeiten, mit Geld und dem sich verändernden Geldwert umzugehen." (Geyer 1998: 244)

46 Die vorliegende Konzeption „Monetärer Sozialcharakter" wendet sich damit explizit gegen den axiomatisch gesetzten Ausgangspunkt der schichtenspezifischen Sozialisationsforschung, die den Sozialcharakter allein als Effekt von schichtengebundenen Sozialisationsprozessen definiert: „Da das Kind die Grundzüge seines Sozialcharakters vor der Einschulung nahezu ausschließlich in der Familie erwirbt, deren Wert- und Motivationsorientierungen und Sprachgebrauch von der spezifischen Berufsposition der Eltern organisiert sind, lautet der erste, die Sekundäranalyse leitende Teil der zentralen These in expliziter Form: „Der Sozialcharakter der Kinder, der durch den Sozialisationsprozeß im Elternhaus der Mittelschicht geprägt wird, unterscheidet sich erheblich vom Sozialcharakter der Kinder, der durch den Sozialisationsprozeß im Elternhaus der Arbeiterschaft geprägt wird." (Rolff 1997: 79). Zur kritischen Auseinandersetzung mit Rolffs seit 1967 unveränderter Position vgl. Hurrelmann (1995: 108ff.).

insbesondere drei theoretische Ansätze fruchtbar, die sich wechselseitig ergänzen, deshalb aber auch jeweils nur eingeschränkte Geltungskraft besitzen.

Das Verdienst des angstpsychologischen Ansatzes von Kruedeners (1989) liegt darin, die nicht-ökonomischen „weichen" Bedingungen für Freiheits-, Sicherheits- und Positionsverluste von Personen während der Inflation in den Blick zu nehmen und ein breites Spektrum von Flucht- und Angriffsreaktionen sowie intrapsychischen Verarbeitungsformen des Inflationserlebnisses beschreiben und erklären zu können. Doch von Kruedeners zentrale Prämisse, daß dem Inflationserleben Angst zugrunde liegen muß, blendet die Grundlage von Verhaltensweisen des inflationsadaptierten hedonistischen Sozialcharakters aus, für den die Inflation Chance und nicht Bedrohung bedeutet. Die Relevanz des von Kruedenerschen Konzeptes besteht mithin in einer differenzierten Beschreibung der emotionalen Dispositionen und Handlungsformen des puritanischen Sozialcharakters, ist gleichzeitig jedoch auf diesen restringiert. Zudem ist die von Kruedener aufgestellte Behauptung mehrstufiger „Coping"-Prozesse unter den Bedingungen einer Hyperinflation eher unwahrscheinlich, so daß sich sein gesamter Theorieansatz eher zur Erklärung einer nachträglichen Verarbeitung von Währungskrisen eignet.

Waldmann (1987) hingegen akzentuiert Praktiken und Einstellungen des inflationsadaptierten Sozialcharakters, die diesem ein erfolgreiches Agieren unter den Bedingungen einer inflationären Wirtschaft ermöglichen. Der Vorteil von Waldmanns Ansatz liegt darin, daß er das von von Kruedener vernachlässigte „Erfolgsmodell" hinreichend beleuchtet. Jedoch ist auch hier in relativierender Absicht hinzuzufügen, daß strategisches Verhalten und prompte Lerneffekte eher die Ausnahme, denn die Regel bilden und sich u. U. erst mit langen Verzögerungen ex post einstellen.

Mertons Typologie aus fünf Formen von individueller Anpassung an anomische Zustände, die als Konformität, Innovation, Ritualismus, Rückzug und Rebellion konzeptualisiert werden, beschreibt individuelles Verhalten unter Krisenbedingungen selbst. Mertons Theorie ist zwar ausdrücklich für die amerikanische Gegenwartsgesellschaft entworfen, in der Geld einen außerordentlichen Stellenwert besitzt: „Die heutige amerikanische Kultur scheint sich jenem Extremtypus zu nähern, bei dem, ohne entsprechende Akzentuierung der institutionellen Mittel, ein sehr starker Akzent auf bestimmten Erfolgszielen liegt. Es wäre natürlich abwegig, zu behaupten, akkumulierter Reichtum stünde als Erfolgsziel allein, genauso abwegig, wie zu leugnen, daß die Amerikaner ihm einen Platz hoch in der Werteskala zuerkennen. Geld hat in hohem Maße die Weihe eines Wertes an sich erhalten, weit über seine Verausgabung für Konsumgüter oder seinen Einsatz zur Machterhöhung hinaus. ‚Geld' ist besonders gut geeignet, ein Prestigesymbol zu werden." (Merton 1995: 131) Jedoch lassen sich Mertons Überlegungen zu Formen der Anpassung bei einer Divergenz von kulturellen Zielen und erlaubten Mitteln auch auf eine Inflationsgesellschaft beziehen.

Insbesondere die eskapistische Verhaltensweise, die auf der Kluft zwischen hochgesteckten Zielen und Ansprüchen und fehlenden Mitteln, diese zu erfüllen, basiert, sowie die ritualistische, die von vornherein die eigenen Ansprüche minimiert, besitzen in unserem Zusammenhang eine hohe Affinität zum puritanischen Sozialcharakter: „Das Syndrom des Sozialritualisten ist so bekannt wie aufschlußreich. Seine implizite Lebensphilosophie kommt in einer Reihe kultureller Klischees zum Ausdruck: ‚Ich riskier nichts', ‚Ich geh auf Nummer Sicher', ‚Ich bin zufrieden mit dem, was ich hab', ‚Schuster, bleib bei deinem Leisten' usw. Der Grundtenor all dieser Einstellungen ist, daß hohe Ansprüche nur in Frustration und Gefahr führen, niedrige Ansprüche dagegen zu Zufriedenheit und Sicherheit. Dies ist eine Reaktion auf Verhältnisse, die als bedrohlich erlebt und mit Mißtrauen betrachtet werden." (Merton 1995: 145)

Die zu Ritualismus und Eskapismus genau gegenläufige Anpassungsform der Innovation hält an dem kulturellen Ziel „Erfolg" fest und definiert die institutionellen Mittel neu: „Eine kulturelle Überbetonung des Ziels ‚Erfolg' leistet dieser Art der Anpassung Vorschub, nämlich der Anwendung institutionell verbotener, aber oft wirksamer Mittel zur Erringung wenigstens der äußeren Abzeichen des Erfolgs, nämlich Reichtum und Macht. Zu dieser Reaktion kommt es, wenn sich der einzelne die kulturelle Betonung des Ziels zu eigen macht, ohne die institutionellen Normen, die die Mittel und Wege zur Erreichung dieses Ziels bestimmen, gleichermaßen zu verinnerlichen. Psychologisch gesehen, ist zu erwarten, daß die starke emotionale Zielbesetzung eine gewisse Risikobereitschaft erzeugt, eine Haltung, die von Menschen aller sozialen Schichten eingenommen werden kann." (Merton 1995: 136f.) Spekulant, Schieber und Spieler als Sozialfiguren eines inflationstypischen Hedonismus können auch als Inkarnationen einer innovativen Anpassungsform an monetäre Krisen angesehen werden.

Der theoretisch-methodologische Status des Sozialcharakter-Konzepts als Instrument der Beschreibung, Analyse und Erklärung des Verhaltens von Personen unter den Bedingungen von Währungskrisen läßt sich mit Hilfe der folgenden vier Bemerkungen besser bestimmen.

(1) Das Sozialcharakter-Konzept ist nicht auf Separierung, sondern auf *Verbindung mit anderen erklärenden Faktoren* hin angelegt. Hierzu gehören nicht nur ökonomische und sozialstrukturelle Variablen, sondern auch Parameter wie Alter, Geschlecht, Stadt vs. Land etc. Um in einem multidimensionalen Raum zusammen mit diesen Faktoren einen möglichst differenzierten Beitrag zur Erklärung der Wirkung von Währungskrisen auf die Sozialstruktur leisten zu können, müssen die sozialcharakterologischen Bestimmungen in der theoretischen Konzeption selbst so weit wie möglich unterscheidbar und unabhängig von anderen Erklärungsfaktoren gehalten werden.

(2) Das Sozialcharakter-Konzept ist auf eine *historisch-kontextualistische Einbettung* angewiesen. Dieselben Attitüden und Normen können unter verschiedenen Umweltbedingungenen verschiedene, unter Umständen entgegengesetzte, Auswirkungen haben. So stellt Erich Fromm zur Gruppe der Sekundärtugenden als Charakterzug fest: „Bei den Deutschen hält man bspw. zwei Charakterzüge für typisch. Den einen könnte man Ordnungsliebe nennen. Seine positiven Auswirkungen sind Organisationsfähigkeit, Disziplin und Verantwortungsbewußtsein, seine negativen

Kleinlichkeit, Starrsinn, sadistische und masochistische Neigungen. [...]." (Fromm 1981: 5)

(3) Puritanismus und Hedonismus sind als „antagonistische Geschwister" ihrerseits historisch *abhängig von Rationalisierungs- und Vergesellschaftungsprozessen der Moderne*, in denen sich die Geldwirtschaft aus personalen Bindungen löst. Zugespitzt mit Simmel formuliert: Erst wenn Geld zum Gott unserer Zeit wird, sind die monetären Sozialcharaktere Puritanismus und Hedonismus überhaupt möglich.

(4) Die *Fruchtbarkeit* des Sozialcharakter-Konzepts zeigt sich darin, daß es innerhalb dieses Rahmens weder auf die Analyse einer bestimmten Gesellschaftsform noch eines bestimmten historischen Zeitraums restringiert ist. Es kann vielmehr dazu genutzt werden, (a) diachron eine Gesellschaft, (b) synchron verschiedene Gesellschaften sowie (c) verschiedene Schichten und soziale Lagen in einer Gesellschaft zu untersuchen.

4.3 Sozialcharakter und Sozialisation

Die Kognitionen, Verhaltensattitüden und Normen, die monetäre Sozialcharaktere konstituieren, unterliegen sozialisatorischen Bedingungen. Für den vorliegenden Zusammenhang sind es insbesondere zwei Sozialisationsinstanzen, denen bei der Untersuchung von monetären Sozialcharakteren eine besondere Rolle zukommt: die Familie und die Währungskrisen.

Hierfür läßt sich David Riesmans Sozialcharakter-Konzept mit seinem grundlegenden Unterschied von innen- und außengeleitetem Sozialcharakter fruchtbar machen. Der Anknüpfungspunkt ergibt sich nicht nur historisch durch Riesmans expliziten Weber-Bezug, sondern systematisch dadurch, daß die Differenz von innen- und außengeleitetem Sozialcharakter über die unterschiedliche Bedeutung der sozialisatorischen Instanzen definiert ist. Für den *innengeleiteten Charakter* spielen die Eltern (bzw. Personen mit Elternfunktion) die zentrale sozialisatorische Rolle: „Die Kraft, die das Verhalten des Individuums steuert, wird verinnerlicht, d. h. sie wird frühzeitig durch die Eltern in das Kind eingepflanzt und auf prinzipiellere, aber dennoch unausweichliche Ziele gerichtet." (Riesman 1958: 31) Das Individuum wird wie durch einen geeichten Kreiselkompaß lebenslang auf relativ starre Ziele – Riesman nennt Geld, Besitz, Macht, Wissen, Ruhm, Güte – ausgerichtet, und auch seine Wahlmöglichkeiten bei den Mitteln, diese Ziele zu realisieren, sind beschränkt.

Die Ablösung des innengeleiteten durch den *außengeleiteten Typ* bezieht Riesman auf die historische Gegenwart der schrumpfenden Bevölkerung: „Beharrlichkeit und Unternehmungsgeist, wie sie der innengeleitete Mensch besaß, sind unter diesen neuen Gegebenheiten in geringerem Maße erforderlich, dagegen wächst der Umfang, in dem anstelle der materiellen Bedingungen nun die anderen Menschen zum Problem werden. [...] Die Steuerung des Verhaltens durch den Kreiselkompaß ist jetzt zu starr, und ein neuer psychologischer Mechanismus muß erfunden werden. Auch müssen jetzt das Sparbedürfnis und das dauernde ‚Knappheits-Bewußtsein' vieler innengeleiteter Menschen, die mit der Bevölkerungswelle auftrat, eine

Form der sozialen Anpassung darstellten, einem Verbrauchsbedürfnis und dauerndem ‚Überfluß-Bewußtsein' weichen, durch die der Mensch zum verschwenderischen Luxus und Verbrauch seiner Freizeit und des Produktionsüberschusses fähig wird." (Riesman 1958: 34f.) Die für den außengeleiteten Menschen relevanten Sozialisationsinstanzen sind seine „peer-group", die Massenmedien sowie aus der älteren Generation die Lehrer, denen die Funktion der „opinion leader" zukommt. Sie sind verantwortlich dafür, daß der Kreiselkompaß des innengeleiteten Menschen durch das *Radargerät* (und andere moderne nautische Navigationsmittel) des außengeleiteten Menschen ersetzt wird.

Diese Riesmansche Hypothese über den Zusammenhang von Sozialcharakter und der Bedeutung der familialen Sozialisationsinstanz kann auf der Basis unseres Untersuchungsmaterials in verschiedenen Richtungen empirisch überprüft werden:

(1) Auf der Basis eines differenzierten Sozialisationsbegriffs ist die Korrelation von Puritanismus und hoher Bedeutung der familialen Sozialisation in beiden Richtungen zu überprüfen. Einerseits geht es um die Frage, ob puritanische Eltern versuchen, ihren Puritanismus an die Kinder weiterzugeben und ob dies gelingt. (Siehe 19) Andererseits tritt die Frage auf, ob ein hohes Maß an elterlicher Einflußnahme und familialer Sozialisation – wie von Riesman angenommen – eine per se starke Affinität zu puritanischen Orientierungen besitzt.

(2) Die von Riesman behauptete Korrelation von Hedonismus und hoher extrafamilialer Sozialisation erheischt neben ihrer faktischen Überprüfung die kritische Frage, ob hier nicht die auf die Familie bezogene Verbindung von Sozialcharakter und Sozialisation eine Tradierung und Übernahme der elterlichen Normen schon konzeptuell präferiert, hingegen die Möglichkeit von Tradierungsbrüchen gerade im Antagonismus gegen die Normvorstellungen der Altvorderen unterschätzt wird.

Die naheliegende, aber kurzschlüssige Vermutung, daß Währungskrisen in der monetären Sozialisation des hedonistischen Sozialcharakters eine bedeutendere Rolle spielen als in der des puritanischen, sollte durch folgende Hypothesen ersetzt werden: Zwar können Währungskrisen auf dem Wege monetärer Sozialisation durchaus zur Umakzentuierung der ehemals erfolgsträchtigen Einstellungen des Puritaners zugunsten derjenigen des Hedonisten beitragen; doch unterliegen auch puritanische Einstellungen, die beibehalten und tradiert werden, monetären sozialisatorischen Impulsen, bspw. indem Inflationen zu unvorhersehbaren Wechselfällen des Lebens deklariert werden, denen es durch verstärkte Vorsorge und Spartätigkeit zu begegnen gilt.

Die sozialisatorische Bedeutung von Währungskrisen kann u. U. dafür verantwortlich sein, daß sich in charakterologischer Hinsicht ein Tradierungsbruch zwischen puritanischen Eltern und hedonistischen Kindern vollzieht. Wird dies jedoch im Riesmanschen Sinne nur als Abkehr von den Prinzipien und der sozialisatorischen Bedeutung der Älteren verstanden, so wird die Brisanz des Themas „Währungskrise" in der kommunikativen Auseinandersetzung zwischen den Generationen gewaltig unterschätzt.

Im Maß der monetären Durchdringung einer Gesellschaft wird Geld überhaupt ein zentraler Aspekt im Fühlen, Denken und Handeln ihrer Mitglieder und gewinnt mithin auch als Thema von Sozialisationsprozessen an Bedeutung. Die Präsenz bzw. Abwesenheit des Themas Geld im Sozialisationsprozeß kann umgekehrt auch als Indiz für den Grad der (Durch-)Monetarisierung einer ganzen Gesellschaft, ihrer großen Untergliederungen (Stadt / Land, Schicht, Milieu etc.) wie ihrer kleineren Einheiten (Familie, Gruppe) dienen.

In der Sozialisationsforschung bestehen besondere Defizite in Sachen Geld, so daß hier mit Transfers und dem Nutzen der Chance auf Improvisation gearbeitet wird, die schlecht beackerte Felder ganz allgemein bieten. Wie allgemein üblich wird Sozialisation als Oberbegriff verwendet, der (1) das zielgerichtete Erziehungshandeln und (2) den gesamten nicht intentionalen Bereich umschließt. Die *Themen* monetärer Sozialisation sind vielfältig; sie lassen sich aber gut systematisieren und im Hinblick auf das stets vorhandene Doppelgesicht von kognitivem und normativem Gehalt exemplarisch illustrieren.

Der kognitive Strang monetärer Sozialisation umfaßt zunächst die *Geldkunde*, das monetäre Gegenstück zur allgemeinen Warenkunde. Hier geht es um den simpelsten Lernstoff: den Namen der Währung, die Staffelung und Benennung der Nominale (einschließlich der „Spitznamen" wie Hunni oder Groschen). Die Materie ist unproblematisch, und alle Sozialisationsagenten sind ihrer Aufgabe ohne weiteres gewachsen. Lediglich am Rande sei angemerkt, daß selbst dieses Thema die symbolische Seite des Geldes (siehe 3.6) mit umschließt, so daß z. B. Persönlichkeiten (Kaiser, Dichter, Führer der Arbeiterbewegung usw.), Bauwerke (Brandenburger Tor, Palast der Republik usw.) und andere Symbole als bedeutend mit rezipiert werden. Eine normative Komponente läuft also selbst hier unauffällig im Beipack mit.

Erheblich komplizierter sind die *Geldfunktionen*, deren Verständnis altersabhängig an entwicklungspsychologische Schranken stößt oder, positiv formuliert, bestimmte Möglichkeiten offenläßt. (Rosendorfer 1998; 2000) Für Kinder im Vorschulalter ist der Austausch von Ware gegen Geld ein unverstandenes Ritual. (Rosendorfer 1998: 40f.) Interessant ist auch eine Szene, in der sich ein Kind auf seine Art in ein internationales Sammelsurium von Münzen und Banknoten vertieft. „Im Stiegenhaus sitzt die Hedi, fünf Jahre alt, und spielt mit einer großen Börse mit folgendem Inhalt: einem Tausendfrankenschein, zwanzig Zehnpfundnoten, zehn Fünfdollarnoten, etwa zweihundert Schilling in Papier und Silber und elf Goldstücken verschiedener Länder. [...] Den Tausendfrankenschein hat sie in der Börse gelassen, der gefällt ihr nicht und die Pfundnoten nimmt sie bald heraus, bald faltet sie sie ineinander und steckt sie hinein." (Polt-Heinzl/Schmidjell 1998: 16) Einschlägig ist auch eine Mitteilung im Rahmen der Interviews: „An Erwartungen kann ich mich nur erinnern, daß meine Eltern erwarteten, daß wir diesen Groschen nicht ausgaben, daß wir diese Groschen hegten und pflegten. Ich hätte auch niemals, wenn ich zehn Groschen gehabt hätte, in eine Mark umgewechselt, weil ich glaubte, diese zehn Groschen waren viel mehr wert." (Frau Pietsch, *1913)

Für das Individuum realisieren sich die abstrakten Geldfunktionen als *Umgangsweisen* mit dem Geld (kaufen, sparen, angemessenen Wert eines Geschenks festlegen usw.). Dabei erscheint die schwierigste und abstrakteste Funktion, Wertmaß für alles und jedes zu sein, am sinnfälligsten und alltäglichsten: als Preis und hierarchisches Preisgefüge, das auch schmerzliche Ausschlüsse bereithält („zu teuer", „können wir uns nicht leisten"). Somit hat es auch die *Preiskunde* als Parallele der Geldkunde normativ durchaus in sich.

Bei den Umgangsweisen mit dem Geld ist die normative Komponente stärker ausgeprägt und stets präsent. Weil die Umgangsweisen ein ganzes Spektrum von Alternativen verkörpern, stehen sich Hedonist und Puritaner in zahllosen Alltagskämpfen gegenüber: Konsum ist der Sieg des einen, Verzicht der Triumph des anderen. Doch sind auch hier subtilere Normen eingebaut. Etwa Simmels frühe Erkenntnis, daß sich im Bewußtsein eine gewohnheitsmäßige Verbindung eines bestimmten Produkts mit der Vorstellung eines recht genau umrissenen Preises herstelle (Simmel 1992b: 216f.), ist nicht nur deskriptiver Natur. Zumindest im Sozialisationsprozeß und in der Selbstkontrolle des Konsumenten steckt darin die *Preisnorm*, daß das Produkt nicht teurer sein dürfe als die imaginierte Summe.

Das *monetäre System* als Ganzes ist die nächst höhere Ebene der monetären Sozialisation, die kognitiv auf der höchsten entwicklungspsychologischen Stufe spielt und auf subtile Weise normativ gesättigt ist. Solange dieses System, wie zur Zeit des Goldstandards oder – aus ganz anderen Gründen – auch im Realsozialismus der DDR einfach strukturiert ist und nur wenige Formen umfaßt, kann die monetäre Sozialisation geruhsam vollendet werden. In der Dynamik kapitalistischer Entwicklung wird das monetäre System, wie weiter vorn angerissen (siehe 3.1), aber so komplex und abstrakt, daß kundige Sozialisationsagenten von der Regel zur Ausnahme werden. Da dies natürlich eher für Eltern als für externe Institutionen gilt, erleiden die Agenten der Innenleitung strukturelle Kompetenzeinbußen und werden geschwächt. Die Verlängerung der präsenten Generationenkette durch die gestiegene Lebenserwartung (siehe 3.8) hat hier den Aspekt, daß mehrere gelebte Geldwelten und mehrere Normensets aufeinderprallen können, was den Prozeß monetärer Sozialisation weiter kompliziert.

Die normative Dimension, die das monetäre System mit dem Handeln verbindet, sei noch etwas konkreter exemplarisch verdeutlicht. Das folgsame Puritanerkind wird, um der Verzinsung willen, den Inhalt seiner Spardose eines Tages auf ein Sparkonto einzahlen. Der Pareto-Spekulant würde seinem Nachwuchs statt der Spardose einen Geldbetrag zur freien Verfügung stellen, ihn auf der Klaviatur der Geldanlagen unterrichten und ihn speziell in die Geheimnisse der Börse einweihen. Eine konsumtive Verwendung des rasch Gewonnenen wäre ohne elterlichen Proteststurm möglich.

Noch schwieriger liegen die Dinge beim Verstehen (und Vermitteln) der *Währungskrisen* und der Probleme des *Geldwerts*. Hier ist nur noch eine winzige Minderheit der Bevölkerung *kompetenter* Sozialisationsagent, der die Typologie (offene bzw. verdeckte Inflation; säkulare Inflation), die speziellen Fachprobleme (z. B.

Berechnung der Inflationsrate) und die interessendienlichen Handlungsstrategien beherrscht. *Faktischer* Sozialisationsagent sind freilich alle, die im krisenhaften 20. Jahrhundert Kinder aufgezogen haben oder dies gegenwärtig tun. Diese Diskrepanz befördert zwei Beeinträchtigungen der intergenerativen Kommunikation. Das Kompetenzproblem schmälert die Autorität der Älteren und mit ihr die Bereitschaft der Jüngeren zum Zuhören und zum Annehmen von Lehren. Zum anderen entsteht eine Prädisposition dafür, Schicksale als Anekdoten zu erzählen, deren Unterhaltungswert sich rasch verbraucht.

Hinsichtlich der Währungskrise ist das *Verhältnis* von Kognition und Normativität noch gespannter, weil bereits das interessendienliche Handeln des homo oeconomicus gegen Moralkodices verschiedenster Provenienz verstößt. Wer z. B. eine Schuld ganz legal mit entwertetem Geld zurückzahlt, hat „dem einen Herrn" gedient und dabei nicht-monetäre Normen von Anstand und richtigem Leben übertreten. Das empirische Material wird zeigen, daß ein solches Verhalten noch Jahrzehnte später empört; zu massiv verstößt es gegen die ungeschriebenen Regeln der Verwandtschaft, Freundschaft, gar nur Nachbarschaft. Die Illegitimität des Erfolgreichen macht es schwer bis unmöglich, die normative Seite seiner Krisenlehren in der monetären Sozialisation zur Geltung zu bringen. Weit eher ist die illegale Legitimität zu vermitteln, etwa Verständnis für den kleinen Diebstahl aus Hunger oder den Kohlenklau für die frierende Familie. Vor allem wegen dieses Spannungsverhältnisses hat es der Lehrmeister Währungskrise schwer, der Bevölkerung strategische Konsequenzen zu vermitteln und im Ernst in die monetäre Sozialisation der Nachfahren einzudringen.

Von höherer Warte aus systematisiert sind vier Gruppen von *Normen* unlöslich in das Lehren und Lernen des Geldumgangs eingebunden. Zum einen geht es um *monetäre Normen* im engeren Sinne, also v. a. die feindlichen Geschwister Sparsamkeit und Hedonismus. Weiterhin werden *Umgangsnormen* vermittelt, bei denen das monetäre Feld sowohl originär wie auch „Übungshang" für andere Lebensbereiche ist: hier heißen die Antipoden Reglementierung (Buchführung über Einnahmen und Ausgaben, Planung von Anschaffungen, ordentliche Geldbörse etc.) versus Laxheit. Drittens geht es um das allgemeine *Verhältnis zur monetären Sphäre*, das zwischen den Polen bewußter Distanzierung und gezielter Hinführung liegt. Schließlich sind Normen, Werte und Verhaltensweisen Thema, die nicht oder nicht primär monetärer Art sind, deren *Vermittlung lediglich monetär unterstützt* wird. Die materiellen Anreize und Belohnungen, sozusagen monetäre Hilfs-Sheriffs, können sich je nach Kontext auf alles und jedes beziehen. Das puritanische Elternhaus wird Fleiß, Leistung, Qualität oder Sauberkeit honorieren; Oliver Twist erhält sein Geld für das erfolgreiche Ausrauben von Kindern.

Die *Eltern* erziehen ausdrücklich, und sie leben vor. Dabei läßt die Situation von Mangel oder gar Armut, wie schon erwähnt, als normative Kraft des Faktischen überhaupt nur die verbissene Sparsamkeit zu; das hoffende Ausbruchsszenario und das Wachstumsregime der protestantischen Ethik verdichten sich in einem einzigen

Satz: „Groschen auf Groschen und Mark auf Mark." (Siehe 6.5) Materielle Optionen ermöglichen erst normative Alternativen – eine der Banalitäten, die sich mit Maslow erklären lassen. Bei den monetären Normen im engeren Sinne liefern die Überlegungen zur Sozialisation des innen- bzw. außengeleiteten Typs wertvolle Konkretisierungen.

Neben dem Erziehen und Vorleben haben Eltern die Hoheit im Nahraum der kindlichen Erfahrungswelt, den sie oftmals mit *unbelebten Sozialisationshelfern* ausstatten. Diese sollen monetär ähnlich wirken wie das Kruzifix oder der gerahmte Bibelspruch im religiösen Bereich. In die Ära des Goldstandards paßt z. B. eine ungemein symbolträchtige Tasse[47], die beim Anheben das geprägte Bildnis eines Goldstücks auf der Untertasse freigibt. Die Tasse selbst trägt die Inschrift: „Ein Kind, das so brav ist und artig wie Du, erhält diese Tasse und ein Goldstück dazu." Dies ist kein Trinkgefäß für den Alltag, sondern ein würdiger Gegenstand für die Vitrine oder für die Benutzung an Feiertagen. Wahrscheinlich ist die Tasse zu einem hohen Anlaß (z. B. Taufe) geschenkt worden und in Ehren zu halten. Die angestrebten Qualitäten beim Kind betreffen zunächst die passiv-adaptive Seite des Sozialisationsprozesses („brav", „artig"). Die Tasse hält den symbolischen Lohn der Abbildung eines Goldstücks bereit, das beim Absetzen wie in einer Spardose verschlossen wird. Durch die Ankündigung eines wirklichen Geldgeschenks fließen Symbol und Realität ineinander und propagieren die Erfolgsregel puritanischen Wirtschaftens. Einst im späteren Leben sollten die Qualitäten des Puritaner-Kindes dann in wirklichem Gold „ent-golten" werden.

Bei der Tasse und artverwandten Helfern wird die Grenze zwischen Erziehung und Sozialisation zwar unscharf, aber die *gemeinte* Botschaft ist eindeutig: Puritaner streben auch in der nächsten Generation Puritaner an. Sie tun dies auch mit gestickten Tüchern in der Küche („Spare in der Zeit, so hast Du in der Not" usw.). Bei der monetären Sozialisation des innengeleiteten Typs bilden die Eltern und ihre stummen Sozialisationshelfer eine machtvolle Allianz, der das Kind kaum etwas entgegensetzen kann.

Im Bereich der Geldfunktionen stößt man erstmals auf eine strukturelle Lücke, die die monetäre Sozialisation etwa vor der Vermittlung von Tischsitten, Grußformeln, handwerklichen Qualifikationen oder eines beruflichen Ehrenkodex auszeichnet. Letztere haben gemeinsam, daß es auf der Seite der Lehrenden keine *systematischen* kognitiven oder normativen Wissensdefizite gibt. In monetären Fragen ist das Wissen der Sozialisationsagenten demgegenüber mit hoher Wahrscheinlichkeit *systematisch* lückenhaft *und* veraltet, weil die Sozialisanden in einer anderen monetären Epoche leben (werden), für die nicht (mehr) alles gültig und richtig ist, was die monetären Lehrer vorleben und vermitteln. Dieser kognitive Aspekt ist wichtig, aber vergleichsweise unkompliziert.

Komplizierter und ähnlich wichtig sind zwei andere Dimensionen des Problems. Einmal sind die von Needleman aufgedeckten monetären Angst(t)raum-Dimensionen des Geldes (Needleman 1993: 150ff.) ein heikles Thema der monetären Sozia-

47 Für den Hinweis nebst CD-ROM sei Hannelore Schwab gedankt.

lisation. Erzieher vermitteln meist Gewißheiten und selten Traumata; letztere schwingen aber im Sozialisationsprozeß unweigerlich mit. Zum anderen sind die gestiegene Komplexität und Abstraktheit der monetären Sphäre ein Problem für (fast) alle Sozialisationsagenten: sie blicken selbst nicht umfassend durch.

Die externen Sozialisationsagenten in ihrer Bedeutung für die Heranbildung des außengeleiteten Typs kommen überhaupt erst im Lauf des 20. Jahrhunderts auf; noch um 1900 haben die Eltern quasi das Monopol bei der monetären Sozialisation.[48] Und trotz aller Delegation von Funktionen bleibt die Familie zentral (Nunner-Winkler 1998: 185) – auch in monetären Dingen. Doch später wird sich die Konstellation herausbilden, daß die Externen *aktueller* sind, weil sie die Entwicklung der Kaufkraft und Preisniveaus in den Relevanzbereichen von Kindern und Jugendlichen besser beurteilen können als die Eltern. Sie sind zudem *hedonistischer*, weil die „peer group" den Drang des Sozialisanden nach sofortiger Bedürfnisbefriedigung teilt und der kommerzielle Akteur ein ökonomisches Interesse am Absatz und am Taschengeld der Kinder und Jugendlichen hat. Einige dieser Akteure (z. B. Geldinstitute mit ihren Zeitschriften etc. für die jungen Kunden) sind überdies *beschlagener (z. T. auch verschlagener)* als das durchschnittliche Elternhaus. Dieses Spannungsverhältnis wird sich im Lauf des 20. Jahrhunderts und im Übergang zum 21. Jahrhundert verschärfen. (Siehe 11.1)

Währungskrisen als externe Sozialisationsagenten für Alt *und* Jung kommen bei Riesman nicht vor. Sie sind jedoch enorm wichtig für Prozesse materieller Umverteilung wie normativer Umschichtung. Für die *Individuen* sind sie, mit Ausnahme einer Minderheit genußvoller „Krisensurfer", in der Regel „critical life events" (Filipp), und in der *familialen Generationenfolge* bleiben Verteilungswirkungen (Verluste oder Gewinne an Vermögen) selten aus. Wie oben ausgeführt (siehe 4.2), hätten Gerth/Mills statt der Bauernkriege *auch* die Währungskrisen des 20. Jahrhunderts als Argumentationsarena für ihre Hypothese wählen können, daß Umbrüche die sozialen Chancen sozialcharakterologischer Fraktionen grundlegend neu bestimmen.

---

48 Im Interview wurde gefragt, ob außer den Eltern noch andere Menschen bei der Vermittlung monetärer Grundsätze und Prinzipien eine Rolle gespielt haben. Neun von zehn Angehörigen der G1 verneinen dies (89,6%).

II. GeldWertEpochen

Die Lebenszeit der ältesten BPn umschließt, wenn man die sozialisatorisch wirksamen Ausläufer des 19. Jahrhunderts mitzählt, *alle* großen Epochen der Entwicklung des Geldes, *alle* bedeutenden Währungskrisen und -reformen des auch in Gelddingen besonders turbulenten 20. Jahrhunderts und *alle* sonstigen monetären Großereignisse mit Prägekraft für die Zukunft (deutsch-deutsche und europäische Währungsunion). Bei den Jüngeren schwindet diese umfassende und direkte Partizipation naturgemäß und muß mehr und mehr durch intergenerative Erzählungen, Reflexionen und Belehrungen vertreten werden. (Siehe 10.1) Im doppelten Wortsinn von Entwicklungsstufe und Ära seien die GeldWertEpochen einleitend skizziert.

Mitten im Ersten Weltkrieg endet mit dem Goldstandard zugleich die Ära des noch teilweise *substanzgedeckten Geldes*, in der die Geldkultur, das monetäre Denken, die auf Geld bezogenen Normen und Werte in einer Nachhaltigkeit geprägt worden sind, die erst aus heutiger Sicht in voller Klarheit zu erkennen und durch aktuelle Forschungsergebnisse zu fundieren ist; die Nachwirkungen reichen bis in die Gegenwart und Zukunft. Die damals beginnende Epoche des zunehmend ungedeckten *Papiergeldes* ist durch mehrere *Zyklen von monetärer Krise und Reform* zergliedert, die, zum Teil ursächlich, mit den politischen Großereignissen (zwei Weltkriege, Teilung und Vereinigung Deutschlands, Etablierung und Sturz des Realsozialismus) verwoben sind. Bei der umgangssprachlichen Gliederung der Gesellschaftsgeschichte sind alle diese Zäsuren gleich stark und haben – als einzige – die Kraft, Zustände eines „Vorher" von jenen des „Nachher" zu unterscheiden: vor/nach dem Krieg, der Währung[49], der Wende. Sie sind die kollektiven Gegenstücke zu den „Interpretationspunkten" in der individuellen Lebensgeschichte (Rosenthal 1995: 142), die, wie der Tod der Mutter oder die Eheschließung, oftmals die Erzählungen der Menschen unterteilen. Beides vermittelt sich im Familiengedächtnis, in welchem die Währungsereignisse sogar auf präzisere Erinnerung rechnen dürfen als die meisten persönlichen Zäsuren in den Leben der Altvorderen. Mit dieser Umakzentuierung sei Halbwachs' Charakterisierung des Familiengedächtnisses zitiert: „Die Verwandtschaftsbeziehungen stehen im Vordergrund

---

49 In den von Friedrich (Hg.) 1988 zusammengetragenen Rückblicken Prominenter auf die Währungsreform spiegelt sich dies besonders prägnant bei Iring Fetscher, der seinen Text exakt in diesem Sinne betitelt hat: „Nach der Währung". Rühmkorf (1986: 35) spricht sogar von der „neuen Zeitrechnung (die eben nicht wie in China ‚vor der Befreiung – nach der Befreiung', sondern ‚vor der Währung – nach der Währung' hieß) [...]."

dieses Gedächtnisses, und wenn Ereignisse, die auf den ersten Blick sich mit den Vorstellungen eines anderen Bereiches verbinden, darin vorkommen, so darum, weil auch sie von gewissen Seiten her als Familienereignisse betrachtet werden können, und weil man sie auch unter diesem Aspekt betrachtet.“ (Halbwachs 1985: 215)

Der Erste Weltkrieg, die damals einsetzende Inflation mit ihrer späteren Steigerung zur Hyperinflation, die Konsolidierung 1923/24 und der nachfolgende Kampf um die Aufwertung von Altforderungen bilden den ersten Zyklus in den traumatischen Erfahrungen der Deutschen. Eingeschlossen waren Rückfälle vom nationalen Währungsraum in die monetäre Kleinstaaterei (Notgeld von Kommunen, Betrieben etc.) und vom entwickelten Geld auf Vorstufen (Warengeld, Realtausch).[50] Die *offene Hyperinflation* war „die schlimmste Währungskatastrophe, die jemals eine fortgeschrittene Industriegesellschaft heimgesucht hat.“ (Blaich 1985: 8) Sie konnte als Zusammenbruch der „Welt der Sekurität“ (Bracher 1982: 81) interpretiert und mit zahlreichen weiteren Superlativen[51] charakterisiert werden. Entsprechend habe sich der Schock dieser Erlebnisse in der Bevölkerung so tief eingeprägt, daß ihr Kern quer durch die Generationen tradiert worden sei. (Noelle-Neumann 1968: 38) Die Tragfähigkeit dieser Hypothese, die bis heute mit größter Selbstverständlichkeit wie sprachliches Kleingeld umläuft, wird in der vorliegenden Untersuchung erstmals empirisch überprüft – mit durchaus schillernden Ergebnissen. (Siehe 10.1, 10.2)

Das Erlebnis der Währungsreform von 1923 mit dem „Wunder der Rentenmark“ war dann so positiv und intensiv, daß es wiederum stabilisierend für den Geldwert selber war. (Widmaier 1993) Umgekehrt sind die sozialen Konsequenzen der Umtauschrelation, 1 000 000 000 000 zu 1, gewaltig.

Kaum ein halbes Menschenalter später, deutlich vor dem Zweiten Weltkrieg, bereitet sich schon die nächste Währungskatastrophe vor: eine *verdeckte Inflation*, die die Zeitgenossen zunächst mehr ahnen als wahrnehmen konnten. (Möller 1976: 434) Bei Ende des Krieges herrschen dann neben einem enormen Geldüberhang erneut der Rückfall ins Sachgeld („Zigarettenwährung“), der unmittelbare Tausch von Ware gegen Ware, der Schwarzmarkt. Daß es in nicht zu ferner Zukunft zu einer Währungsreform kommen und ein erheblicher Teil des alten Geldes entwertet werden mußte, war damit angelegt. Unter dem Diktat dieser monetären Sachzwänge fanden 1948 kurz nacheinander zwei Währungsreformen statt, die bereits die Gründung der beiden deutschen Staaten vorzeichneten. Aufgrund der Etablierung grundsätzlich verschiedener Gesellschaftssysteme waren die Muster der Währungsreform und der politischen Begleitprogramme diametral entgegengesetzt,

---

50 Diese Rückfälle werden manchmal im Medium des Geldes selber problematisiert. So heißt es auf dem 10-Pfg.-Schein von 1923 der Ortschaft Melle: „Wir stammen ab vom Silbergroschen. / Der war was wert und glänzte hell. / Als seine Linie erloschen / Traten die Nickel an die Stell. / Der Nickel macht den groben Klumpen, / Dem Zehnerstück von Eisen, Platz. / Dann kamen wir gewalkte Lumpen. / Nach uns kommt dann Papierersatz.“ (Abgedruckt bei Seehase 1998: 38)

51 Bethge u. a. (2002: 286-288) haben Belege aus verschiedenen Wissenschaftsdisziplinen und der belletristischen Literatur zusammengestellt.

wobei die Abwertung ein notwendiges gemeinsames Charakteristikum bildet. (Siehe 7.3)

Die *Quintessenz* der Währungserfahrungen der Deutschen in der ersten Hälfte des 20. Jahrhunderts ist jedenfalls das multiple Abwertungserlebnis. Ihm folgt in der Bundesrepublik die stark durch die Siegermächte geprägte Schaffung der DM, die sich parallel zum „Wirtschaftswunder" und als seine Schubkraft entwickelt. Gleichwohl setzt praktisch mit diesem Schöpfungsakt eine schleichende Entwertung des Geldes ein, die als Basistrend den Rest des Jahrhunderts und die halbe Welt überwölbt. (Hofmann 1962, Läge 1959, Brown 1985, Hoffmann 1997) In der DDR ist das Grundmuster genau konträr: Angebotslücken oberhalb der gesicherten Grundversorgung und ansonsten ein relativ stabiles Preisniveau im Rahmen des Versuchs, das Geld im Sozialismus einiger seiner Funktionen im Kapitalismus zu entkleiden. (Dewey 1956, Ehlert u. a. 1985, Gebhardt u. a. 1987, Gutmann (Hrsg.) 1983, v. Rüden 1991)

Vor diesem gespaltenen Hintergrund war die deutsch-deutsche Währungsunion von 1990 ein weiteres monetäres Ereignis der Superlative (siehe 9). Trotz der – am historischen Vergleichsmaßstab beurteilt – großzügigen Umstellungsregelungen waren das Vorfeld, das Ergebnis und die Folgeeffekte der Währungsunion für die Menschen in der (damaligen) DDR mit verschiedenen Schockerlebnissen und Abwertungsgefühlen verbunden, die bis heute nachzuwirken scheinen. Bedeutsam ist insbesondere der geldpsychologische Doppelsalto, den die Bevölkerung springen mußte: durch Erlangung der begehrten DM stabilisierte sie das zuvor defizitäre monetäre Selbstwertgefühl, mußte aber fast gleichzeitig eine Destabilisierung hinnehmen, weil sie – relativ zu den „Wessis" – weniger Vermögen und Einkommen hatte und so im Zustand der Deprivation verblieb. (Hoffmann 1994a)

Die monetären Krisen, die Währungsreformen und -umstellungen des 20. Jahrhunderts hatten in der Summe äußerst umfangreiche und tiefgehende Wirkungen auf die Gesellschaft. Aus soziologischer Sicht ist zur theoretischen Analyse und zur empirischen Erfassung dieser Vorgänge ein komplexer Mix von Methoden und Konzepten erforderlich, der sich, zugleich leichtfüßig und angestrengt, über die Grenzen von „Ansätzen", „Disziplinen" und „Schulen" hinwegzusetzen versucht. Gerade für den langen Zeitraum vom Kaiserreich bis zur Bundesrepublik ist es unmöglich, soziale Strukturen und Positionsverschiebungen von Großgruppen mit nur einem Merkmal zu erklären.[52]

Die theoretische Stichprobe, nach der das empirische Material erhoben wurde (siehe 2.2.1), läßt sich mit ihren zentralen Achsen aus Marx (selbständig / abhängig) und Fourastié (primärer / sekundärer/ tertiärer Sektor) bereits als zweifach gestaffelter Rahmen bezeichnen, innerhalb dessen weitere Differenzierungen ihre Rolle spielen. Selbige sind bei der Konzipierung von Stichproben unmöglich zu erfassen; sie können nur theoretisch entwickelt und später, in der Auswertung

52 Niehuss (1985: 25f.) plädiert *aus Anlaß* ihrer lokal eingegrenzten Studien zur Entwicklung der Schichtung und Lage der Arbeiterschaft im Ersten Weltkrieg und in der Inflation nachdrücklich und mit Recht *ganz allgemein* für breit gefächerte Konzepte. Siehe auch Flemming et al. (1978: 241ff.)

des erhobenen Materials, plausibilisiert werden. Die folgenden Kapitel werden zeigen, daß die Hauptachsen der Stichprobe durchaus einige extreme Krisenfolgen vorstrukturierten; erst im Verbund mit anderen Dimensionen und Aspekten[53] ist indes Klarheit über die ungemein verschachtelten Prozesse zu erlangen. Ohne systematische Erörterung sei noch angemerkt, daß die Rolle dieser Faktoren je nach Typ des Währungsereignisses (v. a. offene oder verdeckte Inflation, säkular schleichende Inflation etc.) variiert – z. T. zwischen Extremen.

Wesentlich ist zunächst der *Zeitfaktor*, der im Prozeß einer trabenden oder galoppierenden Geldentwertung zur Basiskategorie aufrückt. Die Krisendynamik ist erst angemessen zu erfassen, wenn „die Dimension der Zeit in die Behandlung und Lösung der Aufgabe unmittelbar eingeht" (Geiger 1962: 137). Dabei ist zusätzlich ein qualitativer Umschlag innerhalb dieser Dimension zu verzeichnen, den Waldmann für das Argentinien der 80er Jahre herausgearbeitet hat (Waldmann 1997). Solange die Inflationsraten hoch, aber noch halbwegs korrekt abzuschätzen sind, ist Zeit die strategische Schlüsselvariable schlechthin, deren (in-)adäquate Berücksichtigung das Schicksal der Menschen besiegelt. Bei der noch weiter, ins Unabsehbare, akzelerierenden Inflation schrumpft die Bedeutung des Zeitfaktors jedoch auf Null, und der Kampf mit der Geldentwertung konzentriert sich auf das Überleben hier und jetzt. Bei verdeckter oder zurückgestauter Inflation gibt es einen solchen qualitativen Umschlag des Zeitfaktors in der je handlungsrelevanten Gegenwart wiederum nicht; hier wirkt er, gewissermaßen im Untergrund, auf besonders tückische Weise. Die (relative) Konstanz administrierter Preise verschleiert die Auszehrung monetärer Vermögensbestände, die erst mit dem Ende der Krise manifest wird. – Ein den Zeiten mehr oder minder gemäßes Verständnis von Zeit gehört jedenfalls zu den Faktoren, die für das Krisenschicksal von Individuen und Familien in Währungskrisen ausschlaggebend sind.

Der „Doppelaspekt" gesellschaftlicher Phänomene (Geiger 1962: 147) ist in der Situation einer Währungskrise besonders bedeutsam und mit dem Zeitfaktor auf das Engste verzahnt. Die sozialen „Integrate" als Bezugspunkt struktureller sowie kollektivistischer Betrachtung und die sozialen Subjekte bzw. Akteure als Gegenstand individualistischer Analyse sind keine Gegensätze, sondern zwei Seiten einer Medaille. „Im Begriff des Individuums sieht man von den sozialen Bedingungen des Menschen, im Begriff der gesellschaftlichen Ganzheiten sieht man von der Individualität der an ihnen teilhabenden Menschen ab. Die Gesellschaft aber ist ebensowenig ein Produkt der Individuen, wie diese untergeordnete Glieder sind. In den Begriff des Menschen geht vielmehr ‚die Gesellschaft' als eine seiner wesentlichen Bestimmungen mit ein." (Geiger 1962: 148) Das Zusammenspiel beider Seiten der Medaille sei am Beispiel eines Hausbesitzers unter inflationären Bedingungen verdeutlicht. Dieser scheint als Teil der ökonomischen *Ganzheit* „Immobilieneigentümer" automatisch auf der sicheren oder sogar der sonnigen Seite der inflationären Dynamik zu stehen. Wenn er jedoch zu einem bestimmten

---

53 Gemeinsam mit Jan-Alexander Bethge; siehe auch Bethge (2001: 34ff.)

„Zeit-Punkt" den lockenden (Schein-)Gewinnchancen nicht widerstehen oder die vagen Risiken der Zukunft nicht ertragen kann und verkauft, ist der Schutz des Integrats *für ihn* verloren gegangen, indem der neue Eigentümer ihn erworben hat.

Bei der Entwicklung eines Untersuchungsansatzes, der in der Analyse empirischen Materials letztlich die gesellschaftlichen Rahmenbedingungen mit der Akteursperspektive verbinden will, kommt es überdies sehr stark auf die Beachtung der inneren Anpassungsfähigkeit der Menschen an, die, in Analogie zum ökonomischen Begriff der Einkommenselastizität, als *subjektive Elastizität* bezeichnet sei. Dabei sollten die rational-kognitiven Komponenten (Wissensstand, Lernfähigkeit etc.) systematisch von den affektiv-normativen Komponenten (Charaktereigenschaften, Attitüden etc.) unterschieden werden. (Hoffmann/Rühmann 1993: 53ff.) Erstere sind durch Lernprozesse zu verändern, wobei allerdings der schon vorhandene Kenntnisstand eine Rolle spielt. Letztere sind „eher beharrend, stärker emotional geladen und in den tieferen Schichten des psychischen Apparats des Menschen angesiedelt" (Hoffmann/Rühmann 1993: 55). Die rational-kognitiven und die affektiv-normativen Komponenten können dabei in einem harmonischen und konsistenten Verhältnis stehen oder partiell widersprüchlich sein – bei der Analyse von Währungsschicksalen ein besonders wichtiger Aspekt. Wenn z. B. die Inflation ein bestimmtes ökonomisches Handeln nahelegt und dies rational auch in aller Klarheit begriffen ist, vermag eine entgegenstehende *Norm* das interessendienliche Handeln genau so massiv zu unterbinden wie eine *ökonomische Restriktion*. Insoweit ist es gleichgültig, ob ein Kreditinstitut oder eine innerpsychische Instanz den Kredit verweigert. – Das Zusammenwirken der kognitiven und der affektiven Dimension mit den ökonomischen Gegebenheiten ist jedenfalls a priori unbestimmt und kann sich als *hochgradig kontingent* erweisen.

Die Bedeutung der inneren Elastizität manifestiert sich unweigerlich zweifach und zunächst konträr: während der Krise und, nach ihrem Ende, in der neuen Normalität. Auch hier ist die Möglichkeit oder gar Wahrscheinlichkeit eines qualitativen Umschlags mit zu denken. Dieser wichtige Aspekt sei mit der literarischen Figur des entlassenen Soldaten Lehmann illustriert, der zwischen Ende des Zweiten Weltkriegs und der Währungsreform vom abgerissenen Niemand zum „Schwarzmarktkönig" aufsteigt. (Lenz 1964) „Seine Zeit ist die Zeit des Mangels. Er braucht ihn als Widerstand, er beflügelt seine Phantasie und beschert ihm das Abenteuer. Herrscht jedoch Überfluß, erlahmen seine Kräfte, er wird beziehungslos, steht untätig am Markte und keiner bedarf seiner." (vor Lenz 1964: 5f.) Entsprechend wird die Währungsreform für ihn der „schmähliche Sonntag", der seine „gesamte Muskulatur lähmte." (Lenz 1964: 10) Ein anderer Autor deutet durch seine „materialistische Analyse einer Neurose" (Rühmkorf 1986: 34) möglicherweise ein tieferes Verständnis dieser einseitig krisenspezifischen Elastizität an. „Die Währungsreform, die uns zunächst wie eine wahrhaftige Verfestigung aller schwankenden Werte erschien, erwies sich also schon bald als fürchterlicher Strick um meinen Hals. [...] für mich und meine geringen Fertigkeiten bedeutete sie schlicht und einfach: Liquidation. [...] Sie erschütterte mit einer gewissen wirtschaftlichen Selbständigkeit das Selbstverständnis überhaupt und ließ mich mit meinen Lücken und Versäumnissen allein." (Rühmkorf 1986: 34)

Als Kontrast ist auch die zweiseitige Elastizität nachweisbar, die sowohl krisen- als auch normalitätstauglich ist – etwa in Gestalt von Martin Cramme, Hauptfigur in Irina Korschunows Nachkriegsroman „Fallschirmseide" (1992). Sein Weg führt vom Deserteur aus Mattheit über den zunächst nur vom Glück begünstigten Schwarzmarktakteur zum geschickt agierenden Unternehmer, dem es gelingt, seine junge Textilfirma über die Währungsreform in die Ära der kommerzieller Normalität hinüberzuführen.

Für den vorliegenden Zusammenhang ist der Gedanke von der *doppelten subjektiven Elastizität* vor allem aus zwei Gründen wichtig. Er macht es möglich, eine kurzfristig handlungstheoretische Perspektive mit einer langfristigen zu verbinden, die auf Sozialstrukturen und -charaktere abhebt. Zweitens kann er innerhalb der Langzeitperspektive transformierende *und* stabilisierende Einflüsse von Währungskrisen faßbar machen. Die Verknüpfung der Idee von der doppelten Elastizität mit den Überlegungen zum Faktor Zeit und zu dem sozialen Integraten führt zu weiteren Denkmöglichkeiten, die hier nur anzureißen sind. Die krisenspezifische „Hälfte" der Elastizität reicht ja aus, um den Faktor Zeit zu nutzen und sich z. B. unter den Schutz neuer Integrate zu begeben. Dies wäre gewissermaßen Erfolg trotz Liquidation i. S. von Lenz. Eine Verlängerung des Erfolgs in der Krise in die Phase der nachfolgenden Normalität setzt hingegen beide „Hälften" der Elastizität voraus. Vielleicht leisten diese Gedanken Beiträge zum Verständnis der Krisenwirkungen als langsame Katalysatoren und Lehrmeister, die die nachfolgenden Generationen stärker berühren als die Betroffenen selber.

Die Katalysator-Hypothese impliziert mitnichten, daß die Bedeutung der großen Währungsereignisse in der Erinnerung der Zeitzeugen abgesunken wäre – das Gegenteil ist der Fall. Als Verdeutlichung sei zum Ende der Einleitung von Buch II, gewissermaßen als zusammenfassender Vorgriff, eine Tabelle präsentiert, die die Antworten der BPn auf die folgende Frage nebeneinander stellt; sie war für die großen Währungsereignisse identisch formuliert: „Wie wichtig war unter diesen Umständen die Währungsfrage im Vergleich zu den anderen Problemen für Sie?" Im Kontext der frühen zwanziger Jahre, der mittleren vierziger Jahre und der Wende von 1989/90 waren „diese Umstände" z. B. das Kriegsende, der Sturz der Monarchie, das Ende des Nationalsozialismus und der Fall der Mauer. Und die „anderen Probleme" der Zeit waren etwa der Hunger, der Verlust eines Familienmitglieds, Flucht, Vertreibung oder ein zerbombtes Haus. Diese Kontextbedingungen sind bei der Interpretation der Werte unbedingt zu berücksichtigen.

Tab. 4.1: Bedeutung der Währungsfrage im Vergleich zu den anderen Problemen der Zeit (gerundete Spalten-%)

Bedeutung der Währungsfrage	**20er Jahre (N = 32)**	**40er Jahre (N = 54)**	**1989/90 (N = 144)**	**1989/90 nur DDR (N = 69)**	**1989/90 nur BRD (N = 75)**
Sehr wichtig/wichtig	56	46	43	57	31
Mittel	9	9	12	7	16
Weniger wichtig/unwichtig	19	32	41	29	52
Residual	16	13	4	7	1
Summe	100	100	100	100	100

© Heisterhagen / Hoffmann, Soziologisches Seminar, Universität Göttingen

In der Konkurrenz mit den einschneidendsten Ereignissen der Geschichte *und* des eigenen Lebens ordnet eine (zumindest relative) Mehrheit der Betroffenen den Währungsereignissen einen hohen Rangplatz zu. Die bislang nur auf Plausibilität gegründete Hypothese von der tiefen Nachwirkung der Währungskrisen über Generationen bekommt einen ersten empirischen Rückhalt. Auch die erwähnten Superlative in der Wissenschaft finden eine Entsprechung, die sich in den entsprechenden empirischen Kapiteln (siehe 6, 7 und 9) weiter erhärten wird.

Die neueste monetäre Ära ist hier nur als Vorschau im Telegrammstil anzureißen. Die Jahrtausendwende hat eine neue GeldWertEpoche eröffnet, deren Makro-Ebene sich durch die *Europäisierung* der Währung und die *Elektronisierung* des Geldes auszeichnet. Beides steht in einem ungemein gespannten und spannenden Verhältnis. (Siehe Eröffnung von Buch IV) Als zentrale Innovationen unserer Zeit werden die Europäisierung und Elektronisierung allerdings als Teile der monetären Gegenwart und Zukunft separat behandelt. (Siehe 15, 16)

Die ältesten Befragten des Göttinger Projekts haben, zunächst noch in ihren Elternhäusern, größere monetäre Brüche und Umbrüche erlebt als jede andere Generation. Die Kapitel dieses Buchs sind so angeordnet wie ihr monetärer Lebensweg. Nach einer geruhsamen Darstellung des seinerseits beschaulichen Beginns beim Golde stürzt sich die Abhandlung in die Turbulenzen von zwei Krisen und drei Reformen, um bei der deutsch-deutschen Währungsunion von 1990 zu enden.

5. Die Ära des Goldstandards

„Wer seine Schweißtropfen zählt, wird nie sein Geld zählen." (Hebbel)

Ausgangspunkt der realen wie der mentalen Entwicklung ist die Zeit des Goldstandards[54], die im Denken und Fühlen der Ältesten bis heute nachwirkt. Die Benutzung von Gold als besondere Form des Warengeldes reicht weit in die Geschichte zurück. Als modernes internationales Währungssystem etablierte sich der Goldstandard jedoch erst im letzten Drittel des 19. Jahrhunderts. Die Einführung erfolgte fast schon schleichend und läßt sich nicht an einem exakten Datum festmachen. Allerdings votierte auf einer Währungskonferenz in Paris bereits im Jahre 1867 die Mehrheit der Teilnehmer für den Goldstandard als internationales Währungssystem. Er setzte sich aber ohne verbindliche internationale Vereinbarungen durch und wurde nach und nach von vielen Ländern übernommen. (Hardach 1989: 142) „Der Goldstandard beruhte auf der Einhaltung von zwei grundlegenden ‚Spielregeln' durch die partizipierenden Länder. Die erste Spielregel schrieb der nationalen Währungsbehörde die Einlösung von Banknoten in Gold und den Ankauf von Gold gegen Banknoten zu festen Paritäten vor, die zweite Spielregel schrieb der Währungsbehörde vor, bei einer Änderung der Währungsreserven das Goldvolumen entsprechend zu verändern, um damit die feste Parität aufrechtzuerhalten. Man sprach aufgrund dieser beiden einfachen Regeln auch von einem ‚Goldmechanismus' oder auch ‚Goldautomatismus'." (Hardach 1989: 143)

In Deutschland beschloß man kurz nach der Reichsgründung 1871, die Goldwährung als neue Reichswährung einzuführen.[55] Durch das Münzgesetz von 1873 legte man sich dann rechtlich eindeutig fest, ersetzte Zug um Zug die diversen Landeswährungen durch die einheitliche Reichsgoldwährung und führte die Rechnung in Mark und Pfennig ein. Alte Einheiten wie etwa der Taler wurden aufgegeben. (Hardach 1989: 143, Sprenger 1995: 183, 186) Aber erst 1875 wurde die Reichsbank auf der Grundlage der Preußischen Bank als nationale Zentralbank zur Verwaltung dieser Währung gegründet. Die Goldwährung bestand im deutschen Reich

54 Unter Mitwirkung von Holger Jendral

55 Eine der materiellen Voraussetzungen dieser Reform bildeten die erheblichen Reparationszahlungen Frankreichs an das Deutsche Reich. „Mit ihrer Hilfe konnte Deutschland die notwendigen Goldmengen für die Münzprägung in kurzer Zeit beschaffen." (Sprenger 1995: 189)

folglich eine geraume Zeit ohne Zentralbank.[56] Nach deren Gründung existierten zwei Sorten von Papiergeld, nämlich Reichskassenscheine und Banknoten. Letztere wurden noch von vielen Privatbanken selbständig emittiert. (Hardach 1989: 143)

Die Währungspolitik zielte nun zunächst darauf, die Ausgabe dieser Banknoten für die Zentralbank und die Privatnotenbanken durch Vorschriften zu erschweren. So durften nur Banknoten mit einem Nennwert von 100 Mark und höher ausgegeben werden.[57] Dies hatte im übrigen zur Folge, daß Banknoten zunächst fast ausschließlich in der Geschäftswelt zirkulierten. (Sprenger 1995: 190) Außerdem war die Notenausgabe für die einzelnen Banken kontingentiert. Bei einer Überschreitung der zugewiesenen Margen drohte ihnen eine Notensteuer. (Hardach 1989: 143f.) Noch stärker reglementierend auf die Notenausgabe wirkten die Deckungsvorschriften. Die Reichsbank – und auch die Privatbanken hielten sich ausnahmslos daran – war durch diese Vorschriften dazu gezwungen, daß ihre emittierten Noten zu „mindestens einem Drittel in ‚coursfähigem Deutschem Gelde', d. h. Goldmünzen und bis 1907 auch Silbertaler, in Reichskassenscheinen, in Goldbarren oder in ausländischen Goldmünzen gedeckt sein mußten." (Hardach 1989: 144)[58]

Diese offizielle eher restriktive Einstellung gegenüber dem Papiergeld änderte sich kurz nach der Jahrhundertwende. Bedingt durch außenpolitische Krisen und die zunehmende Kriegsgefahr begann man, die Währung zu „entgolden", um die Reserven der Reichsbank zu verstärken. So wurden Geldscheine mit geringerem Nennwert zu zwanzig und fünfzig Mark ausgegeben, und die Reichsbank empfahl bei der Auszahlung der Löhne die Verwendung von Banknoten statt Münzen. Diese ersten Versuche, den Goldstandard zu unterminieren, scheiterten aber am Geldverhalten der privaten Geldbesitzer. „Besonderen Erfolg hatte die offizielle ‚Entgoldungspolitik' nicht. Die Zusammensetzung des Stückgeldvolumens bei den Nichtbanken hing offensichtlich weniger vom Angebot als von der Nachfrage ab. In stabilen Jahren konnte sich das Papiergeld durchsetzen, in wirtschaftlich oder politisch unsicheren Zeiten zog das Publikum aber Gold vor." (Hardach 1989: 144, auch Sprenger 1995: 200f.) Die Geldkultur des Goldstandards war gegenüber bloßen Empfehlungen widersetzlich. Ganz andere Maßnahmen und Ereignisse sollten später die eigentliche Transformation des Geldsystems in Richtung Papiergeld erzwingen.

Mit der Gründung der Reichsbank nahm auch der bargeldlose Zahlungsverkehr, wie das Geldwesen insgesamt, einen enormen Aufschwung. Die Reichsbank begann

56 Sowohl die stillschweigende Art der internationalen Einführung des Goldstandards wie auch der relativ lange Verzicht auf die Einführung einer Zentralbank in Deutschland lassen auf einen geringen Regelungsbedarf schließen.

57 Alle übrigen auf kleinere Beträge lautenden Banknoten wurden eingezogen. (Sprenger 1995: 190) 100 Mark entsprachen 1876 ungefähr zwei Monatslöhnen (Hardach 1989: 144).

58 Im Bankengesetz des Deutschen Reiches von 1875 wurde eine Dritteldeckung der umlaufenden Noten durch Gold festgelegt. Die restlichen zwei Drittel waren durch Handelswechsel gedeckt (Ehrenberg 1991: 28). Von dieser Golddeckung waren die Bankeinlagen ausgenommen. Hier konnte schon damals eine beträchtliche Geldschöpfung vorgenommen werden. (Sprenger 1995: 200) Ganz so umfassend, wie manchmal der Eindruck erweckt wird, war also die Golddeckung der Reichsmark vor dem Ersten Weltkrieg auch nicht.

mit dem Aufbau eines deutschen Überweisungs- und Gironetzes, der Postscheckverkehr wurde 1909 aufgenommen. (North 1994: 166ff.) Die folgende Tabelle zeigt die Zusammensetzung der Geldmenge und ihre Dynamik während der Jahrzehnte bis zum faktischen Ende des Goldstandards.

Tab. 5.1: Entwicklung und Zusammensetzung der Geldmenge in Deutschland (absolute Zahlen; Zeilen-%)

Jahr	**Gesamt Mrd. M**	**Münzen %**	**Papiergeld %**	**Einlagen %**
1850	1,379	–	–	–
1875	4,481	42,4	23,4	34,2
1900	9,114	25,4	16,5	58,1
1913	18,308	18,3	13,5	68,2

Quelle: North 1994: 168

Zunächst ist innerhalb des hier anvisierten Zeitraums ein enormes Anwachsen der Geldmenge festzustellen. Den Hauptträger dieser Expansion – ihren dynamischsten Anteil – bildeten dabei die Bankeinlagen (Depositen).[59] Die Spareinlagen der Nichtbanken, also in der Regel der Bürger, die an diesen Einlagen selbstverständlich ihren großen Anteil hatten, stiegen ebenfalls entsprechend an. So konnten insgesamt durch die Ausweitung des Buchgeldsektors Geldengpässe, wie sie etwa während der Gründerjahre auftraten, trotz starken Wirtschaftswachstums (für eine geraume Zeit zumindest) vermieden werden. (Hardach 1989: 145) Münzen und Papiergeld blieben dagegen in ihrem quantitativen Anstieg hinter den Bankeinlagen zurück. Mit Beginn des Ersten Weltkriegs setzte dann eine massive Umstrukturierung ein. 1914 betrug der Anteil der Münzen an der Geldbasis immerhin 28%; 1916 war er dann bereits auf 5,5% geschrumpft, um auch später immer weiter zu fallen. (North 1994: 178)[60]

Dieser mengenmäßige Bedeutungszuwachs des Buchgeldes und seine technisch größeren Möglichkeiten machten sich aber im alltäglichen Zahlungsverkehr der Bevölkerung bis zum Ersten Weltkrieg kaum bemerkbar. (North 1994: 166ff.) Dort dominierte weiterhin das Bargeld, und hier vor allem die Münze, ungebrochen. Sprenger (1995: 202) versucht diese allgemein in der Literatur geteilte Feststellung durch folgende Überlegung zu untermauern und auch zu begründen: „Generell war im Zeitalter der Metallwährungen die Stückzahl der einzelnen Geldnominale – nicht nur der Banknoten – erheblich niedriger als in der Gegenwart [...]. Früher gab

59 Ein in der groben Tendenz ähnlicher Überblick der Entwicklung der Geldmenge für diesen Zeitraum findet sich bei Sprenger (1995: 202), wenn dieser auch von anderen absoluten Zahlen ausgeht. Unterschiedliche Geldmengendefinitionen führen hier in der Literatur oft zu differenten absoluten Zahlen. (Hardach 1989: 154)

60 Walther (1996: 93) behauptet sogar einen ausgesprochenen Kleingeldmangel, verursacht durch Kriegskosten und den Metallbedarf der Rüstungsindustrie, der ab 1916 spürbar wurde.

es keine geldschluckenden Automaten, in den Geschäften wurde häufig noch angeschrieben, und infolge des niedrigeren Lebensstandards schätzte man auch Kleingeld mehr als heute, wo es achtlos in Schachteln und Dosen vieler Haushalte verschwindet. Gab es 1913 pro Kopf der Bevölkerung nur ein Fünf-Mark-Stück, so waren es in der Bundesrepublik 1989 deren 15." Der sinkende Anteil der Münzen und des Papiergeldes an der Geldmenge muß also keineswegs mit einem Bedeutungsverlust im alltäglichen Zahlungsverkehr einhergehen. Hier wird unser empirisches Material ergänzende Auskunft geben.

Die Goldstandardzeit stellt unter verschiedenen Aspekten die geschichtliche Ausgangsposition der folgenden Untersuchung dar. Über Jahrzehnte und Generationen hinweg bildet sich eine kohärente und dabei weitverzweigte Geldkultur heraus, die zunächst darzustellen ist. Der vorherrschende Sozialcharakter dieser Zeit und die Prozesse monetärer Sozialisation bilden gewissermaßen die normativen Gegenstücke, mittels derer sich die Geldkultur erhält und tradiert. Mit dem faktischen Ende des Goldstandards während des Ersten Weltkriegs bereiten sich Umbrüche vor, die unmittelbar in Inflation und Hyperinflation hinüberführen und alles Überlieferte in Frage stellen sollten.

5.1 Der Pfennig als das „Mark der Währung": Geldkultur des privaten Haushalts

Wie eingangs dargelegt, haben die ältesten Befragten ihre Kindheit noch unter den Bedingungen des Goldstandards verbracht, während die Jüngeren bereits in eine erodierende, mehr und mehr von Papiergeld geprägte Situation hineingewachsen sind. In der Summe hat die älteste Generation also eine grundlegende Transformation der Geldkultur miterlebt, der das empirische Interesse galt. Im Interview konnte nur eine Auswahl jener Facetten der Geldkultur anvisiert werden, die im Alltag erscheinen und für Kinder so deutlich wahrnehmbar sind, daß eine Rückerinnerung über ein ganzes Leben erwartet werden kann. Eine rudimentäre, grobe Näherung an den schillernden Begriff *Alltag* sei vorangestellt.

Unter Alltag wird im Anschluß an Wagner (1994: 51f.) „die Sphäre des natürlichen, spontanen, mehr oder weniger unreflektierten Erlebens und Denkens verstanden [...], das sich auf den Ereignisbereich des täglichen Lebens bezieht und die kognitive und affektive Grundlage der Alltagsroutine bildet. Das Gegenteil dieses Forschungsgegenstandes wäre demnach die Sphäre des reflektierten, künstlichen, unspontanen, insbesondere wissenschaftlichen Erlebens und Denkens [...]." An die Seite der inhaltlichen Bestimmung des Alltages als lebensweltliche Routine muß seine Verortung im geschichtlichen Prozeß treten. Leithäuser (1979: 7f.) pointiert das Alltagsleben als „historische Ungleichzeitigkeit [...] gegenüber der gesellschaftlichen Entwicklung", als – wenn auch brüchige – Totalität. Der Alltag, und damit eigentlich genauer die gelebte Alltagskultur, steht somit in einem spannungsvollen Verhältnis zur allgemeinen, eher institutionalisierten gesellschaftlichen Praxis. Zwischen diesen beiden interdependenten Feldern entstehen Reibungen, die sich an den differenten zeitlichen Entwicklungen festmachen lassen. Diese Differenz zur gesellschaftlichen Entwicklung als institutionalisierter Totalität macht die Analyse der Alltagskultur erst möglich und auch nötig. Sowohl der Begriff der Routine als auch der Begriff der Eigenzeitlichkeit verweisen dabei auf eine Zyklizität innerhalb der Wahrnehmungsformen des Alltags. Routinisierte Tätigkeit wiederholt sich, kehrt wieder und bildet den Pol des Gleichen in der Veränderung. Dem Alltag wohnt deswegen ein gewisser Konservatismus inne.

5.1.1 Monetäre Kindheitserinnerungen

Der empirische Zugang zur Geldkultur im monetären Alltag wurde durch einen außerordentlich kräftigen Erzählimpuls gefunden, der praktisch den Beginn des Interviews bildete: „Als Sie ein Kind waren, galt solches Geld." Mit dieser Formulierung bekam die BP einen Set aus echten Münzen und Geldscheinen der Kaiserzeit überreicht, der auch ein goldenes Zwanzig-Mark-Stück enthielt, und wurde gefragt: „Welche Erinnerungen kommen Ihnen, wenn Sie dieses Geld wieder einmal sehen?" Die Interviewer und Interviewerinnen hatten lediglich abzuwarten und den Erzählfluß ggf. nonverbal und durch neutrale Nachfragen zu stimulieren. Nach einer Fragesequenz über monetäre Normen und Werte wurde das Thema mit der Frage nach den „besonderen Gewohnheiten im Umgang mit dem Geld" noch einmal aufgenommen. (Siehe 5.1.2)

Auf diese Weise konnte ein Zeitfenster in die Geldkultur der Goldstandardzeit geöffnet und die wohl letzte Chance genutzt werden, einen direkten empirischen Einblick in die alltäglichen Geldverhältnisse der damaligen Zeit zu gewinnen. Durch seinen Reichtum und seine Heterogenität widersetzt sich das Material einem quantifizierenden Zugriff und lädt zu einer rein qualitativen Auswertung ein. Will man die Aussagen zur häuslichen Geldkultur aus der Ära der monetären Stabilität emblematisch zusammenfassen, so fügen sie sich den folgenden Stichworten: Materialität des Geldbezuges, kognitive Identität von Geldsubstanz und Wert, Knappheit oder gar Abwesenheit des Geldes, Kaufkraft auch der kleinsten Nominale und eine engräumige Privatheit des Geldverkehrs. Dieser Komplex verbindet sich mit einer Neigung zur Sparsamkeit und zur privaten Hortung.

Wie sieht der Geldalltag nun konkret aus? Zunächst fällt auf, daß viele Kindheiten weitgehend *geldlos* verliefen. Frau Dobler (*1900) und ihre Altersgefährten haben „mit Geld nicht viel zu tun gehabt." Ähnlich erinnert sich Herr Gerke (*1903): „Ich sagte ja, wir haben früher als Kinder nicht viel Geld in die Hand gekriegt, überhaupt kein Geld. Ich könnte mich nicht besinnen. Die haben nicht mit dem Geld rumgeschmissen wie heute, daß die Kinder Taschengeld kriegen. Taschengeld, das Wort war uns nicht geläufig, kannten wir gar nicht, was Taschengeld ist." Daß dieser Zustand weder als außergewöhnlich oder unnormal, ja nicht einmal als nachteilig, sondern eher als Normalität erlebt wurde, zeigt sich bei Frau Wellstein (*1903): „Ansonsten habe ich mit Geld nie Probleme gehabt. Ich habe nie welches haben wollen, und ich hatte auch keine besonderen Ansprüche. Also ich habe vergnügt dahingelebt. Ich war immer ein sehr fröhliches Kind. Ich war mit allem zufrieden.“ Dementsprechend vollzieht sich die Teilhabe der Kinder an der Geldkultur meist durch Beobachtungen in der Familie oder in ihrer engsten Umgebung. Ein Bestandteil der Materialität des Geldbezuges, d. h. der starken Betonung der Substanzialität, von der diese Kultur geprägt ist, liegt in ihrer engen Bindung an Bargeld.[61] In der Regel (es gibt auch wenige Ausnahmen) wird in den Berichten der Gebrauch von Münzen und Geldscheinen in den Vordergrund gestellt oder gar als alleinige Umgangsform geschildert.[62]

Schlüsselt man diese *Bargeldkultur* der Goldstandardzeit noch weiter auf, so ist die Betonung der „handfesteren“ Geldform, also der Münzen gegenüber den Geldscheinen, unübersehbar. Ständig ist die Rede von Pfennigen, Groschen, Talern und Goldstücken. Man hört es förmlich klirren und klingeln – nicht nur im metaphorischen Sinne. Zumindest Herr Scholz (*1902), der aus einem wohlhabenden Hause stammt, berichtet, daß sein Vater mit dem Münzgeld „immer geklimpert“ hat. Herr Hermes (*1908) erinnert sich bei der Vorlage des Geldsets aus seiner Kindheit gleich an „die Groschen, die guten alten von Friedenszeiten noch.“ Frau Sittler (*1911) fällt beim Anblick der Münzen das Stichwort „Kaisergeld“ ein.

Das herausragende Merkmal der vorinflationären Epoche, geradezu ihr Signum, stellt auch auf der empirischen Ebene das *Gold* dar. Die vorgelegte Goldmünze löste bei vielen Befragten starke Reaktionen und Erinnerungen aus. Zur Alltäglichkeit dieser Geldform werden allerdings konträre Aussagen gemacht. Für die einen stellte die Goldmünze eine Gegebenheit des praktischen Alltages dar: „In der Kindheit hatten wir noch Gold, bezahlten wir noch mit Gold.“ (Herr Lehmann, *1903) Besonders eindrucksvoll bringt Herr Haase (*1896) nicht nur die Ubiquität der Goldmünzen, sondern auch die Identität der Geldsorten im Gold auf den Punkt: „Also ein Goldstück wie hier, dieses hier, das gab es überall in Zahlung. Also in meiner Kindheit, das war ganz gleich, ob in Scheinen oder ob in Silber gezahlt wurde oder auch in Gold.“ Auch die häufige Erwähnung von Lohnzahlungen in Goldmünzen verweist auf die alltagspraktische Bedeutung des Goldgeldes.

Die freie Konvertierbarkeit und die niederere Stellung der Goldmünzen in der Hierarchie der Nominale bilden die materielle Basis einer teils gegenläufigen geldkulturellen Eigentümlichkeit: höherer Sozialstatus konnte besser in Papier dokumentiert werden als mit Gold.[63] Herr Scholz erlebte mit seinem sehr begüterten Vater mehrfach die folgende Szene: „der schmiß das immer so auf den Tisch, Zwanzigmarkschein, so, hatten wir eine Hausdame, die uns versorgt hatte, na ja.“ Die „Münzhoheit“ in der damaligen Geldkultur war durch den Statusaspekt des Papiergeldes jedoch nicht gefährdet. Manche Befragte waren zwar mit den Münzen

61 Ein Befund, der sich mit den Ergebnissen über die elterlichen Gewohnheiten im Geldumgang (siehe 5.1.2) voll deckt. Bargeldmonopol und -dominanz nehmen dann in der Generationenfolge zugunsten von Buchgeldorientierungen stark ab (siehe 13.2).

62 Dabei ist allerdings zu beachten, daß durch die Geldvorlage möglicherweise eine verstärkte Orientierung am Bargeld induziert wurde.

63 Muthesius (1973: 13) berichtet von dem Familienritual, das in Gold ausgezahlte Gehalt seines Vaters, eines hohen Beamten, durch den Jungen in „blaue Lappen“ umtauschen zu lassen. Die Begründung ist informativ: „Weil der Besitz eines Hundertmarkscheins ein viel überzeugenderes Statussymbol war als ein paar Goldstücke.“

wohl vertraut, kannten aber die *Geldscheine*, zumindest die mit hohen Werten, gar nicht. Als Beispiel kann die Aussage von Frau Evers (*1904) dienen, in der darüber hinaus auch das nominale Niveau des damaligen Geldumganges deutlich wird: „Na ja, also die Hundertmarkscheine oder Fünfzigmarkscheine, die haben wir gar nicht gekannt. Denn, ich meine, die 75 Mark, die mein Vater als Rente kriegte, da war ja nie ein Hundertmarkschein oder was dabei, [...] Also für uns waren eigentlich nur die kleineren, also es gab Taler und 25-Pfennig-Stücke und Markstücke, Groschen eigentlich. Also für uns Kinder waren eigentlich Pfennige und Groschen diejenigen Zahlungsmittel, die man in die Hand kriegte." Andere, wie Frau Pietsch (*1913), erkennen zwar das vorgelegte Papiergeld wieder, machen aber zugleich deutlich, daß es nichts Alltägliches war: „also das waren ehrfürchtige Scheine, ehrfürchtige Scheine." Auch für Frau Grübbel (*1913) stellt ein Hundertmarkschein eine Besonderheit dar: „für uns war ein Blauer viel." Ähnliche Äußerungen des Respekts oder der Wertschätzung tauchen noch in einigen anderen Äußerungen auf.

Andere Befragte kennen die Goldmünzen zwar noch, aber nicht mehr als Teil des monetären Alltags. Hierfür ein Beispiel: „Na ja, das ist doch ein Goldstück. Das gab es ja eigentlich ... Das wurde höchstens mal so gezeigt. Im Ganzen lief das doch nicht, das habe ich nie im Verkehr erlebt. Na ja, das sind die fünf, zehn und ein Pfennig. Da ist auch weiter nichts zu sagen. Die gab es eben. Aber Sie müssen mal überlegen, ich bin ja mehr in der Inflationszeit groß geworden." (Frau Negel, *1906) Auch für Frau Menne (*1911) scheint eine Goldmünze kein alltäglicher Anblick gewesen zu sein, denn sie ließ sich im mütterlichen Geschäft von einem Bekannten einmal eine Goldmünze, offensichtlich zum Bestaunen, zeigen.

In allen bislang dargestellten Fällen ist zwischen den Zeilen deutlich geworden, daß die Geldkultur der Goldstandardzeit auf Bargeld zentriert war. In den seltenen Fällen einer Erwähnung von *Buchgeld* steht das Sparen eindeutig im Vordergrund; Giralgelder werden überhaupt nicht angeführt. Sie werden sogar manchmal explizit ausgeschlossen. In einem der wenigen Fälle, in denen Geldinstitute Erwähnung finden, wird ausdrücklich darauf hingewiesen, daß sie lediglich als Verwahrstelle begriffen wurden, aber noch keineswegs als Transaktionsstätte: „Wir haben dann immer, als ich zwölf Jahre alt war, wir mußten ja das Geld, abends, was wir einnahmen über Tage, das wurde gleich ... Wir hatten seinerzeit, war noch kein Giroverkehr hier, war nur Sparkasse, aber noch kein Giroverkehr." (Frau Menne, *1911) Auch in anderen Fällen wird nur das Sparbuch genannt, welches offenbar für viele Menschen die historisch erste Begegnung mit dem Bankensektor war.

Das für die Kinder so wichtige sinnliche Moment fehlt dem Buchgeld, was einen regelrechten Gegensatz zum Bargeld begründet, der sich den Schilderungen von Herrn Tilly (*1903) entnehmen läßt. Nachdem sein Vater am Sonntag Kasse gemacht hatte, holte man die Sparbüchsen der Kinder hervor und gab Fünfpfennigstücke oder Groschen hinein. Am nächsten Tag wurde dieses Geld auf die Sparbücher eingezahlt. Herr Tilly betont nun diese Zwischenphase als den für ihn wesentlichen Kontakt mit dem Geld: „jeder von uns hatte eine Sparbüchse und da war dann die Berührung mit unserem Geld, was wir hatten."

Frau Ungerer (*1916) beschreibt die weitverbreitete Bankenabstinenz am Beispiel ihrer Großeltern sehr plastisch: „Ja, das will ich Ihnen sagen. Und zwar ging es darum, daß meine Großeltern ja mit Banken überhaupt nicht zusammengearbeitet haben. Alles, was sie hatten, das haben sie zu Hause hingelegt. Papiergeld kam in leere Zigarrenkisten und für das Hartgeld und für das Goldgeld hatten sie solche kleinen – ich kann Ihnen nachher einen zeigen, wenn es Sie interessiert [gemeint sind kleine Leinenbeutel – d. Verf.]. Und das einzige, was sie gemacht haben, ist, daß sie, wenn jemand kam und ein Haus bauen wollte oder ein Geschäft übernehmen wollte oder so was und um Geld bat, dann haben sie Hypotheken in sein Grundstück gegeben. So wie sie zuerst ja auch Hypotheken in ihrem Grundstück gehabt haben. Aber das ist das einzige, was sie an Geldwirtschaft gemacht haben, nichts weiter."

Als Zwischenbilanz zu den *Erscheinungsformen* des Geldes in der Zeit des Goldstandards ist eine ausgeprägte Dominanz des Bargeldes zu notieren. Diese Bargeldkultur war per se unabhängiger von Institutionen als die heutige buchgelddominierte Geldkultur. Dieser Umstand lud dazu ein, Bargeldhorte anzulegen, eine Rationalität, die auch durch geschichtliche Erfahrungen bestärkt wurde: Frühere Formen monetärer Manipulation, Politik oder Krise (Münzverschlechterung, Abwertung, Kippen und Wippen etc.) konnten dem privaten Schatz nicht nur nichts anhaben, sondern sie haben seine Kaufkraft stets erhöht! Innerhalb der Bargeldkultur herrschte das Hartgeld vor; die kleinen Nominale spielten im Alltag die größte Rolle, Papiergeld war lediglich ein frei konvertierbares Geldsubstitut. Es ist kennzeichnend, daß sich Äußerungen zu einer allgemein verbreiteten Goldgeldkultur nur bei den ältesten Mitgliedern des Samples finden. Die oben angestellten Überlegungen zur Bedeutung kurz getakteter Kohorten innerhalb der genealogischen Generation (siehe 3.8) finden hier eine Bestätigung. Die geringfügig Jüngeren der zweiten Kohorte (*1910-1916) erinnern nur mehr das Verschwinden der Goldmünzen aus dem alltäglichen Zahlungsverkehr und ihren Status als ehrfürchtig bestauntes Relikt.

Der oben entwickelte Begriff von Geldkultur enthält geradezu die wissenschaftliche Verpflichtung, ein gewisses interpretatives Risiko einzugehen und auch den unterhalb der Oberfläche liegenden Denkmustern und Gefühlsgestalten nachzuspüren. Sie offenbaren sich jedoch nicht zuletzt deshalb hinreichend verläßlich, weil die Interviewten sämtliche monetären Konstellationen des Jahrhunderts mit allen Krisen und Reformen aus eigener Anschauung kennen. Ihre Gedanken und Fakten aus der Goldstandardzeit enthalten – wenn die Zuspitzung erlaubt ist – stets einen immanenten Vergleich, auch wenn er nicht explizit gezogen wird.

Zunächst ist ein spezifisches *Geldwertbewußtsein* festzustellen, das sich auf die enge Kopplung von Geld und Wertsubstanz bezieht. Schon in der Bezeichnung „hartes Geld", die Herr Scholz (*1902) für die Metallmünzen gebraucht, schwingt ja neben der direkten Materialeigenschaft die konnotative Bedeutung der Wertbeständigkeit unüberhörbar mit. Diese „sehr solide Währung Gold" (Herr Lehmann, *1903) wird aufgrund ihrer Beständigkeit, d. h. ihrer Unempfindlichkeit gegenüber der Zeit und damit auch gegenüber gesellschaftlichen Entwicklungen geschätzt. „[...] jedenfalls hat man gespart und gespart, also jedes bißchen! Damals war man noch so hinter dem Geld her, das war ja alles beständig. [...] Ich kann mich ganz so erinnern, also es hatte einen ganz größten Wert, so ungefähr gleich nach dem Leben." (Frau Eikermann, *1904)

Diese Beziehung zwischen Edelmetall (fest und hart) und der Ära der Stabilität erscheint auch in dem folgenden kleinen Dialog zwischen dem befragten Mann (BP) und seiner Ehefrau, in dem, als Kontrast, das Papiergeld direkt mit der Inflationserfahrung verklammert wird: Ehefrau: „Ja, früher, da hat es doch wohl mehr festes Geld, hartes Geld gegeben. Meiner Meinung nach. Denn da hat man doch in so einem Beutelchen das Silbergeld gehabt." BP: „Das war aber nicht mehr." Ehefrau: „Aber früher erst." BP: „Ja, freilich." Ehefrau: „Nachher, wo der Krieg war, da hatten sie doch nicht mehr so viel Geld, da gab es doch mehr das Papiergeld, meiner Meinung nach. So viel wie ich mich erinnern kann." (Herr Deschner, *1906)

Manche unserer Informanten ziehen dann auch einen Vergleich des Geldwertes zwischen der damaligen und der heutigen Zeit und kommen so zu einer explizit negativen Diagnose: „1908[64], also sehen Sie, nun seien Sie doch mal ehrlich, das war doch noch Geld! Da war doch noch was dran. Nehmen Sie doch jetzt mal einen Hundertmarkschein und gehen Sie damit einkaufen. Ich habe mir gestern ein paar Schuhe für 140 Mark gekauft." (Frau Sittler, *1911) Aus der Formulierung spricht mehr als eine Fixierung auf das Preisniveau von früher. Es kommt vielmehr auch ein grundsätzliches Mißtrauen gegenüber den Wandlungen des Mediums Geld bzw. seiner Entwicklung zum lediglich formalen Wertausdruck zum Vorschein.

Ein besonderer Aspekt des Geldwertbewußtseins und eine biographische Kontrasterfahrung eigener Art ist die *Verläßlichkeit des Preisgefüges* mit der Konsequenz, daß auch die kleinsten Nominale über die Zeit Kaufkraft behalten. Dem korrespondiert eine Wertschätzung allen Geldes – bis hinab zum Pfennig. Es existierte einfach kein „unwertes" Geld. Jede Münze war wertgesättigt, und schon mit Pfennigbeträgen konnten kleine Einkäufe getätigt, Kirmesbesuche bestritten und Spielzeug erworben werden. „Und dann war ja denn jeder Pfennig, war ja denn da schon wichtig." (Frau Evers, *1904) Die kleinen Münzen waren also voll funktionstüchtige Zahlungseinheiten, und der Groschen war fast schon ein kleiner Schatz: „Ja also die, diese fünfzig, vor allen Dingen diese! Mensch, was waren die Groschen wert da, was waren die Groschen wert! Wenn man einen Groschen hatte, also dieser Groschen, glauben Sie das, dieser Groschen, was wir für einen Groschen getan haben. Wenn man einen Groschen bekam, also der Groschen, das war schon ... Die Pfennige, aber dieser Groschen, das ist meine erste Erinnerung, der Groschen." (Frau Pietsch, *1913) Selbst bei den kleinen Münzen findet sich vereinzelt der Bezug auf die Materialität der Geldsubstanz: „Zehner, heute haben wir ja betrogenes Geld, wissen Sie, ja? Verkupfertes Eisen, wissen Sie das? Müssen Sie nur einen Magnet dranhalten, dann ist das verkupfertes Eisen." (Herr Lange, *1912)

---

64 Die Jahreszahl bezieht sich auf das Prägedatum der vorgelegten Münze.

Mit der Verläßlichkeit im Preisgefüge korreliert im Bewußtsein wiederum eine *habituelle Preisbindung*, die Simmel früh erkannt und so beschrieben hat: „Trotz aller Relativität der Geldpreise nämlich, erlangen doch einerseits die Preise für bestimmte Güter, andrerseits die Einkommenssummen, wenn sie eine Zeit lang bestanden haben, eine erhebliche Festigkeit, d. h. die Vorstellung tritt auf, daß jene Preise an und für sich, absolut genommen, die angemessenen seien, und daß man sich mit diesem Einkommen einzurichten habe." (1992: 216) Es gab vereinzelt das Phänomen, daß sich die übliche Gleichung (x kostet y) umkehrte und nicht die Ware einen Preis, sondern der Preis gewissermaßen eine Ware hatte (z. B. Fünfzig-Pfennig-Brot). Im Vertrauen auf die Wertkonstanz verwendet die allgemeinere Kultur dann wieder Geldbeträge, um Gefühle, soziale Distanzen u. a. m. auszudrücken.

Des weiteren herrscht vielfach *Geldknappheit* i. S. von Mangel oder auch Geldarmut, wie etwa bei Frau Grübbel (*1913): „Ja, daß [das] Geld nicht reichte, also, das gehörte ja auch zu meinem Leben." Auch bei Herrn Pohl (*1905) war es „sehr knapp. Sehr knapp, und ein Groschen, das war schon ein Wert."

In anderer Hinsicht hat Geld eine geringe Präsenz im Alltag, weil der *Monetarisierungsgrad* des Lebens noch niedrig ist. Zum Beispiel lebte Frau Grübbel damals auf dem elterlichen Bauernhof, der zu einem Gutteil auf Subsistenzwirtschaft basierte. Geld war etwas zwar Notwendiges, aber auch von außen Herangetragenes. Auch Frau Wegener (*1906) relativiert die Bedeutung, die das Geld für sie und ihre Familie damals hatte: „Das Geld war überhaupt nicht so wichtig, spielte nicht so eine Rolle." Dieses gilt natürlich keineswegs für das gesamte Sample, es finden sich auch anders gelagerte monetäre Verhältnisse. Insgesamt wird eine Ambivalenz in der Stellung des Geldes deutlich: einerseits wird ihm eine sehr hohe Bedeutung zugemessen, andererseits spielt es im alltäglichen Leben keineswegs eine so omnipräsente Rolle wie heute.

Die Monetarisierung selbst befindet sich quasi noch in den Kinderschuhen. Im Material deutet sich dies als *Personalität und Privatheit*[65] der Geldkultur an. Der monetäre Verkehr zwischen Privatpersonen ist meist direkt, ohne daß eine institutionelle Zwischenstufe – Banken o. ä. – eingeschaltet wäre, welche die Transaktion vermittelte. In der Goldstandardzeit ist das Medium Geld im alltäglichen Verkehr noch Vermittler und nicht schon selbst ein zu Vermittelndes. So berichtet Herr Flebbe (*1902) über sein erstes persönliches Annehmen und Weitergeben von Geld: „die monatlichen Zeitungsbeträge, also die Bezugsgebühren, mußte ich einziehen [...]. Da kam jeden Monat einer von der Zeitung und holte das Geld ab." Zwischen den Zeitungsabonnenten und ihrer Zeitung bestand eine kleine Kette von persön-

65 Um einem Mißverständnis vorzubeugen, sei klargestellt, daß der Begriff der „Privatheit" an dieser Stelle nicht genau auf die Differenz zwischen der gesamtwirtschaftlichen oder geschäftlichen Tätigkeit und dem familiären Bereich als solchem zielt. Die Verwendung dieses Begriffs peilt vielmehr eine Qualität an, die quer zu dieser Spaltung im heutigen Sinne liegt. So fallen unter diese „Privatheit" auch geschäftliche Interaktionen, die historisch später eher der Sphäre der Öffentlichkeit zugerechnet werden. Es soll mit dieser Begriffsverwendung, die eine gewisse Doppeldeutigkeit in sich birgt, auch auf solche Verschiebungen aufmerksam gemacht werden. Irritationen aus heutiger Sicht sind somit beabsichtigt, verweisen sie doch auf die eingetretenen Veränderungen.

lichen Geldübergaben. Übrigens bewahrte Herr Flebbe das eingesammelte Geld für die monatliche Übergabe in einer kleinen Kiste auf.

Personalität herrscht auch in den höheren monetären Sphären. Die bare Lohnzahlung oder auch die Lohntüte spielen in den Erinnerungen der Hochbetagten eine große Rolle; das Thema wird auffallend häufig angeschnitten.[66] So erinnert sich Herr Flebbe (*1902) beim Anblick des Goldstückes: „Was uns damals, ich kenne es noch. [...] Der Inhaber [einer Möbelfabrik] zahlte nur in Zehnmarkstücken aus, in Gold.“ Die Lohnauszahlungen wiederum waren für Kinder beobachtbar, sie fielen in ihren unmittelbaren Erfahrungshorizont. In der persönlichen Zahlung durch den Arbeitgeber schimmert noch etwas vom alten Paternalismus als einem zwar hierarchischen, aber nicht vollständig wirtschaftsrationalen Beziehungssystem durch.

Persönliche Züge trägt schließlich auch der Kredit[67], der sich noch auf Beziehungen zwischen Schuldner und Gläubiger gründet. Im Kleinen läßt der Kaufmann z. B. seine Kundin anschreiben. Im schon zitierten Bericht von Frau Ungerer werden auch größere Transaktionen geschildert, ihre Großeltern stellten privat Hypotheken aus. Die Interviews insgesamt dokumentieren solche Vorgänge häufig, was ähnlich lautende Einschätzungen in der Literatur[68] stützt.

Die alltäglichen monetären Verrichtungen der Goldstandardzeit besitzen insgesamt persönliche Färbungen. Bestimmend sind Interaktionen zwischen Menschen, nicht Transaktionen mit oder zwischen juristischen Personen. Der Mensch ist mit einem ganzen Bündel verschiedener Eigenschaften (Simmel 1989b: 393) beteiligt. Dies heißt aber auch, daß die eingewobenen sozialen Beziehungen über die rein geldliche Seite hinausweisen und diese auch dominieren können. Die Geldbeziehungen innerhalb dieser Kultur sind selbst oft noch keineswegs so anonym und

66 Eine Entsprechung findet dieses „private“ oder doch zumindest „persönliche“ Entlohnungssystem in der damaligen Form der Arbeitsverträge. Die Verrechtlichung der Arbeitsverhältnisse und damit ihre Formalisierung war noch nicht sehr weit fortgeschritten. Erst nach Ausbruch des Ersten Weltkrieges beginnen Tarifverträge überhaupt eine nennenswerte Rolle zu spielen. (Sombart 1987: 659f.) Sombart sieht hier eine zunehmende Rationalisierung am Werke. An anderer Stelle seines monumentalen Werkes „Der moderne Kapitalismus“ bezeichnet er diesen Gesamtvorgang der innerbetrieblichen Verrechtlichung als „Ausschließung der Seele aus dem Betrieb“ (Sombart 1987: 899ff.). Ein wenig wird diese nicht vollkommen verrechtlichte Situation aus der weiteren Schilderung von Herrn Flebbe (*1902) deutlich: „Der [gemeint ist der Fabrikbesitzer] schrieb keine Stunden. Stundenlohn gab es ja nicht. Es gab ja keinen Stundenlohn. Es gab ja nur Tagelohn oder Wochenlohn und bei den Angestellten gab es Monatslohn. Aber Stundenlohn gab es nicht. (X) Man arbeitete eben. Das setzten ja die Betriebe selber fest. Im Durchschnitt waren es zehn Stunden, die gearbeitet wurden.“

67 Damit soll keineswegs geleugnet werden, daß das *Kreditgewerbe* gerade in dieser Zeit einen ungeheuren Aufschwung nahm. Aber diese professionelle Spielart der Kreditgewährung war fast ausschließlich produktiven Wirtschaftsaktivitäten gewidmet, während andere Sektoren dieses Geschäftsbereiches (z. B. der heutige Privat- oder Überziehungskredit) noch unentwickelt waren. (Glaser 1994: 64f.)

68 Ein literarischer Hinweis für den erheblichen Umfang der privaten Kreditierung vor dem Ersten Weltkrieg findet sich z. B. in der Autobiographie von Franz Jung (1988). Insbesondere in den ersten beiden Kapiteln wird das häufige Vorkommen solcher Art von Geschäften mit ihren vielfältigen Implikationen berichtet. Die Abzahlung des privat gewährten Kredites war mit allen Konsequenzen noch eine Sache der persönlichen Ehre. Jung beschreibt zahlreiche Fälle, in denen sich Offiziere zur Aufrechterhaltung eines standesgemäßen Lebensstiles, der keiner ökonomischen Rationalität unterliegen durfte, maßlos verschuldeten, um dann im Selbstmord den ebenfalls standesgemäßen Ausweg zu suchen. Oft blieben ruinierte Kreditgeber zurück, die selbst aus Ehrengründen und Staatsloyalität einem Offizier den Kredit nicht verweigern durften.

formal wie es jene gegenüber Qualitäten gleichgültige Form des Geldes (Holling/Kempin1989: 91) impliziert, die zu betonen Simmel nicht müde wurde. Insofern die einzelne Person als unmittelbare Einkunfts- und Zahlungsagentur fungiert, die die monetären Vorgänge des Haushaltes in penibel geführten Haushaltsbüchern überwacht, ist die Geldkultur der Goldstandardzeit von (teil-)autarken Zonen durchwoben. Zudem geht mit der Privatheit dieser Geldkultur auch ein geringes Maß an monetären Interaktionen in einem verhältnismäßig kleinen Netz von monetären Beziehungen einher.

Bei den dargestellten sozialen und emotionalen Figuren geht es nicht um Einstellungen im sozialpsychologischen Sinne, sondern um eine Art von „kulturellem Gedächtnis", welches das Feld schon vor jeder Psychologie prägt (Fahlbusch 1996: 81ff.) und gewissermaßen vor dem Individuum da ist. Man findet ein bestimmtes monetäres Umfeld vor, dessen einzelne Komponenten fast schon systemisch ineinandergreifen und sich wechselseitig stützen: z. B. paßt die Bargelddominanz zur Aversion gegen Institutionen, diese harmoniert wiederum mit der Präferenz für das Strumpfsparen, die wiederum nur bei einem Geldwertbewußtsein gilt, das sich auf den Glauben an die Verläßlichkeit des Preisgefüges stützen kann, usw. Diese systemischen Interdependenzen sind auch in dem autobiographischen Aufsatz (Doberer 1992: 226f.) spürbar, dem die Überschrift des Abschnitts entlehnt wurde. Die Summe des Vorgegebenen bildet den „Operator" für diverse sozialpsychologische Einstellungen. In der Goldmünze als Ausdruck fixer Wertbeziehungen hat sich dieses „kulturelle Gedächtnis" sozusagen materialisiert und zwar nach Form (die Stabilität der Wertgrößen) und Inhalt (die nominale Wertgröße) gleichermaßen. Damit war ein fester und solider Orientierungsrahmen für die Individuen gegeben, in dem sich die erfahrene Beständigkeit auf die Identität von Größen und deren Verläßlichkeit stützt. Abstrakt ausgedrückt: In der Goldstandardzeit besteht die maximale Identität zwischen dem Geld und seinem Besitzer, hergestellt durch die direkte kognitive Kommutativität von Geld und Wert, die im Geldstoff selbst hergestellt wird. Vielleicht weil das Geld selbst durch seinen materiellen Inhalt von seiner eigenen Form noch getrennt ist?

5.1.2 Monetäre Sitten und Gebräuche

Um weitere Nuancen der Geldkultur in der Goldstandardzeit zu erfahren, galt ein zweiter empirischer Zugang den *alltäglichen* Gepflogenheiten der Eltern im Umgang mit Geld. Diese ebenfalls offene Frage zielte auf eine eingegrenzte Fläche und förderte so Informationen zu Tage, die gut klassifiziert werden können. Vor der Präsentation der Ergebnisse ist eine kurze methodisch-darstellungstechnische Zwischenbemerkung vonnöten.

Manchmal sind intergenerativ vergleichende Vorgriffe so informativ, daß bisweilen ein Ausbruch aus der Gliederungssystematik in Kauf genommen wird. Konkret hat dies zwei Vorteile: Einerseits können die z. T. recht weitgehenden Interpretationen in den zurückliegenden Abschnitten überprüft werden. Zum anderen kann die Darstellung der Ergebnisse und auch ihre Plausibilität durch eine bewußte Kontrastierung nur gewinnen. Um das Spezifische einer historischen Geldkultur herauszuarbeiten, kann man die historisch einander folgenden Kulturen nicht nur hintereinander darstellen, sondern an wichtigen Verzweigungsstellen auch nebeneinander. Diachrones erscheint im technisch synchronisierten Vergleich dann als Kontext, Prozesse gerinnen zu „Standbildern". In diesem Sinne aufschlußreich ist die alltägliche Geldkultur im elterlichen Haushalt aus Kindersicht, wenn man sich deren generative Verteilung über ein Jahrhundert hinweg anschaut. Wir erlauben uns damit einen „Augen-Blick" in die Zukunft, bleiben aber darstellungstechnisch in der Zeit des Goldstandards.

Tab. 5.2: Geldkultur im Alltag des Herkunftshaushalts – Kindheitserinnerung im Generationenvergleich (N = 144; gerundete Spalten-%)

Typ der Geldkultur	**G1**	**G2**	**G3**	**Mittelwert**
Bargeldmonopol	58	25	19	34
Bargelddominanz	4	13	19	12
Bargeld-Buchgeld-Mix	10	8	13	10
Buchgelddominanz	8	17	31	19
Buchgeldmonopol	2	10	6	6
Keine bzw. sehr vage Erinnerung	17	27	13	19
Summe	99	100	101	100

© Heisterhagen / Hoffmann, Soziologisches Seminar, Universität Göttingen

Was aus heutiger kontogewöhnter Zeit auffällt, ist der hohe Anteil der *Bargeldmonopole*; in der ältesten Generation ist dies eine deutliche Drei-Fünftel-Mehrheit. Dieses Muster verstärkt sich relativ noch einmal, weil jeder Siebente der Ältesten keine oder nur eine äußerst vage Erinnerung an die geldkulturellen Alltagsroutinen im Elternhaus hat. Eine Buchgeldpräferenz wird nur von jedem Zehnten erinnert, so daß die interpretierend gewonnenen Ergebnisse zur Bargeldkultur flankiert werden. Der „Augen-Blick" auf die nachfolgenden Generationen lehrt, daß sich das Buchgeld zwar vorschiebt (Verdoppelung der Buchgelddominanz von G1 zu G2; erneute Verdoppelung von G2 zu G3), ohne indes die von Bargeld geprägte Geldkultur zu verdrängen.

Die qualitativen Schattierungen der Antworten differenzieren und vertiefen die Kenntnisse über die Geldkultur der Goldstandardzeit. Beim Ausbreiten des Materials wird ein weiterer Kunstgriff angewandt: charakteristische Erinnerungen aus anderen Generationen, die der Sache nach die je zu verdeutlichende Kategorie betreffen, werden gelegentlich mit eingearbeitet, um höhere Komplexitätsstufen und feinere Schattierungen zu erreichen.[69] Eine beabsichtigte Nebenwirkung dieses Verfahrens wird sein, daß sich die These von intergenerativen Kontinuitäten beiläufig und fast schon selbsttätig erhärten läßt.

Beim *Bargeldmonopol* konzentriert sich die Kindheitserinnerung auch bei diesem zweiten Zugang zum Thema auf die Münz- oder Papiergestalt des Geldes und dessen Funktion als Tausch- oder Wertaufbewahrungsmittel. Konkret kann die Erinnerung recht unterschiedlich gefärbt sein; häufig sind Rührung oder Sentimentalität spürbar, die mit Amüsement durchmischt sein können. Das ist etwa bei Herrn Lange (*1912) der Fall: „Meine Mutter hatte ihr Geld im Küchenschrank [Lachen]! Das ganze Wirtschaftsgeld hatte sie im Küchenschrank rechts oben, fertig." Diese erstaunliche Detailtreue der Erinnerung ist durchaus charakteristisch: die Hochbetagten haben den „Sparstrumpf", die „Zigarrenkiste", besonders aber die „Kassette" richtiggehend vor ihrem geistigen Auge. Die Geldkassette ist der am häufigsten erinnerte Gegenstand zur Bargeldaufbewahrung. In einigen Fällen war sie zum zusätzlichen Schutz mit einem Trommelrevolver bestückt. Offensichtlich ist die Geldkassette nicht nur von den Eltern als passabler und angemessener Ort zur Geldaufbewahrung betrachtet worden, sie hat sich auch der kindlichen Wahrnehmung nachdrücklich eingeprägt, wie etwa bei Herrn Teske (*1928) deutlich wird: „Ja, das Geld wurde ... Sie hatten so eine riesengroße, alte Kassette, die war im Schreibtisch. An Einbruch und so etwas dachte man damals ja nicht, so etwas war illusorisch. Und die Kassette, wenn mal ein Bombenangriff oder Zerstörung war, daß das Ding dann rausgesucht und gefunden werden konnte." Einen besonderen Eindruck – und von einer leichten Aura des Geheimnisses umweht – haben auch andere vor den Kindern verschlossene Behältnisse hinterlassen, etwa ein Tresor oder ein Safe. Frau Batte (*1912) spricht diese Abschottungsfunktion gegenüber Kindern direkt an: „Ja, also mein Vater hatte einen Safe, nicht. (X) Ja, also da wurde dann sicher Geld eingelagert, weiß ich nicht, wenn er was hatte, wird er auch wohl was reingelegt haben. Ich weiß es nicht. Ich hab nie reingucken dürfen. Das hätten wir auch gar nicht riskiert, zu sagen, laß uns doch da mal rein schauen."

Man kann sich manchmal des Eindrucks nicht erwehren, daß die Tresore und Geldkassetten nicht nur vor Einbrechern, sondern auch den Eigentümer selbst vor den Versuchungen des Geldes schützen sollen. Als wäre hier ein eisernes Bollwerk gegen den leichtfertigen Geldgebrauch errichtet und das Geld sozusagen noch einmal gegenständlich versiegelt worden. Auf jeden Fall läßt sich aber sagen, daß diese Form des häuslichen Geldumganges für Kinder und Jugendliche eine hohe sinnliche Qualität hatte. Es kommt ebenfalls deutlich zum Ausdruck, daß Kinder und Jugendliche das Geld entweder als reine Wertaufbewahrung oder als Tauschmittel mit Ressourcenallokation wahrnehmen. Geld in Anlageform kommt nicht vor, ja die Mehrheit der Ältesten hat aus dieser Zeit nicht einmal Erinnerungen an Buch- und Giralgelder. Besonders typrein sind die für die Geldkultur der Gold-

69 Aus Lesersicht bleiben diese Vorgänge transparent, weil das Geburtsjahr der BP stets beigefügt ist. Methodischen Bedenken gegen den Kunstgriff kann unmittelbar und autonom durch Überspringen des Belegs Rechnung getragen werden.

standardzeit kennzeichnenden Erinnerungen an das Bargeldmonopol, wenn sie normativ durch eine ausdrückliche Abneigung gegen Institutionen flankiert werden. Herr Lehmann (*1903) kann sich z. B. an eine dezidierte Ablehnung des Buchgeldes durch seinen Vater erinnern: „Nein, das Geld war im Hause, und eine Bankverbindung hatte mein Vater abgelehnt."

Die Geldsubstanz beherrscht mit all ihrem Facettenreichtum auch die *bargelddominierten* Aussagen, in denen Buch- und Giralgelder randständig meist in der indirekten – und dann auch wieder gegenständlichen – Form von Sparkassenbüchern oder durch beiläufiges Erwähnen von Bankbesuchen auftauchen. Selbst beim *Bargeld-Buchgeld-Mix*, wo das Girokonto als Domäne der Geschäftshaushalte auf den Plan tritt, bleibt diese Komponente erhalten. In der Erinnerung von Frau Möller (*1905) gewinnt dies Konturen: „Also wir hatten im Geschäft einen Geldschrank, und da hat mein Vater natürlich die Tageskasse eingeschlossen, und am anderen Tag wurde das sicher auf die Bank gebracht. Da habe ich mich nie drum gekümmert." Bei Frau Menne (*1911) ist es hingegen der Giralverkehr selbst, der sich neben dem Verschluß des Bargeldes in der Erinnerung festsetzt hat: „Ach Gott, es wurde eingeschlossen und wenn wir Geld los hatten, dann wurde es weggebracht. Mußten ja immer Rechnungen zahlen. Wenn man was einkaufte, mußten ja Rechnungen bezahlt und überwiesen werden. [...] Wie es eingenommen wurde, so wurde es auch wieder ausgegeben, um Ware zu kriegen." An den Aussagen der Kategorie des Bargeld-Buchgeld-Mix fällt insgesamt auf, daß in den Kindheits- und Jugenderinnerungen eher bestimmte Aktivitäten wie das Abholen oder das Hinbringen von Geld zur Bank im Vordergrund stehen, nicht das Buchgeld selbst.

Bis zu diesem Punkt haben sich folgende morphologische Charakteristika der Geldkultur der Goldstandardzeit bestätigt. Sie war in ihrem Alltag überwiegend eine *Bargeldkultur*, und sie war stark *sinnlich* und *materiell* dominiert. Ihre um das Geld kreisende Gegenständlichkeit war reich ausgeprägt und hat bei Kindern und Jugendlichen als Sachkultur starke und farbige *Eindrücke* hinterlassen. Besonders hervorzuheben sind die verschiedenen und differenzierten Orte und Behältnisse der Geldaufbewahrung im Hause. Die Geldverwaltung war *institutionenunabhängig*. Die *Wertaufbewahrungsfunktion*, gefolgt von der *Tauschfunktion* des Geldes, steht in den Erinnerungen im Vordergrund.

Diese Merkmale sowie die kognitive Gleichsetzung von Geldsubstanz und Wert, die Knappheit oder gar Abwesenheit des Geldes bei gleichzeitiger Privatheit des Geldverkehrs fügen sich zu einem Muster von bemerkenswerter, ja geradezu frappierender *Kohärenz*[70]. Der Versuch, es in seinen Grundzügen zu entwickeln, kehrt

70 Dieses Bild von Kohärenz und Stabilität spricht aus unserem empirischen Material. Wendet man sich hingegen der kulturwissenschaftlichen Auseinandersetzung mit den literarischen, essayistischen und wissenschaftlichen Zeugnissen dieser Zeit zu, findet man dort eher Gefühle von Zerrissenheit und von unüberschaubarer Dynamik artikuliert. (Glaser 1994: 62ff.) Dieser zunächst scharfe Gegensatz hat wahrscheinlich zwei Ursachen. Einmal ist die Blickrichtung jeweils eine andere. Was unseren befragten Personen aus heutiger Sicht retrospektiv als Hort der Ruhe erscheint, war in der Gegenwart damaliger Zeitgenossen oft von Veränderung und Unsicherheit geprägt. Zum anderen mögen auch soziale Unterschiede eine Rolle spielen. Während unser Sample eine Mischung der verschiedensten sozialen Lagen

zu dem weitläufigen Begriff von Geldkultur zurück, der sich durch die Sachlogik des empirischen Materials zwischenzeitlich stark verengt hatte. Im folgenden geht es darum, die bereits reflektierten Aspekte aus den tieferen Schichten menschlicher Regelmäßigkeiten im Umgang mit Geld weiter zu entwickeln und einige neue Überlegungen hinzuzufügen.

Die kognitive Bezugsebene, die Geld und Menschen verbindet, ist in der Ära des Goldstandards stets die gleiche: *Identität* oder A = A. (Holling/Kempin 1989: 98f.) Diese ommnipräsente Gleichung gerinnt für die Menschen zur sinnlichen Evidenz, sie strukturiert das kulturelle Gedächtnis. (Eine Mark = eine Mark, auch in der Zeitreihe.) Es herrscht Identität zwischen Geld und Wert, Identität zwischen dem Geld und seinem Besitzer sowie Personalität und Privatheit zwischen den Akteuren im Geldverkehr. In den monetären Transaktionen der häuslichen Geldkultur stand die Person als ganze im Vordergrund und war noch nicht auf den Geldbesitzer reduziert. Was Simmel (1989b: 394) schon früh als allgemeine *Tendenzen* der Geldwirtschaft erkannt hat, war zu seiner Zeit also noch keineswegs vollständig ausgebildet und erst latent vorhanden: „[...] das Subjekt [sei] zwar von den Leistungen immer mehrer Menschen abhängig, von den dahinterstehenden Persönlichkeiten als solchen aber immer unabhängiger“ und „[...] jedes sozial zu berücksichtigende Tun [werde] in eine objektive Funktion“ verwandelt. Demgegenüber war das Geld in der gesellschaftlichen Praxis längst nicht so radikal von anderen sozialen Bereichen entkoppelt wie die Literatur nahelegt.

Zusammengeschweißt wird diese kognitive Kohärenz durch eine *Knappheit* des Geldes im Alltag, die neben bereits erarbeiteten Bedeutungen (Mangel, geringer Grad der Monetarisierung) noch weitere Aspekte hat. Man könnte von einer sozialen Selektivität des Geldumganges an sich sprechen. Trotz einer latenten oder offenen Durchsetzung mit anderen sozialen Mustern sind die Personen beim Geldgeschäft prinzipiell gleichwertig, weil nicht der Akteur, sondern nur das Geld etwas wert ist. (Simmel 1989b: 595) Aber noch ist nicht jede Person des Geldgeschäftes wert. Die strukturell Ausgegrenzten oder nur gering Involvierten werden mangels Masse von der monetär-formalen Egalisierung noch weithin ausgespart.

Knappheit hat schließlich den Aspekt, daß die stoffliche Bindung des Geldes einer Ausweitung der *Geldmenge* im Wege stand. Hergestellt wird diese Knappheit noch nicht primär durch Handlungen der geldemittierenden Instanz, Staat oder Zentralbank, sondern durch die Identität von Substanz und Wert im Warengeld selbst. Knappheit steht damit außerhalb einer direkten Verfügung. Das Warengeld benötigt den Staat nur als Garanten des Rahmens (Unterbindung von Betrug, nationale Vereinheitlichung der Währung etc.) und nicht als Instanz der eigentlichen Wertsicherung.[71] Damit wird materiell sowohl die soziale Selektivität des Geldumganges als auch die quantitative Knappheit des Geldes zumindest unterstützt.

---

enthält, sind solche schriftlichen Zeugnisse meist Produkte einer urbanen Mittelschicht. Allerdings ist auch zu bedenken, daß die Auskünfte unseres Samples zur Goldstandardzeit Erinnerungen an die Kinder-, Jugend- und frühe Erwachsenenzeit darstellen.

71 Entsprechend problemlos konnte das Warengeld im internationalen Handel Verwendung finden. „Als handfestes Quantum Silber oder Gold kannten Münzen nie Grenzen.“ (Lohoff 1995: 79)

Ein ähnliches zur Geldkultur paralleles Muster – und damit die oben beschriebene Konstellation verstärkend – läßt sich beim *wirtschaftlichen Staatshandeln* beobachten. Bis zum Ersten Weltkrieg war die Wirtschaftspolitik des deutschen Reiches kaum entwickelt. Der Staatshaushalt stand im Einklang mit den Einnahmen, anhaltende Staatsverschuldung war verpönt. Die Wirtschaft blieb sich noch weitgehend selbst überlassen, und der Staat lieferte nur den juristischen und politischen Rahmen.[72] So konnte von einer „Komplementarität von Wirtschafts- und Gesellschaftsordnung" (Jaeger 1988: 125) gesprochen werden. Die Wirtschaftspolitik des Kaiserreiches – mit seiner halbfeudalen Ordnung als Orientierungspunkt für das Individuum – weist in diesem Punkt deutliche Analogien zur häuslichen Geldkultur als einem in sich ruhenden System auf. Auch Simmels zeitgenössische Formulierung über das Wechselspiel zwischen staatlicher Ordnung und wirtschaftlicher Orientierung der Bürger hat diesen Sachverhalt im Hintergrund: „Das Gefühl der persönlichen Sicherheit, das der Geldbesitz gewährt, ist vielleicht die konzentrierteste und zugespitzteste Form und Äußerung des Vertrauens auf die staatlich-gesellschaftliche Organisation und Ordnung." (Simmel 1989b: 216) Auf beiden Ebenen – Geldkultur und Staat – werden Stabilität und Sicherheit aus qualitativen Distinktionen erzeugt, die in einem Widerspruch zur zunehmenden formalen Integration stehen.

In einer so umfassenden Stabilitätsumgebung bei dennoch vorhandener wirtschaftlicher Dynamik ist *Sparsamkeit* gleichsam eine naturwüchsige Disposition des Einzelnen. Die seltsam passiv-aktive Operation des Sparens (man spart an etwas und man spart auf etwas) ist als Grundzug der Geldkultur in der Goldstandardzeit schon mehrfach angeklungen. Knappes oder auch seltenes Geld ist per se ein kostbares Gut. Identitäten verführen zum Festhalten. Das sorgsame Vermehren durch Verzicht ist hier noch wahre Akkumulation und gleichzeitig persönliche Beteiligung am allgemeinen wirtschaftlichen Aufschwung. Denn die Probleme der Menschen mit dem Geld liegen bei solch festgefügter Situation eher im rein quantitativen Bereich und weniger in der Absicherung gegenüber monetären Veränderungen. Durch reine Hortung entsteht Sicherheit, und das häusliche Aufeinanderschichten goldener Münzen verspricht sowohl Ordnung als auch Partizipation an der wirtschaftlichen Entwicklung. Das Bewahren ist innerhalb dieser Konstellation auf die Zukunft gerichtet, aber auf eine Zukunft, der im qualitativen Sinn eine Perpetuierung unterstellt wird. Die Stabilität des Goldes findet so Eingang in die *Zukunftsantizipation* der Menschen. Gegenüber dem investiven Geldumgang, also dem auf Wachstum setzenden Engagement in geldfernen Anlageformen, befindet sich das Horten noch in keiner grundsätzlichen Frontstellung. In einer stabilen Geldwirtschaft ist Hortung in allen sozio-ökonomischen Positionen rational. Eher grenzen sich verschiedene Sphären mit Geldzugang gegenüber nicht-monetären Bereichen (geldlose Kindheit, Subsistenzwirtschaft im Agrarbereich etc.) ab.

---

72 Die Einnahmen des Reiches beruhten hauptsächlich auf Zöllen, Verbrauchs- und Verkehrssteuern, den Erlösen der Reichspost, den Abgaben der Länder und den französischen Reparationszahlungen und Anleihen. Die Zölle bildeten dabei das Schwergewicht. Direkte Steuern blieben tabu. Der Hauptteil der Reichsfinanzen wurde für die Rüstung ausgegeben, die auch die größte Gefährdung für das Gleichgewicht des Haushalts darstellten. (Wehler 1983: 144f.)

Individueller Erfolg im Umgang mit Geld zeigt sich in dieser Situation als individuelle Möglichkeit, die bloße Tauschmittelfunktion des Geldes durch Sparen zu übersteigen.[73] Zur Zeit des Goldstandards bildet Spartätigkeit folglich den Kristallisationspunkt der rationalen Entscheidungs- und Handlungsstrategien der privaten Haushalte.

Mit dem Gesagten sind die tieferen Kohärenzen und Wechselwirkungen zwischen der Geldkultur des Goldstandards und anderen Bereichen noch nicht erschöpfend behandelt; sie reichen bis zu den existierenden bzw. vorherrschenden *Formen von Rationalität.* Im Anschluß an Baurmann soll das Modell der rationalen Entscheidung an dieser Stelle nicht mit einem ökonomischen Entscheidungsmodell gleichgesetzt werden. (Baurmann 1996: 286ff., Godelier 1972: 17ff.)[74] Rationales Handeln wird vielmehr nur in einem formalen Sinn als „ein berechenbares, ‚nichtwillkürliches‘ Handeln [...]“ (Baurmann 1996: 288) verstanden. Diese Neutralität der inhaltlichen Begriffsbestimmung ermöglicht es, sowohl zweckrational als auch wertrational orientiertes Handeln (Weber 1972: 12f.) in die Betrachtung aufzunehmen. Damit haben wir zwei verschiedene Modi von Handlungsbegründungen vor uns, die sich in der Beschreibung von kulturellen Mustern als nützlich erweisen werden. Während im zweckrationalen Handeln die Folgenorientierung stets als Handlungsgrund vorhanden ist, reflektiert die wertrationale Orientierung nicht auf das Ergebnis der Handlung, sondern rekurriert auf deren Eigenwert, auf normative Festlegungen, auf Prinzipien. An diese Webersche Definition knüpft Baurmann (1996: 288f.) an, indem er zwischen der Normbindung und der systematischen Abwägung von Handlungsalternativen unterscheidet. Interessant für unseren Zusammenhang ist aber folgende abgrenzende Differenzierung: Baurmann trennt eine regelmäßige Normbefolgung aufgrund normgebundenen Handelns von der situativen Entscheidung. Die Modellfigur des homo oeconomicus entscheidet immer aufgrund einer situationsbezogenen Abwägung seiner Handlungsalternativen, also fallweise und individuell. Im Fall der Normbindung ist die Handlung jedoch im Vorhinein determiniert. Während die situative Rationalität als Idealtyp des ökonomischen Entscheidens stets in der Gegenwart spielt und sich durch die ständige Folgenabwägung immer wieder neu auf die Zukunft ausrichtet, entspringt die normgebundene Rationalität der regelhaften Verwurzelung in der Vergangenheit. In den beiden vorgestellten Modi der Rationalität unterscheiden sich also die Ein-

73 In den Aussagen der ältesten Generation lassen sich kaum Neigungen zum demonstrativen Konsum nachweisen, wie er zur gleichen Zeit so nachdrücklich von Veblen (1986) für die USA beschrieben worden ist. Eine Ausnahme scheint lediglich der Vater von Herrn Scholz (*1902) zu bilden, der einen sehr luxuriösen Lebensstil pflegte.

74 Baurmann (1996) leistet in seiner Monographie an dieser Stelle eine umfassende Reinterpretation des Rationalitätsbegriffes von Weber, während Godelier (1972: 36ff.) aus ethnologischer Sicht, und in diesem Feld im gewissen Sinne noch immer paradigmatisch, den Alleinvertretungsanspruch der Ökonomie als Modell der Rationalität angreift. Vgl. auch Sahlins (1981) zur ethnologischen Kritik des Utilitarismus als einem Handlungsmodell für wirtschaftliche Tätigkeiten. Für Sahlins (1981: 238) erklärt die praktische Vernunft die kulturelle Form nur sehr ungenau. Die Diskussion um Rationalität und Ökonomie findet man aus neuer metatheoretischer Sicht in der umfänglichen Monographie von Fahlbusch (1996) kritisch beleuchtet.

stellungen einmal im Grundsätzlichen (augenblicklicher Vorteil vs. Wertbezug) und zum anderen in der Zeitorientierung (Zukunft vs. Zeitlosigkeit). Daß die Bargeldkultur der Goldstandardzeit dem letzteren Modell der normengebundenen Rationalität nahesteht, dürfte aus dem bisher Gesagten deutlich geworden sein. Die damals häufig als „Mammonismus“ (Glaser 1994: 69) bezeichnete Verhaltensdisposition des Geldhortens erscheint damit in einem etwas anderen Licht und läßt sich durchaus als kulturell adäquate Reaktion auf die historische Situation begreifen. Die gesellschaftliche Synthese der damaligen Zeit orientierte sich zudem noch sehr stark an außerökonomischen, nichtmonetären Formen, sei es Staat, Politik oder Familie.

Diese der Geldkultur der Goldstandardzeit innewohnende Kohärenz führte darüber hinaus zu einem Beharrungsvermögen in den Dispositionsmustern der Menschen, das sich kontrafaktisch auch gegen veränderte Bedingungen behauptete und das gesamte weitere Leben prägte. Sie wird mit erklären, wer in der wenig später heraufziehenden ersten Mega-Krise des Jahrhunderts (un)beweglich, (un)konventionell und (ir)rational – also wert- oder zweckrational – gehandelt und, über die Konsequenzen dieser Handlungen, oft genug das säkulare Schicksal der nachfolgenden Generation beeinflußt hat.

Abschließend sei ein Aspekt der Geldkultur gestreift, der zwar seine Wurzeln in der Goldstandardzeit hat, aber in verschiedenen Epochen gleichzeitig „spielt“. Viele Angehörige der ältesten Generation zeigten dem Interviewer altes Geld aus ihrer Kindheit, das sie durch zwei Weltkriege und zwei monetäre Mega-Krisen hindurch aufbewahrt haben. Es steht zu vermuten, daß sich hinter dieser Aufbewahrungstreue eine lebenslange Bindung verbirgt, die sich bei späteren Generationen verringert. (Siehe 13) Emotionen knüpfen sich wohl auch meist an das Konkrete und weniger an das Abstrakte. (Claessens 1980)

Die aufgezeigte Kohärenz in den Beziehungen, von der die Geldkultur während der Zeit des Goldstandards geprägt wurde, vermittelt das Bild eines in sich ruhenden stimmigen Systems, mit einem Wort: von Stabilität. Auf den ersten Blick entspricht einander alles und steht füreinander ein. Inwieweit auch der monetäre Sozialcharakter und die Muster der monetären Sozialisation sich in dieses Bild fügen, werden die folgenden Abschnitte lehren.

5.1.3 Monetäre Sozialisation: „Jeder Pfennig gespart“

Die vorangegangenen Abschnitte haben, durchaus auch zwischen den Zeilen, deutlich gemacht, wie einfach und transparent die Geldwelt um 1900 war. Die monetäre Sozialisation der G1 fügt sich harmonisch und ohne jeden Bruch in diesen Rahmen. Die Kinder verfügen kaum über eigenes Geld. Die Botschaften der Eltern sind eindeutig und gleichläufig: das Vorgelebte und das Erziehungshandeln stehen in guter Übereinstimmung. Das normative Zentrum ist klar und aus der Sicht der heute Hochbetagten manchmal auch ein wenig bedrückend. Diese Charakterisierung im

Telegrammstil ist im folgenden quantitativ zu belegen, inhaltlich auszubauen und qualitativ zu illustrieren.

Der *Monetarisierungsgrad der Kindheit* wurde gewissermaßen von jetzt nach vorgestern operationalisiert. Geldquellen, die bei heutigen Kindern gang und gäbe sind, wurden mit der Stoßrichtung abgefragt, ob sie auch in der Kindheit der BP gesprudelt seien. Als prägnantes Ergebnis dieser standardisierten Fragesequenz sticht hervor, daß fast ein Drittel der G1 eine richtiggehend geldlose Kindheit verlebt hat (31,3%). Die Detailanalyse zeigt darüber hinaus, daß auch jede einzelne Geldquelle nur für eine unterschiedlich kleine Minderheit bedeutsam war: am ehesten noch Geldgeschenke (25%), gelegentlich zugesteckte Beträge (20,8%) und Einnahmen aus typischen Kinderarbeiten (22,9%); ein regelmäßiges Taschengeld gab es seltener (16,7%), und die Mitarbeit im Haushalt und die gute Schulleistung wurden damals kaum monetär honoriert (je 6,3%). Trotz oder auch wegen der lapidaren Form der Erhebung sind die Transkriptionen voll von Zwischenrufen und Kommentaren der Befragten, die zumeist kritische Distanz bis Abscheu gegenüber dem heutigen Monetarisierungsgrad der Kindheit reflektieren.

Die bislang präsentierten Daten betreffen den materiellen Rahmen monetärer Sozialisation, die natürlich noch in anderen Hinsichten interessiert. Das *sozialisatorische Gesamtklima* wurde empirisch zunächst über eine einfache Idee angegangen, die sich methodisch bewährt und zu recht weitreichenden Erkenntnissen geführt hat. Die Projektgruppe hat aus fast beliebigen Quellen (Autobiographien, Poesiealben, Heimatmuseen, Gruppendiskussionen etc.) Sprichwörter und Sinnsprüche gesammelt, die zunächst für G0/G1 als „Normindikatoren“ taugen.[75] Durch das Verlesen wurden die BPn gedanklich an den Familientisch ihrer Kindheit „entführt“, an dem z. B. ein Gast eine solche Lebensweisheit von sich gibt. Die Frage war dann immer, ob beide Eltern oder zumindest ein Elternteil zugestimmt hätte; mit dieser Differenzierung sollte die normative Homogenität bzw. Heterogenität im Elternhaus gemessen werden. In diesem Stil wurde eine ganze Batterie von Sinnsprüchen „durchgenommen“, was oft zu Szenen amüsierter Zustimmung geführt hat. Dieses Vergnügen kam wesentlich dadurch zustande, daß die Sinnsprüche häufig zum wirklichen Vokabular der Altvorderen gehört haben. Ganz im Sinne von Halbwachs[76] traten die Eltern und das Elternhaus ganzheitlich vor das geistige Auge der BP, wenn im Interview eine dieser Lebensweisheiten fiel.

---

75 Das Verfahren sei exemplarisch verdeutlicht. In der Autobiographie von Muthesius (1973: 153) findet sich z. B. die weiter vorn schon zitierte Aussage, daß es vor dem Ersten Weltkrieg selbstverständlich war, daß ein ordentlicher Mann keine Schulden habe. Diese Erinnerung eines Wirtschaftsjournalisten wurde, verbunden mit den Erkenntnissen aus Gruppendiskussionen und anderen Quellen, als hinreichend verläßlicher Beleg für eine verbreitete Abneigung gegen Schulden akzeptiert und im Interview verwendet. Als einer der Prüfsteine für Eisermanns Hypothese, daß heimatverbundene Menschen mit residualen Gefühlsstrukturen prädestinierte Opfer von Währungskrisen seien (Eisermann 1967: 59), wurde verwendet: „Zu Hause ist es am schönsten!“

76 Halbwachs referiert die Erinnerungen von Chateaubriand an seine Kindheit im Schloß von Combourg und betont, daß sich die Details vieler Abende „in eine einzige Szene“ verdichtet haben. „Auf jeden Fall stellt das Familiengedächtnis aus verschiedenen aus der Vergangenheit behaltenen Elementen solcher

Hier werden nur die Ergebnisse zu den monetären Normen im engeren Sinne präsentiert.[77] Ohne jede Ausnahme und einhellig (100%) hätten die Eltern der G1 dem normhaltigen Sinnspruch zugestimmt: „Spare in der Zeit, so hast Du in der Not!“ Ähnlich eindrucksvoll (93.8%) ist die einhellige Zustimmung beim Indikator für das Verschuldungstabu: „Ein ordentlicher Mann hat keine Schulden!“ Diese Befunde sind starke Anhaltspunkte oder auch Beweise für das Zentrum der monetären Normen um 1900, die zugleich zeigen, daß Vater und Mutter in dieser Zeit i. d. R. „mit einer Stimme“ sprechen. Die Eltern (bzw. vereinzelt auch die Verwandten mit Elternfunktion) treten sozialisatorisch als Monolith auf – es gibt bei den monetären Basisnormen keine erwähnenswerten Unterschiede zwischen Mann und Frau.

Der *monetäre Normenhaushalt,* in und mit dem die Kinder um 1900 aufgewachsen sind, ist ein geschlossenes Ganzes, wesentlich bestimmt durch ein rigides Gebot zum Sparen und ein genau so rigides Verbot von Schulden. Dabei besteht, wie vorgreifend angemerkt sei, eine Konsistenz zwischen den beiden Hälften der kindlichen Geldwelt, der eigenen Verfügung und dem Geldumgang der Eltern, die ebenfalls Gegenstand des empirischen Interesses waren. So wurde zunächst auf die meist bescheidenen Geldbeträge der Kinder eingegangen und gefragt, ob die Eltern hinsichtlich der Verwendung Vorschriften gemacht oder, moderater, Erwartungen gehegt haben, die man als Kind spürt. Mit identischem Tenor und unterschiedlichem Fokus wurde dann auf das größere Geld abgehoben und nach monetären Grundsätzen und Prinzipien der Eltern selbst gefragt. Wegen des identischen Tenors läßt sich das umfangreiche Material nach demselben Klassifizierungsprinzip strukturieren und ohne förmliche Trennlinien qualitativ auswerten. Dabei kann der Fokus der „Sprichwortbatterie“ erweitert werden, weil die freie Rede nach der offenen Frage natürlich reichere Texte erbringt als die dort erbetene standardisierte Antwort. Beides zusammen, die quantitativ starke Akzeptanz der Normindikatoren und die behutsame Interpretation qualitativen Materials, macht auch hier den Reiz und den Ertrag von Hybrid-Interview und korrespondierender Auswertungsstrategie aus.

Bevor die Welt der monetären Sozialisation um 1900 durch ausgewählte Zitate veranschaulicht wird, sei vorgreifend angemerkt, daß die Normen oft gestaltartig verknüpft sind oder sich als feindliche Antipoden ausschließen. Ein Hedonist mit penibler Buchführung über seine Ausgaben ist schwer vorstellbar. Sparsamkeit und Verschuldungstabu stimmen hingegen gut mit einer Norm zusammen, die beim Umgang mit Geld strikte Reglementierung vorschreibt. Deren Extrem wurde im Elternhaus von Frau Negel (*1906) praktiziert: „Meine Eltern haben sehr genau jeden Tag die Ausgaben aufgeschrieben. Also deren Bücher, wenn man sie hätte, wären eine Fundgrube! Und unsere ging sogar so weit, daß sie uns nachts geweckt hat: ‚Kinder, mir fehlen noch zwei Pfennige, wo kann ich die ausgegeben haben?‘

Art einen Rahmen her, den es intakt zu halten sucht, und der gewissermaßen zur traditionellen Ausrüstung der Familie gehört.“ (Halbwachs 1985: 210)

77 Das normative System insgesamt wird bei der empirischen Rekonstruktion des puritanischen Sozialcharakters entfaltet. (Siehe 5.2)

Abb. 4: Haushaltsbuch aus den dreißiger Jahren[78] (Auszug)

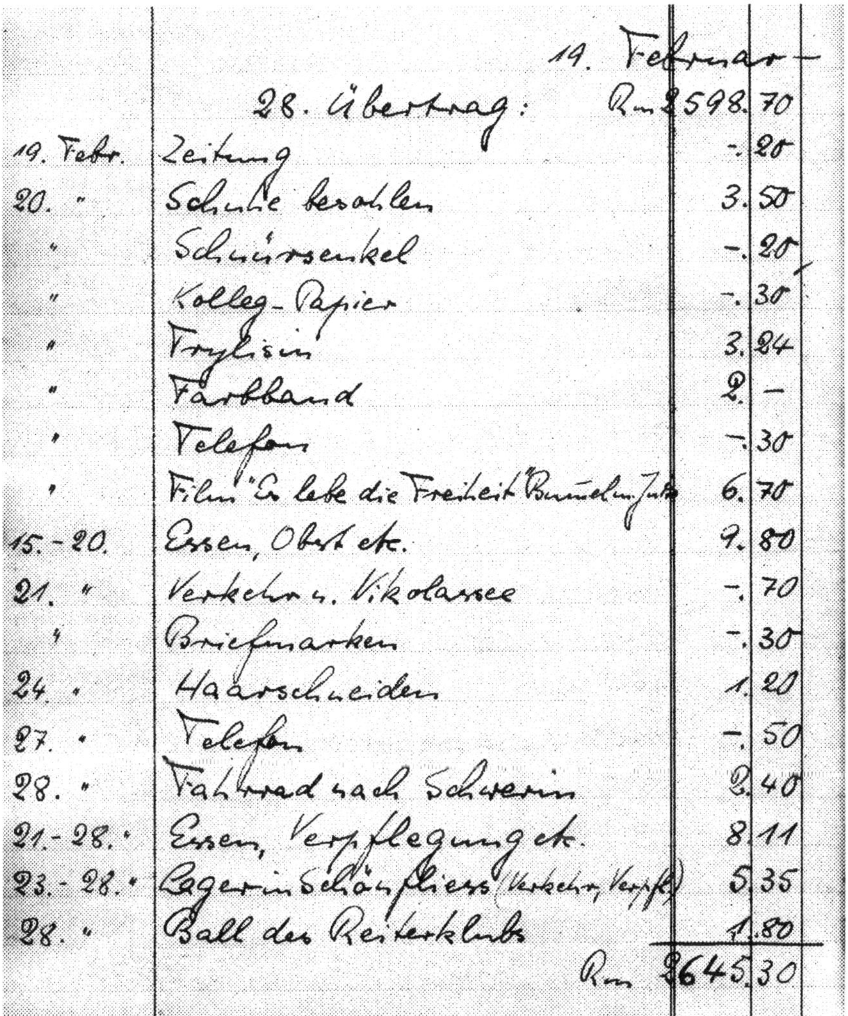

	19. Februar	
	28. Übertrag:	Rm 2598.70
19. Febr.	Zeitung	-.20
20. "	Schuhe besohlen	3.50
"	Schnürsenkel	-.20
"	Kolleg-Papier	-.30
"	Trylisin	3.24
"	Farbband	2.-
"	Telefon	-.30
"	Film "Es lebe die Freiheit" [illegible]	6.70
15.-20.	Essen, Obst etc.	9.80
21. "	Verkehr u. Nikolassee	-.70
"	Briefmarken	-.30
24. "	Haarschneiden	1.20
27. "	Telefon	-.50
28. "	Fahrrad nach Schwerin	2.40
21.-28. "	Essen, Verpflegung etc.	8.11
23.-28. "	Lager in Schönfliess (Verkehr, Verpfl.)	5.35
28. "	Ball des Reiterklubs	1.80
		Rm 2645.30

Das sage ich jetzt mit den zwei Pfennigen, das war vielleicht ein bißchen mehr. Aber so exakt ist jeden Tag bei uns im Haushalt Buch geführt worden.“

Häufig tritt die Sparsamkeit gleichsam als siamesische Schwester des Verschuldungstabus auf. Das ist etwa in dem normativen Set offensichtlich, den Herr Lehmann (*1903) erinnert: „Sparsamkeit stand im Vordergrund, und mit dem Geld,

78 Mit Dank an Herrn v. Dreising für die Überlassung.

das man hat, auskommen. Und keine Schulden machen, stand als Prinzip fest." Lupenrein und im Verbund erscheint der monetäre Normenhaushalt der G0/G1 auch im Gespräch mit Frau Grübbel (*1913): „die Grundsätze waren Sparen. Es kam auch drauf an, ein Sparguthaben zu haben, das muß ich auch haben. [...] Es konnte gar nicht in Frage kommen, zu Schulden zu kommen, das gab es nicht. Da mußte dann das ganze Grundstück erhalten werden, [...] Ich habe von meiner Mutter, so lange ich denken kann, wurde alles aufgeschrieben, alle Ausgaben, alle Ausgaben. Und ich bis zum heutigen Tage. Ich kann überhaupt nicht leben, wenn ich da nicht den Überblick habe." An dieser Stelle des Interviews stand die Befragte auf, um eines ihrer Haushaltsbücher aus dem Schrank zu holen und vorzuzeigen; sie verfügt über die eben noch vermißte Fundgrube. Ihre impliziten Hinweise auf die Lang- und Zählebigkeit monetärer Normen seien hier nur ein wenig aus der Beiläufigkeit gehoben – als Phänomen, das quer durch großen Krisen und quer durch die vorliegende Abhandlung eine große Rolle spielen wird.

Es lohnt sich, nach dem gestaltartigen Normverbund auch die einzelnen Elemente im Normenset von G0 anhand des empirischen Materials genauer in Augenschein zu nehmen und die Akzente monetärer Sozialisation zu belegen, die bislang erst behauptet wurden. (Siehe 5.1.3) Mangel an Geld hat für die Kinder der G0 einen Doppelsinn: einerseits gibt es die schon genannten geldlosen Kindheiten, in denen Geld auf unproblematische Weise einfach keine Rolle spielt. Als Illustration diene die knappe Antwort von Herrn Haase (*1896): „In meiner Kindheit habe ich da mit Geldangelegenheiten wohl wenig oder gar nichts mitbekommen." Im folgenden Interview mit Frau Evers (*1904) schimmert schon eine andere Komponente auf, die sich nach der Frage zu den Vorschriften und Erwartungen der Eltern langsam entwickelt: „Das weiß ich eigentlich nicht. Na ja, also das Geld war eigentlich immer für uns Kinder ... Na ja, wir kriegten eigentlich nur Geld in die Hände, wenn wir nun irgendwas einkaufen mußten. Sonst hatten wir eigentlich von Geld, muß ich ehrlich sagen, hatten wir als Kinder gar keine Beziehung dazu. Also so wie heute, daß die Kinder mit Geld umgehen, das war bei uns eigentlich gar nicht möglich, nicht. [X: Weil Sie als Kind einfach noch kein eigenes Geld hatten?] Ja, ja. Nein also, Taschengeld und so das kannte man damals ja überhaupt noch nicht. Und es war eben so, daß jeder Pfennig gespart wurde, gespart nicht. Aber das war, na ja, also ich würde mal sagen: was heute ein Zehnmarkschein ist, das war für uns ein Pfennig."

Andererseits herrschen Armut und Vorsorgezwänge jenes Typs, der für eine Zeit mit erst rudimentärer Sozialpolitik charakteristisch ist. Diese Situation schafft sich ihren eigenen Normenhaushalt, was etwa in den Ausführungen von Frau Evers (*1904) unmittelbar abzulesen ist. „Ich meine, daß wir zur Sparsamkeit erzogen sind, ja. Na ja, das war eigentlich auch nicht anders möglich. Ich glaube, das Geld hat in dem Sinne wie heute gar nicht so die Rolle gespielt damals. Es mußte zwar da sein, aber, na ja, es war eben nicht ... Wir hatten nicht viel, und es war ja so, daß alle nicht viel hatten. Ich meine, meine Eltern und auch meine Tante, die waren mit ihrer Rente insofern noch glücklich dran, weil sie beide Unfallrente kriegten. Denn die, die nur irgendwie, na ja, arbeitsbedingt Rente kriegten, das war noch gar nicht mal soviel. Und mein Vater war verunglückt und mein Onkel war am dritten Hochzeitstag tödlich verunglückt.“ In dieselbe Richtung wirkt die Zyklizität von Zeit, die sich damals auf dem Lande unmittelbar als Zyklizität von Einnahmen darstellt: „Bei uns war es so, landwirtschaftlich gesehen, wir konnten das Geld, wenn wir mal ein Schwein verkauft haben, wir konnten dieses Geld nicht sagen, das können wir jetzt ausgeben. Wir mußten dieses Geld immer als Reserve zurücklegen, für die Zeiten wo nichts reinkam. Nicht wie es heute in den Betrieben ist, der ist versichert und der kann, wenn er verdient, kann er auch ausgeben, weil er später eine Rente hat. Bei uns gab es doch keine Renten und sowas, da mußten wir immer ein bißchen sparen, damit wir ein paar Mark hatten [...]. Und aus dieser Situation waren wir immer gezwungen zu sparen, Rücklagen zu haben, weil keiner wußte, wie kommt Geld rein. Wenn ich heute in Arbeit stehe, dann weiß ich, wenn der Monat rum ist, ist das Geld da, und das war bei uns nicht so.“ (Herr Zubke, *1911) Ohne nähere Erläuterung steht die prägnante Erinnerung von Herrn Deschner (*1906) auf derselben Linie: „bei uns hat es immer geheißen, wir müssen sparen, wir können nicht so viel Geld ausgeben.“

Wie oft der Mangel auch ohne ausdrückliche Erwähnung materieller Nährboden der Sparnorm ist, kann nicht immer ermittelt werden – Rigidität tendiert von sich aus zur knappen Formulierung. Für Frau Eikermann (*1904) waren die monetären Grundsätze einfach „selbstverständlich. Die Sparsamkeit, die ist sozusagen Fleisch und Blut.“ Ganz ähnlich wurde von Herrn Otte (*1912) „vor allem erwartet, daß ich sparsam bin. Ich war sehr sparsam, und das bin ich heute noch.“ Auch bei den Ungerers wurde das Geld „einmal umgedreht, ehe es einmal ausgegeben wurde.“ (Frau Ungerer, *1916) Es ist interessant, daß Frau Ungerer auf eine neutrale Nachfrage hin sehr bestimmt fortfährt: „Sonst wären die zu nichts gekommen, die Großeltern, bestimmt nicht!“ Hier wird, weitergehend, sichtbar, daß die Sparnorm zugleich Teil und Basis eines *Modells* von Vorwärtskommen ist, was im Gespräch mit Herrn Tilly (*1903) noch deutlicher hervortritt. Sein Vater hat „darauf geachtet, daß wir das Geld, was wir dann auch verdient hatten, daß wir das dann nachher auf unser Bankkonto gekriegt haben. Daß er, er hat uns dann dadurch auch gezeigt, daß er durch Hände Arbeit sich hochgearbeitet hat. Daß er da nicht irgendwie was geschenkt bekommen hat, sondern daß er eben durch Zusammenhalten und nicht durch Schludern ..., ja.“ Der innere Zusammenhang zwischen dem puritanischen Akkumulationsregime der Erwachsenen und der kindlichen Sparnorm wird in diesem Gespräch kurz darauf sinnfällig: „Und wir hatten dann 'ne Freude dran [schüttelt imaginäre Spardose], hier, horch mal, horch mal, es ist so viel drin!“ (Herr Tilly, *1903)

Selbst eine ausdrückliche Liberalität im Umgang mit dem Geld ist kein Widerspruch zum puritanischen Normenset, der, als bereits verinnerlichter, dem Kind erst die selbstbestimmte Verwendung ermöglicht. Diese Konstellation ist den ausführlichen Darlegungen von Frau Wellstein (*1903) zu entnehmen. Die Frage nach elterlichen Vorschriften und Erwartungen wird zunächst sehr bestimmt und eindeutig beantwortet: „Nein. Ich sage ja, wenn ich etwas bekommen habe, wie mal einen Groschen von Mutter oder so [...], dann konnte ich mir dafür kaufen, was ich wollte. Das war meine Sache." Die Befragte kommt dann zunächst auf ein anderes Thema zu sprechen und erwidert auf die souverän zurückführende Nachfrage der Interviewerin: „Nein, nein. Ich würde auch nie, auch heute noch nicht, über die Stränge schlagen! Das ist so von klein auf: ‚Das hast Du und damit mußt Du auskommen.' Fertig. Und das habe ich mir dann eingeteilt, entweder zweimal für einen Pfennig, oder einmal für einen Groschen, und dann habe ich auch mal den Groschen beiseite gelegt und da hatte ich 20 Pfennig, da konnte ich mir schon was Besonderes leisten [...]. Also, aber jedenfalls immer im Rahmen dessen, was ich besaß. Ich habe nie, also nie, meinen Etat überschritten. Und meine Eltern auch nicht. Das war, ohne zu reden, ohne zu sagen, das war so." (Frau Wellstein, *1903) Wegen der hochgradigen Selbstverständlichkeit der monetären Normen war erzieherisches Einwirken entbehrlich, und Liberalität hat vorab ihren Rahmen. Auch bei Eikermanns haben sich monetäre Vorschriften und Erwartungen schlicht erübrigt: „Meine Eltern haben das nicht nötig gehabt, weil wir von Anfang an sparsam erzogen worden sind und meine Eltern auch sparsam waren. Und da war das nicht nötig." (Frau Eikermann, *1904) In all diesen Familien stand Riesmans Kreiselkompaß gewissermaßen auf dem Nachttisch.

Nur ganz ausnahmsweise hat ein Kind dem monetären Über-Ich ein Schnippchen geschlagen. Herr Flebbe (*1902) erinnert sich an die Spargebote seiner Eltern und an seine „Holzsparbüchse, Kutsche oder Schwein oder sonst was, so ein Zeug. Mit so einem Loch drin, [...] Aber es war ein kleines Schloß drin und, na ja, den Schlüssel verwahrte die Mutter." Noch Jahrzehnte später amüsiert kommt Herr Flebbe dann zu seiner Pointe: „Aber dann war es ja doch so, ich war immer ein bißchen findig und so Technik interessierte mich immer. Ich habe Uhren auseinander genommen und so etwas. Und dann merkte ich dann heraus, daß man mit einem einfachen Drahtumbiegen [...] das Schloß öffnen konnte." Mit einer normwidrigen Anleihe bei sich selbst hat der Junge dann in der nächsten Stadt eine Uhr gekauft, die er bis Weihnachten verborgen und dann zum Fest als angebliches Geschenk eines verständnisvollen „Onkel Albert" legalisiert hat. Noch der Normverstoß ist alles andere als hedonistisch! Nur Herr Behr (*1910) wählt hedonistisches Vokabular, wenn er vom Verhältnis zwischen elterlichen Erwartungen und kindlichem Handeln sagt: „Ja, die haben schon gesagt, ich solle nicht alles vertun. Ich habe es natürlich verbraucht!"

Bislang ist, leicht zugespitzt, die Normenwelt der rigiden puritanischen Mehrheit mit ihren kleinen „Ausrutschern" dargestellt worden. Bisweilen gibt es ein liberaleres monetäres Regime, das sich jedoch nicht als Gegenwelt, sondern als leichte Lockerung des Puritanismus darstellt; selbst sie muß in der Kommunikation erst erarbeitet werden. Die Sauters-Kinder z. B. „kriegten immer unter die Nase gerieben, daß das viel Geld ist, nicht. Ja, daß wir da vorsichtig mit umgehen müssen mit dem Geld. Daß das viele Geld, diese 75 Pfennig oder die Mark, ja." Erst die Rückfrage bezüglich der elterlichen Erwartungen führt zu der Antwort: „Nein, damit konnten wir nun machen, was wir wollten, mit dem Geld." (Frau Sauters, *1896)

Selbst das Extrem der minoritären, lebensfreudigeren Gegenposition, die Antwort von Frau Wellstein (*1903), beginnt mit einem puritanischen Grundsatz: „Nicht mehr auszugeben als man hat. Aber ansonsten wurden die Wünsche möglichst erfüllt, des Wohlbehagens, wissen Sie. Nicht verrückte Sachen, sondern so die Wohlbehagenswünsche, die wurden erfüllt. Das war schön. Wir waren immer aufgeschlossen, offen, wir brauchten ja keine Geheimnisse haben. Die Eltern waren auch so, genau, da war immer, bei uns war immer ein schönes Leben." Ganz selten ist eine entspannte und ausschließliche Konsumorientierung wie die folgende nachweisbar: „Ich muß eigentlich sagen, daß meine Mutter im allgemeinen von der Hand in den Mund gelebt hat. Die hat dann auch immer angeschafft noch, sich eingerichtet, hat noch in dem Jahr, als sie starb, hat sie noch ein schönes Sofa gekauft, ein neues, und ein Radio mit Lautsprecher, das war damals was ganz besonderes, 1928." (Herr Hermes, *1908)

Bislang ging es um monetäre Normen im engeren Sinne, die z. T. mit Verwendungsnormen verquickt sind. Die Funktion des Geldes als *Hilfs-Sheriff für andere Normen* kann ebenfalls eindrücklich illustriert werden. Bei den Söders fungierte das Geld als Mittel zur Entwicklung von Sekundärtugenden, die recht genau in das bislang gezeichnete Bild passen: „Ja, also Einkauf und so mußte man ja alles machen für die Eltern. Ja, wurde man ja immer geschickt, und dann mußte man das natürlich Pfennig für Pfennig wieder abrechnen. Und da gab es nichts von wegen ‚hier hast Du einen Pfennig', nein, nein. Das ging gar nicht." (Herr Söder, *1908) Auch was Frau Wegener (*1906) nach einigem kommunikativen Hin und Her ausführt, ordnet sich zwanglos in das entworfene Muster. Auf die Frage nach den Vorschriften und Erwartungen hatte sie zunächst nur ganz lapidar geantwortet: „Ja, ehrlich." Erst auf Nachfrage verdeutlicht sie: „Ja, das war ja nicht unbedingt der richtige Weg, mausen, klauen, das wäre nicht das Richtige." Schmerzlich und sehr speziell sind die Erinnerungen von Herrn Scholz (*1902) an die monetäre Zuchtrute in seiner Kindheit: „Ich weiß bloß, meine Mutter ging oft ins Theater, zum Konzert usw. Und da wurde so ein Buch auf den Tisch gelegt, also ein Kinderbuch, und für jede zwei Seiten gibt es zwanzig Pfennig, und das waren so traurige Kinderbücher, englische. [...] Ich weiß nicht, ob Sie solche Bücher kennen von Oliver Twist? Englische Geschichten, waren so traurig, daß mir beinahe die Tränen ... Anstatt daß die Mutter uns was Lustiges anbot, aber wir mußten uns immer bilden."

Im Interview wurde die Differenz von Erziehung und Sozialisation abschließend dadurch genutzt, daß nach dem Verhältnis von Worten und Taten bei den Eltern gefragt wurde. Es war aus der Sicht und Erinnerung der Kinder im wesentlichen intakt: zumeist haben die Eltern entsprechend den Grundsätzen gelebt, die die Kinder wahrgenommen haben; daß Wasser gepredigt und Wein getrunken wurde, hat kaum jemand verspürt. Kleine Ausnahmen werden häufiger erwähnt, aber nicht als Kluft zwischen Worten und Taten interpretiert. Für die vorherrschende Harmonie zwischen Normenhaushalt und Handeln hat Frau Wellstein (*1903) eine einmalig dichte Formel geprägt: „Das wurde richtig so gelebt wie gesprochen."

5.2 Puritanismus pur

„Wer Schulden hatte, war ein halber Verbrecher“ (Herr Flebbe, 1902)

Dieses Bild einer sehr einheitlichen, in sich stimmigen monetären Sozialisation hat zusammen mit der Monolithizität der Geldkultur der Goldstandardzeit und deren normativen Implikationen auch Auswirkungen auf den puritanischen Sozialcharakter. Dieser soll zunächst in seiner universalen Verbreitung auf der Basis von quantitativen Auswertungen dargestellt werden. (Siehe 5.2.1). Anschließend werden in exemplarischer Absicht verschiedene Ausprägungen des Puritanismus am Beispiel einzelner Befragter qualitativ herauspräpariert. (Siehe 5.2.2)

5.2.1 Die Universalität des Puritanismus

Der in der Goldstandardzeit für die Elternhäuser der ältesten Generation dominante puritanisch-asketische Sozialcharakter ist über einen fast schon monolithischen Set von Normen und Prinzipien bestimmt: Vorsorgende Sparsamkeit und Verschuldungstabu verbinden sich mit Arbeits- und Sekundärtugenden wie Fleiß, Ordnung und Pünktlichkeit sowie mit einer Verzichtsethik beim Konsum und einer Heim(-at)präferenz.

Die Virulenz dieser Normen sowie deren mögliche Erosion wurden so erfaßt, daß die befragten Personen die potentielle Zustimmung bzw. Ablehnung ihrer Eltern zu den schon erwähnten Sinnsprüchen abschätzen sollten. Die Sinnsprüche über das Geld und das Leben wurden so gewählt, daß z. B. Puritaner wie Hedonist von ihrer jeweiligen Position aus zu einem eindeutigen Urteil kommen mußten. (Siehe 4.3) Die Summe der Urteile zu den Normindikatoren wurde zu einem Meßinstrument für den Sozialcharakter des Elternhauses weiterentwickelt.

Um der Vergleichbarkeit willen mußte der Normenset standardisiert erhoben werden. Die Operationalisierung stellte sicher, daß die gefundene Fassung von Erwachsenen aller Altersstufen und praktisch aller Sozialgruppen akzeptiert würde und mit ihnen realisiert werden könnte. Die Befürchtung von Schwierigkeiten im Interview (Abneigung gegen die Standardisierung bis hin zur Verweigerung), mit denen vornehmlich bei den Hochbetagten, den Jungen und den Hochgebildeten gerechnet werden mußte, erwies sich als gegenstandslos. Trägt man die Zustimmung beider Elternteile als Punkt auf der Abszisse ein und jedes Verwerfen eines Sinnspruchs als zunehmende Distanz von der Abszisse, so entsteht die folgende Abbildung:

Abb. 5: Zurückweisung der puritanischen Orientierung

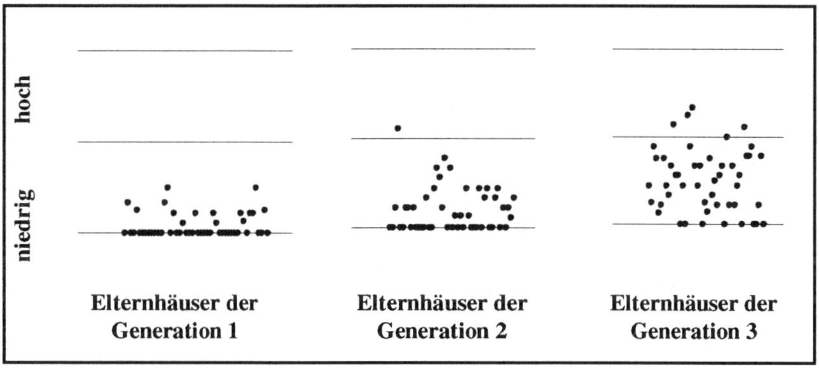

Bei der Interpretation ist zu beachten, daß jede Generation über den Normen- und Wertehaushalt ihrer Eltern spricht, d. h. die erste „Pünktchenwolke" bezieht sich auf G0 und damit das späte 19. Jahrhundert. Sie zeigt deutlich, daß damals ein konsistenter Set von Normen bestanden hat, der monetäres Verhalten und Sekundärtugenden gleichermaßen betraf. In der Folge der krisenhaften Ereignisse und als Reflex der Modernisierung des Geldwesens wird dieser Normenset auch in monetärer Hinsicht relativiert. Leichten Lockerungen in den Elternhäusern der zweiten Generation folgt eine weitergehende Erosion in denen der jüngsten Generation, insbesondere was die Frage der dezidierten Mißbilligung von Schulden anbetrifft; dieser Trend setzt sich fort.

Die Betrachtung der elterlichen Zustimmung oder Ablehnung zu den Sinnsprüchen im einzelnen zeigt auf der Basis einer insgesamt überragenden Affirmation der Elternhäuser der ältesten Generation aufschlußreiche Unterschiede:

Tab. 5.3: Anteile einhelliger elterlicher Zustimmung zu Normindikatoren nach Generation (N = 144; gerundete Spalten-%)

Elterliches Urteil zu ...	**G1**	**G2**	**G3**
Sparsamkeit	100	94	73
Anti-Verschuldung	94	75	40
Priorität der Arbeit	94	88	77
Fleiß	98	94	92
Ordnung	96	81	73
Pünktlichkeit	88	77	42
Verzichtenkönnen	75	71	40
Heim(at)-Präferenz	77	77	69
Bildung	90	94	86

Die monetären Normen im engeren Sinne entwickeln sich sehr unterschiedlich: Während bei der Anti-Verschuldung in den Elternhäusern von G3 ein starker Einbruch zu verzeichnen ist, wird die Sparsamkeit nur für ein Viertel obsolet. Faßt man die verschiedenen Normindikatoren zu Gruppen zusammen, so ergibt sich folgendes Bild: Anti-Verschuldung, Pünktlichkeit und Verzichtenkönnen erodieren insgesamt am stärksten, insofern sie in den Elternhäusern der jüngsten Generation nur noch eine Zustimmungsrate von 40% erhalten – Befürworter und Gegner halten sich dort in etwa die Waage. Die Sparnorm, die Priorität von Arbeit sowie die Sekundärtugend „Ordnung" unterliegen zwar ebenfalls einem Erosionsprozeß, der jedoch insgesamt deutlich langsamer von statten geht, da auch die jüngste Generation noch zu drei Viertel im Sinne dieser Normen sozialisiert worden ist. Die übrigen drei Sinnsprüche zu Fleiß, Bildung und der Heim(-at)präferenz weisen keine nennenswerte Erosionstendenz auf und können als generationenindifferent betrachtet werden. Bemerkenswert ist darüber hinaus das Detail, daß Bildung in den Elternhäusern der mittleren Generation eine noch höhere Zustimmung erfährt als in denen der ältesten – das einzige Mal, daß der generative Trend überhaupt durchbrochen wird.

Der Sozialcharakter ist natürlich nicht nur in Form dieser standardisierten Abfrage quantitativ erfaßt worden. Eine großflächige holistische Zusammenführung jener zentralen Teile des Interviews, in denen der Sozialcharakter gleichsam kondensieren muß, führte nach einer ungemein aufwendigen *qualitativen Auswertungsprozedur* letztlich zu einer neuen *quantitativen Variablen*, die den individuellen Sozialcharakter bestimmt. Sie bezieht sich also nicht mehr auf die Elternhäuser der Befragten, sondern auf die Befragten selbst. Sie wird quer durch die vorliegende Abhandlung eine große Rolle spielen und zu weitreichenden Interpretationen beitragen. Im Fragebogen selbst (Abb. 2) waren es insbesondere die Passagen des G-, H- und J-Blockes (Grundfragen, monetäre Vergangenheit und Zukunft), die eine Operationalisierung der Pareto-Eisermannschen Vermutung ermöglichten. Zum besseren Verständnis seien hier schon im Vorausblick die grundlegenden inhaltlichen Gesichtspunkte, die für die Auswertung maßgebend waren, genannt.

Die Bestimmung des Sozialcharakters nimmt historisch und systematisch ihren Ausgang vom Bild des klassischen Puritaners, das durch ein normatives Syndrom aus vier Komplexen gekennzeichnet ist. (1) Sparsamkeit im Sinne von horten wie von verzichten ist die zentrale monetäre Norm, ist Ideal und Faktum als Prinzip von Rücklagenbildung und darüber hinaus ein bewährter elterlicher Grundsatz. (2) Hierzu gesellt sich als geschwisterliches Pendant die monetäre Norm der Anti-Verschuldung sowie die weitgehende Vermeidung von Kreditaufnahmen. Einzelne eventuelle Ausnahmen, wie ein Kredit für den Hausbau oder die Ausbildung der Kinder, sind hiermit nur dann vereinbar, wenn deren Begründung selbst in einem puritanischen Kontext steht. Beiden monetären Normen ist eine starke Komponente von Vorsorge gemeinsam. (3) Hiermit verbindet sich zwanglos ein hohes Arbeitsethos, welches Arbeit als selbstverständliche Pflicht begreift und sich in dem Satz ausdrücken kann, daß „man lebt, um zu arbeiten". (4) Zurückhaltung bei konsumtiven Ausgaben, die bis hin zu einer expliziten Verzichtsethik reichen kann, ist das vierte wichtige Merkmal des Puritanismus. Typisch für den Puritanismus insgesamt sind moralische Begründungsfiguren und eine weltanschaulich, zumeist religiös-christlich geprägte Lebensführung.

Die älteste Generation ist normativ sehr homogen. Über die Hälfte von ihnen (26 von 48) sind *umfassende* Puritaner, bei denen alle vier Bereiche ausdrücklich *verbunden* sind: ausgeprägte Sparsamkeit, starke Verschuldungsaversion, hoher Stellenwert von Arbeit und konsumtive Zurückhaltung. Ein weiteres Fünftel (zehn von 48) sind *abgeschwächte* Puritaner: es gibt Relativierungen oder akzentuierte *Abstriche* bei einem oder mehreren der vier Faktoren, die aber das Paradigma selbst nicht außer Kraft setzen. Es zeigt mithin die überragende Bedeutung des Puritanismus, daß er für drei Viertel der Befragten aus der ältesten Generation das Zentrum ihres monetären Sozialcharakters bildet.[79]

Die hohe normative Homogenität unserer Start-Generation G1 und ihrer Eltern ist für die Krisenschicksale ungemein bedeutsam, was hier nur angedeutet sei. Der puritanische Sozialcharakter zwingt den Akteuren ein Verhalten auf, das ihre eigenen wirtschaftlichen Interessen verletzt und u. U. den sozialen Absturz einleitet. Eine umfassende Puritanerin wird bspw. noch in der galoppierenden Inflation ihr Sparguthaben halten und so stark unter der Gefahr drohender Schulden leiden, daß sie gegen alle guten Ratschläge ein Wohnhaus verkaufen wird. (Siehe 6.5)

5.2.2 Ausprägungen des Puritanismus

Ein anschauliches Bild des Puritanismus läßt sich erst über eine qualitative Darstellung der Normen- und Gefühlshaushalte von konkreten Personen gewinnen. Die folgenden fünf Beschreibungen folgen keiner streng logischen Systematik, sondern wollen den Facettenreichtum des Puritanismus als zugleich schichtenübergreifende und schichtspezifische Kategorie sichtbar machen. Der identische Charaktertyp erfährt in den verschiedenen sozialen Kontexten auch verschiedene Ausprägungen. So manifestiert er sich u. a. als „Weber"-Puritanismus im Unternehmertum, als Wertkonservatismus im kaufmännischen Bereich abhängig Beschäftigter, als Lebensphilosophie im geldfernen Bildungsbürgertum, als anti-spekulativer Traditionalismus bäuerlicher Lebenswelten oder als Puritanismus aus Knappheit in Arbeiterschichten. Die fünf folgenden Porträts verharren hierbei nicht ausschließlich in der Zeit des Goldstandards, sondern wollen einige „puritanische Spotlights" auch in das 20. Jahrhundert werfen – zumal die Währungserfahrungen und -schicksale der geschilderten Personen auch in weiteren Kapiteln eine Rolle spielen.

Seine monetäre Sozialisation erfuhr Herr Gerke (*1903), Sohn eines Industrie-Werkmeisters, kraft des puritanischen Erbes seiner schwäbischen Eltern; er cha-

79 Die detaillierte Darstellung der Ergebnisse der sozialcharakterologischen Codierung mit Tabelle, quantitativer Auswertung und qualitativer Beschreibung findet sich in Kap. 18.

rakterisiert in liebevoller Zustimmung: „Schwaben sind ja bekanntlich sparsam bis geizig." Der Sinnspruch „Spare in der Zeit, so hast Du in der Not" wird vorbehaltlos bejaht und noch einmal kommentiert: „[Die Eltern] haben auch in der Zeit gespart, nicht in der Not; in der Not auch, klar." Daß der Puritanismus sich nicht allein auf monetäre Grundsätze reduzieren läßt, sondern in einem umfassenden normativen Gerüst aus Sittlichkeit und Rechtschaffenheit besteht, verrät die Antwort von Herrn Gerke auf die Frage nach den bewährten elterlichen Grundsätzen: „Daß man rechtschaffen sich beträgt, nach der Bibel also. Obwohl ich kein fleißiger Kirchgänger bin, aber nach den Grundsätzen muß man handeln."

Nach einer Einheirat führt Herr Gerke als Selbständiger eine Mosterei; seine Geldeinstellung ist durch die jahrelange Betriebsführung geprägt, und sein Sozialcharakter trägt alle Züge des „Weber-Puritaners". Kreditaufnahme ist nur unter der Prämisse eines pünktlichen Schuldendienstes zulässig: „Der ist zuverlässig, wenn er keine Schulden macht. Er ist auch zuverlässig, wenn er mir Geld schuldet, bzw. was er gekauft hat, gleich bezahlt." Als vorteilhafte strategische Option und Alternative zum Sparen scheiden Schulden vollständig aus: „wenn ich dann noch Schulden habe, könnte ich gar nicht mehr schlafen." Besonders kennzeichnend für den Puritaner in der Weberschen Tradition ist das hohe Arbeitsethos aus intensiver Pflichterfüllung und zeitlicher Extensivität: „Ich habe sonnabends bis sieben, acht Uhr noch Kunden abgefertigt und denen die Äpfel gepreßt und gemacht. Und nach sieben abends kamen welche von der [... folgt Firmen-Name – d. Verf.], die noch 15 bis 20 Zentner Äpfel gepreßt haben wollten. Da habe ich abends noch denen ihre 20 Zentner Äpfel gepreßt. Und am anderen Tag war Sonntag, da habe ich denn meine eigenen Äpfel, den ganzen Sonntag noch gearbeitet. Das war, wenn ich es heute betrachte, ein Wahnsinn, aber die Arbeit sollte gemacht werden."

Herr Gerke und seine Familie werden uns im Verlauf der folgenden Darstellungen wieder begegnen: im Rahmen der familialen Krisenkommunikation (siehe 10.1.2) und als Beispiel eines Puritanismus, der auf Sequenzen von Währungskrise und -reform normkonform reagiert (siehe 12.2.1.2) An dieser Stelle sei vorgreifend gesagt, daß Herrn Gerkes durch die Goldstandardzeit geprägter Sozialcharakter es ihm unmöglich macht, in der Großen Inflation so zu reagieren, wie es ein Hedonist getan hätte: „Man hat ja mit dem Geld auch nichts anfangen können groß. [...] Also als ich da in W. war und wir die Fahrkarten vorher gekauft haben, bevor die nächste Woche, den nächsten Tag teuerer wurde, übernächsten Tag, da [...] sind wir von der Fahrt von der E[...]-talsperre zurückgekommen nach A. Und da war eine wunderschöne Musik, Tanz, und die Mädels kamen raus und wollten uns einhaken. Es war eine schöne Musik, da spielte die Kapelle das ‚electric girl'. Und da sagte der eine Kollege: ‚Nein, da gehen wir nicht rein, hier brennen rote Lampen.' Und wir sind wieder nach Hause gegangen und hatten noch, hätte beinahe gesagt die Taschen voller Geld, was nachher entwertet wurde. Wir hätten uns einen feuchtfröhlichen Abend machen können, und statt dessen haben wir uns für das ganze Geld noch ein paar Sockenhalter gekauft. Das war eine verrückte Zeit!"

Der Unternehmersohn Schäffer (*1906) verkörpert eine wertkonservative Ausprägung des Puritanismus auf der Basis hoher normativer Konstanz. Die Sinnsprüche kommentiert er bei Nennung der Sentenz: „Erst die Arbeit, dann das Vergnügen" mit den Worten: „Das sind alles Sinnsprüche, die bei uns gang und gäbe waren." Die Tradierung dieser monetären Prinzipien in der nachfolgenden Generation ist für ihn selbstverständlich: „die haben von mir alles abgeguckt. Die handeln genauso wie ich auch. Und die schütteln genauso den Kopf, wenn einer zur Bank geht, läßt sich einen Kredit geben und weiß schon, daß er es nicht zurückzahlen kann. Die kommen genau nach meiner Frau und mir." Der einstige Bank- und spätere Industriekaufmann begründet dementsprechend seine prinzipielle Ablehnung von Krediten mit einer Ethik des Maßhaltens und einem Widerwillen gegen alles Spekulative: „Erstens grundsätzlich und zweitens, weil ich es nicht nötig hatte. Weil meine Ansprüche immer derart gehalten sind, daß sie im Rahmen des Möglichen abgewickelt werden können und nicht, daß ich auf Zukunft spekuliere und sage, das wird schon gehen."

Herrn Schäffers berufliche Kenntnisse werden ihm in der Großen Inflation strategische Umgangsweisen mit dieser neuartigen Situation erlauben. (Siehe 6.1.2) Aber auch in ihr dominiert familialer Zusammenhalt über Schiebertum: „Also da möchte ich sagen, mir war ... uns war die Schieberei zuwider. Mein Bruder z. B., der älteste, der im Lazarett war, als der nach Hause kam, da hatte der auch so eine Mannschaft, die nur geschoben haben, nur...! Und da wäre er beinah mal ganz schön mit reingefallen. Da hat wieder mein Vater geholfen. Also, er hatte Familiensinn." Die Korrektheit des früheren Bankbeamten schimmert auch noch als Erklärung für sein Abschneiden in der zweiten Sequenz aus Krise und Reform durch: „Man muß eben sich den Verhältnissen anpassen. Das haben wir gemacht. Wir haben keinen Vorteil, der sich evtl. ergeben könnte, auf Teufel komm raus ausgenutzt. Wir haben abgewartet, wie es kommt." Mit einem passiven Fatalismus ist diese Haltung jedoch nicht zu verwechseln. Herr Schäffer ist auch im Alter noch hochaktiv und sendungsbewußt, was sich u. a. in zahlreichen Eingaben an Politiker niederschlägt.

Die bildungsbürgerliche Variante des Puritanismus wird durch Herrn Lange (*1912) repräsentiert, der aus einem Gymnasiallehrerhaushalt stammt. Dessen monetäre Prinzipien haben sich auch für ihn bewährt: „Spare in der Zeit, so hast Du in der Not. Lebe nicht über deine Verhältnisse. Mach keine Schulden." Das Verschuldungstabu zieht sich wie roter Faden durch das Interview; es wird u. a. mit der Geldferne des eigenen Berufs als Internist in Zusammenhang gebracht: „Ich sagte ja schon, ich bin kein Wirtschaftler, Wirtschaftswissenschaftler. Da verstehe ich zu wenig von. Es liegt mir nicht. Verschulden liegt mir nicht." Bei der Erinnerung an eine einmalige Annahme eines Gehaltsvorschusses beschleichen Herrn Lange auch noch Jahrzehnte später unangenehme Gefühle: „das war mir so peinlich." Umgekehrt war die ausgebliebene Rückzahlung eines privaten Kredites an seinen Sohn ganz offensichtlich Gegenstand massiver Familienkonflikte: „Die Rückzahlung habe ich ihm weitgehend erlassen müssen, weil er standesgemäß im

Interhotel in S. Sekt getrunken hat und gefeiert hat. Ganz andere Generation. Sie haben standesgemäß irgendein Fest im Interhotel in S. gefeiert, aber die Rückzahlung beim Vater, die hat er nicht gemacht. Da habe ich ihm den Rest erlassen. Mehrmals, zweimal. Aber das weiß er nicht mehr." Obwohl Herr Lange in seinem Leben von negativen Erfahrungen durch Währungskrisen weitgehend verschont geblieben ist, so vertritt er doch eine ausgeprägte, bisweilen durch philosophische und religiöse Sentenzen instrumentierte Verfallsphilosophie, die ihm auch die Geldentwertung des ausgehenden 20. Jahrhunderts erklärt: „‚Besitz stirbt, Sippen sterben, Du selbst stirbst wie sie.' So ist das heute. (X) Habe gar keinen Bezug dazu. Ich kaufe da nichts, brauche nichts, wir leben bescheiden und genügsam, wir brauchen nichts."

Der Traditionalismus bäuerlicher Lebenswelten prägt Herrn Zubke (*1911), der in den materiell beengten Verhältnissen einer kleinen Landwirtschaft aufgewachsen ist und der selbst den Beruf des Land- und Forstwirts ergriffen hat. Auch er bestätigt die Allgegenwart der Sinnsprüche, wenn er bekundet: „Die alten Sprüche sind alle bei uns zu Hause gewesen." Als bewährter elterlicher Grundsatz wird ebenfalls ein Klassiker des Puritanismus genannt: „Bewährt hat sich das eine, daß man nicht mehr ausgeben darf, wie man hat, daß man immer noch einen Pfennig über hat als umgekehrt." Herrn Zubkes Ablehnung von Schulden erfolgt unter Rekurs auf moralische Begründungsfiguren: „Ich bin grundsätzlich für keine Verschuldung. Warum soll ich Schulden machen? Wenn ich Schulden mache, dann kann es möglich sein, daß ich den anderen betucken will, im Hintergedanken, und das tu ich nicht." Diese Moralisierungen beruhen nicht auf einer weltanschaulichen Überhöhung der eigenen Geldferne wie im oben geschilderten Beispiel von Herrn Lange, sondern sind eher als selbst gesteckte Grenzen zu interpretieren. Dies verrät auch Herrn Zubkes Beschreibung des eigenen Finanzregimes: „Ich habe in meinem Leben immer versucht, das, was ich an Geld und Sparguthaben hatte, möglichst am besten so anzulegen, daß es den sicheren, höchsten Zinssatz bekommen hat. Ich habe immer gern aufgepaßt, wenn da 1 000 Mark waren, die durften nicht auf dem Girokonto stehenbleiben, wenn man sie nicht braucht. Das habe ich immer versucht und habe dann das auch so gehalten. Und da war ich auch immer auf dem Laufenden und habe nicht gerne den Banken etwas geschenkt. Ich habe alles versucht, auszunutzen, was drin war, aber nicht spekuliert."

Zur Anti-Verschuldung und Sparsamkeit treten harte Arbeit, Genügsamkeit und das Bekenntnis zur Solidität in den Lernerfahrungen seiner Familie aus den Währungskrisen: „Wir haben ja nicht spekulieren können, nicht wie andere, die haben ja spekuliert. Wir sind ja eine landwirtschaftliche kleine Familie gewesen, wir waren froh, daß wir zu Essen und zu Trinken hatten und mußten mit ein paar Pfennigen auskommen."

Herr Söder (*1908), dessen Vater zunächst abhängig beschäftigter Tischler und dann Werkhelfer bei der Eisenbahn war, kommt aus ebenfalls kleinen Verhältnissen. Seine christliche Erziehung und die Erfahrung von Mangel bestimmen seinen Puritanismus.

So hätten auch seine Eltern dem Sinnspruch „Ein ordentlicher Mann hat keine Schulden" zugestimmt: „Also Schulden, nein, die gab es bei uns nicht. (X) [...] Also meinetwegen hier irgendwelche Sachen auf Pump zu kaufen oder – nein, das gab es nicht bei uns. Das haben wir dann später auch nie gemacht." Seine eigene dezidierte Ablehnung jeder möglichen Kreditaufnahme und die alternativ bekundete Bereitschaft zum Komsumverzicht ist genauso rigide: „wir haben uns mit Schulden nie belastet – eher haben wir uns eingeschränkt bis aufs Äußerste." Seine eigene Quintessenz aus der Zeit der ersten Währungskrise ist wiederum der Puritanismus: „Ja, man wurde sparsam. Sobald man dann eben eigenes Geld verdiente, hat man das zusammen gehalten. Man hat keine unnötigen Ausgaben gemacht [...]." Denn Herr Söder, selbst Dreher, bekundet an mehreren Stellen des Interviews, daß er in seinem Leben über keine nennenswerten Geldmengen verfügt hat und demzufolge nicht nur auf Arbeit angewiesen war, sondern sie als einzige Ressource sieht: „Unser Vermögen ist ja die Arbeit. Das, was man kann, was man leistet und wofür man bezahlt wird." Gleichwohl verrät er auch die Angst des Pareto-Puritaners schon beim bloßen Hören des Wortes „Inflation": „Bloß jetzt ist man natürlich mißtrauisch und man merkt doch, daß das Geld immer weniger wird. Also, und wenn man das Wort Inflationsrate hört, da wird einem direkt kalt, denn wir haben Inflationsrate genug kennen gelernt [...]."

Der Puritanismus in seiner Rigidität aus Sparsamkeit, Anti-Verschuldung, hohem Arbeitsethos und Konsumverzicht ist nicht nur der monolithische Sozialcharakter der Goldstandardzeit. Er prägt zudem in vielfältiger und unterschiedlicher Weise das Bewußtein in allen sozialen Schichten. Von ihrer normativen Innenausstattung hier betrachtet geraten deshalb viele Befragte ungeschützt in die Große Inflation als die erste Währungskrise des 20. Jahrhunderts. Von daher ist zu erwarten, daß die genaue Verteilung der Ereignisbilanzen der ersten Sequenz aus Krise und Reform auch durch weitere Parameter wie die Schichtspezifik bestimmt wird. (Siehe 6.2) Da der Puritaner jedoch generell den ökonomischen Abstiegskandidaten darstellt, ist es eine ebenso zentrale Frage, welche Modi der Krisenbewältigung er ausbildet. (Siehe 12.2.1)

5.3 Anfänge vom Ende

Mit dem Ausbruch des Ersten Weltkrieges veränderte sich das gesamte Beziehungsgeflecht von Staat, Ökonomie und Währung fundamental.[80] Diese weitreichende Transformation hat in Deutschland einige Spezifika, deren einschlägige in groben Strichen skizziert seien. Der Staat wird ökonomisch wesentlich aktiver und

80 Claessens (1992: 258) pointiert diesen Bruch sehr scharf: „Mit Beginn des Ersten Weltkrieges – vor dessen Ausbruch man bereits vom „Tod der alten Zeit" gesprochen hatte – endete jene Moderne, die mit der Aufklärung – etwa um 1750 – begonnen hatte. Alles, was danach kam, war bereits ‚postmodern'."

wandelt sich vom „Nachtwächterstaat“ zum „Interventionsstaat“, der zunehmend lenkend und organisierend[81] in die wirtschaftlichen und gesellschaftlichen Abläufe eingreift. (Petzina 1977: 9f., Kocka 1978: 120ff.) Parallel wurde auch seine interne Organisation für diesen Funktionswandel modernisiert, wobei sich die staatliche Verwaltung von einer „Ordnungsverwaltung” zu einer „Leistungsverwaltung” wandelte; sie wurde nicht nur stark effektiviert[82], sondern auch vergrößert. Hier bündelte man von nun an die partikularen gesellschaftlichen und wirtschaftlichen Interessen zentral und richtete sie auf den Krieg aus. (Kocka 1978: 121) Die marktwirtschaftlichen Prinzipien wurden dabei weitgehend durch eine Wirtschaftslenkung[83] ersetzt. (Hardach 1979: 19f.) Entsprechend unterwarf man Produktion und Konsumtion schrittweise verwaltungswirtschaftlichen Anordnungen. (Borchardt 1978: 62)

In diesem Transformationsprozeß spielte das Geld eine markante Doppelrolle als abhängige Variable und als Einbruchsfaktor. Bereits im August 1914 wurde ein Bündel gesetzlicher Maßnahmen verabschiedet, die das Währungssystem in drei zentralen Punkten betrafen: die Pflicht der Reichsbank zum Umtausch von Papiergeld in Gold wurde aufgehoben; der Export von Gold wurde untersagt; Schuldverschreibungen des Staates wurden zur Deckung der Währung zugelassen. Diese Akte der Legislative wurden durch soziale und politische Kampagnen flankiert, die auf die *Ablieferung* von Gold und den *Absatz* von Kriegsanleihen zielten. Es handelte sich um groß angelegte Werbe-Feldzüge[84] – parallel zu denen mit der Waffe.

Insgesamt entstand ein regelrechtes System aus unterschiedlich wirkenden, aber gleichgerichteten Strategien, deren Interdependenzen folgendermaßen charakterisiert werden können. Die finanzielle Hauptlast des Ersten Weltkrieges wurde durch *Kriegsanleihen* aufgebracht.[85] Insgesamt wurden zwischen September 1914 und September 1918 neun Kriegsanleihen (meist zu 5%) aufgelegt (Hardach 1979: 17), die zusammen eine Summe von 97 Mrd. Mark ergaben.[86] (Sprenger 1995: 206) Das

81 In diesem Zusammenhang gibt es unter Historikern eine Debatte um den von Hilferding geprägten Begriff des „organisierten Kapitalismus“, der das Verhältnis von Staat und Gesellschaft abdecken soll. Es herrscht dabei Uneinigkeit sowohl über den Begriff selbst als auch über den Zeitraum, für den er gelten soll. (Vgl. Feldman 1984: 36ff., Kocka 1978: 120ff., Peukert 1987: 118ff.) Selbst Jaeger (1988: 117), der von einem organisierten Kapitalismus schon zur Zeit des Kaiserreiches spricht, räumt ein: „Der „Organisierte Kapitalismus“ hat in seinen hauptsächlichen Erscheinungsweisen [...] keineswegs die wirtschaftliche Entwicklung Deutschlands vor dem Ersten Weltkrieg insgesamt geprägt [...].“ Allerdings hatte sich im Bereich der industriellen Produktion das Grundmuster schon in den Jahren vor dem Ersten Weltkrieg grundsätzlich verändert und war modernisiert worden. (Petzina 1977: 58) Ein neuerer Überblick dieses Industrialisierungsprozesses findet sich bei Pohlmann (1997).

82 „Die vertikale Struktur der Aufgaben- und Ausgabenverteilung im deutschen Staat blieb bis zum Weltkrieg problematisch.“ (Borchardt 1978: 59)

83 Spätestens ab 1916 kann dann davon gesprochen werden, daß „die staatliche Durchdringung der Wirtschaft“ gründlich und nahezu allumfassend war. (Hardach 1979: 21)

84 „Am 9. September 1914 erschien in 2800 Zeitungen das Inserat der Reichsbank, das die Aufforderung zur Zeichnung von Anleihen enthielt.“ (Elster 1928: 87)

85 In anderen Ländern wie England und den Vereinigten Staaten von Amerika wurde hingegen die Kriegsfinanzierung in weitaus erheblicherem Umfang durch Steuererhöhungen sichergestellt. (Hardach 1979: 19)

86 Eine genaue Auflistung der Erlöse aus den neun Kriegsanleihen und deren Zusammensetzung findet sich bei Elster 1928: 87ff.

Deutsche Reich versah mit diesen Anleihen in der Hauptsache seine schwebende Schuld bei der Reichsbank mit einer nominellen Deckung. (Rittmann 1986: 38) Privatleute konnten quasi Anteilscheine auf den erwarteten militärischen Sieg erwerben, womit sich das wirtschaftliche Einzelschicksal eng an den staatlichen Kriegserfolg koppelte. Ungefähr 70% der Kriegsausgaben wurden durch diese inländische Kreditaufnahme gedeckt, während der Rest zu ungefähr gleichen Teilen aus *Steuern* und einer *Geldmengensteigerung* stammte. (Hardach 1979: 17)

Gerade wegen der Auflockerungen der Deckungsvorschriften war der Reichsbank an einer Erhöhung ihres Geldbestandes massiv gelegen. Einerseits „sollte der Eindruck erweckt werden, daß sich bezüglich der Noten durch den Krieg praktisch nichts geändert habe, daß auch ein hoher Betrag umlaufender Noten unbedenklich sei, wenn sie nur in ausreichendem Maße durch Gold gedeckt sind." (v. Ruedorffer 1968: 118). Denn zu Recht stellte Haller fest, daß die Bevölkerung „in der Golddeckung etwas Sakrosanktes" (1976: 123) sah. Andererseits stand angesichts der Klage, daß „die Goldeinfuhr aus dem Ausland gänzlich verschlossen" (Schinckel 1915: 239) sei, nur so ein Tauschpotential mit universeller und definitiver Kaufmacht zur Verfügung. Denn im internationalen Handel fungiert Gold als Wert schlechthin.

Wegen dieser überragenden Bedeutung des Goldes mußte der Staat darüber hinaus versuchen, auch die privaten Bestände zu mobilisieren und sie in einem gesamtstaatlichen „Megahort" zusammenfließen zu lassen. Dies geschah über Aufforderungen zum Umtausch von Goldmünzen in Papiergeld und über die Kampagne „Gold gab ich für Eisen"[87]. Nicht nur den Appell an patriotische Einstellungen, sondern auch die Zerstörung der materiellen Ausprägungen der Geldkultur der Goldstandardzeit dokumentiert ein Aufruf seitens des Vorsitzenden des Zentralverbandes des Deutschen Bank- und Bankiergewerbes, Jakob Riesser, zu Beginn des Jahres 1915: „Niemand darf vergessen, daß das Gold in den Händen der Reichsbank eine scharfe Waffe ist, genau so wie unser Heer in den Händen der Führung, und ebenso unentbehrlich ist wie Armee und Flotte. Wer ohne Not Gold in den Kassen, Schränken, Schrankfächern, Strümpfen usw. zurückhält, läßt das Vaterland in schwerer Zeit ebenso im Stich, wie einer, der seine militärischen und sonstigen nationalen Pflichten nicht erfüllt." (Riesser 1915: 105)[88] Der kurz vor

---

87 Diese Kampagne konnte an historische Vorläufer anknüpfen. Schon 1813 startete der preußische König Friedrich Wilhelm III. eine Spendenaktion unter dem Titel „Gold gab ich für Eisen". Diese Mittel sollten der Ausrüstung von Truppen gegen die napoleonische Herrschaft dienen. (Duden Bd. 12, Zitate und Aussprüche. Darmstadt, 1993, S. 181.) In dieser Auseinandersetzung adaptierte sich der preußische Staat an die Moderne auf seine Weise. So wurde z. B. aus der Konfrontation mit dem revolutionären Volksheer letztlich die Clausewitzsche Wehrpflicht für alle entwickelt. Für diesen stellte sie die Lösung des Problems dar, wie er ein Volksheer bekommen könnte, ohne jedoch einen Volksstaat einführen zu müssen. (Keegan 1995: 35ff., insb. 42f.) Im Ersten Weltkrieg stellte sich dieselbe Problemlage der notwendigen Veränderung bei Beibehaltung der Grundlagen für die staatstragenden Kräfte, dieses Mal auf dem Gebiet der Ökonomie: Wie gelangte man zu einer die Gesellschaft wirklich übergreifenden Nationalökonomie ohne Sozialismus? In beiden Fällen brachte der Krieg die anstehende Entwicklungsfrage auf den Punkt.

88 Zu den verschiedenen Facetten der von der Reichsbank durchgeführten Goldsammlungen sowie den entsprechenden gesetzlichen Bestimmungen vgl. die ausführliche Darstellung bei v. Ruedorffer (1968: 118-121).

Kriegsbeginn einsetzende Trend zu privaten Goldhortungen, der der Reichsbank in der Woche vor Erklärung des Kriegszustandes allein ein Minus von über 100 Millionen Mark ihres Goldbestandes bescherte[89], wurde nicht nur gestoppt, sondern über die Liquidierung der privaten Edelmetallhorte wurde tatsächlich eine Ökonomisierung der privaten Goldvorräte[90] realisiert. Die in privatem Besitz befindlichen Münzen aus Edelmetall waren im Gegensatz zu staatlichen Beständen immerhin als Tauschmittel aktiv gewesen; als Wert hingegen waren auch sie passiv oder neutral. In zeitgenössischen Vorträgen über die „Geldwirtschaft vorher, jetzt und nachher“[91] wurde dies als Lernprozeß der Bevölkerung deklariert, „die endlich einzusehen gelernt hat, wie sehr sie durch das gewohnheitsmäßige Verstecken von Gold in Truhen, Strümpfen und Spartöpfen und durch die unnötige Verwendung von Goldmünzen zu Zahlungszwecken die Geldwirtschaft der Reichsbank beeinträchtigt.“ (Schinckel 1915: 239) Unstrittig ist jedenfalls der überaus nachhaltige Erfolg der Kampagnen, der maßgeblich mit dafür verantwortlich war, daß die Goldreserven der Reichsbank sich gegenüber dem Tiefstand vom Juli 1914 knapp drei Jahre später mit 2 533 Millionen Mark mehr als verdoppelt hatten.[92] Die Kampagne „Gold für Eisen“ machte aber, indem sie eine Ära beenden half, noch einmal eines der zentralen Charakteristika des Goldstandards deutlich: die Übergänge von Geld in Nicht-Geld (z. B. Schmuck, Zahnersatz) sind fließend und jederzeit in beiden Richtungen zu vollziehen.

Die Ablieferung und der Verbrauch des Goldes, die Kriegsanleihen und die währungspolitischen Festlegungen der Legislative bedeuteten *im Verbund* das Ende des Goldstandards und den faktischen Übergang zum Papiergeld. Es trat eine „Politizierung“ (Lohoff 1995: 80) der Währungsverhältnisse ein. Zwar bemühte man sich von offizieller Seite, den Schein einer Goldwährung zu wahren (Hardach 1989: 153); dennoch war der Bruch definitiv (Jaeger 1988: 137, Sprenger 1995: 205).[93]

89 „Das auf dem Goldstandard beruhende Währungssystem geriet bereits in den Tagen, in denen der Kriegsausbruch drohte, in eine Krise. Die Leute begannen Gold zu horten [...] Am 4. August wurde die Goldeinlösung aufgehoben. Gleichzeitig wurde ein Goldausfuhrverbot erlassen. Hielt man offiziell am Goldstandard fest, so wurde er praktisch durch die Ausweitung des Notenumlaufs illusorisch gemacht.“ (Kellenbenz 1981: 346, auch Haller 1976: 123) Die staatliche Sorge vor der Virulenz privater Geldhortungen wird in dem Aufruf Riessers an mehreren Stellen deutlich.

90 Hier liegt im gewissen Sinne eine Parallele zur von Weber beschriebenen Epoche der „Protestantischen Ethik“ vor. Während dort im Schatten eines religiösen Vorstellungswandels Finanzmittel, die sonst kultischen Zwecken oder dem Prestige zur Verfügung gestanden hätten, ebenfalls ökonomisch mobilisiert wurden, betrieb man diesen Vorgang der Ökonomisierung im vorliegenden Fall auf dem Weg einer Kriegsfinanzierung, also über den Staat. Ein weiterer Schritt im Modernisierungsprozeß wurde vollzogen.

91 Der Vortrag wurde von Max Schinckel am 6. März 1915 im Industrieklub Düsseldorf gehalten und am 15. April 1915 als erster Text im Bank-Archiv abgedruckt.

92 Siehe Haller (1976: 123) sowie Tabelle 1 bei von Ruedorffer (1968). Rittmann bilanziert die Kampagnen als verdeckten gigantischen Enteignungsprozeß: „Die Reichsbank unternahm es, dem deutschen Volk seinen ganzen Goldbesitz mit größtem propagandistischem Aufwand zu entziehen, zuerst die Goldmünzen der Reichsgoldwährung im privaten und öffentlichen Eigentum und dann soviel wie möglich an Goldgegenständen und Goldschmuck, und zwar mit beträchtlichem Erfolg.“ (Rittmann 1986: 19)

93 Roesler beschreibt die Dialektik des Zusammenhangs von suggerierter Beibehaltung und dadurch gerade ermöglichter faktischer Abschaffung des Goldstandards prägnant: „Die Aufhebung der Goldeinlösung war deshalb die wichtigste Grundlage für die im ganzen Krieg fortgeführte Thesaurierungs-

Beim Weggeben von Gold für Eisen und/oder dem Kauf von Kriegsanleihen ging es um die Münzhorte der Familien, um die Sparbücher, den Schmuck, das Tafelsilber und um alles, was real, symbolisch und perspektivisch damit verbunden war. Beide Kampagnen griffen nachhaltig in die Sozialstruktur ein und waren daher von empirischem Interesse. Wie die Eltern der ältesten Befragten auf die Kampagnen reagiert haben, war Gegenstand je einer halbstandardisierten Frage.

5.3.1 Die „Entgoldung" der Währung

Die Kampagne „Gold für Eisen" war stets von moralischen Appellen an den Patriotismus der Bürger und von starkem sozialen Druck begleitet. Beteiligt waren vornehmlich die Beamtenschaft, die Presse, die Schulen und die Kirchen, welche alle zu dem „freiwillige[n] Goldopfer des deutschen Volkes angesichts einer Welt von Feinden" aufriefen oder auch selbst sammelten. Ebenso engagierten sich viele Banken und Sparkassen sowie einzelne Privatpersonen. (Rittmann 1986: 19f.) Die Aktionen zeitigten Erfolg, denn die Bevölkerung lieferte die Vorräte offenbar prompt und in erheblichem Umfang ab. (Sprenger 1995: 208) Inwieweit dies in den Familien der BPn der Fall war, zeigt die folgende Tabelle.

Tab. 5.4: Befolgung der Kampagne „Gold für Eisen" (N = 32; Spalten-%)

Befolgungsgrad	**N**	**%**
Voll befolgt	11	34,4
Teilweise befolgt	6	18,8
Nicht befolgt	7	21,9
Entfällt, weil nichts abzuliefern war	7	21,9
Residual	1	3,1
Summe	32	100,0

Nach vielen Jahrzehnten erinnern sich praktisch alle Zeitzeugen an die Kampagne, was deren Stellenwert in der Familiengeschichte andeutet. Inhaltlich stützt unsere Befragung das Bild, welches die spärliche Literatur zum Thema zeichnet: Diese Aufrufe haben insgesamt eine recht große Wirkung entfaltet und stießen in der

politik, um den Reichsbankstatus im Hinblick auf die Deckungsquote zu verschönern. Dieser Fetischismus mit der ‚Schatzkammer der Nation' hatte seinen Ursprung noch in einer merkwürdigen Vorstellung von der ‚Liquidität' der Notenbank, die deren Goldschatz darstelle. Man wollte dem Publikum suggerieren, daß im Grunde alles beim alten bleibe und auch nach den alten Maßstäben zu beurteilen sei. Daß es dabei bleibe, dazu müsse jeder durch die Ablieferung seines Goldes bei der Reichsbank mit beitragen." (Roesler 1967:38)

Bevölkerung auf breite Resonanz und Akzeptanz.[94] Diejenigen Familien, die überhaupt etwas abzugeben hatten, befolgten die Ablieferungsappelle mehrheitlich. In den Aussagen wird häufig nicht mit letzter Klarheit zwischen dem Umtausch von Goldmünzen in Papiergeld, der nominal wertmäßig neutral verlief, und der direkten Spende oder auch dem Verkauf von Goldgegenständen unterschieden.[95] Allerdings enthalten einige Aussagen gewisse Nuancen, die auf eine unterschiedliche Wahrnehmung des Status dieser Transaktionen schließen lassen. Herr Söder (*1908) hebt beim Geld auf einen gewissen Zwang ab: „Das wurde dann ja eingezogen, das Geld." Bei den Goldgegenständen schimmert demgegenüber ein freiwilligerer Ton durch: „da haben noch viele Goldsachen abgegeben, auch mein Großvater, eine goldene Kette und hat dafür eine eiserne gekriegt und da war dann etwas dazwischen, da stand drauf: ‚Gold gab ich für Eisen'."

An einigen Aussagen fällt die große Plastizität der Erinnerung genau so auf wie die Selbstverständlichkeit einer positiven Reaktion. „Was eben gegeben werden konnte, das ging raus." (Frau Dobler, *1900) Im Gespräch mit Frau Wegener (*1906) wird die Frage nach der Beteiligung der Eltern an der Ablieferung zunächst mit einem anderen Slogan aus der Kampagne beantwortet: „'Gold gab ich zur Wehr, Eisen nahm ich zur Ehr'... (X: Und auch alles Gold, das Sie eingenommen haben, das haben Sie auch abgegeben?) Ja, sicher." In anderen Fällen wird der starke Patriotismus reservierter kommentiert: „Meine Mutter hat Kriegsanleihen gezeichnet und wie sie tot war, da fanden wir solche eisernen Ringe, da stand drauf: ‚Gold gab ich für Eisen.' Sie hat ihre Trauringe auch dem Vaterland geopfert, die war sehr national eingestellt. (X: Also sie hat die Aufrufe voll befolgt oder nur teilweise, oder hat sie noch was zurückbehalten?) Voll möchte ich sagen. Die waren ja damals alle so verrückt. Auch die Kriegsanleihe, da kriegten wir nachher solche Scheine und haben nie dafür was bekommen. Aber jetzt war so, sie hat ja das Geld weggegeben, wie sie noch was hatte. Denn zwei Jahre später, 1918, da kam ja die Inflation, da hätte sie ja nichts mehr weggeben können." (Herr Scholz, *1902) Dieses Gespräche liefert zugleich einen Beleg für die bereits vermerkte Vermischung der Kampagnen zur Mobilisierung der Privatvermögen.

Ein weiteres, dem Patriotismus verwandtes, aber nicht mit ihm identisches Motiv lag in dem Gefühl begründet, die Soldaten an der Front nicht allein lassen zu dürfen: „Das habe ich mir doch heute ... ach hier. [Zeigt Uhrkette aus Eisen] Diese

94 „Die freiwillige Ablieferung von Goldmünzen seitens der Bevölkerung hatte zur Folge, daß die Verkehrsreserven an Gold bis auf geringfügige Reste sich in den Tresoren der Reichsbank konzentrierten." (Rittmann 1986: 21, auch Sprenger 1995: 209)

95 Auch in der Literatur herrscht über den Status der Wertübertragung Unklarheit. Während Rittmann (1986: 21ff.) einerseits in diesem Zusammenhang von der freiwilligen Opferbereitschaft der Bevölkerung spricht, was ja einen Verzicht impliziert, betont er andererseits den Aufkauf von Goldgegenständen durch spezifische Ankaufsstellen. Allerdings stellt er im weiteren fest, daß diese Ankäufe bzw. Umwechselungen von Goldmark in Papiermark zu einem Vorkriegskurs stattfanden und daß die Disparität zwischen dem Wert dieser Münzen und Goldgegenstände und dem bezahlten Preis im Zuge der Geldentwertung immer größer wurde: „[...] jede Veräußerung war ein freiwilliger Finanzbeitrag an das Reich." Daß hier vielleicht auch gewollte Vermischungen auftraten, bestätigt auch die Aussage von Frau Teske (*1907): „Nein nein nein, das war bloß eine Spende, das nannte sich auch Kriegsanleihe ... (X: Das nannte sich so?) Ja, das nannte sich so, und das war so eine Spende, verstehen Sie, und dann gaben wir mal fünf Mark, das war damals auch viel Geld. Nicht sehr oft, aber denn mal."

Kette, das war die Uhrkette von meinem Schwiegervater. Und im Ersten Weltkrieg, da hatten die nun ihren einzigen Sohn im Krieg, und als da aufgerufen worden ist, Gold für Eisen zu geben, da hätten das meine Schwiegereltern nicht verantworten können, wenn ihr Sohn im Felde steht. Der war ja bei einer fliegenden Truppe, die immer an die brenzligen Stellen kam, und da hat eben der Vater seine goldene Uhrkette und ...; aber die Urkunde ist nicht mehr da, Gold gab ich für Eisen dem Vaterland." (Frau Eikermann, *1904)

Während ökonomisch und innerhalb der Kampagne die stoffliche Form des Goldes gleichgültig war, haben die Familien offenbar zwischen dem Gold als Geld und als emotional besetztem Liebhabervermögen differenziert. Vom Geld hat man sich leichter getrennt als von Erinnerungsstücken: „Ja, die Zwanzigmarkstücke hier, die haben wir eingetauscht, haben das Gold gegeben. Aber unseren alten Goldschmuck, der schon hundert Jahre in der Familie war, den haben wir behalten." (Frau Wellstein, *1903)

Die Mobilisierung der ganzen Gesellschaft spiegelt sich deutlich in der Einbeziehung der Kinder in die Goldsammlung wider. Herr Haller (*1906) berichtet z. B., daß er als Kind Goldabfälle aus der Brillenproduktion sammelte und in der Schule ablieferte: „Da gab es 20 000er, 30 000er und 40 000er Gold. Und das haben wir dann abgegeben als Schuljungs, um das auch für ‚Gold gab ich für Eisen' zu geben." Andere Interviews gewähren Einblicke in den sozialen Druck, leichterer oder auch massiverer Art, mit dem die Menschen zur Beteiligung an den Aktionen zur Goldsammlung gebracht wurden. Es zeigt sich, mit welcher Vehemenz die staatlichen Institutionen sich in dieser Kampagne engagierten: „Da erinnere ich mich, daß im Kriege Gold gesammelt wurde, bei der Schule. Und da kam einer, das war ein Unternehmer, der brachte 500 Mark in Gold, und dann war eine große Tafel in der Schule, da standen die drauf, die nun Gold gebracht haben. Da waren sie alle drauf. Und die Schule hatte eine höhere Abteilung, also das war so was wie so ein Vorgymnasium, diese Abteilung, das andere war Volksschule. Und in der höheren Abteilung war ich mit. Und nun war ich der einzige, der noch kein Gold abgegeben hatte. Und da bin ich zu meinem Vater und habe gesagt, horch mal, hier so und so. Ja, sagt er, Junge, ich habe noch ein Goldstück, aber ich gebe dir das. Da hat er mir zehn Mark gegeben und die habe ich dann abgeliefert, und da kriegte ich ein Diplom. ‚Konnt ich auch nicht Waffen tragen, half ich doch die Feinde schlagen' stand da groß drauf. Und für mich war das Goldstück weg. Ich hatte das Ding." (Herr Schäffer, *1906) Auch Herr Raabe (*1909) erinnert sich stark negativ an den sozialen Druck: „Das war schon schlimm. Wenn man in die Schule ging, da war dann da so ein Schild." Herr Tilly (*1903) berichtet sogar davon, daß man durch Spenden Angehörige zumindest zeitweilig vom Kriegseinsatz habe freikaufen können. „Mein ältester [Bruder], der war ja da Soldat. Und wenn man so und soviel hundert Mark gebracht hatte, dann hat der Sonderurlaub gekriegt." In der Erinnerung von Herrn Söder (*1908) klingt die Rolle der Kirche in der Kampagne an: „Na ja, die lebten ja auf dem Dorf, die ließen sich da von der Kirche vielleicht überzeugen, oder so. Der Großvater war ja noch mit der Kirche verbunden."

Ganz offensichtlich ist es in einigen Familien zu erheblichen Auseinandersetzungen über solche Übertragungen gekommen, zumal wenn es sich um größere Summen handelte: „Ach, das war ja ein Theater! Da hatten wir – mein Vater, meine Mutter – so einen Beutel aus Leder, so einen grauen Beutel aus Leder, ganz voll Goldstücke, ganz voll Goldstücke. 19 000 Mark waren das in Gold. Und Vater, der war so ein Patriot. Als Krieg war, 1914, da ist er dann mit dem Geld nach S. gefahren, das war unsere Kreisstadt. Und da hat er das abgegeben, ‚Gold gab ich für Eisen' hieß das damals. Ja, und meine Mutter, die hat da geweint. Und hat ihn ordentlich ausgeschimpft. Das hat er heimlich gemacht. Denn er wußte ja genau, daß Mutter das nicht hergab, das Gold nicht." (Frau Sauters, *1896)

5.3.2 Kriegsanleihen

„Die Anleihen wurden im deutschen Fall natürlich im Inland untergebracht, das war bis 1916 sozusagen problemlos im erstrebten Umfang möglich, das Bürgertum legte seine Ersparnisse in Kriegsanleihen an, das war patriotische Pflicht." (Nipperdey 1992: 789) Die Hoffnung der Käufer war, daß die Kriegsgegner nach ihrer als sicher geglaubten Niederlage zahlen müßten. Gewinnerwartungen vermischten sich so von außen betrachtet und vielleicht auch für einzelne Käufer unentscheidbar mit einer nationalen Opferbereitschaft. Jedenfalls traf die Werbung für die Kriegsanleihen auf breite Zustimmung (Rittmann 1986: 37), und es war eine spannende Frage an die Empirie, wie sich dies aus heutiger Sicht für die Befragten darstellt.

Tab. 5.5: Kauf von Kriegsanleihen (N = 32; Spalten–%)

Kauf	**N**	**%**
Ja	13	40,6
Nein	12	37,5
Entfällt, weil keine Mittel	5	15,6
Residual	2	6,3
Summe	32	100,0

Das Grundmuster der Befunde entspricht dem bei „Gold für Eisen" aufgezeigten: Eine Spaltung mit Vorsprung der Beteiligten; eine ins Gewicht fallende Gruppe von Mittellosen; eine winzige Minderheit mit fehlender Erinnerung.[96] Daß auch

96 Möller (1985: 141) gibt die Zahl der Bürger, die Kriegsanleihen zeichneten, mit 39,1 Millionen an. Bei einer Bevölkerungszahl, die zwischen 1910 und 1920 von 64,6 Mill. auf 61,8 Mill. zurückging (Hardach 1979: 245), wäre dies mehr als die Hälfte der Bevölkerung. Allerdings gab es ja die Möglichkeit der Mehrfachzeichnung, so daß die Zahl derjenigen, die Kriegsanleihen zeichneten, real geringer gelegen haben dürfte. Mit unseren 40% der Haushalte, die Kriegsanleihen zeichneten, dürften wir grob geschätzt im Gesamttrend liegen.

fehlende Mittel durchaus mit der Bejahung von Kriegsanleihen einhergehen können, zeigt exemplarisch der folgende Dialog: „Nein, so viel Geld hatten die Eltern auch wieder nicht. Im Einsatz persönlich, ja, aber um ... (X: Also sie hätten es gemacht, wenn sie das Geld dazu gehabt hätten?) Ja." (Frau Wegener, *1906)

Häufig weisen die BPn von sich aus darauf hin, daß die gezeichneten Beträge eher gering waren: „Ich glaube ja, aber in sehr bescheidenem Maße" (Herr Hagenberg, *1908) oder „höchstens wenig." (Frau Eikermann, *1904) Auch Herr Haase (*1896) spricht von „100 Mark in Kriegsanleihe.". Andererseits gibt es auch einige Fälle, bei denen durchaus von der Zeichnung namhafter Beträge die Rede ist. „Ja, mein Vater, eine Menge. Ich weiß, daß wir in der Schule, und dann habe ich immer tausend Mark in der Schule [abgegeben], meine Lehrerin, die war immer ganz glücklich." (Frau Möller, *1905)

Es finden sich aber auch einige konträre Berichte. So konstatiert Herr Schäffer (*1906): „Das haben wir glücklicherweise nicht gemacht", und er erläutert die negative Haltung seines Vaters mit den Worten: „Zu den Kriegsanleihen hat mein Vater gesagt, wer Krieg braucht, der soll ihn selber bezahlen." Während hier eine allgemeine Ablehnung des Krieges als Motiv vorzuliegen scheint, speist sich die negative Haltung des Herrn Lehmann (*1903) eher durch ein allgemeines, wahrscheinlich ökonomisch eingefärbtes Mißtrauen: „Nein. Weil wir wußten, daß es [...] schiefgeht."

5.3.3 Über-Gänge

Die dargestellten Anfänge vom Ende des Goldstandards enthalten Über-Gänge der verschiedensten Art, die zum Zeitpunkt der Ereignisse noch latent waren und erst von heute aus in voller Klarheit zu erfassen sind. Das Verhalten der Menschen gegenüber der Kampagne „Gold für Eisen" und dem Werbefeldzug für die Kriegsanleihen hatte bereits Gewinner-Verlierer-Konstellationen begründet, die sich freilich erst in den zwanziger Jahren voll realisieren sollten.

Die Kampagnen des Kaiserreichs hatten sich über loyale Mittler recht brutal in die Familien vermittelt und dort keineswegs nur die bis heute behauptete Begeisterung ausgelöst (Rittmann 1986: 19ff.)[97], sondern auch vielerlei Spannungen, Streitigkeiten und Zerwürfnisse produziert. Zudem sind eigenartige Übergänge in die Zukunft entstanden. Querköpfe, die dem nationalen Appell widerstanden und die Verwandlung von Gold in Eisen politisch mißbilligt und als ökonomisch widersinnige (Trans-)Aktion verweigert haben, sollten in der (Hyper-)Inflation über kaum noch vorstellbare Werte verfügen. Eine ähnliche Sicht der Dinge, die zur Ablehnung einer Verwandlung von Sparguthaben in Kriegsanleihen geführt hat, war demgegenüber verteilungsneutral: beide Arten von Forderungswert sollten durch die Inflation vernichtet werden. Dabei ging es oftmals um namhafte Beträge, deren Verlust nicht nur eine ökonomische Schwächung der Eigentümer bedeutete, son-

97 Rittmann selbst schwelgt in fast schon grotesker Weise in dieser Begeisterung und verliert über den sozialen Druck kein Wort.

dern intergenerative Fernwirkungen entfaltete. So gesehen waren schon die Kriegsjahre Umverteilungsjahre.

Dieser ökonomischen Konstellation war eine politische Prädisposition inhärent. Wenn sowohl Gold als auch Geld vorhanden waren, man es also unter den Bedingungen des Kaiserreichs zu besonderem Wohlstand gebracht hatte, war die Möglichkeit zur Beteiligung naheliegenderweise besonders groß.[98] Darüber hinaus galt tendenziell die schwerer zu prüfende Gleichung, die in dem qualitativen Material aufgeschimmert war: „Je nationaler und kaisertreuer, desto größer das materielle Engagement." Während das abgelieferte Gold durch staatliche Einkäufe während des Krieges aufgebraucht und damit definitiv verloren war, wurden die Kriegsanleihen erst durch den Sieg der Alliierten, die Hyperinflation und zwei politische Strukturentscheidungen (Währungsreform, Aufwertungsgesetze) zu wertlosem Papier. Daher erhielt die Gleichung in den zwanziger Jahren den Zusatz: „... desto größer der Verarmungsschub unter Bedingungen der parlamentarischen Demokratie."

Wegen der Brisanz dieser Übergänge sei das Risiko kleiner Zahlen in Kauf genommen, um einige sinnfällige Zusammenhänge mitzuteilen: drei von vier Anleihekäufern hatten auch Gold abgeliefert (77%); wer keine Anleihen gekauft hat, war auch bei den Verweigerern der Goldabgabe deutlich häufiger vertreten (42% / 15%). Diese plausiblen Zusammenhänge zwischen dem Verhalten in beiden Kampagnen ergeben in systematischer Betrachtung eine zukunftsträchtige Konstellation: die *potentiellen Doppelopfer*, die Gold abgeliefert und Kriegsanleihen gekauft haben, machen ein knappes Drittel aus (31%); *unbetroffen* sind mit gleichfalls einem knappen Drittel (31%) alle, die eine Beteiligung verweigert haben oder aus materiellen Gründen nicht dabei sein konnten; das andere Drittel verteilt sich auf die übrigen (Misch-)Kategorien.

In der Summe prädisponierte Wohlstand für Einbuße und Armut für Statuskonstanz. In diesem Sinne ist es ein Über-Gang eigener Art, daß Herr Gerke (*1903) im Kontext der Frage nach den Kriegsanleihen die folgende Abwertungsanekdote über einen Lehrer und Syndicus der Handelskammer erzählte, der in diesen Funktionen die Zeichnung von Kriegsanleihen betrieben hatte; die Szene spielt auf einer Feier in den zwanziger Jahren: „Und er war lustig usw., und da fragt er uns, ob einer weiß, was Kriegsanleihe auf chinesisch heißt. Wußte keiner, wissen Sie es? (X) Da waren wir überrascht, daß der es sagte. ‚Ping ping futsch'. Das sagte der Mann, der uns aufgefordert hat, Kriegsanleihen zu zeichnen, wie der Krieg verloren war, sang- und klanglos, da sagte er uns ‚ping ping futsch'. War das interessant? (X) Da kann man beinahe drüber lachen."

Nicht nur Über-Gänge im Status und im Bewußtsein bereiteten sich vor. Die massenhafte Weggabe von Gold für Eisen hat als ungeplante und sogar äußerst unerwünschte Nebenfolge einer wertrationalen Entscheidung der Goldwährung selbst den Lebensnerv geschwächt. Gold, das sich in Eisen und dann in allerlei Kriegsgerät verwandelt hatte, war als Grundlage einer Währung definitiv ver-

98 Eine Kreuztabelle zwischen der wirtschaftlichen Stellung des Elternhauses und der Beteiligung an beiden Aktivitäten zeigt den zu erwartenden Zusammenhang.

schwunden. Die Währung selbst war nun endgültig ihrer Eigensubstanz beraubt und in ihrem Wert vollständig auf den Staat bzw. dessen Zentralbank bezogen. Die Ära des Goldstandards fand damit ihr Ende.[99] Geld und Gold trennten sich als Erscheinungsformen. Der Schritt zur Papierwährung hatte 1914 nicht nur die Restriktionen des Goldstandards beseitigt, sondern zugleich die strukturelle Möglichkeit der späteren Hyperinflation angelegt. Die Notenpresse war zunächst als Teil der kaiserlichen Rüstungsmaschinerie eingesetzt worden, ihre maximale Drehzahl erreichte sie freilich erst im Frieden und nach dem Sturz der Monarchie.

Mit dem faktischen Ende des Goldstandards war auch der materielle Untergrund und der Lebensnerv jener alles durchdringenden Geldkultur vernichtet, die oben ausführlich dargestellt worden ist. Ihre logische Struktur, die eben auf die Identität von Substanz und Form setzte, war zerschnitten, und die private monetäre Basis war ihr materiell entzogen worden. Vollständiger kann man ein Beziehungsmuster, auf dem eine Kultur siedelt, nicht zerstören. Einige Dimensionen dieser Zerstörung seien etwas genauer umrissen.

Mit der Aufgabe der direkten materiellen Geldsicherung wurde das private Band zwischen dem Geld und seinem Besitzer gekappt und die häusliche Kontrolle über den monetären Bereich in puncto Wertsicherung zumindest prinzipiell beendet. Der Begriff des „Häuslichen" ist hier durchaus als Analogie auf den Terminus der hauswirtschaftlichen Form der Wirtschaft bei Polanyi (1977: 77ff.) zu verstehen, die er an Hand der „Ökonomie"-Vorstellungen des Aristoteles entwickelt. Kern der Analyse ist dort der Übergang von der selbstzentrierten Hauswirtschaft zur außengeleiteten Marktwirtschaft, die statt der Erhaltung des Haushaltes den Gewinn in den Vordergrund schiebt. Damit ändert sich der Charakter der produktiven Tätigkeit von der Subsistenz hin zur wirtschaftlichen Berechnung. Hier findet sich im Übergang von der Gold- zur Papierwährung, so seltsam dies zunächst klingt, ein paralleler Vorgang. Denn durch diesen Wandel im Bereich des Geldes ereignet sich eine ähnliche Transformation des kulturellen Systems wie beim Übergang von der Haushalts- zur Marktzentrierung. Auch hier werden, wenn auch von anderer Ausgangsbasis, die Reste einer Form zerstört, die „nämlich Produktion und Lagerung zur Befriedigung der Bedürfnisse der Mitglieder der Gruppe" (Polanyi 1977: 77) zu ihrem Inhalt hatte. Das Geld, auch das in privater Hand, ist fortan keine derartige Privatsache mehr, wie noch in der Zeit des Goldstandards – obwohl auch dort teilweise Mittel des Verkehrs – sondern gehört nun endgültig der Sphäre des Allgemeinen an. Als Folge wird es in der Zukunft damit letztlich zur Sicherung von Werten des investiven Schrittes bedürfen, der es von nun an erst ermöglicht, sich an dem stummen Zwang der allgemeinen Mobilisierung zu beteiligen und seinen negativen Folgen vielleicht zu entkommen. Es vollzieht sich der Übergang von einer langfristig eingebetteten, wertrationalen Entscheidungsfindung hin zu einer zweckrationalen, stärker situativ gelagerten Orientierung. Der Umgang mit Geld wurde

99 Für die USA gilt eine beschränkte Golddeckung der Währung noch bis zum Ende des Bretton Woods Systems 1971. Anfang der dreißiger Jahre hatten sich die USA allerdings auch schon einmal von der Goldbindung des Dollar verabschiedet. (Lohoff 1995: 81) England kehrte in den Jahren zwischen 1925 und 1931 vorübergehend zum Goldstandard zurück, bezahlte dieses Experiment allerdings mit großen wirtschaftlichen Schwierigkeiten. (Lohoff 1995: 81, North 1994: 188)

damit für die Menschen letztlich auf eine fundamental andere Logik umgestellt und gründete sich von nun an auf ein gänzlich anderes Verhältnis, auch wenn die Einstellungs- und Verhaltensdispositionen vieler Menschen diese basale Transformation noch gar nicht registrierten.

Mit dem Wegfall des Goldstandards ändert sich auch die Logik des privaten Sparens grundlegend: das Horten als Aufspeichern von Zahlungsmitteln ohne nutzbringende Anlage (Schmölders 1984: 77f.) wird seines wichtigsten Motivs beraubt, des Mißtrauens gegen Staat und Geldwert. (Schmölders 1984: 123) Nicht, daß in der Papiergeldära kein Mißtrauen angebracht wäre – ganz im Gegenteil, wie die Geschichte erweisen wird. Aber der monetäre Schutzmechanismus, diesem Mißtrauen in eigener Regie materiellen Ausdruck zu verleihen, wurde außer Kraft gesetzt. Alle Vermögenssicherung durch Geld allein war von nun an zumindest prinzipiell mit Unsicherheiten und Ungewißheiten über die Zukunft behaftet und belastet. Die Wertsicherung des Geldes wurde zur Staatsangelegenheit externalisiert. Das Denken auf der Zeitachse muß sich somit von der Vergangenheit lösen und sich stärker auf die Zukunft ausrichten. Nicht was man mitbringt, sichernd erhält und nach Möglichkeit vorsichtig vermehrt, kann jetzt die Angemessenheit der Orientierung garantieren, sondern die vorausspähende Verwendung des Jetzigen mit seiner Potenz für die Zukunft wird entscheidend. Die Vokabel der Angemessenheit verliert damit selbst ihre Bedeutung. Denn es existieren keine Maßstäbe mehr, nur noch Vermutungen. Damit werden die zu treffenden Entscheidungen immer stärker auf das Subjekt konzentriert, für dieses aber gleichzeitig immer prekärer, wenn nicht unmöglich, da stets der zurückliegende Erfahrungshorizont überschritten werden muß.

Mit Polanyi (1977: 17) ist das Ende des Goldstandards jedenfalls als einer der Schlüsselaspekte der „Great Transformation“ anzusehen.

6. Offene Inflation, Hyperinflation und das „Wunder" der Rentenmark

Die bislang groben Striche zum Stellenwert der ersten epochalen Sequenz aus Währungskrise und -reform in den zwanziger Jahren (siehe Eröffnung II) sind nunmehr zu einer dichten, etwas genaueren sozialwissenschaftlichen Skizze der Superlative auszubauen. Sie soll kompakt und exemplarisch ergänzen, was im Modell des homo oeconomicus fehlen muß, und mit Schlaglichtern ausleuchten, was in der Literatur oftmals etwas blaß bleibt. Für den Währungstheoretiker z. B. hatten sich die aus der Geldvermehrung resultierenden Probleme aufgrund der „fieberhaften Umlaufsgeschwindigkeit des Geldes" weiter verschärft (Veit 1969: 527). Für die Wissenschaft überhaupt trat das Problem auf, „daß es faktisch unmöglich ist, eine zusammenhängende statistische Geschichte der letzten Phase der Inflation zu vermitteln, es sei denn, man schriebe ein Tagebuch, in dem man die Ereignisse nahezu in Stundenfolge erzählt." (Kuczynski 1966: 150) Im Lauf des Kapitels werden Materialien zu diesen Themen vorgelegt, die trotz der vielen Jahrzehnte zwischen der Erfahrung und dem Interview noch immer das Fieberhafte und die „Stundenfolge" ausstrahlen.

Zunächst waren die Menschen schlecht bis gar nicht für die Währungskrise gerüstet; die Inflation war neu, unbekannt, überraschend. Nicht einmal das Wort „Inflation" war im Alltag oder der Wissenschaftssprache präsent (Neumark 1976: 5, Waldmann 1987: 367). Kaum ein Detail illustriert dies deutlicher als die Tatsache, daß der Begriff – wie eingangs erwähnt (siehe 3.1) – noch nicht einmal in den großen Lexika der damaligen Zeit vorkommt! Einer beiläufigen Bemerkung von John Berger zufolge „weiß jede Sprache – wie eine Mutter – alles" (Berger 1995: 9). Umgekehrt wissen die großen Wörterbücher alles jedenfalls über die Hochsprache; was in ihnen fehlt, existiert in gewisser Hinsicht nicht. So ist das angeführte Detail ein ungemein starkes Indiz.

Franz Eulenburg sah schon 1924 in der Hyperinflation die „größte Enteignung (Expropriation) und Besitzentziehung (Depossedierung), die jemals auf friedlichem Wege stattgefunden hat." (Eulenburg 1924: 757) Diese frühe Einschätzung wird von den wissenschaftlichen Nachfahren nicht etwa revidiert, sondern quer durch das 20. Jahrhundert von Autoren verschiedenster Couleur immer wieder bestätigt. Mit den Augen von Borchardt kann die Inflation der zwanziger Jahre „in mancher Beziehung als ein revolutionärer Wandel der Sozialstruktur" angesehen werden.

(Borchardt 1972: 17) Kindleberger präzisiert diese weitreichende Perspektive, wenn er die Krise der zwanziger Jahre als währungsgeschichtliches Gegenstück zur Französischen Revolution bezeichnet. (Kindleberger 1984: 10f.) Auch Canetti verdichtet seine Studien und persönlichen Erfahrungen zu der Quintessenz, „daß es in unseren modernen Zivilisationen außer Kriegen und Revolutionen nichts gibt, das sich in seiner Tragweite mit Inflationen vergleichen läßt." (Canetti 1988: 214) John Maynard Keynes, als Zeitzeuge zugleich einer der hochrangigen Akteure, registrierte seinem Biographen zufolge im Deutschland von 1922 „defeatism and apathy" und befand, daß die Deutschen einen „heavy price" zahlen würden: „along with the mark, they destroyed the whole social fabric." (Harrod 1972: 382) Die „silent dictatorship of inflation" (Hoffmann 1994b: 181) kehrte ihre destruktive Kraft auch gegen die gesamtstaatliche Gewaltenteilung, indem sie die soziale Funktion der monetär relevanten Teile der Judikative geradezu umkehrte. Indem die Gerichte bis weit in das Jahr 1923 hinein nach dem überkommenen Grundsatz „Mark = Mark" (Rittmann 1986: 109f.) verfuhren, drifteten legales und legitimes Verhalten mehr und mehr auseinander. „Je weniger die Papiermark wert war, je mehr Schuldner sich mit dem Wert eines Butterbrots ihrer Schulden entledigten [...], um so mehr wuchs die Erbitterung der Gläubiger, wuchs das Gefühl, daß hier Unrecht geschehe." (Rittmann 1986: 110) Die Inflation durchschlug monetäre Schutzschilde jeglicher Art und machte z. B. Lebensversicherungen, letztwillige Verfügungen im Testament und mündelsichere Geldanlagen zunichte. Wer als Vormund den Rat befolgt hatte, das Vermögen der ihm anbefohlenen Minderjährigen in Kriegsanleihen anzulegen (Oelenheinz 1928: 36f.), hatte Schutz erstrebt und Schädigung erreicht. „Im Sommer 1923 war es so weit, daß breite Kreise der Bevölkerung ablehnten, Markbeträge in Zahlung zu nehmen. Der Privatverkehr war dazu übergegangen, den Inhalt von Verträgen auf die verschiedensten Realwerte auszurichten. Wertsicherungsklauseln, Indexbindungen, gleitende Lohn- und Gehaltsskalen spielten eine bedeutende Rolle. Bereits im Jahre 1922 hatten einige Länder Norddeutschlands Anleihen ausgegeben, die auf bestimmte Mengen Roggen lauteten. Koksanleihen, Kalianleihen, Braunkohlenanleihen und andere Formen der Wertbindung traten an ihre Seite." (Veit 1969: 527) Erst im Herbst 1923 brach das Reichsgericht in einem „epochemachenden Urteil" (Rittmann 1986: 110) mit dem Grundsatz „Mark = Mark", wodurch mehr oder weniger besiegelt wurde, was die Epoche bereits machtvoll vollzogen hatte.

Nicht nur die monetären, distributiven, politischen und sozialstrukturellen Aspekte sind mit den stärksten Wörtern belegt worden, die der Sprachschatz bereithält, sondern auch die sozialklimatischen und psychischen Dimensionen – oftmals einschließlich der intergenerativen Fernwirkungen. Benjamin hat bei seiner literarischen „Reise durch die deutsche Inflation" im Jahre 1928 unter anderem notiert: „Die Freiheit des Gespräches geht verloren. Wenn früher unter Menschen im Gespräch Eingehen auf den Partner sich von selbst verstand, wird es nun durch die Frage nach dem Preise seiner Schuhe oder seines Regenschirmes ersetzt. Unabwendbar drängt sich in jede gesellige Unterhaltung das Thema der Lebensverhältnisse, des Geldes. Dabei geht es nicht sowohl um Sorgen und Leiden der einzelnen, in welchen sie vielleicht einander zu helfen vermöchten, als um die Betrachtung des Ganzen. Es ist, als sei man in einem Theater gefangen und müsse dem Stück auf der Bühne folgen, ob man wolle oder nicht, müsse es immer wieder, ob man wolle oder nicht, zum Gegenstand des Denkens und Sprechens machen.“ (Benjamin 1972: 98) Canetti widmet sich im zweiten Teil seiner Autobiographie auch der alltäglichen Allgewalt des Monetären[100], der er als Inflationskind ausgesetzt war. „Es war entsetzlich mitanzusehen: was immer geschah, und es geschah sehr viel, hing von einer einzigen Voraussetzung ab, eben der in rasendem Tempo fortschreitenden Entwertung des Geldes. Es war mehr als Unordnung, was über die Menschen hereinbrach, es war etwas wie tägliche Sprengungen, blieb von einer etwas übrig, geriet es tags darauf in die nächste. Ich sah die Wirkungen nicht nur im großen, ich sah sie, unverhüllt nah, in jedem Mitglied jener Familie, das kleinste, das privateste, das persönlichste Ereignis hatte ein und dieselbe Ursache, die tobsüchtige Bewegung des Geldes.“ (Canetti 1992: 62) Drastischer kann man den Verlust der inneren und äußeren Orientierungsrahmen, die funkionierendes Geld liefert, kaum beschreiben.

Viele Menschen haben die Verarmung, die Entwertung ihrer Lebensleistung, die Expropriation auch ihrer sozialkulturellen Persönlichkeit nicht ertragen und den Freitod gesucht. (Muthesius 1973: 47f., Ziemer 1971: 72ff.)

In methodischer Hinsicht hat das Gesagte implizit schon zwei Konsequenzen angedeutet, die nunmehr offenzulegen sind. Einerseits ist deutlich geworden, daß die Inflation enorme Verteilungs- und Umverteilungswirkungen hatte. Andererseits hat sich gezeigt, daß die Plädoyers für methodische Offenheit und Vielfalt (siehe Eröffnung II) nicht nur begründet waren, sondern noch weiter differenziert und, in der Auseinandersetzung mit wirtschaftswissenschaftlichen Ansätzen, ergänzt werden müssen. Die gängigen ökonomischen Analysen der Verteilungswirkungen sind nun aber auf je ihre Art eindimensional, was hier nur exemplarisch und ohne jede Polemik ausgeführt sei.

Materieller Bezugspunkt des personellen Verteilungsbegriffes ist der *Wohlstand*, genauer gesagt die gesellschaftliche Wohlstandsverteilung im Sinne einer „durchschnittlichen relativen Wohlstandsposition“ (Hauser 1998: 159). Traditionelle Wohlstandsindikatoren sind das verfügbare Einkommen und die individuelle Vermögensposition. Anders als der funktionelle Verteilungsbegriff bezieht sich der personelle auf den Bereich privater Lebensführung, die sozialökonomischen *Lebensverhältnisse* von Personen oder -gruppen. In diesem Sinne ist es durchaus konsequent, die Ausdrücke Wohlstand und Lebensstandard synonym zu verwenden. (Geißler 1996: 45) Als Bezugsgröße und „Zuordnungskategorie“ (Folkers 1980: 268) der personellen Verteilung wird aus Gründen der Quantifizierbarkeit vielfach ein bestimmter Haushaltsindikator gewählt, häufig die Einkommens-

100 Am Beispiel von Elias Canetti zeigt Bernd Widdig (1995), wie das Erleben der Inflation in ein literarisches Werk Eingang findet und welche Aufschlußkraft diesem für das Verständnis einer derart grundlegenden gesellschaftlichen Erfahrung zukommt.

höhe.[101] Damit wird zumindest implizit behauptet, daß andere Kriterien weniger von Belang seien und ausgeblendet werden können.

Im Verlauf der folgenden Kapitel wird sich allerdings zeigen, daß für den sozialökonomischen Absturz, Bestand oder Aufstieg von Familien in Währungskrisen häufig gerade solche vernachlässigten Faktoren ausschlaggebend waren. Zu berücksichtigen sind daher einerseits die schon genannten Dimensionen: der Faktor Zeit, der Doppelaspekt gesellschaftlicher Phänomene und die subjektive Elastizität. Speziell für die Analyse der sozialen Konsequenzen der offenen Inflation und Hyper- ist das *reale Anpassungsverhalten* als eine weitere Schlüsseldimension anzusehen. (Waldmann 1987: 367ff.) Damit ist ein blinder Fleck der volkswirtschaftlich orientierten Wirkungsanalyse der Inflation angesprochen, die das Akteursverhalten im Inflationsprozeß fast automatisch mit dem Modell des homo oeconomicus abgleicht.[102] Die typischen Argumentationsmuster gehen dann in die Richtung, daß – in der weniger dezidierten Form – inflationäre Verteilungsfolgen in Abhängigkeit vom Grad der Antizipation der Preisniveausteigerungen stehen (Issing 1998: 240ff.) oder – wesentlich dezidierter – solche Akteure zu den Inflationsgewinnern zählen, die sich annähernd wie homines oeconomici verhalten, d. h. über umfassende Marktkenntnisse verfügen und sich möglichst rasch an Veränderungen des Marktes anpassen, also keine habitualisierten Handlungsweisen an den Tag legen (Fricke 1981: 290f.). Soweit das Anpassungsverhalten für die sozialen Inflationsfolgen eine Rolle spielt, entscheidet in volkswirtschaftlicher Perspektive also das Ausmaß an formeller ökonomischer Rationalität, das die Wirtschaftssubjekte zeigen.

Die Crux an dieser theoretischen Konzipierung besteht darin, daß das Akteursverhalten nicht in Bezug zu den situativen Bedingungen gesetzt wird, denen sich die „Wirtschaftssubjekte"[103] gegenüber sehen, und zwar weder mit Blick auf objektive noch auf subjektive Handlungsfaktoren. Zu bedenken ist jedoch unter anderem, daß Handlungsorientierungen und -weisen nicht identisch sein müssen. Die Erkenntnis etwa, daß sich eine Kreditaufnahme und die Flucht in Sachwerte oder Fremdwährungen lohnen würden, bedeutet noch lange nicht, daß die betreffenden Akteure auch danach handeln (können). Insbesondere sozialökonomische Beschränkungen (z. B. Budgetrestriktion, mangelnde Kreditwürdigkeit) können verhindern, daß Orientierungen auch umgesetzt werden. „Um negative Wirkungen der Inflation zu vermeiden, genügt es für ein Wirtschaftssubjekt nicht, die zukünftige Entwicklung richtig vorauszusehen, es muß vielmehr die Möglichkeit hinzukommen, aus dieser Erwartung heraus konkrete Vorkehrungen gegen unerwünschte

101 So untersuchte z. B. David Piachaud (1978) die Einkommensverteilungsfolgen der säkularen Inflation der siebziger Jahre für Einkommensgruppen in Großbritannien. Weitere Studien dieses Zuschnitts für die USA und die Bundesrepublik werden von Dieter Fricke (1981: 249ff.) vorgestellt.

102 Die umfassende Bedeutung dieser Modellfigur wird durch einen bezeichnenden Zufall besonders deutlich. Mitten in die Schlußredaktion des Manuskripts fiel die Verleihung des Nobelpreises 2002 für Wirtschaftswissenschaft an Daniel Kahneman und Vernon Smith, deren Arbeiten über das reale Entscheidungsverhalten von Menschen zugleich das „Ende des ‚Homo oeconomicus'" (Überschrift im GT vom 10.10.2002) einläuten.

103 Der Begriff ‚Wirtschaftssubjekt' wird ja nicht umsonst gebraucht, da es sich hierbei – zum Zwecke der Theoriekonstruktion – um einen völlig eigenschaftslosen Akteur handelt.

Inflationswirkungen zu treffen. Diese Chance dürfte in aller Regel nicht gleichmäßig zwischen den Teilnehmern am Wirtschaftsgeschehen verteilt sein." (Issing 1998: 243) Ein mit Stabsabteilungen versehenes Großunternehmen und ein Sozialrentner mit Grundschulbildung sind eben, bei größter Abstraktion, nur im Konzept als „Wirtschaftssubjekte" gleich. Strukturdeterminanten und Akteursverhalten, die in der Wirkungsanalyse der Inflation bisher weitgehend unvermittelt nebeneinander stehen, müssen somit integriert werden. Hierdurch wird die subjektive Elastizität nach der materiellen Seite ergänzt.

In der Zusammenschau mit dem Gesagten stellt die Sozialstrukturanalyse bzw. die soziologische Ungleichheitsforschung ein brauchbares Instrumentarium zur Verfügung, um die hochkomplexen Hintergründe der sozialen Inflationsfolgen adäquat zu erfassen. Ganz im Sinne der Forderung nach möglichst differenzierten sozialstrukturellen Konzeptionen (Niehuss 1985: 25f., Flemming et al. 1978: 241ff.) hat Waldmann (1987: 378f.) den Begriff der *sozialen Chancen* eingeführt, welche aus sozialen Lagen und Bedingungen resultieren und eine Inflationsanpassung erleichtern oder erschweren; anders als die Alltagssprache umfaßt sein Begriff positive und negative Ausprägungen. Ihm zufolge entschied sich das individuelle Abschneiden in der Hyperinflation nämlich durch ein *Ensemble* objektiver und subjektiver Chancenelemente (Waldmann 1987 379). Zu den objektiven Chancenelementen zählt er bspw. den Vermögensbesitz (nach Art und Umfang), die Bonität sowie den Bildungsgrad. In die „subjektive Disposition" (Waldmann 1987: 383) spielen Normen und Attitüden sowie der Grad des Geldwertbewußtseins hinein.

Dieser differenzierte Begriff von Chancen läßt sich, ein zusätzlicher konzeptioneller Vorteil, leicht in die an Max Weber orientierten Konzepte von Klasse und Schicht überführen. Die *objektiven* Anpassungs- oder auch Inflationschancen spielen dabei auf der Ebene der *Klassenposition*, die sich durch die allgemeine Marktlage bestimmt. (Weber 1972: 532; Haller 1983: 34) Sie umfaßt die ökonomische Ressourcenausstattung inklusive Bildungsgrad in ihrer generellen Dichotomie von Besitz vs. Besitzlosigkeit und die sich hieran knüpfenden typischen Chancen der Güterversorgung, der äußeren Lebensstellung und des inneren Lebensschicksals ebenso wie die Teilnahme an verschiedenen Märkten. (Weber 1972: 177ff.; Haller 1983: 51) Damit eröffnet sich ein facettenreicher Blick auf die materielle Basis sozialer Ungleichheit. Außerdem sind den Akteuren unterschiedlicher Klassenfraktionen auch bestimmte ökonomische Handlungsmotive als typisch zuzuschreiben.[104] (Weber 1972: 532f.; Herz 1983: 34f.)

Die *subjektiven* Anpassungschancen an die Inflation lassen sich dem Bereich der Schichten bzw. Stände zuordnen, die Produkte persönlicher Vergemeinschaftung

104 Auf der Ebene des individuellen Anpassungsverhaltens besteht nämlich ein weiteres gewichtiges Defizit der theoretischen Orientierung am Idealbild des *homo oeconomicus* darin, daß a priori *keine Handlungsmotive* berücksichtigt werden. Endgültiger Handlungszweck ist in dieser Perspektive die inhaltlich vollkommen unbestimmte Nutzenmaximierung. (Schanz 1979: 260, Trapp 1986: 325) Damit aber bleiben zentrale handlungsstrukturierende Faktoren ausgeblendet, d. h. auch diesbezüglich fehlt die Bezugnahme auf die situativen Handlungsbedingungen der Akteure. Die theoretische und empirische Aussagekraft einer solchen Modellvorstellung ist also auch in dieser Hinsicht bescheiden.

sind. (Weber 1972: 534f.) Damit ist verbunden, „daß die ‚Stände' die spezifischen Träger aller ‚Konventionen' sind: alle ‚Stilisierung' des Lebens, in welchen Äußerungen es auch sei, ist entweder ständischen Ursprungs oder wird doch ständisch konserviert." (Weber 1972: 537) Es handelt sich dabei um „jene Prozesse, die in der Soziologie meist unter den Stichworten Sozialisation, Enkulturation [...] usw. abgehandelt werden." (Haller 1983: 144) Hierunter können mithin Normen und Attitüden im Inflationsumgang subsumiert werden. Das Geldwertbewußtsein hingegen läßt sich nicht eindeutig zuordnen, ist doch nicht von der Hand zu weisen, daß dem Bildungsgrad als klassenspezifischem Merkmal diesbezüglich eine gewisse – wenn auch nicht die alleinige – Bedeutung zufällt.[105] Andererseits ist, wenn quer durch alle realen und denkbaren Trennlinien in der Gesellschaft eine Art Urvertrauen in die Stabilität des Geldes herrscht, wohl eher von einer kulturellen Selbstverständlichkeit zu sprechen, deren normative Komponente erst spürbar wird, wenn sie zerbricht.

Der große Vorteil des Weberschen Konzeptes von Klasse und Schicht ergibt sich daraus, daß erst durch die analytische Trennung der beiden Dimensionen von sozialer Ungleichheit Aussagen über ihr Beziehungsgeflecht untereinander möglich werden, was Schichtungsmodellen, die verschiedene soziale Merkmale in ein Statuskontinuum einbinden, nicht gelingt. Die wohl bekannteste These Webers in dieser Hinsicht ist unmittelbar auch für den Problemkreis der sozialen Inflationsfolgen von Bedeutung. Weber äußerte hinsichtlich der Frage der Dominanz klassen- oder schichtspezifischer Faktoren die Vermutung, daß in Zeiten relativer wirtschaftlicher Stabilität tendenziell die Schichtenbildung dominiere, während durch Erschütterungen und Umwälzungen des wirtschaftlichen Geschehens die Klassenbildung in den Vordergrund trete. (Weber 1972: 539; Herz 1983: 60; Haller 1989: 27) Damit werden Prozesse sozialer Ungleichheit in ein unmittelbares Verhältnis zu den sozialökonomischen Rahmenbedingungen gesetzt, was für die Soziologie von Währungskrisen natürlich von großem Interesse ist.

Zur Verteilung der Chancenelemente auf die deutsche Bevölkerung hat Waldmann seine umfangreiche Literaturarbeit zu der folgenden zentralen Hypothese verdichtet. „Die Kombination der verschiedenen Merkmale führte an den Extrempunkten, wo sich die ‚positiven' und ‚negativen' Chancen akkumulieren, zu jenen Klumpungen, die aus der Literatur über die Inflationszeit vertraut sind. Auf der einen Seite begegnen wir den Großunternehmern, die über umfangreiches Sachvermögen, gute Beziehungen zum Ausland, leichten Zugang zu Kreditanstalten

105 Umgekehrt kann die Kreditwürdigkeit bzw. der Zugang zu Krediten als primär klassenspezifisches Differenzierungsmerkmal durchaus von persönlichen Beziehungen abhängig und insofern von eher ständischen Kriterien bestimmt sein. Hierin deutet sich die Problematik an, die Theodor Geiger in seiner Studie zur sozialen Schichtung des deutschen Volkes in aller Deutlichkeit zum Ausdruck brachte: „Hat man als Statistiker sein Papier fein säuberlich in Spalten eingeteilt und Zahlen rechts und links vom Strich gesetzt, so muß man als Soziograph das Handgelenk lockerer halten: das Leben zieht keine klaren Grenzen, sondern verspielt sich in tausend Zwischenformen. Aus dem bunten Mancherlei ein einheitliches Bild zu gewinnen, ist dann letzte Aufgabe – nur mit Vorsicht anzugehen." (Geiger 1932: 82)

verfügten und aufgrund ihrer vorzüglichen Ausbildung im Regelfall in der Lage waren, alle diese Vorteile optimal zu nutzen. Auf der Gegenseite finden sich die älteren von der Sozialversicherung oder Sozialfürsorge abhängigen Menschen, über welche die Inflation teilweise wie eine Katastrophe hereinbrach. Das Gros der Bevölkerung, vor allem die Masse der Arbeitnehmer, war näher dem letztgenannten ‚negativen' Pol angesiedelt, doch gab es auch eine stattliche Gruppe, bei der sich ‚negative' und ‚positive' Chancenelemente in vielfacher Weise überschnitten. [...] Man geht vermutlich nicht fehl in der Annahme, daß in solchen gemischten Lagen die subjektive Disposition von besonderer Bedeutung dafür war, welche der diskrepanten Chancenkomponenten das Übergewicht gewann." (Waldmann 1987: 382f.) Dieser Gedanke ist gerade beim besonders wichtig: „nicht nur einen, sondern mehrere Chancenindikatoren zu berücksichtigen." (Waldmann 1987: 384)

Der „Werkzeugkasten" enthält nunmehr den angestrebten vielfältigen Methoden-Mix, deren Quintessenz zwischenbilanziert und dessen Nutzen vorschauend auf das nächste epochale Währungsereignis projiziert sei. Die stichprobentechnisch zentralen Hauptachsen des Projekts hatten auf Marx (Selbständige vs. Abhängige) und Fourastié (primärer, sekundärer, tertiärer Sektor) abgehoben. Deren theoretische Ergänzung, u. U. praktische Konterkarierung waren zunächst der Faktor Zeit, der Doppelcharakter gesellschaftlicher Phänomene und die subjektive Elastizität. Ähnlich doppeldeutig wurden die Chancenelemente (positiv und negativ) integriert, die wiederum mit Konzepten von Klasse, Schicht und Stand verbunden worden sind.

Mit diesem Rüstzeug wird so manche „widersinnige" Konstellation analysierbar und verständlich. Ein Landarbeiter („Abhängiger", „primärer Sektor") konnte in den zwanziger Jahren den „Faktor Zeit" verkennen, keinerlei „subjektive Elastizität" aufweisen und noch dazu diverse „negative Chancenelemente" auf sich vereinen (geringer Bildungsstand, niedriges Einkommen, minimale Mobilität etc.): dennoch konnte er die erste Währungskrise unbeschädigt passieren. Ein Unternehmer („Selbständiger", „sekundärer Sektor"), aber auch ein kleiner Beamter („Abhängiger", „tertiärer Sektor"), mit ansonsten ähnlichen Merkmalen wäre gescheitert und schweres Opfer geworden. Die Komplexität dieser exemplarisch konkretisierten Sichtweise schließt geradezu ein, daß in der Turbulenz der oftmals unverstandenen monetären Krise bisweilen ein Partikel aus dem umfangreichen Faktorengeflecht ausreichte, um das Währungsschicksal einer Familie ins Negative zu lenken; auch solche „Zufälle" werden mit dem hier verwendeten Methoden-Mix zumindest besser nachvollziehbar als mit einseitig linear und monokausal operierenden Modellen. In die letzten Geheimnisse am Inflationsschicksal der Familien wird freilich auch dieser komplexe Ansatz nicht einzudringen vermögen.

Interessanterweise greift die Analyse der unmittelbaren Inflationsfolgen fast von allein auf die Untersuchung der Konsequenzen der nachfolgenden *Währungsreform* über; auch sie wird in der Literatur im Superlativ gewürdigt. Monetäre „Normalverbraucher" von heute haben Mühe, die damaligen Umstellungssätze wirklich zu „begreifen":

Abb. 6: „Soviel Tausendmarkscheine für einen einzigen Dollar?“

Entnommen aus Ostwald (1931: 215).

Eine Billion Inflationsgeld gegen eine Rentenmark und 4,2 Billionen für einen Dollar – so lautete das Verhältnis! Symbolisch spielt der Dollar-Kurs auf die Vorkriegsrelation von 4,2 : 1 an. Was sich neutral als „Rolle der Rentenmark bei der Überwindung der Hyperinflation in der Weimarer Republik“ (Widmaier 1993) charakterisieren läßt, wird bei vielen Autoren zum „Wunder der Rentenmark“ (Bresciani-Turroni 1937: 336f., Pfleiderer 1978: 78) erhöht. In seinem gewaltigen Inflationsroman „Wolf unter Wölfen“ überbietet Fallada diesen gängigen Singular durch die Überschrift des Schlußkapitels: „Die Wunder der Rentenmark“. (Fallada 1978)

Die Einführung der Rentenmark sanktionierte die sozialen und ökonomischen Resultate der Krise und öffnete gleichzeitig, indem sie die erodierten Geldfunktionen wieder herstellte, neue wirtschaftliche Perspektiven und politische Horizonte. Das epochal Zukunftweisende dieser janusgesichtigen Zäsur faßt Stefan Zweig in folgende Worte: „Der Tag, da die deutsche Inflation beendet war (1923), hätte ein Wendepunkt in der Geschichte werden können. Als mit einem Glockenschlag je eine Billion emporgeschwindelter Mark gegen eine einzige neue Mark eingelöst wurde, war eine Norm gegeben. [...] die Verhältnisse normalisierten sich, jeder konnte jetzt klar rechnen, was er gewonnen, was er verloren. [...] Man konnte wieder arbeiten, sich innerlich sammeln, an geistige Dinge denken. Man konnte sogar wieder träumen und auf ein geeintes Europa hoffen.“ (Zweig 1955: 288f.) Die andere Seite, die sozialen Konsequenzen der Umtauschrelation, deutet Hans Fallada in einer Kurzgeschichte an. Seitens der Banken „gingen Briefe an die Kunden heraus. ‚Sie werden gebeten, Ihr wertes Konto bei uns wegen Geringfügigkeit aufzulösen. Ihre Effekten usw. liegen zur Abholung in den Schalterstunden bereit. Mit vorzüglicher Hochachtung ...‘ Und es begann der Einmarsch der Geprellten, der Schieflieger, der Enteigneten, der sich betrogen Fühlenden; es kamen die alten Leute, die mit den mühsam erworbenen Papieren ihren Lebensabend hatten sichern wollen, es kamen die Rentiers, die kleinen Sparer, mittlere und hohe Beamte. Es zeigte sich, daß dies Volk nicht gerade das gewesen war, was man geschäftstüchtig nennen kann. Sie hatten keine Devisenspekulationen gemacht, keine Schiebungen – sie hatten einfach gewartet und alles verloren.“ (Fallada 1991: 5f.)

Im Zentrum dieses Kapitels steht die Frage, wie sich die Geldentwertung *mikrosozial* ausgewirkt hat. Die ältesten Befragten und ihre Eltern haben zumindest einen Teil der abstrakt umrissenen Implikationen der Inflation erlebt, was sich, so die Hypothese, im familialen Langzeitgedächtnis und über die Generationen nicht als schlichtes Abbild erhalten hat, sondern vielfach gebrochen und auch entstellt worden ist. Auf der Grundlage des erhobenen Materials werden die folgenden Schritte reflektiert und realisiert. Zunächst wird eine rückblickende Momentaufnahme zum (Über-)Leben unter der vollständig neuen Bedingung versucht, daß die monetäre Stabilität der Goldmark-Ära plötzlich nicht mehr galt; eingebunden ist die sachlich vorgelagerte Frage, wann die Krise überhaupt als solche erfaßt worden ist. (Siehe 6.1) Sodann wird die individuell, familiengeschichtlich und sozialstrukturell bedeutsame Mikro-Dimension der Verteilungswirkungen des siamesischen Zwillings aus Krise und Reform analysiert. (Siehe 6.2-6.4) Hier wird sich aufs Neue erweisen, daß der Mix aus offenen Fragen und rigider Standardisierung Früchte getragen hat, die durch eine Festlegung auf eines der konkurrierenden Paradigmen nicht zu ernten gewesen wären. Angefügt wird ein ganzheitliches psychomonetäres Porträt einer jungen Frau, das, aus ganz anderer Quelle stammend, die erzielten Resultate auf seine Art unterstützen und zugleich zur nächsten Sequenz aus Krise und Reform überleiten wird. (Siehe 6.5)

Als Abschluß der Hinführung zum empirischen Material sei eine Art interpretatorischer Schutzwall um die Gesprächspartner des Göttinger Projekts gezogen, an dem spontane, assoziative Bewertungen ihres Verhaltens abprallen mögen. Große Teile der theoretischen Positionierung sind mit Hilfe von Schriften und Konzepten gewonnen worden, die zur Zeit der ersten und selbst der zweiten großen Sequenz aus Krisen und Reformen noch nicht vorlagen.

6.1 Lebensalltag in der Inflation

Der tägliche Sprung des Geldwerts „hatte für alle Menschen extreme Folgen, wenn auch nicht die gleichen." (Canetti 1992: 62) Wer (kognitiv) verstand, (materiell) gerüstet und (normativ) adaptiert war, durchschritt die Jahre der Inflation und Hyperinflation ganz anders als sein Gegenpart in der Opferrolle.

6.1.1 Geldillusion, Kognition und kritisches Geldwertbewußtsein

Notwendige, aber keineswegs hinreichende Bedingungen für interessendienliches Handeln in der Inflation waren ihre bloße Wahrnehmung und ihre korrekte Einordnung als Krise neuen Typs. Der Literatur zufolge sind die Krisensymptome vielfach erst spät erkannt worden, wobei die Diagnose nicht selten falsch war. Schon während des Krieges waren im Jahre 1916 Preissteigerungen von teilweise über 50% zu verzeichnen (Veit 1969: 506), die aber nicht als erste Anzeichen der Inflation, sondern als bloße „Teuerung" interpretiert wurden. Noch 1919 hatte sogar Eulenburg geschrieben: „Krieg und Teuerung gehören nun einmal zusammen, wie der Mensch und sein Schatten." (Eulenburg 1919: 479) „Bis 1922 war weiten Kreisen der eigentliche Grund der Preissteigerung, die schwindende Kaufkraft des Geldes, noch nicht klar geworden. Entsprechend den höheren Summen, die durch ihre Hände gingen, hielten sie sich für reicher als früher." (Gaettens 1982: 274) Zur Bezeichnung dieses Phänomens wurde damals der Begriff der „Geldillusion" oder besser „Geldwertillusion" geprägt, der sich bis heute gehalten hat. (Schmölders 1966: 145f. unter Verweis auf Irving Fisher 1948)

Es liegt auf der Hand, daß die je subjektive Diagnose die persönlichen Formen der Verarbeitung und der Bewältigungsversuche beeinflußt hat. So hatten sich z. B. viele Rentiers „in den unmittelbaren Nachkriegsjahren von ihrem Hausbesitz getrennt, nachdem sie günstig klingende Kaufangebote erhalten hatten. Allein in

Berlin hatte in dieser Zeit rund ein Drittel des Häuserbestandes seine Eigentümer gewechselt, [...] Die Freude über den hohen Mark-Betrag [...] währte jedoch nur kurze Zeit." (Blaich 1985: 17) Umgekehrt war eine adäquate Einschätzung der Inflation eine der Voraussetzungen für die Entwicklung von offensiven, erfolgreichen Verarbeitungsstrategien. Insbesondere mußte man beizeiten erkennen, daß „der Geldwert an sich uninteressant geworden, d. h. nur noch in Relation zur Zeitdimension von Bedeutung war." (Waldmann 1987: 381) Um die Strategie dann auch zu praktizieren, mußte überdies ein entsprechender Normenhaushalt vorliegen oder zumindest simuliert werden können. Schieber und Spekulanten bilden hier das Extrem; sie verdrängten tendenziell den traditionellen Kaufmann und mauserten sich zu einer schnell reich gewordenen „neuen Oberschicht" (Ziemer 1971: 77). Die Beispiele lehren bereits, daß sozialstrukturelle Kategorien erst in Verbindung mit handlungstheoretischen eine zureichende analytische Kraft gewinnen. Die Datierung der Ereignisse in der Wissenschaft von heute[106] war den Zeitgenossen jedenfalls nicht gegeben.

Dieses disziplinübergreifende Gemenge stellt hohe Anforderungen an die arbeitsteilig geschiedenen Wissenschaften; auch für ein besonders ausgefeiltes theoretisches Modell zur Analyse der Auseinandersetzung der Menschen mit dem Alltag der Inflation (von Kruedener 1989) ist es eine Herausforderung. Die Konstruktionsprinzipien dieses elaborierten Konzepts lassen sich knapp umreißen: die Streßerfahrung galoppierender Geldentwertung wird durch einen u. U. mehrstufigen Coping-Prozeß verarbeitet, der direkt oder mittelbar zu verschiedenen Typen von Handlungen (Flucht, Angriff, Mischform) führt oder aber intrapsychisch bleibt und sich im Extrem zur Angstbestätigung und der resultierenden Hilflosigkeit verhärtet. Das Arbeiten mit diesem Modell führt zu einigen überraschenden Einsichten und überzeugenden Interpretationen (von Kruedener 1989: 260ff.), aber auch an Schranken. Ansatzbedingt grenzt es zunächst Gesellschaftsmitglieder aus, die die Währungskrise überhaupt nicht als Angstfaktor erlebt haben. Des weiteren ist das Konzept als solches ist insofern widersprüchlich angelegt, als die Auseinandersetzung mit der Angst, „erste und wichtigste Emotion" (von Kruedener 1989: 255), primär über Prozesse der *Kognition* angegangen wird. Dies fordert einige Einwände heraus. Angst führt sehr oft zu Handlungsblockaden, die sich gerade nicht über kognitive Prozesse lösen lassen. Zudem sind monetäre Dispositionen nicht nur kognitiv, sondern auch stark durch Normen strukturiert, die Teil eines stabilen Sozialcharakters sein und sich selbst dann gegen Veränderungen sperren können, wenn ihre ökonomische Nachteiligkeit dem Subjekt auf der intellektuellen Ebene klar ist. Überdies ist die Idee nur bedingt den historischen Charakteristika der Zeit angeschmiegt, deren Analyse sie dienen soll. „Kognitive Strukturen" entstehen

106 Sie schwankt selbst dort innerhalb einer beträchtlichen Bandbreite. Peukert bezeichnet die Jahre zwischen 1914 und 1924 als Inflationsjahrzehnt (Peukert 1987: 71ff.) und weist seinerseits auf die Differenz zwischen dem rekonstruktiven Akt der Geschichtswissenschaft und der Wahrnehmung der Zeitgenossen hin. Für diese Datierung des Beginns könnte sprechen, daß die Einlösepflicht von Banknoten in Gold bereits 1914 aufgehoben wurde. Für die häufigere Datierung auf das Jahr 1916 spricht, daß die Emission von Banknoten den Goldreserven davon zu laufen begann. (North 1994: 177)

durch die „Differenzierung und Integration schon vorhandener Strukturen" und werden in vergleichbaren Situationen neu aktiviert. (Seiler 1978: 115) Für die Inflation der zwanziger Jahre konnten allein deshalb keine solche Strukturen vorliegen, weil einschlägige Vorerfahrungen objektiv nicht möglich waren; eine vergleichbare Krise hatte es in der Lebenszeit und im geographischen Raum der Akteure nicht gegeben. Ein Anknüpfen bei schon vorhandenen Strukturen war somit nur für jenen minimalen Teil der Bevölkerung überhaupt denkbar, der über sehr spezielle Literaturkenntnisse[107] verfügt hat. Wer in den Zentren der Geldwelt gearbeitet (z. B. Bankkaufmann) oder gelebt hat (z. B. Selbständigenhaushalt), konnte und mußte sich immerhin schnell auf die neuartige Situation einstellen und war eher als andere Menschen in der Lage, das frisch Erfahrene zu differenzieren und ggf. handelnd umzusetzen. Auch die Nutzung der damaligen Medien (neben den Zeitungen v. a. auch Telefon und Telegraph) war in diesen Kreisen vermutlich intensiver, so daß auch die Kommunikation umfassender sein konnte. Der Trend zur informationellen Zwei-Klassen-Gesellschaft dürfte in der Inflation der Zwanziger Jahre eine sehr große Rolle gespielt haben.

Ein Teil der Bedenken gegenüber v. Kruedener berührt zugleich einen der wichtigsten und ertragreichsten Beiträge zum Thema, der ausdrücklich auf „Lernprozesse und Bewältigungsstrategien" abhebt und damit ebenfalls die rational-kognitive Seite in den Vordergrund rückt. (Waldmann 1987) Als spezielles Argument kommt hier hinzu, daß soziales Handeln nur dann als strategisches bezeichnet werden sollte, wenn es „einen hohen Grad an Zweckrationalität" vornehmlich in der Ökonomie der Mittelverwendung sowie eine „umfangreiche Geplantheit in einzelnen Schritten auf lange Sicht" aufweist und zudem in Rechnung stellt, daß sich auf dem eigenen Handlungsfeld auch andere Akteure mit u. U. entgegengesetzten Zielen bewegen. (Bahrdt 1984: 41f.) Dies ist gegenüber einem unbekannten Phänomen schlechterdings nicht zu erwarten.

Die eigene Erhebung hatte sich auf dem umrissenen Spannungsfeld zwischen Illusion und Kognition zu bewegen und es empirisch so zu sondieren, daß eine konstruktive Auseinandersetzung auch mit den erhobenen Einwänden möglich ist. In diesem Sinne war eine möglichst präzise Erfassung des *Zeitpunkts* der Krisenwahrnehmung ebenso anzustreben wie eine neutrale Erfragung der *Verhaltensweisen* während der Inflation. Dabei mußte wegen des damals niedrigen Alters der heute Höchstbetagten nicht nur auf deren eigene Erfahrungen, sondern ergänzend auf die ihrer Eltern abgehoben werden. Die Auswertung ergibt einige wichtige Erkenntnisse, die sich zum Teil in relativ harten Zahlen, zum Teil in Typisierungen mit etwas weicheren Rändern ausdrücken.

107 Der Dreischritt aus Druck von Papiergeld, Inflation und Abwertung spielte bei der Amerikanischen, der Französischen und der Russischen Revolution eine große Rolle, die bei Galbraith (1975: 70ff.) prägnant herausgearbeitet wird.

Nur eine winzige Minderheit der Befragten hat bereits in den beiden letzten Kriegsjahren „zum ersten Mal gemerkt, daß mit dem Geld etwas nicht mehr in Ordnung war“; in der Regel reift diese Einsicht erst in den frühen zwanziger Jahren. Auf der Ebene der Wahrnehmung von Anfängen einer monetären Erosion stützt unser Befund die Einschätzung von der relativen Ahnungslosigkeit der Deutschen. Die nicht mehr zu übersehenden Preissteigerungen sind *noch* mit der traditionellen Kategorie der „Teuerung“ und *noch nicht* als Vorboten einer monetären Krise neuen Typs aufgefaßt worden. Diese Tendenz wird in den Antworten auf die Folgefrage, wann ungefähr man dann „die volle Tragweite der Krise erfaßt“ habe, noch markanter. Buchstäblich niemand ist bereits während des Ersten Weltkriegs zur Erkenntnis gelangt; ab 1919 erfassen wachsende Minderheiten den Charakter der laufenden Ereignisse; aber die Hälfte derjenigen, die ihre Einsicht genauer datieren können, gibt mit 1923 das Jahr der Hyperinflation selber an.

Daß „Geldillusion“ geherrscht habe, ist in der Literatur oft betont worden; wie stark und wie verbreitet sie war, ist durch die vorgelegten Zahlen erhärtet und mit einer empirischen Basis ausgestattet worden. Die Skepsis gegenüber der bloßen Möglichkeit mehrstufiger kognitiver Prozesse der Auseinandersetzung hat damit Rückhalt gewonnen.

6.1.2 Resignieren – Durchwursteln – Surfen

„Wir waren alle Millionäre. Aber hatten nicht einen Pfennig. Das war für alle bitter.“
*Frau Ahrens (*1903)*
*„Das waren die schönsten Zeiten, die ich jemals erlebt habe.“ Herr Flebbe (*1902)*

In der Frage der familialen Umgangsweisen mit der Inflation ließe eine Orientierung an den umrissenen Modellen mit planerisch-rationaler Stoßrichtung eine Fülle von informationsverarbeitenden und zum Teil strategiebildenden Prozessen erwarten; Passivität, aber auch ein den Ereignissen nachhechelndes Reagieren von Tag zu Tag müßten von daher randständige Phänomene sein. Die Ergebnisse der Fragen, was die Befragten persönlich und was deren Eltern „unternommen haben, um mit der Inflation klarzukommen“, ergeben ein ganz anderes Bild.

Die mit Abstand ausgeprägteste Umgangsweise ist ein auf den Tag ausgerichtetes „Sich-Durchwursteln“. Der passive Fatalismus ist die zweitstärkste Kategorie. Fast genau so groß ist die Gruppe derjenigen, die keine nennenswerten Probleme mit der Krise hatten und im wesentlichen normal weiterleben konnten. Strategisch operiert hat nur eine kleine Minderheit. Eine Entdeckung ist der ähnlich seltene erlebnisorientierte Typ, der auch als „Krisen-Surfer“ bezeichnet werden könnte. Hervorhebenswert ist ferner, daß es nicht einen Fall von fehlender Erinnerung oder Residual gibt. Dieses Detail stützt die Einschätzung, daß die Inflation bleibende Spuren im Gedächtnis hinterlassen hat. Das Zahlenbild der folgenden Tabelle nährt jedoch die Zweifel und Bedenken, die gegen von Kruedener und Waldmann erhoben worden sind.

Tab. 6.1: Familiale Umgangsweisen mit der Inflation (N = 32; Spalten-%; Mehrfachnennungen)

Umgangsweise	**N**	**%**
Passiv resigniert/fatalistisch dahinlebend	13	40,6
(Relativ) normal weiterlebend	12	37,5
(Über-)lebenspraktisch „kurztrittig"	20	62,5
Strategisch operierend	6	18,8
Positiv-aktiv erlebend	5	15,6
Keine Erinnerung	0	0,0
Residual	0	0,0
Summe	56	175

© Heisterhagen / Hoffmann, Soziologisches Seminar, Universität Göttingen

Im folgenden wird versucht, die notwendigerweise abstrakten Typen mit Gesprächsauszügen zu konkretisieren und nachvollziehbar zu machen; dabei wird das Material auf einer Achse angeordnet, die beim Fatalismus beginnt und beim strategischen Typ und dem „lustvollen Bad" in der Krise endet.

Die passive, *fatalistisch-resignierte Umgangsweise* läßt sich gut durch die Erinnerung von Frau Teske (*1907) charakterisieren, die sinngemäß auch für ihre Eltern formuliert wird: „Tja, was sollte ich denn da unternehmen? Da konnte man weiter nichts unternehmen, wir mußten ausharren, was da auf uns zukam. Was willst Du denn unternehmen, als Einzelner kannst Du nichts unternehmen." Ähnlich hat es Herr Haase (*1896) erlebt: „Da konnte man gar nichts unternehmen. Man mußte es so hinnehmen, wie es kam. Man konnte sich da nicht gegen stemmen. [...] Wir wurden so mit hingeschlurrt, mit der Währung. Da konnten wir nichts gegen machen. Dieses stets ähnlich formulierte Gefühl von Hilflosigkeit und Ausgeliefertsein ist allen gemeinsam, die dem Typus der Fatalisten zugeordnet werden konnten.

Relativ normal haben zunächst Jugendliche weiterleben können, deren Eltern sie erfolgreich gegen die Wirrnisse der Währungskrise abgeschirmt haben. Anderen sicherte die sektorale Zugehörigkeit zur Landbevölkerung Ruhe. Etwa die Eltern von Frau Sauters (*1896) „saßen da im Fettnapf. Auf dem Lande da merkten die ja nichts, weil denen ja alles zuwuchs, nicht. Die hatten Kühe im Stall und hatten Schweine im Stall. Wenn – ich weiß noch, zu meiner Verlobung, da wurde ein Kälbchen geschlachtet und ein Schwein geschlachtet, da waren wir zu zwanzig Personen. So auf dem Lande, da war das nicht. Aber man durfte sich natürlich nicht schnappen lassen. Denn da kam man ins Gefängnis. Doch auch in einigen Haushalten von Selbständigen nahm das Leben seinen gewohnten Gang. Bei den Eltern

Wegener ging es in der Erinnerung der Tochter (*1906) darum, „irgendwie anständig über die Runden zu kommen, ihre Leute zu finanzieren. Wichtig war, daß Freitag das Geld zum Löhnezahlen da war. Und irgendwie ... das war das erste. Und das haben wir auch geschafft, über die Jahre.“ Sie hatten zwar gewisse Schwierigkeiten mit den Dollarkursen und anderen Besonderheiten der Zeit. „Ach, gesorgt haben sie sich auch schon, und manche Wünsche werden sie sich auch verkniffen haben. Aber das war alles, das Leben ging weiter.“ Auch der Unternehmersohn Schäffer (*1906) weiß noch, daß sein Vater „jede Menge zu tun“ hatte: „Die Berliner brauchten nur Ware, Ware, Ware. Er hatte da keine Not.“

Das *lebenspraktische Durchwursteln* im Alltag umfaßt eine Vielzahl von Varianten: Mehrarbeit, Zusatzjobs oder Suche nach einem neuen Arbeitsplatz bei den Erwachsenen, Kinder- und Jugendlichenarbeit, Entsagungen, verschärfte Sparsamkeit, Notverkäufe von Liebhabervermögen sowie – immer und immer wieder – der Wettlauf mit dem galoppierenden Wertverfall des Geldes an der „Einkaufsfront“. Die verschiedenen Formen des tagtäglichen (Über-)Lebenskampfes können sich im Schicksal einzelner Familien natürlich verbinden. Mit einem Anflug von Unverständnis hat Frau Pochadt (*1907) unsere Frage nach dem Klarkommen ihrer Eltern beantwortet: „Ja was sollen sie denn gemacht haben? Die haben gearbeitet und gespart an allen Ecken und Enden und sonst konnten sie [...] Meine Eltern haben eine Hauswartsstelle noch übernommen, damit sie die Monatsmiete um die Hälfte gesenkt gekriegt haben. Das ist das, was meine Eltern in der Inflation gemacht haben, damit wir nicht ganz und gar ...“ Herr Scholz (*1902) hat als junger Mann „immer geholfen, stundenweise geholfen irgendwo, ... Ja, damit hat man sich so über Wasser gehalten, denn man konnte ja nicht viel planen um die Zeit.“ Anschließend berichtet er über seine Mutter: „Meine Mutter hat geweint, ja, denn die war eine arme Frau geworden, die war sonst sehr gut situiert und hatte nichts mehr. Die hat, wir hatten ja Familiensilber, so große Bestecke, zentnerweise. Das wurde verkauft, um Brot dafür zu kaufen, ich zeige Ihnen mal so einen Löffel. Diesen habe ich zurückgehalten, weil da das Hochzeitsdatum drauf ist, das hatten wir zentnerweise, das können sie sich ja denken, im Dutzend, Dutzend waren solche Schubladen, und war das alles so drin. Die Mutter hat geweint, das ist klar, daß sie so was weggeben mußte, aber wir mußten ja essen und trinken.“ Den Kampf an der Einkaufsfront hat Frau Wellstein (*1903) besonders nuancenreich erinnert; auf die Frage nach ihrer Art des Klarkommens führt sie aus: „Gar nichts können Sie unternehmen! Gar nichts. Das einzige ist, wenn Sie Geld in die Finger kriegen, das bloß schnell ausgeben. Nicht, das war das erste, was man macht. Da kam es drauf an, großes Geld reinzukriegen und raus, raus, raus. So schnell wie möglich, denn jede, jeder Tag zählte.“ Auf die Folgefrage nach den Aktivitäten ihrer Eltern antwortet sie: „Na genau dasselbe!“

Auf eine *strategische Umgangsweise* wurde erkannt, wenn die Befragten die Mechanik der Inflation der Absicht nach rational in ihre sorgsam geplanten Verhaltensweisen eingesetzt haben – unabhängig von der ökonomischen Potenz und dem Erfolg der Transaktion. Herr Schäffer (*1906) war seinerzeit als Bankkaufmann „in der Devisenabteilung. Und nun kamen mittags um zwölf die Kurse durch, so daß ich genau wußte, ... Mittags haben die Geschäfte fast alle zu gehabt bzw. um ein Uhr, und ich habe natürlich meine Notizen gemacht. Bin gleich mittags noch losgegangen, um fix noch was zu kaufen. An dem einen Tag habe ich mal zwei Hüte gekauft, die habe ich dadurch zum halben Preis gekriegt. So hat sich das ausgewirkt, wer ein bißchen auf dem qui vive war, der ist schon auf seine Kosten gekommen." Herr Flebbe (*1902), der, aus ärmlichen Verhältnissen stammend, erst gegen Ende der Inflation bei einer Bank angefangen hat, erwies sich als besonders lernfähig. Er hat zunächst und noch im Schlepptau eines Fabrikantensohns als Freund, „vier Fahrräder da gekungelt". Unter Nutzung der Möglichkeiten seiner beruflichen Position hat er sich dann allein in größeren, komplexen Zusammenhängen engagiert und Tausch- und Kreditgeschäfte im Volumen von „an die hundert Milliarden" vermittelt. Ein langer Gesprächsabschnitt endet mit folgender Bilanz des Gegenwart-Ichs: „So hat man sich durchgeschlagen. Das ist meine Erinnerung. Einmal diesen E., der das kaufte, das Nötige, ohne daß man mit den Milliarden so einfach herumschlüren mußte. Und daß ich da eine volle Verpflegung bekam und dafür so auf Umwegen dem Lederhändler die hundert Milliarden Kredit verschafft habe. Aber das war auch nur für einen Tag, dann war das Geld ja schon wieder weg. Der mußte ja auch einkaufen. Das waren alles so Kungelgeschäfte, wo man da so mit rein ... Das war ja so eben am Verbrechen vorbei."

Die strategisch durchdachteste Operation hat Herr Lehmann (*1903) ausgeführt. Der Bankkaufmann berichtet von einem Aktienkauf auf Verschuldungsbasis und begründet diesen durch eine Überlegung von rein ökonomischer Rationalität, die Zeit und Geldwert unter Inflationsbedingungen ins Verhältnis setzt: „Ich habe Aktien gekauft und sogar auf Schulden, weil ich mir sagte, die Schulden, die Du heute machst, die kannst Du morgen aus der Tasche bezahlen. Und damit bin ich so einigermaßen über die Runden gekommen und als die Inflation vorbei war, ich war ja, hatte ja Arbeit, war in Stellung, da war ich schon mit meinen Aktien da, die waren ja also nachher umgewertet und waren ja verhältnismäßig billig, aber in der guten Währung. Die stiegen nachher und dadurch habe ich also einen gewissen Grundstock gelegt, nicht wahr. [...] Da habe ich kaum noch drunter gelitten, wenn auch noch unerfahren, also meine Erfahrungen erst sammeln mußte, aber junger Bankkaufmann war, konnte ich so was machen, nicht wahr."

Die *erlebnisorientierten Umgangsweisen* sind manchmal mit erfolgreichen Strategien auf der Sonnenseite des Lebens in der Hyperinflation verwoben. Das ist bei dem eben zitierten Herrn Flebbe (*1902) der Fall, der zugleich ein Krisen-Surfer der Superlative ist. Für ihn waren die Inflationsjahre schlicht „die schönsten Zeiten, die ich jemals erlebt habe." Ihm ging es damals „sehr, sehr gut. Ich hatte volle Pension (i. S. von voller Verpflegung – d. Verf.), bekam ich. Und das übliche Monatsgehalt dazu." Auch Herr Hagenberg (*1908) hat die Krise als Sozius seines zu Reichtum gelangten Freundes genossen: „Sein Vater war gestorben und hatte ihm eine Menge Geld hinterlassen. In erster Linie in Form eines riesen Hauses in B. Und der fuhr nach B., kassierte die Miete, knallte es auf den Kopf und ging zu

Hause zur Bank, lieh sich dort Geld und brachte das seiner Mutter. Und wir fuhren nach M., um Geld abzuholen und er nahm mich da mit auf seiner Harley-Davidson. Und ich saß hinten und mußte den Koffer quer halten. Und dann gingen wir zur Reichsbank. Und dann wurde der Koffer voll Geld gepackt. Und dann ging der hinterher in ein Lokal, da war er bekannt, wir waren über zwanzig schon. Und dann wir in einem Separatzimmer angefangen, das Geld zu zählen." Interessanterweise wird dieser Krisen-Surfer in der familialen Gesamtbilanz der Inflation als Opfer wiederkehren.

Auf andere Weise erlebnisorientiert waren auch einige der Jüngeren. Frau Albrecht (*1909), damals „noch halb Kind", hat sich „gewundert, das hat Spaß gemacht, das war interessant, und natürlich, man erfaßte nicht, wie schwierig das auch war, nicht. Immer weniger, immer weniger. Und die saßen oft mit Tränen da in den Augen, die nun alles so verloren hatten." Einige der Gründe für die positiven Kindheitserinnerungen an die Krisenzeit werden im Bericht von Herrn Söder (*1908) klarer: „Was mir so einfällt, das ist besonders, jedesmal, wenn wir nach Hause kamen, mußte man mitrechnen, denn die Eltern konnten ja bald nicht mehr mit, das ging ja nicht. Mußte dann die Billionen rausholen, wußten die vorher schon nicht weiter zu rechnen, was hinter den Billionen kam, Quadrillionen und Quintillionen und sonstwas alles mögliche. Fingen sie schon so an zu rechnen, das war ja alles schon Unsinn. ... Oh ja, wir konnten noch besser rechnen wie die Eltern, ja so war das dann. Na ja, vor allen Dingen, ich war ja kein schlechter Rechner."

Einige weitere interessante Phänomene, die aus quantitativen Gründen ebenfalls nicht tiefer untersucht werden können, seien wenigstens angemerkt. Die Umgangsweisen der Jugendlichen und ihrer Eltern mit der Inflation sind meist typgleich, aber in einigen Fällen in dem Sinne konträr, daß die damals Jungen eher strategisch, eher unkonventionell, eher erfolgreich sind. Strategen und Krisensurfer scheinen ausschließlich junge Männer aus dem Milieu der kaufmännischen Angestellten in der Stadt zu sein, die z. T. aus Selbständigenhaushalten stammen oder entsprechende persönliche Verbindungen haben. Des weiteren zeigt sich auch hier, wie scharf die Altersgrenze gezogen ist, die die Goldmarkgeneration von den Nachgeborenen trennt: sie verläuft im Bereich der Geburtsjahrgänge um 1914 und polarisiert die monetären Kindheitserlebnisse mit ihren möglicherweise lebenslang nachwirkenden Prägungen. Eher atmosphärisch fällt auf, daß die eingangs erwähnte Tendenz von Chaos, Anomie und „täglichen Sprengungen" (Canetti) zwar vorherrscht, aber parallel dazu auch das Halten oder gar die Festigung von Gemeinschaftsbindungen (innerfamilial, Stammkunden etc.), fortbestehende Normalitäten und neuartige „Abenteuerspielplätze" für Kinder und junge Erwachsene zu verzeichnen sind, auf denen Spannung, aber kein Streß herrscht.

In der Summe hat sich ein nuancenreiches Bild ergeben, in dem die rational-kognitive und die strategische Dimension eine recht untergeordnete Rolle spielen. Indem die Bedeutung der eingangs skizzierten Konzepte für die Analyse der Turbulenzen des damaligen Inflationsalltags relativiert wurde, könnte ein Zugewinn an Relevanz für spätere Jahre und Jahrzehnte eingetreten sein. Die Erlebnisse können ja nachträglich zu Erfahrungen verarbeitet und durch Prozesse monetärer Sozialisation an die nachfolgende(n) Generation(en) vermittelt worden sein. Nach derselben Logik könnten sich das monetäre Denken und Verhalten bis in die heutige Zeit verändert haben. Für diese Blickrichtungen sind die eingangs erhobenen Einwände nicht mehr wesentlich: an Verarbeitungszeit standen mehrere Menschenalter zur Verfügung. Somit waren individuelle und intergenerative Lernprozesse im Prinzip ebenso möglich wie der Abbau von psychosozialen Blockaden. Mit dieser Perspektive werden die Theorien in eine Warteschleife gestellt und an ihren systematischen Orten (siehe 10.2, 12) wieder aufgerufen.

Zuvor sind allerdings die strukturellen Konsequenzen der ersten Sequenz aus Krise und Reform zu analysieren; als Katalysatoren monetären Denkens und Handelns sind sie möglicherweise sogar bedeutsamer als das bisher behandelte Alltagshandeln.

6.2 Schicht-Schicksale, Familienschicksale und Verteilungswirkungen

Im Verlauf der monetären Krisenjahre werden sich, bis zu Höhepunkt und Lösung im Herbst 1923, zahllose Handlungen und Unterlassungen der Menschen mit zahllosen Zufällen verknäulen. Am Ende dieser Zeit wird all dies in sozialstrukturellen Kategorien zu einem klaren Ergebnis geführt haben: zu Statuserhalt, Aufstieg oder Abstieg.[108] In Unternehmen lassen sich am Ende eines Zeitraums Unmengen von qualitativ verschiedenen (Trans-)Aktionen bilanzieren und schlußendlich zu einer einzigen Zahl saldieren. In Analogie dazu endet die Große Inflation für die Familien mit einer Krisenbilanz, in der sich die ökonomische Ausgangsposition, die handlungsleitenden Charaktereigenschaften der wesentlichen Akteure, Familienstrukturen etc. vermittelt wiederfinden. Die bislang eingebrachten Theorien und Theoriestränge werden sich in der Entwirrung dieser Knäuel zu bewähren haben. Im Ergebnis wird sich zeigen, daß die verschiedenen Ansätze von Klasse, Schicht und Sektor durchaus ihren je partiellen Erklärungswert haben; freilich wird erst die Verknüpfung mit dem Konzept des Sozialcharakters zu wirklich „runden“ Einsichten führen. Dieser Methoden-Mix wird bisweilen sogar System und Methode hinter Ereignissen entschlüsseln können, die auf den ersten Blick als reine Zufälle erscheinen.

Die Erhebung der Rohmaterialien für solche Krisenbilanzen ist schwierig. Offene Fragen nach Krisenfolgen führen zu unvollständigen, selektiv bis anekdotisch akzentuierten Ergebnissen. Aufgrund der Erfahrungen in der explorativen Phase des Projekts (siehe 2.1) war bspw. nicht damit zu rechnen, daß die Entwertung zweck-

---

108 Gemeinsam mit Jan-Alexander Bethge.

gebundener Rücklagen (z. B. für die Ausbildung der Kinder) oder kompliziert gelagerte Schädigungen (z. B. Entwertung einer erst später angefallenen Erbschaft) oder Beeinträchtigungen alltäglicherer Art (z. B. „Andrehen" minderwertiger Waren, Nahrungsmangel) überhaupt genannt werden würden – ganz gewiß nicht in allen Interviews und schon gar nicht in vergleichbarer Form. Geschlossene Fragen bieten im Prinzip die Möglichkeit, sämtliche Vorteile und alle Nachteile abzufragen, die in einer Inflation möglich sind. Die entsprechenden Item-Batterien sind allerdings wahre Monstren an Umfang, die im Interview schlecht zu handhaben sind. Dennoch wurde dieser Weg gewählt und durch die Verbindung mit qualitativen Zugängen zum „Königsweg" ausgestaltet. Denn nach dem „Abarbeiten" der standardisierten Batterie machte die Einladung zum Abwägen der Vor- und Nachteile für die BP zugleich klar, daß sie ohne die Gedächtnisstütze durch die Items das eine oder andere vergessen haben würde. Somit war die qualitative Erläuterung gleichsam eine nachträgliche Rechtfertigung der standardisierten Fragen!

In der Summe lagen Hunderte von Antworten auf drei Typen von Fragen vor: (1) unspezifisch offene nach Erinnerungen an die Krise, (2) geschlossene i. S. besagter Item-Batterien und (3) halbstandardisierte nach der Gewichtung der Krisenfolgen mit anschließender Erläuterung. Diese vielen Antworten wurden zu einer „objektiven Krisenbilanz" zusammengeführt, die für die späteren großen Währungsereignisse analog gebildet wurde (siehe 7.1, 9.2). Sie ist, neben dem Sozialcharakter, die zweite für das Projekt charakteristische Komplex-Variable, in der sich der hybride Charakter der Erhebung und der Auswertung verketten.

Tab. 6.2: Objektive Krisenbilanzen der Startgeneration nach sozialstruktureller Zugehörigkeit (N = 48; absolute Zahlen)

Ereignisbilanz	**Primärer Sektor**		**Sekundärer Sektor**		**Tertiärer Sektor**	
	Selbständig	Abhängig	Selbständig	Abhängig	Selbständig	Abhängig
Schweres Opfer	2	0	2	2	1	0
Opfer	1	1	4	1	2	1
Benachteiligt	1	6	0	2	4	4
Ausgewogen	2	1	0	2	0	3
Begünstigt	0	0	1	0	0	0
Gewinner	2	0	2	0	1	0
Klarer Gewinner	0	0	0	0	0	0

© Heisterhagen / Hoffmann, Soziologisches Seminar, Universität Göttingen

Die obige Kreuztabelle ist, wenn man so will, in Wirklichkeit trivariat, weil sie die Krisenbilanz für beide Hauptachsen des Projekts (selbständig vs. abhängig; Sektor) ausweist. Sie arbeitet mit absoluten Zahlen, um der bloßen Möglichkeit des Mißverständnisses vorzubeugen, daß auf der Grundlage kleiner Fallzahlen Ansprüche auf Repräsentativität erhoben würden. Die nachfolgende qualitative Auswertung wird allerdings Muster und Gestalten offenbaren, denen zumindest eine gewisse Plausibilität und hierüber vielleicht doch Repräsentativität zukommt.

Bevor die spannenden Einsichten „geerntet“ werden, die sich aus dieser Tabelle gewinnen lassen, ist ein wenig definitorische Vorarbeit zu absolvieren. Das Klassifizierungsprinzip der Variablen folgt einer *sozialstrukturellen* Blickrichtung und ist insoweit „hartherzig“. Die beiden extremen Codes („schwere Opfer“ und – nicht besetzt – „klare Gewinner“) bringen Wechsel in der Klassenposition zum Ausdruck, etwa den Absturz von der Selbständigkeit in die Abhängigkeit oder die Vereitelung einer Aufwärtsaspiration qua Studium durch Entwertung der hierfür angesammelten Gelder.[109] Die angrenzenden Codes („Opfer“ und „Gewinner“) erfassen schwere Einbußen bzw. beträchtliche Vorteile, die sich jedoch nicht auf die Klassenlage der Familien ausgewirkt haben. Dabei können „schwerwiegende“ Änderungen der familiären Vermögensposition je nach Schichtzugehörigkeit und sozialökonomischem Hintergrund Unterschiedliches bedeuten: Ein identischer Betrag kann z. B. das gesamte Geldvermögen eines Arbeiterhaushalts darstellen, so daß sein Verlust höher zu gewichten ist als in einer Familie, wo er nur einen kleinen Posten unter vielen Aktiva ausmacht. Auf „Benachteiligte“ und „Begünstigte“ wurde erkannt, wenn die Änderungen weniger schwerwiegend oder nur vorübergehend waren. Vor allem hier konkretisiert sich die erwähnte „Hartherzigkeit“ des sozialstrukturellen Blickwinkels: selbst Hunger im Jahr der Hyperinflation ist „nur“ eine Benachteiligung. Die „ausgewogene Bilanz“ schließlich bezieht sich auf Familien, deren Einbußen und Gewinne sich die Waage hielten oder die von inflationären Umverteilungsprozessen weitgehend unbetroffen blieben.[110]

Nach dieser zwar knappen, aber hoffentlich ausreichend ausführlichen Erläuterung der ungemein aufwendigen Auswertungsprozeduren können einige überraschende Befunde referiert werden, die im folgenden auf der Grundlage von qualitativem Material ausführlich dargestellt werden. Die *Selbständigen* stellen alle Gewinner *und* das Gros der Opfer; dies ist eine ungewöhnlich harte Polarisierung, die hohe Anforderungen an die eingangs entwickelten und kombinierten Erklärungsansätze stellen wird. Bei den Bauernfamilien kommen interessanterweise beinahe alle Inflationsschicksale relativ gleichmäßig vor. Ihr Abschneiden stellt sich als vergleichsweise indifferent dar – ebenfalls ein Befund, der den gängigen Auffassungen von einer Privilegierung des primären Sektors widerspricht. Bei den *Abhängigen* gibt es keinen einzigen Gewinner. Sie stellen vielmehr die Mehrheit der Benachteiligten und derjenigen mit ausgewogener Bilanz, was den Anmutungscharakter des vorigen Abschnitts über den Umgang mit der Inflation im Tenor bestätigt. Eine einmalig starke Konzentration findet sich bei den Landarbeitern, bei denen drei Viertel zu den Benachteiligten gehören; schwere Inflationsopfer hat dort allerdings niemand gebracht. Bei den Abhängigen im tertiären Sektor, gleichsam

109 Hierin könnte sich der erwartete „Opfer-Bias“ beim Feldzugang ausdrücken: „Krisengewinner“ sind sicherlich weniger motiviert zur Beteiligung an einem Forschungsprojekt als die Inflationsgeschädigten.

110 Eine aggregierte Version der Krisenbilanzen mit drei Kategorien weist nur noch Opfer, Gewinner und Unauffällige aus; sie wird wegen der Fallzahlen für bestimmte Rechenoperationen benötigt.

Avantgarde in der Entwicklung der gesamtgesellschaftlichen Arbeitsstrukturen, findet sich merkwürdigerweise eine ähnliche Tendenz.

6.2.1 Die Selbständigen

Selbständige sind unter den Befragten des Göttinger Projekts genau so oft vertreten wie abhängig Beschäftigte – eine gewollte Konsequenz der theoretischen Stichprobe. Sie verteilen sich zu je einem Drittel auf den primären, den sekundären und den tertiären Sektor (siehe 2.2.1). Ausgesprochene Großbetriebe waren nicht vertreten, was über die Kategorie des Mittelstandes eine begriffliche Annäherung an die zeitgenössische Literatur ermöglicht. Bei der Generierung von Gewinnern und Verlierern durch die Währungskrise ergeben sich starke Unterschiede zwischen den Bauern (Sektor I) und den Selbständigen in Produktion und Handel (Sektoren II und III). Deren Studium läßt erkennen, daß sozialcharakterologische Faktoren einen bedeutsamen Einfluß hatten, der bislang nicht hinreichend gewürdigt worden ist. Mentale Transformationen im gesamtgesellschaftlichen Maßstab (siehe V) haben hier ihren (oder wenigstens einen) Ursprung.

6.2.1.1 Alter Mittelstand

Die quantitativ aufgezeigte Polarisierung deutet auf eine ausgeprägte Dynamisierung der mittelständischen Klassenlage durch die Hyperinflation hin. Die Möglichkeiten zu nachhaltigen Gewinnen oder aber gravierenden Verlusten lagen für die Angehörigen des alten Mittelstandes dicht beieinander. Offenbar schied hier nur ein sprichwörtlich schmaler Grat die (Gewinn-)Chancen von den (Verlust-)Risiken. Bereits ein „ausschlag gebendes“ Partikel im theoretisch dargestellten Faktorengeflecht konnte, so wird im folgenden gezeigt, das Zünglein an der Waage bilden und Familien stürzen lassen.

Die Opfer und Benachteiligten

Die These von der Gratwanderung und der ausschlaggebenden Bedeutung eines einzigen Partikels im Geflecht der wirkenden Faktoren läßt sich gut in der Gegenüberstellung zweier Familien herauspräparieren, die nach objektiven Kriterien ungefähr vergleichbar sind. Die eine Familie wird zum schweren Opfer, während die andere eine analoge Gefahr abwendet und mit Benachteiligungen davonkommt.

Zunächst sei die Opferkonstellation der Familie Haller dargestellt, die ein traditionsreiches mittelständisches Unternehmen in der Brillenproduktion („Haller & Söhne“ in der dritten Generation) besaß. Nach dem frühen Tod des Vaters von Herrn Haller (*1906) wurde die Firma seit 1920 durch seinen Großvater weitergeführt. Diesem ging inflationsbedingt ein umfangreiches Vermögen verloren. *Unmittelbar* betroffen waren die Ausbildungsziele für die nächste Generation: die geplante weiterführende Schulausbildung für Herrn Haller und seinen Bruder war nicht mehr finanzierbar. Wie steil der Absturz in eine ärmliche, ja beinahe proletarische Klassenlage war, verdeutlicht ein Kommentar von Herrn Haller zur Rentenmarkreform: „Ja, wir hatten aber damals so wenig Geld, [...] daß wir froh waren, daß wir ein bißchen Rentenmark kriegten, um wieder was einzukaufen. Das will ich Ihnen ganz ehrlich sagen. Wir haben ja tatsächlich von der Hand in den Mund gelebt.“ *Mittelbar und mittelfristig* war schließlich sogar der ökonomische Status der Selbständigkeit betroffen: Zwar blieb das Familienunternehmen nach der Inflation zunächst noch erhalten, doch ist sein späterer Verlust während der Weltwirtschaftskrise zumindest teilweise auf die schweren Inflationseinbußen zurückzuführen.

Nach diesem Abriß zu den Fakten in diesem Familienschicksal ist, soweit möglich, seine Genese herauszuarbeiten. Entscheidend ist die unternehmerische Strategie, die der neue alte Chef aus der regulär bereits abgetretenen Generation während der Inflation eingeschlagen hat. Im Bericht von Herrn Haller stellt sie sich folgendermaßen dar: „wir haben natürlich versucht, da wir ja den Betrieb hatten, möglichst das Material immer zu halten, was wertvoll war, solange bis einer was bestellt hat. Wir haben uns aus dem Material [...] keine Brillen, keine Gläser und so weiter gemacht, sondern [...] wenn einer bestellte, dann haben wir es gemacht, aber wir haben uns keine fertige Ware hingelegt.“ Krisendiagnose und unternehmerisches Verhalten waren offenbar auf die klassischen Fälle und das Ziel ausgerichtet, laufende Kosten der Produktion einzusparen und durch Verknappung des Angebots begünstigend auf die Preisentwicklung einzuwirken. Sie entsprachen traditionellen kaufmännischen Vorstellungen aus der Ära des Goldstandards; es gelang dem neuen alten Chef nicht, sich auf die Inflationsdynamik einzustellen.

Von einer zumindest grob vergleichbaren Ausgangslage her hat sich das Inflationsschicksal von Familie Tilly ganz anders entwickelt: der geplante Verkauf der Wäscherei wurde im letzten Moment abgeblasen, und man „passierte“ die Krise als Benachteiligte. Herr Tilly (*1903) berichtet von allerlei Einschränkungen, Käufen minderwertiger Waren, Weggabe von Wertgegenständen sowie Entwertung einiger Ersparnisse und Anleihen. Hier stecken alle entscheidenden Details für das Verständnis der Genese in drei längeren Interview-Auszügen. Die entscheidende Szene erinnert Herr Tilly so deutlich, daß er sie Jahrzehnte später noch mit den eingeschlossenen Dialogen erzählen kann: „dann kam ja nachher auch diese blöde Inflationszeit, da war ich dann ja bankmäßig schon drin im Geschäft. Dann kam Vater und hat sich mit mir dann unterhalten: ‚Wie, denkst Du jetzt, ist die Inflation?‘ Man hat das vorher doch gar nicht mal durchgemacht. ‚Wie denkst Du denn, ob das so weiter geht, ob ich das Grundstück verkaufen muß, oder ...?‘ Der wollte nämlich gerade um die Zeit sich zur Ruhe setzen, da hatten wir schon einen Käufer für das Geschäft, auch fürs Haus und alles. Und wir wollten, Vater wollte dann woanders ein größeres Grundstück mit großem Garten und so weiter, als Ruhe.“ Die Eltern hatten außerordentlich knapp davor gestanden, ihren Geschäfts- und Grundbesitz gegen Inflationsgeld zu veräußern, die familiale Erwerbsgrundlage zu verlieren und in die Altersarmut abzusinken. Noch heute vermittelt Herr Tilly die

Dramatik dieser Augenblicke: „[Am] nächsten Tag oder übernächsten Tag wollte mein Vater zum Rechtsanwalt, das war schon alles fix und fertig, nur dort hin und unterschreiben. Ja, das war dann alles rückgängig gemacht worden, Gott sei Dank.“ Auf dieser weit fortgeschrittenen Stufe der geplanten Transaktion hat der ziemlich junge Sohn „denen abgeraten, das schon zu verkaufen usw., hätten sie ja so und so viel Papiermark [bekommen – d. Verf.] damals. Und [...] mein Vater, der hatte ja keine Rente oder irgendwas, war ja Selbständiger, und der hat dann nachher wieder mit der Wäscherei angefangen.“

Auch bei Familie Tilly war die Elterngeneration der neuartigen Situation kognitiv nicht gewachsen, so daß sie die Familie um ein Haar in den Abgrund manövriert hätte. Zwei synergetisch wirkende Partikel der Gesamtsituation haben dies vereitelt: Dem Sohn war durch seinen Beruf eine Expertenrolle zugewachsen, und die Eltern haben seine Autorität in einer existenziellen Entscheidung anerkannt. Das ständische Erkenntnisprivileg junger angestellter „Banker“ und eine moderne Vater-Sohn-Beziehung haben die Klassenlage der selbständigen Eltern bewahrt.

Andere Inflationsschicksale, so das von Familie Drewes, wurden durch den Faktor Zeit besiegelt, dessen Bedeutung oben theoretisch angedeutet worden ist. Vater Drewes war ein selbständiger Binnenschiffer, der diesen Status in der Inflation verloren und seine Tochter, unsere Gesprächspartnerin (*1899), gleichsam mitgezogen hat; sie wurden daher als schwere Opfer eingeordnet. Vater und Ehemann mußten später als abhängige Binnenschiffer ihren Lebensunterhalt verdienen. Die Kernpunkte dieser inflationären Familientragödie sind die folgenden: Nach dem Ende des Ersten Weltkriegs sollte ein neuer eiserner Kahn angeschafft werden, weil der alte hölzerne undicht geworden war und man sich eine Verringerung der Instandhaltungskosten versprach. Frau Drewes stellt die Folge der Ereignisse so dar: „Mein Vater hat den Kahn verkauft und wollte sich einen eisernen Kahn kaufen, da gab es dann schon welche. Und da hat er den Kahn nun verkauft, ich weiß nicht wieviel Tausend er gekriegt hatte dafür, das ist alles verfallen. Das ist alles verfallen, denken Sie mal [...]! Und mein Mann war da so ärgerlich drüber, der hat dann gesagt: ‚Ach, ich kann das gar nicht begreifen, daß er das Geld alles hat verfallen lassen.‘“Klarer kann man eine Geldwertillusion kaum ausdrücken.

In der Folge mußten die Männer der Familie bei anderen Binnenschiffern anheuern. „Mein Vater ist dann auf einem großen Elbkahn als Steuermann gefahren.“ Und „mein Mann war dann auf einem anderen Kahn als Bootsmann und [...] nachher als Steuermann.“ Die abhängige Erwerbstätigkeit in der Schiffahrt brachte dabei ganz eigene Nachteile im Inflationsalltag mit sich, die als Randnotiz angefügt seien. „Ach du Gott, [...] [wenn] mein Mann mal wieder Geld gekriegt hatte, und wenn wir doch auf Fahrt waren, wir konnten doch nicht gleich was holen. [...] das war die Höhe mit dem Geld, wenn man nicht rannte und kaufte gleich was, dann war es schon wieder verfallen.“

Der alles entscheidende Faktor für das Opferschicksal der Drewes war jedenfalls die Verkennung der neuen Rolle der Zeit. Gerade in der Phase des ersten starken Inflationsanstiegs 1919/20 (Waldmann 1987: 371, Kindleberger 1984: 28f., Pfleiderer 1978: 172f., Giersch 1956: 290) war dieser qualitative Umschlag der Zeit von einer neutral verstreichenden in eine aktiv zerstörende Größe unfaßbar. Aufgrund seines traditionellen *Geldwertvertrauens* gab es für Vater Drewes einfach keinen Anlaß, die Einnahme aus dem Verkauf des Kahns möglichst rasch zu reinvestieren.

Während der Faktor Zeit bei Familie Drewes in der Frühphase der Inflation einen Bargeldschatz zerstört hat, traf er Familie Hagenberg im Bereich der Forderungen, die genau so ungeschützt sind. Der Vater unseres Gesprächspartners war ein kleiner Selbständiger (Orgelbauer & Instrumentenhändler), den der Faktor Zeit auf dem Höhepunkt der Krise eingeholt hat; was 1919/20 noch der Neuartigkeit der Inflation geschuldet und ein Argument war, ist 1923 keine Erklärung mehr. Äußerst zugespitzt geht dieses Verarbeitungsdefizit aus einer Episode hervor, die Herr Hagenberg (*1908) Jahrzehnte später so genau erzählt als wäre sie erst vor kurzem passiert: „Ich habe meinen Vater ein einziges Mal weinen gesehen in meinem Leben. Das war 1923, als die galoppierende Inflation [einsetzte], Anfang 1923. Da hat er das vorletzte seiner Pensionsklaviere verkauft. Jemand kam Freitagabend und kaufte das Klavier, den Betrag weiß ich nicht mehr, aber es waren einige 1 000 Mark, und sagte: ‚Ich habe kein Geld bei mir, kommen Sie am Montag zu mir und holen sich das Geld, wenn die Bank aufmacht.‘ Und dann kam mein Vater nach Hause und drückte meiner Mutter nur ein Päckchen in die Hand, da waren zwei Pfund Butter drin. Er sagte: ‚Das ist das für das Klavier.‘“ Vater Hagenberg hat die Implikationen der akzelerierenden Inflation für seine Ertragslage nicht reflektiert und die Konvention kurzer Zahlungsziele beibehalten, die unter Bedingungen monetärer Stabilität gang und gäbe ist. Selbst in der finalen Phase der Inflationseskalation hat er keine der ringsum bereits aufgekommenen Absicherungsstrategien praktiziert (z. B. Naturalzahlung, Indexierung, Preisaufschläge). Daß es bei der Klavier-Episode keineswegs um einen „Ausrutscher“ geht, sondern um den speziellen Ausdruck eines generellen Charakterzugs, ist an anderen Stellen des Interviews ablesbar. Bezeichnenderweise wurde die einzige Ausnahme von dieser Regel durch wohlmeinende Dritte initiiert: „Wir haben ein einziges Mal Glück gehabt. Und zwar hatte ein reicher Bauer in einem Nachbarort eine Orgel zu reparieren. Und da haben sie ihm gesagt: ‚Gehen Sie mal zu dem Herrn Hagenberg, aber der will kein Geld haben, der will vier Zentner Weizen haben.‘ Der Weizen stand bei meinen Eltern. Meine Mutter füllte den Weizen in einen Beutel und ging dann zum Bäcker und tauschte da ein Brot ein.“ In der Summe hatte Vater Hagenberg die Dynamik der Inflation nicht in Bezug zur eigenen Situation gesetzt, sondern bis zuletzt und trotz augenfälliger Einbußen sein außerordentlich *stabiles Geldwertvertrauen* und ein *konventionelles Geschäftsgebaren* beibehalten.

Das alles entscheidende Partikel im Inflationsschicksal der Hagenbergs ist jedoch der Verbund dieser Normen aus der Ära des Goldstandards mit dem patriarchalischen Insistieren auf der Position des Familienoberhaupts. Die einschlägige Szene ist Herrn Hagenberg vielleicht deshalb so präsent: „Ich habe meinem Vater ein halbes Jahr vor der Währungsreform gesagt: ‚Du bist doch ein angesehener Bürger dieser Stadt, und Du gehst zur Sparkasse und pumpst dir 100 000 Mark und kaufst das Grundstück unserer Werkstatt.‘ Das stand zum Verkauf. Da war ein Café, eine kleine Zigarrenfabrik und eine Autowerkstatt und mehrere Gärten und so. 100 000 Mark sollte es kosten. Und da sagte er: ‚100 000 Mark? Du hast nicht alle Tassen im Schrank. Das kommt doch überhaupt nicht in Frage.‘ Die Berufsgenossenschaft hat es dann gekauft. Er konnte es dann vierzehn Tage später aus der Tasche bezahlen. So waren die Verhältnisse.“ Man spürt die *normative Komponente in dem Betrag*, der früher „über die Verhältnisse“ gegangen wäre und noch auf dem Höhepunkt der Inflation als *unverhältnismäßig*, als Gefahr der Überschuldung und somit als abschreckend empfunden wird.

Auch in dieser Familie walteten die Attitüden traditioneller Kaufmannschaft, aufgrund derer die wirtschaftlich wichtigen Handlungen von Vater Hagenberg eine Serie von Fehlentscheidungen wurden, die schwere persönliche und intergenerative Konsequenzen hatte. Denn der Sohn „wurde von der Schule genommen, weil der Vater meine Arbeitskraft brauchte.“ Der Rat des Sohnes war kognitiv wie normativ an die Dynamik der Inflation angepaßt; seine Beachtung hätte die Familie – ceteris paribus – in eine Gewinnerposition gebracht. Das Beharren des Seniors (auf Konventionen, auf Normen, auf der traditionellen Rolle als Familienoberhaupt) kann, in der oben eingeführten Terminologie, als weitgehender Mangel an individueller Elastizität gedeutet werden. *Sie* war letztlich der Grund dafür, daß eine Bildungsaspiration vereitelt und eine Implikation der Inflation unmittelbar an die nächste Generation „durchgereicht“ wurde. Das „Wirtschaftssubjekt“ Hagenberg hat die Konsequenzen seiner Entscheidungen nicht verwunden. „Ich glaube, mein Vater hat resigniert.“

Ökonomische Rationalitätsdefizite spielten bei den Opferkarrieren selbständiger Mittelstandsfamilien eine nicht unerhebliche Rolle. Das Bild ist damit aber noch nicht vollständig. Zum Teil waren *affektiv-normative Handlungsdispositionen* noch dominanter als in den bislang analysierten Fällen. Dies war bei Familie Teske der Fall, deren Scheitern früh begann und viele Stadien hatte. Die ursprünglich sehr wohlhabende Kaufmannsfamilie hatte bereits im Vorfeld der Inflation große Einbußen erlitten, weil sie bedeutende Gold(mark)bestände preisgegeben hatte. (Frau Teske, *1907) Im weiteren Verlauf verlor sie darüber hinaus beinahe ihren gesamten Geschäftsbesitz: zunächst 1921 die Bäckerei und dann auch das Lebensmittelgeschäft. Der Familienunterhalt konnte zum Schluß nur noch mit einem Marktstand bestritten werden. Verantwortlich dafür waren sicherlich nicht kognitive Anpassungsprobleme.[111] Bei den Teskes wirkten die affektiv-normative Dispositionen besonders intensiv, und zwar gleich in dreifacher Hinsicht. Die gängige *Aversion gegen Schulden* hatte in dieser Familie die Gestalt einer Präferenz für die

111 Dies zeigen zwei ungemein souveräne Antworten. Die Vorlage eines Sets von Inflationsgeld kommentierte Frau Teske so: „An die Großen [Inflationsgeldscheine – d. Verf.] kann ich mich nicht erinnern, weil ich mit den großen Sachen nichts zu tun gehabt habe. Verstehen Sie, die Banken haben mit großen Summen bezahlt untereinander. [...] aber an großes Geld kann ich mich nicht erinnern.“ Ferner war das Wissen um die Möglichkeit der Wertsicherung finanzieller Aktiva durch Flucht in Fremdwährungen eindeutig vorhanden: „mancher hatte dann das Geld, und ich meine, die haben es ja auch ins Ausland gebracht, daß es nicht verfällt, und wie das so ist. Das brauchten wir nicht, denn wir hatten nicht soviel.“

Barzahlung, die auch in der Inflation durchgehalten wurde und sich in den Worten von Frau Teske so darstellt: „Auch mit der Ware und alles und so, also daß wir uns allein irgendwie mal was [Bares] weggelegt hätten [...]. Wir hatten auch alles, [...] das hat er alles immer bezahlt. Also wir hatten nie Geld." Diese Barzahlungskultur hatte unter den Bedingungen der Inflation ein Doppelgesicht. Sie hatte einerseits einen rationalen Zug, indem sie die anfälligen Kassenbestände ganz von selbst minimierte. Andererseits verbaute sie aber auch den Weg in die ökonomisch attraktive Schuldnerposition. Am Rande sei notiert, daß auch in dieser Familie ein Kind starke monetäre Verantwortlichkeiten hatte: Frau Teske wurde ab 1921, d. h. als Vierzehnjährige, an der Verwaltung der elterlichen Geschäftskasse beteiligt! Die zweite Komponente läßt sich als *affektive Distanz* zur Geldwelt fassen, die dem damaligen Kind in der monetären Sozialisation vermittelt worden ist. Als Ausdruck eines „Wir haben es ja nicht nötig" wurde im Elternhaus generell eine zurückweisende Geldattitüde kultiviert. Diese könnte sich in der Inflation mit ihrer Ausschließlichkeit des Papiergeldes zur Aversion gesteigert haben, denn „bei meinem Vater gab es nur Goldmark." Doch erst im Verbund mit der dritten normativen Komponente wird das Krisenschicksal der Teskes voll verständlich. Ihr Geschäftsgebaren bewahrte und verstärkte in der Inflationszeit eine *altruistische Handlungsmotivation*, an die sich Frau Teske mit gemischten Gefühlen erinnert: „Na das war die Zeit, wo ich mit meinem Vater zum Markt gefahren bin, und wir haben für die Leute geholfen da und so, [...] Haben den Leuten auch in der Bäckerei mal Brot gegeben ohne Marken und so, meine Eltern waren da sehr, sehr [...] mitfühlend vor allen Dingen. Die sind später noch gekommen und haben meiner Mutter die Hand gedrückt und haben sich noch bedankt. Mein Vater hat drunter leiden müssen, sonst hätten wir vielleicht heute noch die Bäckerei gehabt, nicht. Na ja, sollte nicht so sein." Stellt private ökonomische Fürsorglichkeit schon unter normalen wirtschaftlichen Rahmenbedingungen einen Luxus dar, der in aller Regel vom Geschäftsleben ausgeschlossen bleibt, so galt dies um so mehr zu Zeiten der Inflation, die ja wie schon oben erwähnt (siehe 4.2) ein Klima gegenteiliger Handlungsdispositionen (Skrupellosigkeit, Egoismus, „moralinfreies" Handeln) förderte.[112] Mit Blick auf Familie Teske ist dabei zu spezifizieren, daß die Inflationsjahre von einer allgemeinen, sich teilweise dramatisch zuspitzenden Versorgungsknappheit – gerade im Bereich der Lebensmittelversorgung – gekennzeichnet waren. (Niehuss 1985: 132f.) Die Teskes dürften an der „Nahrungsmittelfront" (Bäckerei, Lebensmittelhändler) einen regen Zulauf von Bittstellern gehabt haben.

Gutmütigkeit und Altruismus sind auch im Inflationsschicksal der Fleischerfamilie Sittler zentral, die ebenfalls umfangreiche finanzielle Verluste erlitt. Die Erinnerung von Frau Sittler (*1911) ist ungemein plastisch: „Ja, [...] es sind viel

112 Entsprechende Hinweise sind auch dem Interviewmaterial zu entnehmen. So beschrieb Frau Wellstein (*1903), die aus einer Beamtenfamilie stammt, das soziale Klima in der Inflationszeit wie folgt: „Man war unhöflicher im ganzen, weil man erstens keine Zeit hatte für Phrasen und zweitens einem auch der Sinn danach nicht stand. Man war entschieden unhöflicher zueinander, nicht. Wissen Sie, ich sage immer, das war [...] das Ellenbogenleben: ‚Ich, schnell ich'. Das können Sie verstehen, wenn man so ruck zuck, da hat man nur [gedacht], wie machst du es, wie machst du es am besten, man hat ja nur an sich gedacht, an die anderen ja gar nicht. Ist doch wahr."

arme Kerle rein gekommen: ‚Ein Bissen, ein Bissen'. Also sie möchten gerne irgendein, also ein kleines Frühstück sagten sie schon nicht mehr, also ob sie einen Happen zu essen kriegen, und Vater hat eigentlich jedem ein Stückchen gegeben, nicht die teuerste Wurst, aber eine sogenannte Knoblauchwurst oder die Griebenwurst, aber ohne etwas ist keiner raus gegangen, weil er sagte: ‚Ich stelle mir vor, wie Hunger weh tun kann, und die armen Kerle können nichts dafür.' Ja, es gab dann bloß immer nur so ein Stückchen, aber es ist keiner ohne raus gegangen. Aber ich glaube da hat es dann auch einer dem anderen nachgesagt, beim Sittler gibt es was." Hier ist man regelrecht Zeuge, wie die gutherzige, menschenfreundliche Charakterfraktion innerhalb der Selbständigen geschwächt wird. Das wertrationale Verhalten ist ökonomisch gleich doppelt schädlich: es vermindert das ohnehin rare Angebot für die regulär zahlende (Stamm-)Kundschaft und verstärkt den Andrang der Bettler, was die verfügbare Ware weiter verringert. Solche Abwärtsspiralen bleiben den rein ökonomisch sich verhaltenden Produzenten und Geschäftsleuten erspart.

Die bisherigen Befunde lassen sich folgendermaßen zusammenfassen: Die Inflationsopfer unter den Mittelstandsfamilien zeigen kein einheitliches Verhaltensprofil, und es gibt keine Kausalketten zwischen Klassenlage und Handeln. Die Anpassungsschwierigkeiten an das Inflationsgeschehen waren regelmäßig eher kognitiver oder affektiv-normativer Natur, wobei die verschiedensten Kombinationen nachgewiesen werden konnten. Überall wirkt indes die Ära des Goldstandards nach. Bei den Inflationsopfern im Mittelstand reichte, vom Idealbild des homo oeconomicus aus betrachtet, im Extrem schon ein einziger sachlicher oder zeitlicher „Fehler", um den Abstieg einzuleiten. Das „ausschlag-gebende" Partikel hatte vielerlei Gestalt. Tatsächlich wurden im Mittelstand viele solcher „Fehler" gemacht, die teilweise den edelsten Motiven entsprungen sind und vermutlich in *sozialcharakterologischen Clustern* auftreten, die im Verlauf zu untersuchen sein werden. (Siehe 12) Die neue Modell-Figur des „homo socio-oeconomicus" wird einiges besser verständlich machen als sein ökonomischer Vorfahr.

Der Aufstieg vor dem Absturz

Die Hypothese von der Gratwanderung des Mittelstandes und der „ausschlaggebenden" Bedeutung eines einzigen Aspekts läßt sich in der Mikrostruktur der Opferkarriere von Familie Bruns lupenrein erhärten. Deren Inflationsschicksal verdeutlicht, wie ein kognitives Anpassungsproblem einen anfänglichen Inflationsvorteil zunichte machen und ins Gegenteil verkehren konnte; dabei schwingt der monetäre Normenset aus der Ära des Goldstandards spürbar mit. Der Fall (im doppelten Wortsinn) der Bruns handelt sozusagen von *verpaßten Inflationschancen.* Die Drechslerfamilie hatte zunächst „in der Inflation eine Werkstatt gebaut, und die war durch die Inflation schnell abgetragen." (Frau Bruns, *1911) Doch scheint es dem Chef nicht möglich gewesen zu sein, die zunächst zufällige Erfahrung mit dem entwertungsbedingten Abbau seiner Belastungen in eine generelle und strategische

Lehre für den Umgang mit der Inflation umzumünzen. Im Gegenteil, auf dem Höhepunkt der Inflation entschied er, die Werkstatt zu schließen und zusammen mit seinen Söhnen, die allesamt in dem Familienbetrieb mitgearbeitet hatten, Auftragsarbeiten auf Lohnbasis zu übernehmen. Nach Aussage von Frau Bruns war das der Grund dafür, daß sich im Zuge der kumulativen Beschleunigung der Inflation die Einkommenssituation ihrer Familie zunehmend verschlechtert hatte: „Ja, gerade wo diese Inflation nun war, ich sage doch, am Sonntag wurde das auskalkuliert und am Dienstag, man hat dann nichts mehr gekriegt dafür, dann hat der Vater einfach gesagt: ‚Schluß, es wird nicht mehr gearbeitet im Betrieb.‘ Es kam ja nichts raus, [...]. Dann hat der sich doch ein bißchen Gedanken gemacht und hat gesagt: ‚Wir arbeiten hier auch nicht, damit wir das Haus verschulden.‘ [...] So, dann wollten wir ja leben. Da ist da oben ein Berg, da waren viele Grundstücke, die urbar zu machen waren, da ist mein Vater mit seinen drei Söhnen hingegangen und haben da gerodet, also urbar machen [...]. Das hat mein Vater mit seinen drei Söhnen gemacht.“ Vater Bruns war also außerstande, den ökonomischen Charakter der ablaufenden Geschehnisse zu erfassen. Der schnelle Abtrag für die Werkstatt ist nicht als strukturelle Begünstigung des Schuldners unter Inflationsbedingungen begriffen und nicht als ohne eigenes Zutun entstandener „windfall profit“ eingeordnet worden. Anschließend vermochte er der sich ausweitenden inflationistischen Einnahme-Ausgabe-Lücke nicht mehr Herr zu werden, d. h. eine angemessene Wertsicherung seiner Einnahmen zu realisieren.

Vor dem Hintergrund der Erfahrungen beim Werkstattbau offenbart sich die kognitive Lücke dadurch, daß nicht einmal ansatzweise versucht wurde, daran anzuknüpfen und sich im Wege gezielter Verschuldung oder Vorfinanzierung einen Ausgleich oder sogar Vorteile zu verschaffen. Statt dessen zogen sich Vater und Söhne freiwillig in eine Art von faktischer Lohnabhängigkeit mit körperlicher Schwerstarbeit zurück, so daß im Fall von Familie Bruns sogar von *regressiven Tendenzen* im Umgang mit der Inflation gesprochen werden müßte.

Die kognitive Lücke im Begreifen der Inflationsmechanik zeigt sich auch darin, daß Familie Bruns infolge der Geldentwertung umfängliche Ersparnisse verloren gingen: „mein Vater war sehr sparsam, dem sind auch bei der Inflation damals 30 000 Mark verfallen, da hätte er drei Wohnhäuser bauen können“ So blieb nach dem Ende der Inflation zwar (zunächst noch) die Selbständigkeit der Familie erhalten, der Finanzierungsvorteil beim Werkstattbau wurde jedoch alles in allem mehr als überkompensiert, weshalb die Bruns zu den Opfern zählen. Der alles entscheidende Faktor, der sie bei der Gratwanderung des Mittelstandes hat abstürzen lassen, war das Unvermögen, die Mechanik der Krise, durch die sie eben noch aufgestiegen waren, wirklich zu erfassen und interessendienlich damit umzugehen.

Die Gewinner

Bei den Inflationsgewinnern im alten Mittelstand ändert sich die Konstellation grundlegend und strukturiert sich genau andersherum wie bei den gescheiterten Angehörigen ihrer Schicht. Nicht der singuläre Faktor, ein einziges Partikel, ist hier „ausschlag-gebend“, sondern der Grad der Näherung an den „inflationsorientierten Sozialtypus“, der sich vom „vorinflationären Sozialtypus“ durch weit mehr abhebt als nur seine kognitive Schärfe. (Hoffmann 1990: 319) Im Verbund damit sorgten hier mehr oder weniger inflationsadaptierte Attitüden und Normvorstellungen für weitgehende subjektive Elastizität. Programmatisch formuliert: man mußte der synthetischen Modellfigur des „homo socio-oeconomicus“ möglichst ähnlich sein oder sich ihm möglichst schnell annähern; es war die Zeit des monetären Chamäleons. (Siehe 3.4) Unterschiedliche Grade der Näherung an diese Modellfigur seien an zwei Familienschicksalen verdeutlicht, die sich, bei identischem Tenor, exakt hierin unterscheiden.

Bei Familie Batte, einem klassischen Industriellenhaushalt, erzielte der Vater unserer Gesprächspartnerin (Frau Batte, *1912) ganz erhebliche Inflationsgewinne: Auf Kreditbasis baute er einen neuen Fabrikationsstandort auf und erwarb die dazugehörigen Immobilien, wobei die Geldentwertung gewissermaßen die Tilgung übernahm.[113] Bei den Battes ist ein interessanter Zusammenprall zweier monetärer Norm-Welten zu beobachten. Obwohl Frau Batte immer wieder die im Elternhaus herrschende Sparsamkeitsnorm betont, hat ihr Vater im wirtschaftlich günstigsten Moment (1920) gewissermaßen das Pferd gewechselt und ist dazu übergegangen, auf Kreditbasis zu expandieren. Frau Batte erinnert genau eine stehende Rede aus der damaligen Zeit: „Mein Vater [...] sagte immer: ‚Als Industrieller steht man immer mit einem Bein im Gefängnis.‘“ Er hat sich also nach Maßgabe der Kognition und der Risikobereitschaft an die Inflationsbedingungen angepaßt und das normative Verschuldungstabu wenigstens vorübergehend suspendiert. Das scheint sich bei Frau Batte selbst ähnlich entwickelt zu haben, was sich in ihrer lapidar beiläufigen Bemerkung niederschlägt: „Ja, es gab dann auch mal ein paar Schulden, so daß man sagte: ‚Oh, wir müssen noch das bezahlen.‘ Was uns eigentlich gar nicht so groß zu Gesichte kam.“ Bei Battes zeigt sich die personelle Elastizität im Verbund dreier Momente: frühzeitige Krisendiagnose, kognitive Verarbeitung der Ergebnisse und Suspendierung eines Normensets, der die Umsetzung der gewonnen Einsicht hätte unterbinden können.

Das Paradebeispiel für den umfassend inflationsorientierten „homo socio-oeconomicus“ ist freilich die Familie Korte, die in Kategorien von ökonomischer Potenz kleiner ist als die Battes, aber in der Wirtschaftsgesinnung und im wirtschaftlichen Handeln noch umfassender adaptiert. Während der Kriegs- und Inflationsjahre baute sie, von einer Schmiede ausgehend, ihre Erwerbsgrundlage systematisch zu einer Mischexistenz mit Kolonialladen und landwirtschaftlichem Nebenerwerb aus. In diesem Zusammenhang profitierte sie, wie Herr Korte (*1909) mitteilt, ganz erheblich von der Entwertung von Krediten, Hypotheken und anderen Verbindlichkeiten, die für den Erwerb von Grundbesitz, den (Aus-)Bau von Immobilien u.ä. aufgenommen und verwendet worden waren. Kennzeichnend für den Umgang der Kortes mit der Inflation war das Zusammenspiel vollständig inflationsadaptierter

113 Eine Bürgschaft, die in der Inflationszeit platzte, fiel dagegen nicht so ins Gewicht.

kognitiver wie affektiv-normativer Bewußtseinslagen. Die ausgiebige Kreditaufnahme während der Inflationsjahre zeigt schon, daß Kortes zu jener Minderheit ihrer Generation gehören, die frei vom Verschuldungstabu waren oder sich davon gelöst haben. Mehr noch: sie haben geradezu eine *affektive Verschuldungsbereitschaft* ausgebildet. Wie Herr Korte berichtet, hatten seine Eltern weit über die Inflationszeit hinaus immer Verbindlichkeiten: „also sie hatten ewig Schulden, bis während des Krieges dann meine Mutter mir schrieb – 1943: ‚Wir haben jetzt die letzten Schulden bezahlt.'" Die Verschuldungsbereitschaft wurde jedoch keineswegs vollständig habituell, sondern strategisch und flexibel den Zeitläuften angeschmiegt. So erzählt Herr Korte, daß seine Eltern im Vorfeld der Rentenmarkreform sehr darum bemüht waren, den Schuldenstand zu reduzieren und, wo dies nicht mehr machbar war, Sachwerte zu akkumulieren. „Die Eltern hatten ja Schulden, die haben ja dann versucht, daß sie schnell auch das abzahlen konnten, daß die weniger wurden. [...] Und dann hat Mutter, im November kam ja dann die Umstellung, bis Ende November haben wir noch Kartoffeln gestoppelt, und dann hat Mutter Ferkel gekauft, alle Ställe voller Schweine gehabt. Vater sagte: ‚Jetzt haben wir praktisch den Warenwert[114] doch noch gut bezahlt gekriegt.'" Den Kortes war klar, daß die fortwährende Privilegierung der Schuldner, die sich während der Inflation als quasi ökonomisches Naturgesetz etabliert hatte, durch eine Währungsreform mit noch unklaren Modalitäten sich unter Umständen ins Gegenteil hätte verkehren können.

Adaptiert war nicht nur der strategisch flexible Umgang mit Krediten. Vielmehr fügen sich das gesamte Geschäftsgebaren und die allgemeine Wirtschaftsgesinnung der Kortes zu einem kohärenten Ganzen. Die bereits genannte Erweiterung der Erwerbsgrundlage war nämlich kein Wildwuchs, sondern durchdachte Diversifikation. Schon während des Krieges begonnen, wurde die Expansion in der Nachkriegszeit unter dem Eindruck der monetären Krise systematisch vorangetrieben und im ganzen Zuschnitt an die Inflation angepaßt. In den absehbaren Versorgungsengpässen und beim immer wichtiger werdenden Naturaltausch war der kleine „Mischkonzern" aus Schmiede, Landwirtschaft und Kolonialwarenladen sozusagen unschlagbar. „Mutter hat auch schnell erkannt, daß sie Faktoren schaffen mußte, die eine gewisse Unabhängigkeit von der Kundschaft bewirkten." Auf einer tieferen Ebene dokumentiert sich darin, daß die Wirtschaftsgesinnung der Kortes nicht mehr durch eine traditionelle, vorindustrielle intrinsische Bindung an bestimmte Arbeitsweisen und Produkte (Türk 1987: 280) bestimmt war. In der Antizipation bzw. unter dem Wirken der Inflation hat sich eine pur kapitalistische, rein formale, allein am Wertprinzip orientierte Grundhaltung herausgebildet und bewährt.

In dieses Bild paßt weiterhin die „freie Disponibilität" (Türk 1987: 280) etwa gegenüber Tauschpartnern, die sich, am überkommenen Grundsatz „Mark gleich

114 Der Warenwert, der hier angesprochen wird, bezieht sich auf den einzigen nennenswerten Verlust, den Familie Korte in den Inflationsjahren erlitt, weil ein Gutsbesitzer die Zahlung für einen teuren Ackerwagen systematisch verzögert hatte und anschließend nicht bereit dazu war, eine Naturalzahlung zu leisten (siehe weiter unten).

Mark“ orientiert, den inflationsadaptierten Änderungen der Zahlungssitten im Hause Korte widersetzt hatten. Ob der schon erwähnte Gutsbesitzer sich „nur“ traditionell verhalten hatte oder aber, gewissermaßen nach derselben Spielregel wie sein Kontrahent, sich durch gezielte Nutzung der Schuldnerposition zu Lasten der Kortes bereichern wollte, ist dabei ohne Belang. „Da ich ja Rechnung schreiben und auch kassieren mußte, da hatte dieser Gutsbesitzer B., der hatte einen neuen Ackerwagen bekommen. Und das waren ja teure Wagen, die waren ja teurer wie die Bauernwagen [...]. Und da bin ich mehrmals hin gewesen, sollte 27 000 Mark kassieren dafür, die Summe, die ist mir unvergeßlich geblieben. Und Herr B. hat immer nicht bezahlt. Und dann eines Tages habe ich gekriegt. Er war auch nicht zu bewegen, das in Getreide umzurechnen. Na ja, und dann bin ich mit den 27 000 Mark nach Hause gekommen, und dann sagte meine Mutter: ‚Und das kostet jetzt gerade ein Ei.‘ [...] Das muß Ende 1922 gewesen sein oder Anfang 23. Und daraufhin hat Vater dann für den Gutsbesitzer B. dann nicht mehr gearbeitet. Und mit den anderen das ging, Getreide umrechnen.“ Die Indexierung auf Getreidebasis wurde bei den Kortes bald durchgehendes Geschäftsprinzip, das Denken in Kategorien der Goldmarkzeit aufgegeben. Herr Korte erinnert sich genau an diesen adaptiven Schwenk: „Und Ende 23 bekam ich dann von Vater den Auftrag, alles in Getreide umzurechnen, also auf der Basis Roggen. Kunden, die nicht damit einverstanden waren, hat er nur noch gegen Barzahlung bedient. Das war ja so, 1923 wollte ja hier überhaupt keiner mehr, da spielte Ware eine Rolle, denn Ware behielt Wert.“

Im Geschäftsfeld der Familie Korte war die Indexierung naturgemäß nicht umfassend möglich; im unvermeidlichen Bargeldbetrieb des Einzelhandels realisierte sich die Überwindung der Geldillusion als Tempo der Weitergabe des Geldes. Die Zirkulationsform des Konsumenten (Geld–Ware) und des Handels (Ware–Geld) waren gleichermaßen dem Diktat einer möglichst zügigen Geldausgabe unterworfen. Mit seinen 14 Jahren hatte unser Gesprächspartner dabei eine Schlüsselrolle inne: „Ich habe ja manchmal eine halbe Milliarde in der Tasche gehabt und bin damit nach P. gefahren [die Lieferanten bezahlen]. [...] Zu Mutter in den Laden kamen ja die Arbeiter von dem Gut, ja, wenn die Geld bekamen, dann hat Mutter den Laden bis spät abends auf gehabt, denn sie wollten ja für ihr Geld noch etwas haben – am nächsten Tag haben sie manchmal schon weit weniger gekriegt, nicht wahr. [...] Ja, am nächsten Tag mußte ich das auch den Lieferanten abliefern. Was die für Abmachungen hatten, mit ihren Bezugsfirmen, also das weiß ich nicht.“

Hiermit vollendet sich die rundum am Wertprinzip orientierte Wirtschaftsgesinnung der Familie Korte, durch die sie die Wirren der Inflationszeit als Gewinner passiert hat. Sie hat in ihrer Realität alle Elemente zusammengefügt, die den „homo socio-oeconomicus“ im Modell auszeichnen. Selbst das Nachspiel paßt in die Vorgeschichte. Bezeichnenderweise handelt es sich bei Familie Korte um den einzigen Fall im gesamten Sample, in dem die Aufwertungsgesetze von 1925 negativ zu Buche schlugen. Danach befragt antwortete Herr Korte: „Ja, ja, das spielte dann eine Rolle bei einigen Hypotheken, die mit übernommen wurden. Also von zwei hat Mutter immer geredet – bis zu 75%, wenn ich mich erinnern kann, war Tilgung dabei.“ Trotz einiger Unklarheiten in dieser Formulierung rundet die folgende

Äußerung zur Aufwertung das entstandene Bild ab: „Da muß ich dann spekulativ mal sagen, günstiger wäre es gewesen, wenn da nichts aufgewertet worden wäre. Aber ich weiß noch, Mutter sagte, wir können ja trotzdem froh sein, daß wir [...] das finanziell soweit überbrückt haben, also ist ja auch der Rest noch zu schaffen."

Vor einer abschließenden Bilanzierung dieses Inflationsschicksals seien zwei Details hervorgehoben, die im vorliegenden Kontext randständig, aber für weitere Forschungen interessant sind. Wichtige Entscheidungen in der Geschichte der Familie wurden durch *Frau* Korte initiiert oder mindestens maßgeblich beeinflußt – eine spannende Facette zum Thema Geld und Geschlecht. Und erneut tritt das Phänomen der Kinderarbeit auf dem Verantwortungsniveau von Erwachsenen in den Blick. Auch Herr Korte „war ja praktisch in den [Geschäfts-] Prozeß meiner Eltern mit eingebunden. Das war ja so, wie die Währung rapide verfiel, wie ich schon erwähnte, daß ich alle zwei Tage mit Millionen nach P. fuhr und das Geld [bei den Lieferanten] abliefern mußte."

In der Summe legte Familie Korte Handlungsweisen und -orientierungen an den Tag, wie sie dem „inflationsorientierten Sozialtyp" (Hoffmann 1990: 319) als *umfassend adaptiertem homo socio-oeconomicus* zugeschrieben werden. Ihr Anpassungsverhalten entsprang einem Konglomerat verschiedenartiger Handlungsfaktoren, die – jeder für sich schon vorteilhaft und für die damalige Zeit ungewöhnlich – perfekt ineinandergriffen. Die generelle Verschuldungsbereitschaft und die gezielte Schuldnerstrategie, die kognitiv sowie affektuell geprägte neue Wirtschaftsorientierung, der hiermit zusammenhängende Zuschnitt des familialen „Mini-Konzerns", das kritische Geldwertbewußtsein und die daraus abgeleiteten Variationen in den Geschäftsbeziehungen und der Geldkultur haben sich flankiert und wechselseitig verstärkt. Gewissermaßen aus dem Nichts ist ein *vollständig inflationsadaptiertes Verhaltensprofil* entstanden. Mit anderen Worten kondensierten sich im Fall von Familie Korte verschiedene Erkenntnisse, Attitüden und Normen, die „untereinander in einem harmonisch-konsistenten Verhältnis" (Hoffmann/Rühmann 1993: 57) standen, zu einem sehr gewinnträchtigen Umgang mit der Geldentwertung.

Die Möglichkeit solch vollständiger subjektiver Anpassung an die inflationären Umweltbedingungen war Voraussetzung dafür, die typischen Freiheitsverluste der Inflation mindestens zu kompensieren. Die Inflation bewirkte ja – gerade bei den Investitionsentscheidungen – drastische Einbußen an ökonomischer Planungssicherheit, begleitet von einer Verkürzung wirtschaftlicher Planungshorizonte, bis am Ende fast die Planungsunmöglichkeit stand. (von Kruedener 1989: 243ff.) All dies haben Selbständige, die Schicht-Schicksale vom Typus der hier dargestellten hatten, mehr oder weniger gemeistert und sogar positiv gewendet. Daran gescheitert sind die im vorigen Abschnitt dargestellten Opfer und Benachteiligten aus demselben Segment der Sozialstruktur. Beide Male kommt es nicht so sehr auf die Größe und ökonomische Potenz der jeweiligen Unternehmen an, sondern auf das Syndrom von subjektiver Elastizität, in dem sich stets aktualisierte Erkenntnisse mit einem Wandel der Wirtschaftsgesinnung und einem Wechsel im Normenset verbinden. Einen wichtigen Aspekt dieses kurz- *und* langfristig folgenschweren Prozesses hat von Kruedener beschrieben: „Hier liegt der Grund, weshalb unter den Industriellen nun nicht mehr die soliden ‚Produzenten', die sich als Sachwalter eines kontinuierlichen Ausbaus ihrer Werke verstanden, am erfolgreichsten waren, sondern clevere ‚Spekulanten', die in ständiger Jagd nach schnellen Gewinnen ihre Tätigkeit vorwiegend auf Kredit- und Aktienmärkte verlegten." (von Kruedener 1989: 244)

6.2.1.2 Bauern

Bei den Selbständigen aus Produktion und Handel ist innerhalb ihrer Gruppe eine Kluft zwischen flexibel vs. starr, angepaßt vs. traditionell, hart ökonomisch vs. human angereichert aufgezeigt worden, die für die Krisenbilanz der Inflation wichtig war. Bei den Bauern, der letzten Gruppe von Selbständigen, wird sich ein ganz anderes Muster ergeben.

Die gängige, an Eulenburg angelehnte Hypothese, daß in der Inflation „eine bemerkenswerte Konsolidierung der ländlichen Besitzverhältnisse" eingetreten sei (Eulenburg 1924: 766; Moeller 1982: 255ff.), hatte für die Stichprobe des Göttinger Projekts schon auf der quantitativen Ebene keine durchgehende Bestätigung gefunden. Dort war, wie knapp rekapituliert sei, ein breites Spektrum von Betroffenheiten deutlich geworden, das sogar mehr Opfer als Gewinner umfaßt.

Die Darbietung des empirischen Materials zu den Selbständigen im Agrarsektor bricht mit der Anordnung des vorigen Abschnitts, um die bäuerlichen Gewinner direkt auf ihre Pendants aus dem produzierenden und dienstleistenden Mittelstand folgen zu lassen. Zwischen dem listig und strategisch agierenden Gewinner im alten Mittelstand und seinem Pendant auf dem Lande liegen nämlich (Webersche) Klassen-Welten.

Die Gewinner

Die bäuerlichen Positionsgewinne in der Inflation sind nebenbei bis zufällig entstanden; die Nutznießer selbst haben sie nicht als Ausfluß eigener Anstrengungen, geschweige denn als Erfolg in der Auseinandersetzung mit der Inflation erlebt. Entsprechend dieser Wahrnehmung haben die Gewinne nicht zu nennenswerten Veränderungen im Lebensalltag oder in der Wirtschaftsgesinnung geführt. Herr Behr (*1910) bspw. erzählt ganz beiläufig: „Wenn sie [die Eltern] ein bißchen Geld gehabt haben, dann haben sie sich [etwas gekauft]. Wenn man Schulden gehabt hat, [...] wir haben am Anfang Schulden gehabt [...], dann haben sie die eben ausgeglichen." Auf diesem Wege konnten die Behrs die Belastung ihres Hofs offenbar vollständig abbauen. Doch Herr Behr betont, daß hieraus keine weiteren Veränderungen resultierten; die Begünstigung wurde erfreut hingenommen – wie eine gute Ernte. „Das ist gleich geblieben. Durch die Inflation konnten wir unseren Hof bald abzahlen. Da ging es dann schneller."

Frau Güthoff (*1911) hat sich sogar über das Geschenk der Inflation gewundert: „Also ich habe nie darüber nachgedacht, aber durch mein schriftliches Festhalten [das Tagebuch lag der Projektgruppe vor – d. Verf.], da habe ich so stehen, daß das alte Haus, das erste gebaute Haus von 1905 sich ab 1922 verändert hat. Da frage ich mich jetzt selber, wieso konnten sie denn 1922 noch das Torhaus anbauen?“ Und an anderer Stelle betont sie: „wir hatten ja nicht Hunderttausende, die wir verlieren konnten, dabei, ... und dabei war dann auch jeder zufrieden, daß er es wieder geschafft hatte und die ganze Anlage bezahlt werden konnte.“ Der ökonomische Terminus „windfall profit“ erhält bei der Interpretation der Gewinne durch die Gewinner im primären Sektor eine eigenartige Wort-Wörtlichkeit. Noch Jahrzehnte nach der Krise ist die ökonomische Mechanik unverstanden.

Die Opfer und die unauffälligen Bilanzen

Während die Gewinner und die Opfer im Mittelstand des sekundären und tertiären Sektors durch konträre Denk- und Wirtschaftsweisen fast schon feindlich geschieden sind, gibt es eine solche Polarisierung auf dem Lande nicht. Auch die Tonlage und die Interpretationsmuster der auswertbaren Schicksale von Leidtragenden sind kaum anders als bei den Gewinnern.[115] Familie Deschner z. B. hatte inflationsbedingte Verluste hinzunehmen. Die Entwertung von Bargeld und Ersparnissen wurde nicht als dramatischer Einschnitt erlebt. „Wir hatten keine Schulden, wir haben gearbeitet wie die Blöden [lacht], und das ist alles fort. Wir mußten wieder frisch anfangen. Wir hatten ja noch das Vieh und das alles.“ Und an anderer Stelle: „Wir hatten eben immer viel Vieh und Kram. Das hat uns nach und nach so geholfen.“ (Herr Deschner, *1906)

Am auffälligsten sind die unauffälligen Krisenbilanzen, die viel vom bäuerlichen Leben in der Inflation offenbaren. Der vorherrschende Zug war eine sehr ausgeprägte Geldferne, die nur ausnahmsweise und anlaßgebunden aufgebrochen wurde. Herrn Tiemeyer (*1911) etwa konnte die Inflation richtiggehend gleichgültig sein; Schwierigkeiten mit der Entwertung von Geldern hatten nur andere. „Die Erinnerung habe ich eben, daß das Geld schnell entwertet wurde, daß es wertlos wurde. Ich selbst hatte ja kein Geld, und meine Verwandtschaft, Eltern, auf dem Land überhaupt, die hatten eigentlich kaum Geld zu Verfügung. Aber das Geld, wenn sie Erzeugnisse verkauft haben, Butter oder Getreide oder so was, und das Guthaben

115 Wir mußten uns schweren Herzens entschließen, die beiden schweren Opfer aus der qualitativen Auswertung herauszunehmen. Beide Male resultiert der Opferstatus nicht ursächlich aus der Inflation, sondern aus länger zurückliegenden Ereignissen und Entscheidungen, die zwar in der Inflation zu schweren Familienschicksalen führten, die jedoch keine spezifisch *bäuerlichen* waren. Wegen ihrer Bedeutung und aus Gründen der Transparenz werden beide Schicksale im Telegrammstil referiert. Im Fall von Familie Stupp war der Tod beider Eltern mit anschließendem Verkauf des Guts vorausgegangen. Die Entwertungsverluste aus der Inflationszeit waren sehr hoch, darüber hinaus wurde die weiterführende Ausbildung der nächsten Generation vereitelt. (Frau Stupp, *1907) Auch die Familie Scholz hat schwere Opfer erlitten, gehörte aber im interessierenden Zeitraum längst nicht mehr dem primären Sektor an. Die Eltern verkauften nach ihrer Scheidung im Jahre 1908 ihr Gut, teilten sich den erzielten Erlös und lebten Herrn Scholz (*1902) zufolge davon als Rentiers. Unser Gesprächspartner wohnte während der Inflationsjahre zusammen mit seinen beiden Brüdern bei der Mutter, nachdem der Vater einen Großteil seines Vermögensanteils bereits vor dem Krieg durchgebracht hatte. Mütterlicherseits kam es in der Inflation zu dem wohlbekannten Rentiersschicksal durch Entwertung von Bargeld und Forderungstiteln.

haben sie gleich wieder ausgegeben. Und andere, kann ich mich erinnern, die haben das gestapelt, und dann haben sie es dann wegschmeißen können, bergeweise, kofferweise." Die monetäre Sphäre drang nur als alljährlich wiederkehrende Notwendigkeit der Kreditaufnahme in den Betrieb ein, was die Geldlosigkeit des Alltags jedoch gar nicht berührte. Geldlosigkeit und ausgeprägte Subsistenzwirtschaft sind symbiotisch verbunden; beides immunisiert gegen die Inflationsdynamik. So berichtet Herr Tiemeyer: „Übers Geld wurde kaum gesprochen, [...] die Ernte hat man, hat der Stiefvater schon immer verpfändet für den Dünger, den er gebraucht hat. Der Dünger wurde von einem Großhändler gekauft, ja, aus der Stadt und auf Kredit, und dafür wurde die Ernte als Sicherheit gewährt. Die Güter, da hat er was übrig gehabt, und wenn nicht, dann hat er Pech gehabt. Das hat dann gerade immer so für den Eigenbedarf gereicht, Vieh und selbst. Das Getreide wurde in die Mühle gebracht, Windmühlen gab es in Schlesien, und das Mehl wurde dann zu Brot, Brot wurde auch selbst gebacken, hat die Mutter gemacht." Frau Vogel (*1914) erinnert sich ebenfalls, daß ihre Familie nur punktuell mit Geld in Berührung kam: „Na, das einzige war, wenn man nun gerade mal ein Stück Vieh verkauft hat und hat Geld gekriegt, dann mußte man beinahe sehen, daß man am selben Tag noch etwas dafür kaufte, sonst war es ja nichts mehr wert. Das ging ja so furchtbar schnell. Aber sonst wüßte ich nichts."

Die negativen und unauffälligen Inflationserfahrungen sind, was die Wirtschaftsweise, die -gesinnung, den Alltag und die Selbstwahrnehmung in der Krise betrifft, kaum anders als bei den Gewinnern. Subsistenzwirtschaft, Geldferne mit sporadischen monetären Interventionen und die Wahrnehmung des Krisengeschehens als einen in der Ferne ablaufenden Prozeß sind hier die entscheidenden Stichworte. Obwohl für die Bauernfamilien eine große Bandbreite von Inflationsbetroffenheiten ermittelt wurde, blieben ihre Inflationserfahrungen im Unterschied zu denen im alten Mittelstand eher unspezifisch und distanziert, und zwar über die gesamte Spanne hinweg. Ob sie Inflationsopfer oder -gewinner wurden oder die Hyperinflation mit einer unauffälligen Bilanz überstanden, entschied sich fast zufällig dadurch, ob gerade zweckgebundene Vermögenspositionen gehalten wurden, ob es Außenstände gab oder ob nichts dergleichen vorhanden war. Die inflationären Verteilungspositionen der Bauernfamilien entsprangen gerade nicht der monetären Sphäre, sondern strukturellen oder zyklisch-natürlichen Vorgegebenheiten des primären Sektors, z. B. Ernte oder Schlachtung. Ganz im Gegensatz zu den Inflationserfahrungen in selbständigen Mittelstandsfamilien scheint es im Alltag bäuerlicher Familien kaum Anpassungszwänge durch die Geldentwertung gegeben zu haben. Spezifische Umgangsweisen mit der Inflation und ein grundlegender Wandel in der Wirtschaftsgesinnung sind den Interviews nicht zu entnehmen. Unter Rückgriff auf die theoretischen Bestimmungen weiter vorn kann man sagen, daß die sozialökonomische Gemeinsamkeit zwischen Bauern und altem Mittelstand, das Eigentum an Produktionsmitteln, durch die Klassenzugehörigkeit à la Weber überformt wird. Und im Vorgriff auf einen späteren Abschnitt (siehe 6.2.2.1) ist anzumerken, daß diese Konstellation im Verhältnis der Bauern zu den Landarbeitern noch einmal analog auftreten wird.

Zwei separate Probleme seien abschließend gestreift: Trotz der aus dem Krieg stammenden Zwangsbewirtschaftung der Landwirtschaft (Moeller 1982) mußten die Bauernfamilien in der Inflation keine Abstriche machen. Zum Teil war es sogar so, daß „die Geschäftslage bis zur Stabilisierung sich gebessert hat" (Eulenburg 1924: 765), wenn auch offenbar aus Zeitzeugensicht nur in bescheidenem Umfang. Vermutlich trug die Zwangsbewirtschaftung aber das ihre dazu bei, daß der ohnehin geringe Monetarisierungsgrad noch kleiner erschien als er war. Handelsbeschränkungen pflegen den möglichst geräuschlosen Handel unter der Hand zu verstärken.[116] Dazu erinnert sich Herr Behr (*1910): „Da ist nicht viel geredet worden. Wenn man Geld gehabt hat, dann hat man etwas dafür gekauft."

Die Distanz zwischen dem bäuerlichen Alltag und der Geldwelt enthält möglicherweise die Antwort auf die Frage, „weshalb die Agrarproduzenten die Chancen der Inflation nicht energischer und systematischer genutzt haben, als sie es offenkundig taten." (Flemming u. a. 1978: 253) Auch der evidente Widerspruch zwischen der These von der Begünstigung des primären Sektors durch die Inflation und der soeben zitierten Einschätzung schwächt sich durch diesen Gedanken ab; ökonomisch hätten sie, soziologisch haben sie nicht gekonnt!

6.2.2 Die abhängig Beschäftigten

Vorweg sei auf eine *Basiskonstellation* hingewiesen, die sich aus der Gesamtheit aller Inflationsberichte aus den Familien von abhängig Beschäftigten ergibt. Im Zentrum des familialen Inflationsalltags der Beschäftigten im *sekundären und tertiären Sektor* standen Versorgungsprobleme, die den *Landarbeiterfamilien* ganz fremd waren. Auch hier verläuft eine wichtige Trennlinie innerhalb der Klasse. Dies sei vorab mit je einem charakteristischen Zitat pro Sektor angedeutet.

Frau Ahrens (*1903) beschreibt die Situation *auf dem Lande* so: „Wir hatten immer zu essen gehabt und so und wurden auch ein klein wenig, ja, wie soll ich sagen, verwöhnt [...]." Im Gegensatz dazu kommentiert Frau Sauters (*1896) als Frau eines Volksschullehrers die Situation in einer *Beamtenfamilie*: „Das waren ja die Hungerjahre, das waren die schrecklichen Jahre, wo es nichts gab für das Geld." Im Tenor deckungsgleich ist die Beschreibung der Situation in einem *Arbeiterhaushalt*: „Das war gleich Hunger, weil wir nichts kaufen konnten für das Geld, was wir verdient haben. [...] Das hat angefangen von 1919, wie der Krieg zu Ende

---

116 In verschiedenen Schriften wird auf das wirtschaftspolitische Problem des Schleichhandels verwiesen, der infolge der Zwangsbewirtschaftung florierte und zu massiven Versorgungsengpässen während der Inflationsjahre beisteuerte. (Z. B. Niehuss 1985: 134ff.) Nicht zuletzt die progressive Inflationsentwicklung war eine zusätzliche Schubkraft dieser Problematik. Wie Pfleiderer (1976: 182) ausführt, lag hierin sogar ein zentraler Grund für das wirtschaftspolitische Bemühen um eine monetäre Stabilisierung. „Dabei stand [...] die gebieterische Notwendigkeit, die Landwirte zum Verkauf der heranstehenden Ernte zu bewegen, im Vordergrund, wenn eine Hungerkatastrophe bei gefüllten Scheunen vermieden werden sollte."

war, bis 31. Dezember 1923. Also sind das drei, vier volle Jahre gewesen, wo wir gar nicht verdient haben.“ (Herr Pohl, *1905) Im Verlauf gewann die Versorgungsproblematik für die erwerbsabhängigen Familien noch an Gewicht, da die progressive Inflationsentwicklung den „Arbeit-Geld-Konsum-Zyklus“ (Ganßmann 1996: 253) einem immer absurderen Zeitdiktat unterwarf. Mit der finalen Inflationsbeschleunigung seit Juni 1922 waren die Abhängigen darauf zurückgeworfen, ihr Einkommen möglichst umgehend auszugeben, womit sich, wie von Kruedener (1989: 238f.) erläutert, in der Regel eine drastische Einengung ihrer finanziellen Ausgabealternativen verband (scharfer Anstieg beim Konsum inferiorer Güter). Man versuchte, das Geld unter immer größeren Zeitdruck unter die Leute zu bringen und kaufte schlußendlich alles, dessen man habhaft werden konnte, nur um das Geld loszuwerden.

Härtere Kontraste sind mit Schlaglichtern kaum zu werfen. Sie werden im folgenden durch Detailanalysen der drei Sektoren differenziert.

6.2.2.1 Landarbeiter

Auch bei den Landarbeitern ist das Auffälligste ihre Homogenität in der Unauffälligkeit, die sich schon in den quantitativen Daten angedeutet hatte. Allerdings lehrt erst die qualitative Analyse, daß sich hierin gewissermaßen eine weitgehende Affinität zwischen Herr und Knecht manifestiert; sie bedingen sich nicht nur, sondern sie ähneln sich auch. Die entscheidenden Stichworte, um die sich das gesamte qualitative Material gruppieren läßt, heißen auch bei den Knechten und Mägden Subsistenz- und Deputatwirtschaft, Randständigkeit des Geldes, räumliche und soziale Distanz zur Stadt, die in der notbedingten Abschwächung nur um so deutlicher sichtbar wird.

Die abhängige Landbevölkerung war in der Versorgung beim Grundbedarf so weitgehend autark, daß die Inflation mehr über die Not der Städter als durch eigenes Erleben zu ihnen drang. Indem die Städter als Bittende kamen, erschien die eigene Existenz plötzlich als privilegiert. „Ach, zu Essen, also [...] das hatten wir. Keine Besonderheiten, wir waren ja nicht verwöhnt. [...] Nein, das [Elend der Inflationszeit] habe ich gar nicht so mitgekriegt [...]. Aber so andere, ja, ach Gott [...]. Da hat die Bevölkerung gelitten.“ (Frau Ahrens, *1903) Die ostentative Gegenüberstellung der eigenen Inflationserfahrungen mit denen anderer Bevölkerungsgruppen ist ein durchgehendes Thema. Frau Dobler (*1900) doziert geradezu darüber: Da „waren ja ländliche und städtische Lagen ganz unterschiedlich. Es ist genau wie nach dem Zweiten Weltkrieg, da gab es [...] ja auch nur für das Geld wenig. Und das einzige eben, daß wir [...] vom Lande nicht so sehr betroffen wurden, weil die täglichen Lebensmittel, kann man sagen, ins Haus wuchsen. Das war ja nicht so problematisch wie in den Städten, und das muß man dann immer wieder vergleichen. Die Städter haben genauso drunter gelitten wie nach dem letzten Weltkrieg.“ Und weiter: „bei uns auf dem Land war das mit dem Geld nicht so wichtig wie in der Stadt. Denn auf dem Land wächst ja das alles mit Gemüse usw. [...], was in der Stadt alles gekauft werden muß."

Mit fortschreitender Inflation vollzog sich die Umstellung der Entlohnung von der Geldform auf die Naturalform sozusagen im Medium des eigenen Produkts und daher unspektakulär. So berichtet Herr Gerke (*1903): „wir haben da auf dem Gut nachher in Roggenwährung unser Geld gekriegt, Roggenwährung." Der Schritt zum Naturallohn bedeutete nur die Verringerung eines ohnehin niedrigen Monetarisierungsgrades des Lebens. Der modernere Teil der Entlohnung der Landarbeit mit Geld fiel gewissermaßen in eins mit dem Relikt, durch Deputate (Wohnung, Land, Haustiere) faktische Bindungen an den jeweiligen Betrieb zu schaffen. In der Darstellung von Herrn Zubke (*1911) schimmert sogar eine leichte Verachtung für das unbeständige Geld durch, welches für ihn geradezu mit der Sicherheit einer in sich ruhenden Existenz kontrastiert. „Geld hatte keinen Wert. Bei uns ging das ja nur ums tägliche Brot praktisch, und dieser Begriff Inflation war doch bei uns so, da haben wir mit gelebt. Wie gesagt, dieses Geld, das ich heute habe, wenn ich's heute nicht ausgebe, dann ist es morgen und übermorgen schon nichts mehr wert. [...] Wir hatten hier unsere Landwirtschaft, wir mußten von der Milch leben, wir konnten keine Milch verkaufen, aber wir mußten selbst die Milch verbrauchen von unseren zwei Kühen oder drei Kühen, was wir hatten. Und Brot, beim Bäcker mußte man das Getreide hinbringen, erst zum Müller und das Mehl dann zum Bäcker, dann kriegten wir aus einem Zentner Roggen soundso viel Brote, und ganz früher haben wir hier selbst gebacken."

Wie gering die Monetarisierung des Lebens und die schlicht hieraus resultierende Sicherheit vor Inflationsrisiken war, erhellen noch weitere interessante Details. Das schlagendste Beispiel für einen richtiggehend *geldlosen Alltag* liefert eine Episode aus der Kindheit von Frau Ungerer (*1916): „meine Mutter war Asthmatikerin und während des Winters, wenn sie zu schlimme Anfälle bekam, sind wir nach R. gezogen zu einer Bekannten, wo Zentralheizung im Haus war. Und da bin ich an die Ecke gegangen zum Tante-Emma-Laden und kam nach Hause und sagte: ‚Mutti, der Kaufmann will mir keine Murmel geben.' Und da hat sie gesagt: ‚Ja, hattest Du denn Geld?' Nein, Geld hatte ich natürlich nicht, ich wußte auch nicht, daß man überhaupt so etwas benötigt. [...] Ja, da muß ich so drei oder vier gewesen sein. [...] Ich meine, bei uns zu Hause hat das Geld auch keine Rolle gespielt. Wissen Sie, in dieser furchtbaren Hungerzeit, wo alle Bekannten sich an ihre ländlichen Bekannten oder Verwandten erinnerten, die sind immer mit Geschenken gekommen. Ich habe Puppen gehabt, wer weiß wieviel, weil sie da eben auch was haben wollten. Aber daß das Geld da eine Rolle gespielt hat, das glaube ich nicht. Um Geld ging es da eigentlich nicht." Eine ähnlich klare Sprache spricht ein Detail aus der empirischen Praxis. In der Regel wirkte die Vorlage eines Geld-Sets mit Scheinen und Münzen aus der Inflationszeit als ungemein kräftiger Redeimpuls (siehe 2.2) – bei Frau Grübbel (*1913) hingegen fand er keinen Widerhall: „Na ja, und was die Inflation dann so anging, also ich kann mich nicht erinnern, daß ich mit diesen Scheinen eingekauft hätte, das kann ich nicht."

Die Nachteile der Landarbeiterfamilien in der Inflation bestanden vorwiegend in der Entwertung von Ersparnissen, die aber wiederum wegen der dargestellten Gegebenheiten in der Regel gering waren. Allerdings wirkte, Ironie der Geschichte, die Distanz zur Stadt auch als Einschränkung der Möglichkeit, sein Weniges wenigstens noch auszugeben. So klagte Frau Ahrens (*1903): „Ich habe das weggelegt, das Geld [...]. Ich konnte ja nichts kaufen. Ich konnte ja keinen Strumpf oder nichts kaufen. Wer in der Stadt wohnte, morgens das Geld bekam, der hat versucht, bis Mittag das Geld auszugeben. Dann hat er wenigstens eine Kleinigkeit gehabt. Aber, wo ich so weit ab war, konnte ich das doch gar nicht. In der ganzen Zeit habe ich nichts, gar nichts gekauft." Die Kehrseite der Abkoppelung der Landarbeiter von der Geldwelt bestand darin, daß die räumliche und soziale Distanz zur Stadt ihnen Verhaltensmöglichkeiten entzog, die dort zur Verfügung standen. Die Entfernungen zwischen Geld und Ware konnten *in* der Stadt durch erhöhtes Tempo des Lebens eher schlecht als recht überwunden werden, die *zwischen* Stadt und Land hingegen nicht. Hierin dürfte ein wesentlicher Grund für die finanziellen Einbußen des Gros der Landarbeiterfamilien und die Homogenität ihres Schicht-Schicksals zu suchen sein.

Die Verluste werden noch aus einem anderen Grund nicht mit der Bitterkeit beklagt, die in den anderen Schichten aufgezeigt worden ist bzw. werden wird: Es gab offenbar keine sozialen Aspirationen, vor allem keine Bildungsambitionen, die sich nur über Geldvermögen hätten realisieren lassen. Auch diesbezüglich ist bei den Landarbeiterfamilien eine ausgeprägte Selbstgenügsamkeit vorzufinden, die sicherlich ihrerseits ganz erheblich zur relativen Nichtbetroffenheit von der Hyperinflation beitrug. Selbst in der am härtesten belasteten Familie, dem einzigen Opfer unter den Landarbeitern, werden die Verluste in äußerst moderater Tonlage dargestellt. Frau Ungerer (*1916) zufolge resultierten aus den Einbußen der Eltern keine wesentlichen Folgen für sie – weder im Hinblick auf die alltägliche Lebensführung noch darauf, daß soziale Ambitionen (welcher Art auch immer) vereitelt worden wären: „Also verloren haben sie. Sie haben ungefähr den Wert einer Büdnerei noch einmal verloren. [...] Aber ich kann nicht sagen, daß sie so darunter gelitten haben wie die Leute in der Stadt, das haben sie nicht. Ja, etwas verschlechtert schon, man hätte ja mit dem Geld was machen können. Und es ging ja dann nachher auch wieder bergauf."

Insgesamt haben sich bezüglich der Inflationsschicksale starke Ähnlichkeiten zwischen den Landarbeitern und den Bauern ergeben. Als Klasse im Weberschen Sinne haben sie Subsistenzwirtschaft, Geldferne bis hin zur Geldlosigkeit, Versorgungsprivilegien gegenüber der Stadt und eine weitgehende Abkoppelung vom Inflationsgeschehen gemeinsam. Das Leben ging im Großen und Ganzen seinen gewohnten Gang. Die relative Unberührtheit der Landarbeiterfamilien von der Währungskrise wird scharf kontrastiert durch die Nöte und Turbulenzen anderer Familien in abhängiger Beschäftigung, die in den folgenden Abschnitten herauszupräparieren sind.

6.2.2.2 Arbeiter in Industrie und Handwerk

In weitgehender Übereinstimmung mit Waldmann ist zu den Inflationsschicksalen der Arbeiterfamilien festzustellen, daß hier, im Unterschied zum neuen Mittelstand (siehe 6.2.2.3), regelhaft keinerlei Möglichkeiten für einen erfolgversprechenden, konstruktiven Umgang mit der Inflation bestanden, der die Entwertungs- und Teuerungsfolgen abzufangen in der Lage gewesen wäre; irgendwelche Vorteile waren schon gar nicht zu erzielen. Die Umgangsweise mit der Geldentwertung war häufig genug „‘negativ‘ bzw. regressiv, sie beschränkte sich auf das Erleiden der Teuerungsfolgen und den Versuch, trotz der verschlechterten Existenzbedingungen irgendwie zu überleben.“ (Waldmann 1987: 384)

Die erwähnte Absurdität im „Arbeit-Geld-Konsum-Zyklus“ (Ganßmann 1996: 253) ist nunmehr im Detail darzulegen. Herr Lehmann (*1903), ein Facharbeitersohn, erinnert sich: „Man stürzte um zwölf Uhr in die Läden, weil der Dollarkurs nachher festgesetzt wurde. Und der war bestimmt höher, so daß man am nächsten Tage wahrscheinlich das Doppelte bezahlen mußte, um Brot oder Butter oder sonstwas zu kaufen, nicht wahr.“ Die eskalierende Entwertung des Geldes, der jede Lohnverhandlung stets nur nachhinken konnte, führte unweigerlich in die Konstellation, die auch Herr Hermes (*1908) beschreibt: „Na ja, [...] wie ich schon sagte, meine Mutter hat ja immer von der Hand in den Mund gelebt. Wir haben ja immer ausgegeben das Geld, was wir in den Händen hatten, immer ausgegeben. Und dann der Streß, wo wir gesehen haben, das schmilzt einem ja unter der Hand weg.“ Und Herr Pohl (*1905) meint: „Also wir haben die ganze Woche gearbeitet, und mit dem Lohn da konnten wir kaum Margarine uns kaufen.“

Auf hochgeschätzte Festtage nahm die Geldentwertung keine Rücksicht, so daß gerade hier schmerzlichste Erinnerungen berichtet werden. „Ich kann mich entsinnen, daß zu Weihnachten meine Mutter, wie war das, ein halbes Pfund Schweinebauch gekauft hat. Davon haben wir drei Tage gegessen, eine vierköpfige Familie, und Vater ist auf die Rieselfelder gegangen und hat Grünkohl gestohlen, und dann haben wir einen großen Topf Grünkohl mit gekocht, und das war unser Weihnachtsessen. [Frau Pochadt beginnt zu weinen.] Aber das war so scheußlich. Dann sind sie auch, frühmorgens fuhren durch S., da ist jetzt glaube ich noch die Schiene da, wo die Güterwagen an den Fabriken vorbeizogen, die haben dann Kohlen in die Fabriken gezogen, und die ganzen Erwerbslosen, [...] die sind dann auf die Kohlenwagen aufgesprungen, haben die Kohlen runter geworfen, die andern haben sie aufgesammelt, und die haben sie sich dann alle geteilt, damit jeder dann mal eine warme Stube hatte im Winter. [Frau Pochadt beginnt wieder zu weinen.]“ (Frau Pochadt, *1907) Wenn, wie in dieser Familie, häufige Arbeitslosigkeit die ohnehin schon vielfach prekäre Situation der Arbeiter noch weiter verschärft hat, kann es in einer Situation ohne sozialpolitische Absicherung leicht zu der exemplarisch beschriebenen Kleinkriminalität kommen, die auch in der Literatur Erwähnung findet. (z. B. Waldmann 1987: 384ff.) Weder handelte es sich hierbei um Bereicherungsmotive noch um Anzeichen eines wie auch immer gearteten Sittenverfalls oder gar um eine „Inflation des Verbrechens“, wie bisweilen in der Literatur behauptet. (z. B. Heinemann 1969: 144f.) Von Erwerbslosigkeit Betroffene sahen sich dann schlicht vor eine „do or die"-Situation gestellt, ihr Möglichkeitsraum für konventionelle Formen der Inflationsbewältigung war zu klein.

Das allgemeine Klima von Spekulation, Schiebertum, Protz und Neureichtum hat in gewisser Weise auch die Arbeiter erfaßt. Ihr beengter oder fehlender Dispositionsspielraum hat offenbar eine spezifische Spielart von „Kleine-Leute-Spekulation" hervorgebracht, an die sich Herr Lehmann (*1903) mit großem Amüsement erinnert. „Meine Eltern konnten gar nichts weiter unternehmen, die hatten ... [Lachen] Also mein Vater stand auf dem Standpunkt, [...] warten Sie mal ... Ja, die Tausendmarkscheine aus der Markwährung, die würden aufgewertet werden, und die würden bleiben, nicht wahr. Da hatte er eine ganze Zigarrenkiste voll von den Tausendmarkscheinen, die natürlich auch nichts wert waren, nicht wahr, also er hatte sich verspekuliert. Nein, nein, meine Eltern waren ... Wir mußten ihnen sehr helfen nachher."

Ein oft verkannter Aspekt des Themas sind die frustrierten Wünsche der Kinder, die trotz ihrer bisweilen großen und vielfältigen Verantwortungen einfach auch Kinder blieben. Herr Raabe (*1909) erinnert sich noch im hohen Alter an den Jungen von damals: „[...] bei uns in der Straße, da war so ein Feinkostgeschäft. Wir kannten sonst keine Banane, keine Ananas oder sonstige Südfrüchte. Und das war dann immer ein bißchen schon dekoriert. Da stand dann französischer Cognac oder sonst etwas. Und da haben wir uns gegenseitig gefragt: ‚Mensch, wie mag das schmecken?'"

Naheliegenderweise kehrt der Hunger der Städter, die auf dem Lande unangenehm aufgefallen waren, aber dadurch eben auch zum Gefühl einer Besserstellung beigetragen hatten, in den Inflationserfahrungen der Arbeiter spiegelbildlich wieder. Herr Lehmann (*1903) und Familie hatten das Glück, über das private Netzwerk ihre Existenzsorgen lindern zu können. „Mein Vater und ich, wir sind auf das Land gefahren und haben Kartoffeln, meine Mutter stammte ja vom Lande her, hatte da noch Verwandte, und die haben uns dann Kartoffeln geliefert, also gegeben, ohne daß wir was dafür taten. Und mein Vater hatte einen Rucksack mit Kartoffeln, ich hatte einen Rucksack mit Kartoffeln, da mußten wir uns davonschleichen, damit sie uns nicht nachher beschlagnahmt wurden."

In der Summe haben die Arbeiterfamilien die Hyperinflation eher als allgemeine, relativ unspezifische Krise erlebt. Der Kampf gegen Hunger und Not bestimmte den Alltag und ließ die spezifischen monetären Charakteristika der Zeit, wie sie vor allem in den Inflationserfahrungen der selbständigen Mittelstandsfamilien dominierten, in den Hintergrund treten. Anders ausgedrückt: Der Schwerpunkt der Erfahrungen lag nicht so sehr auf der monetären Seite der Inflation als vielmehr auf den realwirtschaftlichen Begleitumständen. Die wohl wesentliche Ursache hierfür ist, daß Habenichtse auch nichts zu verlieren haben. Die Arbeiterfamilien waren durch ihr fehlendes oder allenfalls geringes Geldvermögen gegen Schlimmeres gefeit. Etwa in der Familie von Herrn Pohl (*1905) gab es, ganz unabhängig von der Inflation und lange davor, keine noch so geringe Sparquote. „Das Geld war äußerst knapp, und die mußten sich nach der Decke strecken [...], daß sie über die Runden kamen. [...] Also von wegen Gelder sparen, da sind sie gar nicht zu gekommen." Eine Anekdote aus der Zeit der Geldentwertung spiegelt denselben Grundsachverhalt. „Mein Onkel [...], Mutters Bruder, [...] der sagte zu meiner Mutter: ‚Hast Du Goldstücke zu Hause?' Und war meine Mutter ganz empört: ‚Wo sollen wir Goldstücke herkriegen?' Also er sagte: ‚Wer Gold hat, behält seinen Wert.' Aber wir hatten nichts!" Vor diesem Hintergrund barg die Hyperinflation kein besonders großes Bedrohungspotential für die Arbeiter. Aus demselben Grund gab es aber auch keine Handlungsperspektiven, die eine Bilanz als Begünstigte oder gar Gewinner ermöglicht hätten. Die kognitive und normative Anpassung, die subjektive Elastizität, haben noch nicht einmal als Fragen Bedeutung, wenn der ökonomische Unterbau eines zumindest bescheidenen materiellen Fundaments fehlt.

Der Schutz durch die Armut entfällt für jene Minderheit der Arbeiterfamilien, die durch lebensgeschichtliche Zufälle (Erbschaft, Alimente) zu Vermögen gekommen waren und prompt, der Krise kognitiv preisgegeben, zu Opfern wurden. In diesen besonders dramatischen Konstellationen wurden die schon dargestellten allgemeinen Merkmale der Situation durch zwei Momente verschärft. Was hier zu verlieren war, wurde verloren – unter Einschluß der darauf gegründeten Lebensperspektive. Hinzu kamen i. d. R. kumulative Erschwernisse wie (vorübergehende) Arbeitslosigkeit. Diese seltenen, besonders bewegenden Familienschicksale seien in der gebührenden Ausführlichkeit dargestellt.

Der Vater von Frau Pochadt (*1907), ein ungelernter Arbeiter, war, wie gesagt, die meiste Zeit ohne Beschäftigung: „Na ja, eben die Arbeitslosigkeit, und daß wir eben uns nach jeder Woche nach dem Geld anstellen mußten und sehen, daß wir für das Geld noch etwas bekamen. Das war ja zuerst, die erste Zeit war es ja noch nicht so schlimm, aber die letzte Zeit, so 1923, das ganze Jahr 1923 war furchtbar." Hinzu kam als die besagte Sonderbelastung, daß das Erbe ihrer 1912 verstorbenen Mutter in der Inflation entwertet wurde. Zwar fiel die Erbschaft später unter die Regelung der Aufwertungsgesetze von 1925. Der niedrige Aufwertungssatz führte jedoch dazu, daß die Erbschaft nach Fälligkeit im Jahre 1928 nur dem Wert von zwei Bahnen Stoff entsprach und ihr sozial gemeinter Sinn nicht realisiert werden konnte. Dieser Zeitzündereffekt, die Entwertung einer erst später fälligen Summe, ist ein Inflationsproblem ganz eigener Art. Jedenfalls war es Frau Pochadt zunächst unmöglich, irgendeinen Ausbildungsweg zu verfolgen. Sie konnte weder eine Schul- noch eine Berufsausbildung absolvieren, ganz zu schweigen vom Abitur als Voraussetzung zur Realisierung ihres Berufswunsches, Lehrerin zu werden. Die inflationsbedingte Schädigung steht zumindest mit ursächlich am Anfang ihres prekären Weges in die Erwachsenenwelt: „1925 habe ich, weil ich keine Arbeit bekam, noch mal eine Lehrstelle angenommen und habe dann noch mal eine zweijährige Kaufmannslehre durchgemacht, die im Anschluß an die Berufsschule [kam], an die kaufmännische Privatschule, die ich besucht habe [...]. Da mußte ich doch aufhören, weil meine Eltern das nicht mehr bezahlen konnten, und dann war ich arbeitslos und bekam auch keine Arbeit als Anfängerin, vielleicht weil ich den Schulabschluß nicht hatte, oder eben es gab keine Arbeit. Es war unmöglich!"

Bei Familie Hermes hat die Inflation noch eindeutiger eine von langer Hand geplante, persönlich wie materiell bereits abgesicherte Ausbildung verhindert. Die Bildungsemanzipation und der konkret avisierte soziale Aufstieg von Herrn Hermes (*1908) wurden vereitelt. Seine Kindheit war dadurch gekennzeichnet, daß die Mutter als alleinstehende ungelernte Arbeiterin den Lebensunterhalt für sich und ihren Sohn bestreiten mußte. Natürlich ging es infolgedessen im Hause Hermes sehr ärmlich zu. Trotzdem ließ die Mutter über Jahre ein Geldvermögen unangetastet, das sie lange vor dem Krieg durch die einmalige Alimentezahlung des leiblichen Vaters erhalten hatte. „Meine Mutter war doch nicht verheiratet. Und mein Vater hat für mich die Alimente für sechzehn Jahre 1908, wo ich geboren bin, mit einem Schlag bezahlt, 4 500 Mark, und meine Mutter hat diese 4 500 Mark auf die Bank gebracht, um sie für eine gute Berufsausbildung für mich anzuwenden, nicht wahr. Und meine Berufsausbildung setzte ein im Oktober 1922, und da gab es für die 4 500 Mark auf der Kasse, gab es, ich habe da Nachforschungen angestellt, zu kaufen: ein Kilogramm Bonbons, aber keine gefüllten, saure Drops! Das war das, was wir verloren haben." Infolge der Entwertung dieses Guthabens mußte der Junge trotz guter schulischer Voraussetzungen 1922 auf den Gymnasiumsbesuch verzichten und ist statt dessen „in die Schneiderlehre gegangen. Allerdings bei mir war das so mit der Ausbildung: Ich wäre gerne weiter zur Schule gegangen, als ich die acht Jahre Gemeindeschule gemacht hatte. Und meine Mutter hatte auch für mich eine Freistelle am K[...]-Gymnasium gekriegt, weil ich gut war in der Schule und hatte Interesse. Freistelle hieß, sie hätte für mich kein Schulgeld bezahlen brauchen – weiter nichts. Sie hätte mich dann weiterhin ernähren müssen, und das war eben zuviel, darum ging das nicht. Da hat eben der Vater gefehlt als wirtschaftlicher Rückhalt, und da wurde das nichts. Und da haben wir beratschlagt, und meine Mutter wollte eben, daß ich in die Schneiderlehre ging, weil sie ja auch Näherin war – und am liebsten in Kost und Logis bei einem Schneidermeister außerhalb am Stadtrand. Aber das wollte ich wieder nicht, wollte auf die Nestwärme nicht verzichten. Und da kamen wir überein, dann bin ich, konnte ich zu Hause bleiben bei Muttern und in die Lehre gehen, aber habe eben auf das Gymnasium verzichtet, nicht wahr, so war es. Da fehlte eben der Vater, das einzige Mal eigentlich in meinem Leben, daß der fehlte in dem Moment." Die makabre „Chance", mit den Alimenten einen Bildungsaufstieg zu verwirklichen, welcher sonst kaum denkbar gewesen wäre, wurde jedenfalls durch die Inflation zunichte gemacht.

Die angestrengte Tristesse der regulären Existenz der Arbeiterfamilien in der Inflation und die Vereitelung eher zufälliger Chancen kennt im Material des Göttinger Projekts nur eine Ausnahme, die im Kern durch die Geldentwertung selbst bedingt war. Familie Evers überstand die Inflationszeit mit einer ausgewogenen Bilanz, obwohl die Seniorin (*1904) ungünstige Ausgangsbedingungen beschreibt. Der Lebensunterhalt der Familie mußte seit einem Arbeitsunfall des Ernährers, der Bergmann gewesen war, aus einer kleinen Unfallrente bestritten werden, die auch nach seinem frühzeitigen Tod 1918 weiter ausgezahlt wurde. Gestalteten sich die wirtschaftlichen Lebensbedingungen der Familie schon vor der Inflation äußerst bescheiden, so verschärfte sich ihre Lage mit der Geldentwertung zusehends. Als starres Einkommen wurde die Unfallrente in besonderem Maße von der Inflation ausgezehrt. Infolgedessen mußte Frau Evers als junges Mädchen bald nach Kriegsende den elterlichen Haushalt verlassen und eine Anstellung als Hauswirtschafterin annehmen.

Daß die Familie Evers trotz dieser widrigen Startbedingungen weitgehend unbeschadet über die Inflationszeit hinwegkam, war in der Hauptsache zwei eng miteinander verwobenen Gründen geschuldet. Zum einen rückten die Familienmitglieder unter dem Eindruck der Krise eng zusammen; hier zeigte sich eine starke Familiensolidarität. „Sie ist eigentlich, muß ich wirklich sagen, also meine Mutter, die ist phantastisch damit fertig geworden. Na ja, nun waren meine Brüder da, die sie auch dann irgendwie mit unterstützt haben. Also daß sie auch nicht auf ihre Rente allein angewiesen war, sondern, na ja, meine Brüder haben gesagt, wir müssen da mit alle durch, und das Geld muß weg, also, wir müssen sehen, daß wir damit fertig werden." Der entscheidende zweite Pluspunkt für die Familie war jedoch der Tätigkeitsbereich der Brüder unserer Gesprächspartnerin. Beide arbeiteten als Schlosser in einer einschlägig spezialisierten Firma im Maschinenbau: „meine Brüder hatten ja nun das Glück, daß sie da in der Fabrik arbeiten konnten und auch immer viel Arbeit hatten. [...] Die stellten Druckmaschinen her, also so Stempel und auch andere [...] große Maschinen. Und das war eine Abteilung, war eine Schlosserabteilung, die die sogenannten Pekuniär-Maschinen herstellte. Also wenn Sie mich da heute fragen, was das ist, da wurden Geldscheine mit gedruckt, auch. Und dann eben auch diese kleineren, die für die Kommunen, Städte und Dörfer, die druckten ja alle Notgeld, und diese Maschinen, die stellten die da her. Die kleinen Maschinen wurden von den Mechanikern hergestellt und die großen von den Schlossern. Und [...] weil die ja auch immer das Geld so kriegten, die konnten ja immer aufstocken, nicht. Und dann ist meine Mutter schon, Dienstag und Freitag kriegten die dann Geld – in der letzten Zeit vor allen Dingen. Und dann ging sie schon hin, denen entgegen, bis zum Kaufmann, und dann hat sie gleich eingekauft. Es gab damals schon mehr zu kaufen wie nach dem Zweiten Weltkrieg, also vor der Währung. Man konnte schon was kaufen. Aber das war eben so, daß die Preise so rasant stiegen, also die meisten, vor allen Dingen die Rentner und Leute, die eben mit dem Geld nicht so schnell nachkamen, für die war es natürlich schlecht. Und dann kaufte sie am Freitag, dann legten meine beiden Brüder zusammen." Wie die Rüstungsarbeiter im Krieg Vorteile gegenüber der Zivilproduktion hatten (Niehuss 1985: 91ff., Niehuss 1986: 242), waren die *Inflationsarbeiter* in der Inflation besser gestellt. Bei Familie Evers ging das so weit, daß ein Bruder sogar Sachvermögen bilden konnte. „Und der Älteste, die wollten heiraten, und dann ist der am Sonnabend früh, in aller Herrgottsfrühe, nach O. runter gegangen und hat Möbel gekauft, Stück für Stück, so daß die wenigstens ihr Wohnzimmer damals auch schon hatten. Und das Schlafzimmer hatte der Schwiegervater gemacht und die Küche auch, na ja, da hatten die wenigstens ihre Möbel. Aber das ging eben auch nur, weil die beiden Brüder dann ihr Geld zusammenlegten. Sonst wäre das eigentlich auch gar nicht so gut gegangen. Ein Stuhl nach dem anderen, Tisch und Sofa, das wurde dann alles so eins nach dem anderen, und das blieb dann da bei dem Möbelhändler erstmal stehen, weil die Wohnung auch noch nicht leer war, also da ging das denn."

Selbst bei dieser besten aller Krisenbilanzen von Arbeitern[117] bleibt die oben gewählte Formulierung korrekt, daß die monetären Charakteristika der Zeit ohne Bedeutung waren. Die Evers waren lediglich passive Nutznießer des ökonomischen Umstands, daß die Elastizität der Löhne in strategisch wichtigen Bereichen der Volkswirtschaft regelmäßig höher ist als an der Peripherie. Und sie haben auch, im Gegensatz zu den in der Krise erfolgreichen Mittelständlern, nicht wirklich „Sachvermögen" gebildet, sondern – Möbel angeschafft. Bezeichnenderweise brachte die Nachinflationszeit für Familie Evers größere Probleme mit sich als die Krisenjahre selbst. Mit dem Ende der Inflation gehörte auch die Begünstigung durch den Inflationsarbeiterstatus der Vergangenheit an; beide Brüder wurden vorübergehend arbeitslos.

6.2.2.3 Angestellte und Beamte

Die Hektik an der Konsumfront ist den Familien des neuen Mittelstandes durchaus mit den Arbeitern gemeinsam. Der Bericht der Richtertochter Negel (*1906) ist in der Substanz identisch mit den bereits zitierten Passagen: „Davon macht sich aber kein Mensch einen Begriff. Mein Vater, wir hatten ja, es gab doch gar kein Geld im Grunde. War nur dieses Geld, das wurde mittags ausgezahlt und um drei war es schon nichts mehr wert. Mein Vater war im Justizministerium in B. tätig [...] Mit dem Fahrrad nach B. rein und mit dem Rucksack, damit er gleich das Geld, wie es gekommen war– mußten wir in den Laden gehen, um dann noch Eßwaren dafür zu kriegen. Das war natürlich im letzten Stadium der Inflation so schlimm. Die ersten Jahre, da ging das noch so peu à peu." Die Familie des Postbeamten im gehobenen Dienst hatte genau dieselben Probleme mit dem immer absurderen Zeitdiktat: „Mein Vater hat auch immer das Geld mit nach Hause gebracht, meine Mutter ist losgerannt, kaufen dafür. Und dann hatte man ja auch ein bißchen einen Vorrat gekauft, wenn man noch was kriegte. Den anderen Tag war es ja schon wieder teurer. Es war grauenvoll! Ja, es war grauenvoll! Also, wenn man das nicht erlebt hat, der kann es sich auch nach Schilderungen nicht vorstellen. Wir sind alle nach Hause gerannt, wenn man ein paar Sechser in der Tasche hatte, ja. Wir sind alle nach Hause gerannt, um einzukaufen, denn Sie kriegten ja nirgends was. Denn sehen Sie mal, jedes Geschäft hatte seinen Kundenstamm, den sie ja auch möglichst beliefern wollten. Die waren nicht begeistert, wenn da ein Fremder kam und das weg kaufte. Und unser Bäcker im Hause, der hat uns dann vielleicht noch was aufgehoben. Man rannte dann nach Hause, alles rannte. Wer rannte, wußten wir, hat

117 Die zweite ausgewogene Bilanz muss hier ausgeblendet werden, weil unser Gesprächspartner während der Inflation kaufmännisch tätig war.

Geld in der Tasche. Ja, das war schlimm." (Frau Wellstein, *1903) Am Rande sei angemerkt, daß hier die vorherrschende Bevorzugung von Stammkunden sichtbar wird – das interessendienliche Kontrastprogramm zu jenem Altruismus, der das Los einiger Selbständiger erschwert oder auch besiegelt hat. (Siehe 6.2.1.1)

Interessanter als die Gemeinsamkeiten an der Konsumfront sind die Spezifika, die den Krisenbetroffenheiten der Angestellten- und Beamtenfamilien eigen sind. Theoretisch wäre beim neuen Mittelstand eine besonders große Verwundbarkeit durch die Inflation zu erwarten gewesen – auch und gerade in Relation zur Arbeiterschaft (Abelshauser 1981: 446, 475f.). Erstens verband sich mit der Inflation eine umfassende Nivellierung der Einkommen aus abhängiger Arbeit (so etwa zwischen Qualifizierten und Ungelernten, Alten und Jungen sowie Männern und Frauen), die auch das Gefälle zwischen Angestellten- und Beamtengehältern einerseits und den Arbeitern andererseits betraf (Holtfrerich 1980: 228ff., Flemming et al. 1978: 246). Zweitens – und in diesem Zusammenhang noch bedeutungsvoller – zeichnete sich die Vermögensakkumulation im neuen Mittelstand dadurch aus, daß sie in relativ großem Maße Geldvermögen und Forderungswerte umfaßte. Wenn das Geld als marktwirtschaftliches Steuerungsinstrument ausfällt und Güter und Dienstleistungen zunehmend im Bereich persönlicher Beziehungen ausgetauscht werden, steht für Nur-Geld-Besitzer eine besonders schwere Betroffenheit zu erwarten.

Die Befragten des Göttinger Projekts freilich überstanden – mit einer Ausnahme – die erste Sequenz von Krise und Reform im 20. Jahrhundert mit einer unauffälligen Bilanz. Ausschlaggebend dafür waren einerseits unmittelbar ökonomische Vorteile, wie z. B. die höhere Elastizität einiger Angestelltengehälter, die Unkündbarkeit der Beamten, die günstigere Struktur ihrer Haushaltsausgaben etwa aufgrund von Vorratsbildung und vergleichsweise niedrige Mietkosten (Niehuss 1986: 242ff.). In einem erheblichen Teil der Fälle kamen aber jenseits davon mittelbare Sozialfaktoren vorteilhaft zur Geltung. Dabei handelte es sich vorzugsweise um Vorteile aufgrund von Qualifikationen, Berufspositionen und sozialen Beziehungen, die in Anlehnung an Pierre Bourdieu (1983) als Elemente des kulturellen und des sozialen Kapitals bezeichnet werden können.

Solche Hintergründe, die bei den anderen abhängig beschäftigten Gruppen nur ganz randständig aufscheinen, machten es den Familien des neuen Mittelstandes möglich, Nachteile und Verluste durch die Inflation mindestens teilweise zu kompensieren oder sich sogar eine gewisse Unabhängigkeit von der monetären Sphäre zu verschaffen. Dieser Befund steht in einem gewissen Spannungsverhältnis zu der gängigen Darstellung, die den neuen Mittelstand stärker als Objekt von Wucherpreisen, als unfreiwillige Verkäufer von Wertgegenständen (Blaich 1985: 17) oder als Besucher von Armenküchen sieht. (z. B. Ostwald 1931: 91 – Foto) Die genannten Ressourcen bildeten die Basis von sozialen Netzwerkbeziehungen, die für die Angestellten und Beamten während der Inflation besonders wichtig waren; dies betont vornehmlich Merith Niehuss (1985: 134f.).

Das Innenleben der angeführten und durchaus konträren Aspekte klärt sich über die qualitative Auswertung des Göttinger Materials auf. Bei Familie Albrecht resultierten vorteilhafte Netzwerkbeziehungen in erster Linie aus der beruflichen Position des Vaters unserer Befragten: Als Bankdirektor war er in der Inflationszeit ein häufig um Rat gefragter Mann. „Ja, vor allen Dingen auch, weil sehr viele Menschen zu meinem Vater kamen, und ich denn schon mal dabeisaß und ihm so ein bißchen half. Mich interessierte das schon, meine Schwestern eben weniger." (Frau Albrecht, *1909) Ihr Vater hielt nämlich regelmäßig eine Art privater Finanzberatung für eine überwiegend bäuerliche Klientel ab. „Und dann, wie gesagt, kamen eben viele ältere Menschen zu meinem Vater, besonders Sonntag. In der Woche hatten die ja auch keine Zeit, das waren ja fast alles nur Bauern, in der ganzen Umgebung. Und dann sollte mein Vater ihnen Ratschläge geben. Ich erinnere mich immer noch an das Zimmer. ‚Komm, setz dich mal hin, wenn was zu schreiben ist.' Es gab ja noch keine Schreibmaschine. Und mein Vater, deshalb war er auch Beamter geworden, er hatte von Geburt an den linken Arm verkrüppelt." Die guten Sozialkontakte des Vaters zur Bauernschaft brachten den Albrechts auf zweierlei Weise Vorteil. Zum einen mangelte es ihnen nach Angaben von Frau Albrecht in der Inflationszeit an nichts – ganz im Gegenteil. „Ich meine, wir hatten immer zu essen, zu trinken, keine Not. Haben auch Flüchtlinge aufgenommen damals, aus Westpreußen, weil wir ein schönes großes Haus hatten." Zum anderen waren diese Beziehungen hilfreich für das zweite Standbein in der familialen Überlebensstrategie, „daß wir auch Land gepachtet haben, selbst Landwirtschaft, selbst Vieh angeschafft haben, sonst kam man nicht rum. [...] „Da mußten wir tüchtig mitarbeiten, bis ich einmal sogar ohnmächtig geworden bin beim Torf, in der heißen Sonne mußten wir mit zum Torfstechen [...]. Wir mußten Kartoffeln aufsuchen, wir haben uns Vieh angeschafft. [...] Gelagert zu Hause, Kartoffeln, offen und auf dem Boden, Getreide, damit wir selbst dann das mahlen konnten und backen konnten, denn an die Zeiten erinnere ich mich, wie knapp das alles war."

Die Albrechts überstanden die Inflationszeit nicht zuletzt deshalb relativ schadlos, weil sich aus der Qualifikation und der Berufsposition des Vaters ein vorteilhaftes Netz von Sozialkontakten ableiten ließ. Ein höherer Angestellter hat sich so eine wertvolle Ressource gesichert, die partielle Autarkie in der Grundversorgung, der Funktion nach in etwa dem Deputat der Landarbeiter vergleichbar. Das Gespräch mit Frau Albrecht vermittelt daher insgesamt das Bild weitgehend ungetrübter Sorglosigkeit. Auch in der Rückschau aus der Zeit der Rentenmarkreform wird die erfolgreiche Navigation im Krisenszenario noch einmal bestätigt: „wie gesagt, direkt Not, da war mein Vater viel zu weitsichtig, wir haben nicht zu hungern brauchen, wir hatten anzuziehen, haben Flüchtlinge aufgenommen. So hatten wir es gut." Die Familie hatte so lediglich die Entwertung von Bargeld und Ersparnissen zu verkraften und mußte mit dem Verzicht auf Hauspersonal Abstriche am zuvor großbürgerlichen Lebenszuschnitt machen.

Ein unauffälliger, aber wichtiger Nebenaspekt betrifft das Verhältnis Geld, Geschlecht und Sozialisation. Das kleine Mädchen, das so interessiert den Finanzberatungen des Vaters beigewohnt hat, sagt an anderer Stelle des Interviews von sich, daß sie später beruflich „mit in der Sparkasse" war, aber bald einem männlichen Lehrling weichen mußte. Es ist ein interessantes und widersprüchliches

Detail, daß die Inflation diesmal die berufliche Emanzipation der Frau gefördert hat, während die Normalisierung beides zurückdrängt.

Nicht jedes Krisennetzwerk ist so „weitsichtig" geknüpft und so umfassend abgesichert wie bei den Albrechts. In der Familie Kröger war es zufälliger und indirekter, aber unter dem Aspekt der Abfederung von Krisenfolgen beinahe noch weitreichender. Systematisch betrachtet umfaßt es einen „*Versorgungsstrang*" und einen „*Bildungsstrang*", mit denen die gravierenden Beeinträchtigungen durch die Inflation gelindert oder gar kompensiert werden konnten. Die Krögers, ein Angestelltenhaushalt, mußten viele Nachteile hinnehmen: Herr Kröger (*1908) beschreibt das Leiden unter der allgemeinen Versorgungsmisere und die Probleme bei der „Beschaffung von Lebensmitteln, Beschaffung von Brennstoff, dann Bekleidung". Sie sind auch auf minderwertige Waren hereingefallen, was hier kurz illustriert sei: „Ich weiß, meine Mutter, die Schneiderin gelernt hatte und darauf achtete, daß gut gekauft wurde, daß sie was Gutes kaufte, hatte mir einmal einen Wintermantel gekauft, und ich komme damit in den Regen, und der hat vollkommen die Form verloren und alles. Und jetzt guckt Mutter nach, da war innen [...] als Zwischenfutter, war aus Papierfasern ein Gewebe drin, und das war nun aufgeweicht, vollkommen zusammen geschrumpelt, den konnten wir wegschmeißen." (Herr Kröger, *1908) Des weiteren mußten die Krögers Wertgegenstände weggeben, und die Inflation beraubte sie ihrer Ersparnisse und Versicherungsguthaben. Diese sollten wesentlich dazu dienen, ihrem Sohn ein Studium zu ermöglichen: „wie [es] der kleine Mann damals machte: Der Junge mußte [was] Besseres werden als der Vater. Da wurde alles dran gewendet. Die erste Pleite kam, daß das aufgesparte Geld [...] in der Inflation verloren ging." Um das Unglück voll zu machen, erkrankte der Vater schwer und mußte anschließend aus dem Erwerbsleben ausscheiden. Herr Kröger selbst mußte eine Schlosserlehre antreten, die aber zugleich die Aufstiegsaspiration durch das Studium unterfüttern sollte: „Und da war es so, das Geld, was ich bekam in der Lehre, das wurde alles zu Hause abgeliefert, weil für mich stand fest, ich sollte oder ich wollte ins Fachschulstudium zum Ingenieur, und da sagten mein Vater, meine Mutter, das nehmen wir nicht, das geht auf die hohe Kante, ja." Vor der Inflation bot die „hohe Kante" keinen Schutz – auch diese Beträge wurden entwertet. Trotz der doppelten Beeinträchtigung der Krögers in ihrer Gegenwart und in der intergenerativen Zukunftsplanung blieb ihnen aufgrund der besagten Netzwerkbeziehungen ein schweres Opferschicksal erspart. Der „Versorgungsstrang" umfaßte dabei seinerseits zwei Untergliederungen. „Und mein Vater hatte [...] den jüngsten Bruder, der war gleich nach dem Kriege, war er an der belgischen, holländischen Grenze in E., der war zum Zoll gegangen. Und da kam von Belgien, da kamen die ersten Schinken und Speck und Margarine und Kaffee und Kakao, was es hier [...] nicht mehr gab. Und da kam regelmäßig [etwas] [...] und insofern, ich hatte eigentlich, was viele so kennen, und daß eine ausgesprochene Notlage war, das habe ich eigentlich nicht kennengelernt. Auch weil meine Mutter eben sehr gut gearbeitet und gewirtschaftet hat, wie man sagt. Und was so kleine Näharbeiten waren, das hat sie selbst genäht. Während des Krieges, als Vater bei den Soldaten war, da hatte sie sich auf ihre alte Lehrzeit besonnen und hat geschneidert und ich wurde dann mitgenommen. Bei den Leuten gab es dann das Mittagessen dazu, das mußte alles schon immer mitgerechnet werden, ja, mußte alles schon mit gewertet werden."

Nachdem auch dieses Geld der Inflation zum Opfer gefallen war, schien die sorgsam vorbereitete Bildungskarriere endgültig gescheitert zu sein, wurde aber für den Jungen auf fast schon wundersame Weise wiederhergestellt. Wie eine Märchenfee trat eine Bekannte namens „Miezchen Meyer" auf den Plan, die allerdings wieder nur in einem sozial spezifischen Wohnumfeld denkbar ist. Dies rechtfertigt u. E. die Einordnung des „Märchens" als „Bildungsstrang" im Netzwerk. „Im Hause hatten wir, in dem ich da aufgewachsen bin, hatten wir eine Frau, die recht wohl dastand. War die Witwe, nein die Frau eines Postdirektors, die mit im Hause wohnten. Die hatte mich ins Herz geschlossen [...]. Die war selbst eine Bäckermeisterstochter, und der ging es ganz gut. Ich verdanke ihr später mein Studium, sie hat einen zinslosen Kredit geliefert nachher, ja. Aber sie hat es sich nicht nehmen lassen, [...] sie wollte ihn nicht zurückgezahlt haben. Ich habe nachher treu und brav zurückgezahlt, und als ich die letzte Rate zurückbrachte, hat sie gesagt: ‚Weil Du so treu und brav gewesen bist, nimmst Du es wieder mit nach Hause.' Das waren knapp 200 Mark, die ich da so vom ersten selbst verdienten Geld so abseilte." Aufgrund dieses „Glücksfalls", der freilich in einem Mietskasernenviertel schwerlich hätte eintreten können, konnte Herr Kröger jenen Traum vom Studium doch noch realisieren, der so vielen seiner Generation durch die Inflation zerstört worden ist.

Als Abschluß der Schicht-Schicksale in der ersten großen Währungskrise bleibt die einzige Familie im neuen Mittelstand mit einer Opferkarriere darzustellen. Familie Wellstein ist nicht zuletzt deshalb besonders interessant, weil hier zugleich das einzige Beispiel für einen (gescheiterten) Versuch vorliegt, der Inflation mit einer rationalen monetären Strategie zu begegnen. Als Eigentümer eines großen Hauses schien der Postbeamte im gehobenen Dienst auf der sicheren Seite zu sein. Durch eine voreilige Transaktion wurde dieser Vorteil zunächst verspielt, um dann, im neu entstandenen Bewußtsein der Inflationsdynamik, auf demselben Terrain einen neuen, bescheideneren Anlauf zu wagen. Im folgenden Interviewauszug wird die Geschichte gewissermaßen umgekehrt erzählt. „Ja, wir hatten vorher, wie gesagt, dieses kleine Häuschen da gebaut auf unserem Garten, und denn hat mein Vater da schon eine Pumpe bohren lassen und so, weil er sagte: ‚Das Geld wird immer weniger.' Aber was, wir haben in der Inflation unser Haus praktisch verloren. Denn wir haben es verkauft für 36 000 Mark, das war damals viel Geld, ich glaube, also da will ich mich nicht festlegen, das war ein großes Eckhaus in S., und dann kam die Inflation, da hatten wir gar nichts mehr." (Frau Wellstein, *1903) Das Motiv für den Verkauf des großen Hauses kann aus dem Interview nicht genau rekonstruiert werden. Doch sind aus der Literatur Tausende solcher Fälle bekannt (Eulenburg 1924: 774, Blaich 1985: 17), die sich in zwei große Gruppen gliedern lassen. Die einen haben im frühen Stadium der Inflation verkauft, weil sie – aus Gründen der Geldillusion oder wegen der Erwartung eines baldigen Endes der Krise – auf einen guten Gewinn gehofft haben. Zu dieser Gruppe könnten auch die Wellsteins gehört haben („damals viel Geld“). Die andere Gruppe hat im Angesicht von Liquiditätsproblemen und drohender Illiquidität (stagnierende Mieteinnahmen wegen der Preisbindung, steigende Steuern, wachsende Handwerkerrechnungen etc.) panisch reagiert. Auch zu dieser Gruppe könnten die Wellsteins gehört haben. Die maßgebliche Handlungssequenz könnte sich dann wie folgt dargestellt haben. Zunächst sind die Versorgungsprobleme der Familie immer drückender geworden: „Die Ernährung, die Kleidung! Und dann nachher auch noch, mit der Kleidung ging es nachher schon, [...]. Aber Sie müssen immer bedenken, wenn Sie in einer Großstadt wohnen wie B., die ist immer schwerer zu bewirtschaften als ein kleiner Ort. Da gab es viele Engpässe. Ich weiß, bei uns war daneben eine Markthalle, da haben sie Kartoffeln reingefahren, die suppten schon raus, und die Leute haben in Viererreihen angestanden.“ Vor diesem Hintergrund dürfte das Haus wegen der Negativerlöse als Risiko empfunden worden sein, so daß der Erhalt des Sachwerts und der Lebensunterhalt der Familie in zugespitzter (und sich weiter zuspitzender) Form miteinander kollidiert sind. Das Scheitern läge dann, wie bei den Opfern im selbständigen Mittelstand, an einem einzigen psychischen Partikel, dem fehlenden Mut, die anschwellende Schuldenlast gelassen „auszusitzen“. Hieraus ergäbe sich eine bezeichnende Parallele mit der Romanfigur Rose Markwart, deren psychomonetäres Porträt alsbald vorgestellt wird. (Siehe 6.5) Der spätere Versuch mit dem Gartenhaus und der Pumpe verbindet gewachsene Einsicht mit geschrumpften Ressourcen; der Mut zur Radikalkur über einen großen Kredit und Neukauf war nicht vorhanden. Hier scheint der Postbeamte von den speziellen Normen seines Standes und den allgemeinen Normen der Goldstandardzeit eingeholt worden zu sein.

6.2.3 Zusammenfassung und Fazit

Der Umgang mit und die Betroffenheit von der Hyperinflation zeigten ein hohes Maß an sozialer Kontingenz *und* vollzogen sich zugleich entlang deutlicher *sozialstruktureller Differenzierungslinien* (sozialstrukturelle Abhängigkeit). Handlungsbezüge und -folgen unterschieden sich dabei je nach sozialer Klassenposition. In dieser Hinsicht kristallisierten sich zwei interessante dichotome Muster heraus.

Grundlegende Unterschiede ergaben sich erstens zwischen selbständiger und abhängiger Klassenlage. Hier kamen vor allem grundverschiedene Komponenten sozialer Inflationschancen und -risiken zum Tragen. Nicht nur erwies sich die Amplitude der Betroffenheitsgrade bei den Selbständigen als größer. Im Zusammenhang damit bestanden weitgehende Differenzen auch hinsichtlich der Konfiguration sozialökonomischer Handlungspotentiale. Für *abhängige Familien* konnte es bestenfalls darum gehen, die Inflationszeit einigermaßen unbeschadet zu überstehen. Ihr Inflationsalltag war durch den Kampf gegen die inflations(mit-)bedingten Versorgungsprobleme gekennzeichnet. Dabei dominierten soziale Risiken etwa aus der notgedrungenen Veräußerung von Besitz. Kompensatorische Chancen resultierten in erster Linie aus sozialen Netzwerkbeziehungen, lagen regelmäßig also jenseits marktförmiger Handlungsfelder. Monetäre Handlungsstrategien im Umgang mit der Geldentwertung konnten sich sogar als kontraproduktiv, ja geradezu gefährlich, entpuppen. Demgegenüber eröffneten sich den *selbständigen Familien* große Inflationschancen wie -risiken. In diesem Zusammenhang sorgte bei den Bauernfamilien die Distanz ihrer Erwerbsformen zum Geld dafür, daß Inflationsgewinne fast zufällig und eher beiläufig entstanden. Die Klassenposition der selbständigen Mittelstandsfamilien hingegen erwies sich als äußerst „inflationssensibel"; hier bestanden besonders im kaufmännischen Aktivitätsbereich enorme Anpassungszwänge an die inflationären Umweltbedingungen. Die Heftigkeit der Inflationsentwicklung sorgte dabei für ein schnelles Umschlagen zwischen Vorteilen und Nachteilen.

Dieser Befund scheint auf einer Linie mit der an Marx angelehnten geldsoziologischen Grundthese von Heiner Ganßmann (1996: 252ff., 1995: 131ff.) zu liegen, wonach sich Handlungskontext und -logik im Geldgebrauch danach unterscheiden, ob Geld primär als Tauschmittel im „Arbeit-Geld-Konsum-Zyklus" fungiert (Abhängige) oder ob es Kapitalfunktion hat (Selbständige). Dementsprechend ist der Geldumgang nicht neutral; Geld ist kein „multifunktionales Sozialwerkzeug", sondern unterliegt einem gesellschaftlichen Arrangement nach Maßgabe der eigenen Klassenposition. Dieses gesellschaftliche – oder genauer sozialstrukturelle – Arrangement der Geldverwendung scheint in der Inflation nicht nur Bestand gehabt und die wirtschaftlichen Handlungspotentiale bestimmt, sondern darüber hinaus an sozialer Brisanz gewonnen zu haben. Aus Sicht der Abhängigen verschärfte sich die „Barriere zwischen den bedürftigen Menschen und den Mitteln der Bedürfnisbefriedigung", deren Scharnier das Geld bildet, dahingehend, daß sich unmittelbare Bedürfnisse auf Kosten mittelbarer (Ausbildung etc.) weit in den Vordergrund schoben. Aus Sicht der Selbständigen trafen zwei Momente aufeinander. Zum einen war der Geldgebrauch unter den Vorzeichen der progressiven Inflationsentwicklung sehr viel unerbittlicher mit der Logik der Kapitalverwertung verbunden als zuvor. Zum zweiten bildet(e) der ökonomische Kapitalbesitz einen wichtigen sozialen Lageparameter selbständiger Familien. Unter diesen Umständen wurde bald jede monetäre Entscheidung zu einer Frage von sozialem Auf- oder Abstieg.

Inflationsumgang und -betroffenheit differierten zweitens entlang einer *sektoralen Dichotomie* zwischen Agrarsektor und Industrie- bzw. Dienstleistungssektor, die häufig mit der Differenz von Stadt und Land zusammenfällt. Die stark bedarfsdeckungs- bzw. subsistenzwirtschaftlich geprägten Existenzformen, die damals im Agrarsektor vorherrschten, zeitigten einen regelrechten Abschirmungseffekt gegenüber dem Inflationsgeschehen und seinen sozialen Folgewirkungen. Die Selbstgenügsamkeit (u. a. das Fehlen von sozialen Ambitionen), die sowohl bei Bauern- als auch bei Landarbeiterfamilien zu beobachten ist, dürfte ein Übriges dazu beigetragen haben. Bei den Angehörigen von Industrie- und Dienstleistungssektor schlug demgegenüber die Inflationsdynamik voll durch.

Im Zusammenhang damit ist schließlich noch ein weiteres sozialstrukturelles Betroffenheitsmuster auszumachen, das in keines der beiden dichotomen Schemata paßt. Die sozialstrukturelle Stufenleiter hinab vom Selbständigen über den neuen

Mittelstand bis hin zur Arbeiterschaft kamen je spezifische Faktoren zur Geltung. Versucht man diese nun entsprechend der Kategorien von Klasse und Schicht zuzuordnen, wie sie in der weberianischen Traditionslinie der sozialen Ungleichheitsforschung konzipiert wurden (Haller 1983), so zeigt sich ein kaskadenförmiges Wechselspiel klassen- und schichtspezifischer Merkmale. Die systematischen Unterschiede in der subjektiven Adaption an die inflationären Umweltbedingungen, die für die Inflationsbetroffenheit der *selbständigen Mittelstandsfamilien* entscheidend waren, verweisen auf die Ebene der *Schichtenbildung*. Hier verschafften sich zwar auch „harte" sozialökonomische Faktoren Geltung, die aber durch „weichere" Handlungsdispositionen modelliert wurden: die sozialcharakterologische Fraktionszugehörigkeit, die entsprechenden Sozialisationsprozesse, die Wirtschaftsgesinnung. Im *neuen Mittelstand* hingegen prägten sich *gemischt klassen- und schichtspezifische Hintergründe* aus. Bei einigen Familien kam ihre kulturelle Kapitalausstattung zum Zuge (Klassenposition), wohingegen anderen ihr soziales Kapital half (Schichtzugehörigkeit), Inflationsnachteile wenigstens teilweise zu kompensieren. Die Hilflosigkeit und Passivität, mit der die *Arbeiterfamilien* der Inflationsdynamik gegenüberstanden, und die Deprivationstendenzen, denen sie dabei unterlagen, verweisen wiederum auf ihre *Klassenlage*. Sie waren vollständig auf ihre nachteilige Marktposition zurückgeworfen.

Mit diesem Wechselspiel klassen- und schichtspezifischer Merkmale korrespondierten – teilweise bereits erwähnte – dominante Handlungsfelder. Für die Angehörigen des selbständigen Mittelstandes entschied sich die Betroffenheit von der Hyperinflation vor allem in ihrem kaufmännischen Aktivitätsbereich. Die Mitglieder des neuen Mittelstandes konnten vor allem aus dem Rückgriff auf informelle Austauschbeziehungen im Rahmen sozialer Netzwerke kompensatorische Chancen realisieren. Die Arbeiterfamilien mußten versuchen, auf den Arbeits- und Konsumgütermärkten zu bestehen.

Insgesamt erweisen sich also mannigfache sozialstrukturelle und mentale Differenzierungslinien als maßgeblich. Zwar hat sich die Arbeitshypothese von der hohen sozialstrukturellen Abhängigkeit der inflationären Verteilungswirkungen bestätigt. Zugleich ist aber deutlich geworden, daß eine isolierte Orientierung an der ökonomischen Rationalität als analytische Kategorie nichts austrägt , wenn es um die Fragen der sozialen Inflationsfolgen geht. Doch die starke soziale Kontingenz der Umgangsweisen mit der Inflation und der daraus resultierenden Betroffenheiten läßt die Vorstellung vom „homo oeconomicus als Inflationsgewinner" (Fricke 1981: 290) als leer und gegenstandslos erscheinen. Die vorgestellten Ergebnisse lehren, daß Kategorien der formellen ökonomischen Rationalität nicht ausreichen, um das Geschehen in der Turbulenz einer Währungskrise zu verstehen. Die Vorstellung von eigenschaftslosen Akteuren, die nach Nutzenmaximierung streben, stößt rasch an Grenzen. Die Konsequenzen eines solchen theoretischen Zuschnitts hat Manfred Trapp sehr anschaulich dargelegt: „Wenn aber Unternehmer, Arbeitnehmer, Konsumenten, Politiker, Verbandsmitglieder, Beamte, Ehegatten dadurch bestimmt werden, daß sie alle das Gleiche tun – ihren Nutzen maximieren – so ist die allgemeine Kategorie der Nutzenmaximierung gerade *ungeeignet*, das Handeln eines *Unternehmers, Politikers, Künstlers* ... zu erklären. [...] Es soll also hier darauf hingewiesen werden, daß ohne die Analyse der sozialen Formen, in denen sich das Eigeninteresse bestätigt, eine Analyse des sozialen Handels nicht sinnvoll ist. [...] Der ökonomische Ansatz *trennt* das individuelle Verhalten von den Personen, Normen und Institutionen, *zu* denen es sich verhält, und löst gesellschaftliche Verhältnisse und Institutionen wie Geld [sic], Gewinn, Staat, Familie in den einen und einzigen ‚Nutzen' des Individuums auf." (Trapp 1986: 327) Empirisch wurde gezeigt, wie vielfältig und zum Teil „irrational" und „schädlich" die Rationalität damals war. Die *Handlungsrationalität* beschreibt den „Prozeß der reflexiven Auseinandersetzung" (Deutschmann 1995: 378) der Akteure auf dem vorgefundenen Handlungsfeld; ökonomische und soziale Handlungsmotive fallen notwendig zusammen und werden noch einmal durch den Faktor Zeit modelliert.

6.3 Rentenmark und Stabilisierungskrise

„Gewiß, die Rentenmark gab damals uns wieder eine feste Basis. Da konnte man wieder richtig rechnen, wie es sich gehört. Wie zu normalen Zeiten, wenn keine Inflation ist."
*(Herr Haase, *1896)*

*„Dann haben wir für dieses Papiergeld, was der im Sack hatte, mehr Geld von dem Altstoffhändler bekommen, als Nominalwert auf den Paketen war." (Herr Tilly, *1903)*

Das „Wunder" der Rentenmark wurde empirisch in zwei Schritten erschlossen, mit denen die zitierten literarischen Superlative (siehe 6) sozusagen auf Normalformat heruntergebrochen werden sollten, ohne deren grundsätzliche Perspektiven zu verbauen. Zunächst wurde allgemein gefragt, ob man sich noch an seine Gefühle erinnern könne, „als dann die Rentenmark kam?" Unmittelbar anschließend folgte, auf zwei wichtige Funktionen stabilen Geldes im Alltag zielend, die speziellere Frage, was es für ein Gefühl war, „nach dem Ende des ‚Nullenrummels' wieder mit dem Pfennig zu rechnen und etwas für sein Geld zu bekommen?" Gesprächspartner waren, wie bei den familialen Umgangsweisen mit der Inflation, die älteren, anhand von Leitfaden 1 befragten Angehörigen von G1 (N = 32). Auch dieses monetäre Großereignis wird in fast allen Fällen präzise erinnert, wobei sich der Umstand, daß die Währungsreform alle Erwachsenen und die gesamte Geldsphäre betrifft, als große Vielfalt und bunter Reichtum an Nuancen konkretisiert. Als Einstimmung sei die Tochter eines Bankdirektors zitiert, die – vorübergehend selbst in der Bank tätig – gewissermaßen die technische Seite des Fallada-Zitats zur Umsetzung der Reform (siehe Eröffnung zu 6) mit exekutiert hat. Frau Albrecht (*1909) erinnert sich spontan an „diese Umstellung, diese Umschreibung. Und an die Konten und alles, und wir mußten ja alles mit der Hand machen."

Um die Materialien und Interpretationen auf eine verläßliche Basis zu stellen, wird im folgenden mit Anleihen aus der Psychologie der Gefühle gearbeitet (v. a. Izard 1981, Krech/Crutchfield u. a. 1985). Einer der hilfreichen Kataloge fundamentaler Emotionen[118] wurde um diejenigen verkürzt, die in der Frage einer Währungsumstellung keine Rolle spielen können; einige der Dyaden von stärkerer bzw. schwächerer Ausprägung derselben Basisemotion wurden geringfügig anders akzentuiert. Auf der *positiven* Seite erscheinen nunmehr Freude-Begeisterung als starke und Interesse-Billigung als schwächere Gefühle. Die korrespondierende Abstufung auf der *negativen* Seite reicht von Furcht-Angst über Zorn-Wut und Kummer-Schmerz zu Irritation-Unsicherheit.

Bemerkenswerterweise werden die massiven Einbußen durch den Umstellungssatz von einer Billion „Papiermark" zu einer Rentenmark kein einziges Mal in dem Sinne thematisiert, daß die Reform gewissermaßen die Ergebnisse der Krise besiegelt und legalisiert hat; das „Wunder der Rentenmark" hat keines der stärksten negativen Gefühle auf sich gezogen. Ganze zwei Mal wird eine grundsätzliche Anfangsskepsis gegenüber der Rentenmark geäußert wie durch den fachlich besonders ausgewiesenen Herrn Schäffer (*1906): „Die Gefühle waren die, man war allüberall mißtrauisch, ob das wohl klappen wird." Stark dominant ist eine positive, oft geradezu euphorische Stimmung, die sich sowohl auf die Gegenwart als auch auf die Zukunft erstreckt. Viele Gefühlsäußerungen rangieren auf den höchsten Ebenen der Skala von Emotionen, und manchmal reicht die Kategorie kaum aus, um der geäußerten Intensität zu genügen. Diese Basiskonstellation wird sich bei den Währungsreformen von 1948 (siehe 7.3) und der deutsch-deutschen Währungsunion von 1990 (siehe 9.2) wiederholen, bei der Europäischen Währungsunion (siehe 16) aber ausbleiben.

Durch die Retrospektive auf die Rentenmarkreform wird deutlich, wie sehr die Inflation als pathologisches Phänomen empfunden worden ist. „Die waren nur Freude, das war nur Freude, wie es nur wieder hieß, das Geld bleibt, das Geld wird nicht weniger." (Frau Stupp, *1907) Herr Haller (*1906) hat sogar „einen Freudensprung gemacht." Frau Eikermann (*1904) erinnert sich an ein „Aufatmen", eine „Erleichterung", selbst an eine „große Erlösung". Im Extrem wird die Inflationszeit regelrecht mit Schmutz verglichen, den die monetäre Reform abgewaschen hat: „Ach so, das war, wie, wissen Sie, wie wenn man sich gebadet hat und man ist alles los. Ja, so ein Gefühl war das." (Herr Söder, *1908) „Ich glaube, wir sind alle glücklich gewesen. Also daß man wieder irgendwie mit dem Pfennig rechnen konnte. Mit diesen vielen Nullen, daß das endlich aufhörte. Daß man wieder sagen konnte, hier." Nach einer längeren assoziativen Schleife nimmt Frau Evers (*1904) ihren Gedanken wieder auf und fährt fort: „Also das war das, daß man wieder planen konnte und konnte sagen, gut, also diesen Monat kann ich das nicht,

118 Izard 1981: 66 arbeitet z. B. 10 fundamentale Emotionen heraus, die noch einmal nach Intensität zwischen den beiden angegebenen Polen variieren: 1. Interesse - Erregung; 2. Vergnügen - Freude; 3. Überraschung - Schreck; 4. Kummer - Schmerz; 5. Zorn - Wut; 6. Ekel - Abscheu; 7. Geringschätzung - Verachtung; 8. Furcht - Entsetzen; 9. Scham/Schüchternheit - Erniedrigung; 10. Schuldgefühl - Reue.

nächsten Monat habe ich das, dann kann ich das machen. Also das war, glaube ich, der springende Punkt damals für alle, daß es wieder zu normalen Zeiten zurückging." Diese dichte Formulierung, daß der Weg nach vorn „zu normalen Zeiten zurückging", wird weiter unten noch einmal aufgenommen.

In mehreren Aussagen findet sich, leicht variiert, der schon angeklungene Topos von der Rückkehr zur monetären Normalität. Frau Ahrens (*1903) und die Ihren haben „aufgeatmet und uns auch gefreut, daß ... Wir haben das als normal betrachtet, denn das andere war ja unnormal. Und da hat der eine und der andere ja auch was sich vorgenommen, und ... Und es hat sich so allmählich wieder alles eingefahren." Auch für Herrn Flebbe (*1902) war es „sehr schön. Sehr gutes Gefühl. Endlich geht es wieder, man kann wieder kaufen, und man kann wieder verkaufen und Handel und Wandel, alles ging." Frau Wellstein (*1903) hat das Ende des „Nullenrummels" ebenfalls „als sehr wohltuend empfunden. Als sehr wohltuend. Diese Angst um das Morgen, wissen Sie. Sie wußten ja nicht, haben Sie morgen noch Geld oder haben Sie morgen noch was zu essen oder können Sie sich noch was kaufen, Sie wußten gar nichts." Mit ähnlicher Stoßrichtung formuliert Herr Söder (*1908) positiv: „Man konnte sich sagen, das kostete soundsoviel, und in der nächsten Woche oder was dann kostete das immer noch soviel." Mit der Wertgewißheit des Geldes kehrt nicht nur seine „Korsettfunktion" für die Strukturierung der individuellen Lebenswelt und seine Wirkung als „universelles Schmiermittel" der Ökonomie wieder. Als Leser ist man gewissermaßen Zeuge, wie sich, über die besonderen Akzente der je persönlichen Erinnerungen, auch die spezielleren Funktionen des Geldes (siehe 3.2) erneut im Lebensalltag verankern.

Herr Hermes (*1908) „war erfreut", wobei er besonders auf die *Tauschmittelfunktion* abhebt: „Das war ja so gegen Weihnachten 1923, Ende November 1923. Es gab ja plötzlich, plötzlich gab es Bananen, plötzlich gab es Schokolade, die man wirklich dann bezahlen konnte für fünfzig Pfennig, das war schon was. Weihnachten 1923, da hatte man ja wieder Hoffnung und da fühlte man sich ja auch, 1924 war ja dann ein schönes Jahr." An den Tag der Rentenmarkreform erinnert sich auch Herr Scholz (*1902) „ganz genau. Da kriegte ich, für eine Billion gab es eine Rentenmark, und da ging ich gleich in die Meierei und kaufte ein Pfund Butter. Kriegte ich dafür, für eine Rentenmark, das weiß ich noch, wie wir das Geld bekamen. Das erste, nicht, ich hab es gleich ausgegeben, denn richtige Butter hatten wir auch jahrelang nicht gegessen. Im ersten Kriege gab es die Hindenburg-Butter. Das waren rote Rüben. Die roten Rüben wurden als Marmelade auf das Brot getan." Das Geld kann wieder als *universell einsetzbarer Joker* begriffen werden: „das Geld, was man hatte, da wußte man, daß Kleidungsstücke oder was das war, was in den Geschäften ausgestellt war, kann man dafür kaufen, vorher weiß ich gar nicht." (Herr Gerke, *1903) Die neue Stabilität hat *Fehlallokationen* unterbunden und zugleich *Qualität* gebracht: „Das war ein wunderbares Gefühl, daß man, das war nicht viel, was man am Anfang gekriegt hat, aber es war von Dauer. Ein Paar

Schuhe blieben halt ein Paar gute Schuhe und nicht so das schlechte Zeug, was man in der Inflation gekriegt hat, daß das wieder Qualität war.“ (Frau Stupp, *1907)
Einige Zitate haben schon die Funktion des Geldes als *Rechenmittel* erwähnt, zu der sich weitere überraschende Facetten finden. Die Inflationskinder mußten ihre rechnerischen Fähigkeiten, die ihnen während der Krise u. U. Privilegien beschert hatten, normalisieren und bisweilen den umgekehrten Lernprozeß absolvieren. Ihr Thema „war die Umstellung von der Billion, vom vielen Papier, von den vielen Scheinen.“ (Herr Raabe, *1909) Vereinzelt ging es sogar um die Reparatur der rechnerischen Fähigkeiten als basaler Kulturtechnik in einer Geldwirtschaft: „Da fingen verschiedene erst an, Rechnen zu lernen. Denn solange brauchte man nicht Rechnen lernen, denn das war sowieso alles, das stimmte alles nicht mehr. Aber dann fingen wir wieder richtig an, mit 1,2,3 zu rechnen.“ (Herr Scholz, *1902)

Frau Dobler (*1900) hebt demgegenüber auf die *Wertaufbewahrungsfunktion* ab: „Ach das war schön! Jawohl, da galt das Geld was, da konnte man wieder anfangen ein bissel zu sparen, das war dann schon besser.“ Bei Wertkonstanz des Geldes wird auch Zukunft zur sinnfälligen Kategorie, auf die sich einige Befragte beziehen: „jetzt wird es besser, ja.“ „Jetzt geht's aufwärts!“

In der *psychologischen und symbolischen* Dimension des Geldes hielt der Währungsschnitt das gesamte Spektrum von Gefühlen zwischen Abwertung und Aufwertung bereit. Menschen mit vorgängiger Arbeitserfahrung haben natürlich die nominell hohe Entlohnung erlebt und konnten die Aufwertung der Währung durchaus als Abwertung ihrer monetären Leistung erfahren. Das negative Extrem ist die sofort abrufbare Erinnerung von Frau Wellstein (*1903): „Ja. Da habe ich als erstes gesagt, jetzt sind wir arm. Ich kriegte 60 Mark Monatsgehalt und mein Vater 150. So niedrig wurden wir damals eingestuft! Und, das ging nachher natürlich höher mit der Wirtschaft, aber angefangen, also von wegen eine Billion eine Mark, war mein erstes Gehalt 60 Mark und mein Vater 150. Und wir waren beide gut bezahlte Leute.“ Geringfügig Jüngere haben dieselbe Konstellation ganz anders erlebt, weil ihr Arbeitsleben unter hyperinflationären Vorzeichen begonnen hat, die einen Zusammenhang von Lohn und Selbstwertgefühl vereitelt oder vorab negativ eingefärbt haben. Für sie ist diese positive symbolische Dimension von Geld erstmals mit der Rentenmarkreform möglich geworden. So jedenfalls könnte man die Erzählung von Herrn Kröger (*1908) interpretieren, „daß wir statt der Inflationsscheine plötzlich in unserer, in der Abrechnung, die der Meister uns gab, mit einmal Markscheine drinnen hatten. Da waren doch die Markscheine nun drinnen. Und da haben wir gesagt, jetzt haben wir Geld, weiß ich noch, daß wir Lehrlinge alle zusammenstanden und sagten: ‚Jetzt haben wir Geld verdient.‘ Da ... der Pfennig wurde wieder als das geachtet, was er sein sollte, und man merkte: 100 Stück ergeben eine Mark.“

Man sieht erneut, daß der Generationsbegriff in schnellebigen Zeiten um kürzer getaktete Kohorten ergänzt werden muß.

Inmitten des positiven Bildes vom „Wunder der Rentenmark“ fallen diverse historische Vorgriffe der BPn auf, die in keiner Weise durch den Wortlaut der Interviewfragen suggeriert worden sind. Darin deuten sich u. E. Erzählzwänge an, die ihren Grund in späteren Währungserfahrungen und monetären Angst(t)räumen haben. In fast der Hälfte der gültigen Antworten gibt es solche Vorgriffe auf Preissteigerungen und Lohnsenkungen, auf Arbeitslosigkeit und Inflationsrisiken. Sehr interessant ist etwa der Zwiespalt in der Erinnerung von Herrn Lehmann (*1903): „Hoffnung, Hoffnung, Hoffnung! Das löste Hoffnung aus. Nun kam ja, also das Merkwürdige, daß das Pendel genau ins Gegenteil umschlug, daß wir nach der Wahnsinnsinflation eine Deflation hatten, die 1924 bereits begann. Und zur ersten Arbeitslosigkeit führte. Von der ich Gott sei Dank nicht betroffen war, ich war in meinem Leben keinen Tag arbeitslos.“ Beschäftigungsprobleme sind das eine, die relativ gestiegenen Preise bei gesunkenem Lohnniveau das andere, deutlich kräftigere Zentrum der Erinnerungen an die negativen Seiten der Zeit nach der Währungsreform. Ungemein detailliert sind die Erinnerungen von Herrn Schäffer (*1906): „Na ja, wie dann die Reichsmark kam und die Preise für damalige Zeit sehr hoch waren, die Anfangspreise, [...]. Da hat z. B. nach dieser Währungsreform ein Pfund Fleisch 3 Mark 80 Pfennig gekostet. Das hat später dann nur noch 80 Pfennig gekostet. Und Brot usw. das waren alles überteuerte Preise, aber das war nicht sehr lange, dann hatte sich das normalisiert und dann war es so, daß man wirklich normal kaufen konnte.“ Auf den Geldmärkten erschien dieselbe Tendenz als Kreditverknappung bei Anstieg der Zinsen, was ebenfalls in einigen Interviews anklingt.

Interessanterweise hat das Gespräch über die erste Währungsreform des 20. Jahrhunderts einen Zeitkorridor, der bis in die Gegenwart reicht. Die Assoziationskette von Frau Evers (*1904) beginnt bei den nachinflationären Preissteigerungen in den zwanziger Jahren und schlägt die Brücke in die Gegenwart: „Ich meine, es war natürlich auch alles wieder, es war teurer wie früher, das war denn auch schon. Es war nicht mehr so, daß man für fünf Pfennig oder was ... Also man mußte da schon, es wurde schon teurer, nicht. Aber, es war ja eben immer noch, gegen heute war es natürlich alles immer noch billig. Wenn man das rechnet.“ Herr Söder (*1908) z. B. lagert zunächst eine Reflexion auf Italien an („Riesenrechnerei immer mit den Millionen“) und springt von dort zur aktuellen Situation in Deutschland. „Bloß jetzt ist man natürlich mißtrauisch, und man merkt doch, daß das Geld immer weniger wird, ja. Also, und wenn man das Wort Inflationsrate hört, da wird einem direkt kalt, denn wir haben Inflationsrate genug kennen gelernt – aber das bedeutete ja was anderes.“

Abschließend seien zwei Sonderkonstellationen mitgeteilt, die als solche interessant sind, auch wenn über Häufigkeiten nichts ausgesagt werden kann. Empfänger von Transferleistungen, die durch die Inflation in besonderem Maße gebeutelt worden sind, erlebten das Janusgesicht der Rentenmark möglicherweise besonders intensiv. So gelangte Frau Pochadt (*1907), nach leichten Hilfen der Interviewerin bei der Rekonstruktion der Fakten, zu einer zwiegestaltigen Aussage: „Ja, das wird das dann gewesen sein, wo wir da die sechs Mark pro Woche für vier Personen Unterstützung bekommen haben, das war dann die Rentenmark. Ich wußte, daß es irgendwas war, als da, tja, da haben wir gedacht, vielleicht wird es besser, aber es ist ja doch nicht besser geworden." Die speziellere Nachfrage nach den Gefühlen beim Ende des „Nullenrummels" ergab dann ein bis heute anrührendes Stabilitätserlebnis: „Herrlich! Herrlich! Ich kann mich entsinnen, meine Schwester hat am 25. Januar Geburtstag. Und da kriegte mein Vater frühmorgens das erste Geld raus, muß so Wochenende gewesen sein. Jedenfalls hatte sie Geburtstag, und da haben sie mir 50 Pfennige in die Hand gedrückt und ich bin rübergegangen über die Straße und habe für 50 Pfennige zehn Schnecken gekauft. Das war das Geburtstagsessen frühmorgens. [BP beginnt zu weinen.] Wunderbar war das, ja."

Interessanterweise hat die Schwächung bestimmter Sozialtypen durch die Inflation, die bei den Schicht-Schicksalen herausgearbeitet wurde und, als fundamentaler Beitrag der Währungskrisen zur allmählichen Transformation des deutschen Sozialcharakters, im Verlauf nuancenreich belegt werden wird, noch einen anderen Aspekt, der sich erst post festum bemerkbar machte. Der folgende Beleg steht innerhalb des Materials allein, erhält aber dadurch ein über sich selbst hinausgehendes Gewicht, daß Herr Flebbe (*1902) die Summe seiner Erfahrungen und Beobachtungen als Bankangestellter zusammenfaßt. Ihm zufolge ist eine bestimmte Charakterfraktion im Mittelstand durch die Inflation psychisch so stark in Mitleidenschaft gezogen worden, daß sie die Rentenmarkreform nicht mehr für einen Neuanfang nutzen konnte. „Durch die Inflationszeit waren die derartig schockdemoralisiert in bezug auf Geld, daß sie es nicht fertigbrachten, wieder anzufangen. Also das Vertrauen war hin. Das waren ehrliche Kaufleute, die einfach nicht begreifen konnten, daß das Geld weg war. Daß nichts mehr da war, außer ein paar Backsteinen und Maschinen. Und nun brauchten sie doch Kapital, wieder um überhaupt, man kann doch nicht einfach ohne Kapital wieder anfangen. Die vertrauten einfach nicht." Zur wirtschaftlich bedingten Dezimierung dieser Fraktion durch die Inflation tritt also ihre „Schock-Demoralisierung"; beides zusammen reduziert ihr Gewicht im Wirtschaftsleben insgesamt und trägt gleichsam zum Abgesang der Realität auf den Puritaner bei. Die soziale Wertschätzung, die den Opfern entgegengebracht wird, geht freilich nicht auf die Gewinner über, die in der neu gewonnen Stabilität eher als Fremdkörper erscheinen. In der Erzählung von Herrn Korte (*1909) wird das nur als leise Distanzierung spürbar: „Ja, es war ein großes Aufatmen dabei. Es lief wieder alles normal, ich mußte nun mit realen Zahlen wieder rechnen, und die Leute waren dann ganz anders geworden. Allerdings bei Vaters Kunden waren ja dann auch Leute dabei, die hatten ja nun geschwelgt in dem großen Geld." Selbst bei Herrn Korte, dessen Eltern ungemein erfolgreich im Inflationsszenario navigiert hatten und der in seiner Generation einer der seltenen Hedonisten ist, kommt es zumindest verbal zu einer Renaissance der Werte aus der Zeit des Goldstandards.

In der Summe der Erinnerungen hat die wiedergewonnene monetäre Normalität die negativen Folgen der Reform aufgewogen. Daher stützen sich die vorgelegten Materialien und ein gewichtiges Expertenurteil gegenseitig. „Die schlimmeren Aspekte dieses Stabilisierungskonsenses wurden durch die Vorstellung von einer Rückkehr zur Normalität erträglich gemacht, wobei die Welt der Vorkriegszeit gemeint war [...].“ (Feldman 1984: 62) Wie stabil diese Welt *psychisch* war, wird auch das ganzheitliche Porträt einer jungen Frau (siehe 6.5) zeigen, deren Schicksal als Altersgefährtin unserer G1 zugleich den Bogen zum nächsten epochalen Ereignis der Währungsgeschichte spannen wird. Rose Markwart hat die Krisenerlebnisse nur durchlebt, aber nicht verstanden, so daß sie mit einem unveränderten Set monetärer Normen und Verhaltensweisen auf die nächste Sequenz von Währungskrise und -reform zusteuert. Auch dies hat sie mit vielen Angehörigen der G1 aus dem Göttinger Projekt gemeinsam, was an seinen systematischen Orten ausführlich zu belegen sein wird. (Siehe 10)

Im Lichte dieses Vorgriffs ist Feldmans Einschätzung gerade für das monetäre Feld von erheblichem, aber nicht unbedingt beabsichtigtem Tiefgang sowie von großer Tragweite. Aus einer Krise, die als einmaliges Vorkommnis, als „Ausrutscher“ der Geschichte, aufgefaßt wird, müssen keine Konsequenzen gezogen werden. Solange sich der Schritt nach vorn als Rückkehr zur Normalität der Vorkriegszeit darstellt, besteht kein anhaltender Anpassungsdruck für die kognitiven Schemata, die monetären Normen und affektiven Muster. Die Krise machte ein „coping“ wegen ihrer Rasanz und Dynamik unmöglich; das Reformerlebnis, noch radikaler, macht sie subjektiv obsolet. Der bereits zitierte „springende Punkt damals für alle, daß es wieder zu normalen Zeiten zurückging“ (Frau Evers, *1904), könnte die bemerkenswerten Befunde mit erklären, die weiter unten zu den (unerwartet schwachen) Lehren aus der Krise und ihrer (eher mäßigen) Rolle in der monetären Sozialisation präsentiert werden. (Siehe 10.2.2)

6.4 Die Aufwertungsgesetze

Rentenmark und Reichsmark hatten die Währung in ihrem ureigensten Zentrum stabilisiert. Aus der Zeit der Inflation war jedoch ein weiterer Quell von Zwistigkeiten und monetärer Unruhe geblieben, der nach Klärung verlangte. Die Rechtsprechung hatte bis weit in die Hyperinflation hinein an dem überkommenen Grundsatz „Mark = Mark“ festgehalten und damit zahllosen Schuldnern die Möglichkeit verschafft, sich mit immer wertloserem Geld von ihrer Last zu befreien. Auch nachdem sich, zunächst auf untergeordneten Ebenen und schließlich höchstinstanzlich, die Gerichte von diesem Prinzip gelöst und vermehrt nach Billigkeit entschieden hatten, war die Rechtsunsicherheit als solche nicht geschwunden, sondern sie hatte lediglich ihre Form gewechselt. Eine Aufwertung von Forderungen auf der Basis von *Richterrecht* ist zwangsläufig uneinheitlich, so daß der Druck zugunsten einer Regelung durch *Gesetz* wuchs. Mit den Aufwertungsgesetzen von 1925 (Rittmann 1986: 109ff., Sprenger 1995: 225ff.) wurde diese Phase monetärer Ungewißheit beendet. Forderungstitel (Hypotheken, Sparkonten, Staatsanleihen etc.) wurden in einer bunten Vielfalt von Formen unterschiedlich niedrig und mit variierendem Zeithorizont aufgewertet. Bargeld verblieb im Zustand der einmal vollzogenen Entwertung, womit sich auch die Aufwertungshoffnungen der Sammler bestimmter Versionen des Tausendmarkscheins abschließend zerschlugen.

Empirisch war es eine interessante und wichtige Frage, ob und wie diese politischen Reparaturen an den sozialökonomischen Inflationsfolgen erinnert und bewertet werden. Kaum eine Antwort in diesem Buch fällt kürzer und eindeutiger aus als diese. Schon der bloße Fakt, daß es diesen legislativen Akt gegeben hat, ist nur einer Minderheit gegenwärtig, die aber kaum noch Modalitäten und nur ganz vereinzelt Ansätze einer Würdigung präsent hat. Am plastischsten bleibt die bereits mitgeteilte Erinnerung aus einer Familie, deren Karriere während der Inflation durch diese legislative Intervention bedroht wurde. Ansonsten haben vornehmlich diejenigen Befragten einen Bodensatz an teils anekdotischen Erinnerungen, die beruflich *mit* der Aufwertung zu tun hatten (im Geldinstitut, Katasteramt o.ä.).

Exkurs: Facetten aus der Weltwirtschaftskrise

Als wesentlich von außen induziertes, nicht primär monetäres Ereignis (etwa Stucken 1964: 77ff., Rittmann 1986: 140ff., Sprenger 1995: 229ff.) stand die Weltwirtschaftskrise nur am Rande der Projektinteressen. Besonders bedeutsam war hier die Frage, ob zwischen den Betroffenheiten durch die Inflation und die Weltwirtschaftskrise *systematische* Zusammenhänge etwa derart bestehen, daß sich z. B. ein Opferstatus tendenziell wiederholt. Trotz einer klar negativen (statistischen) Antwort auf diese Frage gibt es einzelne Querverbindungen, die herauszuarbeiten sein werden. Unter der Leitfrage des Buches insgesamt ist es in jedem Fall interessant, daß nur zwei Fünftel der Ältesten (N=32, Leitfaden 1) die entsprechende Frage bejahen: „Hatten diese Jahre Auswirkungen für Sie persönlich?“ Dieser Wert bestätigt auf seine Art, daß selbst die schwerwiegendsten Ereignisse außerhalb von Währungskrisen niemals deren Deckungsgrad über die gesamte Bevölkerung erreichen.

Die berichteten Konsequenzen gruppieren sich zu zwei Schwerpunkten, in denen sich der sozialökonomische Charakter der Krise selbst sehr genau abbildet: Arbeitslosigkeit und Einkommenssenkung bei den abhängig Beschäftigten sind Spiegelbild des Auftragsmangels und, im Extrem, Firmenzusammenbruchs bei den Selbständigen. Der Agrarsektor ist, erneut, weitgehend unberührt.

Nach einigen guten Jahren ereilte die Krise 1929/30 die Fabrik, in der Herr Flebbe (*1902), beschäftigt war, und riß alle Beteiligten in die Abwärtsspirale aus Auftragsmangel und der Alternative „Entlassung oder Lohnverzicht“. „Eines Tages sagte der Chef, ich war auch mit im Betriebsrat, da sagte der Chef: ‚So können wir nicht weitermachen. [...] Es geht nicht mehr.‘ Der Betrieb, der hatte nur noch halb zu tun. ‚Wir haben ja keine Aufträge. Die klüngeln ja alle herum.‘ ‚Ja‘, habe ich gesagt zu ihm, ‚ich auch. Da bin ich auch überzählig. Voll beschäftigt bin ich nicht mehr.‘ ‚Ja, sind wir ja alle nicht‘, sagt er. Na dann haben wir uns im Betriebsrat mit ihm zusammengesetzt. Ja, richtig genommen müßten wir außer den Vertretern, also außer den Verkäufern die Hälfte vom Betriebspersonal entlassen. Und sagte ich zum Chef: ‚Da bin ich auch wohl dabei.‘ ‚Ja, Sie oder ein anderer. Ja, nun können wir aber etwas machen. Wenn jeder auf die Hälfte vom Einkommen verzichtet, brauchen wir keinen entlassen.' [...] Halbe Nacht habe ich nicht geschlafen. Ich habe es errechnet. Wenn jeder auf 40% verzichtet, 60% können wir schaffen. (X) Das haben wir drei Jahre gemacht. Bis Hitler kam." Auch Herr Pohl (*1905) hat seinen Arbeitsplatz behalten, aber „mehr Geld war auch nichts. Haben wir kein Geld verdient, die haben ja die Löhne damals so runtergedrückt. Also, was wir auf dem Werke verdient haben, das ist [...] Almosen, aber keine Bezahlung gewesen. Die Kaliindustrie, die hat sich ganz erbärmlich an Löhnen gehalten." In der Erinnerung von Herrn Kröger (*1908), damals Student an einer Handelshochschule, vermischt sich der professionelle Blick auf das Krisengeschehen mit der persönlichen Betroffenheit: „Und Verdienst, die Spanne wie sagt man heute, die Schere, die Schere war weiter aufgegangen, zu Ungunsten des Verdienenden. So daß also jetzt das Geld, was Vater wieder und Mutter abknappen konnten, nicht mehr reichte, um irgendwie hier für Studium noch was besonderes. Deswegen das Kreditansuchen da [bei] der guten Miezchen Meyer. Und die dann, da hatten wir aber das Glück, daß M. sagte: ‚Ach, Zinsen nehme ich da nicht. Hauptsache, der H. zahlt es mal zurück.'" Hier löst sich der Vorgriff ein, der vorn bereits als Netzwerkaspekt im Inflationsschicksal der Krögers angeklungen ist.

Von Arbeitslosigkeit, sei es die eigene oder die naher Angehöriger, wird z. T. in lapidarer Kürze berichtet wie bei Herrn Söder (*1908): „Oh ja, ich war arbeitslos. Na ja, das waren bestimmt drei Jahre." In anderen Interviews wird die Dramatik dieser Jahre greifbarer. Frau Stupp (*1907) faßt zunächst den Prozeß ihrer beruflichen Emanzipation in drastisch-plastische Worte: sie „wollte nicht als Zugabe zum Gut geheiratet werden; also da bin ich aus der Landwirtschaft rausgegangen und bin Krankenschwester geworden." Vor diesem Hintergrund waren die Betriebsschließung und nachfolgende Kündigung besonders schwerwiegend: „Man war so unsicher und dann die Arbeitslosigkeit, die habe ich nachher zu spüren gekriegt im Beruf, denn die Stadt D., die machte dann das große Krankenhaus zu, das schönste, was sie besaß, und wir waren die städtische Schwesternschaft, und wir gehörten alle der Stadt D. [...]. Und dann, wie das Krankenhaus zugemacht hat, da wurden wir, die Schwestern, alle entlassen, die noch keine zehn Jahre bei der Stadt waren, und ich war fünf Jahre. Insofern hat es mich mit erwischt." Frau Stupp hat zwar nach einer Zusatzausbildung wieder Arbeit in ihrem Berufsfeld gefunden, führt das Thema allerdings mit einer Vertiefung zu dem bereits dargestellten Ereignis zu Ende: „Also nein, das war schon, also die Arbeitslosigkeit, das war hart. Wie man dann auf einmal gesagt bekommt, wir brauchen euch nicht mehr. Das Nicht-Brauchen und das Hungern. Daß man seine ganze Kraft eingesetzt hatte, und auf einmal wurde man nicht mehr gebraucht, das war bitter."

Natürlich hatte die Arbeitslosigkeit Sekundäreffekte zur Folge. Die Familie Pochadt, die schon in früheren Jahren schwer mit diesem Problem zu ringen hatte, wurde in der Weltwirtschaftskrise gleich doppelt getroffen und „dann daran gehindert, ein Haus zu bauen. Die Arbeitslosigkeit. (X: Sie waren beide arbeitslos?) Beide arbeitslos." (Frau Pochadt, *1907) Für Herrn Raabe (*1909) war die Zeit der Weltwirtschaftskrise „sehr hart, sehr hart. Ich habe dann, wie man sagt, schwarz gearbeitet. Mein Vater hat gesagt: ‚Junge, ich besorge dir eine Hobelbank, damit Du nicht das bißchen, was Du gelernt hast, wieder vergißt.‘ Und da habe ich mir dann so manche Mark im Keller verdient. Mein Mutter hat bloß immer geschimpft, wenn ich kam und sagte: ‚Ich brauche wieder Geld für Petroleum.‘ Licht gab es ja noch nicht. [...]“

Opfer der Weltwirtschaftskrise war auch das Unternehmen der Hallers, das, wie erinnerlich, mit Mühen durch die Inflation geführt worden war: einem gescheiterten Exportgeschäft folgte der Verkauf des als Sicherheit gegebenen Hauses durch das Kreditinstitut und das endgültige Aus für die Firma. Im Gespräch hat der Interviewer das bislang Gehörte aus hoher Warte zwischenbilanziert und eine eindeutige Gewichtung der Ereignisse erhalten: „Wenn ich Sie jetzt richtig verstehe, waren sogar [...] die Auswirkungen der Weltwirtschaftskrise größer als die der Inflation?“ „Ja! Das möchte ich sagen! Ohne weiteres. [...] kaputtgegangen ist der Betrieb dann ‘31, glaube ich, ist das gewesen. [...] Durch die Inflation sind wir sehr gut durchgekommen.“ (Herr Haller, *1906)

In der Summe ist deutlich geworden, daß die Befragten die Weltwirtschaftskrise überwiegend in Kategorien von Beschäftigung und Einkommen erlebt haben. Die populäre Kontrastierung von Inflation und Deflation (Ziemer 1971), die Konstruktion eines Gegensatzpaares innerhalb der monetären Sphäre, findet in dem präsentierten Material keinen Rückhalt.

6.5 „Groschen auf Groschen und Mark auf Mark“ – ein psychomonetäres Porträt der Rose Markwart, geb. Barbeknecht

Rose[119] wird quasi als Altersgenossin (*1897) der ältesten BP im Göttinger Projekt (*1896) in die Zeit der Goldmark hinein geboren. Ihre Rückblenden auf das Leben der Großeltern reichen historisch noch ein wenig weiter zurück als die Göttinger Befragung, die ja in der Regel bei den Eltern der BPn (G0) endet und die Generation davor nur bei der Kommunikation über die Hyperinflation einbezieht. Parallel mit den Göttinger Befragten durchlebt sie die erste Sequenz aus monetärer Krise und Reform, die Weltwirtschaftskrise und das „Dritte Reich“, den Zweiten Welt-

119 Hauptfigur des Romans von Sabine Brandt: Einmal Berlin einfach, Bergisch Gladbach 1991. Um die Lesbarkeit zu verbessern, sind bei den Zitaten die Seitenzahlen weggelassen. In einem Brief an d. Verf. betont die Autorin, daß Rose und die anderen Mitwirkenden keine frei erfundenen Figuren sind, sondern Vorlagen im wirklichen Leben haben.
Rose Markwart ist zugleich ein guter Anlaß, die Logik der Stichprobenbildung im Göttinger Projekt (siehe 2.2.1) exemplarisch zu erläutern. Um Befragte zu werden, hätte sich Frau Markwart aufgrund eines Medienappells bei der Projektgruppe melden müssen und wäre, wenn auch die Zusatzbedingungen (fit; Kind und Enkel vorhanden und gesprächsbereit etc.) erfüllt gewesen wären, als Krankenschwester in der Zelle „abhängig beschäftigt im tertiären Sektor“ gelandet. Je nach Wohnort bei der deutsch-deutschen Währungsunion von 1990 wäre sie in die Quote der alten oder der neuen Bundesländer eingegangen.

krieg und die Wirren in der Zeit danach, bis sie die Leser in unbestimmter Nähe zur Währungsreform von 1948 verläßt. Im vorliegenden Rahmen dient ihr Leben als „literarisches Pendant" zur sozialwissenschaftlichen Empirie und „holistisches Gegenstück" zu den wissenschaftlich zergliederten Daten.

Als nicht eheliches Kind wächst Rose in einem westpreußischen Dorf in ärmlichen Verhältnissen ungeliebt und ausgenutzt heran. Die Mutter „ackerte Tag und Nacht"; den Vater hatte selbst der Suff „noch nie daran gehindert, seine Arbeit zu verrichten". Die Großmutter „arbeitete von früh bis spät", und der „Hof gedieh unter ihren Händen." Der Großvater hielt sein Anwesen in „makelloser Ordnung". Manchmal überlegte er, „ob er sich nicht einen wohlhabenden Mann nennen durfte. Er war niemandem etwas schuldig, und obendrein hütete er einen Sparschatz aus Zehn- und Zwanzigmarkstücken, alle aus blankem Gold. Wieviel er gehortet hatte und wo er es aufbewahrte, wußte nur er allein. An sein Gespartes ließ er niemanden heran, nicht einmal die Frau. Den Banken traute er nicht." Auch Roses Mutter „sparte, wo sie konnte". Entsprechend hatte Rose als Kind „noch nie eigenes Geld besessen, das über die Summe weniger Groschen hinausgegangen wäre".

Dieser materielle und normative Rahmen hat bereits den Kompaß justiert, mit dem sich Rose auf ihrem Lebensweg orientieren wird. Das Mädchen ist eine begabte und fleißige Schülerin, die mit einem Freiplatz für die Ausbildung zur Lehrerin belohnt werden soll. Die Eltern indes brauchen die Arbeitskraft, das Mädchen nur als Mädchen für alles. Noch minderjährig reißt Rose aus, löst als Fahrkarte „Berlin einfach" und faßt mit etwas Glück und einer gehörigen Portion Anpassungsvermögen in der Hauptstadt Fuß. Durch die Heirat mit Dr. Markwart steigt Rose sozial auf, erarbeitet sich ihren Platz in der neuen Familie und bewahrt ihn als durchsetzungsstarke Fachfrau für Überlebensfragen in allen schweren Zeiten, denen die Familie entgegensieht.

Als Ehefrau kann Rose im größeren Stil als zuvor Mark-Wartin sein. Schon seit Anfang ihrer Berufsausbildung besaß sie eine „große Geldkassette mit einem vielfach gezahnten Schlüssel. Dort hinein legte sie fortan jeden Betrag, den sie nicht unbedingt brauchte. Gern hätte sie sich ein Sparkonto eingerichtet, aber das ging ja nicht. Sie war noch nicht mündig ... ." Nach der Heirat holt sie eben dies „mit Genuß" nach und zahlt ein bedeutendes Geldgeschenk der Schwiegermutter ein. „Sparen entsprach der Vorstellung, die sie sich von Geld machte, [...] Die Zehntausend vermehrten sich bald, nicht nur durch die Zinsen. Rose trug jeden Groschen, den sie im Laufe des Monats nicht unbedingt ausgeben mußte, auf die Sparkasse." Sie strebt danach, auf diesem Konto Geld „anzuhäufen" und flankiert den Geldschatz auf der Bank durch den Warenhort im Haushalt. „Sie war eine Meisterin der Vorratswirtschaft, nicht nur, weil man sie dazu erzogen hatte. Es entsprach auch ihrem Wesen, anzuhäufen und vorzusorgen. Wenn es an's Verbrauchen ging, spürte sie immer ein leichtes Unbehagen und beeilte sich, die Lücken im Vorrat wieder zu stopfen."

Rose Markwarts Wertekanon findet in der Familie ihres Mannes nicht nur Bestätigung, sondern auch Vorbilder, die wiederum verstärkend wirken. Die Schwiegereltern sind erst „zusammen reich geworden. Als sie heirateten [...], war Vater noch in seinen Anfängen, ein kleiner Krauter“. In den Worten des Sohnes ist er „gut und erfolgreich gewesen, beides in einem. Sollte man nicht sagen können: das zweite infolge des ersten? [...] Wer gut ist, dem gibt Gott Erfolg. Und wenn das zutraf, dann ließ sich die Formel wohl auch umkehren: Wem Gott Erfolg gegeben hat, der ist gut. Das war wie bei einer mathematischen Gleichung, deren Seiten vertauschbar sind.“ Rose gefällt nicht nur diese Erfolgsstory, sondern auch die des Großvaters. Von Geburt aus „arm, jedenfalls in kleinen Verhältnissen lebend, hatte er es vom Maurer zum niederen Beamten gebracht, der seine Spargroschen in Eisenbahn-Obligationen gesteckt und mit Glück spekuliert“ hatte, um bei seinem Tod drei Häuser zu hinterlassen. Er war „ein strenger Mann. Er hatte sein Leben lang hart arbeiten müssen [...] und daher die Idee entwickelt, daß die Arbeit so eine Art Gottesdienst ist, den der Mensch seinem Schöpfer schuldet.“

Mentale Schwester und materielle Vorbedingung solcher Aufstiege ist die Askese. Schon bei der Ankunft in Berlin hatte das Mädchen Rose den Bus verschmäht und einen Fußweg von drei Viertelstunden in Kauf genommen, um das Fahrgeld zu sparen. Später zieht es sie in die billigeren Kaufhäuser; sie „wühlte nur in dem Riesenangebot herum“, findet „doch alles recht teuer“, sucht weiter, absolviert so manchen „vergeblichen Einkaufszug“. Bei der Hochzeit verzichtet sie wegen des Geldes auf ein Brautkleid: „zum Fenster rausgeschmissen, das wäre es ja wohl, bloß für den einen Tag und nur, um anderen Leuten was zum Gucken zu geben.“ Die gut gestellte Erwachsene ist härter zu sich selbst als ihre arme Mutter gegen das Kind Rose gewesen war. Zu Roses Konfirmation hatte es nämlich für „ein Heidengeld“ ein neues Kleid gegeben, das sie freilich nur „auf Borg“ tragen durfte, weil es auch den nachgeborenen Schwestern dienen sollte. Verzichten ist die duldende, Selbermachen die gestaltende Form der Askese. Rose malert, stellt Kinderkleidung her und produziert später auch die schwarz-weiß-rote Fahne, die als „Meisterstück einer sparsamen Hausfrau“ ironisiert wird.

Zu Fleiß, Sparsamkeit und Askese gesellt sich die unbedingte Ablehnung von Schulden. „Wenn Rose etwas gelernt hatte aus ihrer bäuerlichen Vergangenheit, dann war es der Lehrsatz: Man macht keine Schulden! Ihr Großvater hätte sich eher ein Stück aus dem eigenen Fleisch geschnitten, als jemandem etwas schuldig zu bleiben. Und ihre Mutter hätte lieber gehungert und die Kinder in Lumpen laufen lassen, als irgendwelche Rechnungen nicht zu bezahlen.“ Sie verfügt zudem über korrespondierende Sekundärtugenden, sie ist „ordentlich und genau, nüchtern und unromantisch“.

In Rose Markwarts monolithischem und konsistentem Wertsystem steckt nur ein kleiner hedonistischer Fremdkörper. „‚Wenn man gesät hat, möchte man doch auch ernten.‘ Reich sein und fröhlich sein. Rose war fest überzeugt, daß beides zusammengehörte. Ohne Geld gab es keine Fröhlichkeit. Wenn man aber über beides verfügte, dann war man angesehen, die Leute behandelten einen mit Respekt, dann stellte man etwas dar in der Welt. Rose hätte gern etwas dargestellt." Jede Gehaltserhöhung erhöht das Selbstwertgefühl und die Sparmöglichkeit gleichermaßen. Vorbilder und gelebtes Leben bestätigen den eingeschlagenen Weg und erhöhen ihn zum Modell. Zugleich verschärft der soziale Aufstieg den Konflikt zwischen Askese und Hedonismus, indem er Rose gelegentlich eine „Flurgarderobe voll mit protzigen Pelzmänteln" beschert. Dann konnte sie die „Mantelparade nicht sehen, ohne Neid zu spüren. Einen solchen Pelz zu besitzen, das kam ihr wie die Vollendung damenhafter Existenz vor." Erlangen kann sie ihn nur als Geschenk, den lebbaren Kompromiß zwischen Askese und Hedonismus.

Die Inflation trifft die Familie unvorbereitet. Als Hauseigentümer scheinen die Markwarts zunächst auf der sicheren Seite zu sein, und Rose wirkt krisentauglich. „Das Philosophieren lag ihr nicht, sie war mehr für's Tätigsein, für's Zugreifen, umso energischer, je prekärer die Situation war. Wenn es ganz dick kam, wurde sie geradezu fiebrig aktiv. Sie fühlte sich nur wohl, wenn sie gegen herannahende Krisen augenblicklich Verteidigungsstellungen aufbaute." Dabei ist ihr Verhaltensrepertoire vorab auf das Gewohnte und Bewährte festgelegt. Anfang der zwanziger Jahre registriert sie die heftiger werdenden Preissteigerungen und erhält mehrfach den Rat, ihr Geld auszugeben. „Aber das widersprach allem, was sie bisher gelernt hatte. Von jeher war ein ordentliches Sparguthaben eine Versicherung gegen die Zufälle des Lebens gewesen. Rose hatte sich immer Sicherheit gewünscht, und wo war Sicherheit, wenn nicht im Besitz von Geld? Sie konnte sich nicht entschließen, ihr Sparkonto abzuräumen und das Geld auszugeben. Es war doch unmöglich, daß die Gesetze, nach denen das Leben seit Menschengedenken funktionierte, mit einemmal nicht mehr galten." Ihre Konsequenz ist die Rückkehr zu jener Bargeldkultur aus der Ära des Goldstandards, die sie beim Großvater kennengelernt hatte. Eines Abends entdeckt der Ehemann „um ihre Leibesmitte einen Gürtel, der sich vorn zu einer Tasche weitete, das Ganze offenbar eine Strickarbeit von eigener Hand. [...] Schließlich brachte er es aus ihr heraus, daß sie schon vor Monaten das gemeinsame Spargeld von der Teltower Kreissparkasse geholt hatte und es seither in ihrem Taschengürtel verwahrte." Im Geldgürtel entwertet die Inflation die monetäre Lebensleistung im Handumdrehen.

Die Macht der Inflation zwingt Rose eine zweite Kollision mit einer Instanz im Über-Ich auf, dem Verschuldungstabu. Angesichts steigender Steuern und Unterhaltungskosten muß der Familienrat darüber befinden, ob das ererbte Haus gehalten oder verkauft werden soll. Bald würden die „Mieteinnahmen eines Jahres nicht mehr die Steuern eines Monats decken". Ein Haus war Rose „immer als die wirtschaftliche Sicherheit schlechthin erschienen, ein Bollwerk, das gegen alle Not schützen würde. Und nun? Das Haus [...] hatte sich in ein Ungeheuer verwandelt. Es war zum Moloch geworden, [...]" Rose hat nicht nur vor der drohenden Überschuldung der Schwiegermutter Angst. Als Miterbin in spe sieht sie auch sich selbst als künftige Schuldnerin, und „ihre Gedanken kreisten um die Bedrohung, die von dem Haus ausging". Angesichts erster offener Forderungen von Fiskus und Handwerkern plädiert sie mit starken Worten für den Verkauf und setzt sich schließlich gegen alle Argumente auch derjenigen durch, die die Mechanik der Inflation begriffen hatten. Sogar der Käufer ist ein honoriger Mann, der seine Flucht in den Sachwert offen darlegt. Die Markwartin ist nicht über den Tisch gezogen worden; sie hat nur ihre Identität gelebt.

Inmitten der unübersehbaren Geldentwertung wird für die Bezahlung der Kaufsumme von 120. 000 Mark eine traditionelle Vertragsform aus der Ära monetärer Stabilität gewählt: die Schwiegermutter erhält 20. 000 Mark in bar und bis ans Lebensende eine monatliche Rente von 500 Mark. Die Inflation und der Währungsschnitt von 1923 machen die alte Dame arm und bürden die Versorgung den Kindern und Rose selber auf. Der Konflikt über den Hausverkauf belastet die betroffenen Familien über Jahre. Den Reserven des deutsch-nationalen Ehemanns gegen die Weimarer Republik schließt sich Rose zunehmend an. „Rose hob die wertlos gewordenen Scheine noch lange auf [...]."

Als Mutter setzt sie alles daran, ihre alten Grundsätze an den einzigen Sohn weiterzugeben. Harald soll zwar einen „schönen Abschied von der unbeschwerten Schülerzeit" bekommen, bevor er zum Arbeitsdienst und in die Wehrmacht muß. „Ein Wahnsinnsgeld durfte es freilich auch nicht kosten. Schließlich wollte und sollte Harald später studieren, was Jahre dauern und ganz schön teuer sein würde. Schon lange legte Rose für diesen Zweck Groschen auf Groschen und Mark auf Mark. Und ihren Traum vom eigenen Haus hatte sie auch noch nicht endgültig aufgegeben." Nicht nur die Sparsamkeit hat das Inflationsdesaster überdauert, sondern auch die Askese. Das tägliche Telefonat des Jungen mit seiner Liebsten ist ihr ein Dorn im Auge. „Du vertelefonierst im Monat drei Mark. Das muß der Vati schwer verdienen. Wir haben doch keinen Dukatenscheißer im Haus." Die vielen Geschwister der Angebeteten stellen sich als antizipierter Kostenfaktor dar: „Das sind fünf Geburtstage im Jahr, sieben, wenn man die Eltern dazurechnet. Und Weihnachten. Was Du da für Geschenke kaufen mußt. Arm wirst Du dabei." Als der Sohn zum Reichsarbeitsdienst einberufen wird und dort nicht gerade auf Rosen gebettet ist, widersetzt sie sich dem Vorschlag ihres Mannes, ein bißchen Geld zu schicken. „Er kriegt Päckchen. Den Umgang mit Geld muß er erst noch lernen, und wenn er jetzt so viel in Händen hat, dann schmeißt er es bloß zum Fenster raus." Auf die Nebeneinnahmen, die der Sohn als Musikant erzielt, reagiert Rose erfreut, aber es „beunruhigte sie, daß der Junge soviel Geld in die Finger bekam. Sie rät: ‚Das solltest Du aber unbedingt auf dein Sparbuch einzahlen. Daß Du es ja nicht sinnlos vertust.'"

Der drohenden Arbeitslosigkeit ihres Mannes setzt die Markwartin eine verschärfte Anwendung ihrer konstanten Normen entgegen. *„Wir müssen sofort anfangen zu sparen"*. Im Streit über vermeidbare Posten gibt sie verbal nach, beschließt jedoch zugleich, ihre harte Linie faktisch durchzusetzen. „Sie würde schon ihre Vorkehrungen treffen. Sparen! Sparen." Früher hat sie oft mit ihrer besten Freundin telefoniert; die Sparnorm macht die Kommunikation zur

Einbahnstraße. „Jetzt war es nur noch Edith, die anrief. Rose dachte jedesmal, wenn sie die Hand nach dem Hörer ausstreckte, an den Groschen, den das wieder kosten würde, und ließ es dann lieber sein.“ Als Extrem der asketischen Haltung weigert sich die Markwartin, einen verpfuschten und schlecht verheilten Dammschnitt ärztlich kontrollieren zu lassen. „Also, bei uns bleibt dafür nichts übrig.“ Obwohl sie die Untersuchung und die eventuell nötige Nachoperation über die Verwandtschaft der besten Freundin „für'n Appel und 'n Ei, ganz billig“ erhalten kann, bleibt sie ablehnend. Fehlgeburten sind die Folge.

Roses Verschuldungstabu bleibt von den Desastern, die sie erlebt und angerichtet hat, genau so unberührt wie ihre anderen Imperative. Als ihre Mutter in Not gerät und einen Kredit aufnehmen muß, versteht sie deren Kummer „besser als jeden anderen. Da wäre sie auch unglücklich gewesen, wenn sie auf Kredit hätte leben sollen.“ Auch den monetären Konservativismus hat die Inflation nicht geschwächt, sondern gefestigt. In der Weltwirtschaftskrise werden 1931 vorübergehend die Banken geschlossen und Zugriffe auf das eigene Konto unterbunden. „Reuevoll dachte sie an ihren Geldgürtel, den sie seit den schlimmen Tagen der Inflation nicht mehr benutzt hatte. Damals war es falsch gewesen, das Familienguthaben mit sich herumzutragen. Anders jetzt.“

Als die Russen 1945 Berlin erobern, fürchtet Rose, vergewaltigt zu werden und versucht, sich umzubringen, was knapp mißlingt. Kaum über den Berg reißt es die Genesende aus dem Bett; sie muß nach ihren Vorräten sehen. „Ihre Kräfte vermehrten sich wundersam, seit sie im Kampf um die Rückeroberung ihrer Vorräte stand.“ Einiges findet sich bei diebischen Nachbarn, anderes muß sie abschreiben. „Der Verlust schien sie munter zu machen. Mit jedem Schadensfall, den sie registrierte, wich ein Teil ihrer Benommenheit [...] Sie sah immer noch sehr hinfällig aus, aber ihr Gesicht wirkte jetzt wach, und ihre Augen blitzten.“ Gesundet widmet sich Rose „mit Feuereifer der Aufgabe, für sich und Viktor eine neue Lebensgrundlage zu schaffen“. Sie tauscht eine einfachste Grundausstattung zusammen und beginnt erneut, „Ackerbau und Viehzucht zu treiben – zum zweiten Mal in ihrem Leben. Aber was war das damals während des ersten großen Krieges bei aller Not für eine goldene Zeit gewesen, verglichen mit der Gegenwart!“

Vorgreifend sei angemerkt, daß Rose nicht nur Individuum ist, sondern auch eine besonders konsistente Vertreterin eines umfassend puritanischen Sozialcharakters, den sie mit vielen Angehörigen ihrer Generation teilt. Die Zugehörigkeit zu einer der Fraktionen im gesamtgesellschaftlichen Sozialcharakter wird sich, auch und gerade im Wandel zwischen den Generationen, quer durch die vorliegende Abhandlung als Schlüsselkategorie erweisen. (Siehe 12, 18)

Die literarische Existenz der Romanfigur endet in einer leicht unbestimmten Vergangenheit – irgendwann vor den Währungsreformen von 1948. Im folgenden Kapitel schließen die BPn des Göttinger Projekts gewissermaßen zu Rose Markwart auf.

7. Verdeckte Inflation und „die Währung" von 1948

Kurz vor dem Zweiten Weltkrieg hebt der zweite Akt im Drama der deutschen Währungskatastrophen an. Die „'geräuschlose' Rüstungs- und Kriegsfinanzierung der Nationalsozialisten beginnt einen gewaltigen Geldüberhang aufzubauen" (Möller 1976: 434) – eine verdeckte oder zurückgestaute Inflation. „Der Bargeldumlauf, der 1938 nur 10,4 Milliarden Reichsmark betragen hatte, war im Jahre 1945 auf stolze 73 Milliarden angewachsen. Spareinlagen, Guthaben, Buchgeld bei Banken, vor dem Krieg bei rund 45 Milliarden Reichsmark, hatten sich in knapp 7 Jahren auf 225 Milliarden erhöht. Die schlimmste Steigerungsrate aber war bei den Schulden der öffentlichen Hand zu registrieren. Die Reichsschuld, die 1938 noch unter 20 Milliarden lag, war bei Kriegsende auf traurige 380 Milliarden Reichsmark angewachsen." (Riehl 1978: 69) Die angeschwollene Geldmenge stand einem durch die Kriegsfolgen reduzierten gesellschaftlichen Reichtum, stark zerstörter Infrastruktur und verminderten Produktionskapazitäten gegenüber, die noch dazu von der militärischen Orientierung auf die Erfordernisse einer zivilen Volkswirtschaft umgestellt werden mußten. Flucht, Vertreibung, Gefangenschaft, Heimkehr und weitere Verwirbelungen der Gesellschaft verschärften diese Probleme weiter.

Der Hunger war ein so hervorstechendes Charakteristikum der Zeit, daß er als „fünfte Besatzungsmacht" bezeichnet werden konnte. (Riehl 1978: 38) Die Westalliierten behielten die Konsumgüterrationierung und die Devisenbewirtschaftung vorerst noch bei. Die Tagesration an Lebensmitteln deckte, wie pointiert angemerkt worden ist, biologisch gerade den Kalorienbedarf eines schlafenden Hundes. (Schmölders 1988: 101)

Das Geld konnte seine Funktionen nur noch mangelhaft bis gar nicht erfüllen. Äußerer Ausdruck hiervon war zunächst ein ausgesprochenes Währungschaos: Rentenmark, Reichsmark, Geldzeichen der Alliierten, Notgeld usw. waren im Umlauf. (Staatsbank 1989: 9)

Das Reformgeld der zwanziger Jahre war zu einer der Erscheinungsformen der Krise in den vierziger Jahren geworden. Vom teuer bezahlten *und* gefeierten „Wunder" (siehe 6.3) war die Rentenmark zu monetärer Nichtigkeit abgesunken. Nur wegen der zurückgestauten Inflation und der administrierten Preise reichten die vorhandenen Nominale als Tauschmittel aus. Als Folge der skizzierten Konstellation drängte das angehäufte Geld auf den Markt und beförderte die Entstehung der Schwarzmärkte, wo die Preise unaufhörlich stiegen. Die Reichsmark verlor rapide an Wert und wurde mehr und mehr durch Geldsurrogate wie Zigaretten ersetzt. Der unproduktive Tauschhandel wuchs, und die Bereitschaft der Bevölkerung, wertloses Geld zu verdienen oder auch nur entgegenzunehmen, sank. Bisweilen blieb ein heruntergefallener Geldschein unbeachtet im Schmutz liegen (Muthesius 1973: 85) – die wörtlichste Erscheinungsform einer Repudiation der Währung.

Daß eine Währungsreform stattfinden und ein erheblicher Teil des alten Geldes entwertet werden mußte, war damit klar. Klar war ferner, daß dieser Schnitt maßgeblich von den Siegermächten vorzunehmen war. (Möller 1976: 441ff., Riehl 1978: 77ff.) Klar war schließlich, daß die Maßnahmen im Osten und im Westen sehr kurz hintereinander getroffen werden mußten. Bezüglich des Zeitpunkts waren sie natürlich nicht genau determiniert. Einmal begonnen – im Westen oder im Osten – unterstand die zeitliche Abfolge jedoch einem so strengen Mechanismus, daß man von einer Zwangssynchronisation sprechen könnte. Im Gedankenexperiment erkennt man sehr schnell, „daß ziemlich gleichzeitige Währungsreformen mit Einführung neuer Währungseinheiten und Zahlungsmittel unvermeidlich waren. Denn dasjenige Gebiet, das die alte RM-Währung noch beibehält, muß mit einem großen Zustrom von Altgeld rechnen, wenn das andere Gebiet den RM-Überhang durch Einführung eines neuen Geldes zu beseitigen beginnt." (Möller 1976: 440)

So fanden 1948 in kurzem zeitlichem Abstand die beiden Währungsreformen statt, die bereits die Gründung zweier deutscher Staaten vorzeichneten. Diese zentrale Differenz zur ersten Sequenz aus Krise und Reform im 20. Jahrhundert (siehe 6) implizierte in Sachen Währungsreform eine weitere. „Aber die Reichsmark blieb Reichsmark. Und das Reich blieb das Reich, wenn auch an seinen Rändern beschnitten. Jetzt, 1948, verschwand die Reichsmark endgültig, liquidiert von den Besatzungsmächten [...]. Sie verschwand, wie das Reich zuvor verschwunden war, unter dem Schutt des globalen und totalen Krieges." (Friedrich 1988: 9) Damit waren die Zahlungsversprechen des faschistischen Staates (Reichsschatzanweisungen, Schatzwechsel, Anleihen) wertlos geworden. (Staatsbank 1989: 9) Alle Schulden des Reiches galten als erloschen (Benz in Friedrich 1988: 24), so daß die Währungsreformen diesen „dicken Brocken" gleichsam links liegen lassen konnten.

Aufgrund der Etablierung konträrer Gesellschaftssysteme waren die Muster der Währungsreform und der politischen Begleitprogramme diametral entgegengesetzt, obwohl die Abwertung ein notwendiges gemeinsames Charakteristikum bildet. Mit der Reform in den Westzonen verband sich die Wiederherstellung vorwiegend privatkapitalistischer Wirtschaftsstrukturen. Die in der SBZ durchgeführte Reform hatte die Umgestaltung der gesamten Produktionsverhältnisse hin zu einer sozialistischen Planwirtschaft zum Ziel. Mit beiden Währungsreformen wurde die politische und wirtschaftliche Spaltung Deutschlands besiegelt – Währungspolitik war unmittelbar Gesellschaftspolitik.

Die Auswirkungen dieser volkswirtschaftlichen Anpassungsprozesse auf die Familien werden im folgenden untersucht. Dabei stehen, wie schon für die erste Sequenz aus Krise und Reform, die Verteilungsfolgen im Vordergrund, die aus der *zurückgestauten Inflation* und aus den *Währungsreformen* selbst resultierten.

7.1 Familienschicksale und Verteilungswirkungen

Die erste Sequenz aus Krise und Reform hatte, wie gezeigt, wesentliche Auswirkungen auf die Sozialstruktur – im globalen Maßstab und im Sample des Göttinger Projekts. Die NS-Zeit und der Krieg, aber auch die globalen Tendenzen wirtschaftlicher Transformation in der Vertikalen (Konzentration und Zentralisation) und der Horizontalen (Bedeutungsverlust des Agrarsektors, Tertiarisierung) haben natürlich auch auf „unsere" Familien eingewirkt. In der Zeit nach dem Zweiten Weltkrieg[120] kommt es erneut zu negativen und positiven Klumpungen von Chancen, die Waldmann für die zwanziger Jahre aufgezeigt hat (1987: 381ff.). Diese sind zum Teil ähnlich, zum Teil aber ganz anders gelagert als in den zwanziger Jahren.

Um vorab und vorerst pauschal das Ausmaß und die Intensität dieser Betroffenheiten ermessen zu können, sei eine simple Grundauszählung an den Anfang gestellt.

Tab. 7.1: Objektive Bilanz der Währungsreformen von 1948 (N = 96; absolute Zahlen und Spalten-%)

Objektive Bilanz	**N**	**%**
Schweres Opfer	2	2,1
Opfer	31	32,3
Benachteiligte	27	28,1
Ausgewogen	23	24,0
Begünstigte	3	3,1
Gewinner	8	8,3
Klarer Gewinner	2	2,1
Summe	96	100,0

© Heisterhagen / Hoffmann, Soziologisches Seminar, Universität Göttingen

Erstaunlicherweise ist das Grundmuster der Betroffenheitsbilanzen in beiden Sequenzen von Krise und Reform nahezu identisch: ca. ein Drittel sind jeweils Opfer und Benachteiligte, und ein Zehntel steht auf der Gewinnerseite.

Damit freilich enden die Gemeinsamkeiten. Denn obwohl die Auswertungsperspektive eigentlich dieselbe ist wie für die zwanziger Jahre (siehe 6.2), können die Verteilungswirkungen der zweiten Sequenz aus Krise und Reform nicht analog

120 Gemeinsam mit Jan-Alexander Bethge.

systematisiert und dargestellt werden. Das hat zunächst *stichprobentechnische und methodische Gründe*. Zwar konnten für die vierziger Jahre schon zwei Generationen befragt und somit eine doppelte Anzahl von Antworten erzielt werden (obige N = 96). Diese sind jedoch aufgrund der (sozio-demographischen) Eigendynamik des Samples ungleichgewichtig, weil G1 sozialstrukturell dominant ist: nur fünf Angehörige von G2 sind vor 1930 geboren und könnten im relevanten Zeitraum schon als wirtschaftlich eigenständig gelten; bei der jüngeren Mehrheit der G2 ist dies nicht der Fall. Objektive Krisenbilanzen, die nach dem Muster der zwanziger Jahre (siehe 6.2) auf Basis *aller* Interviews nach Sektor und Status berechnet würden, wären somit grob irreführend. Diese Gegebenheit wird durch ein erhebungstechnisches Spezifikum weiter verschärft. Bei der Bildung der Stichprobe für die Startgeneration (siehe 2.2.1) konnten alle gewünschten sozialstrukturellen Vorinformationen von und über G1 in Ruhe eingeholt und bei Bedarf ergänzt werden. Im Interview mit G2 wäre dies für die (Nach-)Kriegswirren nicht möglich gewesen: für 1945ff. besteht ein sozialstrukturelles Wissensdefizit, das auch nicht behoben werden kann. Die sozialstrukturellen Angaben zu dieser Übergangszeit wären im übrigen oft unfertig und wenig verläßlich.

Auf der *inhaltlichen Ebene* gibt es ein Phänomen, das für die Systematik der Auswertung ähnliche Implikationen hat wie die eben angesprochenen methodischen Komplikationen. Die meisten Berichte über die Situation der Befragten in den vierziger Jahren spiegeln deutlich die allgemeinen Folgen des Zweiten Weltkrieges in Deutschland wider (v. a. Hunger, Versorgungslücken anderer Art, Zerstörungen an der ökonomischen Infrastruktur, nicht zuletzt die toten, vermißten oder gefangenen Männer). In der Erinnerung der Zeitzeugen läßt sich offensichtlich keine eindeutige Trennlinie zwischen den allgemeinen Bedingungen, den speziellen monetären Aspekten und dem persönlichen Auskommen ziehen. Dies führt dazu, daß die Berichte untereinander starke Ähnlichkeiten haben und viel homogener sind als die zur Zeit der Hyperinflation von 1922/23. Etwa Kriegsschäden an Häusern sind nicht sonderlich schichtspezifisch, und die Einquartierung von Flüchtlingen und Vertriebenen im verbliebenen Bestand hat das ihrige dazu beigetragen, daß generell über sehr beengte, schlechte Wohnverhältnisse zwischen 1945 und 1948 geklagt wird. Viele Schicksale sind so eindeutig durch den Krieg entschieden worden, daß es sich gerade nicht um Schicht-Schicksale im bisherigen Wortsinn handelt.

Die aufgezeigten methodischen und inhaltlichen Spezifika verbinden sich zu einer gemeinsamen auswertungs- und darstellungstechnischen Konsequenz: eine sozialstrukturelle Feindifferenzierung, wie sie für die Zeit nach dem Ersten Weltkrieg möglich war, kann für die zweite Sequenz aus Krise und Reform nicht angestrebt werden. Die Analyse muß über die Schicksale von G1 angegangen werden, weil deren Erwerbsbiographien weiter fortgeschritten sind und zum Teil bereits im letzten Drittel stehen. Somit lohnt es sich, den Wandel vom endgültigen sozialökonomischen Status aus zu bestimmen, der vor Eintritt in den Ruhestand erreicht worden war.[121]

Das Sample aus der Startgeneration hat sich sozialstrukturell stark verändert, worin sich die erwähnten säkularen Tendenzen, aber auch die Schicht-Schicksale in den zwanziger Jahren (siehe 6.2) niederschlagen. Zum einen ist der Anteil der Selbständigen geschrumpft (von 24 auf 16), was sich exakt spiegelbildlich als Zunahme der abhängig Beschäftigten niederschlägt (von 24 auf 32). Innerhalb der abhängig Beschäftigten hat sich die Anzahl der Arbeiterfamilien im Sektor II verringert (von 16 auf 10), und bei den Landarbeitern schlägt die Abnahme noch kräftiger zu Buche (von 8 auf 2); entsprechend deutlich ist der Zuwachs im tertiären Sektor (von 8 auf 20). Auch die Selbständigen der G1 gliedern sich jetzt bei Konstanz der Bauernschaft sektoral anders: hier ist der produzierende Sektor geschrumpft (von 8 auf 3) und im tertiären Sektor sind die Selbständigen weniger geworden (von 8 auf 5).

Analytisch brauchbar bleibt die grobe Gliederung in abhängig Beschäftigte und Selbständige. Mit einer gleichsam rückwärts gewandten Dominanzhypothese (Geißler 1996: 332f.) wird sich zeigen, daß vertikale Ungleichheitsdimenionen für die familialen Lebensumstände und die entsprechenden inflationären Verteilungspositionen entscheidend waren. In der qualitativen Analyse wird sich andererseits auch zeigen, daß in der zweiten Sequenz aus Währungskrise und -reform neue Gemeinsamkeiten und Trennlinien ausschlaggebend waren.

Tab. 7.2: Objektive Krisenbilanz der Startgeneration nach sozialstruktureller Zugehörigkeit in den vierziger Jahren (N = 48; absolute Zahlen)

Ereignisbilanz	Primärer Sektor		Sekundärer Sektor		Tertiärer Sektor	
	Selbständig	Abhängig	Selbständig	Abhängig	Selbständig	Abhängig
Schweres Opfer	0	0	0	0	0	1
Opfer	1	1	0	2	4	7
Benachteiligt	1	1	0	4	1	7
Ausgewogen	3	0	0	3	0	5
Begünstigt	1	0	0	0	0	0
Gewinner - leicht	2	0	2	1	0	0
Klarer Gewinner	0	0	1	0	0	0

Man erkennt vor allem eine dreifache Polarisierung. Die Selbständigen stellen trotz ihres Rückgangs den Löwenanteil aller Gewinner, und bei den Abhängigen gibt es trotz ihres Zuwachses nur einen einzigen davon. Parallel dazu sind aber die

121 In ganzen drei Fällen gibt es Abweichungen, die allerdings beträchtlich sind und daher genannt seien. Zweimal machen sich abhängig Beschäftigte später selbständig, und einmal wird von der Selbständigkeit (Rechtsanwältin) in eine Beamtenstelle (Richterin) gewechselt.

Selbständigen in sich in Gewinner und Verlierer gespalten. Ganz entscheidend ist schließlich dieses Mal der Wirtschaftsbereich, dem man angehört: im tertiären Sektor tritt bei den Selbständigen nicht eine Privilegierung auf, und dort häufen sich die Belastungen der abhängig Beschäftigten.

In analoger Anwendung der Staffelungshypothese (Geißler 1996: 334) wird sich im detaillierten Studium herausarbeiten lassen, daß es ganz ungewöhnliche Cluster aus positiven bzw. negativen Elementen sind, die die Situation der Menschen in der Zeit nach dem Zweiten Weltkrieg bestimmen.

7.1.1 Die abhängig Beschäftigten und die Arbeitslosen

Wenn man den angekündigten Fokus wählt und alle einkommensabhängigen Familien zusammenfaßt, ergibt sich eine eindeutige Tendenz: sie mußten die redistributiven Effekte der zurückgestauten Inflation nach 1945 überwiegend als Inflationsverlierer (er-)tragen. Denn 23 dieser 32 Familien, eine starke Mehrheit von knapp drei Vierteln, weisen negative Bilanzen auf, wobei es allerdings nur ein schweres Krisenopfer gibt. Ebenfalls einmal ist das andere Extrem besetzt, eine Familie mit einer Gewinnerbilanz. Das restliche Viertel von acht abhängigen Familien verbucht eine ausgewogene Bilanz. Die Verteilung der gesamten abhängig Beschäftigten ist insgesamt sehr verliererlastig und insoweit mit den Ergebnissen für 1923 vergleichbar.

Für die feineren Auswertungsschritte geht es nun wesentlich um die Darstellung der genannten Klumpungen negativer und positiver Chancen. Das auffälligste Positiv-Cluster ist bei Männern in Lohn und Brot entstanden, indem sich rings um den Arbeitsplatz eine Netzwerkdimension entwickelt hat, die im einzelnen sehr vielschichtig ist und in der Bedeutung den Einkommensaspekt oft überlagert. Durch die berufliche Tätigkeit lernte man Anbieter bestimmter Erzeugnisse und Leistungen kennen und konnte Informationen über eigene Wünsche in Umlauf bringen; umgekehrt war auch das eigene Angebot den potentiell Interessierten primär über das Netzwerk bekannt zu geben. Die Netzwerke reflektieren die ökonomische Umwelt der zurückgestauten Inflation mit ihren charakteristischen Kennzeichen: erodierte Geldfunktionen, Bezugskartensystem (vor allem für Konsumgüter), hohes Gewicht des Realtausches von Ware gegen Ware, bedeutende informelle Marktsegmente (Grauer und Schwarzer Markt) usw. Unter solchen Bedingungen ist die Suche nach Tauschpartnern mit erheblichen Informations- und Transaktionskosten verbunden, die durch das Arbeitsplatz-Netzwerk verringert werden können. Die daraus entstehende „befreite“ Zeit ist wiederum ein erheblicher allokativer Vorteil. Zugespitzt kann man sagen, daß der Arbeitsplatz zugleich eine Börsenfunktion übernommen hatte, deren vielfältige Erscheinungsformen und Funktionen nunmehr herauszuarbeiten sind.

In dafür geeigneten Berufen entsteht das Netzwerk in der verlängerten Arbeitszeit auf der Grundlage der regulären Qualifikation. Eine gute Illustration bietet Herr Kröger, der schon mit seiner Anstellung als Berufsschullehrer „wirklich Glück“ gehabt hat und den Netzwerkaspekt seiner Funktion und deren Wert für die

Familie plastisch beschreibt: „In der Zeit ging auch die Epoche der Meisterprüfungen los. Und dann kamen diejenigen, die ein bißchen schwer von Begriff waren, die kriegten dann Nachhilfe. Und die bezahlten nicht mit barer Münze, die lieferten dann." Dieser Vorteil konnte die Abwertung von Ersparnissen[122] und den Verlust von Reichsanleihen aufwiegen, so daß die Familie Kröger in den Jahren zwischen 1945 und 1948 insgesamt auf eine ausgewogene Ereignisbilanz kommt.

Bei grundverschiedener beruflicher Qualifikation ist die Konstruktion und Funktion des Netzwerks von Herrn Raabe (*1909) ganz ähnlich; auch er kommt mit einer ausgewogenen Bilanz durch die vierziger Jahre. Als Tischler hat er 1945 „Glück, da hatte ich sofort Arbeit. Damals, da hatte man noch so Hartfaserplatten. Und da, was kann man daraus machen, nicht wahr? Dann gab es die Einbauküchen, Schränke usw. Und dann haben wir Küchen gebaut. Einer ist dann nach K., und meine Frau hat dann dafür Milch, Butter und ... Geld habe ich auch dafür gekriegt." An anderer Stelle im Interview heißt es prägnant: „meine Frau war sehr tüchtig und ich hatte meine Arbeit." Auf der Grundlage dieses Positiv-Clusters konnte sich die Familie Raabe in der Nachkriegszeit nicht nur ihr eigenes Auskommen sichern, sondern auch der Verwandtschaft durch Pakete unter die Arme greifen. Außerdem verbesserte Herr Raabe in diesen Jahren sogar seinen qualifikatorischen Status: „Ja, das war die Zeit, wo ich meine Meisterprüfung gemacht habe." Das Interview mit Tochter Raabe (*1941) zeigt eine noch günstigere Interpretation: in ihrer Sicht hat sich die Situation der Familie in dieser Zeit sogar stark verbessert.

Eine wichtige Netzwerkvariation ist bei Herrn Flebbe (*1902) zu erkennen, der über seine Tätigkeit Kontakte zu den Siegermächten hat und für eine Gefälligkeit ein Entgelt in Schwarzmarktwährung fordert und erhält. Er arbeitet damals bei der englischen Rheinarmee und stellt seine Tätigkeit und das daran hängende Netzwerk sehr anschaulich dar. „Ich hatte meine Tagesverpflegung, ich bekam ja zu essen. Also für mich brauchte ich nicht zu sorgen, aber ich hatte Frau und drei Kinder. Ich war also in einer Offiziersmesse, alle möglichen Dienste machen. Auch den Garten in Ordnung halten von zwei, drei Häusern. Und dann war da ein Haus, das war nur von englischen Frauen [im Militärdienst – d. Verf.] belegt. Und die [be-]wohnten so mit, na sagen wir rund 15 ein ganzes Haus. Nur zum Schlafen und Arbeiten. Und dann, die konnten etwas Deutsch, also, sie hätten kein Bad, kein Wasser. Bad schon, aber kein Wasser. Da habe ich gesagt: ‚Ich kann Ihnen das Wasser, die Heizung so früh anmachen, daß Sie ab sieben Uhr baden können. Aber ich habe Frau und drei Kinder. Ich kann für Zigaretten Lebensmittel und Kohle bekommen.' Ja, die Engländer hatten ja Zigaretten, reichlich. ‚Wenn Sie mir Zigaretten geben, dann bin ich um sechs Uhr hier,' – acht Uhr brauchte ich erst – ‚mache Ihnen die Heizung an, daß Sie heißes Wasser haben, daß Sie baden können.' Ja, da lagen jeden Morgen zwanzig Zigaretten da." Auf diese Weise kam Herr Flebbe an die begehrteste Schwarzmarktwährung, die dem Geld die Funktion als universelles

122 Unter anderem wurden Sparbücher, die Urgroßvater Kröger (G0) für die Kinder (G2) mit einem Anfangswert von 1000 RM angelegt hatte, infolge der Währungsreform abgewertet.

Tauschmittel abgenommen hatte.[123] „Ja, man mußte Naturalien haben, also Zigaretten. Mit Zigaretten konnte man alles bekommen." Ganz wesentlich aufgrund des Netzwerks kamen die Flebbes relativ ungeschoren durch die Nachkriegszeit: „bis zur Währung, durch diese Kungelei mit Zigaretten usw., daß ich alle Lebensmittel hatte und Kohlen bekam, hatte ich eigentlich keine Schwierigkeiten." Im Cluster der Familie befand sich sogar noch ein weiteres Positivum: „Wir hatten ja das Haus gerettet." In der Summe kam es bei Familie Flebbe zu einer ausgewogenen Ereignisbilanz.

Das Netzwerk von Familie Pohl enthält zwei weitere „Maschen", aufgrund derer sie als einzige einkommensabhängige Familie mit einer positiven Bilanz aus der Nachkriegsinflation hervorgeht! Der wesentliche Grund hierfür war, daß es Herrn Pohl (*1905) gelang, in den Nachkriegsjahren ein Stück Land zu erwerben. Entscheidend dafür war vor allem seine Erwerbstätigkeit als Vorarbeiter in einem Industrieunternehmen und eine Zweckentfremdung seiner Arbeitskraft, die wiederum die Zeitläufte selber ausdrückt. „Also, damals hatte der damalige Chef vom B[...]-Konzern irgendwelche Geschäftsbereiche hier [von M. nach W. – d. Verf.] ausgelagert. Na ja, und der hatte Saatkartoffeln irgendwie besorgt, also original Saatgut. Und ich hatte nun den Auftrag, Kartoffeln zu pflanzen, und zwar hier [in W.]." Durch diese Tätigkeit lernte Herr Pohl einen örtlichen Landbesitzer kennen, mit dem er schließlich ins Geschäft kam: „mit dem konnte ich eigentlich gut, ein prima Kerl, und [dann] sagte ich zu dem [...]: ‚Herr S., dieses Stückchen Land könnten Sie eigentlich verkaufen.' ‚Ja', sagte er, [...], da bauen Sie sich ein kleines Häuschen hin. Kein schlechter Gedanke, das halten Sie mal fest.' Na ja, und ich habe es dann auch festgehalten, nicht, und habe dann dies hier erworben." Seine Ehefrau ergänzt: „Und das war 46, und 48 kam die Währung, und wir hatten unser Geld hier reingesteckt." Neben diesem Vermögensvorteil hatte der Landerwerb noch einen Einkommensaspekt. Denn Herr Pohl nutzte die Landfläche im Nebenerwerb zur Erzeugung landwirtschaftlicher Güter. „So, und da ist meine Zeit nach dem Krieg mit hingegangen. So das ganze Jahr das urbar gemacht. Alles, was so dazugehört." Das Positiv-Cluster aus Arbeitsplatz und Netzwerk reichert sich hier um eine Versorgungskomponente an, wobei der Grundstückskauf die Ersparnisse vor der Teilabwertung durch die Reform von 1948 geschützt hat.

In der Summe war zu sehen, daß die abhängig Beschäftigten meist hart gearbeitet haben, um in der zweiten Sequenz aus Krise und Reform eine ausgeglichene Position zu erreichen – zumeist ging es nur um die Abwendung von Schäden. Ein Arbeitsplatz mit seinem Netzwerk, ein Mann und seine Frau waren die Basiskomponenten des Klarkommens. Nicht ein einziges Mal sind die gewinnträchtigen Spezifika der Zeit auch nur genannt worden: Spekulation und Arbitrage, Schwarzmarkt- und Kompensationsgeschäfte fehlen in der Liste der abhängig Beschäftigten. Das

123 Riehl 1978: 64ff. gibt einige Tauschrelationen auf dem Schwarzmarkt an, die die Kaufkraft der täglichen Morgengabe verdeutlichen: eine einzelne Zigarette fünf bis acht RM; für eine Schachtel mit 20 Zigaretten erhielt man z. B. ein halbes Pfund Butter oder ein Pfund Fleisch oder eine Flasche Schnaps, mit der man auf dem Lande ein ganzes Kilo Butter eintauschen konnte.

Grundstück für das „kleine Häuschen" liegt gewissermaßen auf dem Gipfel der wirtschaftlichen Vorteile.

Die Negativ-Cluster sind regelrechte Spiegelbilder der positiven Klumpungen. Das Gegenstück zum Arbeitsplatz mit Netzwerkkomponenten ist die Arbeitslosigkeit, die in dieser Zeit nicht nur den Verlust oder das originäre Fehlen des Erwerbseinkommens bedeutet, sondern auch fehlende oder verlorene Netzwerke. Etwas abgeschwächt gilt dieses Cluster auch für qualifizierte Arbeitskräfte, die sich mit Allerwelts-Jobs durchschlagen mußten. Wie stark diese Beeinträchtigung regelrecht als Determinante für eine Opferbilanz wirkt, zeigt sich an dem durchgehenden Zusammentreffen von Arbeitslosigkeit/Dequalifizierung und Opferbilanz bei den Familien von Frau Bruns (*1911), Frau Pietsch (*1913), Herrn Hagenberg (*1908), Herrn Tiemeyer (*1911)[124] und Frau Tappe (*1912). Sie alle waren im fraglichen Zeitraum sowohl von Arbeitslosigkeit betroffen bzw. hatten nur einen Hilfsarbeiterstatus und weisen gleichzeitig eine Opferbilanz auf. Frau Bruns (*1911) z. B. berichtet, wie ihr Mann trotz seiner Doppelqualifikation als Dreher und Drechsler erst arbeitslos und dann Hilfsarbeiter auf Bauernhöfen wurde: „Die Zeit waren wir erst mal arbeitslos. Da sind wir dann in die Landwirtschaft gegangen und haben uns da durchschlagen müssen. Also, das waren für uns die schlimmsten Zeiten, da ist mein Mann vierzehn Tage in die Landwirtschaft gegangen, um ein paar Zuckerrüben, ein bißchen Stroh, ein bißchen Milch [herauszubekommen – d. Verf.]. Also das waren meine persönlich schlimmsten Jahre!" Da der Ertrag dieser Tätigkeit offensichtlich nicht zur Versorgung ausreichte, versuchte Familie Bruns, ihre Lage durch Tauschgeschäfte zu verbessern. Auf der monetären Seite schließlich wurde ein geplanter Hausbau durch die Entwertung der Ersparnisse bei der Währungsreform vereitelt.

Die bislang vorgestellten Opfer-Schicksale relativieren sich, wenn sie mit dem äußersten Gegenpol der Negativ-Cluster konfrontiert werden. In ihm fehlt der Arbeitsplatz mit dem angelagerten Netzwerk und den vorausgesetzten Qualifikationen. Der Mann ist gefallen, vermißt oder in Kriegsgefangenschaft. Die Frauen sind durch die ihnen aufgezwungene *Zusatzaufgabe* als Ernährerin bei *Fortbestand* der überkommenen Aufgaben von Kinderaufziehen und Pflege massiv überfordert.

124 An dieser Stelle sei auf einen Kunstgriff verwiesen, der das vermerkte methodische Problem für die Auswertung der inflationsinduzierten Krisenfolgen in den vierziger Jahren entschärfen hilft. Da die Familien von Frau Negel und Herrn Tiemeyer, die zwei unserer drei sozialstrukturellen ‚Abweichler' in klassentheoretischer Hinsicht sind, denselben Status als Krisenopfer haben, werden sie gegeneinander substituiert, d. h. die Familie von Herrn Tiemeyer wird den Einkommensabhängigen und die Familie von Frau Negel den Selbständigen zugerechnet. Auf diese Weise kann die Reinheit der Auswertung (auch der quantitativen Auswertungsergebnisse) durch eine einfache Umgruppierung erhöht werden. Dies gilt allerdings nur für die angegebene grobe, sozialstrukturelle Differenzierung, denn schon im Rahmen eines etwas feineren Schichtungsmodelles wäre diese Vorgehensweise vollkommen unzulässig: Denn die spätere soziale Position von Frau Negel als Richterin (Dienstleistungsmittelschichten) entspräche dann nicht mehr dem Hilfsarbeiterstatus von Herrn Tiemeyer (Un- und angelernte Arbeiter) während der Nachkriegszeit.

Diese Konstellation erlebte Herr Schäffer (*1906), als er Ende 1947 aus der Gefangenschaft heimkehrte: „Da hat mich sehr stark belastet, daß ich meine Frau zu Hause gesehen habe, wie sie nur noch mit einem Kissen in der Stube rumrannte und ehe sie sich setzte, erst mal das Kissen auf den Stuhl legte. Ich frage: ‚Was ist denn los mit dir?' Sie sagt: ‚Ich kann mich nicht hinsetzen ohne das Kissen. Ich bin überall aufgerieben. Ist nur noch Haut und Knochen. Ich mußte doch für die Kinder sorgen.' Meine Mutter war damals 74, für die mußte sie auch sorgen. Und da ist sie nun jeden Tag losgezwitschert, auf die Äcker, hat nach Eßbarem gegraben." Diese Einschränkungen kamen mit der Entwertung von Ersparnissen und Versicherungen durch die Währungsreform zusammen, wodurch die Schäffers als Opfer bilanzieren. „Ich hatte für jedes meiner Kinder, das waren damals noch drei, da hatte ich ein Sparkonto. Auf dem einen waren ein paar tausend Mark drauf."

Während Herr Schäffer wieder zu seiner Familie gestoßen ist und über seine Frau berichtet, haben andere Frauen ihren Mann im Weltkrieg verloren und sprechen über sich selbst. Zu ihnen gehört z. B. Frau Tappe (*1912), die sehr große Schwierigkeiten meistern mußte. „Ich bin morgens aufgestanden, ja, dann war es so ein bißchen schummerig, bin ich auf die Wiese und habe da diese Kräuter gesammelt und habe davon eine Suppe gekocht. Damit sie [ihre Kinder – d. Verf.] auch Vitamine kriegen. [...] Manchmal habe ich dann ein halbes Pfund von den Bauern oder, na ja, wenn es mal ganz großzügig war, wenn ich dann gestrickt hatte und so, hab dann ein Pfund Grieß gekriegt, ja. Also das war schon sehr wertvoll für mich. Da waren wir schon froh, daß man Magermilch [für Wäschedienste – d. Verf.] kriegte, irgendwas für die Kinder." Die speziellen Ressourcen der gestauten Inflation standen ihr nicht zur Verfügung. „Ja, jedenfalls von Schwarzmärkten zu kaufen, das konnte ich mir von meinem Einkommen gar nicht leisten. Das ging nicht." Die prekäre Versorgungslage wurde monetär durch die Entwertung von 4 000 RM Ersparnissen besiegelt, weshalb auch Familie Tappe Krisenopfer der Nachkriegsinflation ist.

Frau Ahrens (*1903) gehört gleichfalls zu den Frauen, die ihren Mann im Krieg verloren haben und mit dem Familienhaushalt auf sich gestellt waren. Im Interview mit der Tochter (*1931) heißt es dazu: „Man ging dann auf die Felder stoppeln und Pilze sammeln und solche Sachen in der allerersten Zeit, um etwas zusätzlich zu essen zu haben." Noch Jahrzehnte später ist Frau Ahrens medio voller Anerkennung für die Qualitäten ihrer Mutter als geschickte Verwalterin des Mangels: „Wir gehören z. B. zu den Leuten, die niemals auf dem Schwarzmarkt was gekauft haben. Gar nicht so aus Prinzip, es war auch die Notwendigkeit nicht so da. Wir konnten auch im Gegensatz zu anderen, zu vielen anderen so aus unserem Bekanntenkreis, mit dem, was man kriegte auf Karten, sehr viel besser umgehen. Meine Mutter war eine perfekte Hausfrau, eine perfekte Hauswirtschafterin! Da wurde dann auch mal was frisches Grünes von draußen gesammelt und phantasievoll mit wenigem Material gekocht. Das hat mich alles gar nicht so beeindruckt." Diese Basisqualifikationen für ein Überleben im Mangel standen der Familie auf Dauer zur Verfügung, blieben aber mangels Marktwert auf den engsten Kreis beschränkt.

Bisweilen wird ein Krisenschicksal durch Aktivposten gelindert, die genau so konträr wirken wie die Qualifikation der perfekten Hausfrau: sie sind nur begrenzt vorhanden, aber aufgrund ihres Gebrauchswerts für andere marktfähig. Etwa Frau Pietsch (*1913) hat als Ehefrau eines bei Stalingrad Vermißten „nie mehr einen Pfennig bekommen und mußte jeden Tag rausgehen zum Arbeiten." Ihre Tochter „kriegte von ihrer Cousine die abgelegten Sachen, aber kaufen? Hätte ich nicht können, weil ich einfach kein Einkommen hatte." Sie hatte aber „von zu Hause eine sehr gute Aussteuer bekommen", die in dieser Situation gewissermaßen als Puffer dienen konnte. „Glauben Sie, daß ich meine halbe Aussteuer weggegeben habe? Nicht für zu leben, auch für Medikamente. Wenn es auch nur fünf Mark waren, ich mußte ja auch noch meine Krankenkasse [bezahlen], weil ich keine Rente bekam."

Genau so endlich wie die Aussteuer sind die Cluster-Vorteile, die sich durch Liebhaber- und Komfortvermögen ergeben haben; dafür birgt das Material zahlreiche Beispiele. Die Tochter von Frau Sittler (*1936) z. B. erinnerte sich daran, daß ihre Mutter (*1911) persönliche Wertsachen für das Auskommen der Familie geopfert hat: „Na ja, den Schwarzmarkt gab es, und da hat meine Mutter eben für den Erlös, den sie aus dem Schmuck bekommen hat, Lebensmittel gekauft für uns." An der materiellen Unterkante dieses Liebhabervermögens wird, beim Wegtauschen des Traurings, das Maximum seiner emotionalen Besetzung erreicht und überschritten. Die Entrüstung von Frau Ungerer (*1916) hat eine entsprechend lange Halbwertzeit: „Also ich weiß, daß die Bauern in S. einen Zentner Weizen für 500 Mark verkauft haben und eine Butter für 500 Mark verkauft haben in der ersten Zeit. Nachher wollte ja keiner mehr das Geld haben. Aber noch viel schlimmer war, daß sie teilweise [...] für einen Trauring genommen haben. [...] Die haben das wirklich schamlos ausgenutzt, das muß ich sagen. Das trifft auch für meinen eigenen Schwager zu."

Die zuletzt angeführten Belege haben zwischen den Zeilen einen weiteren Aspekt der behandelten Netzwerke verdeutlicht. Erwerbslose Marktteilnehmer, denen es am Zugang zu Tauschringen und notwendigen Marktinformationen mangelte, hatten einen systematischen Handelsnachteil, der sich auf ihre inflationäre Verteilungsposition stark negativ auswirkte.

7.1.2 Die Selbständigen

Von den sechzehn Familien des selbständigen Mittelstandes weisen für die Jahre von 1945 bis 1948 sieben eine negative Bilanz aus; schwere Krisenopfer konnten nicht festgestellt werden. Für drei der selbständigen Familien ergab sich eine ausgewogene Bilanz, und für sechs Familien konnte eine positive Bilanz gezogen werden, wobei einmal der Code „deutlicher Gewinner" vergeben wurde. Das Ergebnis der vierziger Jahre erinnert durchaus an die Polarisierung durch die Hyperinflation (siehe 6.2.1) – das gilt sogar für die sektorale Aufgliederung. Die drei Familien mit ausgewogener Krisenbilanz sind allesamt Bauern. Zwei bäuerliche Familien gehen mit negativen und drei mit positiven Krisenbilanzen aus der Nachkriegsinflation. Für die Bauern stimmt das quantitative Bilanzierungsergebnis von 1948 ungefähr mit dem der Hyperinflation überein. Im Mittelstand hingegen kehrt die scharfe Polarisierung wieder, indem es nur positive oder negative Krisenbilanzen gibt. Drei der acht Mittelstandsfamilien zählen zu den Inflationsgewinnern, während die restlichen fünf Krisenopfer sind.

Insgesamt weisen die beiden großen Sequenzen aus Währungskrise und -reform hinsichtlich ihrer Redistributionseffekte bei Familien mit selbständiger Erwerbsgrundlage eine deutliche Analogie auf. Die Schattierungen der Schicht-Schicksale sind nunmehr detailliert herauszuarbeiten.

7.1.2.1 Die Opfer

Ein schweres Opfer hat Familie Ide gebracht, in deren Schicksal sich allgemeine Kriegsfolgen, der soziale Absturz und speziellere monetäre Aspekte untrennbar verknäulen. Frau Ide (*1904) berichtet, daß ihr gesamtes Sach- und Immobilienvermögen durch die Bombenangriffe des Zweiten Weltkrieges zerstört worden ist. Dies bedeutete zugleich den Verlust des Status ihres Ehemannes als selbständiger Architekt, der obendrein keine Anstellung finden konnte. „Wir waren ausgebombt und mußten zu meinen Eltern ziehen. Alle Mietshäuser waren zerstört in E., und wir hatten keine Mieteinnahmen. Mein Mann war Architekt und hatte keine Arbeit. Aber die Wohnungsfrage stand im Zentrum der Probleme." Gleichzeitig wurden das Finanzvermögen der Familie aufgezehrt bzw. entwertet. Ihren sozialökonomischen Status als selbständige Mittelstandsfamilie hatten die Ides somit zwar nicht primär durch die Umverteilungswirkungen der Nachkriegsinflation selbst verloren, sondern durch deren Zusammentreffen mit Kriegsschäden und Arbeitslosigkeit. Die relative Verarmung der Familie hat aber wohl für die Unumkehrbarkeit des Statusverlustes gesorgt: „Unser Geld ging zu Ende. Mein Mann war arbeitslos und wir hatten keine Mieteinnahmen. Wir hatten kein Geld mehr."

Auch bei den übrigen Opfern sind die monetären Schicksale eng mit direkten Kriegsfolgen verwoben, die es nach dem Ersten Weltkrieg so nicht gegeben hatte. Diese Verschmelzung hat stets ein spezifisches Profil – so auch bei Familie Möller, Inhaber einer Spirituosen- und Getränkehandlung. Wie Frau Möller (*1905) berichtet, waren sie mit ihrem Geschäft während des Zweiten Weltkrieges zu Wehrmachtslieferanten geworden – wahrscheinlich auch eine Folge der NSDAP-Mitgliedschaft von Herrn Möller senior. Dieser im Krieg zweifellos profitable Status sollte sich in der Nachkriegszeit rächen. „Denn wie der Amerikaner kam, der hatte erst mal unser ganzes Lager geräumt, ganzen Wein, Spirituosen. Dummerweise hat eine Frau in der Straße ihm auch noch gesagt, wo wir waren, die waren ja vollständig fremd. Und wir hatten Wehrmachtsaufträge, und ein ganzes Lastauto voll Spirituosen stand [bereit] und sollte zum Bahnhof gebracht werden, zum Verladen. Na, und das haben sie natürlich alles mitgenommen. Da haben wir furchtbaren Schaden gehabt." Bei der Beschlagnahme von Waren blieb es indes nicht, überdies wurde ihr Haus beschlagnahmt. „Daß wir aus dem Haus waren, das war das schlimmste. Also das vergesse ich nie [...]. Auf einmal ging die Tür auf und mein Mann rief: ‚Ah!' Da habe ich gedacht: Um Gottes Willen, was ist denn da los? Ich rief: ‚Ja?' Und da waren die Amerikaner gekommen und beschlagnahmten das Haus [als Kommandantur]. Und das hat mich wahnsinnig getroffen. Der Landrat sowohl wie der Bürgermeister, die waren dagegen, aber mein Mann mußte ja in der Partei sein, denn wenn Sie in einer Kleinstadt bekannt sind [...]. Und, na ja, da sind wir sechseinhalb Jahre aus dem Haus. Es war ein Glück, daß mein Schwiegervater noch ein Haus in der H[...]-straße hatte, wo er wohnte. War natürlich weit kleiner, war ein gemütliches Haus, und da haben wir dann ganz primitiv unten Parterre [gewohnt]. Und dann haben wir erst oben bei meinem Schwiegervater gewohnt. Aber auf die Dauer ging das nicht, denn es war auch nur ein Zimmer, und es war alles eben furchtbar eng. Und da bin mit den Kindern auf den M[...]-Platz gezogen [...]."

Zu diesen Enteignungsverlusten kam noch hinzu, daß auch das Geschäftsfeld der Möllers in den Nachkriegsjahren administrativ stark begrenzt wurde, was neben den Vermögensverlusten für deutliche Einkommenseinbußen sorgte. „Also für uns war es sehr schwer nach dem Krieg, weil eben diese Konzession für die Spirituosengeschäfte aufgehoben wurde. Unser ganzes Leben hat sich da verändert." Insofern erlitt Familie Möller gleich in doppelter Hinsicht erhebliche Nachteile, die v. a. in den politischen Rahmenbedingungen der Zeit zu verorten sind.

Vor ganz anderen Hintergründen deuten die Inflationsschicksale der Familien Wegener und Menne letztlich in die gleiche Richtung. Im Bericht von Frau Wegener (*1906) kommt nahezu idealtypisch zu Sprache, welche Auswirkungen die unmittelbar bevorstehende Ost-West-Teilung im Einzelfall haben konnte. Ihre Flucht aus der Sowjetischen Besatzungszone bescherte den Wegeners einen ungeheuer verlustreichen und mühsamen Wiederaufbau ihres Einzelhandelsgeschäfts. Zwar war ihr Immobilienbesitz, der mehrere Betriebsgebäude sowie Wohneigentum umfaßte, ohnehin von Bomben zerstört. Doch die Flucht brachte zudem noch den Verlust ihres Grundbesitzes mit sich, was natürlich vergleichsweise gute Kreditchancen zunichte machte. „Wenn Sie von der Bank Geld haben wollten, das war eine einzige Katastrophe." Hierzu gesellten sich Versicherungsverluste, die ebenfalls teilungsbedingt waren, da die Versicherungen grenzüberschreitende Ansprüche aberkannten. Alles in allem gelang es Familie Wegener zwar, die Selbständigkeit zu erhalten, doch nur unter Inkaufnahme massiver Verluste und Entbehrungen.

Frau Menne (*1911) war 1944 zur Kriegswitwe geworden und mußte in der Folgezeit den Familienbetrieb, ebenfalls ein Einzelhandelsgeschäft, eigenverantwortlich weiterführen. Hiermit ging ein Rollenwechsel von der mithelfenden Familienangehörigen zur Geschäftsinhaberin einher, der sie vor dem Hintergrund der gestauten Inflation und der damit verbundenen wirtschaftlichen Krisenprozesse offenbar überforderte. Diverse Passagen des Interviews sprechen dafür, daß Frau Menne den Charakter der monetären Krise (bis heute) nicht erfaßt hat. So berichtet sie u. a. über folgenden kleinen Disput mit der Tochter: „Und die Preisbindung war eigentlich schön, das war schön, es war wieder nicht schön. Das war immer dieser [Konflikt] – ich fand die Preisbindung schön, aber die Tochter sagt immer: ‚Mutti, das ist nicht das richtige, ist nicht der Sinn.'" Die sich mit dem Preisstop vollziehende Geldentwertung und ihre Bedeutung (besonders aus kaufmännischer

Sicht) stand Frau Menne nicht vor Augen. Folglich ließ sie sich in geschäftlichen Angelegenheiten von Maximen leiten, die den besonderen Umständen der Zeit keinerlei Rechnung trugen: „Bloß die Ware, das war das Schwierige. Wir haben oftmals, wurde dann das [...] verkauft, wir hatten, ach Gott, einen Haufen verkauft. Da sagte unsere Mutter: ‚Jetzt habe ich so viel Geld, wir können uns noch nicht mal davon satt essen!' [...] Geld war genug da, bloß keine Ware! Geld hatten wir genug, immer, aber keine Ware." Die Folgen hieraus waren schwere finanzielle Einbußen und starke Einschränkungen in der Lebensführung der Familie.

7.1.2.2 Die Gewinner

Nachdem er zu Kriegsbeginn in eine kommunale Verwaltungstätigkeit übergewechselt war, kehrte Herr Haase (*1896) kurz nach Kriegsende in seinen alten Beruf als Tischler zurück. Dabei gelang es ihm, die Aufwendungen für die Inbetriebnahme seiner Werkstatt inklusive älterer Hypothekenschulden noch mit Altgeld zu begleichen. „Wie wir die Schulden aufgenommen hatten, da war das soundso viel wert, und das ging weiter, und unser Gläubiger hat diese Schulden ohne weiteres zurückbekommen. [...] War eine Kleinigkeit!" Und: „Wir hatten ja dann unsere Werkstatt, die neu gebaut wurde, und hatten unser Grundstück hier, und wir standen dann auf einer Basis, die eben schuldenfrei war. [...] Und wir waren dann [...] froh und haben dann die Tischlerei zum Vorteil von der ganzen Familie weiterführen können, bis zu meiner Pension."

Richtiggehend spektakulär ist nur das Beispiel von Familie Teske, den einzigen deutlichen Gewinnern. Herrn Teske senior, ursprünglich abhängiger Schlossermeister, und seiner Frau gelang es, sich nach dem Krieg eine selbständige Existenz aufzubauen, einen Betrieb, in dem zur Zeit der Währungsreform bereits ein gutes Dutzend Arbeiter beschäftigt wurde. Die Schlosserei der Teskes hatte unter schwierigsten wirtschaftlichen Rahmenbedingungen innerhalb von nur drei Jahren bereits mittelständische Größe erreicht, wenn man die Beschäftigtenzahl zum Maßstab macht. Der Sohn (*1928) meint in dieser Zeit einen abrupten charakterlichen Wandel bei seinen Eltern beobachtet zu haben: „Ich war damals ein seriöser, d. h. normaler junger Mann. Meine Eltern waren auch seriöse Geschäftsleute, und die fingen auf einmal an, wie die Schacherer zu tauschen. Wir haben aus einer Munitionsfabrik aus Kisten Zinkblech [...] das Blech haben wir in Nacht- und Nebelaktionen raus geholt und haben da Töpfe daraus hergestellt. Und dann bin ich mit so einem Tempo-Dreirad bei den Bauern durchgefahren und habe überall die Töpfe [verkauft], bin die reißend losgeworden. Habe am Abend den Karren voll gehabt mit Eiern, Schinken und sonst so etwas – alles, was die Bauern sich so schwarz abzweigten. Die mußten ja auch abgeben, hatten ja auch ihre Norm. [...] Karbidlampen, wir haben Tausende von Karbidlampen produziert und getauscht. Oder wir haben Pferde geklaut und geschlachtet, die Russen hatten die ganzen Pferde an der Elbe zusammengetrieben. Das Pferd wurde dann zu Hause mit der Axt vor den Kopf – das war Wahnsinn." Herr Teske medio resümiert: „Für meine Eltern waren das natürlich die goldenen Jahre, muß ich sagen. Die haben von nach dem Krieg, 45 bis vor 15 Jahren [also ca. 1980], haben die gut davon gelebt.“

Wie die mittelständischen Gewinner der zwanziger Jahre, so adaptierten Herr und Frau Teske senior ihr wirtschaftliches Handeln vollständig an die Gegebenheiten der Nachkriegsinflation. Der Unterschied bestand nur darin, daß die Anpassungserfordernisse diesmal die gesamte Palette vom Bereich ganz gewöhnlicher Kriminalität über politischen Opportunismus bis hin zu gewieftem kaufmännischem Verhalten umfaßten. Eine derart vollkommene Adaption der wirtschaftlichen Nachkriegsbedingungen war hinsichtlich ihres normativen Bruchs mithin wesentlich tiefer als noch zwei Dekaden zuvor. Wie Frau Teske senior (*1907) berichtet, gehörte dazu, daß ihr Mann im Unterschied zu vielen Zeitgenossen einen regen Tauschhandel mit der sowjetischen Besatzungsmacht unterhielt, was u. a. einen gewissen Schutz gegenüber Schwarzmarktkontrollen gewährleistet haben dürfte. „Und dann [...] kamen doch die Russen damals. Und mein Mann der war in allem [beschlagen], der konnte Autos reparieren, der konnte Schlüssel feilen, der konnte schweißen, der konnte schmieden, der konnte alles. [...] Und die [Rotarmisten – d. Verf.] haben da oben gewohnt, und die sind immer zu uns runtergekommen, wenn was kaputt war. ‚Meister mit den goldenen Händen‘ haben sie immer zu meinem Mann gesagt, der mußte das immer reparieren. Und der hat das auch gerne gemacht. Da haben sie ihm auch immer mal was zugesteckt, wissen Sie, die hatten ja das Recht damals. Und [...] diese Kartuschen hat mein Mann von dem Oberoffizier geschenkt bekommen für seine Arbeit. Die hatten ja auch nicht soviel Geld. Und da hat mein Mann diese Kartuschen auseinander gemacht [...] und dann solche runden Dinger gemacht, in der Höhe so, und in der Mitte ein Teil rein und oben drauf einen Brenner. Und die hatte auch wieder mein Mann von jemandem bekommen, [...]. Das war immer so, machst Du mir was, kriegst Du was, so war das damals die erste Zeit. Und da hat mein Mann von diesen Kartuschen [Karbid-]Lampen gemacht [...]. Es gab doch kein Licht und gar nichts, die Bauern hatten kein Licht. Da [...] war dann unter anderem auch noch [...] Stromsperre, und wie das so war. Da bin ich dann mit dem Fahrrad [losgefahren], ich hatte [...] mindestens so zwanzig oder dreißig solcher Dinger drin in meinem Fahrrad-Anhänger hinten dran. Und bin ich dann gefahren nach S. nach der Autobahn. Und hinter der Autobahn ist ein Dorf [...] Und das war auch wieder eine Bekannte, und da bin ich hin, und [...] da hat das ganze Dorf mir diese Dinge abgekauft. Aber nicht mit Geld, alles nur für Naturalien. Da habe ich dann Heu und Stroh und Rüben und Milch und Butter [bekommen], und alles auf den Hänger. [...] Na sehen Sie, und das hat sich alles gelohnt [...].“

Wie Familie Korte während der ersten Krisensequenz, so hatten dieses Mal die Teskes einen sehr großen, geradezu diversifizierten, wirtschaftlichen Aktionsradius, zu dem ebenfalls der landwirtschaftliche Nebenerwerb gehörte. „Habe selber mein Viehzeug gehabt, da haben wir immer Essen gehabt, meine Gänse und mein Schwein gefüttert, [...] also ich brauchte nichts zu kaufen, bloß Brot [...] und so. Na ja, und da haben wir [vom Ersparten] Material gekauft, Material, und dafür haben wir dann nachher gebaut. [...] Und da haben wir dann eine Garage gebaut, [...] und dann die Werkstatt. [...] Na ja, sehen Sie, und das hat dann ja 30 Jahre gehalten."

Wie in dem zuletzt zitierten Beleg schon anklingt, hatten die Bauern unter den Vorzeichen der verdeckten Inflation und des Nachkriegsmangels große strukturelle Vorteile. Als Produzenten lebensnotwendiger Primärgüter hatten sie zum einen eine relativ autonome, fast autarke, Marktposition inne. Zum anderen standen sie einer größeren potentiellen als effektiven Nachfrage gegenüber. Daher hatten sie eine starke Marktmacht und konnten Lebensmittel nur gegen langlebige Konsumgüter und Wertgegenstände in Tauschrelationen hergeben, die als unverhältnismäßig empfunden werden konnten.

Zudem waren die Bauern als (prospektive) Kreditnehmer privilegiert. Insofern lagen die strukturellen Vorteile in den Jahren 1945-48 sowohl auf der Einkommens- als auch auf der Vermögensseite. Wer das zu nutzen wußte, wie z. B. Familie Vogel, hatte in der zweiten Sequenz der deutschen Währungskrisen beträchtliche Chancen auf Bereicherung. Frau Vogel (*1914) resümiert selbst: „Na ja, was hat uns groß zu schaffen gemacht? Man konnte nicht viel kaufen, aber Essen und Trinken hatten wir ja alles. Es war ja anders wie in der Stadt." Weiter führt sie aus: „Und dann fing das ja 46 – oder 45 vielleicht auch schon – an mit dem Hamstern, daß die Leute alle kamen aus der Stadt [...]. Die waren ja wirklich übel dran, die haben ja dann alles weggegeben, was sie hatten, um noch irgendwie an Lebensmittel zu kommen." So tätigte Familie Vogel so manches günstige Tauschgeschäft und war überdies bereit, regelmäßig auf dem Schwarzmarkt zu handeln und sich damit in einem inkriminierten Handlungsfeld zu bewegen. „Ja, man hat ja manchmal ein bißchen gehamstert, nannte man ja so: ‚hamstern' [...]. Das durfte man ja auch nicht. Oder man hat mal ein Schwein schwarz geschlachtet, das durfte man auch nicht. Die damit dran gekommen sind, die wurden ja eingesperrt." In der Summe hat Familie Vogel ihre vorteilhafte bäuerliche Position intensiv genutzt. Hinzu kommt, daß ihre Hypothekenbelastungen durch die Währungsreform entwertet wurden.

Ein interessantes Detail im Fall von Familie Vogel, das für ihr Abschneiden nicht ohne Bedeutung ist, bezieht sich auf die Lehren aus der ersten Inflation. Frau Vogels Mutter (G0) hatte offenbar schon Jahre vor Beginn der „geräuschlosen" Kriegsfinanzierung einen wertgesicherten Pachtvertrag aufgesetzt, in dem sie den Pächter auf den Ausgleich geldwerter Forderungen im Falle einer Inflation verpflichtete. „Ja, ich weiß wohl, [...] mein Vater ist schon 34 gestorben. Dann war meine Mutter alleine auf dem Hof damals, und den hat sie dann verpachtet. Und in dem Pachtvertrag, da stand, daß der Pächter, also wieviel Stück Vieh, weiß ich nicht, so übernommen hat. Und wenn die Währung [i. S. von Währungsreform - d. Verf.] mal kam, dann mußte er das in dem neuen Wert bezahlen, das Vieh. Sonst, das Geld war ja nichts wert, dann hätte er ja das ganze praktisch umsonst gekriegt." Durch die Vorsicht der Urgroßmutter (!) gab es daher keine nennenswerten Erbschaftsverluste. Für die Hypothese von der Währungskrise als langsamem Katalysator kann es kaum einen besseren Beleg geben als die ungemein vorausschauende Anti-Krisen-Strategie der alten Dame. Und es ist nicht ohne Reiz, daß diese reflektierte Prophylaxe mit dem Vieh als einer der urtümlichen, namenstiftenden Form des Geldes („pecus“ = Vieh) operiert.

Auch Familie Gerke profitierte von ihrer bäuerlichen Soziallage. Hier ist es allerdings nicht die ausbeuterische Bereicherung, vielmehr nutzte Herr Gerke (*1903) seine Möglichkeiten in einem Tauschnetzwerk. Mit Freunden und Bekannten, die interessante Ware, Dienste oder nützliche Bezugsscheine bieten konnten, wurde im Ringtauschverfahren gehandelt. Herr Gerke berichtet exemplarisch von einer Episode, die sich um die Hausrenovierung dreht, die durch einen Bombenschaden notwendig geworden war. „[...] von 45 bis 48, als wir ausgebombt waren, haben wir hier das Haus, vorne das Fachwerkhaus aufgestockt. Da brauchte man Eisenscheine für den Tischler, der die Beschläge an die Türen [machte]. Griffe, die Scharniere und alles, da brauchte man Eisenscheine. [...] Und der Tischler, der uns das oben anmachen wollte, der sagte: ‚Die Beschläge fehlen mir noch.‘ Da bin ich hingegangen, und in der Stadt, da war ein Geschäft in der Z[...]-straße, ein ehemaliger Schulfreund, der hat mir dann ein paar Sachen für die Eisenscheine gegeben. – ‚Aber für die Scharniere, habe ich keine, haben wir nicht. Komm in einer Stunde mal wieder.‘ Ich bin in ‘ner Stunde hingekommen, hat er mir Papiere, Scheine für ein anderes Geschäft [gegeben], bin ich in ein anderes Geschäft am Markt hingegangen und die Eisenscheine für die Scharniere hingegeben, die Eisenscheine hat der mir gegeben. Also solche Schiebereien, kleine Schiebereien waren das nur, aber so schwierig war es irgendwas zu bekommen, gerade nach dem Kriege 45 bis 48. Da könnte ich Ihnen zwei Stunden die Geschichte erzählen, das war eine Katastrophe.“ Mit Hilfe solcher Ringtauschaktionen gelang es Herrn Gerke jedenfalls, das gesamte Geldvermögen der Familie für die Renovierung sowie den Ausbau des eigenen Haus- und Betriebsvermögens zu verwenden. Infolge dessen hatte Familie Gerke mit der Währungsreform die Kriegsschäden behoben und eine intakte Betriebsstruktur aufgebaut – ein ökonomischer Status, den viele andere Familien nicht zu erreichen vermochten. Unter diesen Umständen fielen die Schwierigkeiten, wie der Bezug wichtiger Vorprodukte für den eigenen Mostereibetrieb, weniger ins Gewicht. Die Vorteile auf der Vermögensseite überwogen hier die Nachteile auf der Einkommensseite.

In der Summe ist es interessant, daß die zurückgestaute Inflation bei den Selbständigen Mechanismen hervorgebracht hat, die denen bei den besser gestellten Abhängigen durchaus entsprechen: Netzwerke, Improvisation, Flexibilität, Cleverness und, vor allem, Naturaltausch. Diesem Rückfall in eine Wirtschaftsform, die das Geld in einem gattungsgeschichtlich langen Prozeß überwunden zu haben schien, sollten die bevorstehenden Währungsreformen ein Ende bereiten. Vor der Darstellung der Reaktionen auf dieses epochale Ereignis ist allerdings der Frage nachzugehen, welche Beziehungen zwischen den Betroffenheiten in den beiden Krisensequenzen bestehen, die die Befragten miterlebt haben.

7.2 Von Krise zu Krise: familiale (Dis-)Kontinuitäten?

Zwischen der ersten und der zweiten Währungskrise im 20. Jahrhundert hatten die Menschen *im Prinzip* zwei Jahrzehnte Zeit, um Lernprozesse zu vollziehen und jene Bewältigungsstrategien für solche Ereignisse auszuarbeiten, die seinerzeit nur einer Minderheit zu Gebote gestanden hatten. Die Befragten des Göttinger Projekts stehen in den vierziger Jahren ausnahmslos im Erwachsenenalter und tragen zumeist auch schon Verantwortung als Eltern.[125] Wenn alle Krisenbetroffenen die damaligen Erfahrungen (siehe 6.2) materiell, kognitiv und mental nach dem Modell des homo socio-oeconomicus konsequent umgesetzt hätten, müßten die folgenden drei Hypothesen starken Rückhalt finden. (1) Negative und unauffällige Krisenbilanzen müßten *insgesamt* seltener geworden sein, wobei (2) gerade die Opfer von damals dieses Mal besser abgeschnitten hätten; (3) die Gewinner der zwanziger Jahre müßten ihre Erfolge wiederholt oder gar gefestigt haben.

Auf Grundlage der bisherigen Ausführungen spricht allerdings auch einiges für die konträren Annahmen. Die Immunität von Charaktereigenschaften und Normen gegen Lernprozesse (siehe auch unten 10, v. a. 10.2) ist immer wieder angeklungen; kognitiv bestand immer dann keinerlei Wissensbedarf, wenn die erste Krise als einmaliger „Ausrutscher“ der Geschichte aufgefaßt worden ist; wegen der objektiven Andersartigkeit der Krise (verdeckte Inflation jetzt nach offener Inflation damals) waren keine „Patentrezepte“ ableitbar; die staatliche Tarnung des Geldwertverfalls hatte sogar die bloße Wahrnehmung der Krise erschwert; zudem hatten die Menschen im Krieg und nach dem Zusammenbruch andere Sorgen und oft genug auch keinerlei Möglichkeit, monetäre Strategien zu erörtern. Schließlich standen noch am ehesten die Eltern der G1 als Gesprächspartner zur Verfügung, die, wie sich herausstellen wird (siehe 10.2.1), in Sachen Währungskrise nur wenig einschlägigen Rat zu geben vermochten.

Im Widerstreit der Argumente sollten beide Gruppen von Hypothesen nicht mit zu hohen Erwartungen befrachtet werden, weil, wie gezeigt, die Auswirkungen von Krieg und Zusammenbruch auf kaum kontrollierbare Weise mit den sozialen Wirkungen der Währungsverhältnisse interagiert haben.

Die Kreuztabulierung der Krisenstatus beider Sequenzen aus Krise und Reform liefert die gesuchte Erkenntnis; auch dieses Mal wird mit absoluten Zahlen operiert, deren niedrige Werte Summenspalten entbehrlich machen.

125 Nur drei Angehörige der G2 sind erst in den fünfziger Jahren geboren worden.

Tab. 7.3: Krisenbilanz der vierziger nach Krisenbilanz der zwanziger Jahre (N = 48, absolute Zahlen)

Bilanz der zwanziger Jahre ...	**... und der vierziger Jahre (aggregiert)**		
	Opfer	**Unauffällige**	**Gewinner**
Schwere Opfer	2	4	1
Opfer	6	3	1
Benachteiligte	4	12	1
Ausgewogene	2	5	1
Begünstigte	1	0	0
Gewinner	1	2	2
Deutliche Gewinner	0	0	0
Summe	16	26	6

Die zentrale Erkenntnis ist so durchschlagend wie verblüffend: im wesentlichen werden Opfer ein weiteres Mal Opfer, und auch die Gewinner der zwanziger Jahre sind in den vierziger Jahren eher erneut Gewinner. Diese erstaunliche Bestätigung je einer der konträren Hypothesen läßt sich als Tendenz bilanzieren, daß sich Krisenkarrieren intergenerativ eher fortzeugen als umkehren. Um diese erstaunliche Kontinuität in der familialen Krisenbetroffenheit noch schärfer herauszupräparieren, werden die Werte nach Intensität und Richtung zusammengerechnet und aggregiert.

Tab. 7.4: Verlaufstypologie zwischen den Krisenbilanzen (N = 48, absolute Zahlen)

Bilanz der zwanziger Jahre (aggregiert)	**Verlaufstypologie**		
	Positive Dynamik	**Konstanz oder Variation**	**Negative Dynamik**
Opfer	8	9	entfällt
Unauffällig	3	19	4
Gewinner	entfällt	2	3

Vor der Interpretation der erhaltenen Werte sind die Definitionen zu klären. Als (positive oder negative) *Dynamik* wird eine Bewegung auf der Skala der Krisenbilanz bezeichnet, die zwei oder mehr Stufen umfaßt (z. B. vom „Opfer" zum „Begünstigten" oder „Gewinner"); weil die Opfer nur noch eine Stufe unter sich und die Gewinner nur noch eine Stufe über sich haben, entfällt diese Möglichkeit für sie. Als *Variation* gilt die Bewegung über eine Stufe und als *Konstanz* die Wiederholung der Krisenbetroffenheit aus den zwanziger Jahren.

Bei den Unauffälligen fällt auf, daß sich ihr Krisenschicksal aus den zwanziger Jahren in der übergroßen Mehrheit der Fälle wiederholt, während in fast gleich kleinen Minderheitsgruppen eine Aufwärts- oder Abwärtsdynamik zu verzeichnen ist. Bei den Opfern wie bei den Gewinnern findet sich eine klare Polarisierung: jeweils die Hälfte reproduziert ihr Krisenschicksal von damals; die anderen Opfer steigen auf, und die übrigen Gewinner steigen ab.

Aus dem Blickwinkel der widerstreitenden Hypothesen bestätigt sich der gespaltene Befund unter neuem Gesichtspunkt: es gibt Wandel *und* Wiederkehr, was wiederum darauf hindeutet, daß Lernprozesse stattgefunden haben *und* ausgeblieben sind. Dieses Spannungsverhältnis wird sich im Verlauf zumindest teilweise erklären lassen: bei aller Turbulenz und Kontingenz wird sich der Sozialcharakter als fast schon konstant wirkende Kraft erweisen, die sich intragenerativ kaum ändert; erst intergenerativ wird der Lehrmeister Währungskrise Wirkungen erzielen (siehe 12, 18).

7.3 Die Reformen und das neue Geld: „Ein sehr gutes Gefühl!"

In empirischer Analogie zur Erfassung der ersten Währungsreform des Jahrhunderts wurden die BPn gebeten, sich an den emotionalen Kern ihrer Wahrnehmung des monetären Schlüsselereignisses von 1948 zu erinnern: „Was war das eigentlich für ein Gefühl, nach dem Ende des ‚Bezugsscheinwesens' und der Schwarzmärkte wieder etwas für sein Geld zu bekommen?" Getreu der Devise, daß jede Generation primär nach „ihrem" großen Währungsereignis gefragt werden sollte, ging diese Frage an die jüngeren Angehörigen der G1 und die älteren der G2 (Leitfadenversion 2, N = 22).

Abb. 7: Ausgabe der neuen DM am 21. Juni 1948 in München

Entnommen aus Glaser 1991: 143

In den Antworten herrscht Freude vor, und zwar gleichermaßen im Osten wie im Westen. Die emotionale Lage ist allerdings insgesamt weniger euphorisch, um nicht zu sagen gedämpfter, die Formulierungen sind knapper, die Stoßrichtungen homogener als bei den Gefühlen zur Rentenmark. Auch sonst sind die Unterschiede beträchtlich; insbesondere zeigt sich eine deutliche Ost-West-Differenzierung.

Die Freude artikuliert sich oft als knapper positiver Kommentar. Durchaus charakteristisch ist etwa Frau Drewes (*1921) Bemerkung zur Reform im Osten: „Das war ein schönes Gefühl." Die Reform im Westen wird häufig typ- bis wortgleich bewertet, was exemplarisch durch Frau Batte (*1912) verdeutlicht sei: „Das war ein gutes Gefühl, ja, gutes Gefühl." Diese charakteristische Tonlage wird emotionspsychologisch gelegentlich überboten („Da waren wir glücklich!") oder unterschritten („Das ist uns schon recht gewesen."), wobei auch das Extrem gänzlich fehlender Erinnerung vorkommt. Frau Güthoff (*1911) muß trotz redlicher Bemühungen des Interviewers einräumen: „das weiß ich gar nicht, das muß ich vergessen haben."

Trotz des niedrigeren emotionalen Scheitelpunkts der Wahrnehmung der 1948er Reform sind die Stellungnahmen gehaltvoll und interessant. Im Osten wie im Westen wird die monetäre Neuordnung mehrfach als Startpunkt einer positiven Wirtschaftsentwicklung eingeschätzt. Dies tut etwa Herr Zubke (*1911): „Na ja, das Gefühl war schon ganz gut, daß man sagen konnte, jetzt fangen wir wieder an. Man mußte ja aufbauen, es mußte ja alles wieder, was alles vernachlässigt wurde in den ganzen Jahren, mußte alles wieder aufgebaut werden. Das war schon an und für sich gut." In knapperen Worten hat Frau Dobler (*1929) doch denselben Tenor: „Das war schon gut, das war gut, da hat man schon gedacht, jetzt normalisiert sich die Wirtschaft wieder." Welche Äußerung aus Ost oder West stammt, ist nicht unmittelbar ersichtlich und wird daher auch nicht ausgewiesen. Die Aussagen dieses Typs sind alltagstheoretische Fassungen jener monetären Lokomotivtheorie, die 1990 und bei EWU Pate gestanden hat.

In anderen Hinsichten ergibt die Gesamtbetrachtung des Materials deutliche Ost-West-Differenzierungen und enorme Unterschiede zur ersten Währungsreform. Die Rückkehr der Geldfunktionen, die für die zwanziger Jahre in feinsten Nuancen beschrieben worden ist, wird in den vierziger Jahren auf einen einzigen Punkt konzentriert: das universell einsetzbare Tauschmittel. „Also das war ein tolles Gefühl. Vor allen Dingen, daß es erst mal wieder was gab, das Gucken, das war ja schon ein Erlebnis. Ich weiß gar nicht, wann ich zum erstenmal nach B.-Stadt gekommen bin, dann, was es da alles zu kaufen gab, also das kannte ich ja alles gar nicht." (Frau Haase, *1929) „Ach ja, das war eine große Erleichterung! Wo man so die erste, vor allen Dingen es gab ja auch, wo man so die ersten Bolchen, die Kinder kannten doch gar keine Bolchen! Wo wir die ersten Bolchen kriegten. Die erste Schokolade, also das kann ich Ihnen sagen und die ersten Paar Strümpfe, die man so kaufen konnte. Überhaupt so. daß man sagen konnte, so jetzt kannst Du mal kaufen, was Du willst! Aber da war das Geld knapp!" (Frau Menne, *1911) In der Antwort von Frau Vogel (*1914) ist, bei ähnlicher Stoßrichtung, die hier knapp angerissene Kluft zwischen Möglichkeit und persönlicher Verfügungsgewalt prägnanter formuliert: „Ja, das war vor allen Dingen ein gutes Gefühl, daß man auf einmal wieder irgend etwas für sein Geld kriegen konnte. Man hatte nicht viel Geld, aber man konnte wenigstens für das Geld was kaufen, was man dann hatte."

Die typische *West-Konstellation* kontrastiert somit das pralle Warenangebot mit der schmalen Börse, und Frau Sauters (*1926) reichert dieses Verteilungsproblem sozialstrukturell an. „Das war ja ganz schön, bloß das war für uns ja zu knapp. Wir hatten ja zu wenig Geld. Wir konnten ja nun an und für sich ... Wenn man nun sehr am Geld gehangen hätte und an den Äußerlichkeiten, dann wäre das eigentlich eine sehr bedrückende Zeit gewesen, weil es sehr viele Leute gegeben [...] hatte, die es verstanden, schnell etwas aufzubauen. Die Geschäftsleute, Industrielle oder so, die eben geschäftstüchtig waren. Und wir waren ja immer auf unsere kleinen Gehälter angewiesen und mußten also ganz sparsam leben und jetzt, hieraus, empfand man das Wenig-Geld-Haben mehr als früher. Während des Krieges oder in der Nachkriegszeit war das was anderes, da spielte das keine Rolle. Jetzt merkte man wieder, daß man knapp Geld hatte und sich nicht viel leisten konnte."

Dem steht eine genau so typische *Ost-Konstellation* gegenüber, deren klare Erkenntnis sich einem kleinen „Wording"-Fehler im Fragebogen mitverdankt. Im Zusammenhang mit der Währungsreform von 1948 hätte in den Ost-Interviews nicht vom „Ende des Bezugsscheinwesens" gesprochen werden dürfen. Eine List der Vernunft hat den Fehler als provokanten Gesprächsimpuls wirken lassen, der etwa Frau Sittler (*1911) zu der folgenden Mitteilung veranlaßt hat: „Och, das fanden wir schön, doch, ja, aber für das Geld bekam man nur im Westen was, wir nicht, wir hatten bis 1955 Bezugsscheine, ja. 1955/56 haben wir noch auf Marken gelebt, so und soviel Butter, so und soviel das." Die List der Vernunft hat weitere informative Aspekte dieser Übergangszeit zutage gefördert. Für Frau Ungerer (*1916) war das Ende des Bezugsscheinwesens „schon schön. Aber es war für manche Leute schlimm, denn nun wurden alle Waren wesentlich teurer. [...] So lange, wie wir Bezugsscheine hatten, so lange war alles relativ billig, und man konnte alles davon kaufen, was einem zustand. Und das war dann nachher nicht mehr so." Als Zwitter zwischen Geld und tauschbarem Sachgut hat der Bezugsschein noch einen interessanten sozialisatorischen Aspekt, der sich in einem (methodisch fragwürdigen) Trialog zwischen der BP, ihrer Tochter und dem Interviewer herausgeschält hat. Zunächst klärte man zu dritt den Zeitpunkt der Abschaffung der Bezugsscheine; sodann erinnerte sich Frau Bruns (*1911) an eine gewisse Marlies. „[...] Die hat das überhaupt nicht begriffen, mal einzukaufen ohne Marken [...]. Die haben die Marken ja nicht auf einmal, sie haben sie ja nach und nach aufgehoben, aber ich kann mich noch entsinnen, da hat man doch immer eingekauft. Das konnte man gar nicht begreifen, daß man das nächste Mal hingehen konnte und konnte kaufen soviel man wollte, nicht." So gesehen haben die Bezugsscheine in der DDR monetäre Sozialisationsprozesse verzögert und dort einen Beitrag zur Genese spezifischer Umgangsweisen mit Geld geleistet.

Zum Schluß dieses Abschnitts sei ein interessanter Aspekt unbekannter Häufigkeit schlicht mitgeteilt: Die erste Sequenz aus Krise und Reform hat eine ungewöhnliche Spur und eine interpretationsbedürftige Querverbindung zu den zwanziger Jahren hinterlassen, mit der nicht gerechnet werden konnte. Für Frau Pietsch (*1913) war der Sonntag mit der Auszahlung des neuen Geldes „schon ein Ereignis, lieber Gott, auf einmal gab es richtiges Geld! Und ich erinnerte mich sofort wieder an die vorige, also ab da, als [es] diese kleinen Rentenmarkscheine gab, es gab ja da auch relativ kleine Scheine.“ Es ist mehr als unwahrscheinlich, daß die damals Zehnjährige *authentische* und dermaßen detaillierte Erinnerungen an 1923 hat. Frühere Abschnitte im Interview zeigen allerdings, daß es mit den Altvorderen eine intensive Kommunikation über diese Zeiten gegeben hat. Eine plausiblere Erklärung ist somit, daß die im monetären Alltag umlaufenden Rentenmarkscheine Anlaß für intergenerative Kommunikationen waren, in denen die erste Sequenz aus Krise und Reform thematisiert worden ist, was sich dann zu einer Art Reform-Formel verdichtet hat: „Reform = kleine Scheine“.

In der groben Schlußsumme stellt sich die zweite Währungsreform des 20. Jahrhunderts als bewegende Rückkehr der jahrelang entbehrten Geldfunktionen dar, was – aber viel intensiver – auch bei der ersten der Fall war. Ansatzpunkte zur Erklärung dieser emotional kleineren Flamme könnten die folgenden Aspekte sein. Die Währungsfrage der vierziger Jahre wurde deutlich häufiger für „weniger wichtig/unwichtig“ befunden als die der zwanziger (siehe vergleichende Übersichtstabelle in Eröffnung von Buch II) – möglicherweise weil die sonstigen Probleme im Vergleich schwerer wogen. Während die erste Sequenz aus Krise und Reform als objektiv neu und tendenziell einmalig empfunden werden konnte, war der zweite Zyklus der Beweis des Gegenteils; so mag sich eine gewisse Krisengewöhnung oder auch monetäre Abstumpfung entwickelt haben.[126] In der Konzentration auf die Tauschmittelfunktion und dem Fehlen feinerer Schattierungen spiegeln sich die Jahre des Mangels und der Hunger als „fünfte Besatzungsmacht“ (Riehl).

Beide Reformen sind als möglicher Startpunkt eines wirtschaftlichen Neubeginns gewertet worden. Bereits vor der förmlichen Gründung der BRD und der DDR wurden andererseits schon durch den Währungsschnitt Spaltungslinien und monetäre Differenzierungen angelegt, die sich im Verlauf entfalten und Thema sein werden.

126 Dieser Gedanke wäre *im Prinzip* dadurch zu überprüfen gewesen, daß die zur ersten Sequenz Befragten Ältesten (Leitfadenversion 1) hier einbezogen worden wären. *Interviewpraktisch* schied diese Möglichkeit aus, weil diese Gespräche zeitlich und kräftemäßig ohnehin an der Obergrenze des Machbaren gelegen haben (siehe 2).

8. Geld und Güter im Realsozialismus

„Das Geld war eigentlich für uns im Ansehen nicht das, was es heute ist. Heute ist das Geld da oben, wie so ein Gott. Alle beten es an. Das war es zu Zeiten der DDR nicht."
*(Frau Drewes, *1921)*

Die Besonderheiten des monetären Systems in der DDR[127] beeinflußten die monetären Verhaltensweisen und Attitüden der Ostdeutschen immerhin ein halbes Jahrhundert lang und sind daher wichtig für das Verständnis der Reaktionen auf den tiefen Einschnitt der Jahre 1989/90. Die DDR hatte sich die Abschaffung monetär induzierter sozialer Unterschiede zum Ziel gesetzt. Es sollte verhindert werden, daß das Geld eigenständige Wirkungsmacht in der oder gar über die Gesellschaft und die soziale Schichtung erhielt.[128] Die relativ egalitäre Einkommensstruktur, die eine flache Vermögenshierarchie impliziert, eine weitgehende Konstanz der Preise und Subventionierungen im Bereich der Grundversorgung waren wesentliche Konkretisierungen dieses Ziels; auch die Abschottung des Währungsraumes nach außen und die ihm entsprechende fehlende Konvertierbarkeit der Währung gehören in diesen Zusammenhang. Des ungeachtet bildeten sich sowohl monetäre als auch konsumtive Schichtungskriterien neuen Typs heraus, die besagtes Ziel konterkarierten.

Die Literaturbasis dieses Abschnitts bedingt eine Gratwanderung, die sich, zwischen „Kalter-Krieg-Werken" (aus dem Westen z. B. Frenzel 1989; aus dem Osten z. B. Schmidt 1988) und „Selbstbeweihräucherungs-Texten" (z. B. Dewey 1956, Ehlert / Hunstock / Tannert 1985, Gebhardt u. a. 1987) lavierend, gewissermaßen um ein Bündnis zwischen den eigenen Forschungsergebnissen und den seltenen neutralen Schriften (z. B. von Rüden 1991, Gutmann 1983) bemühen muß.

---

127 Gemeinsam mit Christian Ottich und materiell ermöglicht durch eine Zuwendung der Landeszentralbank in Bremen, Niedersachsen und Sachsen-Anhalt.

128 Die sozialistischen Ökonomen nahmen an, die Funktionskategorien Geld, Wert und Preis existierten in jedweder Gesellschaftsform. Im Kapitalismus seien sie als *„blindes Naturgesetz"* (Marx 1964a: 887) Mittel der Ausbeutung der Arbeiter und des Profits der Kapitalisten, in der klassenlosen Gesellschaft dagegen – planvoll angewendet – ein Instrument der Entwicklung des allgemeinen Wohlstands, denn sie legten „ihre spontan regulierende Gewalt [ab] und [erhielten] einen spezifisch sozialistischen Inhalt" (Ehlert/Hunstock/ Tannert 1985: 26).

8.1 Monetärer Alltag in der DDR

Der Fokus soll nun auf den monetären Basiserfahrungen liegen, die sich aus der genannten abstrakten Richtlinie ergaben und die gesamte Gesellschaft betrafen. Dabei wird es nicht möglich sein, die Geldgeschichte der DDR in ihrer Gesamtheit darzustellen, einen vollständigen Überblick über das monetäre System zu geben oder eine Beschreibung aller Aspekte der Geldkultur zu liefern. Statt dessen werden nur einige wesentliche Grundzüge genannt, die für den theoretischen Umkreis dieses Kapitels von Interesse sind.

Im Sozialismus sollten die Preise als objektives Maß den Aufwand, der in den hergestellten Gütern steckte, ausdrücken und sowohl brauchbares Planungsinstrument als auch Planungsobjekt darstellen: Zum einen wurden sie benutzt, um den gesamtwirtschaftlichen Produktions- und Reproduktionsprozeß zu kontrollieren. Anhand der Bilanzen, die die zuständigen Stellen aufstellten, und den angestrebten ökonomischen Proportionalitäten entsprechend, wurde für jedes einzelne Produkt eine staatlich vorgeschriebene Preishöhe ermittelt. Diese richtete sich nun in nicht geringem Maße nach der Zuordnung des Produkts zum Grundbedarf oder zum Luxusbereich – zum anderen waren die Preise also selbst Gegenstand staatlicher Steuerung. In der Praxis drückte sich diese Doppelfunktion als ein Wechselverhältnis zwischen Planungsstellen und Betrieben aus.[129]

Bei der Preisstruktur wurde zwischen Produkten des „Grundbedarfs" und „Luxusartikeln" unterschieden: Die Preise für alltägliche Gebrauchsgüter wurden so niedrig gehalten, daß sie fürs westliche Auge oft fast „symbolisch" wirkten. Auf der anderen Seite wurden viele Produkte, die nicht unter die Definition des Grundbedarfs fielen oder gerade neu eingeführt worden waren, bewußt teuer gemacht. Dahinter steckte der Gedanke, daß die „lebensnotwendigen" Objekte des täglichen Bedarfs für alle Bürger ohne größere finanzielle Belastung zu haben sein sollten. In

129 Dieses Wechselverhältnis sah in seinen Grundzügen folgendermaßen aus: Die Betriebe kalkulierten die Preise, die für sie eine lohnende Produktion gewährleisten sollten, der Staat prüfte diese Vorlagen und gab die „Gewinn-Normative" vor, die Bestandteile der Preise, die über den Selbstkosten lagen. Durch diese Festsetzung von Preis- und Kostenobergrenzen sollte eine produktivitätssteigernde Wirkung erzielt und das Prinzip der Sparsamkeit verankert werden. Darüber hinausgehende Zu- und Abschläge verteilten sich auf Güter, die qualitativ besonders hochwertig oder aber veraltet und ineffektiv waren. Davon versprach man sich einen „Anreiz" zur Produktion auf dem jeweils entwickeltsten Stand und mit bestmöglicher Nutzung der vorhandenen Ressourcen. Nachdem in der Anfangszeit der DDR feste Preise im Industriebereich gegolten hatten, wurden in den späteren Jahren mehrere Reformen durchgeführt, um, so die Begründung, das allgemeine Preisniveau wieder dem gesellschaftlich notwendigen Arbeitsaufwand anzupassen. Als Problem hatte man „Preisverzerrungen" wegen veralteter Preisdaten ausgemacht (Bundesministerium für innerdeutsche Beziehungen [Hrsg.] 1979: 851). Die Kontrollfunktion hatte vor allem das Amt für Preise mit dem Zentralen Preisbeirat inne (Bundesministerium für innerdeutsche Beziehungen [Hrsg.] 1979: 855). „Preisinspektoren" prüften die Einhaltung der jeweiligen Beschlüsse im Handel. Ab der Mitte des Jahres 1976 wurde als neues Prinzip dann das jeweilige „Preis-Leistungs-Verhältnis" der Waren berechnet, und bei „Gebrauchswertverbesserungen" gegenüber vergleichbaren Produkten war eine Preiserhöhung zugelassen, gleich, wie hoch die Herstellungskosten gewesen waren (Bundesministerium für innerdeutsche Beziehungen [Hrsg.] 1979: 857). Zu diesem Zweck legte man Gütezeichen für die verschiedenen, genau definierten Qualitätsabstufungen fest, denen jeweils ein bestimmtes Preisniveau zugeordnet war (Weiß 1998: 211).

diesem Bereich, zu dem bspw. Brot, Kartoffeln, Kinderbekleidung, Heizungskosten und Personenverkehr gehörten, fanden massive staatliche Preisstützungen statt.[130]

Die Preise im gehobenen Bereich signalisierten, daß es sich hier um Dinge handelte, die nicht zu den „Selbstverständlichkeiten" gehörten und die daher weder ständig verfügbar noch ohne größere Aufwendungen erhältlich sein mußten. Bei den als Luxus definierten Gütern wie Kaffee, Schokolade, Südfrüchten, Pkw, Elektroartikeln usw. gab es hingegen die schon erwähnten Preisaufschläge (Friedrich-Ebert-Stiftung 1980: 24).

Mittels ihrer Planungskompetenzen und -methoden griffen die Behörden in die gesellschaftliche Konsumtion ein – welche Produkte in jedem Haushalt zu finden waren und welche als „außergewöhnliche Anschaffung" galten, richtete sich nicht zuletzt nach der Preispolitik: „Die notwendige Beweglichkeit bei der Festsetzung auch der Konsumgüterpreise sowohl nach oben als auch nach unten macht es möglich, den Bedarf stärker auf solche Konsumgüter zu lenken, die entsprechend den vorhandenen Rohstoffen und Kapazitäten in genügender Menge produziert werden können. Diese Beweglichkeit ist auch erforderlich, um ein breites Warensortiment zu differenzierten Preisen für alle Käuferschichten zu sichern und die Preise entsprechend der Qualität der Erzeugnisse zu differenzieren."[131]

Die Bedarfsdefinitionen schufen also durchaus gesellschaftliche Fakten. Die Unterteilung in zwei Warenklassen ging den DDR-Bürgern „in Fleisch und Blut über": Sie kannten zum einen die alltäglichen, „kleinen" Dinge, die in mehr oder weniger guter Qualität fast immer zu niedrigen Preisen verfügbar waren. Die Luxusgüter stellten demgegenüber das Besondere dar, das im Alltag deutlich seltener vorkam und für dessen Erwerb besondere Anstrengungen unternommen werden mußten – wobei selbst diese nicht immer gewährleisten konnten, daß man am Ende über die gewünschten Dinge verfügen konnte.

8.2 Die Schlichtheit der DDR-Konsumwelt und das „automatische Sparen"

Mit der Zweiteilung der Produkte in selbstverständlichen Grundbedarf und seltenen Luxus ging insgesamt eine im Vergleich zu westdeutschen Zuständen deutlich schlichtere Konsumwelt einher.[132] Zu betonen ist, daß bei einer genügsamen

---

130 Einige Zahlen zum Anteil der Subventionen in wichtigen Bereichen: Wohnraum wurde mit einem Anteil von 70%, der öffentliche Verkehr mit 65% und der Warenumkreis des täglichen Bedarfs mit 46% der jeweiligen Kosten unterstützt (Frankfurter Rundschau vom 15. Januar 1990; zitiert nach: Diewald/Solga 1995: 266).

131 Walter Ulbricht auf der Wirtschaftskonferenz des ZK der SED und des Ministerrats am 24. Juni 1963; zitiert nach Weiß 1998: 23.

132 Nicht nur im Bereich der Quantität und Qualität des Güterangebots herrschte ein vergleichsweise eher bescheidener Standard vor. Auch auf dem Gebiet der Verpackung und Präsentation wurden stets die Gebrauchseigenschaften der Gegenstände betont, statt Wert auf ein auffälliges Äußeres oder gestalterische Exklusivität zu legen. Da es keinen Wettbewerb der Hersteller gab, von dessen Ausgang das ökonomische Fortbestehen der einzelnen Produzenten abhängig gewesen wäre, war es nicht gewollt oder vonnöten, den Erzeugnissen eine „eigene Note" mitzugeben, die sie von denen der Konkurrenz hätte

Lebensweise in der DDR im Vergleich zur BRD erheblich geringere Konsumkosten anfielen. Sobald aber einige „Luxusgüter“ hinzukamen, stiegen die nötigen finanziellen Aufwendungen deutlich an.

Den eher bescheidenen Möglichkeiten im Bereich des Gütererwerbs stand ein im Durchschnitt relativ großes privates Geldvermögen gegenüber. Auf vielen DDR-Konten häuften sich ohne eine ausdrückliche Entscheidung zum Sparen beträchtliche Geldsummen an. Weil diese Gelder letztlich Versorgungsmängel reflektierten, handelte sich quasi um ein „automatisches Sparen“.[133] Ein Grund für die stetige Vergrößerung der Sparsummen war neben der schlechten Verfügbarkeit der Produkte häufig auch ihre mangelnde Qualität. So stand in vielen Fällen einem eher geringen Sachvermögen ein wachsendes Geldvermögen ohne zufriedenstellende Verwendungsmöglichkeiten gegenüber. Spätestens nach dem Kauf eines Autos waren die Möglichkeiten der „dauerhaften Wertanlage“ meist erschöpft; danach häufte sich in vielen Fällen das Geld in privater Hand an, ohne bewußt für einen bestimmten Ausgabezweck in Reserve gehalten zu werden. Dazu kam das recht gut ausgebaute Sozialsystem, dessen Einrichtungen entweder kostenfrei oder für ein geringes Entgelt in Anspruch genommen werden konnten und das diverse finanzielle Absicherungen für außergewöhnliche Fälle umfaßte (Friedrich-Ebert-Stiftung 1980: 39).[134]

Als zentrales Faktum ist, basierend auf den bisherigen groben Strichen, zu konstatieren, daß das Geld in der DDR längst keine so dominierende Rolle in der Alltagsorganisation der Menschen besaß wie in den westlichen Marktwirtschaften. Wie ausgeführt, entstanden Probleme zumeist nicht daraus, daß die Geldmenge im Portemonnaie absolut gesehen zu knapp gewesen wäre, sondern daraus, daß man über finanzielle Mittel verfügte, aber nur wenige – und qualitativ oft schlechte – Produkte zur Verfügung standen.[135] Konsumwünsche scheiterten zumeist nicht

---

absetzen sollen. Das führte zu einer funktional-simplen bis kargen Gestaltung von Verpackungen und Verkaufsräumlichkeiten.

133 In vielen Interviews des Göttinger Projekts finden sich Beispiele für diesen Sachverhalt, so z. B. bei Frau Schäffer (*1944): „Wenn man wollte, konnte man im Monat locker 1 000 Mark zur Seite legen oder noch mehr. Man muß die Relation sehen, wir haben für die Miete 24 Mark bezahlt, und es war nichts, das noch zusätzlich zu finanzieren gewesen wäre, ja, Strom, Licht, Gas sicherlich. Aber eine Lebensversicherung im Werte von fünf Mark war locker zu bestreiten [...]. Gaststättenpreise waren enorm niedrig, [...] ein Bier für 50 Pfennig usw. Man konnte also überall noch hingehen und hatte trotzdem dieses Geld übrig.“ Auch Herr Tiemeyer (*1973) hatte wenig Probleme mit der zur Verfügung stehenden Geldmenge: „Ich hatte ein dickes Konto; mit dem Geld, was man da mal geschenkt bekam oder was man mal verdient hat oder mit dem Taschengeld konnte man ja weit und breit nicht viel anfangen, da hat man das auf das Konto gegeben, da haben sich insgesamt ein paar tausend Mark angesammelt.“ Allerdings war es nicht so, daß wirklich jeder Ost-Bürger über „überschüssiges“ Geld verfügt hätte, wie das Beispiel von Frau Pochadt (*1935) zeigt: „Bei uns ist nichts übrig geblieben [...], so hoch war unser Einkommen nicht.“

134 Für die sozialen Leistungen des Staates wurde die Bezeichnung „zweite Lohntüte“ geprägt; dies spiegelt die Häufigkeit und Selbstverständlichkeit wider, mit der die Zahlungen in Anspruch genommen wurden – man konnte sie wie eine zusätzliche Lohnzahlung zu den Einkünften hinzurechnen.

135 Herr Söder (*1943) erklärt im Interview, die DDR-Situation betreffend, „daß Geld ziemlich unwichtig [gewesen] ist – das ist einfach nur eine abstrakte Ware, die im Tausch gegen konkrete eine Rolle spielt. Ansonsten konnte man Geld haben oder auch nicht, man bekam das, was man haben wollte, oder auch nicht, aus ganz anderen Gründen.“ In die gleiche Richtung und mit der gleichen Begrifflichkeit argu-

wegen eines Geldmangels. Dafür waren in erster Linie Versorgungsengpässe bzw. die Politik der Verteuerung von Gütern der gehobenen Klasse verantwortlich.

Im Denken und Handeln der DDR-Bürger standen insofern nicht so sehr die Menge des Geldes und seine Einteilung im Vordergrund, sondern vielmehr die Beschaffung der schlecht verfügbaren Waren und die Notwendigkeit, Informationen zu sammeln, wann und wo sie erhältlich sein würden.[136]

8.3 Mark der DDR und D-Mark

Die Mark der DDR war eine reine Binnenwährung; um sie gegen unkontrollierte Transaktionen zu schützen, war sie nicht konvertibel. Vom ursprünglichen Anspruch her war sie die (einzige) Materie, mittels derer die Ostdeutschen ihre Finanzangelegenheiten zu erledigen hatten – sie war die monetäre Form, in der sich die ökonomischen Prinzipien des Realsozialismus wiederfinden sollten und die wiederum die Durchsetzung dieser Prinzipien fördern sollte. Neben der DDR-Mark existierte jedoch von Anfang an ein Umlauf der D-Mark, dessen gesetzliche Rahmenbedingungen sich im Laufe der Jahre änderten[137] und der für die Entwicklung der monetären Attitüden von großer Wichtigkeit ist.

Jede D-Mark-Summe war begehrt, weil sie – im Unterschied zur DDR-Mark – „geprägte Freiheit" darstellte. (Roeper/Weimer 1996: 355)[138] Wer sie nicht besaß,

mentiert Herr Bruns (*1966) : „Ja, es ist sehr schnell in die Vollen gegriffen worden, was Geld betrifft. [...] Geld – das war nicht so wichtig."

136 „Die entsprechenden Leute zu kennen war gerade dann, wenn Kaufkraft nicht weiterhalf, buchstäblich ‚Geld wert' und eine wichtige Ressource der Lebensführung." (Diewald 1995: 225.)

137 Am Anfang der 70er Jahre wurden Veränderungen der Gesetzeslage zum privaten Devisenbesitz beschlossen (von Rüden 1991: 104). Die Änderungen drückten sich zentral in folgender Neuregelung aus: „Keiner devisenrechtlichen Genehmigung bedarf die Verwendung von Bargeld anderer Währungen durch Bürger zur Bezahlung von Waren und Leistungen bei Einrichtungen der Deutschen Demokratischen Republik, die zur Annahme dieses Bargeldes von Bürgern der Deutschen Demokratischen Republik berechtigt sind." (Gesetzblatt der DDR, Teil I, Nr. 59 vom 28. Dezember 1973, zitiert nach: von Rüden 1991: 104). Der Umlauf von Fremdwährungen wurde nach und nach legalisiert, was sich unter anderem in einer wachsenden Anzahl von Devisenläden, in denen man auch exklusivere Produkte erhalten konnte, niederschlug: Die Intershops, in denen man als Ostbürger seit dem 1. Februar 1974 mit Westdevisen einkaufen konnte, wurden im Zuge dieser Neuerungen stark ausgebaut. Die (hauptsächlich westlichen) Devisen erhielten dadurch eine zunehmende Wichtigkeit als Tauschmittel und zur Wertaufbewahrung. Insbesondere die Zirkulation der D-Mark wurde mit der Liberalisierung der Gesetzgebung zum offiziell zugestandenen Normalfall: Mit den neuen Bestimmungen vom Ende des Jahres 1973 „war in den folgenden Jahren die gesetzliche Grundlage für die Expansion der D-Mark als Parallelwährung in die Hände der Bevölkerung gelegt." (von Rüden 1991: 104) In gleichem Maße wurde es für die Bürger der DDR zu einer bedeutsamen Frage, wer in welchem quantitativen Rahmen über westliche Valuta verfügen konnte.

138 Dieser Aspekt wird in vielen Interviews betont: Frau Sittler (*1936) bringt es auf den Punkt: „Wenn Sie Westgeld hatten, dann waren Sie eigentlich der gemachte Mann." Frau Grübbel (*1913) führt aus: „Da war man schon für jeden 20-Mark-Schein dankbar, den man in die Hand gedrückt bekam." Frau Schäffer (*1944) erinnert sich, „daß ich immer im Vergleich die D-Mark im Hinterkopf hatte und daß ich wußte, daß sehr viele DDR-Bürger über dieses Geld verfügten, ich aber nie darüber verfügt habe, und daß die Wertigkeit meiner DDR-Mark dadurch irgendwo ein Stück untergeordnet war. Ich hätte auch gern D-Mark gehabt, weil ich wußte, ich kriege dafür das, was ich mir wünschte." Und Herr Beyer (*1963) erinnert sich: „Weil man es eigentlich nicht hergeben wollte, das gute Geld, hat man das so zurückgehalten, daß man sich denn gar nichts gekauft hat, so ging es mir zumindest." Diese Hemmung,

konnte einige Produkte erst gar nicht kaufen, weil sie nur gegen West-Geld erhältlich waren. So erzählt z. B. Frau Drewes (*1947), die sich weder Wäschetrockner noch Videorecorder habe leisten können, von anderen Leuten, „die sich Geld woanders haben besorgen können, was eine andere Währungseinheit hatte. Die dann eben in den Intershop gegangen sind, und die Möglichkeit hatte ich nicht." Auch im Bereich der privaten Tauschgeschäfte waren Nicht-Devisenbesitzer tendenziell im Nachteil.

Die D-Mark spielte die Rolle eines zunächst ungebetenen, dann mehr und mehr geduldeten und schließlich auf vielen Bereichen sogar geförderten „Eindringlings", der das Prinzip der gesellschaftlichen Angleichung des Lebensstandards untergrub. Mehr und mehr griff die West-Währung in das Geldgeschehen ein, so daß sich bedeutungsvolle Unterschiede im persönlichen Konsumniveau aus der Verfügung über Devisen ableiteten. Dies erzeugte eine Spaltung der Gesellschaft, wie sie z. B. Frau Grübbel (*1946) erwähnt: „Und sicher hat das auch Neid erregt, wenn es Leute gab, die eine Menge D-Mark hatten und die das dann ein bißchen auf den Tassen tanzen lassen konnten." Mit der zunehmenden Zirkulation und Bedeutung der Nebenwährung D-Mark teilten sich die Menschen in solche, die auf verschiedenen Wegen an das „harte Geld" und seine Zahlungskraft herankommen konnten, und solche, denen diese Möglichkeiten versagt blieben.[139] Die staatlichen Legalisierungsmaßnahmen haben selbst zu dem großen Ausmaß dieser Spaltung beigetragen. Die Folgen hatten die staatlichen Stellen nicht mehr in der Hand – die D-Mark war zum „Subjekt" mit Wirkungsmacht über wichtige Bereiche der gesellschaftlichen Reproduktion geworden. Als habe man mit dem Geld noch weitere Elemente aus der kapitalistischen Welt importiert, häuften sich die Meldungen über eine „Verwestlichung" der Gesellschaft. (Z. B. Merkel 1999: 327)

Alle angesprochenen Details führen auf einen gemeinsamen Kern: In ihrem Alltagsleben war für die DDR-Bürger der Unterschied zwischen Geldmaterie und Konsumniveau (Ost) und Geldmaterie und Konsumniveau (West) immer augenfällig. Im Laufe der Jahre wurde er so markant, daß daraus eine steigende Unzufriedenheit mit den Verhältnissen resultierte. Das Anspruchsniveau der Bürger orientierte sich am tatsächlichen oder angenommenen Standard im Westen. (Merkel 1999: 328f.)[140] Dabei fungierte die D-Mark als „Chiffre" für den westlichen Konsum und die westlichen Freiheiten überhaupt, wie beispielhaft in der Äußerung

---

das West-Geld auszugeben, scheint weit verbreitet gewesen zu sein; sie wird von vielen Befragten geschildert. Sie unterstreicht auf scheinbar paradoxe Weise die besondere Wertigkeit und Bedeutung, die der D-Mark zukamen – mit ihr war man so zahlungskräftig, daß man sie kaum zur Bezahlung einsetzen mochte.

139 Im Falle der Intershops erkannte dies auch die Regierung offen als Problem: „Diese Läden sind selbstverständlich kein ständiger Begleiter des Sozialismus. [...] Natürlich übersehen wir nicht, daß nun Bürger der DDR, die keine Devisen besitzen, im gewissen Sinne im Nachteil gegenüber denen sind, die über solche Währung verfügen." (Erich Honecker auf einer Großveranstaltung in Dresden im Jahr 1977. Neues Deutschland vom 27. 9. 1977, zitiert nach Merkel 1999: 246f.) Ein Ausweg hätte nur darin bestanden, die Läden zu schließen und auf die Deviseneinnahmen zu verzichten; diese waren für die staatlichen Stellen jedoch zu wichtig, um eine solche Maßnahme in Erwägung zu ziehen.

140 Vgl. auch die Feststellung von Frau Wegener (*1967): „Die negative Seite wurde einem eher bewußt, wenn man in den Westen guckte."

von Frau Wegener (*1967) deutlich wird: „Das war ja nicht nur das Geld. Damit verbunden war, in einem Land zu leben, wo man überall hinfahren konnte, wo man alles sagen konnte, wo man einfach frei leben konnte, ungezwungener." Wenn die D-Mark das Wundermittel war, als das sie erschien[141], gab es gute Gründe, der DDR und ihrer Währung zunächst innerlich, dann mehr und mehr offen die Gefolgschaft zu kündigen und sich das „gute Leben" im D-Mark-Land herbeizuwünschen.

Die vielfältigen Ansprüche, die im Realsozialismus an das Geld und die Preise herangetragen wurden, kollidierten im historischen Verlauf in wachsendem Maße miteinander. Die Kluft zwischen dem theoretischen Anspruch zum einen und der problembehafteten Umsetzung zum anderen machte sich mehr und mehr auch im Alltagsleben der Bürger geltend. Der Wettbewerb der politischen Blöcke, den die DDR-Führung durch die Zulassung von Devisen und die Behauptung, der Sozialismus sei das „überlegene System", mit in Gang gesetzt hatte, ging mehr und mehr zu ihren Ungunsten aus.

141 Sie wurde z. B. gesehen als „der Inbegriff von Freiheit" (Herr Bruns, *1966), als Trägerin „eine[r] unerreichbare[n] Wertigkeit und traumhaft und unbeschreiblich" (Frau Dobler, *1929), ihr wurde „eine Art Heiligenschein" zugesprochen (Frau Eikermann, *1931), sie war „eine ganz exotische Währung, für die man alles haben konnte" (Herr Tilly, *1935), man wußte, „daß man dafür doch Türen und Tore geöffnet gekriegt hat" (Frau Tiemeyer, *1953), sie hatte eine „Wahnsinnsbedeutung" (Frau Güthoff, *1937). Dieses Bedeutungsfeld ist also tatsächlich von einer quasi-religiösen Verehrung der D-Mark gekennzeichnet.

9. Währungsunion 1990: das „größte Experiment" der Finanzgeschichte

Nach zwei grundlegenden Währungserfahrungen in einem Menschenalter war die deutsch-deutsche Währungsunion von 1990 ein weiterer Einschnitt mit überragender Bedeutung. Die „aufregende Geschichte einer Weltwährung" (Riehl 1978) wird mit der Übernahme der DM in der DDR um das „größte Experiment der Finanzgeschichte" (Walitzek 1990) erweitert. Es geht um ein „atemberaubendes ökonomisches Experiment", das in einem „irrwitzigen Tempo" vollzogen werden soll. (Der Spiegel, Nr. 7/1990: 21) Zum zehnjährigen Jubiläum bezeichnet der Bundesbankpräsident die schnelle Einführung der DM in der DDR als „ein historisch beispielloses Ereignis" (zit. nach FR vom 3.7.00). Beim nächsten Jahrestag ist von einer der größten Herausforderungen in der Geschichte der Deutschen Bundesbank die Rede.

In diesem Kapitel[142] soll der Frage auf den Grund gegangen werden, ob und wie sich diese Währungsunion in die Reihe der monetären Schlüsselerfahrungen des 20. Jahrhunderts einordnen läßt. Dabei wird schon kategorial offen gelassen, ob und inwieweit die Geschehnisse von 1989/90 eine weitere, dritte, Sequenz aus epochaler Währungskrise und -reform sind.

Gleichwohl lassen sich holzschnittartig knapp einige Spezifika und Grenzlinien benennen. 1990 haben wir es erstmals mit einer Reform zu tun, die das Ende eines souveränen Staates und seines Versuchs eingeläutet hat, die monetäre Sphäre gegenüber den Jahrzehnten Kapitalismus zuvor grundlegend neu zu gestalten (siehe 8). 1923 wurde die Reform in einem einheitlichen Staatsgebiet durchgeführt und beendete eine offene, galoppierende Hyperinflation. Bei den Reformen von 1948 zog die Neuordnung des Geldwesens den Schlußstrich unter eine zurückgestaute, verdeckte Inflation mit ihren charakteristischen Kennzeichen wie Schwarzmarkt, Realtausch, „Zigarettenwährung" etc.; sie war durch die alliierten Siegermächte bestimmt und mit der Schaffung zweier deutscher Staaten verbunden. Das Maßnahmenpaket von 1990 war demgegenüber hausgemacht deutsch, und ein währungstheoretisch objektiv begründbarer Zeitdruck bestand nicht. Die DDR hat mit der Währungsunion 1990 nicht nur neues Geld an die Stelle des alten Geldes gesetzt, sondern eine bereits existierende, im internationalen Wettbewerb bewährte und weltweit anerkannte Währung übernommen und mit ihr zugleich das gesamte

142 Gemeinsam mit Christian Ottich.

westdeutsche Wirtschafts- und Gesellschaftssystem. Die Währungsunion „ist also mehr als die Einigung auf ein gemeinsames Geld. Denn im Geld kommt synthetisch die jeweilige, historisch entstandene Gesellschaftlichkeit zum Ausdruck, und daher ist die monetäre Union zugleich die Zusammenführung von Gesellschaften, Einebnung ihrer – zumindest ökonomischen – Verschiedenheit, Abgabe eines Stücks politischer Souveränität." (Altvater 1991: 696f.) „Mit der Übernahme des Geldes eines bislang anderen nationalen Reproduktionsraumes werden dessen ökonomische Bedingungen, insbesondere die Produktivitäts- und Verteilungsnormen, zum Standard im neuen Währungsgebiet, ohne daß eine Gewähr dafür besteht, daß diese eingehalten werden können." (Altvater 1991: 679) Diese nüchterne Aussage von 1991 sollte ihre Brisanz erst in den nachfolgenden Jahrzehnten voll erweisen.

Die *Ostdeutschen* waren 1990 jedenfalls mit einer grundlegenden Veränderung konfrontiert, die das Zentrum ihres monetären Alltags betraf. Die DDR-Mark, die das realsozialistische Leben über Jahrzehnte hin in materieller Gestalt und sozialer Bedeutung mitgeprägt hatte, fiel mit den ihr beigeordneten Kauf- und Konsumangewohnheiten und der gesamten Geldkultur weg. An ihre Stelle trat die D-Mark, die als vormalige Neben- und Parallelwährung zwar durchaus vertraut war, als allein gültiges Zahlungsmittel jedoch einen ganzen Umkreis neuer ökonomischer und sozialer Gegebenheiten mit sich brachte. Für die *West-Bürger* hingegen änderte sich ganz abstrakt gesehen zunächst nichts – der Geltungsbereich der DM erweiterte sich um das „Beitrittsgebiet". Sie waren eher über die Folgewirkungen involviert, so daß ihre Betroffenheit eine deutlich andere war.

Wie in den „Schwester"-Kapiteln über die zwanziger und die vierziger Jahre (siehe 6 bzw. 7) gibt es auch 1989/90 spezifische Hauptachsen der Analyse, entlang derer sich die quantitativ und qualitativ unterschiedlichen Grade der Betroffenheit bei den Befragten erschließen: einerseits die Ost-West-Differenzierung, andererseits die intensive Verbindung des monetären Komplexes mit dem Szenario der Wende und der deutschen Vereinigung im allgemeinen.

9.1 Vorfeld und Modalitäten der Währungsumstellung

Am 9.11.1989 öffnet die DDR die Grenzübergänge zur BRD und West-Berlin. Hunderttausende kommen in den ersten Tagen und Wochen über die Grenze und sehen mit eigenen Augen ein überwältigendes Warenangebot und den Wohlstand der Westbürger. Fast alle DDR-Bürger holen sich bei ihrem Besuch das Begrüßungsgeld von 100 DM ab und sammeln erste Erfahrungen im Umgang mit dem Westgeld: mit der DM läßt sich alles kaufen, und viele Menschen machen sich bereits jetzt die ersten Gedanken über die Zukunft der Ost-Mark. Unmittelbar nach der Grenzöffnung kommt es zu ersten Spekulationen mit der DDR-Währung, deren Schwarzmarktkurs zur DM in den ersten zwei Monaten zwischen 10:1 und 20:1 pendelt.

Die katastrophale Lage der DDR-Wirtschaft wird in dieser Zeit allgemeiner bekannt: die Produktionsanlagen sind veraltet, die Infrastruktur ist vernachlässigt, die hohen Subventionen für die Güter des Grundbedarfs und die Mieten gehen zu

Lasten produktiver Investitionen, trotz sinkender Produktivität steigen die Löhne. Den erhöhten Einkommen der DDR-Bürger steht ein unzureichendes und überteuertes Angebot an Gütern des gehobenen Bedarfs gegenüber. Zwischen Einkommen und gewünschter Versorgung klafft eine Lücke, ein großer Kaufkraftüberhang ist entstanden.

Die umrissene Konstellation führt zu einem anwachsenden Übersiedlerstrom von Ost nach West, der seinerseits die Diskussion um eine Währungsreform verstärkt. Dabei steht zunächst noch die Schaffung einer Konvertibilität der DDR-Währung im Vordergrund. Zum Jahreswechsel 1989/90 wird der deutsch-deutsche Devisenfond eingerichtet, der an die Stelle des Begrüßungsgeldes bzw. des Zwangsumtausches tritt. DDR-Bürger können insgesamt 600 Mark gegen DM eintauschen, davon 100 Mark im Verhältnis 1:1 und 500 Mark im Verhältnis 1:5. BRD-Bürger können DM im Verhältnis 1:3 tauschen.

Der weiter anhaltende Übersiedlerstrom und die rapide Verschlechterung der wirtschaftlichen Situation in der DDR lassen immer häufiger die Forderung nach Übernahme der DM durch die DDR aufkommen. Das Für und Wider einer schnellen Währungsunion mit der DDR wird äußerst kontrovers diskutiert. Besonders die Deutsche Bundesbank und der Sachverständigenrat wenden sich gegen eine schnelle Währungsunion ohne vorangegangene tiefgreifende wirtschaftliche Reformen in der DDR. Auf der anderen Seite argumentieren viele Politiker in Ost und West, daß nur durch die schnelle Einführung der DM der Übersiedlerstrom gestoppt und den Menschen in der DDR eine Perspektive zum Bleiben geboten werden könne. So unterliegt die Bevölkerung heftigen informationellen Wechselbädern voller Widersprüche und Dementis.

Nachdem Spitzenpolitiker der damaligen westdeutschen Regierungskoalition aus CDU, CSU und F.D.P. (Kohl, Waigel, Graf Lambsdorff) am 6.2.1990 eine möglichst zügige Währungsunion propagiert hatten, wurden auch die hohen Erwartungen deutlicher, die mit dieser Maßnahme verknüpft wurden: Zusammen mit den zugleich geforderten marktwirtschaftlichen Reformen in der DDR sollte die Währungsunion als „Instrument der Wiedervereinigung“ (Roeper/Weimer 1996: 348) wirken, also nur ein wichtiger Baustein für die dann auch politische und staatliche Vereinheitlichung sein. Fast zeitgleich wird Graf Lambsdorff mit einer konträren Aussage zitiert: „Da die deutsche Einheit noch nicht erreicht sei, stehe die Einführung der D-Mark in der DDR derzeit nicht zur Debatte.“ (zit. nach LVZ vom 7.2.1990)

Schließlich fällt am 13.2.1990 die Entscheidung zugunsten der schnellen Währungsunion mit marktwirtschaftlichen Reformen. Nach dieser Einigung beginnt in der Bundesrepublik die Kontroverse um die Kosten und die Finanzierung der deutschen Einheit. Dabei stehen zunächst die Umstellungssätze für Löhne und Gehälter, Renten, Bargeld, Spar- und Bankguthaben, sowie die Umstellung der Verbindlichkeiten im Zentrum. Die Irritationen in der Bevölkerung bringt die Überschrift eines Leserbriefs auf den Punkt: „Es geht ums Geld, geht es auch ans Geld?“ (LVZ 17.2.1990)

Vor dem Hintergrund der näherrückenden Volkskammerwahlen in der DDR am 18.3.1990 zeichnet sich ab, daß die Löhne, Gehälter und Renten im Verhältnis 1:1 umgestellt werden sollen und daß dieser Satz auch für Sparkonten gelten soll, allerdings mit Obergrenzen und einem Stichtag. Eine 1:1-Umstellung der Spar- und Bargeldguthaben ohne Obergrenzen hätte auf einen Schlag 170 Mrd. DM freigesetzt und eine erhebliche Inflationsgefahr heraufbeschworen. Die Deutsche Bundesbank schlägt hingegen einen generellen Umtauschkurs 2:1 vor. Dabei argumentiert sie, daß die Löhne der geringeren Produktivität der DDR-Betriebe entsprechen müssen, um die Wettbewerbsfähigkeit zu erhalten. Dieses Ziel werde erreicht, indem bereits vor der Umstellung die gröbsten Preisverzerrungen durch den Abbau von Subventionen bei Gütern des Grundbedarfs beseitigt werden. Der Subventionsabbau macht Ausgleichszahlungen in Ostmark bei den Löhnen notwendig. Das sich daraus ergebende höhere Bruttolohnniveau dürfe aber aus dem genannten Grund nicht 1:1 umgestellt werden. In der Summe sieht die Bundesbank in einem Umtauschsatz von 2:1 ein „weitgehend produktivitätsgerechtes Anfangsniveau"; von dort aus „hätten dann nach der Umstellung weitere marktmäßige Anpassungen der Löhne und Gehälter und eine Entzerrung der zu stark nivellierten Lohnstruktur erfolgen können." (Deutsche Bundesbank 1990: 19) Besonders die Auseinandersetzung um den Umtauschkurs für Löhne und Gehälter führt in der DDR zu Demonstrationen und Streikankündigungen der Arbeitnehmer. Heftiger Protest kommt von den Gewerkschaften.

Das Ergebnis der Volkskammerwahlen im März 1990 kann durchaus auch als eine Art Volksabstimmung über die D-Mark interpretiert werden; darin hatte sich der Wille der großen Mehrheit der Bürger gezeigt, das westliche Geld möglichst schnell in den Händen zu halten. Vielen schien dies unmittelbar gleichbedeutend mit einer Verbesserung des Lebensstandards zu sein. Man meinte, man werde mit den vollen Schaufenstern auch die finanziellen Möglichkeiten erhalten, sich alle lang gehegten Konsumwünsche zu erfüllen.[143] Die D-Mark war in diesem Zusammenhang eine Materie mit ungeheurer symbolischer Aufladung, da die Ablösung des unterlegenen und belächelten „Alugeldes" der DDR nun greifbar schien. Mit dem sich abzeichnenden Wegfall seines Geldes war in der öffentlichen Meinung zudem ein endgültiges Urteil über das erodierende sozialistische System an sich gesprochen worden.

Am 13.4.1990 verständigt sich die Bundesregierung auf ein Angebot zur Währungsunion, das die zuvor formulierten Grundlinien konkretisiert und zugleich einen Kompromiß gegenüber der Bundesbank bedeutet: die Löhne, Gehälter und Renten sollen im Verhältnis 1:1 umgestellt werden; die Spareinlagen sollen grundsätzlich 2:1 getauscht werden, wobei aber pro Person bis zu 4 000 Mark ein Vorzugssatz von 1:1 gilt. In der Summe ergibt sich eine Konversionsrate von 1,8:1.

143 Marianne Schulz und Jan Wielgohls sprechen rückblickend von der „Illusion, daß die Übernahme moderner kapitalistischer Funktionsprinzipien automatisch eine höhere Lebensqualität" mit sich bringe (Schulz/Wielgohls 1990: 126). Die „schnellstmögliche soziale Gleichstellung der Bürger beider Deutschländer" habe man sich folgerichtig „vorrangig über die Verfügbarkeit der Deutschen Mark vorgestellt" (Schulz/Wielgohls 1990: 125).

Am 2.5.1990 einigen sich die Regierungen der BRD und der DDR über den „Staatsvertrag zur Währungs-, Wirtschafts- und Sozialunion". Darin sind der Termin und die genauen Umstellungsmodalitäten festgelegt, die auch umgehend in der Presse veröffentlicht werden: Die Währungsumstellung findet am 2. Juli 1990 statt. Löhne, Gehälter, Stipendien, Mieten, Pachten, Renten und andere wiederkehrende Versorgungsleistungen werden 1:1, sonstige Forderungen und Verbindlichkeiten hingegen werden 2:1 umgestellt. DDR-Bürger können Spar- und Bargeldguthaben nach differenzierten Maßgaben zum Vorzugssatz von 1:1 tauschen, wobei folgende Altersstaffelungen gelten: bis zu einem Alter von einschließlich dem 14. Lebensjahr 2 000 M; vom 15. bis 59. Lebensjahr 4 000 M; ab dem 60. Lebensjahr 6 000 M. Summen, die darüber hinausgehen, werden 2:1 umgestellt. Guthaben, die nach dem 31.12.1989 entstanden sind, werden 3:1 getauscht.

Der Staatsvertrag soll den DDR-Bürgern die gleichen Lebens- und Arbeitsbedingungen wie den BRD-Bürgern schaffen. Tatsächlich aber nehmen die sozialen Spannungen im Vorfeld der Währungsunion zu. Die Gewerkschaften drohen mit Streiks für höhere Löhne und sichere Arbeitsplätze, viele Betriebe stehen vor dem Konkurs. Am Staatsvertrag wird vor allem die mangelnde soziale Absicherung der abhängig Beschäftigten kritisiert. Eine Flut von Waren aus der BRD überschwemmt den DDR-Markt, während die einheimischen Erzeugnisse drastische Einbußen hinnehmen müssen. Diese Konstellation verschärft die Produktivitätsprobleme; viele Betriebe müssen aufgebe. Bei den Menschen steht die Angst um den Arbeitsplatz zunehmend im Vordergrund. Trotzdem stimmt die Volkskammer am 21.6.1990 dem Staatsvertrag zu. Im Westen und im Osten wurde gleichermaßen auf die Lokomotivtheorie gesetzt, der zufolge eine Währungsunion gleichsam als Zugmaschine für den „Aufschwung Ost" fungieren soll. Damit wurde die „Krönungstheorie" verworfen, wonach eine Währungsunion erst den Abschluß einer zuvor realisierten Angleichung der Verhältnisse bilden kann.

Der Konflikt um die Umstellungssätze war letztlich der Ausdruck miteinander konkurrierender ökonomischer, sozialer und politischer Prioritäten. Die Nutzung der historischen Chance auf die Vereinigung unter marktwirtschaftlichen Bedingungen, die Eindämmung des Übersiedlerstroms, die Beherrschung der Inflationsrisiken, die Begrenzung der Staatsverschuldung, die Modernisierung des Sozialismus, der Erhalt der Wettbewerbsfähigkeit der DDR-Betriebe nebst Fortbestand der Arbeitsplätze und die soziale Absicherung der Bevölkerung hatten jeweils einen spezifischen Stellenwert.

Für die Menschen bedeuteten die Monate zwischen der Grenzöffnung und der Währungsumstellung zunächst unklare Rahmenbedingungen, die große interpretatorische und prognostische Leistungen erforderten. (Hoffmann/Rühmann 1993, Kapitel 5) Deren Ergebnis konnte so unterschiedlich sein, daß auch konträre Handlungen mit weitreichenden Konsequenzen für die Familien ihre spezifische Rationalität hatten. Für Akteure mit der „rational-pessimistischen Attitüde" (Hoffmann/Rühmann 1993: 78), die kognitive Schemata aus der monetären Vergangenheit benutzt und mit einer Abwertung des DDR-Geldes gerechnet haben, war es z. B.

konsequent, Ersparnisse aufzulösen und teure Güter aus dem Luxussegment zu kaufen (Farbfernseher, Autos) – aus dem Blickwinkel der vollzogenen Währungsunion eine bittere Fehlentscheidung. Menschen mit einem „rationalen Geldoptimismus" (Hoffmann/ Rühmann 1993: 76), die früh mit der Einführung der DM und günstigen Umstellungsmodalitäten gerechnet haben, konnten durch Sparen oder den Verkauf von DM auf den schwarzen Devisenmärkten DDR-Geld anhäufen und durch die Währungsumstellung Gewinne erzielen.

Mit zunehmender Klärung der Modalitäten wurden die Spielräume kleiner und die wirtschaftlichen Rationalitäten homogener. In der letzten Phase agieren überall in der DDR die „Umtauschmaximierer", die die Quote für den Vorzugskurs von 1:1 durch monetäre Umschichtungen der verschiedensten Art auszuschöpfen versuchen; unmittelbar vor dem Tag X tritt eine Art „Torschlußkonsum" hinzu, durch den das letzte verbliebene Geld aufgebraucht wird. (Hoffmann/Rühmann 1993) Beides sei exemplarisch illustriert. Herrn Kröger (*1975) zufolge „wurde halt bei allen Verwandten hin und her getauscht und gemacht, daß erstmal jeder mindestens auf die 4 000 kam und so, mußte man ja machen. Sonst, wenn der eine Verwandte nur 3 000 hat, dann hat man dem die 1 000 erstmal überwiesen und danach wurde es wieder zurückgetauscht, das hat man schon gemacht." Ein interessantes Mischverhalten aus dieser Zeit ist durch Frau Teske (*1907) überliefert. „Also ich habe, als ich noch zu Hause war, ungefähr so um die 13 000 oder 14 000 Mark gehabt. Da habe ich dann meinen Wartburg noch mal neu machen lassen. Den habe ich auch über 25 Jahre gehabt, ganz wunderbar, immer in Ordnung. Das hat ungefähr 7 000 Mark gekostet, dann hatte ich etwas Geld noch übrig. Und da habe ich dann 6 000 Mark 1:1 umtauschen können, und das Restgeld hat dann mein Bekannter 1:2 umgetauscht. Und was ich dann noch vorher übrig hatte, habe ich meiner ganzen Verwandtschaft jedem 1 000 Mark geschenkt." Ein typischer Torschlußkäufer ist Herr Hermes (*1938): „So, und jetzt war es eben so, man mußte im Vorfeld der Währungsunion sein Konto haben und da mußte man alles einzahlen, so daß man an dem Sonnabendnachmittag, am Sonntag war die Umstellung, am Sonnabendnachmittag kein Geld mehr hatte. Ich bin dann also auch noch in die Kaufhalle gegangen und habe dann für die letzte DDR-Mark noch was gekauft, um das Geld loszuwerden."

Im konkreten Vollzug der Währungsumstellung kam es dann überall in der DDR zu Szenen, wie sie in den folgenden Interviewauszügen beschrieben werden. „Wir sind dann also früh zur Sparkasse in dem Ort gewandert, und da stand schon eine kleine Schlange, und da haben wir uns auch angestellt, und dann ging das ganz zügig. Wir legten also unsere DDR-Mark hin, die wir noch hatten, und kriegten dafür nun die DM, also das war eigentlich das Geschenk, und das war schon ganz toll." (Frau Dobler, *1929) „Es war proppenheiß und eine ewig lange Schlange. Und dann haben sie mein Sparbuch genommen und zerrissen, und das wollte ich eigentlich gerne behalten, weil ich dachte, irgendwie ist es ja eine Erinnerung, und das haben sie dann zerrissen, das weiß ich noch. Man hat sich da halt angestellt mit seinem Ausweis in der Hand und seinem Sparbuch oder Konto, was man da hatte, und dann ein paar Stempel, und dann war die Sache eigentlich so ziemlich [erledigt]." (Frau Sittler, *1967)

Abb. 8: *„Nach langem Schlangestehen ... freut sich dieser junge Mann über seine D-Mark-Banknoten"*

Aus: nordwest_net-news wirtschaft-Dateien vom 25.02.2002

Keineswegs erledigt waren die psychischen, sozialen und symbolischen Dimensionen der Währungsunion. Bei der Umstellung monetärer Systeme treten die Geldsubjekte notwendig nur als Besitzer einer bestimmten Geldsumme in Erscheinung – einzig unter dem Aspekt, wieviel sie in die Umstellung einbringen und wieviel sie am Ende dafür erhalten, unter Abstraktion von allen nicht monetären Eigenschaften des Menschen. Der Betrag selbst und die Modi der Umwertung betreffen aber unweigerlich zugleich in vielfältiger Weise den persönlichen Bereich. Die Identität des Menschen stützende Dinge wie Arbeits- und Lebensleistungen, Erlebnisse, Beziehungen, Erinnerungen usw. spielen keine Rolle, wenn Ziffern gegeneinander ausgetauscht und Summen verändert werden. Doch sind sie, wie die anderen vorn behandelten Dimensionen von Geld (siehe v. a. Kap. 3.4 bis 3.8) im psychischen Apparat der Menschen verankert. Mit einer Abwertung des Geldbesitzes kann so das Gefühl einer Abwertung der Gesamtperson einhergehen. (Hoffmann 1994a)

Die eingangs behauptete eigene Regelmäßigkeit in den Mustern rings um die Währungsunion besteht zunächst darin, daß die damalige Grenze in vielerlei Hinsicht Scheidelinie auch zwischen den Befragten ist: im Urteil zur Bedeutung und in der emotionalen Valenz des Ereignisses, in der Betroffenheit und Bewertung, ja, in der Präzision und Vollständigkeit der Erinnerung gibt es eine scharfe Ost-West-Differenz, die zunächst zu erarbeiten und zu belegen ist. Vorgreifend sei auch die zweite Regelmäßigkeit angerissen, die im Verlauf anhand konkreter Schicksale exemplarisch verdeutlicht wird: die Währungsfrage ist noch weniger zu isolieren als sonst und sehr stark in die allgemeinen Geschehnisse der Jahre 1989/90 eingebunden. Eulenburgs frühe Klage, daß die monetären Aspekte methodisch selten sauber herauszupräparieren seien (siehe Eulenburg 1924: 748f.), manifestiert sich hier besonders eindrucksvoll. Der historische Kontext von Wende, Währungsunion und Wiedervereinigung überlagert und durchdringt die monetäre Sphäre, was zu spannenden Konstellationen führen kann. Die ohnehin positiv gesehene Währungsunion kann z. B. wegen dieser Einbettung in noch strahlenderem Licht erscheinen. Ebenso gut ist es aber möglich, daß eine schwerwiegende Kritik an einzelnen Aspekten der monetären Veränderung durch eben diese Einbettung relativiert oder vernachlässigt wird. Negative Stellungnahmen zur Währungsumstellung können durch eine starke Identifikation mit der DDR weiter verschärft werden. Diese und andere Konstellationen werden im Verlauf herausgearbeitet.

9.2 Bedeutung, Erinnerung und Bewertung

Wie vorn dargestellt (siehe Eröffnung II), hatte die Währungsfrage 1989/90 im Vergleich zu den anderen Problemen der Zeit *im Durchschnitt* ein etwas geringeres Gewicht als in den zwanziger und den vierziger Jahren. *Differenziert* nach der Staatsbürgerschaft löst sich diese Aussage freilich dahingehend auf, daß der Währungsfrage im Osten fast doppelt so oft (57%) wie im Westen (31%) ein „sehr wichtig“ oder „wichtig“ zuerkannt wird. Mit diesem Wert hat die Währungsunion von 1990 in der früheren DDR bis auf Augenhöhe mit der Großen Inflation gleichgezogen, während der BRD-Wert der kleinste ist, der im gesamten 20. Jahrhundert überhaupt erreicht wird! Entsprechend findet jeder zweite Bürger der alten BRD (52%) die Währungsfrage „weniger wichtig“ oder „unwichtig“, was in der damaligen DDR deutlich seltener der Fall ist (29%).[144]

Eine ähnlich klare Scheidelinie erbringt die Frage nach Veränderungen der wirtschaftlichen Lage, die sich durch die Währungsunion ergeben haben: für neun Zehntel der Menschen im Westen (87%) gab es keine Veränderung, was bei Befragten aus der DDR deutlich seltener der Fall ist (38%); winzige Minderheiten in der BRD sprechen von einer Verbesserung (4%) oder Verschlechterung (7%); die

144 Dieses Muster wird sich erneut ergeben, wenn danach gefragt wird, welches der monetären Großereignisse aus heutiger Sicht „emotional am meisten berührt“ (siehe 10.6).

entsprechenden Gruppen in der DDR sind sowohl größer als auch polarisierter: 39% sehen eine Verbesserung, 17% eine Verschlechterung.
Die wichtigste Dimension der Frage nach der Bedeutungsschwere der Union von 1990 ist die objektive Betroffenheit, die sich in den Ereignisbilanzen der Befragten in Ost und West niederschlägt; diese sind – wie erinnerlich – aus einer großen Zahl von Einzeltatsachen zusammengefügt worden.[145]

Tab. 9.1: Objektive Ereignisbilanz 1990 nach früherer Staatsangehörigkeit (N = 144; Spalten-%)

Ereignisbilanz	**DDR**	**BRD**	**Mittelwert**
Opfer	8,7	1,3	4,9
Unauffällig	82,6	93,3	88,2
Gewinner	8,7	5,3	6,9
Summe	100,0	100,0	100,0

© Heisterhagen / Hoffmann, Soziologisches Seminar, Universität Göttingen

Die Währungsunion von 1990 hat weit weniger polarisiert als die übrigen Großereignisse des 20. Jahrhunderts: unauffällige Bilanzen sind dieses Mal die Regel, Opfer *und* Gewinner die Ausnahmen. Allerdings kommen beide Ausnahmen bei den Ostdeutschen häufiger vor als bei den Landsleuten im Westen. Dieses Ergebnis läßt sich durch einen weiteren Auswertungsschritt stützen: die Kreuztabulierung von objektiver und persönlicher Ereignisbilanz. Wer persönlich („wie schwerwiegend war...", „was wog schwerer?") als Opfer *oder* Gewinner bilanziert hatte, ist nach diesen objektivierenden und für alle Währungsereignisse gleichen Gewichtungen des Projekts zur Hälfte unauffällig. Positiva und Negativa werden also relativ oft in der subjektiven Wertung höher gewichtet als in den stets gleichen Kategorien des Projekts.

Naheliegenderweise liegen die Ereignisbilanz und die Bewertung des Ereignisses selbst eng beieinander, aber nicht bruchlos aufeinander. Nicht die Gesamtheit, sondern nur die Mehrheit der Opfer (57,1%) bewertet die Währungsunion durchgängig negativ; analog urteilt nur die Hälfte der Gewinner (50%) durchgängig oder tendenziell positiv. Der wesentliche Grund für die genannten Abweichungen ist, daß das Ereignis vielfach nicht nur in ökonomischen Kategorien, sondern auch nach höherrangigen Kriterien ganzheitlich eingebettet und entsprechend beurteilt worden ist. Dieser wesentliche Sonderaspekt der Jahre 1989/90 wird sich im Fortgang der Analyse zunehmend anreichern (siehe v. a. 9.3).

Erstaunliche und interessante Befunde beziehen sich auf den Erinnerungsstand in Ost und West, die zunächst tabellarisch und dann verbal entfaltet werden. Die Ergebnisse dieser reinen Wissensfrage („Können Sie sich noch daran erinnern, wie

145 Das Verfahren wurde zu Beginn von Abschnitt 6.2 erläutert.

die Umtauschregelungen der Währungsunion im wesentlichen aussahen?“) wurden nach dem Grad der Näherung an die vorn dargestellten Fakten (siehe 9.1) „befragtenfreundlich“ kodiert.

Tab. 9.2: Erinnerungsstand an die Modalitäten der Währungsunion nach früherer Staatsangehörigkeit (N = 144; Spalten-%)

Erinnerungsstand	**DDR**		**BRD**		**Summe bzw. Mittelwert**	
	N	%	N	%	N	%
Umfassend	18	26,1	0	0,0	18	12,5
Lückenhaft	19	27,5	8	10,7	27	18,8
Vage	10	14,5	3	4,0	13	9,0
Fehlt	14	20,3	26	34,7	40	27,8
Fehlerhaft	5	7,2	22	29,3	27	18,8
Residual	3	4,3	16	21,3	19	13,2
Summe	69	100,0	75	100,0	144	100,0

© Heisterhagen / Hoffmann, Soziologisches Seminar, Universität Göttingen

Ein erstaunlich hoher Anteil der Befragten verfügt über eine umfassende bis lückenhafte Erinnerung an die Modalitäten der Geldumstellung – jeder zweite in der Ex-DDR, aber nur einer von zehn Bürgern der alten BRD hat einen dieser beiden Codes erhalten. Zum Zeitpunkt der Befragung (1996) lag das Ereignis immerhin sechs Jahre zurück – ein Zeitraum, der durchaus zum weitgehenden Schwinden der Erinnerung hätte führen können. Dies ist im Westen weitaus häufiger der Fall (34,7%)[146] als in der früheren DDR (20,5%). Somit bestätigt sich erneut und besonders eindringlich der unterschiedliche Stellenwert der Währungsunion für die Menschen in Ost und West.

Umfassende Erinnerungen an die Kernpunkte hat jeder fünfte frühere DDR-Bürger, aber niemand aus der (alten) BRD. Dieser Code wurde z. B. für die folgende Antwort vergeben: „Man mußte nur den Bogen ausfüllen, einen Bogen ausfüllen mit sämtlichen Konten, die man hatte und mußte angeben, welches Konto man [für] den 1:1-Umtausch hat. Dann ist mir in Erinnerung geblieben, wenn ich drei Wochen älter gewesen wäre, dann hätte ich 2 000 Mark mehr gewonnen, dann hätte ich 2 000 Mark mehr 1:1 umtauschen können.“ (Frau Eikermann, *1931) Bei

146 Der Wert für „Residual“ ist höher als in diesem Projekt üblich, weil die Ältesten der Alten (Leitfaden 1) in der BRD hierzu nicht befragt wurden. Aus den Vorgesprächen war bekannt, daß diese Gruppe kaum etwas dazu weiß, so daß die Frage unnötig belastet hätte. Dieser Erfahrungswert rechtfertigt umgekehrt die Annahme, daß sehr viele der Ältesten im Falle der Einbeziehung in die Kategorie „fehlende Erinnerung“ einzuordnen gewesen wären, so daß sich am Gang der Argumentation schwerlich etwas ändern dürfte.

den lückenhaften Kenntnissen, die frei von schweren Fehlern, aber nicht erschöpfend sind, zeigt sich ein gleichläufiger und ähnlich klarer Vorsprung der Menschen aus der Ex-DDR. Auch hier sei ein Kodierbeispiel beigefügt: „Na ja, das war, jeder durfte 4 000 Mark umtauschen, pro Person, und für die Kinder glaube ich 2 000 Mark bis zum zwölften Lebensjahr oder zehn. Ich weiß jetzt nicht, so ungefähr war es." (Frau Pochadt, *1935) Vage Erinnerungen, die nur noch im Tenor treffend sind, haben ebenfalls mehr Menschen aus der ehemaligen DDR. In den überlegenen Erinnerungsleistungen im Osten erscheint die direktere Betroffenheit, und – damit verbunden – die größere Intensität der Beschäftigung mit Währungsfragen und die verstärkte intergenerative Kommunikation über die monetären Krisen des Jahrhunderts, die es 1989/90 gegeben hat.

Ein schwerwiegender Überraschungsbefund ruht nun im Inneren der Kategorie „fehlerhaft", die bei den Befragten aus der BRD viermal so oft vergeben werden mußte wie im Osten. Schon diese Ungleichverteilung falscher Überzeugtheiten ist informativ. Der Clou liegt indes tiefer, und zwar bei den beiden Richtungen von Irrtum, die die fehlerhafte Erinnerung enthalten kann und auch enthält. Das Ausmaß der Abwertung, also der real am stärksten umstrittene, psychisch sensibelste und währungsgeschichtlich bedeutendste Punkt im Vorfeld der Währungsunion, kann sich in der Erinnerung kleiner oder größer darstellen als es bei dem wirklichen Ereignis war. Und diese beiden Möglichkeiten streuen keineswegs zufällig oder gleichverteilt zwischen den Befragten aus Ost und West, sondern es gibt eine eindeutige und geldpsychologisch sehr interessante Struktur.

Die Fehlerinnerung vom Typ „zu niedrig" (befragte Person gibt zu ungünstige Werte an) ist bei den *Ostdeutschen* stärker besetzt ist als der Typ „zu hoch" (befragte Person gibt einen zu günstigen Wert an). Bei den Westdeutschen ist es genau umgekehrt: sie erinnern die Modalitäten eher zu betroffenenfreundlich. Die Deutung dieser Auffälligkeit führt tief in die Gedächtnispsychologie und fördert quasi nebenbei erstaunliche Erkenntnisse für die Erzählforschung zutage.

Die *Ost-Variante* der tendenziösen Erinnerung wird lupenrein durch Frau Wegener (*1967) verkörpert: „Na ja, die Abwertung war schon ziemlich kraß. Man hatte das mühsam zusammengespart, und für viele DDR-Bürger bedeutete es ja auch einen Rückhalt und eine Sicherheit, und plötzlich war nichts mehr da im Prinzip. Fast nichts." Sie geht zwar (korrekt) von 2 000 DM zum Vorzugskurs 1:1 aus, hält aber im Interview sehr nachdrücklich an ihrer Auffassung fest, alles darüber Hinausgehende sei 1:5[147] getauscht worden. Für die *West-Variante* sei zunächst Frau Gerke junior (*1971) angeführt. Sie behauptet einen durchgehenden 1:1-Tausch und findet diese Regelung „unmöglich", weil „das auch gar nicht dem Wert entsprach, den die, wie hieß die eigentlich? DDR-Mark? damals hatte. Und hätte man 1:4 getauscht, fände ich, wäre das ein sehr kulanter Zug von der BRD gewesen. Aber 1:1 fand ich, das ist so, so was zu Überschwengliches, man hätte das durchaus realistisch sehen müssen, und [man hat] das Geld wirklich verschenkt." In

147 An dieser Stelle ist kurz auf ein häufiges Phänomen in den Interviews hinzuweisen: Wenn von Tauschverhältnissen wie 1:2, 1:3 oder 1:5 gesprochen wird, sind eigentlich immer die genauen Umdrehungen gemeint, also 2:1, 3:1, 5:1 etc. im Verhältnis DDR-Mark zu D-Mark.

der Sache identisch und in der Tonlage äußerst dezidiert formuliert Herr Behr (*1948) seine tendenziöse Erinnerung: „Weil es vorher 1:7 war oder wie das war. Ich hätte 1:2 noch akzeptiert, was auch die Bundesbankpräsidenten vorgeschlagen haben. Dann hat es ja der Bundeskanzler zur Chefsache gemacht und hat es 1:1 gemacht, das war ein Fehler. Heute büßen wir das in der Rente, und in all diesen Sachen büßen wir das." Auch Frau Menne ist sich sicher, „daß das 1:1 getauscht wurde" und kritisiert diese vermeintliche Tatsache, „weil ich der Meinung bin, daß diese Regelung nicht richtig war. Das Geld ist zu gut umgetauscht. Das ist aber jetzt meine Meinung. Und das hat uns schon in wirtschaftliche Schwierigkeiten gebracht, denke ich." (Frau Menne, *1939)

Man erkennt unschwer, daß beide Varianten eine zentrale Gemeinsamkeit haben: gängige *Befürchtungen* von 1989/90 haben sich zwischen dieser Zeit und dem Interview gleichsam ins Gewand der *Erinnerung* gekleidet. Urteile und Gefühle scheinen sich so weit verfestigt zu haben, daß sie dem Gedächtnis einen falschen „Kurs" eingeben, auf dem sich zusätzliches Material zur Illustration der ablehnenden Haltung heranziehen läßt. Insofern ist die gewöhnliche Reihenfolge der Logik von Erinnerung und Schlußfolgerung auf den Kopf gestellt, indem die Schlußfolgerung (die dann eigentlich keine mehr ist) die Erinnerung beeinflußt, die wiederum das negative Gesamturteil im Interview und anderswo verschärft. Die allgemeine Einsicht in die konstruktivistischen Komponenten des Erinnerns reichert sich hier um die gesteigerte Form an, daß sich die Ängste von damals geradezu falsche Ziffern schaffen und sich zur Illustration ihr eigenes Datenmaterial „suchen".

Das geschieht auf andere Art auch bei den (wenigen) Ostdeutschen, in deren Erinnerung sich zu günstige Umtauschmodalitäten festgesetzt haben. Sie artikulieren auf diese Art Zufriedenheit mit der Umstellung, die bis hin zum Urteil reichen kann, eigentlich „zu gut" weggekommen zu sein, im Extrem ein „Geschenk" erhalten zu haben. Herr Deschner (*1935) bspw. besteht auf folgender Erinnerung: „Bis 12 000 Mark wurde 1:1 getauscht, und darüber hinaus wurde dann abgewertet." Hier geht der retrospektive Irrtum damit einher, daß die Währungsunion zugleich als Maßnahme zur Vermögensumverteilung eingestuft wird, die zu Lasten der besonders Betuchten gewirkt hat: „Wenn man vom Gesamtmenschen ausgeht, ist es gerecht. Der eine Kleine, der nicht viel hat, warum soll der noch so viel verlieren? Der andere, der zuviel hat, der muß halt seinen Teil wieder verlieren. Irgendwie war das sozial." (Herr Deschner, *1935)

Die scheinbar triviale Wissensfrage nach dem Erinnerungsstand an die Modalitäten der Währungsunion hat neben dem Nachweis unerwartbarer Gedächtnisleistungen erstaunliche Befunde zur Ost-West-Differenzierung erbracht und eigentümliche Gefühlsfiguren aufschimmern lassen, die näherer Erforschung wert sind. Zum Kern dieser Gefühlsfiguren führt die Frage, wie gerecht bzw. ungerecht man die Umtauschregelungen gefunden habe. Bei den Antworten aus den östlichen Bundesländern liegt eine Drittelung zwischen den Urteilen „gerecht" (31,9%), „teils-teils" (31,9%) und „ungerecht" (30,4%) vor. Das westliche Meinungsbild ist blasser, was wegen des oben begründeten Ausschlusses der Ältesten der Alten und der beeinträchtigten Vergleichbarkeit nicht im Detail dargestellt werden soll.

Die Erläuterungen enthalten ausgesprochen interessante Erklärungsmuster mit großer Tragweite; sie zeigen insbesondere, daß rings um den Antwortkern zur Währungsumstellung oftmals ganzheitliche Interpretationen angelagert sind, die den Gesamtkomplex aus Wende und Wiedervereinigung betreffen. Daher wurde ein neues Kategoriensystem entwickelt, das auf den mehr oder minder positiven Gesamttenor abhebt und alle diese Ausstrahlungen verarbeiten kann.

Tab. 9.3: Urteilstenor bei der Bewertung der Währungsunion nach früherer Staatsangehörigkeit (N = 144; Spalten-%)

Urteilstenor	**DDR**		**BRD**		**Summe bzw Mittelwert**	
	N	%	N	%	N	%
Durchgängig positiv	6	8,7	1	1,3	7	4,9
Tendenziell positiv	14	20,3	9	12,0	23	16,0
Teils/teils	14	20,3	8	10,7	22	15,3
Tendenziell negativ	9	13,0	10	13,3	19	13,2
Durchgängig negativ	18	26,1	12	16,0	30	20,8
Keine Meinung	5	7,2	14	18,7	19	13,2
Residual	3	4,3	21	28,0	24	16,7
Summe	69	100,0	75	100,0	144	100,0

© Heisterhagen / Hoffmann, Soziologisches Seminar, Universität Göttingen

Im Westen herrscht neben den zuvor aufgezeigten Besonderheiten (geringere Bedeutung, niedrigere Betroffenheit, schlechterer Erinnerungsstand) auch ein deutlich ausgeprägteres *Desinteresse* vor. Durch diese Kombination kommt es relativ oft zu nichtssagenden Antworten wie der folgenden: „Ich habe mir zu dem Zeitpunkt überhaupt keine Gedanken darüber gemacht. Ich war nicht davon betroffen und mir war es eigentlich egal.“ (Herr Pohl, *1951). Wegen der Inhaltsarmut im Westen wird der Fokus im weiteren Verlauf auf dem östlichen Landesteil liegen.

Gegenüber der gröberen Auswertung der Urteile zur Gerechtigkeit ist die Vercodung nach dem Urteilstenor feiner und genauer. Für die frühere DDR ergibt diese präzisere Messung eine klare Verschiebung zum negativen Pol, der aus den zwei Einzeltendenzen besteht. In einigen „teils-teils“-Urteilen offenbart die Analyse des Tenors ein Übergewicht des Negativen. Innerhalb der positiven Urteile sind die uneingeschränkten gegenüber den nur tendenziell positiven in der Minderheit (8,7% zu 20,3%), während es bei den negativen Urteilen umgekehrt ist (26,1% zu 13%). Der Gehalt und die Brisanz dieser Ergebnisse erschließen sich erst aus dem qualitativen Material, dem wesentliche soziomonetäre Erkenntnisse abgewonnen werden können. Die im folgenden zitierten Äußerungen spiegeln zum Teil Emotionalität pur, und zum Teil zeigen sie, wie vielfältig die Maßstäbe sind, anhand derer sich das Urteil zu den Umstellungsmodalitäten entwickelt hat. Dabei bestimmen die Maßstäbe des Vergleichs seinen Ausgang mit.

Bei den positiven Urteile zur Währungsunion ist noch Jahre nach dem Ereignis die *Emphase* von damals spürbar. Etwa Frau Grübbel (*1913) hat den Umstellungskurs „als absolut großzügig und positiv empfunden [...]“, und auch für Herrn Hermes (*1938) war es „ein Geschenk. [...] Wir haben schon damals gesagt, als wir hier saßen, [...] das ist ein Geschenk, das hat mein Vater auch gesagt. Und wenn der das sagt, der hat da Überblick da, das war so.“

Wer in Kategorien offizieller oder inoffizieller Relationen auf dem *Markt oder Schwarzmarkt* reflektiert, kommt fast automatisch zu einem positiven Urteil über die Modalitäten. „Das hat ja zuletzt dem Bankenkurs entsprochen: 1:10. Das wäre wohl zu hart gewesen, obwohl es das gerechteste gewesen wäre.“ (Herr Bruns, *1966) Am Maßstab der politischen *Kräfteverhältnisse* oder eines „worst case“ stellen sich die Modalitäten ebenfalls fast von allein als großzügig dar: „Gerecht, auf alle Fälle für uns günstig, ob nun gerecht oder nicht, aber ich denke, es hätte schlimmer kommen können! Sie hätten doch genau so gut sagen können, wir tauschen das Geld 1:4.“ (Frau Bruns, *1943) „Man hätte ja sagen können, euer Geld ist überhaupt nichts wert, oder hier die 4 000 Mark gleich runter auf 400, so wie es damals war.“ (Herr Otte, *1912)

Bisweilen wird die immanente *Umverteilungskomponente* der Umstellung ausdrücklich begrüßt. Sei es in der Variante von Frau Grübbel (*1946), die sich selbst den ärmeren und damit relativ Begünstigten zurechnet: „Die Leute, die mehr Geld zum Umtauschen gehabt hätten, die haben es eben anders empfunden. Mich hat es nicht betroffen, ich fand es nicht ungerecht.“ Oder sei es als Lob für die monetäre Bestrafung derjenigen, die es unter DDR-Bedingungen zu relativem Wohlstand gebracht hatten. So argumentiert etwa Herr Schäffer (*1971): „Aber wir haben ja auch gesehen, daß genug Leute so viel auf dem Sparbuch hatten, daß sie nicht schlecht da standen, wenn sie die Hälfte auf einmal in Westgeld hatten. Und dadurch fand ich es doch gerecht.“ Schließlich spielt der Gedanke an das *volkswirtschaftlich Machbare* eine Rolle: „Ich fand es großzügig. Weil ich versucht habe, die Gesamtsituation des Landes zu betrachten. Wie soll die Rechnung aufgehen, damit die Wirtschaft stimmt? Damit keine Arbeitslosigkeit entsteht.“ (Frau Schäffer, *1944)

Interessanterweise wird das positive Urteil zur monetären Seite der Währungsunion bisweilen dadurch verstärkt, daß weitere Vorteile auf die Waagschale gelegt und die ganzheitlichen Einbindungen verstärkt werden. Etwa Frau Grübbel (*1913), die bereits von der monetären Seite der Union begeistert war und auch sonst in Superlativen schwelgt (u. a. „prima“, „toll“), fügt in diesem Sinne hinzu: „Man muß ja auch bei der Wahrheit bleiben. Und wer das nicht tut, dem sage ich das auch: ‚Denk mal an das Gute, das wir haben, die Freiheit und und und.‘“

Die Vielfalt der Begründungen positiver Urteile zur Gerechtigkeit der Währungsumstellung hat auf Seiten der Kritiker kein Gegenstück. Deren Emotionen und

Argumente sind überwiegend Variationen eines einzigen Themas, der Abwertung und Entwertung. An die Bedeutung dieses Syndroms in prinzipieller Hinsicht (siehe 3.5) sei erinnert, bevor das Material ausgebreitet wird. Herr Kröger (*1940) z. B. fand die Regelungen „nicht gerecht. Das war ja wieder eine Abwertung." Bei Herrn Söder senior (*1908) dominiert das Gefühl, am Tag der Währungsumstellung eine Niederlage erlitten zu haben: „Na ja, da habe ich viel verloren. Ich hatte ein Sparguthaben von über 30 000 Mark, habe 15 000 Mark verloren." Auch Frau Korte (*1954) hat die Umstellung als Angriff auf ihre Ersparnisse wahrgenommen: „Also in dem Moment, als sie dann durch war und man dann von der Bank das in der Hand hatte, das Sparbuch, und diese Abwertung empfand ich als ungerecht." „Das habe ich ungerecht gefunden, denn wir haben es ja mühsam zusammensparen müssen, das Geld, und auch durch Arbeit, nur durch Arbeit. Und warum man dann auf einmal unsere Arbeit nicht anerkannt hat, das ist ungerecht." (Herr Söder, *1908) Die Deutung von *Ersparnissen* als monetarisierte Lebensleistung (Hoffmann 1994) bestätigt sich auch hier; unter diesem Aspekt sind ungleiche Summen durchaus gleich. Des weiteren erhärtet sich in der Fortführung des Gedankens von Herrn Söder die These von der Verschmelzung der monetären Frage mit den anderen Themen der Zeit. „Und was ich vor allem als ganz ungerecht empfunden habe, das ist, daß Gesellschaften, die hier noch hergekommen sind zu uns und Fabriken aufgekauft haben, Arbeitsstätten sagen wir mal, und nur um die tot zu machen. Die haben sie gar nicht gebraucht – bloß zum Stillegen. Die haben ihr Geld dazu benutzt, um uns auf diese Art und Weise ... Und dadurch haben wir ganz plötzlich die vielen Arbeitslosen bekommen. Und das finde ich ungerecht."

Die Kritiker der Modalitäten stellen sehr oft Vergleiche an, die in Figuren relativer Deprivation münden. In den folgenden Kommentaren wird die Relation von *Leistung und Entlohnung* unmittelbar in Beziehung gesetzt. „Wir haben genauso geschuftet wie drüben die und kriegten erstmal nicht ganze Gehälter. Wir waren doch zu den Westdeutschen überhaupt kein Vergleich, und wir haben ja genauso im Osten, vielleicht mehr geschuftet wie drüben die." (Frau Dobler, *1900) Auch Herr Otte (*1963) fand die Umstellung ungerecht, „weil wir für unser Geld genau so hart arbeiten mußten wie der BRD-Bürger." Frau Güthoff (*1937) setzt den Akzent zwar anders, thematisiert aber dieselbe Dimension von relativer Deprivation: „Und ich fand es dermaßen ungerecht, weil wir so wenig in diesen Jahren verdient haben, und das wenige Geld wurde uns jetzt noch geteilt."

Verglichen und bisweilen mit anderen Aspekten verquickt wird schließlich die *Kaufkraft* des Geldes: „Das war mehr wert, das DDR-Geld, in dem Sinne. Da hätte man ruhig eins zu eins alles tauschen können, das wäre gerechter gewesen." (Frau Hermes, *1963) „Man muß das im Verhältnis sehen: Die DDR-Mark zur DDR-Ware und die Westmark zur West-Ware: Dann hat es sich verschlechtert." (Herr Tappe, *1967) Im ähnlichen Sinne sieht Herr Ungerer (*1949) diejenigen als Verlierer der Währungunion an, „die ohnehin ein geringes Einkommen hatten. Zu DDR-Zeiten und heute. Bloß, zu DDR-Zeiten konnten sie mit dem Geringen leben, und heute fällt es ihnen doch wesentlich schwerer."

Die Urteile der abwägenden Kategorie „teils-teils“ bringen naheliegenderweise keine neuen Erkenntnisse zu den positiven und negativen Argumenten zur Währungsunion selbst. In ihrer Summe stützen sie die Hypothese, daß sich die Urteile zur Währungsfrage der Jahre 1989/90 besonders stark mit den unterschiedlichsten Aspekten nicht-monetärer Art durchmischt haben. Dies ist hier nur typologisch deutlich zu machen, wofür sich die Aussage von Frau Tappe (*1912) gut eignet. Sie wägt einzelne Nachteile gegen einen grundsätzlichen Vorteil nicht-monetärer Art ab, der in das Gesamturteil zur Währungsunion einfließt: „Weil man jetzt die Freizügigkeit hatte und man sich eben mehr als freier Mensch gefühlt hat.“

9.3 Drei Opfer und zwei Gewinner

Die zweite Besonderheit der Währungsunion von 1990, die enge Verwobenheit der monetären Aspekte mit den übrigen Geschehnissen dieser Zeit, ist im Verlauf der Darlegungen schon ein wenig plastischer geworden. Diese ganzheitliche Einbettung läßt sich am Beispiel konkreter Schicksale weiter verdeutlichen. Viel stärker als in der analytisch zergliederten Analyse wird dabei erkennbar, wie sich das Heranziehen weiterer, grundsätzlicher Aspekte für die Untermauerung jedweden Urteils eignet – als zusätzliche Verstärkung oder aber als Relativierung.

Wer die Regelungen „ungerecht“ findet, verwendet durchaus *Begründungsmuster*, die denen der Befürworter verblüffend ähneln – nur eben „spiegelverkehrt“. Die Ambivalenz des Geldes im Realsozialismus (siehe 8) z. B. kann argumentativ aufgespalten werden. Die *Befürworter* der Umtauschmodalitäten können die Union als „Geschenk“ sehen, weil die „Alu-Chips“ im Vergleich zur DM weniger wert gewesen seien. Die *Kritiker* der Umtauschsätze können auf die überlegene Kaufkraft der DDR-Mark im Bereich der Grundversorgung und die relative Preisstabilität abheben. Die Währungsunion war für die erste Gruppe eine Aufwertung und eine Steigerung ihres monetären Selbstwertgefühls und für die zweite eine Abwertung.

Die folgende Auswahl von Schicksalen konzentriert sich auf die Extreme in der persönlichen Ereignisbilanz, auf „schwere Opfer“ und „deutliche Gewinner“ der Währungsumstellung von 1990; sie kommen nur in der Ex-DDR vor. Das Fehlen dieser extremen Betroffenheiten in der alten BRD unterstreicht noch einmal die erste Besonderheit der Jahre 1989/90, die durchgehende Bedeutung der Ost-West-Differenzierung. Andererseits wird exemplarisch deutlich werden, daß die Extreme von 1989/90 längst nicht so extrem sind wie in den Sequenzen von Krise und Reform in den zwanziger und vierziger Jahren. Diese Vergleiche wird das Material implizit nahelegen – explizit gezogen werden sie nicht.

9.3.1 Die Opfer

Die Selbsteinordnung als Opfer zeigt besonders deutlich, wie sehr das Urteil zur Währungsunion mit anderen Dimensionen der Ereignisse verwoben ist. Dabei existiert ein breites Spektrum zwischen eher diffuser Unzufriedenheit und einem dezidierten Leiden am Zusammenbruch der DDR.

*Frau Wegener (*1967): „Es greift so vieles ineinander"*

Für Frau Wegener war die Währungsumstellung als *Akt* mit vielen anderen Komponenten verschmolzen, und erst aus dieser *Gesamtheit* wird verständlich, warum sie sich als schweres Opfer einordnet. „Demzufolge war es einfach, wie für alle anderen, mit schweren Verlusten verbunden, weil es schon weh tat, daß alles 1:5 entwertet wurde. Und die kleinen Negativerfahrungen, die man hatte, die waren für uns einfach trotzdem schwerwiegend." Eine besonders wichtige Rolle spielte dabei das Sparguthaben: „Daß ich plötzlich entscheidend viel weniger Geld auf dem Konto hatte, daran erinnere ich mich noch, und daß mich das doch schon geärgert hat, weil ich doch sehr viel gespart hatte und das ein enttäuschendes Erlebnis für mich war." An anderer Stelle ist noch konkret von einem ungünstigen Versicherungsvertrag die Rede. Konkret ist auch die Unterstützung der Eltern: „Ich muß sagen, daß ich auch einen Teil des Geldes in die Firma investiert habe, weil ich dachte, da nutzt es noch was." In der Summe aber ist der Gesamtkomplex Währungsunion, den Frau Wegener sehr lückenhaft und verfälschend erinnert, negativ mit anderen Komponenten der Wende integriert. So hat sich ihr monetärer Alltag zum Schlechten verändert: „Also wenn ich überlege, wie ich mit meinem Geld jetzt haushalten muß bzw. wie ich zu DDR-Zeiten ... Vielleicht etwas verschlechtert, weil man doch stärker rechnen muß. Es greift so vieles ineinander. Zu DDR-Zeiten kam man gar nicht so in Verlegenheit, sein Geld auszugeben, weil es gar nicht so viel gab. Und jetzt hat man einfach das Gefühl, weil es ein großes Angebot gibt und man viel öfter den Wunsch verspürt, das Geld auch auszugeben für viel mehr Dinge, die es plötzlich gibt. Aber so viel schlechter geht es mir jetzt auch nicht." In der Konfrontation der subventionierten Preise bei Gütern des täglichen Bedarfs mit der bundesrepublikanischen Realität der säkularen Inflation in der BRD hat auch sie einen „Preisschmerz" (Hoffmann 1994a) verspürt. „Also, daß ein Brot 90 Pfennige kostete, im Gegensatz zu heute, wo es vier Mark kostet. Oder auch Käse, daß ich dann immer denke, als Studentin bin ich dann einkaufen gegangen, gut, ich habe nie so viel bekommen. Aber für das, was ich kaufte, habe ich bedeutend weniger bezahlen müssen."

Insgesamt konstatiert Frau Wegener „erhebliche Nachteile", die sich in der persönlichen Ereignisbilanz zum „schweren Opfer" verdichten; in der Würdigung aller berichteten Fakten durch das Projekt ist die objektive Bilanz hingegen unauffällig. Frau Wegeners Fall deutet also auf mehrere wichtige Aspekte hin: Zum einen muß das Urteil, zu den „Opfern" zu gehören, durchaus nicht mit schweren, eindeutigen

Nachteilen korrelieren, sondern kann aus einer allgemeinen Unzufriedenheit mit den Ereignissen von 1989/90 resultieren. Zum anderen erweist sich die Preisrealität in der BRD als tagtäglicher Verstoß gegen die Preisnormen, die sich am Preisniveau der DDR orientieren. Schließlich zeigt sich erneut die enge Verflechtung der monetären Fragen mit dem Gesamtkomplex von Wende und Wiedervereinigung.

*Herr Söder (*1943): „Die Lehren eben falsch gezogen"*

Der abhängig beschäftigte Systemprogrammierer mußte im Zusammenhang mit der Währungsunion eine Einbuße hinnehmen, die er als einen „sehr schwerwiegenden" Nachteil wertet, der wiederum die persönliche Opferbilanz erklärt. Die Pacht für ein Grundstück, die zu DDR-Zeiten sehr günstig war, hat sich nach der Wende erheblich verteuert; ein Gerichtsentscheid steht allerdings noch aus. Außerdem läuft das Erbpachtverhältnis nur bis zum Jahr 2015, und ein Kauf kommt aus finanziellen Gründen nicht in Frage.

In dem halben Jahr vor der Währungsunion hat Herr Söder nichts wirtschaftlich Wichtiges unternommen. Von großer Bedeutung ist die Begründung für sein Verhalten und das spezielle Abschneiden seiner Familie insgesamt: „Weil wir die Lehren aus Inflation und anderen geschichtlichen Ereignissen eben falsch gezogen haben, was das reine Zahlenspiel betrifft, wir hätten eben in Schulden leben müssen. Bloß, wie gesagt, man wird dadurch ein anderer Mensch, und der will man gar nicht sein, also kann man das nicht immer so entscheiden." Hier ist die kognitive Verarbeitung der monetären Erfahrungen den normativen Einstellungen quasi vorausgeeilt. Seine Erinnerung an die Umtauschregelungen ist nämlich recht gut – mit einer mangelhaften kognitiven Durchdringung der äußeren Umstände kann sein Opferstatus nicht zusammenhängen. Ursächlich ist der Konflikt zwischen den traditionellen Normen und den neuen Anforderungen: Vom Elternhaus zu dezidierter Sparsamkeit und allgemein im Sinne puritanischer Vorstellungen erzogen, stellt die Verschuldung für ihn und seine Familie das für diese sozialcharakterologische Fraktion typische Tabu dar.

Zu bemerken ist allerdings, daß Herr Söder diese Grundsätze im Rahmen der Erziehung seiner eigenen Kinder teilweise aufbricht: Ein monetäres Prinzip, das er an sie weitergibt, besteht darin, „Geld sinnvoll anzuwenden. Also, es nicht sinnlos ausgeben, aber dann, wenn es darauf ankommt, auch entschlossen ausgeben. Nicht darauf sitzenbleiben nur aus Engstirnigkeit oder gar Geiz." Insgesamt ist die Konstellation bei den Söders ein wunderbarer Beleg für die These von den Währungskrisen als langsamen Katalysatoren, deren Zeitmaß Generationen sind.

*Herr Tappe (*1939): „Von der Sache her eine Okkupation"*

Für den Diplom-Ingenieur und ehemaligen NVA-Offizier besteht die ganzheitliche Einbindung der Währungsunion wesentlich in seiner umfassenden Identifikation mit der DDR, die ihn zu einem global negativen Urteil und einer persönlichen

Opferbilanz bringt. „Die an und für sich geordneten Verhältnisse, wie sie in der DDR herrschten, die gingen gerade den Bach runter. Das war die sogenannte Freiheit, jeder konnte machen, was er wollte. [...] Und ich war ja selbst Offizier, war Angehöriger der Armee, und für uns stand der Feind im Westen." Und später bekundet er: „Ich war ein eifriger Verfechter der DDR. Bin es auch heute noch, obwohl ich mir eine andere DDR gewünscht hätte. Ich bin nicht glücklich in der BRD."

Die Mutter-Sohn-Beziehung ist ein gutes Beispiel dafür, wie die kognitive Durchdringung monetärer Themen und die normativen Orientierungen in Widerstreit geraten können und wie verschlungen die Wege sind, auf denen der langsame Katalysator Wirkung zeigt. Kognitiv hat Herr Tappe die Lektion des Lehrmeisters Währungskrise verarbeitet: „Wenn man rational herangeht, dann muß man sagen, man darf nicht viel Geld haben." Zuhause hat es häufig Gespräche über dieses Thema gegeben – allerdings blieb der Versuch einer monetären Erziehung von jung nach alt ohne Erfolg: „Mutter stimmt man nicht mehr um. Sie hat ihre Grundsätze." Diese bestehen im Kern darin, zu sparen, wo es nur geht. Herr Tappe dagegen hat sich ein vorsichtiges, weder geiziges noch verschwenderisches Ausgabeverhalten zum Ziel gesetzt: „Wenn man genug Geld hat, soll man sich auch mal einen bestimmten Luxus leisten, aber man sollte das Geld nicht verschwenderisch ausgeben."

In Bezug auf die Umtauschregelungen ist seine Erinnerung eher vage: „Wie haben wir umgetauscht, 1:3, nicht? Aber es gab auch wieder einen Satz, der besser war. Aber die Grenze, ich weiß nicht, waren es 3 000 oder 4 000 Mark? So was war es wohl." Zu seinen strategischen Handlungsweisen im Vorfeld der Union gibt er zu Protokoll, seine Familie habe im Unterschied zu anderen keine Angstkäufe getätigt. Auch sonst finden sich keine Anhaltspunkte für gravierende Fehler, die ihn zum „schweren Opfer" gemacht haben könnten.

Herr Tappe kritisiert an vielen Stellen das neue Geldsystem, das er im Vergleich zu dem der DDR scharf ablehnt: „Das Geld ist heutzutage der Maßstab der Dinge. Und darunter leidet ja auch der ordentliche Verkehr der Menschen untereinander." So weiß er von Betrügereien in der Geldsphäre, die seit der Wende extrem zugenommen hätten, während sie in der DDR die Ausnahme gewesen seien. Er meint sogar, daß so etwas heute „zum guten Ton dazu gehört." Daher habe auch er sich teilweise umorientieren müssen. So schließt er z. B. keine Verträge mit Unsicherheiten mehr ab: Er betont, daß er einen „Handel, der nicht sicher ist, von vornherein ausschlage."

Auch bei den Mieten sieht Herr Tappe einen Rückschritt. „In der DDR-Zeit war die Miete billig, und die war beständig. [...] Und heute, da weiß man nie, was mal kommt. Heutzutage lebt doch der Mieter in ständiger Angst, daß die Miete so hoch wird, daß er sie mal nicht bezahlen kann." Nicht in erster Linie die absolute Höhe der Miete, sondern die dauernde Möglichkeit, daß sie sich gravierend zu Lasten des Mieters verändern könnte, macht Herrn Tappe Sorgen. Er vermißt die Kalkulierbarkeit, die früher über Jahre hinweg gegeben war.

Des weiteren beklagt er, daß „das ganze DDR-Volksvermögen praktisch unter den Hammer gekommen“ sei. Die Identifikation mit dem „Volksvermögen“ ist so groß, daß Herr Tappe seine eigene Lebens- und Arbeitsleistung darin verkörpert sieht. Besonders schmerzlich sind für ihn die Umgangsweisen, die die Institutionen des Westens gezeigt haben, insbesondere die Treuhandanstalt, die er sogar als „kriminell“ apostrophiert. Ihr Vorgehen stellt für Herrn Tappe einen Affront in der Zusammenschau mit einer von Entbehrungen gekennzeichneten Vergangenheit dar: „Das waren ja die Verhältnisse in der DDR, die ganzen Häuser, da steckte doch mehr oder weniger unser Geld mit drinnen, und dafür haben wir ja auch weniger verdient und weniger gekriegt, nicht. Und dieses ganze Volksvermögen, das wurde teils praktisch verschludert.“

Zusammenfassend ist zu sagen, daß die wesentlichen Verluste für Herrn Tappe global im Zusammenbruch der DDR und privat im Bereich der zwischenmenschlichen Umgangsweisen und Geschäftsbeziehungen eingetreten sind. Die Verhältnisse nach der Wende kommen ihm rücksichtslos und unsicher vor im Vergleich zu denen, die er aus der DDR-Zeit kennt. Es zeigt sich eine starke Identifikation mit der DDR, die dazu führt, daß er sich und seine ostdeutschen Landsleute als Opfer westlicher Machenschaften sieht. So kommt er insgesamt zu der Ansicht, „daß es keine Vereinigung war, sondern von der Sache her eine Okkupation.“

9.3.2 Die Gewinner

Auf dem Gegenpol der subjektiven Ereignisbilanzen von 1990 ist die Vermischung unterschiedlicher Faktoren ähnlich intensiv wie bei den Verlierern.

*Frau Grübbel (*1913): „Ich kann das gar nicht fassen“*

Frau Grübbel formuliert auffälligerweise eine ähnliche Kritik an den neuen, kapitalistischen Bedingungen wie Herr Tappe. Auch sie kontrastiert das heutige, vom Geld dominierte Gesellschaftssystem mit ihren Vorstellungen darüber, wie die Menschen eigentlich miteinander umgehen sollten: „Geld, das ist doch kein Wert für den Menschen. [...] Es muß so sein, daß jeder das Auskommen hat und seine Bedürfnisse befriedigen kann, und die Mitmenschlichkeit und die Liebe zueinander, daß das nicht zu kurz kommt.“ Im Unterschied zu Herrn Tappe sah sie ihre Ideale im Realsozialismus jedoch in keiner Weise verwirklicht. Sie kritisiert die Privilegien der Parteimitglieder und die Grundzüge des monetären Systems: „Das [die Gelderfahrungen der DDR-Zeit – d. Verf.] war schon prägend, das war enttäuschend, das hat mir dieses System unglaubwürdig gemacht.“ Vor dem Geldumtausch hat Frau Grübbel in wirtschaftlicher Hinsicht keine besonderen Aktivitäten entfaltet; ihre damalige Gelassenheit begründet sie mit ihrem fortgeschrittenen Alter. Sie mißbilligt das Verhalten von Landsleuten, die in dieser Zeit das „Begrüßungsgeld“ mehrfach abgeholt haben. Die Regelungen der Währungsunion findet sie „nur positiv“ und betont ihre große „Dankbarkeit“. Sie meint, die Modalitäten seien „absolut angemessen“ gewesen.

In Bezug auf die Währungsunion insgesamt nimmt sie eine übergeordnete, aufs Ganze blickende Sichtweise ein und integriert die Währungsfrage in den allgemeinen Kontext. Sie freut sich auch heute noch über die deutsche Einheit und spricht in dieser Hinsicht von den Ostdeutschen als „Gewinnern“. Auch ihre Schilderung des enormen Warenangebots nach der Wende zeigt ihre grundsätzlich positive Meinung über die Union: „Ich kann das gar nicht fassen. [...] Mich hat es richtig überwältigt.“

Auf der anderen Seite erinnert sie an die „kaputtsanierten“ bzw. in der Konkurrenz untergegangenen Betriebe und sieht die ostdeutsche Bevölkerung in dieser Hinsicht global als „Verlierer“: „Da hätte man aufmerksam sein sollen und sagen, wir wollen erstmal gucken, was es zu erhalten gibt [...]. Betriebe, die im Begriff waren, sich zu halten oder zu retten, die hat man kaputt gemacht, weil die Konkurrenz gekommen ist. Das war doch unverantwortlich.“ So koinzidiert ihre *persönliche* Einstufung als Gewinnerin mit wechselnden Blickwinkeln, von denen aus auch schwerwiegende Negativa zu erkennen sind. Insgesamt trennt sie strikt zwischen den politischen und sozialen Ereignissen und Maßnahmen „an sich“, die sie begrüßt, und deren Folgen, von denen sie einige ablehnt bzw. nicht gutheißt.

*Frau Tiemeyer (*1953): „Ganz zufrieden im allgemeinen“*

Frau Tiemeyer sieht sich ebenfalls als Gewinnerin der Währungsunion. Sie betont, daß ihre Familie es in der Vorphase der Geldumstellung vermieden habe, Angstkäufe zu tätigen, um alles Bargeld loszuwerden. Von der allgemeinen Aufregung und Unsicherheit habe man sich nicht anstecken lassen. Statt dessen habe man den Kredit, der für ein Haus aufgenommen worden war, zurückgezahlt. Nachträglich betrachtet, sei das richtig gewesen, „denn die Zinsen sind ja dann nachher ganz schön hochgeschraubt worden, und so hatten wir da keine Probleme. Also wir haben praktisch von Null angefangen, ohne Schulden.“ Auch mit den Regelungen des monetären Wechsels ist sie „ganz zufrieden im allgemeinen.“ Sie unterscheidet in dieser Hinsicht allerdings zwischen ihrem eigenen Erleben und dem Sichtwinkel anderer Menschen, die durchaus Pech gehabt haben können.

Das Handlungsmuster und die Zufriedenheit harmonieren mit der monetären Sozialisation. Frau Tiemeyer ist im Sinne puritanischer Geldorientierungen erzogen worden, was sich vor allem im Verschuldungstabu äußert, an das sie sich immer gehalten habe. Daneben tritt eine Präferenz fürs Sparen, die sie sich bis heute bewahrt hat: „Man mußte sparen, um was zu wollen, und das ist heute eigentlich auch so geblieben.“ Sie geht nicht davon aus, daß ihr monetärer Sozialcharakter stark durch die DDR geprägt worden sei. Auf die Rolle des Geldes in der DDR angesprochen, verdeutlicht Frau Tiemeyer, warum sie die neue Situation als Fortschritt gegenüber damals empfindet: In ihrem Berufszweig (medizinisch-technische Assistentin) sei früher nicht viel zu verdienen gewesen. Daher seien für sie alle

Dinge, die über den „normalen“ Gebrauch hinaus gingen, nur nach einer langen Zeit des Sparens verfügbar gewesen. Im Anschluß an die Wende hätten ihre Familienmitglieder das Glück gehabt, in ihren Berufen bleiben zu können und nicht arbeitslos zu werden. Einen solchen günstigen Beruf zu haben, ist ein wesentlicher Aspekt für persönliche Gewinnerbilanz.

Man erkennt, wie stark sich ein Faktum auf die gesamte Sichtweise auswirken kann und wie vermittelt die monetäre Sphäre mit den übrigen Umständen interagiert.

III. Modi der Krisenverarbeitung

Der wenig erfolgreiche Versuch, die elaboriertesten sozialwissenschaftlichen Modelle zur Analyse von Lernprozessen und Bewältigungsstrategien *während* der Hyperinflation auf deren Realität (siehe 6.1.1) anzuwenden, hatte die Entscheidung angeregt, diese attraktiven Theorien in eine Warteschleife zu stellen und sie am Hier und Jetzt erneut zu erproben (siehe 12). Die lange Zeitspanne zwischen damals und heute hat ja im Prinzip kognitive und kommunikative Prozesse ermöglicht, die in der Turbulenz der Ereignisse selbst die Ausnahme oder ganz unmöglich waren. Zudem haben die „Kinder der Inflation" (seien sie damals Kinder, Jugendliche oder schon junge Erwachsene gewesen) seither fast alle Stadien eines langen Lebens durchlaufen und in vielerlei Verantwortungen und Entscheidungen gestanden, in denen die Erfahrungen aus der Krise hätten bedeutsam sein können.

Mit der zweiten Sequenz aus Währungskrise und -reform in den vierziger Jahren hat die Realität selbst den Denkanstoß noch einmal verstärkt. Die reformulierte, diese zweite Sequenz einbeziehende Frage lautet somit: Stellen sich Lernprozesse und auf Krisenerfahrungen bezogene Verarbeitungsstrategien womöglich erst im *späteren Leben* der Betroffenen oder sogar erst in der *Generationenfolge* ein? Die Frage hat drei Dimensionen, die ineinanderlaufen, aber auch separat stehen können.

Historisch und von hoher Warte betrachtet wird die Hyperinflation als eines der „Schlüsselerlebnisse der Deutschen in diesem Jahrhundert" (Kiehling 1999: 1) gesehen Sie „prägte sich mit der totalen Zerrüttung des Geldwesens als fratzenhaftes Abbild der Gesamtperiode in das kollektive Gedächtnis der Deutschen ein." (Buchheim 2001: 147) Den traumatischen Krisenerfahrungen werden deshalb Fernwirkungen, die ihresgleichen suchen, zuerkannt. So behauptet ein prominenter Historiker, daß die Erinnerung „in Deutschland die Generationen überdauern" (Schulze 1994: 38) werde. Allerdings werden solche Vermutungen häufig ohne eine sozialwissenschaftlich fundierte empirische Basis aufgestellt. So kann sich diese intergenerative Fortzeugung im Prinzip *ohne direkten Kontakt mit Betroffenen* vollziehen und ausschließlich über die Schule, das Studium, die Medien etc. verlaufen. In diesem Sinne lebt z. B. die Erinnerung an die beiden Weltkriege im Gedächtnis der gesamten Bevölkerung, und bei den epochalen Währungsereignissen ist es nicht anders. Natürlich kann die zweite Dimension, die *persönliche Kommunikation* mit Zeitzeugen, ein integraler Bestandteil dieses Prozesses sein. Auf dieser Linie wird etwa gesagt, daß „wirkliche Katastrophen" wie der „Zusammenbruch der Währung" „immer wieder auftauchender Gesprächsstoff, Inhalt von

Erzählungen, Gegenstand von Diskussionen" (Noelle-Neumann 1968: 38) seien. Dabei sollte allerdings die Eigenart des Gedächtnisses der Familie nicht vergessen werden, historische Ereignisse primär als Familienereignisse aufzunehmen. (Halbwachs 1985: 215) Die dritte Dimension ist die *psychische Reaktion* der Adressaten dieser Kommunikation. In diesem Sinne wird etwa eine „panische Angst vor einer erneuten inflationären Entwicklung" (Galbraith 1976: 166) oder gar eine „Inflationsphobie" (Waldmann 1987: 367) der Deutschen diagnostiziert. Ein solcher Transfer kann stattfinden, ist aber nur eine der möglichen Reaktionen.

Alle drei Dimensionen unterliegen selbst einem historischen Wandel mit je eigener Dynamik und eigenen Triebkräften, und sie können sich zwischen den Generationen stark unterscheiden. Was in den sechziger Jahren gültiger Befund der Meinungsforschung gewesen sein mag, kann sich ein Menschenalter später verflüchtigt haben. Das *aktuelle* Bild wird am Schluß der folgenden Kapitel klarer sein.

Die Verarbeitung der negativen wie der positiven Krisenerfahrungen in der Familiengeschichte und im eigenen Leben ist auf zwei Arten möglich, die auch verbunden werden können. Zum einen kann das Erlebte rational durchdrungen und so gut begriffen worden sein, daß ein Individuum seine Einsichten vorlebt und seine Rolle bei der monetären Sozialisation der nächsten Generation(en) in diesem Sinne wahrnimmt. Diese intergenerativen Prozesse von *Kommunikation und Sozialisation* sind Thema des folgenden Kapitels. Der andere Modus der Krisenverarbeitung, der mehr oder weniger bewußt sein kann, ist das Bemühen, die wichtigen, z. T. ohnehin fälligen Entscheidungen im Leben so zu treffen, daß, bezogen auf negative Entwicklungen des Geldwerts, Chancen maximiert und Risiken minimiert werden. Bei diesem *monetären Handeln* geht es einerseits um „große" Fragen wie den Haus- oder Wohnungskauf (siehe 11.3) und die grundsätzliche Einstellung zum Kredit (siehe 11.2.2). Auf einer mittleren Ebene liegt die Verwendung eines Lottogewinns im Gedankenexperiment, bei dem die Befragten unabhängig von realen monetären Schranken ihren Normenhaushalt darstellen können (siehe 11.4). Es geht andererseits auch um eher unscheinbare Dinge wie die gelegentliche Kontoüberziehung, um Konsumentenkredite oder Ratenkäufe. (Siehe 11.2.1)

Natürlich ist nicht auszuschließen, daß keiner dieser Modi von Krisenverarbeitung entwickelt wird, sondern Kontinuität waltet. Diese kann gewählt sein, insofern *wertrationale Überzeugungen* zugunsten der Tradition das Handeln bestimmen und auch gegen eventuelle Nachteile beibehalten werden. Sie kann sich aber auch schlicht *habituell* ergeben, weil die kognitive Durchdringung der früheren Ereignisse und ihre strategische Verarbeitung auch nach Jahrzehnten nicht gelingt oder aus anderen Gründen ausbleibt.

Jeder Modus der Krisenverarbeitung hat, da Massenphänomen und im Prinzip die gesamte Bevölkerung betreffend, grundlegende Auswirkungen auf die Entwicklung des Sozialcharakters der Gesellschaft insgesamt, die Stärke seiner verschiedenen Fraktionen (siehe 18.1) und die monetäre Sozialisation.

10. Individuelle, familiale und intergenerative Lernprozesse?!

Nachdem eingehend dargelegt worden ist, wie die großen monetären Zyklen und Ereignisse im 20. Jahrhundert gewirkt und was sie in den Familien bewirkt haben (siehe 6.2, 7.1 und 9.3), ist die theoretisch plausible Hypothese empirisch zu prüfen, daß insbesondere die große Inflation der zwanziger Jahre bis heute Gegenstand intensiver intergenerativer Kommunikation sei. Daß dieses *Thema* eine Rolle spielt, hatte sich bereits in der explorativen Phase des Projekts bestätigt und zur Aufnahme in den Leitfaden-Komplex der Hauptstudie geführt. Auf einem anderen Blatt steht jedoch die Art und Dichte der *Kommunikation* selber, bei der zunächst alle Varianten denkbar sind – vom allseits ernst genommenen Gespräch bis zur extremen Kommunikationsstörung. Dieser Aspekt ist so komplex, daß eine kurze methodologische Bemerkung vorgeschaltet sei.

Zunächst ist der *Stellenwert des Themas* zu bedenken. „Ein altes, ein wenig überholtes Bild von lebensgeschichtlicher Kommunikation ist das von Enkeln, die, um den Großvater oder die Großmutter geschart, deren Lebenserfahrungen in sich aufnehmen. Aber auch heute nutzt ein erheblicher Teil der Jungen die Möglichkeit, sich von Erwachsenen ihre Lebenserfahrung erzählen zu lassen.“ (Fuchs-Heinritz 2000: 15) „Die ‚Neuen‘ gewinnen so Anhaltspunkte dafür, was alles auf sie zukommen wird, was sie im Leben erwartet und wie man damit umgehen könnte.“ (Fuchs-Heinritz 2000: 67) Sofern es dabei um noch „unbekannte Bereiche der Sozialwelt“ geht, die für die Jüngeren „erwartbare zukünftige Stationen der Lebensführung“ (Fuchs-Heinritz 2000: 67) umschließen, ist ein stärkeres Interesse anzunehmen als bei Themen, die nur in der Lebenswelt der Älteren bedeutsam waren oder sind. Durch dieses Kriterium gelangen die Währungs- und Krisenerfahrungen zunächst einmal in die Zone besonderer Relevanz. Dabei wirkt sogar ein durchaus überindividueller Verstärker, weil die Bedeutung des Geldes über das Jahrhundert deutlich zugenommen hat – ganz allgemein und besonders im Leben der Jüngeren.

Weiterhin sind die *Formen der Kommunikation* zu reflektieren, die für den Themenkomplex prädestiniert oder aber problematisch sind; biographische Kommunikation kann ja auf grundverschiedene Weisen stattfinden. Zum einen gibt es die Thematisierung der Lebensgeschichte an sich, die das Handeln, das Erleben in der Perspektive des Lebenslaufes strukturiert; sie „kommt im Alltag eher selten vor“ (Fuchs-Heinritz 2000: 13). Zum anderen sind es die „Geschichten aus dem Leben“, bei deren Erzählung „der Bezug auf die Biographie als sinnhafter Gesamtstruktur der Lebensführung selten deutlich gemacht wird. Eher werden sie dargeboten wie Pointen aus einem Roman oder einem Film." (Fuchs-Heinritz 2000: 13) Diese Form stellt die nach Umfang und Häufigkeit bevorzugte dar (Lehmann 1978: 119f. nach Fuchs-Heinritz 2000: 14), was sich auch im hier vorliegenden Material zeigen wird.

Gerade wegen der subjektiven Relevanz der Krisenerfahrungen für die Älteren ist es indes möglich, daß ihre Erzählungen darüber für die Jüngeren zu jenen Geschichten gehören, „die man in- und auswendig kennt, die man schon nicht mehr hören kann." (v. Engelhardt 1997: 54f.) Dieser Überdruß kann dadurch noch verschärft werden, daß gerade die häufige Wiederholung von Geschichten „aus ferner Zeit" einen „Widerstand bei den Zuhörern" erzeugen kann. (Fuchs-Heinritz 2000: 17) Das Extrem ist ein irreparables Nebeneinander: „Ein Mensch, der sich nur an das erinnert, woran die anderen sich nicht erinnern, gleicht jemandem, der etwas sieht, was die anderen nicht sehen. Er hat in gewissem Sinne Halluzinationen und fällt seiner Umgebung unangenehm auf." (Halbwachs 1985: 229) In all diesen Fällen ist das Erfahrene aus dem Hörwinkel der Jüngeren nicht unbedingt des Anhörens, Behaltens oder gar Weitererzählens wert. Ansonsten kann die Kommunikation zwischen den Verwandten leicht in eine oder gar mehrere der Standardkonstellationen geraten, die „eine dialogische Vergegenwärtigung der biographisch-historischen Vergangenheit erschweren": die (unerwünschte) *Belehrung*, die *Verstrickung*, die *Verweigerung* und das *Tribunal*. (v. Engelhardt 1997: 72)

Wenn alle diese Gefahren vermieden werden können, wirkt eine strukturierende Selektivität auf die Kommunikation zwischen den Generationen. Aus Erzählersicht „kommt es darauf an, den Kommunikationspartner zu einem interessierten Zuhörer zu machen, seine Aufmerksamkeit durch spannende Geschichten über ungewöhnliche Begebenheiten zu fesseln. [...] Diese Konstellation erbringt für die Vorauswahl der Stoffe, Episoden und Gestalten aus der Erinnerung für biographische Erzählungen und Berichte ein Selektionskriterium, das der Erzählbarkeit." (Fuchs-Heinritz 2000: 59) Dieses Kriterium wirkt zunächst zugunsten des Projekts: es privilegiert ereignisreiche Zeiten wie Währungskrisen und -reformen gegenüber solchen anhaltender Normalität. „Über Lebensjahre oder Abschnitte der Lebensführung, in denen sich wenig ereignet hat, wird so gut wie nichts erzählt. Welchen Sinn sollte es haben, sich mühsam an ereignislos aufeinanderfolgende Monate oder Jahre zu erinnern und sie anderen zum besten zu geben?" (Fuchs-Heinritz 2000: 57)

Das Gesagte konkretisiert sich als *Chance bzw. Schranke bestimmter Methoden* der empirischen Sozialforschung. Bei der Verarbeitung der Währungserfahrungen der Deutschen kam es durchaus auf ungewöhnliche Begebenheiten an, aber auch auf Alltäglichkeiten, Ratschläge, Lernprozesse und andere Dinge, die nicht unbedingt Pointen haben. Des weiteren sind viele Krisenerfahrungen zwar ungewöhnlich und erzählbar, drohen aber einem anderen Selektionskriterium zum Opfer zu fallen. Handlungen und Verhaltensweisen des Vergangenheits-Ichs, von denen sich das Gegenwarts-Ich distanzieren möchte, werden selten gern erzählt. Solche Aspekte würden z. B. dem narrativ orientierten Interview ähnlich leicht durch die

Maschen schlüpfen wie die zwar gehörten, aber nicht für weitererzählenswert gehaltenen Berichte. Denn was die älteren Generationen erlebt und was sie erzählt haben und was davon bei den Nachgeborenen angekommen und haften geblieben ist, kann weit auseinanderdriften. Hier hatte sich das Hybrid-Interview mit seinen die Generationen verzahnenden „Stecker-Steckdose-Fragen" zu bewähren. (Siehe 2.2.2) Mittels dieses Fragetyps kann zugleich dem Postulat der „cross examination" so elegant wie unauffällig Genüge getan und empirisch eine Zeitspanne von mehr als einem Jahrhundert abgeschritten werden: indem die ältesten BPn (G1) auch über ihre Eltern (G0) und die Jüngsten (G3) an einigen Stellen über die nächste Generation (G4) sprechen, ergibt sich eine empirisch interessante und seltene Konstellation: eine *Rückschau* in das 19. und eine *Vorschau* in das 21. Jahrhundert, zwischen denen dichte *Bestandsaufnahmen* des 20. Jahrhunderts liegen. Zugleich verbreitert sich an dieser Stelle die empirische Basis des Projekts – gerade bezüglich jenes Zeitraums, der mit der Formel vom „now or never" angedeutet wird. Erzählende Subjekte waren ja neben den Gesprächspartnern des Göttinger Projekts auch die übrigen Großeltern und oftmals das andere Elternteil.[148] Durch die Erhebung und die sehr komplizierte Auswertung dieser Informationen wird die Erforschung der intergenerativen Kommunikation über die zentralen Währungsereignisse im zwanzigsten Jahrhundert jedenfalls auf eine breitere Grundlage gestellt und mit einem weitreichenden empirischen Zeithorizont ausgestattet.

Das Interview als Situationstyp und die strenge Intervieweranweisung zur Reihenfolge der Befragung (G1 zuerst, dann G2 und G3) verleihen dem Forschungsprojekt gegenüber dem freien Gespräch zwischen den Verwandten einige Besonderheiten, die u. E. zugleich Vorteile sind. Für die Ältesten sind studentische Interviewer im Sinne des gesellschaftlichen Generationenbegriffs *wie* Kinder oder Enkel, aber eben nicht *die* Kinder oder Enkel. Während das Erzählen zwischen den familial verbundenen Generationen aus den genannten Gründen eine äußerst „spannungsreiche Interaktionsbeziehung" (v. Engelhardt 1997: 72) sein kann, gestattet das Interview eine entspannte Situation zwischen Erzählwilligen und Zuhörbereiten, in der die Spannungen sogar Thema sein können und aufgestauter „Dampf" abgelassen werden kann. Nur Interviewer können die Vertraulichkeit des Gehörten auch und gerade innerhalb der Familienstafette zusichern; die Forschung wirkt als Medium, das intergenerative Konfliktstoffe zugleich thematisiert und neutralisiert.

Des weiteren kann das Hybrid-Interview die dargestellte Selektivität des Erzählbaren zumindest abschwächen. „Ob wir spannend und interessant aus unserer Lebensgeschichte erzählen, ist in institutionell geprägten Situationen meist gleichgültig; [...]." (Fuchs-Heinritz 2000: 59) In diesem Rahmen sind es gerade die *standardisierten* „Stecker-Steckdose-Fragen", die die feinsten Nuancen intergenerativer Kommunikation aufschimmern lassen. Das Interview kann sogar die sich selbst verstärkende Spirale aufbrechen, zu der Halbwachs die zitierte Stelle verlängert: „Da die Gesellschaft unmutig reagiert, schweigt er, und durch dieses Schweigen

148 Dies wirkt sich im folgenden dahingehend aus, daß die Formel „N > BPn" gilt.

vergißt er die Namen, die niemand um ihn herum mehr ausspricht." (Halbwachs 1985: 229) Das Interview reanimiert und öffnet noch dazu einen positiven Spannungsbogen, den Verwandtschaft als solche nicht bieten kann. Die empirische Forschung bringt das Erzählte über die Veröffentlichung zur Mit- und Nachwelt und damit an einen kollektiven, gleichsam ewigen Adressaten, der erst der adäquate Partner und zugleich Träger des kollektiven Gedächtnisses ist.

Im folgenden ist die Konstruktion der „Stecker" und „Steckdosen" knapp zu erläutern; ihre Plazierung innerhalb des Komplex-Leitfadens ist aus der schematischen Übersicht vorn (siehe 2.2.2) ersichtlich. Die Angehörigen der G1 wurden im Kontext ihrer Elternschaft zunächst gefragt, *wie oft* sie den Kindern von den Erfahrungen und Gedanken aus der Zeit der Inflation in den zwanziger Jahren und der Krise nach dem Zweiten Weltkrieg erzählt haben. Es folgte die Frage, ob versucht worden sei, spezielle *Lehren* aus den Krisen an die Kinder zu vermitteln und ggf., ob der Rat beherzigt oder aber in den Wind geschlagen worden sei. Diesen „Steckern" entsprach in den Leitfäden der Kinder das spiegelbildliche Gegenstück, ob die Eltern und Großeltern ihnen „oft, gelegentlich oder nie" von den fraglichen Ereignissen berichtet haben. Die Anschlußfrage nach dem Inhalt der Erzählungen konnte dann mit den ausführlichen Darlegungen der Alten verglichen werden. Spiegelbildlich war auch die Frage nach den empfangenen Lehren, die aber bei den Jüngeren wieder dahingehend ergänzt wurde, ob die Altvorderen selbst Krisenlehren gezogen haben. So erscheinen die Währungskrisen einmal unmittelbar als monetäre Sozialisationsimpulse für die Betroffenen und einmal mittelbar als Thema des Gesprächs mit den Jüngeren, das wiederum Momente monetärer Erziehung enthalten kann, aber nicht muß. Entsprechend dieser unterschiedlichen Akzentuierung gliedert sich das Kapitel in zwei große Abschnitte: zunächst wird die Kommunikation zwischen den Generationen nach Intensität und Inhalt untersucht, um, auf dieser notwendigen Voraussetzung aufbauend, den Niederschlag des Lehrmeisters Währungskrise im Bewußtsein zu untersuchen.

In der Auswertung des komplexen und reichhaltigen Materials steht man zuweilen auf schwindelnd hohen Meta-Ebenen, von denen aus auch die Qualität der Rezeption und die Kommunikationsstörungen in den Blick treten. Deren mögliche Bandbreite sei als Abschluß der Einleitung exemplarisch konkretisiert. G1 kann z. B. der Meinung sein, selten und eindringlich über seine Währungserfahrungen gesprochen und den Nachfahren einen beherzigenswerten Rat erteilt zu haben, der auch ernst genommen worden ist. In der Wahrnehmung von G3 kann sich das „selten" des Großvaters in ein (zu) „oft" verwandeln und der erhaltene Hinweis wertlos oder gar falsch sein. Aber auch umgekehrt: G1 unterstellt u. U. genervte Gleichgültigkeit bei den Enkeln und vermeidet daher das Thema, während G3 durchaus interessiert ist, aber die für G1 schmerzliche Erinnerung nicht von sich aus anzusprechen wagt – die Falle zweier falscher Höflichkeiten. Die vorn entwickelten Komplikationen im Generationenbegriff (siehe 3.8) kommen hier jedenfalls in höchster Komplexität zusammen.

10.1 Zwischen Geschichte und Geschichtchen: intergenerative Krisendiskurse

Das Hybrid-Interview mit Angehörigen dreier Generationen deckt interessante Zusammenhänge auf, bei denen schon das Quantitative Qualitäten zeigt, und es vermittelt qualitative Einsichten über die Kommunikation selbst: ihren Charakter als gestört vs. gelungen, ihre bevorzugten bzw. gemiedenen Themen, die transportierten Normen und Werte, schließlich die mehr oder minder mit der Wissenschaft übereinstimmenden Einschätzungen der monetären Krisen selbst.

10.1.1 Die quantitative Seite

In den Familien sind die großen Währungskrisen und -reformen des 20. Jahrhunderts wichtige Themen[149], deren Bedeutung aus der folgenden Tabelle ersichtlich ist.

Tab. 10.1: Erzählhäufigkeit aus Erzählersicht (Spalten-%)

Erzählhäufigkeit	**... über die 20er Jahre (N = 32)**	**... über die 40er Jahre (N = 54)**
Oft	28,1	33,3
Gelegentlich	59,4	42,6
Nie	12,5	22,2
Residual	0	1,9
Summe	100,0	100,0

Nur eine Minderheit der Zeitzeugen hat den Nachfahren nie von den epochalen Ereignissen der Währungsgeschichte erzählt, während starke Mehrheiten mindestens gelegentlich von diesen Zeiten gesprochen haben. Dabei fällt auf, daß die Inflation und Hyperinflation der zwanziger Jahre keineswegs so stark exponiert wird, wie von der angeführten Literatur aus zu erwarten gewesen wäre. Als Gegenstand häufiger intergenerativer Kommunikation liegt, wenngleich geringfügig, die Sequenz der vierziger Jahre sogar vorn.

Für die Frage, ob und wie die Währungserfahrungen der Altvorderen tradiert werden, sind deren eigene Meinungen allerdings nur die eine und sogar die Seite nachgeordneter Bedeutung; das alles entscheidende Nadelöhr sind die Einschätzungen der *Adressaten*. Um dieses Problem auf möglichst breiter empirischer Grundlage

149 Unter Mitwirkung von Frauke Müller und Sibyll-Annett Strecker.

erörtern zu können, wurde das Sample durch einen methodischen Kunstgriff ausgeweitet. Es wurde zusätzlich erhoben, wie und worüber die nicht interviewten nächsten Verwandten, also maximal das andere Elternteil und die drei übrigen Großelternteile, mit der BP kommuniziert haben. Somit liegen Aussagen über den kompletten „Altvorderen-Set" der Befragten vor. Dieser ist freilich in der Regel unvollständig: hier wirken Todesfälle, Scheidungen, fehlende oder abgerissene Kontakte und diverse andere Faktoren zusammen. Aus diesem Grund entstand ein schwer zu handhabender Datenwust mit stark wechselnden absoluten Zahlen, der schließlich durch die Bildung eines speziellen Index „aufgeräumt" werden konnte. Dessen Grundidee[150] besteht darin, die tatsächliche Kommunikationshäufigkeit an der maximal möglichen zu messen (Komm/mm-Index). Dieses Instrument erlaubt es, den interessierenden Zusammenhang auf elegante Weise quantitativ zu verdeutlichen und zu zeigen, daß sich bereits die schiere Häufigkeit der Kommunikation in der Sicht der (vermeintlichen) Zuhörerschaft ganz anders darstellt als in der Optik der Sender.

Der folgenden Tabelle muß eine Mischung aus Lesehilfe und Interpretation vorangestellt werden, weil sie nicht einfach Gegenstück der vorigen ist. Die Datenbasis ist asymmetrisch, weil hier eine größere Zahl von Gesprächspartnern eingeflossen ist, die allerdings mit einem analogen Gewichtungsfaktor „verarbeitet" worden ist. Diese größere Zahl nähert die Daten u. E. sogar ein wenig an den „Gesellschaftsdurchschnitt" an. Es ist anzunehmen, daß sich die befragten Stafetten aufgrund der Auswahl- und Erhebungsmodalitäten (siehe 2.2.1) relativ stärker mit dem Währungsthema befassen als andere Familien; das Hineinnehmen der übrigen Verwandten mit einer eher geringeren Kommunikationsdichte dürfte insoweit ausgleichend wirken. Wie dem auch sei: die Differenzen zwischen den Generationen werden sich als so beträchtlich erweisen, daß eventuelle Schwächen in der vorgetragenen Argumentation und/oder im Index selbst vielleicht die einzelne Zahl, nicht aber den Trend tangieren.

Tab. 10.2: Erzählhäufigkeit aus Adressatensicht: Komm/mm-Index (Spalten-%)

Erzählhäufigkeit	**... über die 20er Jahre (N = 112)**	**... über die 40er Jahre (N = 90)**
Hoch	18,8	11,1
Mittel	42,0	42,2
Niedrig/gar nicht	35,7	37,8
Residual	3,6	8,9
Summe	100,0	100,0

150 Zwei Eltern- und vier Großelternteile sind das theoretische Maximum, und das Minimum im Projekt sind die beiden Befragten aus G2 und Gl; die realen Kommunikationsmöglichkeiten liegen i. d. R. dazwischen. Um sie zu erfassen, wurden die Kategorien der Erzählhäufigkeit im Interview in ein Punktsystem überführt (oft = 3 usw.). Die maximal mögliche Kommunikationsdichte ergibt sich dann als Summe der Punkte für die vorhandenen (Groß-)Elternteile. Der Indexwert der BP errechnet sich als Quotient aus maximal möglicher und real erreichter Punktzahl.

Im Urteil der Nachgeborenen sind die epochalen Währungsereignisse durchaus auch wesentliche Themen, freilich, im Vergleich mit den Einschätzungen der Zeitzeugen, mit deutlich abflachender Tendenz. Hier bestätigt sich allerdings die Hypothese, daß die zwanziger Jahre besonders kommunikationsträchtig sind.

Um die zentrale Frage nach der intergenerativen Fortzeugung der Krisenerfahrungen zu beantworten, war eine weitere, nach derselben Logik wie bisher zusammenfassende Aggregation erforderlich, die dann wiederum Differenzierung erlaubt.

Tab. 10.3: Kommunikation über Währungskrisen insgesamt nach Generation: Komm/mm-Index (N = 112; Spalten-%)

Kommunikationsdichte über Währungskrisen insgesamt	**G1 jung**		**G2**		**G3**		**Summe bzw. Mittelwert**	
	N	%	N	%	N	%	N	%
Hoch	2	12,5	15	31,3	3	6,3	20	17,9
Mittel	6	37,5	18	37,5	13	27,1	37	33,0
Niedrig/Gar nicht	7	43,8	15	31,3	32	66,7	54	48,2
Residual	1	6,3	0	0,0	0	0,0	1	0,9
Summe	16	100,0	48	100,0	48	100,0	112	100,0

Die hohe Kommunikationsdichte hat ihre kräftigste Ausprägung in der mittleren Generation. Der relativ niedrige Wert bei den Ältesten erklärt sich vermutlich dadurch, daß sie selbst zu den Zeitzeugen und z. T. Krisenmanagern gehören; so hatten die Eltern wenig Anlaß zu häufiger Kommunikation. Der Tiefpunkt der Kommunikation liegt bei den Jüngsten, bei denen es zu einem regelrechten Absturz kommt: für zwei Drittel sind die epochalen Währungsereignisse des zwanzigsten Jahrhunderts belanglos geworden, und nur noch eine verschwindende Minderheit hat die höchste Stufe der Gesprächsintensität realisiert. Dieses Ergebnis erzeugt bereits eine gewisse Skepsis gegenüber der Hypothese von einer Kommunikation über Währungskrisen, die die Generationen überdauert.

10.1.2 Qualitative Aspekte der Kommunikation selbst

Die Hybrid-Interviews mit drei Generationen sind auch *kommunikationstheoretisch* interessant, weil sie einige der Aussagen und Hypothesen in der Literatur illustrieren und empirisch erhärten können.

Zunächst werden in den Interviews massive *Kommunikationsstörungen* zwischen den Generationen greifbar, die von beiden Seiten analog und ganz im Sinne der Literatur beschrieben werden. Stellvertretend für die Senderseite sei hier Herr Pohl (*1905) zitiert, der das Desinteresse seiner Kinder vorwegnimmt: „Im Grunde genommen, die wollen das gar nicht hören. Für das Gewesene gibt der Jude nichts, heißt es." Andere Befragte waren bereits konkret mit der Ablehnung ihrer Kinder konfrontiert und sehen sich kommunikativ ausgebremst: „die haben immer gesagt, das wollen wir gar nicht wissen, da können wir eh nichts dran ändern." (Frau Uhlenbrock, *1915) Auch Frau Menne (*1911) hat bittere Erfahrungen gemacht: „Ich erzähle immer davon, aber sie sagt: ‚Mutti, das hat so einen Bart, das hast Du mir schon so und so viele Male erzählt!'"

Auf Seiten der Empfänger finden sich Spiegelbilder dieser Einschätzungen. Die überdrüssige Haltung von Herrn Hagenberg (*1939) paart sich mit einem negativen Urteil über den Gebrauchswert des Gehörten: „Also, das passierte eigentlich so im Rahmen des üblichen Gestöhnes von Eltern, die also sagten: ‚Wir haben es viel schlechter.' Oder: Wenn ich an meinen Vater denke, oder die Inflation oder so. Aber das war es. [...] Es war nun nicht so, daß man da wirklich da was daraus lernen konnte und sagen: ‚Na, guck mal, wir haben das dann so und so gemeistert und das war wichtig für uns.' Das war nicht." Herr Haase (*1896) bereitet den Nachgeborenen ein exakt typgleiches Tribunal, zu dem er ungemein selbstbewußt steht: ihm geht es in Gesprächen über die Währungskrisen primär um bestimmte Normen und Einstellungen: „Gewiß, wenn es Anlaß gab mal darauf hinzuweisen, damals hatten wir nur das und das und waren zufrieden, und heute habt ihr dieses und seid noch nicht zufrieden." In solchen Gesprächskonstellationen werden eventuell transportierte Erfahrungen und Botschaften vielleicht noch wahrgenommen, aber kaum noch ernst- und schon gar nicht angenommen. Ob (vermeintliches) Desinteresse oder (antizipierter) Überdruß, ob (mißbilligtes) Tribunal oder (unerwünschte weil wertlose) Belehrung – dies alles kann Gespräche und Sozialisationsprozesse erschweren, gar nicht erst zustandekommen oder dem gemeinten Sinne nach ins Gegenteil umschlagen lassen.

Natürlich gibt es auch Beispiele für eine *gelungene Kommunikation,* die sowohl auf der Ebene der Inhalte als auch auf der der Beziehungen harmonisch ist. Herr Schäffer (*1906) z. B. bewertet seine Krisenberichte an die Nachfahren so: „Daraus lernen die ja auch." Auch Herr Söder (*1908) legt Zeugnis von seiner erfolgreichen Erziehungsintention ab, wenn er sagt: „Ich habe ihn unterrichtet, wie es gewesen ist, natürlich, war meine Pflicht, und er hat mich auch viel gefragt." Herr Ungerer (*1949) antwortet auf die Frage, ob seine Mutter ihm etwas erzählt habe: „Ja, hat sie. Und das hat uns auch interessiert – also zumindest ich habe gefragt." Die Grenzen zum *Wunschdenken* sind hier allerdings fließend, wie sich am Beispiel der Stafette Flebbe zeigen läßt. Der Senior (*1902) verbindet seine Erzählungen über die Krisen und Reformen mit expliziten Warnungen: „Ich erzähle meinen Kindern, warne sie immer vor einer vielleicht wieder kommenden Inflation." Sein Sohn (*1936) allerdings antwortet auf die Fragen nach den väterlichen Erzählungen: „Daß da was war, weiß ich, aber mehr, mehr nicht. Nein." Auch andere Befragte wissen nur noch, daß sie etwas wissen könnten. In ihrer Antwort auf die Frage nach großelterlichen oder elterlichen Erzählungen zu den beiden großen monetären Krisen des 20. Jahrhunderts möchte etwa Frau Hagenberg junior (*1966) „nicht ausschließen, daß wir da mal drüber gesprochen haben, aber das ist nicht haften geblieben.“ Ähnlich ist es bei dem Geständnis von Frau Sittler junior (*1967): „Sicherlich haben sie mir da auch einiges erzählt, aber was sie da nun gesagt haben, kann ich jetzt echt nicht mehr wiedergeben.“

Nachweisbar ist auch die Selektivität des Gesprächs zugunsten des *Anekdotischen.* Etwa Frau Grübbel (*1970) hat dies an den Erzählungen ihrer Großmutter selbst festgestellt: „Also sie erzählt sowieso gern aus ihrer Kindheit, und sie hat schon ab und zu was erzählt. Und von der anderen Oma weiß ich es halt auch ab und zu, hat sie auch ein- oder zweimal erzählt. Und dann wie der Vater halt von der Oma erzählt hat oder so. Aber es beläuft sich wohl nicht sehr viel auf großartige Erfahrungen, sondern halt so auf Erlebnisse, Ereignisse und so.“ Auch Herr Albrecht (*1937) kann bei seinen Vorfahren keine „pädagogische“ Intention erkennen und goutiert deren Erzählungen „mehr von der historisch-anekdotischen Seite.“ Die Transformation vom Schicksal zum Geschichtchen läßt sich gut an der Generationenfolge der Stafette Gerke verdeutlichen. Als Konsequenz eines großen Verlustes in G1 hat Frau Gerke medio (*1943) noch den konkreten Rat erhalten, ihr Geld so anzulegen, „daß das nicht wieder verloren geht wie damals.“ Die Nachfrage fördert die konkrete Erfahrung des Vaters zutage: „Also wenn Sie so fragen, dann wird er das erzählt haben, daß er von seinem Großvater auch Geld gekriegt hat und das verloren gegangen ist, Goldmark für ein Studium. Und das es nicht mehr, was er gesagt hat, 1 000 Mark oder 10 000 Mark, also relativ großer Betrag, und dann hat er lediglich noch ein Fahrrad für gekriegt. Das war denn alles, was der Mann erspart hatte. Also praktisch so kann es einem gehen, also das war das, was er auch erzählte oder öfter erzählte, sonst wüßte ich nichts.“ Für die mittlere Generation hat die Schilderung des Vaters über die durch die Inflation vereitelte Bildungsaspiration einen exemplarischen Charakter, aus dem eine konkrete Krisenlehre gezogen wird. Dies verflüchtigt sich bei Frau Gerke junior (*1971), für die sich der Schicksalsschlag ins Geschichtchen verwandelt hat; im Zusammenhang damit schrumpft die Geldsumme ein weiteres Mal: „Also er hat häufig davon erzählt, aber dann eigentlich in erster Linie von einer Anekdote. Das hat er auch garantiert erzählt, also da kann ich meine Hand für ins Feuer legen, von der Geschichte, daß er von seinem Großvater 500 Goldmark zum Studium gekriegt hat und damit sein Studium finanzieren sollte, und im Zuge der Inflation konnte er davon nur ein Fahrrad kaufen noch. Aber dies ist eigentlich auch alles, was er davon erzählt hatte. [...] Aber es ist wie gesagt nur diese eine Anekdote.“

Entwicklungspsychologisch und sozialisationstheoretisch besonders wichtig (siehe 4.3, 18.5) ist ein Aspekt, der nur in einigen Interviews beiläufig und ungeplant aufschimmert. Die Währungskrise scheint erst in unbestimmt *höherem Alter* überhaupt interessant zu werden; einige Befragte verdeutlichen einen regelrechten Schwenk in ihrer Lebensgeschichte. Entsprechend meint Herr Raabe junior (*1974), im Jahr der Erhebung im frühen Twen-Alter: „Früher war mir das egal.

Aber ich war jetzt vor einem Jahr mal bei ihm oben und habe mal wirklich darüber geredet." Auch Frau Lehmann (*1936) legt sehr anschaulich Zeugnis ab von ihrem Weg zur Erforschung der Familiengeschichte: „seit ich eben erwachsen bin, daß wir darüber gesprochen haben, weil eben auch ich ihn als Zeitzeuge befragt habe, auch für meinen Unterricht. Also ich habe ihn auch gefragt, ob er Inflationsgeld hat, dieses Billionengeld da, nicht, und was man so immer in Schulbüchern liest, wie er das selber erlebt hat, [...] Also da, das hat er mir erzählt, aber wie gesagt, nicht als Kind, da hat mich das nicht interessiert [...]. Also, ich glaube nicht, daß wir uns speziell über diese Dinge in meiner Kindheit unterhalten haben. Das glaube ich nicht. Kinder interessieren sich ja auch normalerweise nicht so sehr für die Vergangenheit. Also das ist eigentlich erst später dann entstanden, dieses Interesse."

Interessanterweise bezeugen einige Interviews auch den theoretisch entwickelten (siehe 3.7, 6.1.1) und praktisch belegten (siehe 9.2) Umstand, daß aktuelle Ereignisse und die laufenden Prozesse, indem sie *Bedarf an kognitiven Schemata* für lebensgeschichtlich neue Phänomene schaffen, die Familiengeschichte als Erkenntnisquell in den Blick treten lassen und die intergenerative Kommunikation beflügeln. Herr Teske (*1965) konkretisiert in diesem Sinne: „Auf ist die ganze Diskussion noch einmal gekommen – daran kann ich mich noch erinnern – als die Mauern fielen." Auch Frau Sittler (*1967) benennt „die Diskussion 1990" als Auslöser; im Vorfeld der deutsch-deutschen Währungsunion waren ja in der damaligen DDR nachhaltige Abwertungsängste aufgekommen.

10.1.3 Exponierte Themen

Die Familienschicksale in den großen währungsgeschichtlichen Sequenzen des 20. Jahrhunderts sind in den einschlägigen Kapiteln (siehe 6.2, 7.1, 9.3) behandelt worden. Im vorliegenden Zusammenhang ist diskursanalytisch von besonderem Interesse, welche dieser Themen mit welchem Tenor die beste Chance haben, ins Familiengedächtnis einzutreten und die Generationen zu überleben; genau so wichtig sind die Lücken und die Vernachlässigungen.

Für die Nachgeborenen liefern die Familiengeschicht(ch)en zunächst Kontrastfolien für die eigene Realität und *Vorstellungen vom Unvorstellbaren.* Etwa bei Herrn Wellstein (*1965) ist das staunende Erkennen deutlich zu spüren: „Aber sie hat mir dann mal diese Geldscheine gezeigt, die es dann früher gab; sie hat sie ja noch, ein paar, ich weiß nicht wieviel. Und sie hat dann mal gesagt, was das Brot gekostet hat, hier tausend Mark oder noch mehr, was es dann war im Verhältnis. Das ist schon erschreckend, wenn man dann solche Zahlen sieht, wenn man mal überlegt, was es heute ist, der Preis, und dann so was." Frau Möller medio (*1931) artikuliert das Unvorstellbare direkt als solches: „Da ist von heute auf morgen oder von Stund an eben die Entwertung unheimlich fortgeschritten, und man hat in Billionen und was weiß ich gerechnet, was ich mir gar nicht vorstellen kann." Ihre Tochter (*1963) überschreitet die Schranken des Vorstellungsvermögens mit einer konkreten Begebenheit aus der Familiengeschichte, die im Grenzbereich zur Anekdote liegt. „Oder daß mein Urgroßvater dann die Kasse so unwahrscheinlich oft hat leeren müssen, weil er nicht wußte mit den Scheinen wohin, daß es dann in Waschkörbe gestülpt wurde und daß dann da irgendwie ein Bekannter angekommen ist und hat gesagt: ‚Ach, hast Du da viele schöne Geldscheine!‘ Da hat er gesagt: ‚Willst Du sie haben?‘ Und hat sie ihm in die Schürze, hat er gesagt: ‚Mach mal deine Schürze auf!‘ Und hat ihm alles reingekippt [...].“ So wird die Vorstellbarkeit des Unvorstellbaren als Teil der eigenen Familiengeschichte tradiert.

Im zweiten Themenkomplex wird über schwere *Normverletzungen* eine andere Dimension von Normalität vergegenwärtigt. Herr Ungerer (*1949) berichtet z. B., sein Urgroßvater habe seine Büdnerei an einen Bekannten aus dem Dorf verkauft und sei von ihm zur Hälfte mit Inflationsgeld bezahlt worden. „Das war natürlich nichts wert. Und darüber ist die Freundschaft dieser Männer natürlich zerbrochen, und das hat offensichtlich auch, wenn man so will, dieser Inflationsbetrug, hat offensichtlich auch meine Mutter beeindruckt und mich eigentlich auch noch, weil ich das auch gemein fand.“ Für Herrn Ungerer medio ist also nicht nur das *Ereignis*, der materielle Verlust wichtig, sondern auch die moralische *Wertung*; Betrug unter Freunden, ist so zentral, daß sie in die biographische Erzählung aufgenommen wird. Wesensverwandt sind die schlechten Erfahrungen des Vaters von Frau Gerke (*1943) mit Handwerkern, die im Vorfeld des Währungsschnitts von 1948 ihre Rechnungen zurückgehalten hatten, weshalb der Reform „mit Beklemmung“ entgegengesehen wurde. Da der „Inflationsbetrug“ genau so legal war wie der Versuch, die Begleichung von Forderungen in die neue monetäre Ära hinüberzuziehen, geht es in beiden Familiengeschichten um die Norm wohlanständigen Verhaltens auch und gerade in Zeiten, die Verstöße straffrei lassen.

Entsprechend werden die Krisengewinner thematisiert und mit Mißbilligung überzogen. So empört sich Frau Grübbel (*1946) bis heute über bäuerliche Nutznießer der Inflation in den zwanziger Jahren und verweist erbost auf „die Tatsache, daß das Geld so wenig wert war, daß man eben für eine Million nur eben ganz banale wenige Dinge gekriegt hat, ja, die Tatsache. Und das auch wieder ausgenutzt wurde, daß die Bauern da tolle Geschäfte gemacht haben in der Zeit, weil sie was zu essen hatten und die Leute auf das Essen angewiesen waren und so was.“ In dieselbe Themengruppe gehört eine weitere Erinnerung aus der mittleren Generation; auch Herr Lange (*1940) ist bis heute durch eine alte Geschichte in seinem Gerechtigkeitsgefühl verletzt. „Und daß es da also Probleme gegeben hat, daß Leute arm geworden sind in der Inflationszeit, weil sie also kein eigenes Einkommen mehr hatten und dann Sachwerte verkaufen mußten, verschleudern mußten zu dem jeweils aktuellen Preis, und daß sich manche Leute dabei goldene Nasen verdient haben und andere bettelarm geworden sind, das ist so, was mir jetzt so spontan einfällt dazu.“ Schadenfreude über die gerechte (nicht rechtliche) Strafe für die zu Unrecht (nicht rechtlich) Bereicherten ist die fast schon natürliche Konsequenz des Normenhaushalts hinter diesen Urteilen. Sie kommt im familialen Gedächtnis der Ungerers zur Währungsreform von 1948 vor, was sich über den Sohn (*1949) der Zeitzeugin so darstellt: „ich erinnere mich, daß sie doch der Meinung war, daß bestimmte Leute, die wieder über den Schwarzmarkt zu viel Geld gekommen waren, auf diese Art und Weise wieder ein bißchen auf den Boden der Tatsachen zurückgeholt wurden. Denn es gab ja Beschränkungen beim Umtausch usw. Also sie empfand es wahrscheinlich eher positiv."

Der Tenor dieser Belege ist keineswegs selbstverständlich. Ergebnis der krisenverarbeitenden Beschäftigung mit der (Familien-)Geschichte hätte ja im Prinzip auch das Gegenteil sein können: Wertschätzung für die cleveren Nutznießer oder gar Erhebung der monetären Hasardeure zu Vorbildern. Das kommt jedoch in dem gesamten Material nicht vor, und es gibt auch keinen Anhaltspunkt für die Vermutung, daß solche Umschwünge verschwiegen worden sind. Vielmehr entsprechen die Äußerungen der Befragten der im Abschnitt über Geld und Normativität (siehe 3.7) thematisierten moralischen und theologischen Kritik an der Instabilität des Geldes sowie der damit verbundenen sozialen Ungerechtigkeit. Allerhöchstens ist ein gewisses Verständnis für erlittene Nachteile zu erkennen, wie in der Erzählung von Frau Sauters (*1926) über einen Onkel, dessen Inflationserfahrung sie „ganz schlimm" fand. Er hatte sein von den Eltern ererbtes Grundstück „an einen amerikanischen Polen verkauft, der das mit Dollar bezahlt hat. Und er kommt hier nach Deutschland mit den Dollar und wechselt 1921 oder wann immer das war, die Inflation hatte schon angefangen, 1920/21 wird es gewesen sein, die Dollar in Reichsmark um. Und weg war das Geld. Und das ist so eine Sache, wo man, da man heute ein bißchen mehr über Inflationen und Währungsreform weiß, nicht darüber hinweg kommt." Der Kommentar belegt ein historisch relativiertes Mitleid: sie hätte ihm aus heutiger Sicht gewünscht, diesen voreiligen Umtausch unterlassen zu haben; die an sich mögliche Heroisierung des Devisenspekulanten ist auch hier keinesfalls herauszulesen.

Interessanterweise tauchen auch die krisenbedingten Vorteile, die in den vorn dargestellten Familiengeschichten dokumentiert sind (siehe 6.1.2), nicht als Gegenstand der erinnerten Kommunikation zwischen den Generationen auf. Hierzu sind zwei Interpretationen möglich. Entweder halten die damaligen Krisen-Strategen und -Surfer diesen Teil ihrer Lebensgeschichte gegenüber den Nachfahren zurück und offenbaren ihn nur in der Ausnahmesituation des Interviews. Oder die Kinder und Enkel halten diese etwas „anrüchigen" Geschichten nicht im Gedächtnis fest oder verschweigen sie im Interview. Beide Varianten würden allerdings die hier vertretene These stützen, daß an traditionellen Normen festgehalten wird.

Daß auch *Preise* ihre normative Komponente haben, die wieder unlöslich mit der symbolischen Dimension von Geld verbunden ist, wird in einer sentimentalen Kindheitserinnerung deutlich, die gewissermaßen mit dem inflationären Normverstoß getauft und unter diesem Namen intergenerativ tradiert wurde. Frau Drewes (*1921) erzählt, eingebettet in Berichte über Geldwertverfall und Versorgungsprobleme, von ihrem ersten Geburtstagsgeschenk: „Und dann sind sie dann an Land gefahren mit dem Waschkorb voll Geld. Und wenn sie dann einkaufen wollten, Brot und Milch, für mich natürlich Milch und so weiter, dann war das bloß noch die Hälfte wert. Weil das dann schon wieder so weit verfallen war. Und dann haben sie mir einen Teddy gekauft zum ersten Geburtstag, kriegte ich einen Teddy. Den hat dann meine Tochter nachher kaputt gespielt, weil es dann zu Ende war. Ich habe den schon geliebt, und die hat ihn auch geliebt, und dann war er aber nachher wirklich aufgespielt. Und der hat tausend Mark gekostet, der Teddy, weil es Inflation war. Und das war der ,Tausendmark-Teddy'!" Im gescheiterten Bemühen von Frau Eikermann medio (*1931), ihrer Mutter Modernität durch Wechsel nahezubringen, wird die symbolische Dimension des Monetären ebenfalls deutlich, hier als Gattenliebe in Verbindung mit anhaltendem Stolz auf einen wichtigen Sieg an der diffizilen Preisfront in der Hyperinflation: „wir wollten immer, daß sie sich anders einrichtet und sie erzählte, wie schwer das ihrem Vater bei der Inflation gefallen ist, ihr die Möbel zu kaufen. Und deswegen hatte sie eine enge Beziehung dazu und hat sich lebenslang nicht davon getrennt."

Während es bislang um Normen ging, die sich in aller Regel monetär manifestieren, sind im folgenden feinere Schattierungen berührt; hier zeigt sich die analytische Kraft der vorn entwickelten Geldfunktion, sozial vermittelter Standard künftiger Zahlungen zu sein. Fest ins familiale Gedächtnis ist z. B. eingeschrieben, daß ein Gefühl von Blutsverwandtschaft in Krisenzeiten zu Diskriminierungen geführt hat, die noch Generationen später als grob ungerecht empfunden werden. Frau Lehmann (*1936) erinnert sich intensiv an ihre Mutter und deren Erzählung über die Inflationserfahrungen der Großmutter: „Und sie [Mutter – d. Verf.] hat also erzählt dann, als sie, 1925 war sie ja nun, nein, 1923 war sie ja gerade zehn Jahre, daß zwar ihr Onkel das nie so deutlich gemacht hat, daß sie [Großmutter – d. Verf.] nicht so direkt zur Familie gehört, weil er selbst zwei Töchter hatte, aber daß sie doch merkten, daß das Geld dort eben knapp wurde und sie dann auch der Mutter [Großmutter – d. Verf.] sagten, also, sieh doch mal zu, daß Du nicht einen Job kriegst oder vielleicht noch mal heiratest oder so etwas. Also, daß diese Sorgen um ihr Leben als eine unbequeme Verwandte, das ist eigentlich bei meiner Mutter eigentlich so eine Erinnerung, die geblieben ist." Auch die Pflichten eines (nichtehelichen) Vaters werden durch die destruktive Kraft der Inflation klarer. Frau Hermes (*1963) beschreibt die Beziehung ihres Großvaters zu seinem Vater folgendermaßen: „Ja, ich weiß von der Inflation von ihm, daß er eben, na, er war ein uneheliches Kind und hatte die ganze, na, also war ausgezahlt worden, die Mutter. Die hat also nicht ständig Geld gekriegt, sondern alles auf einen Betrag gehabt und hatte das für ihn angelegt. Und mit der Inflation war das futsch, und er konnte sich für das ganze ein Brötchen wohl kaufen oder so. Das war das ... [Lachen] Das war der ganze Beitrag seines Vaters in seinem Leben." Am Rande bemerkt: in der Erzählung von G1 wird kein Brötchen gekauft, sondern ungefüllte saure Drops.

Das Familiengedächtnis birgt auch Geschichten zur besonders intensiven, ja idealistischen *Erfüllung von Normen* durch „Familienhelden", die, über das Gegenteil der Verstöße, dieselbe Botschaft tradieren. Frau Ahrens (*1931) ist bis heute spürbar positiv von dem starken Zusammenhalt berührt, der sich inmitten der Krise manifestiert hat, und zwar jenseits des Kerns der Kernfamilie. „Die [Schwester der

Mutter – d. Verf.] war in einer großen, sehr modernen Klinik, die damals noch gar nicht so lange stand, war sie OP-Schwester und hat dann, Anfang der 20er Jahre – glaube ich – mit ihrer Hebammen-Ausbildung in K. an der Universität angefangen, und hatte dafür natürlich Geld gespart. Und das war dann weg. Und meine Mutter hat ihr dann, um diese Ausbildung weiter zu ermöglichen, immer Geld geschickt." An opferreiche Anstrengungen für die Ausbildung der nächsten Generation erinnert sich auch Herr Evers junior (*1964); seine Erzählung über die Großeltern spiegelt Respekt und Anerkennung: „Das war eine Sache, die hat meine Mutter, Thema Schulgeld, eben sehr oft erzählt. Was heißt sehr oft, also wenn sie über diese Zeit erzählt hat, dann war das ein Thema. Ja, und bei meinem Vater war es so auch, daß damals die Realschulen ja auch noch Geld kosteten, und daß meine Großeltern eben viel Wert darauf gelegt hatten, obwohl sie eben nicht viel Geld hatten, daß beide Söhne, also mein Vater hat ja noch einen älteren Bruder, daß beide Söhne also die Realschule besuchen konnten."

Bei den positiven Helden geht es nicht nur um Solidarität, sondern auch um Solidität, Fleiß und Wohlanständigkeit unter Krisenbedingungen; dies sind die Normen hinter der Abwertungserfahrung von 1948, die Frau Menne (*1939) von ihrer Mutter erzählt bekommen hat. „Daß eben das Geld, was sie immer gespart hatten, daß das alles weg war. Wir haben mit 40 Mark wieder angefangen. Das waren halt die Erzählungen, und daß das schwer war, diese Anfänge, nicht. Das lag gerade so im Geschäft, wie das bei uns war, wir hatten ja auch im Geschäft nur 40 Mark. Der Laden war ja total leer, war ja nichts mehr drin. Das weiß ich auch noch ganz genau. Da mußten wir ja ganz klein wieder anfangen. [...] Da war gar nichts mehr drin. Also meine Großmutter, meine Mutter, die haben das alleine gemacht und Frauen im schwarzen Markt, das war einfach nicht drin, das konnten sie nicht, die waren einfach zu ehrlich. Der Laden war total leer, und die haben total mit 40 Mark wieder angefangen, das weiß ich ganz genau."

Eine feste Haftung im familialen Langzeitgedächtnis haben *Grenzerfahrungen*, die sich negativ als *Schicksalsschläge und Urängste* darstellen. Positiv erscheinen sie als *bestandene Bewährungsproben,* über deren Erzählung intergenerativ eine grundsätzliche Einstellung dem Leben gegenüber ausgedrückt und vermittelt werden soll. Während der positive Held durch eine tendenziell einmalige Bravourtat glänzt, geht es hier eher um Kontinuität, oft um Alltag. So berichtet z. B. Herr Sauters (*1955) über die Lebensphilosophie seiner Großmutter: „Aber irgendwie hat sie immer den Eindruck gemacht, daß das doch irgendwie, ja, daß das Leben lebenswert war. Also, irgendwie kann man die ganzen Schwierigkeiten irgendwie bewältigen. [...] Das ist ja alles verloren gegangen. Aber das hat auch nie jemanden, also, daß die Person da hinterher gejammert hätte. Wüßte ich nicht." Ähnlich ist der Transfer bei den Wegeners verlaufen. So erzählt Frau Wegener medio (*1934) auf die Frage, wie ihre Mutter die Zeit dargestellt hat: „Doch, als schwierig, aber daran ist die Welt nicht zerbrochen, dadurch daß unsere Großeltern hier den Garten hatten, man war sehr bescheiden. Meine Großmutter ist Berlinerin, sie ist aufgewachsen in sehr guten Verhältnissen. Der Urgroßvater war Baumeister, und meine Großmutter ist vier Jahre lang zur Schule gefahren worden. Und dann hat mein Urgroßvater für irgendwen gebürgt, und das war's, und da waren sie über Nacht bettelarm. Das war in der Gründerzeit. Und dann hat meine Großmutter und auch die Schwester gearbeitet, in einer Ziegelei im Büro, die waren sehr gute Mitarbeiter. Die sind daran nicht zerbrochen und haben sich ihr Leben wieder selbst aufgebaut." In der dritten Generation, bei Frau Wegener junior (*1967), ist der Kern der Botschaft unverändert angekommen: „Und daß sie auch immer so am Existenzrand wirtschaftete und häufig gar nicht wußte, wie es weitergehen sollte und sich trotzdem immer so durchschlawinert hatte. Also daß sie immer sagte, man steht auch die schwierigen Zeiten irgendwie durch." Den Altvorderen wird Respekt und Bewunderung dafür gezollt, daß sie sich nicht haben unterkriegen lassen; ein unmittelbarer Bezug auf die Währungskrisen ist hier nicht in jedem Fall ersichtlich. Anders als bei den vorn referierten Spar- und Verzichtstugenden gibt es gegenüber der Lebensbejahung, der Willenskraft und dem Durchhaltevermögen in schlechten Zeiten noch nicht einmal den leisesten Anflug von Distanzierung und schon gar keinen Spott.

Tief sitzen auch Schicksalsschläge und Ängste, die eher bei einem geeigneten Anlaß im vertrauten Kreis eingestanden werden als „auf Abruf" im Interview. So hat Frau Lehmann (*1936) bei der intensiven Befragung ihres Großvaters nicht nur vom Leben in der Hyperinflation erfahren (Kämpfe an der Konsumfront, das absurde Zeitdiktat im Geldwertverfall etc.), sondern auch tiefer liegende Dimensionen. Ihr hat der Großvater darüber hinaus erzählt, „daß man also hinterher auch die Wände tapeziert hat mit dem Geld, als es nichts mehr wert war. [...] Na ja, ich meine, das sind ja die wesentlichen Dinge, daß also im Grunde die Menschen dort große Angst um ihre Ersparnisse hatten, [...] na ja, aber dann kamen eben schon diese Dinge, daß eben auch die Eltern Angst hätten, sie konnten ihre Kinder nicht mehr ernähren und daß mein Großvater, der war ja Kunstmaler, daß der also praktisch seine Bilder nicht mehr, oder was er immer malte, nicht mehr los wurde, weil dafür kein Mensch Geld hatte."

Schicksalsschläge mit großer Aussicht auf Fortbestand im Langzeitgedächtnis der Familien sind gescheiterte Bildungsaspirationen, wie etwa bei Frau Eikermann (*1931) deutlich wird: „daß der Vater dann Geld verdienen mußte, um den Eltern erstmal wieder im Geschäft weiter zu helfen und dadurch nicht einen Wunschberuf oder Wunschtätigkeit ausführen konnte." Wie erinnerlich, war dieses Thema bereits in anekdotischer Form aufgetaucht. Vor allen anderen Schicksalsschlägen wird jedoch die Zerstörung bzw. Schmälerung der Ersparnisse genannt, deren *Symbolgehalt* als monetarisierte Lebensleistung oder als Kern eines idealen Lebensplans im Material deutlich wird. So war die Währungsreform von 1948 für die Mutter von Frau Grübbel (*1946) ein negativer Einschnitt, weil „sie eben sehr viel dabei verloren haben, daß sie immer gespart hat, um sich einen schönen Haushalt einzurichten. Und immer nur gespart und hat sich nichts gekauft und wollte eben warten, bis sie sich was schönes Gediegenes, Solides kaufen kann und dann war eben zum Schluß das ganze Geld weg sozusagen. Ja, das hat sie mehrmals erzählt."

Bei den Bruns war das 1948 ähnlich: „Ja, daß da das Geld eben weg war, was sie sich gespart hatten, um ein Haus zu bauen oder, und dann war es weg durch die Währungsreform." Frau Güthoff (*1937) sieht in den Erzählungen ihrer Mutter über diese Zeit denselben Schwerpunkt: „Meist, daß eben das Geld nur noch 1/10 wert war und daß es eben ein ganz schöner Happen war, wenn man z. B. 1 000 Mark hat und nachher hat man nur noch 100 Mark." Ganz entsprechend erinnert sich Herr Söder (*1943), daß es in den Erzählungen seines Vaters um „die Abwertung der Sparguthaben" gegangen ist und bei seiner Mutter um „dasselbe – weniger konkret vielleicht. Aber um das Sparbuch ging es dann auch bspw., das war was Handfestes, darüber konnte man sich trefflich ärgern." Abschließend zu diesem Aspekt sei knapp notiert, daß es auch bei diesem Währungsschnitt, wie in den zwanziger Jahren, typische „Puritaner-Spekulationen" gegeben hat, in denen ein Staat oder ein gütiges Schicksal das Unrecht der Währungskrise heilen wird. Herr Tappe (*1939) kann mit einer entsprechenden Geschichte zum Sparbuch aufwarten: „Es gab ja aus der Zeit des Reiches Sparbücher. Da hatte ich eins oder gar zwei, und meine Geschwister auch. Und ich weiß, das hatten wir nicht umgetauscht, das Geld, weil Mutter immer hoffte, daß das noch mal 1:1 wieder kommt. War nicht viel. Vor ein, zwei Jahren hat sie mir diese Sparbücher gegeben. Ich wüßte aber nicht, wo die jetzt liegen, sonst könnte ich die Ihnen ja mal zeigen."

In der Summe jedenfalls werden die Enteignungseffekte der Währungsreform unerwartet viel häufiger genannt als die Einordnung als „Wundertag", die Frau Albrecht (*1966) von ihrer Mutter gehört hat: „Was sie mal erzählt hat, ist halt, daß halt das Geld, was existierte oder die Währung, die existierte, plötzlich überhaupt nichts mehr galt, und daß es einen Stichtag gab, an dem jeder die gleiche Menge Geld gekriegt hat; daß also alle Menschen gleich reich oder arm waren an einem Tag, und das sozusagen das Startkapital für alle war, und daß es zu der gleichen Zeit dann auch plötzlich in den Läden Waren gab, die es die Zeit vorher nicht gegeben hatte. Also so praktisch von einem Tag auf den anderen waren dann plötzlich Sachen da." Und auch die extreme Beiläufigkeit bei Herrn Bruns (*1966) ist generationsspezifisch und eher Ausnahme: „Ach das, gab es neues Geld und – mehr eigentlich nicht. Probleme gab es da wohl keine. Deswegen war es wohl nicht so interessant."

10.1.4 Konturen der Krisen

Das bislang vorgelegte Material hat zwischen den Zeilen verdeutlicht, daß die monetären Großereignisse des 20. Jahrhunderts bei der intergenerativen Kommunikation in den Familien nicht analytisch durchdrungen worden sind. Dennoch schimmert der tatsächliche ökonomische Charakter der epochalen Währungskrisen im 20. Jahrhundert zugleich schemenhaft und wahr durch die Familiengeschichte(n). Dieser Aspekt wird hier knapp separat dargestellt, weil er für die Vorbereitung der Analyse förmlicher Lehren aus den Krisen (siehe 10.2) wichtig ist; er zeigt sich natürlich auch an vielen Stellen der schon ausgebreiteten Befunde.

Die *offene Inflation* der zwanziger Jahre erscheint vorrangig in Gestalt des (Geld-)Scheins und seiner Häufung ins Unermeßliche, die sich in der Umfunktionierung von Behältnissen aller Art in monströse Portemonnaies versinnbildlicht. Je geringer der Wert des Geldes, desto größer seine Masse, sein Behälter und seine Umlaufgeschwindigkeit, desto größer auch die Probleme der Beschaffung von Waren. Diese Inflationsgleichung ist an ihrem Ort (siehe 6) so ausführlich dargestellt worden, daß hier ein einziges Zitat zur Auffrischung genügen möge. „Na ja, daß ihr Vater oder das weiß ich auch von meinem Vater aus Erzählungen, daß die Eltern dann mit einer Aktentasche voll Geld nach Hause kamen und die schnellstens vom Bäcker zum Fleischer oder sonstwohin gerannt sind, um noch etwas einzukaufen, weil abends das Geld schon wieder an Wert verloren hatte, das ist mir bekannt." (Frau Pochadt, *1935)

Die zurückgestaute, *verdeckte Inflation* der vierziger Jahre schlägt in den Familiengeschichten nuancenreicher durch. Als wesentlich erscheint zunächst der *Mangel*. Frau Ide (*1969) hat als wesentliches Charakteristikum gelernt, daß „man sich nicht so viel leisten konnte und wo man schon sehen mußte, wo man diese Sachen herkriegte, so in der Richtung." Herrn Negel (*1970) hat sich Ähnliches eingeprägt: „War halt eine schwere Zeit, hatten aber trotzdem eine ganz gute Kindheit gehabt. Trotz der schwierigen Verhältnisse, schien es mir so. Meine Mutter erzählte nicht, daß es allzu schrecklich gewesen war. Es war eine schwere Zeit für Kinder und für alle. Aber letztlich war es, glaube ich, keine unglückliche Kindheit." Die spöttelnde Zusammenfassung von Herrn Batte (*1966) hat denselben sachlichen Kern: „Ja, das war eben 'ne ziemlich harte Zeit. Familie mußte sparen, hat nicht viel gehabt, den Kindern ging es schlecht, Klamotten wurden von einem Kind zum anderen weitergegeben, so das übliche. ‚Ihr habt es heute so schön, ihr habt alles, wir haben gar nichts gehabt'."

Das Dreigestirn aus Mangel, bürokratischer Verwaltung des Mangels und Auseinandersetzung damit ist Herrn Evers medio (*1940) aus den Erzählungen seiner Mutter in Erinnerung geblieben. „Ja, das waren einfach die, wie sie die Schwierigkeiten, die täglichen Schwierigkeiten, die es so gab in der Zeit, wie sie die gemeistert haben, welche Schwierigkeiten es gab, und wie man die versucht hat, zu umgehen, das zu beseitigen unter Umständen, oder, welche Wege man gefunden hat, um auch die Klippen zu umschiffen, die es da gab. Einmal von der Bürokratie her, daß also manches reglementiert war, was nicht sein durfte, und wie man versucht hat, da drumherum zu kommen, und auf der anderen Seite eben auch, auf was man verzichten mußte. Was man eben nicht haben konnte." In den folgenden Zitaten dominieren andere Akzente desselben Gesamtzusammenhangs und offenbaren weitere normative Aspekte der Krisenerzählungen. Frau Pochadt medio (*1935) hat ihren eigenen Ausspruch als Kind als erzieherische Botschaft der Mutter übermittelt bekommen: „sie hat mir erzählt, daß ich nach dem Krieg gesagt habe: ‚Ach Mutter, wenn wir doch manchmal jetzt die Brotkanten hätten, die ich vorher nicht essen wollte!' Das habe ich nicht mehr gewußt, das hat sie mir dann im Nachhinein erzählt. Und auch, wie gesagt, so unmöglichste Dinge. Meine Oma hat so falsches

Schmalz gekauft, so aus Mehlpamps mit Majoran abgeschmeckt, schön gewürzt, das schmeckte wie Schmalz, phantastisch auf das Brot! Dann von den Pellkartoffeln die Schalen haben wir auch noch aufgebacken auf dem Herd, wir haben manchmal wirklich die unmöglichsten Dinge gemacht. Meine kleine Schwester, die ist von Pellkartoffeln und Milch groß geworden, die ist 44 im Oktober geboren." Der Stolz auf ein Improvisationstalent ist auch bei Frau Raabe (*1941) nicht zu überhören: „Es waren da halt einige Dinge, die halt prägnant waren, daß er eben auch ein bißchen Geld sich nebenbei verdient hat, weil er eben Tischler war und Sachen repariert hat oder selber hergestellt hat im Keller unter ganz widrigen Umständen. Daß er da sich ein bißchen Geld nebenbei verdient hat."

Der Rückfall in den *Realtausch* ist ein weiteres Signum der Epoche, das Eindrücke hinterlassen hat. Es erinnert sich z. B. Frau Negel medio (*1938) an „eine ganz niedliche Geschichte! Das war – wir hatten ja Russenbesetzung, und meine Eltern hatten ein Auto. [...] Auf jeden Fall wollte meine Mutter das Auto losbekommen. Und das Auto war am besten loszuwerden über die Russen. Die anderen hatten ja gar kein Geld, um ein Auto zu kaufen. Und es wurde dann Russen angeboten, aber die machten dann erst mal eine Probefahrt und jedesmal blieb das Auto irgendwie als Schrott liegen. Die konnten gar nicht fahren. Und dann hat meine Mutter das immer wieder reparieren lassen, bis zum Schluß schließlich ein Sack Gurken rauskam. Also, man muß sich – überall wurde es kaputt gefahren und zum Schluß bekamen wir einen Sack Gurken." Ähnlich bezeichnend und druckreif ist die Geschichte von der Muttermilch als Naturalie, die ausgerechnet bei einer Molkereidirektorsgattin getauscht wird; Frau Ide medio (*1938) beginnt mit Aspekten von Mangel, funktionslosem Geld und Organisation, um dann zur Pointe in der Geschichte ihrer Mutter zu gelangen. „Zu der Zeit wurde mein Bruder geboren, 1947, da war es also auch sehr schwierig. Da hat sie, was sie immer wieder erzählte, dann ein Jahr lang meinen Bruder gestillt, obwohl der schon die Milch gar nicht mehr so viel brauchte. Hat sie sie dann immer verkauft und für das Geld ... Also erst wurde die Milch an die Frau Direktor von der Molkerei gegeben, weil die lag mit ihr zusammen in einem Zimmer, da kriegten wir schon mal Buttermarken und Milchmarken. Dann wurde die Milch, mußte ich sie ins Krankenhaus bringen, nach H., da kriegten wir auch Lebensmittelmarken für. Und dann wurde sie nach P. geschickt zur Landesfrauenklinik, da mußte ich sie immer zum Bahnhof bringen, in so kleinen Holzkästchen. Und ich meine, da hätten wir dann auch noch Lebensmittelmarken gekriegt. Und da sind wir ganz gut über die Runden mit gekommen."

10.1.5 Überleitendes Zwischenfazit

Der Lehrmeister Währungskrise ist bislang überwiegend zu Themen wirksam geworden, bei denen das *nicht zu* erwarten war. Wie Märchen öffnen die familialen Erfahrungen das Reich des Unvorstellbaren und bestätigen, über Bösewichte und positive Helden oder durch verwerfliches und vorbildliches Handeln, *allgemeine* soziale Normen gerade nicht-monetärer Art. Ausgerechnet die Währungskrisen,

Tummelplatz der Moralinfreien in der Gesellschaftsgeschichte, sind im Gespräch zwischen den Generationen Sozialisationsimpulse für Moral. Diese ist im Zentrum traditionell: Solidität und Solidarität, Ehrlichkeit und Korrektheit, Geschick und Improvisationstalent, Fleiß und Durchhaltevermögen, intensivstes Engagement für die Kinder und die Ausbildung sind die herausragenden Werte, die sich klassischerweise mit dem puritanischen Sozialcharakter verbinden. Vertreter des hedonistischen Gegentyps wie monetäre Glücksritter, Schwarzmarkthelden, Schieber, Spekulanten und andere charakteristische Figuren aus Krisenzeiten (siehe 4.2) werden in keiner Weise legitimiert und schon gar nicht zum Vorbild erhöht. Sie kommen in den Erzählungen nicht oder nur negativ vor. Lediglich die Sparnorm hat gewisse Erosionen erfahren, die sich bei den Jüngeren in dem Korridor zwischen leichtem Spott und scharfer Geringschätzung manifestieren. Gewisse Suspendierungen haben die Normen rings um Ehrlichkeit und Gesetzestreue insofern erfahren, als der typischen Kleinkriminalität in Krisenzeiten Verständnis entgegengebracht wird. Dies zeigt sich allein darin, daß derartiges im Interview berichtet wird.

Die Beziehungen zwischen den Generationen sind verschieden schattiert. Von der ältesten zur mittleren Generation ist die Kommunikation relativ dicht und eher problemlos, während sie sich danach nicht nur ausdünnt, sondern auch angespannter und gewissermaßen unwilliger wird. Die Unwilligkeit gilt der unerwünschten Belehrung, der Vorhaltung, der angenommenen Belanglosigkeit der Informationen und den anderen Faktoren, die dargestellt worden sind. Hier manifestiert sich, daß „die Selbstverständlichkeit der Übermittlung von Lebenserfahrung insbesondere zwischen den Generationen heute gestört ist, weil die Neuankömmlinge sich anderen Lebensproblemen gegenüber sehen als es ihnen die Lebenserfahrung der Älteren nahelegt [...].“ (Fuchs-Heinritz 2000: 67)

Eine Konstellation, die aufgrund der tiefgreifenden Wirkungen des Krisenverhaltens der Altvorderen für die Lebensverläufe und -chancen der Nachgeborenen durchaus zu erwarten gewesen wäre, gibt es hingegen nicht: die intergenerative Kommunikation ist frei von Schuldgefühlen *und* von Schuldzuweisungen. Dem Unausweichlichen gegenüber ist schon vorab verziehen worden, oder die Kategorie der Verzeihung taucht als unangemessene gar nicht erst auf. Nicht vergessen, aber vergeben. In der Familiengeschichte markiert das den Unterschied zwischen Krisenverlusten und „durchgebrachten“ Vermögen.

Es ist eine gemeinsame Tragik aller Beteiligten, daß die Währungskrisen nicht nur Thema der intergenerativen Kommunikation sind, sondern, noch verstärkt durch die säkulare Inflation, auch Akteure, die den symbolischen Kern der zu kommunizierenden Ereignisse beschädigt oder auch vernichtet haben. Die monetären Krisen selbst haben Schicht-Schicksale und die Schicht-Geschichte verzwergt und zu Geschichtchen transformiert. Wer die Beträge von damals (Rücklagen, Alimente, Vermögen etc.) in Wertgrößen von heute rezipiert, ist – ohne Chance oder Schuld – gleichsam Exekutive dieses überindividuellen Prozesses. Wer nicht weiß, daß die *Zinsen* auf ein Vermögen von 60 000 Mark noch 1913 „ein behagliches Leben im Ruhestand“ (Blaich 1985: 16) ermöglicht hatten, kann den realen und symbolischen Gehalt der zahlreichen Geldsummen nicht begreifen, die sich in den Interviews insgesamt finden. So ist es bei der vorn ausgebreiteten Stafettenkonstellation der Familie Gerke kein bloßer Zufall, daß ein hoher und relativ genau bezifferter Betrag für ein komplettes Studium bei den Nachgeborenen zum monetären Chamäleon wird, das zwischen 500 und 10 000 Mark changiert. Übrig bleibt ein anekdotischer Schmunzelgehalt, bei dem eine Null mehr oder weniger nichts mehr zur Sache tut. Ihrer Kaufkraft entkleidet werden die Beträge so beliebig wie die genaue Beschaffenheit der Bagatelle, für die das einstige Vermögen noch gereicht hat (Zeitzeuge: ungefüllte saure Drops; Nachfahre: Brötchen).

In der (Zwischen-)Summe kann von den oftmals behaupteten nachhaltigen, die familialen Generationen[151] überspannenden Wirkungen der Währungskrisen, vor allem der Großen Inflation, nur noch bedingt die Rede sein. Es gibt schon zwischen den drei Erwachsenengenerationen, um die es heute vorrangig geht, massive Kommunikationsstörungen und informationelle Transportverluste. Eine authentische Kommunikation zwischen G1 und G4, heute irgendwo zwischen jung und ungeboren, wird die Krisenerfahrungen kaum noch betreffen können, weil, trotz der erhöhten Lebenserwartung, die Jüngsten nicht rechtzeitig alt genug sein werden, um die entwicklungspsychologische Vermittlungsschranke für dieses Thema zu überwinden. Und G3 wird nur noch minoritär ernsthaft und korrekt über die monetäre Familiengeschichte berichten; in der Elternrolle können sie maximal das sozialisatorisch wirksam werden lassen, was sie rezipiert haben und erinnern.

Die intergenerative Kommunikation über die epochalen Krisensequenzen gerät, was die *Familien* anbelangt, noch aus anderen Gründen in eine Krise. Sie seien, im Vorgriff auf erst noch darzustellende Ergebnisse, grob umrissen. Die Ältesten haben monetär recht wenig aus ihren Krisenerfahrungen gelernt (siehe 10.2.2) und navigieren in der modernen Geldwelt weiterhin mit Kompaß und Handlot, während Teile von G3 bereits GPS, Radar und Echolot an Bord haben; aus dem Hörwinkel der Jüngeren stellt sich daher vieles an den Erfahrungen der Altvorderen keineswegs als Schatz dar, sondern als *obsolet*.

Diese Konstellation verschärft sich dadurch, daß die Jüngeren monetären Neuerungen jeder Art, vom Geldautomaten über den Euro bis zur Elektronisierung des Geldes, generell erheblich aufgeschlossener gegenüberstehen als die früheren Generationen (siehe 13.2, 20), so daß die Altvorderen praktisch zu jedem modernen Thema als *Gestrige* erscheinen können. Schließlich rechnen die Jüngeren für die Zukunft weit weniger mit einer großen monetären Krise vom Ausmaß der früheren (siehe 20.2.1), so daß das Thema als solches für sie oftmals *inaktuell* ist. Dieser größere Optimismus schließt überhaupt nicht aus, daß die Nachgeborenen erheblich souveräner im Szenario einer eventuellen monetären Mega-Krise operieren (siehe 20.2.2) und den Krisenerfahrungen der Altvorderen auch deshalb *desinteressiert* gegenüberstehen.

---

151 Damit soll nicht behauptet werden, daß das Thema auch zwischen den *historischen* Generationen an Bedeutung verlöre. Hier wirken andere Sozialisationsagenten und -impulse mit – neben der Schule, den Medien etc. auch das vorliegende Buch.

Die andersartigen Einstellungen und Kenntnisse der Jüngeren können natürlich auch *Ergebnis* der Kommunikation zwischen den Generationen sein oder wenigstens durch solche Impulse angeregt worden sein. Die Reserviertheit der Jüngeren gälte dann nicht den Erfahrungen selbst, sondern der Wiederholung jenes Typs von Geschichte, die man „nicht mehr hören kann". Ob von alt nach jung ausdrückliche Lehren gesendet, empfangen und verarbeitet worden sind, war deshalb empirisch ein gesondertes Thema. Im folgenden wird untersucht, was der Lehrmeister Währungskrise auf seinem ureigensten Gebiet unterrichtet hat. Der Fokus hinsichtlich der Bedeutung der Krisen war bislang im wesentlichen retrospektiv und themenfremd. Nun wird er einschlägig und perspektivisch: sind aufgrund der Beschäftigung mit den konkreten Erlebnissen der Vorfahren bei den Nachfahren Prozesse der Reflexion und Verarbeitung abgelaufen, die das Erfahrene zur monetär lehrreichen Erfahrung veredelt haben?

10.2 Lehren – Lernen – Ignorieren

Währungskrisen wirken – so die Hypothese – wie Katalysatoren auf soziomonetäre Basistrends, die danach um so schneller und exponierter zu Tage treten. Indem sie Sozialstrukturen verwirbeln, zwingen Krisen den Betroffenen die Frage nach der Mechanik des Wirkens auf, die historisch immer wieder Opfer und Gewinner produziert hat. Je stärker diese Mechanik im gesamtgesellschaftlichen Maßstab verstanden worden ist, desto häufiger könnte es zu einem kollektiven sozialen Handeln gekommen sein, das bestrebt ist, negative Krisenfolgen fortan zu minimieren, auszuschließen oder gar abzuwälzen. Hiernach würden z. B. Gläubiger und Bargeldbesitzer, die in Währungskrisen mehrfach abgestraft worden sind, für sich selbst Konsequenzen ziehen und ihre Kinder und Enkel entsprechend zu beeinflussen versuchen. Es wird sich zeigen lassen[152], daß die Katalysatorhypothese zwar *nachhaltig* greift, aber erst *zeitverzögert*, über Generationen hinweg. Bei den ältesten Befragten haben sich Momente ihres überkommenen Geldverhaltens bis heute bewahrt. Die krisenverarbeitenden Basistrends bremsend besteht daher zugleich eine hohe Kontinuität traditioneller Faktoren im monetären Denken und Verhalten. Ergebnis dieser Gegenläufigkeiten ist ein zähflüssiger Trend.

Die Verarbeitung der Krisenerfahrungen wurde mit den sich über Kreuz ergänzenden und ggf. korrigierenden „Stecker-Steckdose-Fragen" aus vielen Perspektiven erörtert. Haben die Betroffenen selbst Lehren gezogen und, wenn ja, welche? Haben sie Ratschläge für die nächste(n) Generation(en) abgeleitet und welche waren das? Wie haben die je Jüngeren das Verhalten und ggf. die Ratschläge der Eltern und Großeltern wahrgenommen? Über das Drei-Generationen-Interview wird all dies aufeinander beziehbar und analysierbar. Aus der Perspektive des intergenerativen Krisendiskurses werden so als Selbstbild erhobene Senderbotschaften von Eltern im Lichte der als Fremdbild erhobenen Empfängerbotschaften auf seiten der Kinder analysiert.

152 Gemeinsam mit Frank Mußmann.

10.2.1 G0: Orientierunglos und ratlos

Die Eltern der ältesten BPn, Kern der wirtschaftlich aktiven Bevölkerungsteile um 1900 wie der Betroffenen der Großen Inflation, haben in der Wahrnehmung und Erinnerung ihrer Söhne und Töchter knapp zur Hälfte (47,9%) Lehren aus der Krise gezogen, aber nur ein Viertel hat den Nachgeborenen Ratschläge erteilt (25,2%). Somit lautet der erste verblüffende Befund, daß die überwiegende Mehrheit von G0 ihren Kindern trotz vieler Gespräche keine erinnerbaren Konsequenzen aus der Hyperinflation auf den Lebensweg mitgegeben hat. Diese dürren Zahlen deuten schon darauf hin, daß die Betroffenen mehrheitlich bis heute als orientierungslos, hilflos, ratlos erscheinen. Dieser Eindruck wird sich durch das qualitative Material weiter erhärten.

Naturgemäß wird die Frage nach erhaltenen Ratschlägen häufig so knapp verneint, daß im Interview keine Nachfragen und in der Auswertung keine tieferen Interpretationen möglich sind. Diese durchaus beachtliche Gruppe sei immerhin durch ein Zitat von Herrn Gerke (*1903) illustriert: „Da könnte ich mich nicht drauf besinnen, nein." In den ausführlicheren Antworten werden dann aber die Fäden und Farben sichtbar, aus denen das Gewebemuster der Ratlosigkeit besteht.

Zunächst wird noch Jahrzehnte nach den Ereignissen eben jener „Hexensabbat" zu neuem Leben erweckt, der vorn, bei der Analyse der Umgangsweisen mit der Inflation (siehe 6.1.2), als einer der entscheidenden Gründe dafür angesehen wurde, daß Lernprozesse schwierig und Bewältigungsstrategien kaum möglich waren. In diesem Sinne erinnert sich die greise Frau Dobler (*1900): „Ach, da konnte keiner Rat geben, das ging so durcheinander, da mußten sie machen, wie es gerade kam. Kamen sie durch oder nicht. Da war mit Ratschlägen nicht viel getan."
Wenn die Inflation bis heute als schicksalhaft wirkende Katastrophe aufgefaßt wird, sind Reflexion und Verarbeitung ebenfalls nicht denkbar. In der Erinnerung von Frau Teske (*1907) ist kein Raum für einen strategisch denkenden Akteur: „Ach das haben sie auch alles so in Kauf genommen! Denn was willst Du denn, was will man machen, kannst ja nichts anderes machen! Mußt es mitnehmen, ‚mitgehangen, mitgefangen', sagt man doch, was! So ist es doch." In der Familie Haller ist die Genese der Ratlosigkeit noch dramatischer. Sowohl der an Vaters Statt erziehende Großvater, zuvor ein erfolgreicher, international tätiger Unternehmer, als auch Mutter Haller sind aufgrund der Schicksalsschläge der Inflation und Weltwirtschaftskrise geradezu verstummt. Die Frage nach erhaltenen Ratschlägen stößt den folgenden Dialog mit Herrn Haller (*1906) an: „Nein. Ratschläge insofern, daß ich mir [Rat] selber habe suchen müssen durch Gespräche mit anderen Leuten. Sie haben sich ja beide [Mutter und Großvater – d. Verf.] so zurückgezogen, daß sie mit keinem Menschen, ... mit wenig Leuten zusammenkamen und sie also keine Ratschläge mehr geben konnten. Da hat der Großvater bloß noch gesagt: ‚B. sieh zu, wie Du durchkommst, und sieh zu, was Du am besten aus dieser ganzen Geschichte machen kannst.' ... (X: Also spezielle Ratschläge aus der Inflation, der Währungskrise, da hat er nicht mit Ihnen drüber geredet?) Nein, konnte er auch gar

nicht. Das war für ihn ... Er war so deprimiert, daß er darüber nicht mehr sprechen wollte."

Fortschritte im „coping" können nicht nur durch fehlende Muße und psychische Blockaden vereitelt werden, sondern auch auf der kognitiven Ebene, durch anhaltendes *Unverständnis* der belastenden und schädigenden Prozesse. Die Kompetenzprobleme der Eltern werden mehrfach thematisiert – diskret oder auch direkter. Herr Lehmann (*1903) formuliert moderat: „Nein, die haben wir uns selbst erworben, die Erkenntnisse." Frau Sauters (*1896) erläutert kritischer: „Nein, die waren doch unwissender als ich, als wir. Weil die Eltern ... gar nicht damit rechnen konnten, nicht. Und wir sind ja so da reingewachsen."

Einen zentralen Stellenwert für die Ratlosigkeit der Altvorderen spielen nicht nur die (Un-)Kenntnisse, sondern auch die durch monetäre Sozialisation vermittelten *Werte und Normen*. Frau Dobler (*1900) macht diesen Aspekt klar und weist insbesondere auf die große Verbindlichkeit der Sparnorm noch in der Währungskrise hin, wenn sie auf die Frage nach Lehren der Eltern sagt: „Eigentlich nie, die waren vorher schon so ... und das ging hinterher genauso weiter, die sind von ihrer Erziehung oder von ihrer Lebensweise nie abgegangen." Nirgendwo wird jedoch die Normentradierung deutlicher als bei Familie Bruns, in der Klage der Tochter (*1911) über das folgenreiche Unterlassen des Vaters (G0): „Ich sage, mein Vater, der hätte ... Wir waren ja sieben Kinder, ein Bruder hat ein Haus gebaut in der Zeit. Mein Vater stand auf dem Standpunkt: sparen wieder. [...] Der hätte drei Häuser bauen können damals, wenn er überlegt hätte. Es könnte für meine Kinder sein, aber da hat mein Vater wieder den Standpunkt vertreten, er hat was im Hinterhalt, und das kränkt uns heute noch ein bißchen. Das hat das ganze Leben geprägt: sparen." In der Äußerung der Tochter scheint sich zunächst ein inflationsadaptiertes Kalkül anzudeuten; doch am Ende wird auch bei ihr die familiäre Sozialisation mit der zentralen Sparsamkeitsnorm durchschlagen. Auch in der Familie von Frau Uhlenbrock (*1915) ist der Kreislauf des Wirtschaftens auf unveränderter normativer Basis neu begonnen worden. Ihr Vater „hat eben immer gesagt: ‚Wir hatten nichts mehr, und dann mußten wir wieder frisch anfangen.' Aber sonst hat er da nicht viel gesagt, ... ‚Und ihr macht das dann eben auch so', hat er gesagt."

Eine gewisse Kontinuität herrscht auch in der *Zukunftsangst*, die durch Hoffnungen gemildert sein kann. In diesem Sinne erinnert sich Herr Zubke (*1911) an eine stehende Redewendung seiner Mutter. „Na ja, was heißt Ratschläge, sie hat immer mal gesagt: ‚Wer weiß, vielleicht kommt mal wieder eine.' Aber sollte man nicht annehmen von diesem Zeitpunkt, man sollte es nicht annehmen, daß noch mal eine kommt." Die Komponente einer schicksalhaften Unterworfenheit ist in der Erinnerung der seinerzeit zwölfjährigen Frau Sittler (*1911) noch ausgeprägter. „Meine Mutter hat bloß gesagt: ‚Na ja, es wiederholt sich alles im Leben, aber wir sind ja gesund.' Und dann höre ich noch die gleichen Worte von meiner Großmutter, wie sie meiner Mutter gesagt hat: ‚L., es geht immer wieder weiter, Hauptsache, wir sind gesund'." Gegenüber einem Ereignis, das als zugleich schicksalhaft und übermächtig empfunden wird, liegt nicht nur der Rekurs auf Lebensweisheiten und Durchhalte-Parolen nahe, sondern auch die Zuflucht zu wertrationalen Prinzipien wie Ehrlichkeit und Anständigkeit. Schließlich werden schwere psychische Veränderungen erinnert, wie sie Herr Lehmann (*1903) an seinen Eltern wahrgenommen hat: „Was haben sie gelernt? Enttäuschung und Vertrauensverlust gegenüber dem Staat."

Nur eine winzige Gruppe der G0 zieht im engeren Sinne *ökonomische Konsequenzen*, die mit den Traditionen der Zeit des Goldstandards brechen. Der Vater von Herrn Haller (*1906) hat die Krise mit dem Ergebnis verarbeitet, „daß Sparen sinnlos ist! [...] Er sagte, was soll ich denn noch sparen, mein Geld ist weg, es wird nicht mehr gespart." Auch Herr Hagenberg (*1908) deutet ein verändertes monetäres Verhalten seines Vaters an: „Dadurch, daß es nun jahrelang weg war, daß man es nun leichter ausgab." Neben dieser hedonistischen Wende gibt es zwei Fälle von dezidierter Orientierung der Eltern (G0) auf Immobilien, die aber von den befragten Kindern (G1) nicht als krisenverarbeitender Rat wahrgenommen worden ist.

Solange real bestehende Interventionspotentiale normativ blockiert waren, mußten monetäre Transformationen und Krisen kathartisch als Schicksalsschläge interpretiert werden. Mit diesen Befunden liegt ein soziomonetäres Psychogramm der letzten Generation vor, die ihre formative Phase unter der Bedingung substanzgedeckten Geldes erlebt hat. Das psychomonetäre Porträt der Rose Markwart (siehe 6.5) war, wie erst jetzt mit leichter Zuspitzung gesagt werden kann, zugleich ein Psychogramm einer ganzen Generation von Mark-Warten.

Erstaunlicherweise zeichnen unsere ältesten Gesprächspartnerinnen und -partner das Porträt ihrer Eltern und Großeltern zumeist in den Farben des Verstehens, des Mitleids, allenfalls der sanften Ironie. Negative Emotionen wie Haß oder Verbitterung sind nicht ersichtlich, obwohl die Goldmarkgeneration durch ihr traditionelles Handeln die Lebensgeschichte der Inflationskinder nachhaltig beeinflußt hat, meist zum Negativen.

10.2.2 G1: Zwischen Resignation und Rat

Die ältesten Befragten des Göttinger Projekts sind nicht nur im schlicht genealogischen Sinn eine andere Generation. Als gesellschaftliche Generation sind sie in der ersten Sequenz aus Krise und Reform Kinder, Jugendliche oder junge Erwachsene, was im vorliegenden Zusammenhang vier besondere Aspekte hat. (1) Die Jüngeren sind mit den objektiv neuartigen Anforderungen der (Hyper-)Inflation oft besser fertig geworden als die Eltern und allemal als die Großeltern[153], was ihre monetären Fähigkeiten allgemein erweitert haben könnte. Manche durchschauten die Logik der sich scheinbar verselbständigenden Geldwelt soviel genauer als ihre Eltern, daß sie „Finanzminister" in der Familie wurden. (2) Durch die Verbindung dieser Er-

153 Auf die Frage, wie er mit dem Rechnen in „Milliarden und Billionen" klargekommen sei, erwiderte z. B. Herr Hermes (*1908): „Das ging eigentlich. Wir wußten, hinter, nach Millionen kommt Milliarden und nach Milliarden kommt Billionen. Und weiter brauchten wir dann ja nicht. Bei Billionen war es dann ja zu Ende. Aber ich habe mich damals schon kundig gemacht, was kommt denn nach Billionen." Diese Souveränität bezeichnet möglicherweise zugleich einen Vorsprung gegenüber allen Jüngeren, was im „Selbstversuch" leicht überprüft werden kann.

fahrungen mit jenen der normativ allgegenwärtigen Ära des Goldstandards könnte eine intellektuelle und psychische Flexibilität begünstigt worden sein, die dann ihrerseits eine souveränere Krisenverarbeitung ermöglicht haben könnte. (3) In der Abfolge und der Erbfolge sind es die Angehörigen von G1, die die Konsequenzen der wirtschaftlichen Entscheidungen ihrer Eltern während der Inflation in ihrem ganzen Leben „ausbaden" und sozial vererben. Abstiege und Abstürze könnten das Nachdenken über Modi der Krisenverarbeitung angeregt haben. (4) Geldgeschichtlich ist G1 die erste Krisengeneration, und ihre jüngeren Jahrgänge sind sogar die erste Papiergeldgeneration überhaupt. Auch diese kräftigen Einschnitte könnten eine kritische Distanz gegenüber der Welt der Altvorderen begünstigt haben.

Aufgrund dieser vier Besonderheiten ist es eine spannende Frage, welche Lehren gerade G1 gezogen und welche Ratschläge sie tradiert hat. Dieser Komplex war empirisch graduell anders anzugehen, weil dieses Mal das eigene Handeln lebender Zeitzeugen Thema war, nicht mehr das bloß wahrgenommene der längst verstorbenen Eltern. Die Ergebnisse der Frage, ob man später versucht habe, „die Erfahrungen aus der Zeit der Währungskrise irgendwie zu berücksichtigen", sind im quantitativen Teil schlicht und ernüchternd: etwa die Hälfte (52,1%) bejaht dies dezidiert-klar (39,6%) oder unspezifisch-diffus (12,5%). Dies entspricht den Ergebnissen für G0 erstaunlich weitgehend und stellt die eingangs formulierten Hypothesen nachhaltig in Frage.

Die Hälfte der BPn, die nach eigenem Bekunden keine Konsequenzen gezogen hat, antwortet zumeist mit einem knappen „Nein", das als solches keine Nachfrage erlaubt. Das ist auch bei den alles erklärenden Gegenfragen nicht anders, mit denen Herr Lange (*1912) bzw. Frau Eikermann (*1904) antworten: „Was sollte ich da machen?" und „Nein, was hätte ich machen sollen?" Auch Herr Schäffer (*1906) erlebte das Krisengeschehen als Krisenschicksal: „Ich mußte fertig werden mit dem, was uns aufgetischt wurde. Genauso wie meine Eltern damit fertig werden mußten. [...] Da können Sie als kleiner Mann gar nichts dran tun, wenn man nicht an den Hebeln der Wirtschaft sitzt." Besonders informativ ist das zeitlich vorgreifende Eingeständnis mangelnder Lernfähigkeit bei Herrn Scholz (*1902): „Leider nicht. Das hat sich ja im Zweiten Weltkriege wieder wiederholt, und da waren wir genauso dumm wie damals." „Damals" war seine wohlhabende Mutter vom Rentier zur Kleinstrentnerin geworden.[154] Vorgreifend sei angemerkt, daß Herr Scholz in der Geldgegenwart als jemand auftauchen wird, der ausschließlich in Forderungswerten anlegt.

Wie die vorige Generation erlebt auch ein Teil von G1 die Krise als Schicksal, dem lernend und reflektierend nicht beizukommen ist. Der größere zeitliche Abstand bringt das „coping" nicht voran. Auch die von G0 bekannte Bestätigung oder gar Bekräftigung des monetären Traditionalismus findet sich bei G1 wieder. Die beiden folgenden Belege sind inhaltlich vergleichbar; neu ist die bedauernd-liebevolle Tonlage der Erzählung. „Eigentlich wünschte ich mir, daß sie gelernt hätten, ihr Geld auszugeben. Aber ich glaube, das haben sie nicht gelernt, die haben ge-

154 „Meine Mutter, die war so niedergeschlagen, die konnte sich früher alles leisten, von ihrem Bechstein-Flügel angefangen und war auf einmal Bettlerin geworden."

spart ihr Geld, nach wie vor." (Frau Zubke, *1948) In die gleiche Richtung deutet Frau Eikermann (*1931) mit ihrem Urteil zur Sparneigung ihrer Mutter (*1904): „Eigentlich wundere ich mich, daß sie immer wieder so gelebt hat, als ob das nie wieder vorkommen könnte. Ich könnte nicht sagen, daß sie irgend etwas daraus gelernt hat, daß sie gesagt hat, so jetzt leben wir lieber mal ordentlich und sparen nicht mehr so viel. Nein, wüßte ich eigentlich nicht, daß das irgendwelche Konsequenzen gehabt hätte."

Andere Antworten beschreiben zwar dasselbe Phänomen, aber werten es als durch die Inflation selbst verursacht, wodurch es seinen Charakter ändert. Herr Tiemeyer (*1911) erweitert, indem er als Zeitzeuge spricht, unsere Kenntnisse über die damals aufkommenden Erosionstendenzen der Sparnorm, denen er selbst jedoch widerstanden hat: „Ja, es wurde immer gesagt, von einigen Leuten, nicht mehr auf der Sparkasse Geld behalten. Es kommt wieder mal ein Umschwung, und dann ist es wieder weg, ja. Aber darauf habe ich nicht reagiert." Herr Söder (*1908) „wurde sparsam" und benennt seine Gründe: „Sobald man dann eben eigenes Geld verdiente, hat man das zusammen gehalten. Man hat keine unnötigen Ausgaben gemacht." Auch Frau Bruns (*1911), die die dezidierte Sparorientierung ihres Vaters und die vertane Möglichkeit zum Bau dreier Häuser beklagt hatte, bekräftigt eben jene: „Wir haben immer wieder das Sparen vorausgeschickt." Andere, wie Herr Flebbe (*1902), sparten mangels Alternativen: „Ich habe angefangen zu sparen, [...] ich kam doch nicht an Geld, an Grundstücke [heran]." Auch Frau Dobler (*1900) hat die Krisenerfahrungen „berücksichtigt, denke ich schon." „O ja, na ja, irgendwie, ich meine, ich habe mein Leben immer nach guten Vorsätzen gelebt und weiter kann man ja da nichts machen. (X) Ja, freilich haben wir das gelernt, wir mußten wieder anfangen zu sparen, wir mußten arbeiten, von früh bis abends, daß wieder was wurde, es war ja logisch, das ergibt sich ja dann aus der ganzen Misere selber." Die „Misere" als Anstoß für monetären Traditionalismus hat noch einen anderen Aspekt, den Herr Hagenberg (*1908) herauspräpariert. „Ich habe versucht, sagen wir mal, Überbrückungskapital zu haben. Immer ein paar tausend Mark stille Reserven zu haben. Ich konnte nicht von einem Chef erpreßt werden, daß ich verhungert wäre, wenn er mich rausgeworfen hätte. So viel Unabhängigkeit wollte ich mir als früherer Selbständiger bewahrt halten als Angestellter." Hier wird ein Zwangsmechanismus mit allgemeiner Bedeutung sichtbar, der die Krise mit einem stets krisenanfälligen monetären Verhalten verzahnt: indem Teile einer Generation verarmen, zwingt sie eben diesen wie auch der nächsten Generation das traditionelle Sparen auf, die niederste Form monetärer Akkumulation.

Der monetäre Traditionalismus enthält in Verbindung mit dem Schicksalsdiskurs eine tiefere Eigendynamik, die zu erahnen ist, wenn man die folgenden Ausführungen von Frau Güthoff (*1911) sehr genau liest; möglicherweise wurde die Gedankenkette selbst erst durch das Interview angeregt. „Ich weiß nicht, vielleicht die große Dummheit, daß wir immer wieder sparen. Man weiß es nicht, wie man es auslegen soll. [Lachen] Es wurde immer wieder von Neuem angefangen zu sparen, ob es nun eine Dummheit ist oder wie man es bezeichnen kann." Dieser sie selbst einschließende Bezug auf die Lehren der Eltern wird dann auf gleicher Ebene auch familial fortgeführt: „Also man hat nie die Worte gebraucht: ‚Na, wer weiß, wie lange es dauert, dann nehmen sie es uns wieder weg.‘ Das war eben so, das mußte hingenommen werden [...] Und dadurch wurde es immer wieder gespart, nicht in den Strumpf gesteckt, sondern gespart.“ Auf diese Weise fallen nicht nur Krisenbilanz (Opfer), Krisenmechanismus (Zwangscharakter) und Krisenerklärung (Schicksal) in eins, sondern Frau Güthoff erlangt über ihr geschlossenes Weltbild auch Verhaltenssicherheit für den Fall der Fälle: Krisenfolgen müssen hingenommen werden, es wird immer wieder von Neuem angefangen, und es wird immer wieder gespart.[155]

Nun weist die Krisenreflexion der Inflationsgeneration nicht nur andere Akzente in identischen Orientierungen auf, sondern auch Ansätze einer qualitativ andersartigen Krisenverarbeitung. Ein Grenzfall ist Herr Kröger (*1908), dessen Überlegungen unmittelbar mit der Krise und den Lehren der Eltern beginnen: „Daß sie sparen müssen, das war das erste und das zweite, wenn etwas angeschafft wurde, wertbeständig. Da wurde auch nicht auf eine Mark geguckt dabei.“ Im Krisenkontext deutet sich zunächst eine allgemeine Sachwertorientierung an, die in der Folge jedoch als generationentypische, aber krisenprophylaktisch unklare Qualitätsorientierung gedeutet werden muß. Als Beispiele nennt Herr Kröger ausschließlich Gebrauchsgüter des täglichen Bedarfs: „Qualität hatte den Vorrang. Es mußte eben wertbeständig sein. [...] Kaufe keinen Schund, sondern achte auf Qualität.“ Bei der eigenen Berücksichtigung von Krisenerfahrungen angelangt, bestätigt sich dann auch deren unspezifische und eher normorientierte Berücksichtigung: „Wir haben normal weitergelebt, aber keine übertriebene Sparsamkeit oder keine übertriebene Sache daraus; die Maxime stand ja fest. Qualität, und da nun nicht unbedingt das teuerste, das muß ja nun nicht sein.“ In einer Reihe anderer Fälle werden Krisenanalysen deutlicher mit spezifischen Konsequenzen für das eigene Handeln verknüpft. „Ja, habe ich. Habe manches anders gemacht, als wenn man ein glattes Leben gehabt hätte. Man hat andere Berechnungen aufgestellt und und und.“ (Frau Wellstein, *1903)

Das vorgelegte Material hat, z. T. zwischen den Zeilen, gelehrt, daß die monetären Verwerfungen der zwanziger Jahre die BPn zeitlebens bewegt, ja sich tief ins Bewußtsein eingegraben haben. Mit ihren Eltern haben sie mehrheitlich den Normenhaushalt der Ära des Goldstandards und das fehlende Rüstzeug für den Umgang mit Währungskrisen gemein, so daß sie für ihr eigenes Leben keine oder nur sehr verhaltene Konsequenzen gezogen haben. Die aus den Besonderheiten dieser Generation abgeleiteten Hypothesen sind eher widerlegt als bestätigt worden, nicht ganz falsch, aber keinesfalls richtig. Damit verlängert sich die praktische Geltungskraft dieser Normen noch einmal um eine Generation. Und das liebevolle Verständnis, das G1 dem ökonomischen (Fehl-)Verhalten der Altvorderen ent-

155 Vielleicht fällt es Frau Güthoff leichter, diese Position einzunehmen, weil ihre bäuerliche Familie neben Verlusten auch Gewinne verzeichnen konnte. Aber der Vater von Frau Uhlenbrock hatte oben als Opfer ja ähnlich argumentiert, als er seinen Kindern empfahl, im gar nicht mal als unwahrscheinlich eingeschätzten Fall der Fälle halt wieder ‚frisch anzufangen‘. Diese Position zieht sich wie ein roter Faden durch eine Vielzahl von Äußerungen.

gegenbringt, wird aus der Ähnlichkeit beider Generationen klarer. Zugleich hat aber der langsame Katalysator zu wirken begonnen.

Auf einer anderen Ebene gibt es freilich einen einschneidenden Unterschied zwischen der G1 und ihren Eltern: bei den monetären Erziehungsbotschaften an die nächste Generation kommt der intergenerative Lernprozeß als Prozeß der Krisenverarbeitung in Fahrt. Drei von fünf Angehörigen der G1 hatten von ihren Eltern *keinen* Rat erhalten. Nun dreht sich das Verhältnis geradezu um: fast zwei Drittel (60,4%) geben Krisenlehren an ihre Kinder (G2) und nur noch jedes dritte Kind (35,4%) bleibt ohne Ratschlag. Die Inflationsgeneration mag in ihrem *Handeln* noch ähnlich zögernd gewesen sein wie ihre Eltern. Aber am Ende teilweise schmerzlicher individueller Reflexionen kommt der intergenerative *Lernprozeß* in Schwung: die Motivation zur Krisenverarbeitung und der Vermittlungsdruck sind am Ende recht stark. Die Botschaft an die nächste Generation ist eindeutig: G2 soll soziomonetär alles besser machen. Inwieweit die Adressaten den erhaltenen Rat als solchen erst registriert und dann geprüft und evtl. auch beachtet haben, ist eine andere Frage.

10.2.3 G2: Rezeptiv, reflexiv und sendungsbewußt

Die Botschaften von G1 kommen an. Die intergenerative Beratung gelingt zunächst in dem Sinne, daß sie häufiger wird und daß die Prozentwerte der empfangenen Kommunikationen dicht an denen der gesendeten liegen: beinahe zwei Drittel (62,5%) haben bei den Eltern Krisenlehren registriert und gut die Hälfte (52,1%) hat den Rat erhalten, Konsequenzen aus den familiären Krisenerfahrungen zu ziehen; fast alle diese Ratschläge sind soziomonetär und damit einschlägig. Knapp die Hälfte ist allerdings auch in dieser Generation ohne Rat geblieben – ein hoher, aber gleichwohl deutlich niedrigerer Wert als in der Beziehung zwischen G0 und G1. Das Ausmaß und die Einschlägigkeit der Kommunikation stützen jedenfalls den Eindruck, daß (Währungs-)Krisenreflexionen für diese Generation eine herausragende Rolle gespielt haben. Das heißt nicht, daß der Schicksalsdiskurs vollständig verschwindet; es heißt aber sehr wohl, daß sich die Akzente gründlich verschieben.

Ratschläge hören und beachten sind nun für die mittlere Generation sehr unterschiedliche Größen. Die Lehren, die die Berater-Generation selbst gezogen hatte, lagen ja oft sehr nahe an der Orientierungslosigkeit der Eltern oder hatten deren Traditionalismus bestätigt. So ist es nicht verwunderlich, daß G2 die Ratschläge zunächst einmal primär als Anstoß für die Reflexion aufnimmt, sich damit auseinandersetzt und sie u. U. auch verwirft. Dieser Zusammenprall sei anhand ausgewählter Konstellationen charakterisiert.

In der Stafette Lehmann hatte die Hyperinflation das Staatsverständnis von G0 schwer erschüttert, und unser Gesprächspartner (*1903) wird uns weiter unten (siehe 11.1) als Anleger begegnen, der Zeit seines Lebens die Zeichnung von Staatsanleihen meidet und sich auf Papiere mit Sachwertbezug (Pfandbriefe und Aktien) konzentriert. Wie wir von seiner Tochter (*1936) erfahren, lehnt er Immobilien wegen zu geringer Rentabilität ab: „Ja, was haben sie daraus gelernt? Also, mein Vater als Bankmann ist nicht sehr risikofreudig. Das sind Bankleute nicht. Also sie haben daraus gelernt im Grunde, sichere, ihr Geld sicher anzulegen. Das würde ich sagen. [...] Ja, wenig Risiken eingehen. Geldrisiko, risikoarm anlegen, das würde ich sagen, das haben sie daraus gelernt. Würde ich sagen, ist nicht unbedingt positiv zu bewerten, nur positiv zu bewerten. Aber, man versteht das natürlich aus der Vergangenheit heraus. [...] Und mein Vater war also z. B. dagegen, ein Haus zu kaufen, weil er meinte, dieses Geld könnte man sinnvoller, was man dafür ausgäbe, sinnvoller anlegen und verzinsen lassen. Das ist so ein typischer Standpunkt, und, na ja, das haben wir ja nun nicht so gemacht, Gottseidank." Während der Vater für sich selbst kein Wohneigentum erworben hat, hat die Tochter mit dieser Sicht gebrochen. Sie ist nicht nur zur Immobilie entschlossen, sondern ist bereit, die Finanzierung mit Hilfe eines Kredites zu riskieren. Aus der Selbstbeschreibung der Tochter und der darin enthaltenen gelddispositiven Abgrenzung zum Vater darf man rückschließen, daß bei ihm das Verschuldungstabu aus der Zeit seiner Kindheit noch eine Rolle spielt. Die Tochter: „Na ja, ich bin auch ein sparsamer Mensch, so ist es nicht. Ich meine, diese Erfahrungen stecken einem wahrscheinlich schon in den Knochen. Aber, ich bin auch ein Sicherheitsmensch eigentlich. Aber trotzdem würde ich auch in der Lage sein, mal ein finanzielles Risiko einzugehen. Also, ich habe die Erfahrungen teilweise, müßte man sagen, ja, verinnerlicht eigentlich, muß man sagen. Das ist eben, weil solche Erfahrungen eben einem ja eigentlich das Leben auch bestimmen."

Noch komplizierter ist die Koexistenz zweier monetärer Normwelten in der Stafette Tappe. Frau Tappe senior (*1912) hatte die Währungsfrage als Schicksalsfrage erlebt („Wir konnten ja nichts machen, wir waren ja hilflos.") und hält bis heute unerschüttert an der überkommenen Sparsamkeitsnorm fest. Ihr Sohn (*1939) äußert sich kritisch zu ihrem Traditionalismus: „Rational, würde ich sagen, nichts daraus gelernt. Wenn man rational herangeht, dann muß man sagen, man darf nicht viel Geld haben. Kein Bargeld oder Gleichbedeutendes. Aber trotzdem, Mutter spart, was sie sparen kann. Und Mutter ist reicher als ich, das weiß ich. Sie ist so erzogen. Und selbst wenn man mit ihr spricht, Mutter stimmt man nicht mehr um. Sie hat ihre Grundsätze. Es ist ihr Geld, sie muß damit machen – man kann ihr mal raten. Und es ist ja so, mein Bruder will jetzt bauen, dem hat sie Geld geliehen, mir hat sie für mein Geschäft auch Geld geliehen. Sie kriegt dafür ihre Zinsen, mehr als auf der Bank. So haben wir beide was davon." Der Sohn, als durchaus typischer Vertreter der mittleren Generation, nimmt gewissermaßen die Rolle des krisenbelehrten homo oeconomicus ein: „Ich sehe das mit der Inflation eben anders. (X) Ich habe auch nicht übermäßig Bargeld oder ein Sparbuch angehäuft, ich habe es auch mehr oder weniger angelegt. Beispielsweise habe ich ein Grundstück – heutzutage bin ich glücklich darüber. Ich habe es gekauft und habe freiwillig dem Verkäufer das Doppelte gegeben. Trotzdem, heute ist es das zehnfache wert. Noch mehr." Indem G2 bei dem Versuch scheitert, den Traditionsbruch zum Brückenkopf einer Bekehrung „von jung nach alt" zu machen, leben seine eigenen ökonomischen Verhaltensweisen geradezu vom kritisierten Traditionalismus der Elterngeneration. Das ist bei seinem Bruder nicht anders.

Für die mittlere Befragtengeneration der vor, im und kurz nach dem Zweiten Weltkrieg Geborenen ist die Aufarbeitung von familiären Krisenerfahrungen ein Thema mit hoher Priorität. Die Message der Eltern ist in dem Sinne auf fruchtbaren Boden gefallen, daß G2 zur systematischen Auseinandersetzung mit den sich wandelnden Währungsverhältnissen antritt. Die ältesten Befragten hatten als Generation nur gewußt, *daß* soziomonetäre Konsequenzen aus den Währungserfahrungen zu ziehen seien, aber nicht *wie* und *welche*. Ausgestattet mit der motivationalen Energie der elterlichen Sozialisationsbotschaften und deren teilweise bittere Lehren vor Augen hat sich die mittlere Generation der Krisenverarbeitung gestellt und sich intensiv mit Währungsfragen auseinandergesetzt. Um ein volles Menschenalter versetzt hat der langsame Katalysator zu wirken begonnen und auch Folgen im realen monetären Verhalten gezeitigt, auf das im Verlauf noch detailliert eingegangen wird. (Siehe 11.1) Schon hier dürfte aber exemplarisch deutlich geworden sein, daß die Lehren aus den Krisen in dieser Generation reichhaltiger, dichter und strategischer werden. Die Antworten sind fast durch die Bank präziser und differenzierter als in der vorigen Generation; häufig sind die Reflexionen mehrstufig, was zu entsprechend komplexeren Antworten führt.

Das starke Engagement der G2 zeigt sich auch in dem dominanten Wunsch, den eigenen Kindern Krisenlehren mitzugeben. Das „Sender-Bewußtsein" erreicht an der intergenerativen Schnittstelle zu G3 seinen Höhepunkt: eine starke Mehrheit (83,4%) will Lehren aus den Krisen weitervermitteln, und nur eine kleine Minderheit (16,7%) hält das für entbehrlich.

10.2.4 G3: Harthörige Ratgeber

Zwischen G2 und ihren Kindern stellt sich nun eine schwere Kommunikationsstörung ein. Schon die Frage nach Krisenlehren der Eltern bejaht nicht einmal mehr die Hälfte (45,8%); sie wird aber auch nur selten eindeutig verneint (18,8%), während ein größerer Teil einfach kein Urteil hat, u. a. weil man die Eltern oder sich selbst zu jung findet oder das Thema „kein Thema" ist. Dieselbe Tendenz erscheint in den Werten über erhaltene Ratschläge: nur ein Drittel von G3 (35,4%) hat die monetäre Erziehungsbotschaft als solche aufgefaßt, und wieder gibt es eine starke Gruppe, die sich zu dem Thema kein Urteil erlauben mag. Im Gegensatz zur Mehrheitsmeinung der Eltern, krisenbezogenen Rat erteilt zu haben, spielt die Botschaft in der Wahrnehmung von G3 keine große Rolle. Sie haben die kommunikativen Anstrengungen der Eltern nur zum Teil registriert und noch seltener als monetäre Erziehungsbotschaft eingeordnet.

In den quantitativen Ausprägungen rückt die jüngste Generation somit von den Eltern ab und bewegt sich auf die Groß- und Urgroßeltern zu. Auch hier zeigt erst die Analyse des qualitativen Materials die Differenz: die Altvorderen hatten keine Krisenlehren vermitteln *können*, die Jüngsten halten sie zum Teil für *entbehrlich*. Etwa Herr Stupp (*1977), zum Befragungszeitpunkt knapp 20 Jahre alt, bekundet offen Unwissen und Desinteresse: „Da müßte ich mir jetzt was aus dem Hirn fräsen, davon weiß ich ja relativ wenig, eigentlich, nachdem kann ich dazu nicht viel sagen." Auch Herr Pohl (*1951) hat keine Lehren bekommen und „wüßte auch nichts weiter zu geben, weil ich keine eigenen Erfahrungen aus dieser Zeit habe." Andere, wie Frau Albrecht (*1966), haben sich „noch nicht viel Gedanken gemacht" oder finden, wie Frau Hermes (*1963), das Thema eher lästig: „Ich wüßte nicht, was ich hätte anders machen sollen oder können. Das Ganze, die ganze Zeit sich immer nur danach richten, daß ja vielleicht so etwas kommen könnte, das ist dann doch ein bißchen viel."

Die größere Distanz zu den Währungskrisen und den Lehren daraus bedeutet freilich nicht, daß G3 das Thema für erledigt hält; nur die Lehren der älteren Generationen sind aus ihrer Sicht vielfach unbrauchbar. So hat Herr Bruns (*1966) für das Schicksal und die Themen einiger Vorfahren nur Geringschätzung und betont: „Nein, die Schlüsse habe ich selber gezogen." Die aufgezeigten Kommunikationsstörungen können somit *auch* als Kritik an den monetären Krisenlehren der Altvorderen und Zweifel an deren Relevanz gelesen werden.

Als (prospektiver) Berater der nächsten Generation schließt G3 nicht nur zu den Eltern auf, sondern ist sogar dezidierter als alle anderen Generationen: drei von fünf wollen G4 Krisenlehren vermitteln, und mit einer einzigen Ausnahme handelt es sich um dezidierte, klare Ratschläge, deren Inhalte alsbald dargestellt werden. Daß G3 als monetärer Sozialisationsagent Lehren vermitteln wird, die mit den selbst erhaltenen kaum noch Gemeinsamkeiten haben, deutet Frau Lange (*1965) mit ihren Erziehungszielen an: „Man sollte den Kindern vermitteln, daß sie das Geld irgendwo sicher anlegen. Also wenn sie jetzt mal genügend Geld haben, sollten sie das Geld irgendwo investieren, wo es doch relativ unbeschadet irgendwelche Krisen übersteht. Das ist natürlich immer ein Risiko, weil man das nie weiß. Wenn ich jetzt sage, steck dein Geld in Immobilien, das kann in zehn Jahren ganz anders aussehen. Aber ich denke mal, man sollte schon den Kindern vermitteln, daß sie gucken, daß sie es sicher anlegen, mal später."

10.3 Verarbeitungsmuster

Bislang haben die Lehr- und Lernprozesse mit dem Ziel im Vordergrund der Analyse gestanden, ihre Intensität und ihre generativen Spezifika herauszuarbeiten; besondere Aufmerksamkeit galt den retardierenden Prozessen, die den Katalysator Währungskrise in seiner Wirkung *bremsen.* Zudem sollten ganzheitliche Eindrücke über das Profil der Generationen vermittelt werden. Der folgende Abschnitt[156] dient dem Versuch, die Denkhorizonte herauszufinden, innerhalb derer die monetären Krisen reflektiert werden; die Aufmerksamkeit konzentriert sich stärker auf den *Katalysator selbst.*

156 Gemeinsam mit Frank Mußmann.

Eine auswertungstechnische Zwischenbemerkung sei vorgeschaltet. Zunächst war dem Umstand Rechnung zu tragen, daß es Menschen nur selten möglich ist, eigene Lernfortschritte, Defizite oder Argumentationsmuster bestimmten Lebensabschnitten zuzuordnen. Zudem konnten einschlägige Überlegungen an vielen Stellen des Interviews mitgeteilt werden; an anderen, ebenfalls geeigneten Punkten sind sie naturgemäß nicht wiederholt worden. Aus beiden Gründen wurde ein vereinheitlichender Blick auf alle systematischen Orte des Interviews gerichtet, an denen Lehren und Ratschläge mit einschlägigen Reflexionen und Vorsorgestrategien artikuliert werden konnten. Leitgedanken der Auswertung waren Kompatibilität und Vollständigkeit. Das zu erarbeitende Auswertungsschema sollte für alle in den Blick geratenden fünf Befragten- und Berichtsgenerationen (G0 bis G4) in gleicher Weise anwendbar sein, um Entwicklung und Wandel abbilden zu können. Aus den gleichen Gründen durfte die jeweilige Perspektive (Lehren der Eltern, eigene Berücksichtigung, Lehren für die eigenen Kinder bzw. die nächste Generation) keine Rolle spielen. Auswertungshorizont ist die Reflexion, nicht die Handlungsebene.

Tab. 10.4: Zentrum der Krisenreflexion nach Generation (N = 144; gerundete Spalten-%)

Zentrum der Krisenreflexion ...	**Sicht G1**		**Sicht G2**		**Sicht G3**	
	... bei G0:	... für G2:	... bei G1:	... für G3:	... bei G2:	... für G4:
Unspezifisch	50	50	19	25	25	44
Relativierung des Geldes	4	17	4	4	0	6
Reguliert-sparsamer Umgang mit Geld	17	17	42	27	23	4
Konsumtion/Hedonismus	6	2	10	2	4	4
„Inflation hedging"	15	10	25	40	13	40
Ohne Urteil	0	0	0	0	35	0
Residual	8	4	0	2	0	2
Summe	100	100	100	100	100	100

© Heisterhagen / Hoffmann, Soziologisches Seminar, Universität Göttingen

Der ganzheitliche Blick auf ein umfangreiches Materialkorpus führte nach einigen Zwischenschritten zu einem Klassifizierungsprinzip, das auf das *Zentrum* der Reflexionen abhebt; die Ergebnisse sind der obigen Tabelle zu entnehmen, die folgendermaßen zu lesen ist: pro Generation klassifiziert die linke Spalte, was man *an* und *bei* den eigenen Eltern wahrgenommen hat, und die rechte, was man selbst *in* der Elternrolle *für* die nachfolgende Generation überlegt hat; für die z. T. kinderlose G3 wurde die Frage entsprechend modifiziert.

Vor aller Interpretation und Illustration im Detail ist das Grundmuster der über fünf Generationen laufenden Verarbeitungsmodi herauszupräparieren. Die am häufigsten durch Währungskrisen betroffene G1 bleibt in doppelter Hinsicht besonders unspezifisch: bei den eigenen Eltern (= G0) hat die stärkste Gruppe (50%) keine gezielten Reflexionen festgestellt, und sie selbst haben genau so häufig (50%) keine spezifischen Krisenlehren an die Kinder (= G2) weitergegeben. Einen ähnlich hohen Wert (43,8%), der sich freilich ganz anders erklären wird, findet man nur noch in der Beziehung von G3 zu ihren (prospektiven) Kindern (G4); der ungewöhnlich hohe Anteil dieser Generation ohne Urteil über Krisenlehren ihrer Eltern (35,4%) wird an demselben Ort seine Erläuterung finden. Zugespitzt lautet dieser Befund: die am stärksten durch Krisen Betroffenen (G0 und G1) haben am seltensten spezifische Lehren daraus gezogen – seltener noch als die am wenigsten Betroffenen (G3 mit Blick auf G4).

Das zweite wesentliche Ergebnis ist der Trend, daß „inflation hedging", ein gezieltes Nachdenken über Möglichkeiten zur Krisenprophylaxe, bei den ältesten Generationen nur eine untergeordnete Rolle spielt. Danach wird dieses Reflexionszentrum immer häufiger betreten: bei den Botschaften der G2 und G3 an ihre Kinder steigt sein Gewicht von einem Zehntel (10,4%) auf zwei Fünftel (je 39,6%). Umgekehrt tendiert die Konsequenz eines reguliert sparsamen Geldumgangs, die von G0 bis G2 eine beachtliche Rolle spielt, bei den Lehren der G3 an ihre Kinder (G4) zum Verschwinden.

10.3.1 Keine Lehren: „Muß man eben so fertig werden"

In der nun folgenden Darstellung des Innenlebens der Variable zeigt sich, daß eine beträchtliche Minderheit der BPn keinerlei wirklich krisenspezifische Lehren gezogen und keine entsprechenden Ratschläge parat hat. Sie verneinen die entsprechenden Fragen oder machen auf andere Art deutlich, daß weder durch persönliche Nacharbeit noch durch Ratschläge in der Familienstafette Denk- und Handlungsoptionen entstanden sind. Etwa die Lebensregel von Herrn Lange (*1912) enthält keine krisenspezifische Handlungsoption: „Nicht zu hoch und nicht zu tief. Immer schön in der Mitte halten." Und Frau Eikermann aus der jüngsten Generation (*1966) formuliert, „daß Geld nicht viel wert ist und ständig verfallen kann." Bei diesen Befragten kann von Lernprozessen und Bewältigungsstrategien auch heute nicht die Rede sein – genau so wenig wie bei der allgemeinen Einschätzung, daß jede Krise spezifisch sei und Lehren der Vergangenheit grundsätzlich nicht ableitbar seien. Als Repräsentant dieser sehr kleinen Teilgruppe sei Frau Vogel (*1914) zitiert: „Na, was kann man daraus lernen, das ist ja jedesmal wieder anders. Jedesmal muß man eben so fertig werden." Aber auch wer, genau umgekehrt, die Inflation als einmaligen Betriebsunfall sieht und daher prinzipiell optimistisch ist, hat kein Pensum zu lernen. In diesem Sinne hat Frau Drewes (*1899) keine Lehren für die Kinder, „weil man ja gedacht hat, daß solche Krisensachen nicht mehr kommen."

Bei der Mehrheit der BPn hat die Beschäftigung mit den Krisenerfahrungen allerdings zu vielfältigen und komplexen Argumenten geführt, die sich jenen vier anderen Reflexionszentren zuordnen lassen, die in quantitativer Hinsicht schon bekannt sind; sie werden im folgenden im einzelnen vorgestellt und illustriert.

10.3.2 Relativierung des Geldes: „Mammon nicht so in den Vordergrund schieben"

In enger Nachbarschaft zu den unspezifischen Lehren aus den Währungskrisen stehen BPn, die sich in der einen oder anderen Form von der Geldsphäre distanzieren und die dort herrschenden Werte relativieren. Bei allen Unterschieden im einzelnen äußern die Menschen in dieser Kategorie (kollektive) Präferenzen, die der Monetarisierung des Lebens und dem Aufstieg des Geldes zum „Gott unserer Zeit" (siehe 17) Paroli bieten. Frau Ide (*1904) teilt dem Geld ganz allgemein einen Platz auf den unteren Rängen ihrer Wertehierarchie zu, was auch ihre erzieherische Botschaft ist: „Das Geld ist nicht überzubewerten, es ist nötig zum Leben. Aber es gibt wichtigere Dinge!" In diesem Sinne haben auch Angehörige späterer Generationen gelernt, daß „Geld eigentlich nicht alles ist" (Herr Beyer, 1963). Frau Negel (*1938) betont: „Ich würde dieses Geld, diesen Mammon nicht so in den Vordergrund schieben."

Die speziellere Relativierung geschieht zum einen durch eine Absage an die geldvermittelten Abhängigkeiten. So hält Frau Beyer (*1902) die Lehre bereit, „daß man sich nur auf sich selbst verlassen kann", und Frau Pietsch (*1913) empfiehlt, „daß man unbedingt versuchen muß, daß man nicht auf andere angewiesen ist, daß man selber sehen muß, wie man weiterkommt." Die bäuerliche Version der Relativierung sind die Überlegungen von Frau Ungerer (*1916): „Na ja, insofern schon, daß wir auch damals hier das Land bewirtschaftet haben und ein bißchen Kleinvieh gehabt haben, daß man nicht ganz so abhängig ist vom Geld. Das ist schon so gewesen."

Zum anderen geht es um verschiedene Schattierungen von humanen und sozialen Werten, bei denen z. B. Herr Korte (*1909) auf ein verantwortliches Miteinander abhebt: „Na erst mal, menschlich und korrekt anderen gegenüber zu bleiben." Besonders informativ ist die ausführliche Reflexion von Herrn Söder (*1943), der sich als Gattungswesen und Individuum gegen die Rationalität des homo oeconomicus stellt und *für sich* verwirft, „was man eigentlich aus den geschichtlichen Ereignissen hätte lernen müssen." „Entweder reagiert man ganz pragmatisch, man lernt daraus, daß man Schulden machen muß, nichts sparen, denn wer spart, dem wird gezehntelt oder halbiert und wer Schulden gemacht hat, dem werden die Schulden auch gezehntelt oder halbiert. Also ist man nur der Dumme, wenn man spart. Aber dann wird man auch zu einem ganz anderen Menschen, der man gar nicht sein will. Also kann man aus solchen Ereignissen nicht lernen." Andere BPn, die ähnlich reflektieren, werden die Konsequenz eines strategischen „inflation hedging" ziehen. Dieser Ausgang von inneren Kämpfen zeichnet den Entwicklungspfad für den Sozialcharakter ganzer Gesellschaften mit vor, was im Verlauf ausführlich demonstriert wird. (Siehe 18, 19)

Es ist ein interessantes und wohl nicht zufälliges Detail, daß es bei der wertrationalen Relativierung des Geldes, die insgesamt selten und mit sinkendem Alter immer schwächer besetzt ist, Traditionsbrücken gibt, die im Extrem alle drei Generationen verbinden. Die Stafette Wegener sei im Detail vorgestellt. Die Seniorin (*1906) beharrt trotz vielfältiger negativer Erfahrungen in diesem Jahrhundert auf dem für sie grundlegenden sozialen Kapital einer Kaufmannsfrau und formuliert als Lehre: „Auf alle Fälle: Bleib ehrlich!" Ihre Tochter (*1934) betont die Wechselfälle des Marktes bzw. des Währungsschicksals, wappnet sich jedoch durch Vorsicht und innere Werte: alles sei im Grunde vergänglich, und man solle „nicht auf eine Sicherheit zuleben." Die Enkelin (*1967) rundet das Familienbild ab. „Erst mal immer an oberster Stelle: Man muß auch ohne Geld innere Werte haben und eine gewisse Selbstachtung haben, die unabhängig vom Geld ist, immer."

Die Äußerungen zur Relativierung des Geldes sind nicht zuletzt deshalb geldsoziologisch so interessant, weil sie eine unübersehbare Affinität zu den vorinflationären Wertsystemen haben. Ihre Vertreter haben gemeinsam, daß sie ihr Heil *außerhalb* der Geldwelt suchen. Der Schwund dieser Position zwischen G1 und G3 indiziert eine allmähliche Umstrukturierung im Sozialcharakter der Deutschen, an der die Währungskrisen ihren Anteil haben; hierauf wird zurückzukommen sein.

10.3.3 Regulierter Geldumgang: „Eben präzise, geordnet, kontrolliert"

Für diejenigen, die als Konsequenz der Krisen Sparsamkeit und Regulierung leben und lehren, ist das Geld eine wichtige Angelegenheit. Sie leben *in* der Geldwelt, nicht außerhalb, und sie denken in Kategorien von Vorsicht, Umsicht und Gleichgewicht; großräumige Strategien und Risikokalküle sind ihnen jedoch fremd. Den Regulierern ist gemeinsam, „daß man Geld achtet", (Frau Drewes, *1921) „daß man halt das Geld schätzen soll und nicht zu viel davon ausgibt und nicht zu viel Schulden macht. Ja, daß man halt weiß, was alles wert ist." (Frau Ide, *1969) Man soll „sorgsam mit dem Geld umgehen" wie Herr Gerke (*1903) meint, der „keine unnötigen Sachen" kauft und die Regulationsformel „Nationalökonomie ist sparsame Bedarfsdeckung" durchaus auch für das private Wirtschaften verstanden wissen will. Herr Haller (*1906) schließlich bringt das Regulationskalkül auf eine exemplarische und handhabbare Formel: „Überlege Dir alles, was Du tust und übereile nichts. Überschlafe etwas, wenn es nötig ist, und dann bilde Dein Urteil am nächsten Tag." Diese ersten ganzheitlichen Eindrücke von den Regulierern sind im folgenden aufzufächern und nach Generationen zu differenzieren.

Sparsamkeit ist die herausragende Norm, die viele BPn als wesentliche Krisenlehre ihrer Eltern wahrgenommen haben; interessanterweise ist dies bei G2 am ausgeprägtesten der Fall. Inhaltlich decken sich einige dieser Bekenntnisse zur Sparsamkeit mit den Belegen zum monetären Traditionalismus, die oben als Illustration des eigentümlichen Phänomens verwendet worden sind, daß es Krisenbetroffene ohne Krisenlehren gibt. Wegen dieser engen Berührung sind hier allenfalls kleine Nachträge und der Aufweis der Veränderungen vonnöten. Zur Auffrischung und als Kontrastfolie für das folgende sei die Einschätzung von Frau Raabe (*1941) zitiert: „Gelernt? Eigentlich nichts, denn sie sparen nach wie vor. Da könnte man ja eigentlich sagen, ich lege mein Geld in irgendwelchen andern Werten an. Könnte ich eigentlich nicht sagen. Gerade jetzt im Alter sind sie eigentlich noch mehr geizig geworden. Aber daß sie da jetzt anders leben oder einen anderen Umgang mit Geld haben, das kann ich eigentlich nicht sagen.“[157] Es gibt nicht nur dieses Extrem, bei dem man sich, wie der Schatzbildner bei Marx, ein Leben lang der „Sisyphusarbeit der Akkumulation“(Marx 1962: 147) und dem Konsumverzicht stellt. Eine schon etwas mildere Form hat z. B. Mutter Drewes gelebt und gelehrt: daß man, wie es ihre Tochter (*1921) aufgenommen hat, „nur was kauft, wenn man das Geld zusammengespart hat. Sie hat sich das Auto gekauft, nicht eher, ehe sie nicht das Geld zusammen hatte. Und so ist auch eigentlich ihre Meinung heute noch.“
Vor dem Hintergrund dieses durch Krisen unbeschädigten oder gar verstärkten monetären Traditionalismus ist neu, daß die als Antikrisenstrategie verkündete Sparnorm ihren Anspruch noch weiter abschleift. Herr Hagenberg (*1939) hat z. B. als krisenbelehrte Botschaft aufgefangen: „Spar dir ein bißchen was.“ „Immer etwas im Rückhalt“ haben soll Frau Vogel (*1940), und auch die Empfehlung an Herrn Behr (*1948) ist moderat: „Ein bißchen was müßt Ihr auf der hohen Kante haben.“ In der Wahrnehmung von G3 spielt ebenfalls die relativierte Form eine Rolle, etwa wenn Frau Gerke (*1971) auf den „Notgroschen oder dieses Sparen für schlechtere Zeiten“ hinweist. Das monetäre Erziehungsziel, das Frau Menne (*1970) registriert hat, ist in seiner leicht distanzierten Lässigkeit sehr weit von den Rigiditäten der Altvorderen entfernt: „Das mit dem Notgroschen, daß man halt auch spart.“ Vereinzelt wird deutlich, daß die Relativierung der absoluten Sparnorm Teil der katalytischen Funktion der Krisen selber ist und – mehr noch – dies den Menschen auch klar ist. In der Erziehungsbotschaft an Frau Deschner (*1965) ist dieser Zusammenhang einmalig scharf angekommen: „Daß man mit dem Geld eben sparsam umgehen sollte. Aber auch nicht so viel ansparen, daß wirklich, wenn mal wieder so eine Situation kommt, daß man [nicht] so viel verliert.“

Geschwister der Sparsamkeit auf der administrativen Seite sind Rechenhaftigkeit und Ordnung, die in verschiedenen Varianten vorkommen. Bei Frau Möller (*1963) lautete die wesentliche Lehre, „eben präzise, geordnet, kontrolliert mit Geld umzugehen.“ Bei Frau Drewes (*1921) ist der Aspekt besonders ausgeprägt: dort wurde „das Geld aufgeteilt, wenn ich das Geld kriegte. Und dann haben wir

157 Vorgreifend sei vermerkt, daß Frau Raabe uns später (siehe 11.1) mit einer Präferenz für Immobilien wiederbegegnen wird.

uns dann hingesetzt und haben lauter Briefumschläge gemacht und haben das für Miete, das für die Rate für die Wohnung und das für Essen und das und dann. So haben wir das dann gemacht und dann war das alles klar." Am Rande bemerkt wirkt hier die Geldkultur der Goldstandardzeit nach: die Briefumschläge sind die Papiergeldform der Münztürmchen von damals.

Weitere Geschwister der Sparsamkeit und Garanten ihres monetären Erfolgs sind auf der konsumtiven Seite Bescheidenheit, Mäßigung und Qualitätsbewußtsein. Dieses Entsprechungsverhältnis ist in der Familie Hagenberg sehr ausgeprägt und in die klassische geschlechtsspezifische Arbeitsteilung eingebunden. In den Worten des Sohnes (*1939) stellt sich die Konstellation folgendermaßen dar. Sein Vater habe zur Alterssicherung „relativ viel Geld zurückgelegt" und seine Mutter sei „eine sehr, sehr bescheidene Frau, die mit wenig Geld viel gemacht hat und trotzdem großzügig war." Geradezu klassisch ist der regulative Modus der Krisenverarbeitung durch Herrn Evers (*1940) auf den Punkt gebracht worden: „Was haben sie daraus gelernt? ... Eigentlich haben sie daraus gelernt, ihre Ansprüche einfach nicht zu hoch zu schrauben. Das meine ich so, als Fazit aus diesem ganzen, daß sie gesagt haben, wir wollen ... unsere Ansprüche sind einfach gar nicht so hoch, daß sie eigentlich mit dem zufrieden waren, was sie hatten. Und daß sie sagten, na gut, wir versuchen, so gut wie möglich mit dem auszukommen, was wir jetzt haben, und eigentlich nicht ihre Ansprüche auch entsprechend dem Verdienst, den man dann hatte, weil es plötzlich mehr Geld wurde, dann auch die Ansprüche plötzlich so hoch zu schrauben. Sie haben also ihre Ansprüche eigentlich relativ gleich gehalten. Das war auch wohl eine Erfahrung aus diesen Krisen, die sie mitgebracht haben, und die sie umgesetzt haben auch. Wenn dann wieder eine Krise kommen würde, dann ist der Fall um so tiefer. Und um das einfach zu vermeiden, dann braucht man seine Ansprüche eben nicht so hoch ansetzen."

Die *Verschuldung* erscheint demgegenüber als feindlicher Gegenpol der Sparsamkeit, vor dem bei den Regulierern mehr oder minder nachdrücklich gewarnt wird. So hat der hochbetagte Herr Raabe (*1909) von seiner Mutter die Krisenlehre erhalten: „Junge, mit deinem Einkommen mußt Du auskommen. Bloß keine Schulden machen, denn wenn Du erst mal da drin sitzt, da kommst Du nicht mehr raus. Das war ihre Redensart." Auch ein Teil der nächsten Generation, repräsentiert durch Frau Schäffer (*1944) ist in dieser Rigidität sozialisiert worden; die Botschaft ihres Vaters (*1906) lautete: „Verschulde Dich nie! Das sich nicht Verschulden ist ein Prinzip." Das Verschuldungstabu weicht in Richtung auf die jüngste Generation einer gewissen Toleranz, die Frau Ide (*1969) exemplarisch dahingehend auf den Punkt bringt, daß man „nicht zu viel Schulden macht." Dieser wichtige Komplex wird an seinem systematischen Ort (siehe 11.2) auf anderer, breiterer Materialbasis ausführlicher behandelt.

Das intergenerative Konfliktpotential, das im Material bereits zu spüren war, wird in einigen Interviews manifest. Herr Otte (*1963) beschwert sich, von den Eltern nicht nur keinerlei Rat und Hilfe bei seinem Immobilienerwerb erhalten zu haben, sondern durch deren überkommenen Normenset regelrecht (aus-)gebremst worden zu sein: „Ich solle die Finger davon [Haus] lassen, soll zur Miete wohnen und soll zusehen, daß ich immer vor mich hinlege." Herr Hagenberg (*1939) kritisiert die monetären Ratschläge seiner Eltern und moniert den mangelnden Nachdruck: „Alles, was für die weitere Zukunft wichtig gewesen wäre, da hätte mir aus heutiger Sicht mehr Antrieb gefehlt und mehr der Druck: ‚Du hast was über, nun bringe das auch möglichst zu einem Bausparvertrag.'" Er selbst zieht dann intergenerativ eben diese Konsequenz und rät seinen Kindern: „Macht einen Bausparvertrag, versucht eines Tages euch was Eigenes zu schaffen." In beiden Belegen war der monetäre Traditionalismus mit jener strategischen Krisenprophylaxe auf Kollisionskurs, die im Verlauf des Kapitels bei den „inflation hedges" auftreten wird. (Siehe 10.3.5)

In der Stafette Stupp liegt er im Konflikt mit dem Hedonismus, den andere BPn als Ergebnis ihrer Krisenverarbeitung propagieren werden. Von der überkommenen Sparnorm und dem entsprechenden Erziehungsziel („daß ich halt mehr sparen soll") distanziert sich der Sohn (*1977) mit ironischem Bekenntnis zu seinem demonstrativen Konsum: „Daß man also eher sparsam leben [soll], nicht so protzig, wie ich das jetzt so halt [mache]." Die Botschaft der Regulierer erscheint intergenerativ nur noch als Hindernis für erfolgreichere oder angenehmere Modi der Geldverwendung.

10.3.4 Hedonismus: „Nicht horten, gut leben"

Es ist ein quantitativ unbedeutender, aber qualitativ wichtiger Befund, daß eine Minderheit der BPn ihre Krisenerfahrungen konsumtiv-hedonistisch verarbeitet; sie sind der genaue Gegenpol zu den Regulierern. Das Sparen wird abgelehnt, es gibt keinerlei Reflexion auf Geldanlagen, sondern jede Form der Geldillusion wird als Gefahr markiert und systematisch durch Meiden der Geldform umgangen. Statt dessen werden Geldäquivalente als Gebrauchswerte realisiert. Inflationsschutz wird durch zeitnahen, d. h. sofortigen oder zumindest rechtzeitigen Konsum gesucht. Das klassische Muster bürgerlich-puritanischer Sozialisation, Belohnungen erst durch aufgeschobene Bedürfnisbefriedigung zu erlangen, („deferred gratification pattern") wird programmatisch ausgemustert.

Besonders eindrucksvoll ist eine lückenlose hedonistische Traditionsbrücke, die unmittelbar aus den dramatischen Einbußen durch die Große Inflation entsprungen ist. Frau Sittler (*1911) berichtet, daß das bedeutende Rentiersvermögen ihrer Großmutter und das Geld ihrer Eltern (G0) durch die Hyperinflation verloren gingen. Sie selbst zeigt sich, wie viele andere ihrer Generation, hilflos gegenüber der Währungskrise, sie hat keine Krisenlehren gezogen, aber von ihrer Tochter (G2) erfahren wir, sie habe gelernt, „zu leben! Ja, also kein, nicht allzu viel anzusparen, kein Vermögen anzusparen mit Geld, sondern meine Eltern haben gelebt, und das ist, finde ich, haben sie vielleicht auch richtig gemacht." (Frau Sittler, *1936) Es deutet sich hier schon an, daß Frau Sittler medio diese Lehre auch auf sich selbst anwendet. Zwar sollte man über einen Notgroschen verfügen, „aber man sollte nicht irgendwie ein Vermögen anhäufen, man sollte sich selbst was persönlich

Gutes tun.“ Die Enkelin (*1967) steht vollständig in der Tradition ihrer Vorfahren: „Also ich stehe auf dem Standpunkt, oder wir beide jetzt auch, wir sagen: ‚Okay, das was wir haben, so danach leben wir jetzt, und wir leben jetzt. Es ist nicht so, wir haben zwar Rentenversicherung und Lebensversicherung und so, aber ich bin, ich tendiere jetzt mehr dazu, daß ich sage: Für das Geld, was ich verdiene oder das Geld, was ich habe, investiere ich halt in mein Leben. Also ich bin nicht so der Scheffler.“ (Frau Sittler, *1967) Ähnlich klar ist der Verursachungskomplex in der Stafette Hermes. Der Senior (*1908) rät seiner Frau bis heute: „Kauf! Kauf! ... Ich will kein Geld stapeln und anwachsen lassen auf große Summen. Ich möchte immer das Geld umsetzen, damit wir was davon haben und nicht daß [es] da im Kasten liegt oder was.“ Das bestätigt auch sein Sohn (*1938) mit einem lachenden und einem weinenden Auge: „Gelegentlich kamen dann so Gespräche hoch oder Meinungen hoch, daß man das Geld doch bald wieder ausgeben sollte und nicht so viel auf die hohe Kante legen sollte, weil die kaum Gelegenheit hatten, viel Geld anzusammeln. Meine Eltern haben es wirklich ausgegeben das Geld. [...] Deshalb gab es auch keine große Sorge vor der nächsten Währungsreform oder so und also, auch meine Eltern versuchen dann auch, nicht in den alten Möbeln rumzuhocken, sondern es wird immer mal was erneuert, wird was renoviert, und ich glaube nicht, daß ich mal viel erben werde [Lachen].“ Herr Hermes (*1908) problematisiert zwar den krisenursächlichen Ursprung seines Hedonismus („Ja, ob das nun daher kommt ...“) und führt den Punkt im Anschluß an seine sehr negativen Krisenerlebnisse während der Hyperinflation weiter aus: „Na ja, wie ich mich verhalten habe, weiß ich nicht, ob das aus den Erfahrungen heraus geschehen ist. Ich habe immer gedacht, das Geld ist dazu da, es auszugeben, nicht wahr. Und ich habe gedacht, du mußt eine Reserve haben, habe dann tatsächlich 100 Mark auf die Sparkasse gebracht, um 100 Mark als eiserne Reserve zu haben, mehr nicht also. Sonst habe ich immer alles, was ich verdient habe, ausgegeben.“ Für den Interpreten liegt der Fall womöglich klarer als für das Opfer: der statusmäßig höher positionierte Vater hatte sich vor dem Ersten Weltkrieg durch Zahlung eines hohen Betrages aller Unterhaltsverpflichtungen für seinen unehelichen Sohn mit einem Schlag entledigt. Die hart arbeitende alleinerziehende Mutter rührte das für die Schulausbildung des Sohnes gedachte Geld nie an, selbst als es in der Hyperinflation stündlich an Wert verlor. Der Sohn konnte so seine hochgesteckten Bildungsaspirationen trotz hervorragender Leistungen und einer „Freistelle“ ohne Schulgeld nicht verwirklichen und machte statt dessen eine Schneiderlehre. Das zur Unzeit gehortete Geld hatte ihm so weder die verheißene Zukunft vermittelt noch Konsumbedürfnisse erfüllt, was das Konsumkalkül (psychologisch) dann doch in einen Krisenkontext zu stellen scheint. So wirkt sein marginales Sparen eher als Konzession an die ihn umgebende Sparnorm, während die Konsumorientierung die wesentliche Konsequenz ist.

An der Traditionsbrücke Sittler hatte sich schon ein Phänomen angedeutet, das etwas näher zu entfalten ist: die Wende zum Hedonismus ist häufiger an anderen beobachtet worden – gleichsam ein verschämt praktizierter, kein bekennender Hedonismus. Dies zeigt sich auch bei Frau Sittler medio, die sich – abgesehen von ihren Krisenlehren – als Puritanerin präsentiert; es ist deshalb kein Widerspruch, wenn die Stafette Sittler unter sozialcharakterologischem Gesichtspunkt als hedonistische Traditionslücke wieder begegnen wird. (Siehe 19.4) So sind die meisten Reflexionen Vergangenheitsbetrachtungen; Konsumorientierung wird bezeichnenderweise eher *über* als *durch* Eltern berichtet. In diesem Sinne erzählt auch Frau Negel (*1938): „Zunächst mal wurde nicht mehr gespart. Weil man ja gesehen hatte, daß das Ersparte weg war. Es wurde ausgegeben. Es wurden je nachdem, wie man das Geld hatte, eben auch Waren gekauft. Also, meine Mutter spart auch heute nicht." Und Frau Stupp (*1944) berichtet von ihrer Mutter: „Die würde sagen: jetzt gebe ich lieber mein Geld aus, dann habe ich jetzt etwas davon." Auch die folgende Beobachtung an G1 fügt sich ohne Bruch in das entstandene Bild: „Meine Eltern haben daraus gelernt, wiederum kein Geld auf die Bank zu legen, sondern alles zu investieren bzw. jetzt zu verleben. Auto, noch ein Auto, Mutter einen Motorroller und dann hat sie sich einen Hundezwinger angeschafft, hat Schäferhundzucht – alles so Hobbys. Man hatte nichts auf der Bank, weil in der DDR das war sinnlos." (Herr Teske, *1928) Die Verschämtheit der hedonistischen Wende bei der ältesten Generation ist nicht verwunderlich, wenn man sich an den Set von Normen und Werten erinnert, mit dem sie aufgewachsen ist. (Siehe 5.1.2) Die Häufung dieses Phänomens rechtfertigt jedenfalls die Vermutung, daß es öfter vorkommt als im Interview erwähnt. Seine Bedeutung für die Zukunft sei mit den Worten von Frau Beyer (*1935) illustriert, die fest mit einer neuen Währungskrise rechnet: „Daß es nicht viel Zweck hat, irgendwas zu horten oder so, daß sowieso, daß es immer so kommt, daß es alles weg ist." Und später: „Nicht horten, gut leben."

Ebenfalls angedeutet und exemplarisch illustriert sei der sozialisationstheoretisch relevante Umstand, daß Ehepartner die Krisenerfahrung unterschiedlich verarbeiten und so zu Trägern unterschiedlicher Werte werden können. Eine regelrechte Polarisierung zwischen Hedonistin und monetärem Traditionalisten hat Frau Stupp (*1944) bei ihren Eltern beobachtet: „Mein Vater hätte weiterhin gespart, gespart, gespart. Nach dem Sprichwort ‚Spare in der Zeit'. Die Mutter ist etwas anders, die sagt, ich will jetzt das, was mir vorher gefehlt hat, will ich jetzt etwas aufholen. Sie spart zwar auch, daß sie keine Schulden hat, aber sie gibt auch ihr Geld aus, wenn sie irgendwas hat, worüber sie sich jetzt freut, was sie meint, sie braucht das jetzt. Also ich würde sagen, der Vater hätte nichts gelernt aus dem einfachen Grunde: Ich spare. Das Geld wird entwertet, ich spare wieder von Null an. Die Mutter, die würde sagen: jetzt gebe ich lieber mein Geld aus, dann habe ich jetzt etwas davon. Das ist vielleicht die Tendenz."

10.3.5 Inflationshecken: „Geld ist unsicher"

Eine besonders große thematische Bandbreite haben die Gedanken über das Errichten von Schutzhecken gegen monetäre Krisen („inflation hedging"). Dies sind die einzigen Reflexionen, die der Währungskrise originär und strategisch begegnen wollen. „Inflation hedges" umschließen als Sammelkategorie zunächst alle nichtkonsumtiven Verwendungen von Geld, die als solche gegen Inflation und Abwertung gefeit sind; hinzu kommen bestimmte Dispositionen des Individuums, die zum Operieren in der krisengefährdeten Geldwelt notwendig sind. Im einzelnen geht es um den Erwerb von *Sachwerten*, die gezielte Einnahme von *Schuldnerpositionen*, die Bildung von *Humankapital* (i. S. von Investition in immaterielle Vermögenspositionen), den Erwerb von *Anwartschaften in der Sozialversicherung* als Abschluß des Generationenvertrags. Neu und etwas ungewöhnlich zugeordnet ist die Flexibilität des Individuums, die eine Kompensation monetärer Risiken erleichtert.

Sachwerte

Die bekannteste Inflationshecke ist der Erwerb von *Sachwerten*, unter denen *Immobilien* einen von Generation zu Generation immer weiter herausragenden Platz einnehmen; auch die Tonlage der Begründungen wandelt sich auf informative Weise. Bei den Eltern der BPn (G0) ist die ursächliche Verwurzelung der Sachwertüberlegungen in den Krisenerfahrungen deutlich zu erkennen. Frau Evers (*1904) will ihre Konsequenzen insbesondere für die Nachkrisenzeit verstanden wissen, als sie die Hyperinflation noch im Nacken spürte. „Es ist vielleicht so, daß man da immer versucht hat, noch, also vor allen Dingen die ersten Jahre, für sein Geld Werte anzuschaffen. Es war ja auch so, der Nachholbedarf war ja auch so groß. Nicht, daß man da nicht so sehr auf Sparen war, sondern daß man erstmal das Gefühl hatte, das ist vielleicht noch von da aus gewesen, Werte, daß man sich Werte anschaffte. Ich glaube, das ist, das war wohl, daß man immer noch die Inflation im Rücken hatte.“ Bei ihr taucht zum ersten Mal auch eine strategische Zweckorientierung auf: „daß wir da eigentlich immer versucht haben, na ja, erst mal zu sparen, um sich Werte anzuschaffen.“ Auch Herr Korte (*1909) erinnert sich an nachdrücklichste und schon eindeutigste Modi der Krisenverarbeitung bei seinen Eltern: „Na, da stand fest – also klar war schon, daß es wichtig war – vor allen Dingen Grundstück, also Boden war das wichtigste.“ Weiter muß auf Herrn Lehmann eingegangen werden, dessen Eltern durch die Krisenschäden den erwähnten Vertrauensverlust gegenüber dem Staat erlitten hatten. Herr Lehmann macht sich diese Erfahrungen unmittelbar zu eigen und begründet seine Sachwertorientierung bei Geldanlagen ex negativo. Auf die Frage nach der Berücksichtigung von Währungserfahrungen antwortet er: „Ständig. Ständig, ja. (X) Durch Geldanlagen, und durch Vermeidung von Staatsanleihen. Und Spezialisierung auf Hypothekenpfandbriefe und Aktien.“ Ansonsten wird empfohlen, „nicht zu verkaufen, irgend etwas, was Wert hat, wenn die Zeiten unsicher sind“ (Frau Wellstein, *1903) oder alles ins Haus zu stecken: „Also wenn wir mal Geld übrig hatten, dann wurde was am Hause gebaut. Sie hat gerne gebaut! Daß, wenn das Geld wieder futsch ist, daß wir das wenigstens gemacht haben. Das haben wir gelernt.“ (Frau Menne, *1911) Frau Pochadts (*1907) Eltern haben sie unterstützt, ein Grundstück zu erwerben, weil das „materiell doch vielleicht eine festere Entscheidung war, als das Geld auf die Sparkasse zu bringen.“

Im Übergang zur G2 nimmt die Sachwertorientierung nicht nur quantitativ zu, sondern auch das Vokabular, die Tonlage und die Argumentationsstruktur ändern sich zum sachlich Kalkulierenden und Selbstverständlichen. Fast durchgängig wird mit der Argumentationsfigur „Geld ist unsicher – Sachwerte sind sicher“ operiert. Diese Lehre aus der (Familien-)Geschichte wird überzeugt und engagiert vorgetragen. Für Frau Korte (*1954) z. B. kommen die familiären Krisenüberlegungen zu einem klaren Ergebnis: „Also man muß das Geld entsprechend anlegen. Das, was man erspart hat, irgendwo anlegen und zwar in Grundstücken bzw. Land. Ja, das immer irgendwo. Ja, der Wert bleibt erhalten.“ „Sparen lohnt sich nicht – Grundstücke, Land ist wichtig.“ Herr Flebbe (*1936): „Man sollte also nicht möglichst, nicht zuviel Geld, nicht zuviel Bargeld sparen, sondern Geld anlegen. Sprich Immobilien oder Sachwerte.“

Interessanterweise taucht auch im Zusammenhang mit Häusern und Grundstücken beobachtbares Handeln auf, das aber noch nicht verkündet werden kann. Zum Beispiel hatte Frau Menne senior über ihre Mutter (G0) berichtet, daß sie gerne baute und alles Geld ins Haus steckte. Sie selbst (G1) hat aber, wie viele andere ihrer Generation, bewußt keine krisenspezifische Sozialisationsbotschaft parat: „Eigentlich nein.“ (Frau Menne, *1911) Von ihrer Tochter (G2) erfahren wir dann den Kernpunkt der intergenerativen Botschaft: „Also meine Mutter, die sagt immer: Ich spare und mache dann sofort was fürs Geld, daß ich auch was dafür habe, daß ich es nicht wieder verliere. Das ist also die Devise meiner Mutter. Ausgeben oder Anlegen – ja. Am besten was dafür schaffen.“ (Frau Menne, *1939)

In der mittleren Generation wird dann aus dem verschämt Internen die fast schon selbstverständliche familiale Strategie: „Ja, also wir haben gesagt, ... man soll immer sparen und soll sich dann was dafür anschaffen, daß das Geld nicht wieder ... Das war die Devise bei uns, daß das Geld nicht wieder verlorengeht. Daß man wenigstens dann was dafür hat. Denn wir haben ja viel Geld verloren, was dann einfach weg war. Wo man für gearbeitet hat, d. h. meine Mutter. Und da war das bei uns immer so, wir sparen und machen irgendwas dafür, wir machen am Haus was oder wir schaffen uns was an oder ins Geschäft gesteckt und so. Also das war halt immer unsere Devise so.“ (Frau Menne, *1939) „Vielleicht, daß Geld in dem Sinne doch wertlos ist, das wurde nicht direkt gesagt, aber wenn man eine Immobilie oder Land hatte, das bleibt eben, das überdauert auch eine Währungskrise. Während Geld auf der Bank doch relativ unsicher ist.“ (Frau Güthoff, *1937) Auch für Frau Raabe (*1941) und ihre Familie sind die Konsequenzen klar: „Was wir eben, mein Mann und ich, gelernt haben, ist, daß wir eben sagen, das Geld nicht arbeiten zu lassen. Wir bauen lieber was und stellen eine Immobilie so hin, daß man das Geld nicht so hat. Daß man das Geld so spart oder anlegt in Aktien, davon sind wir abgekommen.“

Entsprechend wandelt sich die Sachwertorientierung vom lediglich vorgelebten Sozialisationsimpuls zum Erziehungsziel. Herr Flebbe (*1936) hat eine eindeutige Lehre bereit: „Spart für ein Haus oder spart für ein ..., kauft euch ein Haus oder eine Wohnung oder so etwas.“ Herr Tappe (*1939): „Bares Geld bzw. gleichbedeutende Werte so wenig wie möglich – nur das, was man wirklich braucht zur Absicherung des Lebensunterhalts auf eine absehbare Zeit – ansonsten es in Werte anzulegen, die dauerhaft sind bzw. noch im Wert steigen, wie z. B. Immobilien usw. Es gibt zwar noch andere Anlageformen, die sind dann aber immer risikobehaftet und da muß man auch immer differenzierter herangehen. Mein Grundsatz ist: Risikohafte Anlagen nur, wenn man das Geld wirklich überflüssig hat, nicht."

Nirgends ist das „hedging" und speziell die Immobilienorientierung ausgeprägter als in G3 und dort beim Rat für G4. Auch die Tonlage und das Vokabular ändern sich, werden noch analytischer und abstrakter. Insbesondere hat es G3 als Selbstverständlichkeit verinnerlicht, daß Geldwertschwankungen und Krisen existieren. Natürlich wird die Analyse nicht immer so lehrbuchmäßig vorgetragen wie bei Herrn Negel (*1970): „Geld ist halt eben nur ein Symbol für einen Wert und das kann seinen Wert verlieren. Also sollte man vielleicht eher sehen, daß man mit dem Geld etwas schafft, was seinen Wert behält." Seine Position dokumentiert in Reinform die *analytische Reflexionsebene*, die seine Generation von den Großeltern und Eltern unterscheidet und die sie zugleich kennzeichnet. Auch in stärker umgangssprachlichen Antworten wird deutlich, daß große Teile von G3 die Geldillusion überwunden haben. Frau Ahrens (*1960) gedenkt ihr Vermögen lieber in Dingen anzulegen, „die unabhängig vom Geldwert sind," und Herr Pietsch (*1969) will „Geld oder die Stabilität des Geldes nicht unbedingt als eine feste Größe sehen."

Schulden

Des weiteren nagt die Krisenerfahrung am Verschuldungstabu und trägt zu dessen Erosion bei. Bei den BPn des Göttinger Projekts ist diese Position zwar quantitativ randständig, sei aber gleichwohl exemplarisch ausgeführt. In der Stafette Sauters bilanziert G3 (*1955) die Dynamik der intergenerativen Krisenverarbeitung: „Vielleicht meine Mutter, weil sie ja vorsichtig ist, natürlich jetzt alles so absichert, daß so etwas nicht passieren kann. Das glaube ich schon, daß sie das verstanden hat. Und darum glaube ich auch, daß dieses mit dem ‚Schuldenmachen' – also, sie hat mir mal erzählt, die Uroma, also die Mutter von meiner Großmutter, daß die eben durch die Inflation auch sehr viel verloren [hat] und natürlich auch durch die Besetzung. Und daß die immer den Grundsatz hatte, eben keine Schulden zu haben. Und daß das nun falsch wäre, also das könnte man ruhig machen." Sachlich ähnlich, aber ungleich forscher ist die geldsozialisatorische Botschaft von Frau Lehmann medio (*1936) an die Kindergeneration: „Ein Ratschlag, der immer gilt meiner Ansicht nach ist der, Schulden nur im Rahmen seiner Möglichkeiten zu machen, daß man auch sicher sein kann, sie durch ein regelmäßiges Einkommen auch wieder zurückzahlen zu können. Also nicht grundsätzlich was gegen Schulden zu haben, es geht mitunter nicht ohne Schulden. Aber, man muß auch wissen, daß man sie irgendwann zurückzahlen muß und die Risiken in der Hinsicht also kleinhalten. Ja, das würde ich wohl so sagen, das ist vielleicht eine Lehre daraus, Risiken kleinhalten." Zwischen dem Verschuldungstabu der Goldstandardzeit und der pragmatisch kalkulierenden Normalität der BP liegen Abgründe.

Qualifikationen

Auch in *Bildungs- und Ausbildungsfragen*, insbesondere bei der Genese höherer Aspirationsniveaus, wirken die Währungskrisen als Katalysator. Wie intensiv die Große Inflation zur Herausbildung auch dieser „inflation hedge" beigetragen hat, ist noch Jahrzehnte später präsent. Frau Ungerer (*1916), seinerzeit Schulkind, spricht eindringlich von der Schubkraft der Inflation für die Entwicklung dieser Antikrisen-Strategie: „Na ja, doch, meine Mutter hatte ja schon damals immer gesagt: ‚Kind, lern bloß was!' Und alles andere, weißt du ja, nach der ersten Inflation, da weiß man nie, was morgen ist. Was du gelernt hast, kann dir keiner nehmen und so." Und in der Stafette Drewes ist bei der Ausbildungsinvestition als Krisenschutz mittlerweile eine Traditionsbrücke über drei Generationen entstanden: „wie mein Vater mir beigebracht hat schon: ‚Was du lernst, kann Dir keiner nehmen'. Und so habe ich auch meine Tochter erzogen. Ich habe immer gesagt: ‚Ich kann Dir keine Reichtümer mitgeben, aber eine anständige Ausbildung.' Dadurch hat sie dann das Abitur gemacht. Das ist mir ja auch alles schwer gefallen, denn ich mußte es ja alles selbst bezahlen und mein Mann damals, der bezahlte im Monat 80 Mark." (Frau Drewes, *1921)

Katalytisch wirkt die Verarbeitung der Krisenerfahrungen auch für die Bildung der Frau – durch die unterschiedlichsten Konstellationen und Schicksale. Ein gutes Beispiel dafür ist Frau Pietsch (*1913), die als alleinerziehende Mutter in der Zeit nach dem Zweiten Weltkrieg nachdrücklich erfahren hatte, was es hieß, ohne verwertbare Ausbildung (Hauswirtschaft) den Broterwerb für die Familie sichern zu müssen. Bei ihr ist es die doppelte Erfahrung von Not und Bildungsbenachteiligung gegenüber ihren Brüdern, die eine ungeheure Anstrengung für ihre Tochter freisetzt. „[Meine Eltern – d. Verf.] waren darauf bedacht – meine Brüder haben alle die Meisterprüfung gemacht – daß alle einen anständigen Beruf lernten. Und was ich daraus gelernt habe, war, ich habe aus Scherz gesagt: ‚Und wenn ich mit Spucke schrubben muß, dann geht meine Tochter, dann lernt die einen Beruf oder auch ein Studium, das schaffe ich, und das habe ich auch geschafft!'" Das Bildungsziel, ein Chemiestudium für die Tochter, wurde erreicht; es war in den fünfziger Jahren keine Selbstverständlichkeit. Doch auch die konträre Ausgangssituation, die bewußte Bildungsdistanz für Töchter wohlhabender Kreise, hält der Krisenerfahrung nicht stand. Frau Möller (*1905), Tochter einer begüterten Kaufmannsfamilie, war eine standesgemäße Versorgung gewohnt[158] und mußte kein Studium als Existenzgrundlage anvisieren. Dennoch setzt sie sich später aus eigener Erfahrung vorbehaltlos für das Abitur und das Pharmaziestudium der Tochter ein: „Da schrieb meine Tochter mir, daß sie aus der Schule gehen wollte, die Freundinnen gingen auch alle ab. [...} Habe ich sofort zurückgeschrieben, es kommt überhaupt nicht in Frage, du machst dein Abitur, du willst doch Apothekerin werden, da mußt du das Abitur haben. Und später hat sie mir gesagt: ‚Mutti, was bin ich dir so dankbar, daß du fest geblieben bist'. Denn das hatte ich aus dem

158 „Ich glaube, ich war zu verwöhnt. Sehen Sie, solange ... Ich sagte Ihnen ja, wie meine Mutter lebte, hat sie mich eingekleidet. Mein Mann hat, solange wie wir verheiratet waren, nicht einen Pfennig für mich bezahlen brauchen."

Ersten Weltkrieg gelernt, daß die Kinder eine richtige Ausbildung haben mußten." Entsprechend lautet die zentrale Lehre und Erziehungsbotschaft von Frau Stupp (*1944) an die nächste Generation: „Aber vor allen Dingen eine gute Berufsausbildung, ein gutes Wissen, daß ich jederzeit wieder von vorne anfangen kann. Denn das haben wir ja wirklich gesehen: Geld ist vielleicht gut verdient, mal schnell verdient, genauso schnell aber wieder weg. Aber das, was ich wie gesagt im Kopf habe, mit dem kann ich wieder weiterarbeiten und kann neu anfangen. Das kann mir niemand nehmen." So haben die Währungskrisen nicht nur – wie vorn gezeigt – Bildungsaspirationen vereitelt, sondern auch stimuliert und die Emanzipation der Frau sowohl gebremst als auch gefördert.

Für die unmittelbar von Währungskrisen betroffenen Ältesten war das Streben nach Qualifikationen eine überaus wichtige handlungsleitende Krisenlehre. Aber der Ausbau und die Öffnung des Bildungssystems haben in der dritten Generation offenbar dazu geführt, daß dieses Argument nicht mehr vorkommt. Eine gute Ausbildung hat heute aus vielen Gründen eine hohe Bedeutung, und das Bewußtsein darüber ist Allgemeingut. Unser Material legt durchaus die Vermutung nahe, daß die Bildungsexpansion der vergangenen Jahrzehnte und der privat wie öffentlich damit verbundene Ressourceneinsatz unter anderem deshalb so viel Rückhalt in der Bevölkerung hatten, weil die Geburtsjahrgänge bis zur Jahrhundertmitte (also G0, G1, G2) die Erfahrung gemacht haben, daß Qualifikation eine *inflationsgeschützte Humanressource* ist. So fügt sich alles harmonisch zum ebenso altruistischen wie zukunftsorientierten Bildungskonsens im Nachkriegsdeutschland. Vieles spricht dafür, daß auch die Erfahrungen qualifizierter Lohnabhängiger in der Inflation der zwanziger Jahre durch die Krisen- und Kriegsjahrgänge der ersten Jahrhunderthälfte als positives kollektives Erfahrungswissen aufgenommen wurden und zusammen mit anderen, ebenfalls Humanressourcen begünstigenden Modernisierungserfahrungen zum Bildungskonsens des (westlichen) Nachkriegsdeutschlands beigetragen haben.

Genese und Verfall dieser Schubkraft für die Bildung sind in der Stafette Tilly in Reinkultur abzulesen; die intergenerativen Lernprozesse haben eine charakteristische Gestalt. Seinen Eltern (G0) wirft Herr Tilly senior (*1903) Schicksalsgläubigkeit und Fatalismus vor: „'Wir können daran nichts ändern', das war der Ratschlag, den man von denen dann gekriegt hat." Stolz charakterisiert er sodann das Besondere am eigenen Werdegang: „Ja, daß ich eben gearbeitet habe, nicht gearbeitet, sondern gelernt, gelernt." Begründend streicht er seine positiven Erfahrungen heraus, denn aufgrund der erworbenen Qualifikationen hatte er offensichtlich zeitlebens Vorteile am Arbeitsmarkt. „Ich habe eben mehr gehabt als was die da vorweisen konnten, ja ich habe noch mehr gehabt." So ist es auch nur konsequent, daß er seinen Nachkommen empfiehlt, „daß sie lernen, lernen, lernen." Sein Sohn (*1935) nimmt den Rat auf: „das einzig Bleibende [ist] eine gute Bildung." Die Enkelin (*1963) hingegen erwähnt die Bildung als „inflation hedge" nicht einmal mehr – ganz wie ihre Altersgenossen. In der jüngsten Generation kommt die Bildung von Humankapital als Anti-Krisen-Strategie kein einziges Mal mehr vor; ihr Verfallsdatum ist überschritten.

Genese und Verfall des Humankapital-Kalküls können als Beispiel dafür gelesen werden, wie schnell auf Krisenerfahrungen basierende Standards (Vorrang für Bildungs- und Ausbildungsinvestitionen) im intergenerativen Vergleich relativiert werden, wenn als Konsequenz kollektiver Lehren (Bildungsaspirationen für die Kinder) konsequent eine entsprechende Infrastruktur (Ausbau des Bildungs- und Ausbildungssystems) aufgebaut wird und die Akteure im Zeitverlauf wechseln. Der Erfolg der (immateriellen) Krisenvorsorge läßt das Bewußtsein für sie schwinden, die Schubkraft ist aufgebraucht.

Generationenvertrag

Das gilt sinngemäß auch für den Inflationsschutz, der im deutschen System der Rentenversicherung enthalten ist und bei dessen Konstruktion ausdrücklich angestrebt worden ist. Die (quantitativ unbedeutenden) Nennungen stammen bezeichnenderweise durchweg aus der mittleren Generation von Selbständigenfamilien. Frau Möller (*1931) hat die folgende Lehre empfangen: „Früher hatte man gespart und hat es auf das Sparbuch gebracht. Das sollte man also auf gar keinen Fall nur tun, ausschließlich tun. Man sollte es eben teilen, meinetwegen in Grundstücke oder Immobilien – das auf jeden Fall. Und sie haben sehr viel verloren und haben vielleicht ... Sie [waren] auch zum Beispiel nie krankenversichert oder haben keine Rente beantragt oder geklebt oder wie man das so sagte. Weil man das einfach nicht machte, man hatte ja Geld, und das hätte ja auch für das Alter gereicht, wenn man nicht soundsoviel verloren hätte, meine Eltern dreimal. Und dann haben sie uns immer gepredigt, meinem Bruder und mir, sobald ihr einen Beruf ergreift, mußten wir ja sowieso in die Krankenkasse gehen, und bleibt in der Angestelltenversicherung drin. Denn wenn wieder eine Währungsreform kommt, die kriegen ihr Geld, während alles, was du privat versicherst, wenn du in eine private Krankenkasse gehst oder eine Lebensversicherung abschließt, das wird wieder entwertet oder das geht verloren.“ Herr Batte (*1934) hat sich auf Anraten seiner Eltern, trotz Überschreitens der Pflichtversicherungsgrenze, für die gesetzliche Rentenversicherung entschlossen: „Ja, in den sechziger Jahren, ich hätte aussteigen können aus der staatlichen Rente, aber wir sind dann doch, aufgrund der zweimaligen Währungsreformen dazu oder zu der Überzeugung gelangt, daß wir lieber bei der staatlichen Rente bleiben. Obwohl heute im nachhinein war es falsch. Wenn ich heute sehe, was ich für eine Rente bekomme und wenn ich die Summe in eine Lebensversicherung gezahlt hätte, dann wäre das, man kann sagen etwas über eine Million, die jetzt dann fällig wäre zur Auszahlung, ja. Und bis ich eine Millionenrente kriege – so alt werde ich gar nicht.“ Trotz der Reue verbleibt ein Rest an Unsicherheit: „Aber es hätte auch anders gehen können.“ Und doch scheint die gesetzliche Alterssicherung in ihrer Funktion als Inflationsschutz im Bewußtsein der Bevölkerung ausgedient zu haben. Nur aus dem Blickwinkel von *nicht* Pflichtversicherten wird dieser Aspekt überhaupt noch bemerkt; für den Kern der Nutznießer hat er sich in analoger Weise verflüchtigt wie die Bildung als Inflationsschutz.

Flexibilität

Umgekehrt tritt bei den Lehren der G2 an ihre Kinder erstmals eine ganz neue Inflationshecke auf und gewinnt innerhalb von G3 an Bedeutung: die *monetäre bzw. anlagespezifische Flexibilität*, die natürlich stets auch einen kognitiven Aspekt hat. Einen guten Beleg für diesen Wandel bietet die Stafette Möller, in der die wichtigste Krisenlehre der mittleren Generation lautet: „Dieses Splitting des Vermögens. Daß Sie, wenn Sie sich irgendwie einen Grundstock geschaffen haben, daß Sie nicht alles auf die ‚hohe Kante' legen, als Bargeld, sondern daß Sie sich vielleicht Aktien oder festverzinsliche Papiere oder irgend so was [zulegen], daß man das aufteilt." (Frau Möller, *1931) Hier besteht bereits eine noch kurze Traditionsbrücke von der Mutter zur Tochter. Mit präzisem Understatement schöpft Frau Möller (*1963) beispielhaft das gesamte Kalkül aus: „Ich finde, man sollte jungen Menschen heutzutage schon mitgeben, ein waches Auge zu haben, nicht nur auf den eigenen Dunstkreis, was also das eigene Geld angeht, was, mit dem man umgeht, sondern daß junge Menschen ab einem gewissen Alter lernen, jetzt nicht die internationale Wirtschaft zu beobachten, sondern einfach Bewegungen verfolgen zu lernen, also wie sich jetzt Währungen miteinander, gegeneinander oder so bewegen, daraus resultierend doch eben auch Wirtschaft zu beobachten, um für sich entsprechend reagieren zu können. Das kann ich jetzt nur so global ausdrücken, so allgemein, weil ich selbst das nicht gut kann oder fast gar nicht. Das finde ich eigentlich zunehmend wichtig, daß man eben darauf schneller für sich selbst reagieren kann. Und um eben nicht irgendwie mal in Nachteil zu kommen, wenn entsprechende, ja Ereignisse vor der Tür stehen, daß meinetwegen, ‚huch, hätte ich das gewußt, dann hätte ich so und so reagiert', sondern daß man vielleicht lernt, mitzudenken."

Variationen des Kalküls führen von knappen, aber eindeutigen Formeln („Augen offenhalten, Entwicklungen sehen" – Herr Albrecht, *1937) bis zur professionellen Beratung in der Familie Wegener: „Also es ist so, wenn solche Dinge anstehen, dann versuchen wir immer innerhalb der Familie die beste Situation herauszufinden, indem meine Mutter mit Fachleuten versucht, darüber zu reden, wie die Situation ist. Wie man sein Geld am besten unterbringen kann, ob man es ausgeben sollte, ob man Schulden schnell abbezahlen sollte oder lieber rüberretten sollte, weil sie dann entwertet sind oder so. Also das Gespräch mit Fachleuten suchen und akzeptieren, wenn man sich verrechnet hat." (Frau Wegener, *1967) In der Summe werden die Flexibilitätsüberlegungen auch durch die Relativierung der klassischen Formen des Inflationsschutzes zu einem gemeinsamen Kalkül verbunden. Nicht Geldflucht und stabilitäts- und sicherheitsorientierte Grundsatzentscheidungen stehen auf der Tagesordnung, sondern ein Anlageverhalten, das auf der Grundlage eines offenen und rationalen Risikoverständnisses undogmatisch den Umständen folgt oder gar vorauseilt. Manche der zitierten Formulierungen könnten der populären Anlageberatungs-Literatur entstammen.

Manchmal erhält das Rezept des modernen „inflation hedgers" einen Schuß Hedonismus, der selbst wieder aus der Möglichkeit künftiger Krisen abgeleitet wird.

Die Lehren von Herrn Lange (*1940)[159] sind ein exzellentes Beispiel: „Alles fließt, sagte Heraklit. Man soll sich nicht darauf verlassen, daß alles immer so kommt, wie es geplant ist. Und daß man also seine Sachen nicht bloß auf ein bestimmtes Ziel orientiert, sondern ein bißchen, ja, wie soll ich sagen, mehrgleisig fährt, also nicht alles auf eine Karte setzt. Also nur in den Sparstrumpf oder nur in eine bestimmte Geldanlage bei einer bestimmten Bank. Und eben auch daran denkt, daß man nur einmal lebt, daß man lebt und daß man also nicht nur spart, um nachher mit achtzig festzustellen oder mit sechzig oder irgendwann, wenn die nächste Währungsreform kommt, daß alles Quatsch ist, hätte man es lieber verbraucht." Damit schließt sich der Kreis.

Kein Angehöriger von G1 hat explizit die Immobilienorientierung als krisenprophylaktisches Erziehungsziel verkündet, obwohl sie bei den Kindern deutlich wahrgenommen wird. Die nächste Generation tut diesen Schritt, der sich dann bei G3 zum großen Sprung entwickelt. „Inflation hedges" durch Immobilien und andere Sachwerte sind die herausragende Lehre an die (prospektiven) Kinder (G4). Altersmäßig umfaßt G3 in der Göttinger Studie die Jahrgänge von 1947 bis 1977, befindet sich somit zum Teil in Ausbildung oder Übergangsphasen ohne originäres Einkommen. Es ist nicht ohne Pikanterie, daß diese Generation den Schwerpunkt der Immobilienorientierung in die nächste legt. In der Vermögensverteilung der Bundesrepublik Deutschland war und ist die durchgehende Konzentrationstendenz beim Eigentum an Grund und Boden besonders ausgeprägt. (Schlomann 1992: 164) Im Vergleich etwa zu den Sparguthaben gehören noch größere Anteile dem wohlhabendsten Fünftel der Haushalte. So folgen die Inflationsrisiken der Vermögensverteilung sozusagen umgekehrt proportional: je breiter gestreut, desto anfälliger, je einseitiger verteilt und stärker konzentriert, desto geschützter. G3 schickt sich selbst und G4 in die Konkurrenz mit allen Besitzstandswahrern, Zukäufern und Neukäufern; wenn die jetzt erteilten Ratschläge Konsequenzen am Markt haben, werrden sie ceteris paribus ausgerechnet dort zu Preissteigerungen beitragen, wo sie sich gegen Inflationsrisiken schützen wollen. Diese enorme Entwicklung der Preise bei Grund und Boden seit Gründung der Bundesrepublik Deutschland, die G1 bis G3 erlebt haben, würde so in der Zukunft andauern.

10.4 Krisenerfahrung und Krisenreflexion

Die Währungskrisen des 20. Jahrhunderts waren mit vielen anderen schädigenden Ereignissen verwoben. Im vorliegenden Zusammenhang ist daran besonders wichtig, daß ein monetär „richtiges" Verhalten durch das andere Ereignis „falsch" und das „Falsche" „richtig" werden konnte. In die Krisenreflexion kann dies dergestalt hineinwirken, daß lähmende Ratlosigkeit bestimmend wird, weil jedes Rezept prospektiv versagen kann. Am Fall von Herrn Otte (*1912) kann man exemplarisch nachvollziehen, wie scheinbar klare (Währungs-)Krisenstrategien dennoch schei-

159 Er ist (s.u.) überzeugter Wohneigentümer und bevorzugt Aktien und Investmentfonds als Geldanlage.

tern, sich biographisch verschiedene Krisendimensionen durchmischen und im Ergebnis (individuell) widersprüchlich erlebte historische Zwänge nichts als Irritation und Verunsicherung hinterlassen: „Geld ist nichts Sicheres, man muß eben Acker dafür kaufen oder Immobilien. Und ja, hinterher wurden meine Eltern rausgeschmissen, da war das ganz falsch gewesen. Denn wer Geld gehabt hat, der konnte es mitnehmen, alles andere ist dageblieben, also war es auch falsch. Und mein Freund und ich, wir haben mal als junge Menschen so gesprochen: ‚Landwirtschaft ist das sicherste, was es gibt. Da kann Inflation kommen: der Bauer, der hungert nicht. Da kann Arbeitslosigkeit kommen: der Bauer, der hungert nicht. Da kann Krieg kommen: der Bauer hungert auch nicht.‘ – Auch das Sicherste ist auch nicht sicher, wir wurden rausgeschmissen, da blieb alles und wir, wir waren alle bettelarm. Der größte Bauer, der hat als Straßenarbeiter gearbeitet im Westen." Herr Otte könnte als an der Bewältigung komplexer Krisenfolgen zerbrochen beschrieben werden. In Fragen monetärer Krisenvorsorge scheinen ihn fortan Verunsicherung und Orientierungslosigkeit ein Leben lang begleitet zu haben, sie prägen seine Äußerungen bis heute. Auch in der Nachkriegszeit gab es für ihn keinerlei Lehren zu berücksichtigen. Bis heute hat er keinerlei Rat an die Nachgeborenen, was der Enkel so kommentiert: „Der ist bei 1920 stehengeblieben. Der ist dort stehengeblieben, der ist richtig dort stehengeblieben."

Auf ganz andere Art hat ein Aufwachsen und Leben in der DDR Spuren in der Krisenreflexion hinterlassen. Obwohl die statistischen Korrelationen unauffällig sind, sei ein schlicht lesenswerter Beleg dafür beigefügt, daß schwere Krisenerfahrungen in der Familiengeschichte im Bewußtsein neutralisiert werden konnten. „Ich habe mich so sicher gefühlt, habe geglaubt, so läuft Dein Leben jetzt. Ich habe auch geglaubt, schon vorprogrammieren zu können, bis zu meinem Tode. So fest überzeugt bin ich zielstrebig vorgegangen. Das hat ja der Staat auch ein Stück mitgeprägt, dadurch, daß wir sozial eher gut abgefedert waren. Und das muß man diesem DDR-Staat lassen, man hat sich keine Gedanken machen müssen, ob man krankenversichert war oder nicht, das war automatisch, es wurde einem alles abgenommen, man hat eigentlich von gewisser Weise her gar nicht lange überlegen müssen. Und das führt automatisch dazu, daß Sie sich in einer Sicherheit wägen und nicht erst lange drüber nachdenken, ob da ... also für mich war klar, daß das, was Geschichte war auch Geschichte bleibt und daß sich in ähnlicher Form nichts wiederholen kann." (Frau Schäffer, *1944) Vor diesem Erlebnishintergrund war die Wende von 1989/90 ein Ereignis, das ebenfalls das ökonomisch Falsche bzw. Richtige umgekehrt hat. Das haben viele Familien zu spüren bekommen. Eines der möglichen Umwertungserlebnisse beschreibt Frau Hermes (*1963): „Also die Werte haben sich eben sehr stark verschoben. Als meine Eltern sich haben scheiden lassen, da gab es eben ein Grundstück und ein Auto. Das Auto war eben mehr wert zu dem Zeitpunkt, das hat mein Vater gekriegt und das ist für ihn heute noch ein großes Problem, daß er eben, das Auto war plötzlich nichts mehr wert 1990, das Grundstück war eben plötzlich alles."

Ein Jahrhundert, das seinen „Bewohnern" konstitutionelle Monarchie, Faschismus, parlamentarische Demokratie und Realsozialismus und diverse „Wenden" gebracht hat, kann mit gutem Recht als Ende aller monetären Sicherheit erlebt werden. Die sehr gut informierte Frau Lehmann (*1936) bspw. hat als wichtigsten Rat für ihre Kinder die Warnung vor Ratschlägen: „Ja, das ist gefährlich. Denn wir stehen ja schon wieder vor einer anderen Situation in Bezug auf die Europäische Währungsunion. Da Ratschläge zu geben, [...] das sind sehr gefährliche Ratschläge im Augenblick, weil man nicht weiß, wie die Zukunft sich gestaltet. Also insofern würde ich weniger auf die Vergangenheit bezogen als auf die Zukunft bezogen sagen, man sollte mit solchen Ratschlägen vorsichtig sein."

So gesehen hätten die Krisen als Katalysator für die Erzeugung und Perpetuierung einer Kontingenz von falsch und richtig gewirkt, in der eine Krise, auch eine eventuelle künftige, nur auf eine der beiden Arten „genommen" werden kann, die sich aus der doppelten Bedeutung des Wortes ergeben: *passiv* im Sinne eines ertragenden Hin-Nehmens oder aber *aktiv* wie beim An-Nehmen einer (Heraus-)Forderung. Im Lichte dieser Unterscheidung hatten die Regulierung des Geldumgangs und die Relativierung des Geldes unverkennbar Aspekte des passiven Nehmens, die etwas genauer analysiert werden sollen; für die unspezifischen oder gänzlich fehlenden Lehren ist das Hin-Nehmen ohnehin die einzige Perspektive. Der Kernpunkt ist eine unbedingte Verzichtsethik, die sich in der Krise bewährt und, indem sie gestärkt aus der Krise zurückkehrt, sich selber stärkt. Vorhandene Krisenerfahrungen werden im Einklang mit tradierten Normen und Verhaltensmustern verarbeitet und entsprechend wertrational kanalisiert: Aus der Not wird eine Tugend gemacht. Sparsamkeit, Bescheidenheit und Vorsicht bewähren sich als klassische Normen unter der Krise und kehren erfahrungsgesättigt als Lehren in verschärfter, ja in unbedingter Form zurück. Sie erlangen so in linearer Weise Macht über zukünftiges Handeln. Zunächst normenkontrollierte, dann unter der Krise auch von außen erzwungene *Einschränkungen* mutieren zum Schutz gewährenden bewußten *Verzicht* selbst in solchen (Lebens-)Phasen, wo durchaus mehr „Ansprüche" befriedigt werden könnten. Das dahinterstehende „worst-case" Denken prägt den gesamten Horizont und läßt strategische Optionen gar nicht erst aufkommen. Wer zukünftiges Krisengeschehen – ganz abgeklärt – zur Kalkulationsgrundlage macht, sich zugleich aber keine Distanz zur inkriminierten Geldsphäre verschafft und damit die Chance ausschließt, Krisenwirkungen individuell zu *optimieren* oder Krisenfolgen zu *vermeiden*, kann dann nur noch als sicher erwartete negative Krisenfolgen *minimieren*. Ohne diese Distanz besteht sachgesetzlich keine Möglichkeit, der Eigendynamik des Geldwesens zu entkommen. Entsprechend ist insbesondere die vorn vorgestellte Familie Evers schon im Selbstverständnis auf *alle Arten von Krisen* vorbereitet, nicht nur auf monetäre. Und entsprechend unspezifisch ist der artikulierte Handlungsbedarf: weil die Großelterngeneration *alle* Eventualitäten einkalkuliert, muß sie für jeden Fall gerüstet sein. Sie „setzt ihre Ansprüche eben nicht so hoch an", richtet ihr Alltagshandeln am „worst case" aus und ist deshalb auf alles vorbereitet. Die durch Erfahrung selbst erworbene unbedingte Verzichtsethik immunisiert durch Vorsichtsmaßnahmen im Inneren – egal, ob dazu ein (äußerer) Anlaß besteht oder nicht.

Es ist kein Zufall, daß sich mit den monetären Normen auch dieses Muster hält *und* relativiert. Bei den Evers tradiert der Sohn (G2, *1940) das Kalkül in diesem Sinne. Er will seine Ansprüche zwar nicht absolut begrenzen, sondern sie gewissermaßen mit dem Einkommen dynamisieren: „man sollte nicht über seine Verhältnisse leben.“ Dabei betont er aber die „Vorbildfunktion“ der Eltern und orientiert sich entsprechend: „Daß man die Ansprüche und die Realität unter einen Hut bringen muß. Daß man nicht höhere Ansprüche haben kann, als man sich wirklich leisten kann. Also man darf die Realität dabei nicht aus den Augen verlieren, die eigene wirtschaftliche Realität. Daß man sagt, o.k., also ich möchte oder ich habe Ansprüche und die muß ich mir erfüllen, ob ich mir das nun leisten kann oder nicht. Das sind Dinge, die muß man also sehr genau betrachten und muß sich überlegen, man muß abschätzen können, ist das vernünftig oder nicht vernünftig. Und da meine ich, da ist eine Lehre daraus, daraus zu ziehen wäre: Realität und Anspruch müssen in einem gesunden Verhältnis liegen. Und dieses gesunde Verhältnis muß eigentlich so aussehen, daß man sagt, ich muß für bestimmte Eventualitäten gewappnet sein, da muß ich also ein Stück Sicherheit mir bilden. Und, gut das ... ist eigentlich die Lehre.“ Das Stück Sicherheit schützt den Sohn im Eventualfall. Im Vergleich zu den Eltern vertritt der Sohn eine *bedingte* Verzichtsethik, die aber auch die habituelle Bereitschaft fördert, im Fall der Fälle die Ansprüche den wirtschaftlichen Realitäten unterzuordnen. Die Krisenprophylaxe vollzieht sich ganz wesentlich im Inneren des psychischen Apparats und im Rahmen des leicht modernisierten puritanischen Sozialcharakters der Familie Evers.

Im Lichte dieser Überlegungen sind die Kultivierer von „inflation hedges“ die „An-Nehmer“ der Herausforderungen einer Krise und damit Gegenpol der „Hin-Nehmer“. Wegen der Jahrhundertlehre einer Kontingenz von falsch und richtig kann allerdings allein die von G3 für G4 angestrebte Flexibilität Sicherheit schaffen. Als Angehöriger der jüngsten Generation formuliert Herr Tappe (*1967) vielleicht die vollständigste krisenstrategische Position: „Es gibt Lehren. Und zwar die Lehre, die kommt auch wieder von Gelehrten wie Marx und Engels: Beim Kapitalismus, da geht es immer Berg rauf und Berg ab, es kommt eine Krise ... jagt die nächste. Es gibt immer Krisen. Und wenn es Krisen gibt, verliert man. Und Geld, das kann man verlieren. Inflation, kommt bloß drauf an, wie groß die ist, aber Inflation ist immer eine Geldabwertung. Ob das nun ein Umtausch oder eine Abwertung [ist], das ist egal. Deswegen soll man vorsichtig anlegen. Wenn man genug hat, dann sollte man in Aktien oder Immobilien anlegen, die krisensicher sind. Es sei denn, es gibt wieder eine Revolution und man führt den Kommunismus wieder ein. Dann kann es wieder passieren, daß Grundstücke verloren gehen.“

Die Vorfahren und Zeitzeugen der Großen Inflation konnten Erstmaligkeit noch mit Einmaligkeit gleichsetzen und dem nächsten Neuen erneut auf unbewährte Weise unbewehrt gegenübertreten. Den Jungen ist dieses Muster weggezogen worden: weil sie in ihrer geringeren Zahl von Lebensjahren natürlich weniger erlebt haben, haben sie zugleich mehr gesehen. Dann wäre ihre Flexibilität paradoxerweise die jugendliche Form jener hilflosen Erstarrung, die an G0 und G1 aufgezeigt werden konnte. Das Absolvieren von Lernprozessen und das Erdenken von Bewältigungsstrategien hätte bei ihnen zu einem Ergebnis geführt, das gerade kein strategisches Handeln anleiten kann.

10.5 Kontinuität und Dynamik zwischen den Generationen

Nach der Vermessung mittlerer „Materialberge" erscheint eine zwischenbilanzierende Vorschau sinnvoll, die, ohne Vollständigkeit anzustreben, Erkenntnisfortschritte gegenüber dem Ausgangspunkt festhält und die Fragen für die folgenden Kapitel komplexer stellt. Aus der hohen Warte des „Gebirges" insgesamt sind wesentliche Wirkungen des langsamen Katalysators Währungskrise genau so zu erkennen wie die Konstanten, die ihm getrotzt haben. Vor ihrer Darstellung sei – auch zum Selbstschutz – daran erinnert, daß es schwer bis unmöglich ist, die sozialen Wirkungen der Währungsverhältnisse zu isolieren. (Eulenburg 1924: 748) Weiter sei mit Schumpeter (1970: 1-4) die Einsicht wachgerufen, daß Geld immer zugleich auf die außermonetären Verhältnisse einwirkt *und* durch sie beeinflußt wird.

Das Verhältnis von Kontinuität und Wandel sei zunächst über ein Gedankenexperiment erschlossen, das sich über evtl. diskussionsbedürftige oder auch strittige Einzelheiten der Systematisierung und Einordnung des empirischen qualitativen Materials erhebt. Man ordne das Gelesene im Hinblick auf das Denken über und die Handlungsmöglichkeiten in Währungskrisen im Korridor zwischen gängigen Dichotomien ein: z. B. zwischen „Raubvogel" und „Pechvogel"[160], „Spekulant" und „Rentner" (Pareto nach Eisermann 1967: 59; siehe auch 4.1), „böser Bube" und „emsige Ameise" (Eisermann 1977: 54), oder „schmutzige Brühe einer universellen Agiotage" und „korrekter Kaufmann" (Muthesius 1973: 48f.). Das Ergebnis ist eindeutig. Die beiden ältesten Generationen stehen mehrheitlich nahe am oder sogar auf dem „Ameisen-Pol", und erst in der Generationenfolge gibt es Bewegung in Richtung auf den „Spekulanten-Pol", ohne daß G3 und G4 dadurch gleich „böse Buben" würden. G0 und G1 können in monetärer Hinsicht kaum mit den Attributen sicherer, selbstgefälliger Sieger versehen werden, hingegen ist in den jüngeren Generationen Souveränität häufiger und Angst seltener. Auch hier geht es um Verschiebungen, nicht um Wechsel. Die Kontinuität im Wandel wird insbesondere durch die Traditionsbrücken über zwei, manchmal sogar drei Generationen akzentuiert.

Dieser Befund unterstreicht zunächst die *Homogenität* der Normen aus der Zeit des Goldstandards; die deutlich gewordenen Schattierungen streuen kaum nach Schicht, Sektor oder Geschlecht. Ferner wird die *Zählebigkeit* der Normen deutlich,

160 Bessau/Keil (1975: 237) zitieren dieses Oppositionspaar aus Golo Manns Wallenstein-Monographie.

was, weil sie sogar Mega-Krisen überdauern, selbst wieder zur *Zähflüssigkeit* der Wandlungen beiträgt. Dabei sind Paradoxien zu verzeichnen: die traditionelle Sparnorm wird gerade als Lehre jener Hyperinflation hochgehalten, die das Ersparte selbst vernichtet hat. Noch Jahrzehnte später sind die Erlebnisse aus den zwanziger Jahren kognitiv „unverdaut", so daß von intragenerativen Lernprozessen innerhalb bei G0 und G1 nur ganz rudimentär die Rede sein kann.[161] Geld wird oft noch immer als neutrales Medium mit stets gleichen Funktionen erfahren. Deren Verfall, insbesondere bei der Wertaufbewahrung, wird nicht als Hinweis auf eine dem Gelde selbst innewohnende neue und nachhaltige Dynamik gedeutet, sondern als Episode, die nur in Schicksalsdiskursen thematisierbar ist. Reflexive Distanz zur Geldwelt kommt in dieser Gruppe nicht vor und kann sich auch nicht entwickeln, solange der qualitative Sprung zwischen der Ära des Goldstandards und der des „Paper Money" nicht verarbeitet ist.

Die monetären Normen aus der Zeit des Goldstandards hatten somit bis weit in die dreißiger und vierziger Jahre hinein Bedeutung in der monetären Sozialisation und im Wirtschaftsleben überhaupt. Sieht man einmal von jenen Rationalisierungen ab, die das schmerzlich erfahrene Währungsgeschehen zum Währungsschicksal (v)erklärten, bedeutet das, daß die monetäre Sozialisation des ausgehenden 19. Jahrhunderts nicht nur das *kurzfristige* Verhalten in der ersten Währungskrise geprägt hat. Sie hat auch *langfristig* das Verständnis des Geschehenen blockiert und die Krisenverarbeitung gebremst. Insofern hatten die monetären Normen aus der Zeit des Goldstandards noch Einfluß auf das Verhalten in der zweiten Sequenz aus Krise und Reform! (Währungs-)Schicksale wiederholten sich unter anderem aus diesem Grund. So wird die monetäre Machtlosigkeit über Generationen perpetuiert und der Opferstatus in der nächsten Krise gleichsam vererbt. Monetäre Alternativen jenseits der Norm-Vorgaben existieren nicht, weil die Geldwelt selbst noch nicht als eigenständig wahrgenommen wird. Die Verselbständigung des Geldes von den Besitzern ist dem normentrainierten Geldverwender aus der Ära des Goldstandards unvorstellbar. Der Geldumgang als solcher bleibt daher personenbezogen, unmittelbar und wertrational. *Individuelle* monetäre Entscheidungsspielräume (als Krisenvorsorge oder -intervention) liegen außerhalb jeder Vorstellung, weil die Geldsphäre noch nicht als rationalen Zwecken zugänglich erfahren wird.

Die Wortwahl der Generationen bestätigt dies und indiziert ein weiteres. Die Alten „kaufen" das „Haus", den „Acker" und das „Grundstück", während die Jungen sich selbst als Wirtschaftssubjekte sehen, die in „Immobilien" und „Eigentumswohnungen" „anlegen". Hierbei handelt es sich nicht um Alters-Marker i. S. der Kommunikationsforschung, was anhand eines Beispiels verdeutlicht sei. Die „Kavallerieschwadron" gehört zum Wortschatz von G0 und zum Teil noch G1; sie verschwindet erst aus der Realität und dann, mit dem Tod der Reiter, auch aus der aktiven Sprache. „Affengeil" ist für G4 oder auch G3, was in früheren Generationen „stark" oder „dufte" war. Alters-Marker bezeichnen also Phänomene, die zwischen den

161 Die entsprechenden Theorien werden erneut in eine Warteschleife gestellt und an den Kristallisationsflächen für monetäres Handeln aufgerufen werden.

Generationen wechseln, oder verschiedene Wörter für identische Phänomene. Demgegenüber sind *alle* Ausdrücke, die die verschiedenen Generationen im Themenkomplex „Grund und Boden“ benutzen, in der aktiven Sprache von heute präsent. Die Wortwahl der Generationen indiziert somit etwas Tieferliegendes, nämlich die schon von Simmel (1992a: 180ff.) beobachtete fortschreitende Versachlichung im Verhältnis des Menschen zu den Dingen, die mit der Dazwischenkunft des Geldes beginnt und sich auf dem Basistrend „Monetarisierung“ steigert. Diese Versachlichung potenziert sich aufs Äußerste, wenn das Ding nur noch oder primär in seiner Eigenschaft interessiert, krisenresistent zu sein. Und erst in der potenzierten Versachlichung kann sich strategisches Denken vollenden, das nach rein ökonomischen Kriterien zwischen Objekten verschiedenster Qualität wechseln können muß. Die Immobilie, nicht das Vaterhaus mit der Linde, wechselt umstandslos die ökonomische Form.

Über fünf Generationen oder gut ein Jahrhundert vollzieht sich eine Relativierung im Identischen. Die Normen wandeln sich, wenn das Bild erlaubt ist, vom Gebot zum Vorschlag. Soziologisch präziser formuliert driftet der mit Sanktionen bewehrte Verhaltensimperativ in die Richtung bloßer Kann-Normen. Das Verschuldungstabu der Ältesten, ihre fast schon grimmige Sparsamkeit oder auch „Spar-Wut“, ihre strenge Regulierung im Geldumgang und ihre Verzichtsethik erodieren auf breiter Fläche. Die Jüngeren sind reserviert gegenüber dem Kredit, sparen und gehen zumeist sorgsam mit dem Geld um; aber sie ziehen auch hedonistische Konsequenzen aus den Erfahrungen der Altvorderen. Dabei entstehen in den Elternhäusern Risse und Trennlinien, die in den monolithischen Normhaushalten um 1900 undenkbar oder Scheidungsgrund waren: verschiedene gleichermaßen (ir-)rationale Verarbeitungsmodi der Krisen erlauben die Koexistenz von Pfennigfuchser(in) und Hedonist(in). Die monetären Werte und Normen der Goldstandardzeit haben in abgeschwächter, relativierter und stärker individualisierter Form bis heute Bestand. Der katalytische Prozeß hat sie angefressen, aber längst nicht zur Gänze zersetzt. Gleichwohl wird auch die monetäre Sozialisation der nächsten Generationen bunter und nuancenreicher ausfallen als im 20. oder gar 19. Jahrhundert.

Die normative Drift impliziert Generationenkonflikte, die aber zugleich mit Verständnis durchwoben sind. Eine Lektion zu lernen, die gelernt zu haben man den Älteren wünscht, ist ohne Aggressivität möglich. Umgekehrt kann die Beobachtung dieses Lernprozesses aus dem Blickwinkel der alten Norm nur Verrat und Verfall diagnostizieren. Indem die Normen weicher werden, nimmt die Härte der Attribuierungen zu: der alte Sparer kritisiert den jungen Verschwender, der wiederum sich selbst als normal und jenen als unbelehrbaren Geizhals sieht. (Siehe 10.1.5)

In der Rolle des Opfers hingegen werden die Ältesten in der Regel akzeptiert oder auch bedauert. Trotz einschneidender Währungserfahrungen und trotz der gerade für manche Kinder von Krisenopfern folgenschweren biographischen Konsequenzen fällt die Kritik an den Verursachern verhalten aus. Zum „falschen“ oder

„richtigen" Verhalten in den Krisen gibt es keinen Generationenkonflikt. Die Nachfahren weisen keine Schuld zu, sondern akzeptieren das Verhalten des homo sociologicus gegenüber einer äußeren Macht oder einem nicht beeinflußbaren Ereignis. Im Verhältnis der ersten Betroffenen zu den Verursachern kann dies kaum anders sein, weil sie selbst nicht zu anderem Handeln in der Lage (gewesen) wären. Im Verhältnis der Jüngsten zu ihren Vorfahren mag der eingangs erläuterte „bias" des Projekts zugunsten intakter Stafetten eine Rolle spielen; in die Stichprobe konnten ja nur Familien gelangen, in denen die drei Generationen miteinander sprechen.

10.6 Die emotionale Valenz der großen Währungsereignisse

Vorn ist gezeigt worden, daß *alle* großen Währungsereignisse mit Superlativen attribuiert worden sind und werden: einerseits in der (wissenschaftlichen) Literatur und andererseits von den (befragten) Zeitzeugen. In den psychischen Haushalten der Individuen freilich ist eine Koexistenz solcher Superlative nicht oder jedenfalls nicht auf Dauer möglich. Bei den Älteren mag die psychische Valenz früherer Erlebnisse durch nachfolgende Ereignisse verändert worden sein, z. B. als Wundenheilen durch die Zeit oder durch die Wucht des je Neuen. Bei Jüngeren kann das erste authentische Erlebnis das Gewicht der bloß erzählten oder erlesenen Vergangenheit relativiert haben. Wie auch immer: die emotionale Valenz der Ereignisse in der Gegenwart ist ein eigenständiges Thema, und die bislang behandelten Erfahrungen und Erzählungen sind lediglich *mitbestimmende* Faktoren.

Die Antworten auf die Frage, welches der großen Währungsereignisse „Sie emotional am meisten berührt", helfen beim Entfalten dieser Problematik:

Tab. 10.5: Emotionaler Spitzenreiter der großen Währungsereignisse nach Generation (N = 144; gerundete Spalten-%)

Spitzenreiter	G1	G2	G3	Mittelwert
20er Jahre	29	4	8	14
WW-Krise 1929 ff.	8	10	8	9
40er Jahre	19	25	31	25
1989/90	19	52	44	38
Mehr als einen Spitzenreiter	21	6	2	10
Indifferent	0	2	4	2
Residual	4	0	2	2
Summe	100	99	99	100

© Heisterhagen / Hoffmann, Soziologisches Seminar, Universität Göttingen

Die Präsentation in Verbindung mit der Generationszugehörigkeit zeigt erste interessante Verschiebungen. In der *Gesamtschau* auf alle Generationen *und* Ereignisse ist zu erkennen, daß die Währungsereignisse in ihrer Summe höchste emotionale Relevanz besitzen: nur eine zu vernachlässigende Minimalgruppe aus ganzen drei Personen ist indifferent.

Auch sonst stecken brisante Befunde in der Tabelle. Die erste Sequenz aus Krise und Reform hat längst nicht mehr die emotionale Valenz, die ihr in der Literatur mehrheitlich zugeschrieben wird. Die gern und oft kolportierte und weitergetragene Sicht der Großen Inflation als Ereignis, das im psychischen Apparat der Deutschen nie zur Ruhe kommen werde, bedarf der Revision. Stattdessen gilt die Formel: je aktueller das Währungsereignis desto größer seine emotionale Valenz. Die deutsch-deutsche Währungsunion von 1990 hat der Großen Inflation den Rang abgelaufen, die nur noch eine knappe relative Mehrheit der Ältesten am stärksten berührt. Dieser Zusammenhang ist stabil und erhärtet sich weiter, wenn G1 noch einmal in ihre älteren und ihre jüngeren Kohorten aufgespalten wird: während bei den Ältesten der Alten die Mehrheit stärker wird (38%), wandert sie bei den Jüngeren der Alten schon zur deutsch-deutschen Währungsunion hinüber (32%). Die Gültigkeit der Aktualität-Valenz-Formel zeigt sich insbesondere bei der *mittleren und der jüngsten Generation*: bei ihnen nimmt ohne Bruch und Ausnahme die Häufigkeit der Nennungen mit der Näherung an die Gegenwart zu. Für sie hat das authentisch und zeitnah Erlebte gegenüber der Geschichte die höhere Valenz. Genau so interessant ist allerdings, daß auch große Teile der *ältesten Generation* die vielfältigen Währungserfahrungen ihres Lebens in komplexen Mustern verarbeitet haben. Die absolute Mehrheit verteilt ja ihre Valenz auf die *neueren* Ereignisse, und ein weiteres Fünftel bildet keine Hauptvalenz, sondern ist durch mehrere der großen Währungsereignisse besonders berührt. Daß die jüngste Generation diese Verteilung der Valenz nur in einem einzigen Fall vornimmt, bestätigt den behaupteten Primat des Erlebten.

Innerhalb und zugunsten des aufgezeigten Musters wirken zwei Spezifika. Zu den hohen Anteilen der Währungsunion von 1990 trägt ganz wesentlich ein *Ost-West-Effekt* bei. Die Menschen in den östlichen Bundesländern nennen fast zur Hälfte dieses Währungsereignis (49%), während der entsprechende Wert in der alten BRD bei einem Viertel (27%) liegt. In den westlichen Bundesländern wird dafür die Krise-Reform-Sequenz der vierziger Jahre fast doppelt so oft zum Spitzenreiter gewählt wie in der früheren DDR (32% / 17%). Weiterhin gibt es einen *Opfer-Effekt*: wer durch ein Währungsereignis nachhaltig geschädigt worden ist, räumt ihm etwas häufiger als andere den Rang des emotionalen Spitzenreiters ein; der Abstand zwischen Opferbilanz und unauffälliger Bilanz liegt allerdings nur in der Größenordnung von zehn Prozentpunkten.

Das Kapitel insgesamt galt jenen Modi der Krisenverarbeitung, die sich als Lehr- und Lernprozesse in und zwischen Generationen vollziehen; sie finden im Kopf bzw. im Gespräch statt und sind daher *nur* reflexiv bzw. kommunikativ. Die nunmehr zu untersuchenden Modi sind das vielfach *auch*, zeichnen sich aber wesentlich durch Handeln aus, sind aktiv und praktisch.

11. Monetäre Konsequenzen in der Praxis

Individuelles Nachdenken, Gespräche in der Familie und Verwandtschaft und dabei – vor allem – der Austausch zwischen den Generationen sind der eine Modus der Verarbeitung der Erfahrungen in und mit Währungskrisen (siehe 10). Der zweite Modus ist die mehr oder minder bewußte Berücksichtigung der Krisenerfahrungen und des Krisenthemas bei Entscheidungen, die ohnehin anstehen. Hier waren empirisch gleichsam Kondensationsflächen zu entwickeln, an denen sich das Gesuchte niederschlagen kann. Hier wird sich zeigen, inwieweit sich über die Jahre und Jahrzehnte jene Lernprozesse und Bewältigungsstrategien eingestellt oder *intensiviert* haben, die bislang eher Ausnahme als Regel waren.

11.1 Navigation in der Geldwelt: zwischen Sparbuch und Inflationshecken

*„Nein, ich kenne nichts." Frau Negel (*1906)*

*„Wertpapiere, Aktien, Termingeschäfte." Herr Tiemeyer (*1973)*

Erkenntnisse aus und über Währungskrisen können sich zunächst in der Art und Weise niederschlagen, wie das Individuum mit Geldbeträgen umgeht, die nicht für den unmittelbaren Lebensunterhalt benötigt werden und wahlweise für die Vermögensbildung *oder* einen erweiterten Konsum zur Verfügung stehen. Hier wird die Komplexitätssteigerung der monetären Sphäre, einer der eingangs genannten Basistrends, zum Problem und zur Chance für die empirische Forschung. Die Unzahl der heutigen Möglichkeiten bei der Anlage von Geld verbietet ein standardisiertes Vorgehen[162] und gebietet eben jenes offene, qualitativ orientierte Vorgehen, das im Hybrid-Interview (siehe 2.2.2) Priorität genießt, wo immer es möglich ist. Bei diesem sensiblen Thema mußte aber jede Eventualität der bloßen Möglichkeit bedacht werden, daß die BPn die Fragen als Versuch auffassen könnten, indiskrete Blicke in ihr Portemonnaie zu werfen.
Die Logik der entsprechenden Fragesequenz sei vorab dargestellt. Zunächst wurde in weit offener Form nach den „geläufigen" (*Kenntnis*) und den „besten" Formen

162 Listen, Kartenabfragen etc. hätten nicht nur einen zu großen Umfang, sondern würden, über die durch sie selbst erhöhte Peinlichkeit des Erlebens großer Wissenslücken, sogar zu Fehlantworten anregen. Standardisierung ist in solchen Bereichen geradezu eine Produktionsstätte für statistische Artefakte.

des Sparens und Anlegens gefragt *(selektive Bewertung)*. In einem nächsten Schritt wurden die „selbst schon einmal genutzten Anlageformen" erhoben *(Erfahrung)*. Im Anschluß an diese offenen Fragen wurde standardisiert das Gewicht der Anlageziele erhoben, deren umgangssprachliche Fassung als *Sicherheit*, *Rendite* oder *Verfügbarkeit* sich im Pretest als feldtauglich erwiesen hatte. Abgerundet wurde die Interviewsequenz durch standardisierte Fragen nach den verwendeten Informationsquellen zum Thema Geldanlage und der Bewertung des eigenen Informationsstandes. Dabei besteht ein sachgesetzlicher Zusammenhang zwischen Kenntnis, Bewertung und Erfahrung. Die überhaupt bekannten Formen des Sparens und Anlegens bilden gewissermaßen den Horizont für die Navigation in der Geldwelt: nur sie kann man bewerten, nur aus ihnen kann eine Auswahl für monetäre Entscheidungen getroffen werden.

Im erhobenen Material ist, bei aller Buntheit im einzelnen, schon die Rohform einer Auflistung enthalten, die bei der Auswertung[163] lediglich von Beiwerk zu befreien war. Dies geschah in zwei Richtungen: nach der bloßen Anzahl (Kenntnisstand) und dem Inhalt (Typologie). Da deutliche Unterschiede zwischen den Generationen erwartet wurden und auch nachgewiesen werden können, sei das entsprechende Ergebnis gleich mit dieser Differenzierung dargestellt.

Tab. 11.1: Anzahl geläufiger Formen der Geldanlage nach Generation (N = 144; gerundete Spalten-%)

Anzahl	**G1**	**G2**	**G3**	**Mittelwert**
Keine	0	0	0	0
1	25	6	0	10
2	31	15	2	16
3-4	27	40	35	34
5-6	4	25	25	18
7 und mehr	2	13	33	16
Vage Vielzahl	0	2	4	2
Residual	10	0	0	3
Summe	99	101	99	99

© Heisterhagen / Hoffmann, Soziologisches Seminar, Universität Göttingen

Vor einer Interpretation muß die Kategorie „Vage Vielzahl" erläutert werden, die inmitten des schlichten Klassifizierungsprinzips wie ein Fremdkörper wirkt. Sie

163 Gemeinsam mit Frank Mußmann.

nimmt ungenaue Antworten auf, die *wegen* besonderer Kompetenz (Beruf, Studium, Gesprächsverlauf) vage sind, was zugleich Nachfragen unterbindet[164].

Das zentrale Ergebnis ist von geradezu schlagender Prägnanz. Die Kenntnis wächst von Generation zu Generation in großen Sprüngen an: die „Oberkante" des monetären Wissens liegt für die Mehrheit der ersten Generation im unteren Bereich (1-2 geläufige Geldanlagen), der bei den Jüngsten praktisch keine Rolle spielt. Umgekehrt sind der Mehrheit der Jüngsten fünf oder mehr Anlagemöglichkeiten vertraut, was nur bei einer winzigen Minderheit der Ältesten der Fall ist. Die Struktur dieses Befundes wiederholt sich bei den selbst schon einmal benutzten Anlageformen, die ja eine Teilmenge[165] der bekannten sind: fast doppelt so viele Angehörige der ältesten Generation haben Erfahrungen mit maximal einer Form (43,8% bei G1 / 25% bei G3); drei oder mehr Anlageformen kennen fast zwei Fünftel der Jüngsten (37,5%), aber nur ganze zwei Angehörige der ältesten Generation (4,2%) aus eigener Praxis.

Informativer und im Prüfstand der zentralen Hypothesen des Kapitels ertragreicher ist natürlich die Weiterverarbeitung des Materials zu einer Typologie, die den eingebauten („inflation hedge") bzw. fehlenden Schutz vor monetären Krisen als Klassifizierungsprinzip wählt.

Tab. 11.2: Geldanlagen: Kenntnis, Bewertung und Nutzung im Vergleich (N = 144; Spalten-%; Mehrfachnennungen; BP-Anteile)

Typologie von Geldanlage nach ...	**... Geläufigkeit**		**... Bewertung**		**... Nutzung**	
	N	%	N	%	N	%
Forderungswerte: Sparkonto	106	73,6	45	31,3	78	54,2
Forderungswerte: übrige	111	77,1	75	52,1	92	63,9
„Zwitterwert" Bausparvertrag	25	17,4	8	5,6	12	8,3
Haus/Wohnung	42	29,2	24	16,7	7	4,9
Anteilige Sachwerte	69	47,9	24	16,7	18	12,5
Individuelle Sachwerte	13	9,0	4	2,8	4	2,8
Sonderformen	7	4,9	1	0,7	1	0,7
Absolut/pauschal nicht beantwortbar	-	-	24	16,7	-	-
Entfällt	0	0,0	0	0,0	9	6,3
Residual	5	3,5	17	11,8	6	4,2
Summe	378	262,5	222	154,2	227	157,6

164 Vergeben wurde dieser Code z. B. für Antworten des folgenden Typs durch einen Bankkaufmann: „Na, die ganze Palette!"

165 Die entsprechende Kreuztabelle „Bekannt" / „Benutzt" bestätigt dies ohne jede Ausnahme.

Die obige Tabelle führt alle drei Dimensionen (Kenntnis, Bewertung, Erfahrung) in übersichtlicher Form zusammen. Auf die Forderungswerte (Sparkonto und übrige) entfallen in allen erhobenen Dimensionen deutliche Mehrheiten. Dies gilt trotz der 24 BPn, die bei der Bewertung der besten Geldanlagen nicht pauschal antworten können, sondern nach persönlichen Umständen, Lebensphasen oder auch nach ökonomischen Bedingungen relativieren. Zwar werden Forderungswerte häufiger genutzt als für die beste Anlageform gehalten; dennoch werden sie absolut wie relativ deutlich bevorzugt. Immobilien und anteilige Sachwerte (z. B. Aktien, Immobilienfonds) werden, genau anders herum, seltener genutzt als positiv bewertet: der Hälfte der Befragten sind bspw. anteilige Sachwerte zwar geläufig, aber bei den selbst genutzten Anlagen fällt dieser Wert auf ein Achtel zurück.

Im Sinne einer pointierten Zwischenbilanz zu den Hypothesen des Kapitels sind dies erstaunliche Befunde: krisenfeste Anlagen werden öfter gelobt als genutzt; anfällige Anlagen werden häufiger benutzt als für positiv befunden. Kennen und Benutzen liegen nur bei den Forderungswerten recht nah beieinander. Der Lehrmeister Währungskrise hat nur Minderheiten erreicht, die vom Kennen über das positive Bewerten zum Nutzen immer kleiner werden. Auch dem Heer von Beratern mit ihrem Bemühen, Gelder von Sparkonten auf die je propagierte Anlageform umzulenken, war nur mäßiger Erfolg beschieden.

Tiefere Einblicke in die Kenntnisse, die Einstellungen und die Verbindungen zwischen ihnen offenbart das Material, wenn man nach charakteristischen Zusammenhängen fragt. Mit zunehmender Kenntnis geht nicht nur eine größere Anlagevielfalt einher, sondern es kommt zu einer signifikanten Profilbildung. Je höher man aggregiert, desto klarer wird dieses Profil. Wer weniger Möglichkeiten kennt, konzentriert sich auf Geldforderungen im weitesten Sinne. Typisch sind Äußerungen wie die von Herrn Tilly (*1935): „Eben da bin ich auch noch auf der Suche. Ja, Festgeldanlage kenne ich, ansonsten diese ganzen Sparbriefe oder was da sonst noch alles angeboten wird. Da bin ich mir nicht im klaren, was da nun überhaupt vorteilhaft ist, und da muß ich mich erst noch mal schlau machen." Auch Frau Ide (*1938) „würde, wenn ich hätte und anlegen würde, sichere Sachen nehmen, so Rentenpapiere oder ja, in der Richtung." Wie geschlossen der Bezug auf die Forderungswerte sein kann, verdeutlicht z. B. die Antwort von Frau Zubke (*1948): „Also erstmal dieses normale Sparbuch natürlich, wo es heute kaum noch Zinsen drauf gibt. Bei der Postbank gibt es das 3 000 plus, wenn man also mehr als 3 000 Mark hat, kriegt man automatisch mehr Zinsen. Dann ein Wachstumszertifikat, wo also wachsende Zinsen über einen längeren Zeitraum dann jährlich dazukommen. Was gibt es noch? Dann gibt es auch dieses Rentensparen, glaube ich, wo man also sparen kann, daß man später mehr Rente kriegt, eigene Rente noch mal mit einzahlt. Wie man das nennt, weiß ich nicht, habe ich mich noch nicht damit beschäftigt."

Am äußersten Rand dieses Clusters, in dem die (Un-)Kenntnis die Benutzung und diese wiederum die Bewertung bestimmt, steht einsam das traditionelle Sparkonto. Etwa bei Frau Negel (*1906) drückt sich die Sparbuchpräferenz in *aus-*

schließlicher Kenntnis und Verwendung aus. „Ja, ich habe ein bißchen auf dem Sparbuch. (X) Nein, habe ich nichts. (X) Nein, ich kenne nichts." In diesem Zusammenhang steht auch ein altersbedingtes Desinteresse am Thema, was etwa bei Frau Bruns (*1911) offensichtlich ist: „Einfaches Sparen. (X: Meinen Sie jetzt ein Sparbuch?) Ja, Sparbuch. (X: Und kennen Sie sonst noch was, wie man Geld sparen kann oder anlegen?) Ach, in dem Alter nicht mehr." Auch Frau Sauters (*1896) ist da „schon raus, aus diesem ganzen ... Kann ich nicht mehr sagen. Denn [...] früher hat man dann gespart und geguckt, ob man da auch genügend Zinsen und so bekam, nicht. (X: Und wie hat man früher gespart, was hat man da gemacht?) Ja, die Sparkasse hat man da. Die Sparkasse hat man und ein Sparbuch, nicht. Sparbuch sich immer einschreiben lassen, wenn man was hinbrachte. Ja, so war das früher."

Als weiteres Spezifikum schimmern gelegentlich als Folge der jahrzehntelangen Abschottung des DDR-Finanzsystems Irritationen und Unsicherheiten im Umgang mit der komplexen kapitalistischen Geldwelt durch. Frau Dobler (*1929) nennt das Sparbuch und Festgelder als geläufige Möglichkeiten und fährt dann fort: „Und was nun die beste Möglichkeit ist, das ist, muß ich ganz ehrlich sagen, für mich immer noch sehr schwer zu durchschauen. Da sind wir ja also absolute Laien, was Bankwesen und Bankgeschäfte betrifft. Und selbst wenn man sich beraten läßt, ja Gott, ob das nun immer die richtige und beste Beratung ist, die man sich da anhört, das kann ich auch nicht beurteilen. Und da habe ich, ich meine ich habe etwas als Festgeld angelegt, bin aber trotzdem ein bißchen unsicher, ob es richtig ist, was ich gemacht habe."

Mit zunehmender Kenntnis nimmt dann die *Variationsbreite* zu, und die *Anlageschwerpunkte* verschieben sich, was sich prägnant am Beispiel des Sparbuchs zeigt. Es verliert mit zunehmender Kenntnis zunächst bei den selbst genutzten und schließlich bei den besten Anlageformen drastisch an Bedeutung, während bei Kenntnis von nur einer und zwei Anlagemöglichkeiten die *Sparbuchpräferenz* durchgängig hoch ist. Bei mittlerer Kenntnis (drei bis sechs Möglichkeiten) wird das Sparbuch zwar noch häufig spontan als *erste* Form der Geldanlage genannt und markiert so den Startpunkt der daran *anschließenden* Anlagereflexionen. Exemplarisch für solche Reflexionsketten steht Herr Tiemeyer (*1973), der vom Sparbuch als Fundament ausgeht und bei Termingeschäften landet. „Sparbuch beim Kreditinstitut, da gibt es verschiedene Möglichkeiten, verschiedene Arten, ganz normales Sparbuch. Dann gibt es Sparbücher, die Sonderkonditionen haben, die lange abgeschlossen werden, wo man bestimmte Prämien kriegt, wie z. B. auf Bausparverträge oder so was. Wertpapiere, Aktien, Termingeschäfte." Er führt weiter aus, „daß man mit Aktien ganz gut Geld verdienen kann" bzw. daß „auch diese festverzinslichen Wertpapiere nicht schlecht sind, um ein bißchen Geld zu verdienen." Man meint fast schon, einen jungen Anlagefachmann sprechen zu hören, der zu festverzinslichen Wertpapieren rät: „Die sind einfach zu verstehen, dieser Zinsmechanismus, der da eine Rolle spielt, und Aktien sind einfach oder Termingeschäfte, damit kann man einfach ganz gut Geld verdienen." Seine breiten Kenntnisse und die auf Erwerb gerichteten Dispositionen werden – auch in ihrem Unterschied zu den Aussagen der Älteren – sehr gut deutlich. Interessanterweise spielen die umfassenden monetären Kompetenzen am Ende keinerlei Rolle: „Benutzen tue ich bloß ein Sparbuch, wo ich ab und zu mal was drauf bringen lasse, aber sonst das andere habe ich noch nicht gemacht.“

Herr Tiemeyer ist nicht unbedingt typisch, aber er deutet einen Trend an. Bei *mittleren Kenntnissen* (drei bis sechs Geldanlagen) verlagert sich das Schwergewicht des Interesses auf die *übrigen Forderungswerte,* vom Festgeld über Sparbriefe, Sparformen mit längerer Zinsbindung, Bundesschatzbriefe, Rentenfonds, Versicherungen usw. Die übrigen Forderungswerte belegen in dieser Gruppe durchgängig Höchstwerte – egal ob bei den selbst genutzten, den besten oder den geläufigen Geldanlagen (in dieser Reihenfolge). Bisweilen wird – eine wichtige Einstellungskomponente – eine ausdrückliche Reserve gegenüber typologisch andersartigen Anlagen artikuliert. In den Überlegungen von Frau Ungerer (*1972) z. B. ist das unverkennbar: „Also ich denke, um zu sparen, wenn man nicht viel hat, das Sparbuch, ist schon in Ordnung. Oder das, was ich mache, kann man ja auch mit weniger Geld machen. Wenn man ein bißchen mehr Geld hat, denke ich, ist das mit dem fest Anlegen auch nicht schlecht, je nachdem, wie man es zur Verfügung haben muß, Monate oder Jahre. Und ich denke auch die Wertpapiere so vom Staat, diese Schatzbriefe, die sind auch eine gute Möglichkeit. Aktien würde ich nicht machen.“

Bei höherer Aggregation, die sich entlang der Grenzlinie der „inflation hedges“ organisiert, kommen die aufgezeigten Trends noch deutlicher zum Vorschein. Dabei schnurrt die bislang verwendete Typologie auf zwei Grundtypen und einen daraus gebildeten Mischtyp zusammen.

Tab. 11.3: Geläufigkeit von Geldanlagen nach Kenntnisstand (N = 144; Spalten-%; Auszüge)

Geläufigkeit von ...	**Kenntnisstand**					
	Niedrig (1-2)		**Mittel (3-6)**		**Hoch (7 und mehr)**	
	N	%	N	%	N	%
Geldwertanlagen	30	78,9	24	32,0	0	0,0
Mischung Geld- und Sachwerte	5	13,2	49	65,3	26	100,0
Sachwertanlagen	1	2,6	2	2,7	0	0,0

Mit dieser kompakten Variablen[166] ergeben sich interessante und sehr klare Zusammenhänge. Die zentrale Erkenntnis war mühsam zu gewinnen und ist leicht zu formulieren: je höher der monetäre Wissensstand desto deutlicher die Verschiebung zu den Sachwerten. Der niedrige Kenntnisstand bezieht sich in der überwiegenden Zahl der Fälle (78,9%) auf Geldwertanlagen ohne „inflation hedge“; dieses Phänomen verschwindet bei hohem Kenntnisstand vollständig. Diese Tendenzen wiederholen sich bei den positiv bewerteten Anlagen: bei niedrigem Kenntnisstand bevorzugen zwei Drittel (68,4%) reine Geldwertanlagen; dieser Wert schrumpft bei mittlerem Kenntnisstand (57,3%) und sackt bei hohem Kenntnisstand regelrecht ab (15,4%). Bei den selbstgenutzten Anlagen schließlich ergibt sich dieselbe Tendenz: die reine Geldwertanlage verliert mit steigendem Kenntnisstand an Bedeutung und sinkt von 78,9% (niedriger Kenntnisstand) über 72% (mittlerer) auf 50%.

Zwischen den Generationen prägen sich die Verteilungen charakteristisch aus: in Sachen *Kenntnisstand* sind der Mehrheit der G1 nur Geldwertanlagen geläufig (56,3%), was in G2 schon seltener der Fall ist (37,5%) und sich bei G3 noch einmal halbiert (18,8%). Betrachtet man das tatsächliche *monetäre Verhalten*, das durch den Kenntnisstand zwar präformiert, nicht jedoch determiniert ist, gewinnen diese Ergebnisse erheblich an Kontur und Beweiskraft. In der ältesten und der mittleren Generation hat der reine Geldwertanleger die Mehrheit (62,5% bei G1, 60,4% bei G2), die bei G3 erdrutschartig verloren geht (29,2%). Umgekehrt erlebt der Misch- und Sachwertanleger bei den Jüngsten einen fast schon kometenhaften Aufstieg (70,8%).

Ergänzend ist die Frage zu stellen und zu beantworten, ob sich die monetären Kenntnisse und Gepflogenheiten im Ruhezustand oder, als Triebfeder künftiger Bewegung, in Unrast befinden. Hierzu wurden die monetären Informationsquellen ebenso erhoben wie die Zufriedenheit mit dem eigenen Wissensstand. Gut die Hälfte (52,08%) versucht nicht, sich gezielt über das Thema Geldanlage zu informieren. Die anderen nehmen vorrangig Banken und Sparkassen (37,4%) sowie Zeitungen und Zeitschriften (18,7%) in Anspruch. Die weiterführende Frage, ob man sich „alles in allem halbwegs gut informiert“ fühle, steht nun in einem interessanten Verhältnis zum monetären Wissen. Hierzu gilt ohne jede Ausnahme die fast schon groteske Gleichung: je schlechter der Wissensstand desto ausgeprägter die Zufriedenheit damit. Auf der Spitze der monetären Wissenshierarchie („hoher Kenntnisstand“) fühlt sich jeder zweite (50%) nicht gut informiert, was unter den BPn mit „niedrigem Kenntnisstand“ nur bei jedem zehnten der Fall ist (10,5%).

166 Um die angestrebte Einfachnennung zu erreichen, bedurfte es einer Reihe von Auswertungsschritten, die hier nicht im einzelnen erläutert werden können. Die wichtigsten sind, daß alle eindeutigen Nennungen entweder dem Geldwertbereich oder dem Sachwertbereich zugeschlagen wurden. Nennungen in beiden Anlagebereichen bilden eine Mischkategorie. Durch Einzelfall- und Kontextanalyse wurde im Konfliktfall sichergestellt, daß die originären Geld- oder Sachwertorientierungen auch in den komplizierten Bausparvertragsfällen (finale Gläubiger- oder Schuldnerposition) und bei den „Sonderformen“ erhalten blieben.

Und umgekehrt: die schlecht Informierten („niedriger Kenntnisstand") fühlen sich erheblich häufiger gut informiert als die Experten (86,8% / 46,2%).

Als Zwischenbilanz zur Leitfrage des Kapitels ist jedenfalls zu sagen, daß der Lehrmeister Währungskrise bei den (ältesten) Zeitzeugen nur mäßig erfolgreich war. Die These vom langsamen Katalysator bestätigt sich auch hier. Mehr noch: die schlechter informierten Zeitzeugen und Krisenbetroffenen leben in einer Art Kokon aus informationeller Genügsamkeit, während die Jüngeren und ohnehin besser Informierten erheblich öfter mit ihrem Wissen unzufrieden sind. Der gute Wissensstand ist geradezu ein Ansporn zu weiterer Verbesserung! Dies trifft mit dem Sachverhalt zusammen, daß die Jüngeren häufiger hinter Inflationshecken residieren, während die Älteren mit ihrer (zum Teil erzwungenen) Konzentration auf Forderungswerte mit dem Risiko leben, im Falle einer weiteren Währungskrise in ihrem Leben erneut auf der Opferbank zu sitzen. Unwissenheit erzwingt monetären Traditionalismus, der zugleich die Opferrolle verewigt. Erst Kenntnis eröffnet mit den Optionen auch die Krisenprophylaxe.

11.2 Kredit und Verschuldung

„Der Schuldenmacher gräbt ein Loch, und ein zweites, um die Erde hineinzubringen."
(Wilhelm Busch)

Wie vorn eingehend dargelegt wurde, galt die Verschuldung noch im ausgehenden 19. und beginnenden 20. Jahrhundert als geradezu ehrenrührige Entgleisung, die sowohl der Staat als auch der solide Unternehmer und die seriöse Privatperson zu meiden hatten (siehe 3.7). Diese Norm war auch in den Elternhäusern der ältesten Befragten deutlich zu erkennen: Verschuldungstabu und Sparsamkeit waren die obersten monetären Gebote, die in der Sozialisation der nachfolgenden Generationen einen zentralen Stellenwert hatten.

Im Laufe der Jahrzehnte ist der Kredit in zahlreichen Hinsichten zu einer sozialen und politischen Kernfrage aufgerückt, die in vielfältiger Weise mit den Währungskrisen und -reformen verzahnt ist. Schuldner standen sowohl 1923 als auch 1948 auf der Gewinnerseite, während die traditionellen Sparer beide Male zu den Opfern gehört haben. Die Staatsverschuldung ist als solche zur schieren Selbstverständlichkeit avanciert, lediglich das Ausmaß steht zur Diskussion. Die Verbindung von Kredit und Inflation hat den modernen Typ von Unternehmung und Investition überhaupt erst möglich gemacht. Noch nie war, Bonität vorausgesetzt, der Zugang zu jeglicher Art von Kredit so unkompliziert und die Animation zum „Kauf auf Pump" so allgegenwärtig und heftig wie heute. Parallel dazu hat sich die Verschuldung und Überschuldung privater Haushalte zu einem ernsten Problem entwickelt.

Vor diesem nur äußerst kursorisch skizzierten Hintergrund war es eine der spannendsten empirischen Fragen, wie und nach Maßgabe welcher Faktoren sich das

Verhältnis der Befragten zum Kredit über drei Generationen hinweg entwickelt hat: zu den ständigen Offerten im monetären Alltag, zum Aufnehmen größerer Beträge und schließlich gar zur Verschuldung als Strategie. Es hätte ja eine gewisse Plausibilität, wenn die Botschaften des Lehrmeisters Krise dazu geführt hätten, das überkommene Verhältnis zu Schulden radikal zu überdenken und ggf. zu modifizieren. Und überhaupt: wenn der Fortgang der säkularen Inflation sicher erwartet wird, ändert sich die Interessenlage gegenüber dem Kredit. Wie sich all dies zu den - wie gezeigt – äußerst zählebigen monetären Normen und Werten verhält, ist zunächst einmal eine Frage mit offenem Ausgang.

11.2.1 Krediterfahrungen

Bei den Krediterfahrungen stand zum einen der monetäre Alltag im Mittelpunkt; zum anderen wurde nach größeren Projekten, in denen es um höhere Beträge geht, gefragt.

Monetärer Alltag

Das allgegenwärtige Kreditangebot läßt sich nach dem Grad der Beiläufigkeit des Zugriffs gliedern. Während der *Konsumentenkredit* und der *Ratenkauf* noch einen gewissen bürokratischen Aufwand verlangen, sind der einmal eingeräumte *Überziehungskredit* und die *Kreditkarte* ohne jeden Umstand verfügbar. Zu diesen vier Kreditvarianten wurde zunächst standardisiert erhoben, welche davon überhaupt benutzt werden. Im bejahenden Fall wurde nachgefragt, ob das jeweilige Angebot „ganz gern“ oder nur „mit Vorbehalten“ wahrgenommen werde; bei Nichtbenutzung zielte die korrespondierende Nachfrage darauf, ob dies aus „praktischen Gründen“ oder aus „grundsätzlichen Überlegungen“ geschehe. Aus diesen Unterscheidungen lassen sich dann problemlos die vier Typen des „Anhängers“, des reservierteren bloßen „Nutzers“, des pragmatischen „Ablehners“ und des „Gegners“ kristallisieren. Ihre Verbreitung ist auf einen Blick aus der folgenden Abbildung zu ersehen, in der von einer Null-Linie aus prozentual nach oben bzw. unten abgetragen wird.

Abb. 9: Nutzung von Kreditmöglichkeiten im monetären Alltag (N = 144; Spalten-% ohne Sonstige und Residual)

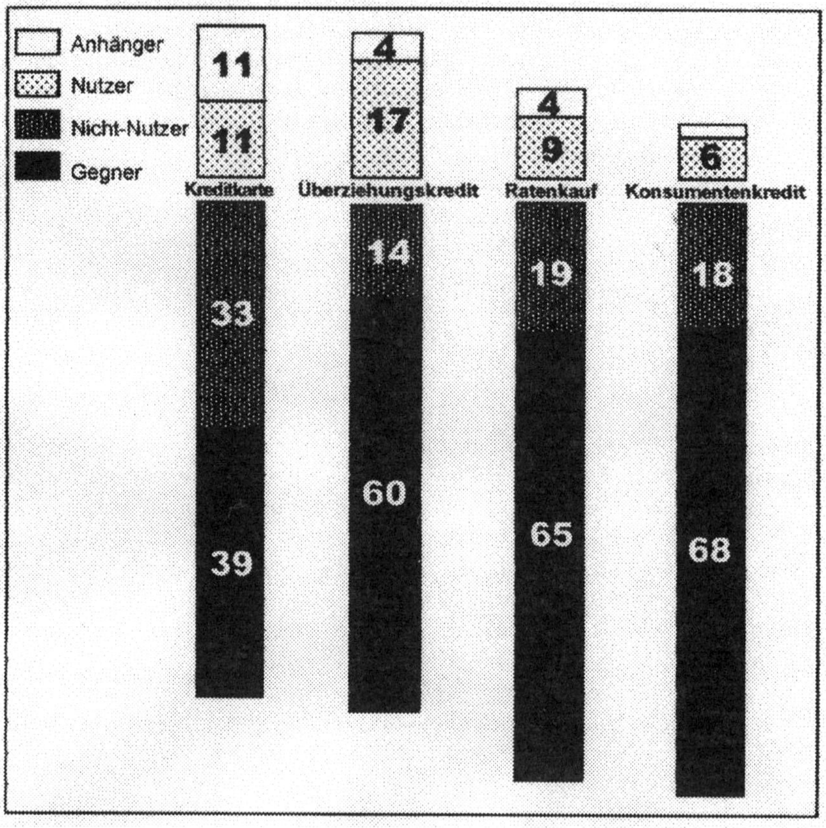

Alle Möglichkeiten zum Alltagskredit werden von einer breiten Mehrheit abgelehnt. Die Mehrheit der Nicht-Nutzer und Gegner steigt bei den übrigen Kreditmöglichkeiten immer weiter an und geht am Ende auf die Gesamtheit der Befragten zu. Meist handelt es sich dabei um eine dezidierte Gegnerschaft, während jeweils eine sichtbare Minderheit aus praktischen Gründen ablehnt.

Bei der breiten Ablehnungsfront gegenüber sämtlichen Kreditofferten des monetären Alltags handelt es sich nur zum Teil um den Ausdruck eines allgemeinen Konservativismus[167]. Die am Rande eingefangenen Kommentare zu den standardisierten Fragen geben vielmehr Anlaß zu der Hypothese, daß sich hier eine tiefer sitzende Abneigung gegen die Verschuldung überhaupt ausdrückt, die sich mit eher

167 Monetäre Neuerungen ohne Verbindung zu Schulden werden deutlich positiver bewertet (siehe 13.3).

oberflächlichen Motiven paart. Einige charakteristische Äußerungen seien ohne Anspruch auf Beweiskraft zitiert, um den Zusammenhang zu illustrieren, typische Tonlagen greifbar zu machen und die erwähnte Hypothese vorzubereiten. Frau Güthoff (*1911) trifft aus Anlaß der Frage nach ihrer Haltung zum Konsumentenkredit die allgemeine und sehr bestimmte Aussage: „Von Krediten halte ich nichts." Auch Herr Haase (*1896) kommentiert zwar explizit nur den Ratenkauf, aber man spürt den tieferen und breiteren Gehalt seiner Ablehnung: „Kommt nicht in Frage. Grundsätzlich nicht." Die Ablehnung der Kreditkarte durch Herrn Ungerer (*1949) ist demgegenüber eher pragmatisch: „Es kostet bloß Geld."

Zur Überprüfung der hieraus abzuleitenden Hypothese, daß auch heute noch eine tief sitzende Abneigung gegen Schulden vorherrscht, halten qualitative Fragen mit anderem Tenor ein reichhaltigeres Antwortmaterial bereit. (Siehe v. a. 11.2.2) Die Unterhypothese, daß in der Aversion Unterschiede zwischen den Generationen bestehen, läßt sich allerdings schon mit den Variablen des laufenden Zusammenhangs hervorragend antesten und tabellarisch darstellen.

Tab. 11.4: Anhänger und Gegner der Kreditofferten im monetären Alltag nach Generation (Auszüge)

Art der Kreditofferte	**Anteil der Gegner (%)**			**Anteil der Anhänger (%)**		
	G1	**G2**	**G3**	**G1**	**G2**	**G3**
Kreditkarte	65	31	21	0	8	25
Überziehungskredit	73	56	52	0	2	10
Konsumentenkredit	71	67	67	0	2	4
Ratenkauf	71	69	54	2	2	8

© Heisterhagen / Hoffmann, Soziologisches Seminar, Universität Göttingen

Zwei überraschend konsistente Zusammenhänge erscheinen betonenswert. Einerseits gilt quer durch sämtliche Kreditofferten und ohne jede Ausnahme die Gleichung: je älter desto reservierter, je jünger desto aufgeschlossener. Auf der anderen Seite ist dieser Trend nur bei Kreditkarten und Überziehungskrediten wirklich ausgeprägt; diese beiläufigen Formen von Kredit sind wohl noch am ehesten Ausdruck einer monetären Modernisierung, für die die jüngste Generation offener ist und die immerhin eine Minderheit akzeptiert. Zudem sind die Beträge und Zeiträume, um die es hierbei geht, in der Regel überschaubar. Zudem gibt es Anhaltspunkte für die Vermutung, daß Jüngere diese Kreditformen kaum noch als Schulden auffassen. Beim Konsumentenkredit und dem Ratenkauf, bei denen förmliche Schritte getan werden müssen, ist der normative Schulterschluß zwischen den Generationen bündiger. Stets haben die Gegner eine Mehrheit, die bei den Älteren lediglich ausgeprägter ist.

Bilanziert man die bisherigen Befunde, so ergibt sich folgendes Bild: schon den beiläufig angebotenen Kreditmitteln gilt mehrheitlich die traditionelle Verschuldungsaversion, wenn auch bei einigen Jüngeren eine gewisse Lockerung eingetreten ist. Man wird sehen, wie sich diese Konstellation im Hinblick auf größere, förmlich zu beantragende Kredite entwickelt.

Größere Projekte

Im Interview wurden zunächst die Erfahrungen mit dem institutionellen Kredit (Banken, Arbeitgeber etc.) und dem privaten Kredit thematisiert; bei letzterem interessierten beide Rollen, Schuldner und Gläubiger. Unter beiden Aspekten wurde gezielt auf größere Beträge abgehoben, um deutlich gegen die Krediterfahrungen im monetären Alltag zu kontrastieren und die grundsätzliche Einstellung zu Schulden überhaupt durch offene Nachfragen ermitteln zu können.

Zunächst wurde die Inanspruchnahme von institutionellem und privatem Kredit nach der faktischen Seite und mit Bezug auf das gesamte bisherige Leben praktisch wortgleich erfragt. Dabei interessierte angesichts des säkularen Vormarsches monetärer Institutionen auch der heutige Stellenwert des Leihens größerer Beträge von Privaten. Die Ergebnisse sind aus der folgenden Tabelle ersichtlich.

Tab. 11.5: Inanspruchnahme größerer Kredite (N = 144; Spalten-%)

Inanspruchnahme	**Institutionell (%)**	**Privat (%)**
Nie	56,9	77,1
Einmal	25,7	15,9
Mehrmals	16,7	6,3
Residual	0,7	0,7
Summe	100,0	100,0

Eine Mehrheit der Befragten, beim Privatkredit besonders ausgeprägt, hat keinerlei Erfahrungen als Schuldner. Es überrascht, daß die privaten Ausleihungen zwar seltener sind als die institutionellen, aber doch in der Lebensgeschichte einen unerwartet hohen Rangplatz haben. Wie eine Auffächerung nach Generation zeigt, ist dieser Teil der privaten Geldkultur nicht nur weiter präsent, sondern bei den Jüngeren sogar im Aufwind.

Die Erfahrungen mit dem Kredit sind beide Male für eine deutliche Mehrheit „eher gut" oder zumindest „ganz normal", wobei die Zufriedenheit im privaten Bereich besonders ausgeprägt ist. Diese positiven Werte sprechen nicht nur für die Seriosität des monetären Systems und die Verläßlichkeit privater Bindungen, sondern haben noch einen anderen wichtigen Aspekt: das Motiv „gebranntes Kind" kann als Erklärung für die verbreitete Zurückhaltung bis Aversion gegenüber der Schuldnerposition ausgeschlossen werden. Indirekt verweist der Befund somit auf die tiefere Schicht traditioneller Normen.

Die Erhebung der faktischen Seite war lediglich die Vorbereitung der primär interessierenden Attitüden in Sachen Kredit. Die normative Ebene wurde über eine leicht provozierende Nachfrage an diejenigen gesucht, die die Inanspruchnahme eines größeren institutionellen Kredits verneint hatten: „Weil es nicht nötig war oder eher wegen einer grundsätzlichen Abneigung?“ Die Gesamtheit der Antworten zeigt, daß es beides gibt: eher pragmatische Motive gegen den Kredit wie auch die tief verwurzelte Anti-Haltung und das Verschuldungstabu.

Die methodische Schwachstelle dieses Zugangs besteht darin, daß die Frage nur den „Un-Schuldigen“ ohne Krediterfahrung vorgelegt werden konnte. Das impliziert die (unzulässige!) Unterstellung, daß die Kreditnehmer sozusagen unbeschwert und ohne normative „Bauchschmerzen“ in die Schuldnerposition gegangen sind. Daher wurde eine weitere Operationalisierung gesucht und gefunden, die das Thema noch einmal zuspitzt und *alle* BPn anspricht: Verschuldung als bewußt gewählte Anti-Krisen-Strategie. (Siehe 11.2.2) Weil das Einstellungsspektrum zur Verschuldung dort umfassend und scharf zu Tage tritt, wird hier auf Belegmaterial verzichtet. Nur eine Erkenntnis ist an dieser Stelle zu formulieren: selbst die pragmatische Ablehnung hat insofern eine moralische Dimension, als sich einige Befragte das Leben gezielt so eingerichtet haben, daß ein Kredit „nicht nötig“ war.

Abschließend ist zu prüfen, ob die institutionelle Verschuldungsabstinenz möglicherweise mit einer privaten Verschuldungsbereitschaft einhergeht oder ob es sich um einen durchgehenden Kreditverzicht handelt. Der wichtigste Befund ist die Erkenntnis, daß sich die Stichprobe fast gleichgewichtig splittet: in die relative Mehrheit der Befragten (47%) mit vollständiger „Schulden-Unschuld“ und die etwas größere Gruppe derjenigen, die zumindest einmal eine größere Summe geborgt hat. Hierbei dominiert der institutionelle Kredit (30 %), während der Privatkredit (10 %) und die Nutzung beider Varianten (13 %) minoritär bleiben.

Genau so interessant wie die Frage nach der Schuldnerrolle ist die umgekehrte Richtung, ob man selbst „privat einen größeren Geldbetrag verborgt“ habe. Hier ergeben sich fast schon spiegelbildliche Resultate: knapp zwei Drittel (63%) waren niemals, die übrigen einmal (23%) bzw. mehrmals (14%) in der Rolle des Privatgläubigers. Auch hier waren die Erfahrungen der Mehrheit positiv oder neutral, während eine kleine Teilgruppe Ärger hatte – bis hin zum Verlust des verliehenen Betrages.

In der Summe sind jedenfalls die Krediterfahrungen breiter als die deutlich häufigere Reserve gegen das Schuldenmachen erwarten läßt. Hierin reflektieren sich Zielkonflikte z. B. zwischen einem starken Wunsch nach Wohneigentum und der Verschuldungsaversion, die heute kaum anders geregelt werden können als durch widerstrebenden Kauf auf Kreditbasis. Das wirkliche Vorkommen von Krediterfahrungen sagt somit nicht unbedingt etwas über das monetäre Über-Ich aus. Diese normative Tiefenschicht wurde über einen andersartigen Zugang thematisiert, der Gegenstand des folgenden Abschnitts ist.

11.2.2 Strategische Verschuldung?

Der homo oeconomicus könnte verschiedene Motive haben, in der Kreditfrage weiter zu gehen als bislang erörtert und bewußt eine auf Dauer gestellte Position als Netto-Schuldner anzustreben. Dies wäre eine der rationalen Konsequenzen aus den Krisenerfahrungen des 20. Jahrhunderts mit der wiederkehrenden Begünstigung der Schuldner. Auch die feste Erwartung, daß sich die säkulare Inflation fortsetzen werde („one way expectation"), könnte zu diesem Ergebnis führen: kreditfinanzierte Anschaffungen würden ja in höherer Kaufkraft erworben als am Ende bezahlt. Schließlich ließe sich auch die verbreitete Furcht, daß es in der Zukunft erneut zu einer monetären Mega-Krise kommen wird (siehe 20.2.1), auf diese Art verdichten. Auch der vorherrschende Argwohn gegenüber der Euro-Währung (siehe 16) hätte seinerzeit zu dieser Konsequenz geführt haben können.

Die Auffassungen zur Verschuldung als Strategie wurden durch die Einladung zur Auseinandersetzung mit einer zugespitzten Aussage erhoben, die sinngemäß bei den Expertengesprächen im Vorfeld der Erhebung gefallen war: „Heutzutage sollte man überhaupt nicht mehr sparen, sondern sich lieber verschulden." Um unmittelbar bei der früher formulierten Hypothese anzuknüpfen, daß hier mit starken Generationsunterschieden zu rechnen ist, werden die Daten gleich in die entsprechende Form gebracht.

Tab. 11.6: Einstellung zur strategischen Verschuldung nach Generation (N = 144; gerundete Spalten-%)

Position	**G1**	**G2**	**G3**	**Mittelwert**
Dezidierte Ablehnung	92	65	48	68
Ablehnung trotz Zwiespalt	2	6	10	6
Relativierte Ablehnung	2	15	19	12
Ablehnung/Zustimmung differenziert	0	6	10	6
Bedingte Zustimmung	2	8	8	6
Zustimmung trotz Zwiespalt	0	0	0	0
Dezidierte Zustimmung	0	0	2	1
Residual	2	0	2	1
Summe	100	100	99	100

© Heisterhagen / Hoffmann, Soziologisches Seminar, Universität Göttingen

Schon die Summenspalte lehrt, daß eine große Mehrheit die strategische Verschuldung dezidiert, also in starken Worten und ohne jede Ausnahme ablehnt. Nach Generationen aufgeschlüsselt, festigen sich die früher gewonnen Eindrücke. Die Ältesten stehen fast ausnahmslos zum Verschuldungstabu, mit dem sie aufgewachsen sind; in der mittleren Generation ist dies noch bei einer deutlichen absoluten Mehrheit der Fall, die dann in der nächsten Generation auf eine relative Mehrheit schrumpft. Umgekehrt nehmen die Zustimmungen, die Abwägungen und die zwiespältigen Ablehnungen von G1 nach G3 zu. Diese Regelmäßigkeit ohne jede Ausnahme rechtfertigt es allenfalls, leichte Erosionstendenzen am Verschuldungstabu zu konstatieren und den eingangs formulierten Erwägungen des homo oeconomicus eine negative Prognose zu stellen.

Erst der Originalton kann greifbar machen, wie rigide die Normen sind, die sich in der Tabelle manifestieren. Frau Grübbel (*1913) distanziert sich empört von der verlesenen Aussage: „Ach, um Gottes Willen, nein, nein!" Auch die greise Frau Ahrens (*1903) „kann das nicht begreifen. Verschulden, das ist etwas Schreckliches für mich. Und ich möchte das nicht." Frau Wegener (*1934) aus der mittleren Generation weist das Statement zugunsten der strategischen Verschuldung ebenfalls in stärksten Worten zurück: „Das ist das Schlimmste, was man tun kann. Das ist doch das, was die Menschheit ins Verderben bringt." Herr Albrecht (*1937) verkündet in fast schon missionarischer Bestimmtheit: „Also Verschulden ist schlecht. Das ist also tödlich." Frau Stupp senior (*1907) „mag das Wort Schulden nicht. Das war früher bei uns nicht Sitte, und ich möchte es nicht." Frau Eikermann (*1931) verweist ebenfalls direkt auf ihre „Erziehung. Ich kann nicht mit Schulden leben und möchte die nicht in der nächsten Generation oder irgendwie weitergeben. Nein, was ich nicht habe, kann ich mir nicht leisten." Die Konturen des Verschuldungstabus seien durch die einschlägigen Partikel weiterer Interviews abgerundet: verwiesen wird auf eine entgegengesetzte „Grundeinstellung", man könnte „gar nicht mehr schlafen" oder fürchtet zumindest das „Risiko"; mehrfach wird das Verschuldungs-Statement als „Quatsch" oder „Schmarrn" bezeichnet.

Während die dezidierte Ablehnung bislang moralisch begründet wurde, gibt es auch eine pragmatisch-rationale Zurückweisung des Statements zur strategischen Verschuldung. So formuliert Herr Lehmann (*1903): „Falsch. Falsch. Denn, Schulden kosten Zinsen und sie verleiten zur Fehlinvestition und zum Fehlkauf." Ebenfalls dezidiert-rational lehnt Frau Beyer (*1935) ab: „Nein, nicht verschulden. (X) Tja, man hört soviel schlimme Dinge, also in so Geldsachen bin ich lieber vorsichtig."

Bei BPn, die die strategische Verschuldung trotz gewisser Zwiespälte ablehnen, ist man geradezu Zeuge des inneren Konflikts, den der homo oeconomicus mit dem Über-Ich austrägt – und verliert. Frau Zubke (*1948) „kann nach diesem Grundsatz nicht leben, obwohl man letztendlich vielleicht damit nicht schlecht fährt. Aber für mein eigenes Gewissen ist das nicht in Ordnung, also ich kann nicht mit Schulden gut leben." Auch Herr Söder (*1943) hatte im Zusammenhang mit den Krisenlehren die Bewahrung seiner Ich-Identität als Mensch höher gewichtet als die möglichen wirtschaftlichen Vorteile des Schuldners; diese Abwägung wird auch hier vorgenommen und genau so entschieden. Interessanterweise kommt der konträre Verlauf, ein Zwiespalt mit Sieg des homo oeconomicus, gar nicht vor.

Die kleine Gruppe der Relativierer und Differenzierer läßt Ausnahmen zu, wenn es um berufliche Anschaffungen oder große Objekte wie das eigene Haus geht. Die bedingt oder vorbehaltlos zustimmende Fraktion sei durch einige Repräsentanten charakterisiert. „Wenn ich die Schulden an der richtigen Stelle mache, kann ich dadurch sparen, also, Steuern sparen." (Herr Batte, *1966) „Na ja, verschulden ist in dem Sinne nicht schlecht, weil man dann in einer kleineren Steuerklasse bleibt, nicht. Nicht aufrutscht. [...] Ich denke schon mal, daß ich sagen werde, daß ich mich eher verschulden werde, wenn ich dann weniger zahlen muß, im Endeffekt. Kommt darauf an, für was." (Herr Raabe, *1974)

Wer sich so absolut gegen Schulden ausspricht wie die zitierten BPn, ist gegen Erfahrungen immunisiert und gegen konträre Reflexionen gefeit. Interessanterweise gibt es in der dezidierten Ablehnung der strategischen Verschuldung viele lückenlose Tradierungsbrücken (111): in fast einem Drittel der befragten Stafetten (15 von 48) haben alle drei Generationen dieselbe Einstellung – angesichts der großen Zahl von Kategorien ein erstaunlicher Befund. Ein anderer Eindruck, den die präsentierten Belege vermitteln könnten, ist demgegenüber falsch. Der Anteil dezidierter Zurückweisung des Verschuldungs-Statements ist bei Frauen und Männern praktisch gleich (69% vs. 67%). Die naheliegende Hypothese, daß Selbständige „schuldenfreundlicher" sein könnten als abhängig Beschäftigte, bestätigt sich nicht. Auch die monetäre Biographie der Befragten spielt keine Rolle: Krisenopfer stehen der Verschuldung kaum anders gegenüber als Krisengewinner.

Pointiert zusammengefaßt lautet das Ergebnis des Abschnitts: der Lehrmeister Krise hat das Verschuldungstabu der Altvorderen nicht getilgt, und die wert- und moralinfreien Erwägungen des homo oeconomicus haben die Befragten nicht erreicht. In der intergenerativen Dynamik sind leichte Lockerungen der traditionellen Normen nachzuweisen, die jedoch nicht an die Substanz gehen.

11.3 „Häuslebau" oder Miete?

*„Eine stabile Art Währung", Herr Pietsch (*1969)*

Wohneigentum und Währungskrisen sind durch komplexe, teilweise auch widersprüchliche Zusammenhänge verknüpft, die eingangs skizziert bzw. rekapituliert seien. Die inflationär angeschwollenen Preise für Immobilien zeitigten vornehmlich in den zwanziger Jahren zwiespältige Effekte. Sie waren einerseits Impuls für den Verkauf und haben so bisweilen den Status eines Krisenopfers vorbereitet. Die strukturelle Begünstigung des Schuldners durch die Geldentwertung hat andererseits als Anreiz zum Kauf und/oder als Möglichkeit zur günstigen Entschuldung gewirkt und zu Gewinnerkarrieren beigetragen. Allgemeiner können die Krisenerfahrungen des 20. Jahrhunderts insgesamt als Schubkraft für die kollektive Einsicht gewirkt haben, daß Immobilien resistent und daher erstrebenswert seien. Diese Orientierung wiederum gerät unweigerlich in Kollision mit der eingefleischten Aversion gegen Schulden, die ja für den Erwerb von Wohneigentum i. d. R. zumindest suspendiert werden muß. Dies wiederum kann eine Gewöhnung an den Status als Schuldner mit sich bringen, die ihrerseits zur Erosion der überkommenen Normen beitragen kann.

Die Frage des Wohneigentums hat natürlich nicht nur oder noch nicht einmal primär diese strategische Dimension, sondern hat auch mit Lebensstandard und -qualität, Freizügigkeit und Unabhängigkeit, d. h. modernen Werthaltungen zu tun. Wegen dieser widersprüchlichen Konstellation, in die fünfzig Jahre DDR mit tendenziell umgekehrten Kausalitäten eingewoben sind, ist mit interessanten Ergebnissen zu rechnen. Diese werden eher die Gestalt weicher Zusammenhänge als die Form harter Signifikanzen haben.

11.3.1 Eigentumsaspiration und Eigentumsstatus

Um das *Aspirationsniveau* in Sachen Wohneigentum zu ermitteln, wurden die Befragten zunächst zur Auseinandersetzung mit einem gängigen Sprichwort angeregt: „'Eigener Herd ist Goldes wert.' Welchen Stellenwert hatte das Ziel Wohneigentum für Sie?" Auf einer Skala von „sehr hoch" bis „gar keinen" nahmen die Befragten eine Selbsteinstufung vor, die anschließend erläutert werden sollte. Dabei wurde für die älteste Generation deutlich gemacht, daß sich die Frage auf die Zeit ihrer vollen wirtschaftlichen Verantwortlichkeit beziehen soll. Bei den Befragten der anderen beiden Generationen wurde ausdrücklich nach einer Verschiebung dieses Stellenwerts gefragt, der ja z. B. mit Veränderungen im Beruf, dem Eintritt in eine neue Lebensphase oder größeren politischen Ereignissen wie der deutsch-deutschen Einheit einhergehen kann.

Die Auswertung zeigt die ausgeprägte Bedeutung des Wohneigentums: je ein Drittel der Befragten mißt ihm einen sehr hohen (34%) oder hohen (33,3%) Stellenwert zu, und kleinere Gruppen geben einen mittleren (15,3%), einen geringen (8,3%) oder gar keinen (6,3%) Stellenwert an. Interessanterweise sind die sonst so wichtigen Unterschiede zwischen den Generationen in der Frage der Eigentumsaspiration nicht vorhanden, da jeweils eine deutliche Mehrheit einen hohen oder sehr hohen Stellenwert zuerkennt.

Gegenstand eines zweiten Fragenkomplexes war der *faktische Status,* also Eigentümer (einschließlich sicherer Anwartschaft) versus Nichteigentümer (Mieter, Wohnen im elterlichen Haushalt etc.). Die Kombination von Aspirationsniveau und Status gestattet eine Typenbildung für die Wohneigentumsfrage. So besteht exakt die Hälfte der Personen unseres Samples aus Eigentümern mit hoher Aspiration[168], ein knappes Viertel (22,9%) sind Aspiranten ohne Eigentum und das letzte Viertel (24,3%) hat kein Wohneigentum und strebt auch keines an. Naheliegenderweise

168 Die logisch mögliche Kategorie des „gleichgültigen Eigentümers", der seinem Wohneigentum nur einen „sehr geringen" oder „gar keinen Stellenwert" zumißt, kam in keinem einzigen Fall vor.

sind die Generationsunterschiede hier größer, und sie liegen auf der Linie des Erwartbaren: bei den Jüngsten gibt es den höchsten Prozentwert bei den Aspiranten (31%) und den niedrigsten bei den Eigentümern (31%), wo die wirtschaftlich aktive, mittlere Generation führt (64%).

Auch in sozialstruktureller Hinsicht fügen sich die Ergebnisse gut in das allgemeinere Muster der Vermögensverteilung. (v. a. Hauser/Stein 2001) Die für das Wohneigentum ausschlaggebende Variable ist der sozio-ökonomische Status der befragten Haushalte: gut vier Fünftel aller Selbständigen besitzen Wohneigentum (85,7%). Auf diesen Wert wirkt allerdings die Struktur der theoretischen Stichprobe (siehe 2.2.1) ein: natürlich sind alle selbständigen Landwirte auch Hauseigentümer. Die Grundaussage wird hierdurch allerdings nicht beeinträchtigt: nur zwei Fünftel der abhängig Beschäftigten (41,3%) haben Wohneigentum.

Für die Leitfrage dieses Kapitels ist es nun zentral, ob die Währungskrisen in der Realität (Eigentum) und im Reich der Wünsche (Aspiration) Spuren hinterlassen haben. Für die älteste Generation, die alle Sequenzen von Krise und Reform erlebt hat, besteht ein markanter Zusammenhang zwischen der damaligen objektiven Krisenbilanz und dem heutigen Eigentumsstatus. Die Gewinner besitzen deutlich häufiger Wohneigentum (75%) als die Opfer (39%) von damals – ein plausibler Zusammenhang, der aber wegen der niedrigen absoluten Zahlen nicht überinterpretiert werden darf; andererseits ist er durch die qualitative Kontextanalyse theoretisch bestens abgesichert. Denn der Konnex von Eigentümer- und Krisengewinnerstatus resultiert in einigen Fällen unmittelbar aus erfolgreichem strategischem Krisenhandeln in Form eines günstigen Hauskaufs und in anderen aus dem Abtrag von Hypothekenschulden unter vorteilhaften Bedingungen. Hier ist die durch die Krise gewonnene materielle Position mindestens mitursächlich für den Eigentümerstatus.

Im Reich der Wünsche zeigen sich ebenfalls plausible Konstellationen, die aber nicht sonderlich ausgeprägt sind. Opfer messen dem Wohneigentum deutlich häufiger einen sehr hohen Stellenwert zu als Gewinner (41,9% ./. 28,6%). Beim hohen Stellenwert kehrt sich die Tendenz allerdings um: knapp die Hälfte der Gewinner (47,6%) wählt diese Kategorie, was bei den Opfern nur halb so oft vorkommt (23,3%). Ein niedriges Aspirationsniveau (Stellenwert gering und Null) ist bei den Gewinnern etwas häufiger als bei den Opfern (19% ./. 11,7%). Saturierte wünschen seltener im Superlativ als Aspiranten.

11.3.2 Erwerbsmotive: zwischen Idealität und Vermögensstrategie

Vielschichtig und facettenreich sind die Argumentationsmuster, derer sich die Befragten bei der Erläuterung ihrer Aspiration und ihres Status bedienen. Das Material strukturiert sich einerseits in Abhängigkeit von der individuellen Biographie durch Parameter wie Gewohnheit und Tradition (häufig bei G1), das Lebensalter und den damit zusammenhängenden finanziellen Handlungsspielraum (besonders bei G3), DDR-spezifische Bedingungen und andere ähnliche Faktoren, die im vorliegenden Zusammenhang weniger interessieren. Für die Leitfrage des Kapitels sind die *ideellen Motive* zentral, die in den Reflexionen der Gesprächspartner auch den meisten Raum einnehmen. Sie haben ihrerseits eine große Bandbreite und sind mitnichten auf die Auseinandersetzung mit monetären Problemen fokussiert. In ihnen spiegelt sich der Stolz auf selbst Erarbeitetes wider, sie dokumentieren das Streben nach Autonomie, bringen bisweilen das Bedürfnis nach Sicherheit zum Ausdruck oder thematisieren die Notwendigkeit eines Freiraums für die Kinder. Selbst der sozialcharakterologische Aspekt „Hedonismus" kann als Begründungsmuster fungieren – wie bei Frau Menne (*1970), die als Nicht-Eigentümerin ohne Ambitionen erklärt: „daß ich schon leben will von dem Geld, das ich verdiene und nicht nur für mein Eigentum arbeiten will." Allerdings läßt sich dieselbe Haltung zum Wohneigentum auch vom puritanischen Standpunkt einer konsequenten Schuldenvermeidung aus gewinnen: „Ich könnte auch mit Mietezahlen leben, muß ich sagen. Wenn ich mir dafür endlos Schulden aufhalsen müßte, wie das im Moment größtenteils ist, dann würde ich – glaube ich – eher in einer Mietwohnung wohnen." (Frau Tilly, *1963)

Generell muß eine Darstellung des qualitativen Materials der Tatsache Rechnung tragen, daß man in der Eigentumsfrage von ähnlichen Ausgangspunkten zu entgegengesetzten Positionen gelangen kann. Das ideelle Syndrom eines Strebens nach Ungebundenheit und Unabhängigkeit thematisiert auch Frau Möller (*1963), und zwar aus der Perspektive einer zufriedenen Eigentümerin: „Es birgt einfach ein hohes Maß an Lebensqualität, an persönlicher Freiheit und Ungebundenheit, das hat schon einen wirklich hohen Stellenwert." Mit demselben Wertmaßstab, aber anderem Fokus begründet eine Alters- und Zeitgenossin eine dezidierte Ablehnung aller Eigentumsambitionen: „Weil ich ein Mensch bin, der sich nicht gerne abhängig macht von Dingen. [...] Wohneigentum bindet einen sehr und hat auch viele negative Folgen, für mich mehr negative Folgen auch organisatorischer Art als positive Folgen. Und da möchte ich lieber flexibel bleiben." (Frau Lehmann, *1969)

Neben Lebensqualität und Autonomie als immateriellen Gesichtspunkten spielen *vermögensstrategische Überlegungen* bei den Argumenten für den Erwerb von Wohneigentum eine überaus wichtige Rolle. So in der Antwort von Herrn Batte (*1934): „Na ja, ich bin eigentlich nicht geizig, aber ich sehe es nicht ein, daß ich mein Leben lang Miete zahle. Lieber mache ich Schulden, schaffe mir eigenes Wohneigentum und zahle dann praktisch etwas mehr als die Miete jetzt ab, dann habe ich hinterher was übrig. Das ist so unser Ding gewesen, sonst hätten wir hier nicht gebaut." Allerdings bildet ein so langfristiges strategisches Kalkül die Ausnahme in den Interviews, und ein Kommentar der Ehefrau bringt die Dimension der Lebensqualität gleich wieder hinein: „Da können wir tun und lassen, was wir wollen, in unserem Haus. Das ist ja auch was wert."

In den neuen Bundesländern hat sich die strategische Dimension des Wohneigentums bisweilen bis zur vollständigen Umwertung verändert: „Vor der Wende war das Wohneigentum eigentlich eine Strafe, weil der Hauseigentümer für alle Reparaturen und alles aufkommen mußte, aber das durch die Miete überhaupt in keiner Weise gedeckt war. Das war eigentlich so eine kalte Enteignung, da war

Haus- also Grundstückseigentum eigentlich wirklich unattraktiv, und das hat sich ja nach der Wende dann völlig geändert." (Herr Tilly, *1935). Herrn Tillys „Eigentumsbiographie" bezeugt die schnelle Anpassung an die geänderten Verhältnisse: der vor der Wende ambitionslose Nicht-Eigentümer ist mittlerweile dank einer Schenkung glücklicher Hausbesitzer.

Doch auch die Botschaften des Lehrmeisters Währungskrise haben sich im Bewußtsein der Menschen verankert. Lakonisch begründet Herr Hagenberg (*1939) den Erwerb von Wohneigentum so: „Weil das wertbeständig ist und in Krisenzeiten eigentlich Bestand behält." Auch in der Begründung von Eigentums-Aspirationen hat dieser Aspekt Einzug gehalten. Herr Albrecht (*1937) formuliert seine grundlegende Einsicht: „Da ist was, was eben eine Inflation nicht vernichten kann." Und er zieht sogleich die persönliche Konsequenz: „Ich würde also niemals gerne lange viel Geld auf der Bank haben." Herr Schäffer (*1971), dessen Biographie gravierende Umbrüche aufweist, reflektiert exakt auf dieser Ebene: „Das ist deshalb so, weil ich, wenn ich mir die Mieten betrachte, was man da so im Laufe des Lebens ausgibt, und am Ende einem immer noch nichts gehört, und wenn ich da jetzt zum Beispiel eine Wohnungsfinanzierung abzahle, und mir gehört die nach 30 Jahren, und ich bezahle halt nur noch die Nebenkosten, dann weiß ich, was ich geschafft habe im Leben, nicht. Und habe eine Immobilie, die wertvoll ist, die mir keiner mehr nehmen kann und die man im Notfall verkaufen könnte, man weiß ja nie, wie es kommt. Also das ist schon erstrebenswert." Diese Verankerung im Bewußtsein geht so weit, daß sie sich im Extrem die eigene sprachliche Form schafft: Herr Pietsch (*1969) bezeichnet Wohneigentum geradezu als „eine Art stabile Währung". Umgekehrt zeigt die Äußerung von Herrn Hagenberg (*1908) die Verunsicherung und Inflationsangst eines alten Mieters, der alle Währungskrisen des 20. Jahrhunderts miterlebt hat und dessen Ambitionen auf den Erwerb von Wohneigentum gescheitert sind: „Die Wohnung ist etwa 50 Mark teurer geworden im letzten halben Jahr, soll noch mal teurer werden. Das belastet mich sehr, denn mit meiner Rente, 1 650 Mark, kann ich nicht viel anfangen. Aber ich komme zurecht und habe so viel gespart, daß ich die nächsten acht Jahre noch leben kann, so lange reicht es noch. Wenn wir keine Inflation haben, nicht."

Frau Pochadt (*1957) nennt mit den Aspekten Verbesserung der Lebensqualität, materielle Wertbasis auch unter Inkaufnahme von Verschuldung sowie Inflationsschutz in ihrer Äußerung die Summe aller Argumente einer zufriedenen Eigentümerin: „Ja in erster Linie war es also Wohnumfeldverbesserung, wir wollten aus diesem Haus ausziehen und aus dieser Plattenwohnung, wollten uns vergrößern. Und dann auch als Wertanlage. Ja, daß wir uns dann sagten, daß eine Immobilie mehr Wert hat als irgendwann jedes ersparte Geld, das war eben für uns mit der Grund. Dadurch haben wir jetzt Schulden gemacht, aber das ist ja beim Haus nicht so relevant."

In der Summe hat der Lehrmeister Währungskrise in der Frage „Häuslebau oder Miete" merkliche Spuren hinterlassen, ohne das Thema flächendeckend zu okkupieren. Dieses sprachlich schwer auszutarierende Gemisch trifft man auf allen relevanten Ebenen an: bei der Vorprägung der Eigentumsverhältnisse durch die Krisenschicksale genau so wie bei den Eigentumsaspirationen. Auch in der Begründung von Wünschen aufs Häusle oder die Eigentumswohnung hat die strategische Komponente der Krisenprophylaxe ihren festen Platz eingenommen.

11.4 „Wenn ich einmal reich wär": ein fiktiver Lottogewinn

„Die Lotterie, die mächtigste Zauberin unserer Welt, erregt sie nicht geradezu magische Hoffnungen?" (Honoré de Balzac)

Die Frage nach der Verarbeitung der Währungskrisen kann nicht nur, wie bislang, in der realen Welt, sondern auch im Reich der Phantasie gestellt und beantwortet werden. Im Interview wurde den BPn daher ein „erfreuliches Gedankenexperiment" angeboten: sie erhielten einen Lottogewinn von DM 100 000 und die Frage, was sie mit diesem Geld machen würden. Dieser Zugang ist eine wichtige Ergänzung zur Navigation in der wirklichen Geldwelt, weil der fiktive Lottogewinn auch von denjenigen „ausgegeben" werden kann, die (noch) nicht oder nicht mehr über die Summen verfügen, um die es bei den bislang behandelten Themen ging. Die Frage hat jedoch nicht nur diese mehr technischen Aspekte, sondern erheblichen Tiefgang. Tagträume vom Lottogewinn sind „kollektive gesellschaftliche Phantasien", die eine beengte sozioökonomische Lage und ein Leiden unter den Widrigkeiten des Alltags ausdrücken können; sie sind eine „prinzipiell zugelassene Variante", deren psychischer Kern nicht qualitativ anders ist als das Gedankenspiel mit dem gelungenen Bankraub. (Schönberger 2000: 39f.) Auch für den Lottogewinn gilt: „Die im Geldvermögen angelegte ‚Utopie', nämlich die Verheißung privater Verfügung über die Totalität der menschlichen Möglichkeiten, holt das Reich Gottes auf die Erde und stellt es dem Individuum zur Disposition." (Deutschmann 1999: 4) Wenn schon das erarbeitete Vermögen als Ausdruck göttlichen Wohlgefallens gewertet werden kann (Weber 1993), potenziert sich diese Komponente im Spielgewinn, der zwar den „Einsatz" von Geld zur Voraussetzung hat, jedoch keinerlei ursächliche Beziehung zum persönlichen Einsatz und Verdienst des Menschen. Mit vollem Recht hat Gramsci den engen Zusammenhang von Lotto und religiösen Vorstellungen betont: „Die Gewinne zeigen, daß man ‚auserwählt' worden ist, daß man der besonderen Gnade [...] teilhaftig geworden ist." (Gramsci 1998: 1793, zit. nach Schönberger 2000: 38) Säkularisiert hat man, gegen alle Wahrscheinlichkeit, immerhin Glück gehabt.

Empirisch ist der fiktive Lottogewinn eine hervorragende Kondensationsfläche für allgemeinere (monetäre) Attitüden und (un-)bestimmte Sehnsüchte. Im Reich der Phantasie kann sich insbesondere der Hedonist besser artikulieren als irgendwo sonst: ein zufälliger Gewinn kann leichter „auf den Kopf gehauen" werden als die aufgehäuften Spargroschen mit ihrem diffizilen Beiklang monetarisierter Lebensleistung. Der Gewinn hat gewissermaßen eine größere psychische Volatilität. Auch die latenten Präferenzen bei der Geldanlage und die darin erscheinenden psychischen Dimensionen (Sicherheitsstreben, spekulative Neigungen etc.) lassen sich mit dem fiktiven Reichtum leichter ausdrücken. Hierbei ist auch der Hinweis der amerikanischen Geldsoziologin Viviana A. Zelizer (1994) zu bedenken, daß die Art des Erwerbs von Geld (durch Arbeit, Sozialtransfer oder Geschenk) und der sich hierum rankende soziale Bedeutungskosmos maßgeblich über die Geldverwendung mitentscheiden. Insgesamt öffnet die Frage somit einen Freiraum, in dem vieles möglich wird, was im wirklichen Leben der Befragten an materielle, psychische oder soziale Schranken stößt. Mit der gewählten Summe von DM 100 000 wurden die BPn allerdings auch bewußt eingeschränkt – eine eventuelle Immobilienpräferenz sollte nicht unmittelbar zu befriedigen sein.

Tab. 11.7: Verwendung eines hypothetischen Lottogewinns nach Generation (N = 144; Spalten-%; Mehrfachnennungen)

Verwendung	**G1**		**G2**		**G3**		**Summe bzw. Mittelwert**	
	N	%	N	%	N	%	N	%
Strategisch	14	29,2	31	64,6	44	91,7	89	61,8
Konsumtiv	9	18,8	22	45,8	19	39,6	50	34,7
Distributiv	33	68,8	23	47,9	7	14,6	63	43,8
Suspensiv	7	14,6	3	6,3	3	6,3	13	9,0
Residual	1	2,1	0	0,0	0	0,0	1	0,7
Summe	48	135,5	48	164,6	48	152,2	144	150,0

Die obige Tabelle klassifiziert das reichhaltige qualitative Material gleichsam final: wer dem Gewinn eine haltbarere ökonomische Form verleihen will, handelt *strategisch*; wer es für kurzlebigere Güter und Dienstleistungen ausgibt, agiert *konsumtiv* und grenzt sich durch den Ich-Bezug gegen diejenigen ab, die den Gewinn oder Teile davon *distributiv* verwenden würden (Geschenk, Spende etc.). Jeder dieser Zwecke kann entweder ausschließlich oder vermischt verfolgt werden; deshalb war die Variable für Mehrfachnennungen einzurichten. *Suspensiv* handeln diejenigen, die sich im Interview gleichsam Bedenkzeit erbeten haben. Diese Kategorie ist für die leitende Frage unerheblich; sie sei daher vorab und abschließend verdeutlicht. „Erst mal auf das Konto schreiben und dann abwägen. [...] Erst mal auf das Konto und dann klaren Kopf, wie und so weiter; nicht daß man dann unter Zeitdruck steht." (Herr Tilly, *1903)

Die Generation erweist sich auch im Reich des fiktiven Reichtums als durchschlagende Variable, die schon auf der quantitativen Ebene interessante Einsichten vermittelt. Die strategische Attitüde kann sich erst hier, emanzipiert von den Restriktionen im wirklichen Leben, voll entfalten. Sie breitet sich zwischen den Generationen geradezu sprunghaft aus: von einem Drittel der Ältesten über zwei Drittel der G2 erfaßt sie fast alle Angehörigen von G3. Bei der konsumtiven Orientierung besteht dieselbe Tendenz, prägt sich freilich schwächer aus: einer von fünf Angehörigen von G1, aber zwei von fünf in den beiden anderen Generationen würden das Geld (teilweise) für sich selbst ausgeben. Tendenzen, die bislang nur behutsam angedeutet werden konnten, erhärten sich hier und werden in den Interviewauszügen noch deutlichere Konturen offenbaren: der bessere Kenntnisstand und die stärker strategische Einstellung von G3 und ihre ausgeprägtere Konsumorientierung. Schließlich ist zu erkennen, daß man sich mit steigendem Alter gewissermaßen von sich selbst entfernt und den Lottogewinn oder Teile davon immer häufiger umverteilen würde – zumeist innerhalb der Verwandtschaft. Zwei Drittel der Ältesten und nur wenige Junge würden dies tun.

Auch im Umgang mit dem fiktiven Lottogewinn deckt die Vercodung zwar den Tenor der Aussage ab, nivelliert jedoch den Reichtum an Nuancen, der nunmehr exemplarisch zu entfalten ist. Dabei konzentriert sich der Text auf eine Kontrastierung der ältesten mit der jüngsten Generation. Insgesamt sollten die generationsspezifischen Charakterisierungen als Bilder mit weichen Rändern gesehen werden, weil die Mehrfachnennungen gewisse Artefakte produzieren, die unten benannt werden.

Die *strategische Attitüde* der jüngsten Generation verdeutlicht ihre größeren ökonomischen Kenntnisse, einen hohen Grad von Selbstverständlichkeit und eine ausgeprägte Souveränität. Herr Bruns (*1966) bspw. würde seinen Lottogewinn „streuen. Die Hälfte in langfristige, sichere Anlagen, die andere Hälfte jeweils zur Hälfte Wertpapiere und zur anderen Hälfte Aktien und Optionsscheine." Ein Gleichaltriger spricht dieselbe Sprache: „Ich würde mir Aktien kaufen, aber das mache ich so auch. Dann würde ich einen Teil von den 100 000 Mark in einem Fond anlegen. Den Rest würde ich zur Finanzierung von einem Haus verwenden." (Herr Batte, *1966) Frau Deschner (*1965) würde ihren Gewinn „auf jeden Fall in eine Immobilie anlegen, oder auf ein Grundstück. Ich würde es gleich ausgeben." „In Immobilien investieren" würde auch Frau Hagenberg (*1966), die sich zugleich ausdrücklich von den konsumtiven Eskapaden mancher Altersgenossen distanziert: „Also, ich würde es nicht ausgeben. Ich würde mir nicht davon ein teures Auto kaufen oder so was. Oder große Anschaffungen für die Wohnung machen. Also, bei dem Betrag muß man sich schon beraten lassen, was günstig ist. Und davon kann man auch kein Objekt finanzieren, aber es ist vielleicht ein Teil." Die wenigen Strategen unter den Ältesten stehen inhaltlich wie sprachlich in deutlichem Kontrast zur Enkelgeneration: sie verhalten sind im Reich der Phantasie ähnlich wie im wirklichen Leben. Wenn Frau Eikermann (*1904) ihren Lottogewinn „gut verzinslich und sicher anlegen" würde, steht sie für lupenreinen monetären Traditionalismus.

Die *konsumtive Attitüde* der Jüngsten reflektiert Tatendrang, Lebensfreude und einen teils verschämten, z. T. aber auch ganz offenen Hedonismus; die Sprechweise und das Vokabular deuten Wandlungen im monetären Sozialcharakter (siehe 18.1) an. Frau Sittler (*1967) rechnet mit einem baldigen Umzug und würde ihre „Wohnung damit einrichten. Das wäre dann schön, wenn es so wäre." Frau Lange (*1965) wirbt im Interview noch ein wenig um Verständnis für ihre lustbetonte Sicht: „Also, wenn ich 100 000 Mark im Lotto gewinne, kaufe ich mir ein großes Auto, wo ich alle Kinder, mein ganzes Gepäck und alles reinkriege, und den Rest, eine Ferienwohnung in Frankreich. Ist das jetzt zu schlimm?" Frau Menne (*1970) ist im konsumtiven Teil ihrer Darlegung hemmungslos hedonistisch: „Ja, eine Reise, das würde ich schon gern machen. Ich würde unheimlich gern mal nach Amerika fahren! Dann würde ich meiner Schwester was geben. Und dann würde ich einfach mal so einkaufen gehen in die Stadt ohne mir Gedanken darüber zu machen, was ich eigentlich ausgebe. Einfach mal sinnlos das Geld verprassen. Und dann würde ich mir überlegen, mir auch einen Wert zu schaffen. Aber ich weiß nicht, in welcher Form."

Die Konsumorientierung der Ältesten ist durch ihr Befinden und ihre Perspektiven erheblich anders gefärbt. Bei Herrn Raabe (*1909) ist die zufriedene und gesättigte Rückschau auf ein langes Leben durch Beschwernisse des hohen Alters getrübt: „Na ja, dann würde ich mir bei dieser Vorsorge [...] für meine Frau und für mich eben kommen lassen. Die meine Frau dann abends ausziehen und ins Bett bringen und für mich, na ja, auch ein bißchen Erleichterung schaffen. Das würde dann mit diesen Jahren, meine Frau wird 89, und ich bin 87 ... Was hat man da noch für Wünsche oder sonstige Sachen, wir haben ja alles hier gehabt. [...] Also es gibt in Österreich und in der Schweiz, das liegt ja alles dicht zusammen, keinen schönen Ort, wo wir nicht auch waren." Frau Wellstein (*1903) würde mit ihrem Gewinn „erstmal reisen. Und zwar würde ich mir auf der Reise irgendwas für meine Gesundheit leisten. Verstehen Sie, ich würde nicht irgendwo hinfahren zum Vergnügen, sondern gleichzeitig auch, daß ich für meine Gesundheit was tun kann. Dann würde ich natürlich diesem und jenen, der ein bißchen in Not ist, eine kleine Unterstützung geben so, daß er wieder so ein bißchen Luft holen kann. Nicht alles, so ganz schön, aber für mich muß ja auch was bleiben. Aber das würde ich machen. Z. B. wenn einer jetzt, will mal sagen, ein Enkel von mir, mit seinem Wohnwagen da Schwierigkeiten hätte, würde ich sagen, hier hast du, kaufe dir einen neuen Wohnwagen. Verstehen Sie? [...] So eine spontane Freude machen, das mache ich. Aber wenn mich einer anpumpt, hat er es schwer."

Die *distributive Einstellung* drückt, wie schon angeklungen ist, für die Generationen ebenfalls Unterschiedliches aus. Bei den Ältesten schwingen auf anrührende Weise die Besonderheiten ihrer Lebenssituation mit – nachlassende Fähigkeiten und ein Bewußtsein davon, Dankbarkeit für empfangene Wohltaten, die stets präsenten gesundheitlichen Risiken, die Nähe des Lebensendes. Die hochbetagte Frau Ahrens (*1903) „würde es verteilen. Denn ich selbst persönlich kann ja nicht mehr." Mit identischem Tenor formuliert Frau Grübbel (*1913): „Ja, das ist, ja, was werde ich mit dem Geld machen? Ich, das würde ich wirklich verteilen unter meinen Leuten. Ich habe da, ich komme da ja nicht mehr mit. [...] Es gibt nichts schöneres als zu schenken. Die Freude, die wir geben, kehrt ins eigene Herz zurück."

Auch wenn sich die distributive Einstellung mit der konsumtiven verbindet, ist das Alter spürbar. So würde Herr Lange (*1912) „einen großen Teil an die Kinder verschenken. Und wenn ich körperlich in der Lage bin, noch eine Reise. Eine schöne Reise. Wenn es geht, eine Flugreise." Herr Kröger (*1908) würde „seiner Frau alle erdenkbaren Erleichterungen verschaffen. Hier in der Wohnung, dem Hauswirt eine Heizung einbauen. Und den Rest beizeiten unter die Kinder verteilen."

Bei den distributiven Überlegungen der Jüngsten, die übrigens niemals so ausschließlich auftreten wie bei den Altvorderen, wird der familiale Bezug durch karitative Zwecke anderer Art ergänzt, was wiederum bei G1 nicht vorkommt. So würde Herr Haase (*1959) seinen Lottogewinn „einerseits anlegen und so ein paar Wünsche erfüllen, für einen geringeren Teil, für mich und vielleicht auch für andere. Und ich würde auch etwas für einen guten Zweck dabei spenden, der nicht nur mich betrifft." Ein ähnlicher Mix findet sich bei Frau Eikermann (*1966): „Also ein Teil wäre anzulegen, ein Teil wäre fürs tägliche Leben, für eine Urlaubsreise zu nehmen und ein Teil wäre sicherlich auch für Bedürftige zu spenden."

Ergänzend seien einige Spotlights geworfen, bei denen es nicht um ausgeprägte oder gar quantifizierbare Häufungen geht, sondern um mitteilenswerte Details. Interessanterweise haben die Währungserfahrungen auch im Reich der monetären Phantasie Spuren hinterlassen. Herr Flebbe (*1902) würde seinen Gewinn unter strategischer Berücksichtigung solcher Lehren ausgeben: „Immobilien entwerten nicht. Es entwertet alles. Nur Grund und Boden nicht." Und ein Altersgenosse, Herr Haase (*1896), würde sich „das reiflich überlegen. Vielleicht gibt es hier und da entweder was zu kaufen – mit anderem Geld zusammen irgendein Objekt kaufen. Also Werte kaufen, das wäre mir besser als wie Sparen, nehme ich an, daß das dann mehr einbringt. Vor allen Dingen nicht verfällt, denn wir leben ja auch in einer Inflation." Auch die Abneigung gegen Schulden begegnet uns in den monetären Phantasien wieder, indem der Lottogewinn im Sinne von Herrn Otte (*1963) eingesetzt wird. „Das Haus tilgen." Vereinzelt ist ein Phänomen nachweisbar, das als kompensatorischer Altershedonismus bezeichnet werden könnte: „Ich würde so furchtbar gerne mal Dinge in der Welt sehen, die ich mir bisher verkniffen habe. Ich habe hier ein Buch stehen, das heißt: ‚Die Traumstraßen durch die Alpen'. 30 Tage lang. Ich würde mir einen großen Wagen mieten und einen Chauffeur und würde da lang fahren." (Herr Hagenberg, *1908)

Der Abschnitt hat gleichsam die wesentlichen Diagonalen durch die eingangs präsentierte Kreuztabelle gezogen, wodurch G1 als distributive und G3 als strategisch-konsumtive Generation erschienen ist. Diese Generationenbilder treffen eine (relative) Mehrheit, die aber wegen der Mehrfachnennungen noch einmal zu reflektieren sind. Naheliegenderweise haben die Jüngeren allein *als* Jüngere eine besondere Vielfalt in ihren Antworten, was sich in einer größeren Zahl von Codes und damit höheren Prozentwerten niederschlägt. Dies sei am Beispiel der vorn zitierten Antwort von Herrn Haase (*1959) mit ihrer charakteristischen Verbindung von Anlage, Konsum und Distribution verdeutlicht: der „Drittel-Mix" stärkt das Gewicht von G3 in allen drei Kategorien, was wiederum die Generationenbilder prägt. Auch

Herr Raabe (*1974) ist mit einer doppelten Codierung („strategisch", „konsumtiv") korrekt eingeordnet: „Bei 100 000 Mark? Da würde ich sicherlich ein Viertel in Träume stecken, die man sowieso haben wollte – ein Auto oder so. Das andere Viertel würde ich – auf alle Fälle die Hälfte würde ich anlegen, und das andere Viertel würde ich risikobereit investieren. Also in irgendein Projekt halt, das zwar unsicher ist, aber wo dann halt die Gewinnchancen auch recht hoch sind." Dennoch ist er kein reiner Stratege, sondern ein „träumender" Anleger, und Frau Grübbel (*1970) verkörpert eine „Hedonistin mit lernwilliger strategischer Orientierung", der mit einer eindimensionalen Einordnung Unrecht getan wäre: „Ich werde eine große Reise machen, entweder nach Australien oder was weiß ich, wo man halt jetzt mit einem normalen Urlaubsbudget nicht so schnell hinkommt. Was würde ich dann machen? Dann würde ich vielleicht noch eine Eigentumswohnung kaufen, ja, und den Rest würde ich ganz gut anlegen. Irgendwie würde ich mich da halt kundig machen und würde vielleicht auch ein bißchen risikofreudiger sparen, also mehr in Aktien investieren, da hätte ich schon Spaß daran."

Doch auch intern ist das Bild buntscheckiger als der Trend. Es gibt eben *auch* den hochbetagten Strategen, der „zunächst einmal eine Firma gründen" (Herr Schäffer, *1906) würde. Man trifft *auch* den jungen Wohltäter der Familie: Frau Vogel (*1968) z. B. „würde irgendwie sehen, daß ich das so ein bißchen auf die Leute verteile, also meinem engsten Familienkreis [...]." Erst die Summe aller Antworten offenbart den Reichtum an Nuancen bei der Navigation im Reich des fiktiven Reichtums, die wiederum das obige Plädoyer unterstreichen, den weichen Rand der Generationenbilder zu beachten.

Abschließend seien einige statistische Zusammenhänge mitgeteilt, die die Frage nach den Konsequenzen von Krisenerfahrungen komplexer beantworten helfen. Zunächst einmal ist das Währungsschicksal der Person ohne Belang: Opfer und Gewinner sind fast gleich häufig konsumtiv orientiert. Zum anderen ist die Generation noch in dem anderen Sinne relevant, daß trotz der großen Änderungen von G1 zu G3 in ungewöhnlich vielen Familien lückenlose Tradierungsbrücken bestehen: in einem Fünftel der Fälle haben alle drei Generationen die strategische Attitüde (Typ 111); in einem Viertel paart sich die distributive Einstellung von G1 mit einer strategischen bei den Kindern und Enkeln (Typ 211). Die logisch ebenfalls mögliche hedonistische Traditionsbrücke (222) kommt demgegenüber gar nicht vor. Wegen der Mehrfachnennungen sind auch diese intergenerativen Linien weich, weil neben der aufgezeigten Verbindung eben auch andere Kategorien möglich sind.

Insgesamt hat die These von den Währungskrisen als langsamen Katalysatoren erheblich an Support gewonnen. Nicht die einzelne Generation hat ihr eigenes Währungsschicksal verarbeitet, sondern die Jüngsten haben die Währungserfahrungen aller früheren Generationen berücksichtigt. In den kollektiven Phantasien rings um den fiktiven Lottogewinn hat die Errichtung von Inflationshecken einen hohen Rang, und auch die konsumtive Orientierung hat ein höheres Gewicht als irgendwo sonst. Die strategischen und hedonistischen Komponenten im Sozialcharakter der Deutschen haben Terrain gewonnen.

12. Krisenschicksal und Sozialcharakter

„Der Asket. – *Der Asket macht aus der Tugend eine Not.*“ *(Nietzsche)*

Die Frage, welche Parameter die inflationäre Verteilungsposition unserer Interviewpartner bestimmen, ist für die Hyperinflation von 1923 und die Währungskrise der vierziger Jahre unterschiedlich beantwortet worden. Im Falle der Krisenbilanzen von 1923 sind sozialstrukturelle Merkmale einschlägig, und oftmals werden die Krisenschicksale durch die Zugehörigkeit zu einer bestimmten sozialen Schicht dirigiert. Die einschlägigen Befunde lauteten: Polarisierungen von Opfern und Gewinnern im selbständigen Mittelstand, Bedeutung von sozialem und kulturellem Kapital im neuen Mittelstand und den Dienstleistungsmittelschichten mit der Folge eines höheren Anteils unauffälliger Krisenbilanzen trotz theoretisch größerer Verlustspannen, Überlebensstrategien im Alltag und Kampf gegen soziale Abwärtsspiralen als wesentliche Probleme der Arbeiterschaft, relative Unbetroffenheit der bäuerlichen Lagen. (Siehe 6.2). In den vierziger Jahren haben nicht schichtungsspezifische Kriterien die hauptsächliche Erklärungskraft, sondern die Arbeitsmarktposition, Netzwerke, das soziale Geschlecht und zeittypische Klumpungen von Chancen sind als die verteilungsrelevanten Strukturmerkmale anzusehen. (Siehe 7.1) Wieder anders ist es beim dritten epochalen Währungsereignis des 20. Jahrhunderts: 1989/90 sind der Sitz des Wohnortes in DDR oder BRD sowie die ganzheitliche Einbindung der monetären Fragen in die übergeordneten ökonomischen und politischen Prozesse die herausragenden Merkmale. (Siehe 9)

Im Rahmen dieser Auswertungen konnte jedoch noch nicht die im Anschluß an Eulenburgs historisches Resümee und Eisermanns theoretische Annahmen (siehe 4.2) zu diskutierende Frage einer möglichen Verknüpfung von sozialcharakterologischer Fraktionszugehörigkeit und der Betroffenheit durch Währungskrisen entschieden werden. Diese Frage stellt sich in zwei verschiedenen Hinsichten. Einerseits ist der Sozialcharakter *mitursächlich* für das Abschneiden von Personen in Währungskrisen: Der Puritaner ist potentiell Opfer, der Hedonist möglicher Gewinner. Diesem Aspekt kann aus sachlogischen Gründen nur für die älteste Generation nachgegangen werden. Denn da die Zuweisung des monetären Sozialcharakters sich in der vorliegenden Operationalisierung auf den Zeitpunkt der höchsten wirtschaftlichen Verantwortlichkeit bezieht, ist es in unserem Sample nur die älteste Generation, deren Sozialcharakter spätestens zur Zeit der Währungsreform 1948 als zur Gänze ausgeprägt angesehen werden kann. Andererseits haben die mit Währungskrisen einhergehenden Bilanzen auch langfristig *Auswirkungen* auf monetäre Normen, Einstellungen und habitualisierte Überzeugungen. Dies gilt sowohl für die einzelnen Menschen als auch für ihre Nachfahren. Schon das voranstehende Kapitel über Krisenlehren hatte zum zentralen Ergebnis, daß die Maßeinheit für Krisenlernen nicht Individuen, sondern Generationen sind. (Siehe 10.5)

Analog hierzu gilt auch für mögliche sozialcharakterologische Veränderungen, daß in den seltensten Fällen eine quasi-mechanische direkte Einwirkung von Krisenereignissen auf den Sozialcharakter zu konstatieren sein wird; statt dessen muß auch hier in längeren Fristen gerechnet werden. Um so dringlicher ist deshalb insbesondere eine genaue Beschreibung und differenzierte Analyse der Folgewirkungen von negativen Krisenereignissen auf den in der ältesten Generation verbreiteten puritanischen Sozialcharakter. (Siehe 5.2) So soll im folgenden zunächst der inhaltliche Zusammenhang von Krisenbilanzen und Sozialcharakter in dieser Richtung auf der Basis quantitativer Korrelationen plausibilisiert werden. (Siehe 12.1) Als Herzstück einer rein qualitativen Auswertung soll sodann typisierend der Frage nachgegangen werden, welche sozialcharakterologisch relevanten Wahrnehmungsmuster, Bewältigungsstrategien und Rationalisierungen sich bei der ältesten Generation im Gefolge bestimmter Krisenbetroffenheiten bilden. (Siehe 12.2) Die Frage der langfristigen Erosion des puritanischen Sozialcharakters in der mittleren und jüngeren Generation aufgrund bestimmter familialer Krisenerfahrungen wird dagegen nur an einzelnen ausgewählten Stellen genau in dieser intrafamilialen Perspektive thematisiert. Eine umfassende qualitative Erörterung ist jedoch angesichts der ausführlichen Darstellung der Krisenlehren (siehe 10.2-10.3) sowie des noch folgenden Kapitels über das Ende des Puritanismus und den Sozialcharakter in der Gegenwart (siehe 18) an diesem Ort der Monographie weder sinnvoll noch erforderlich.

12.1 Puritaner als Opfer – quantitativ

Eisermann hat mit seiner grundsätzlichen These, daß durch die distributiven Wirkungen von Währungskrisen „nicht allein eine bestimmte Gruppe von Einkommensbeziehern, sondern ein bestimmter soziologischer Menschentyp betroffen" (1967: 59) sei, nicht den Hedonisten als Krisengewinner, sondern den Puritaner als Krisenopfer im Blick. Das Projektdesign hat diese Behauptung so weit operationalisiert, daß von einer wissenschaftlichen Hypothese gesprochen werden kann. Die Überprüfung der komplementären Hypothese eines Zusammenhangs von Hedonismus und Gewinnerstatus scheitert allerdings daran, daß in der ältesten Generation, in der die meisten Krisenbetroffenheiten – ergo auch Krisengewinner – vorhanden sind, der monetäre Hedonismus nur marginal besetzt ist. In der jüngsten Generation avanciert zwar der Hedonismus zu einer nennenswerten Größe – dafür fehlt zumeist die Betroffenheit durch die epochalen Währungsereignisse.

Die Behauptung des Zusammenhangs von Puritanismus und des Status als Krisenopfer läßt sich auf der Basis unseres Samples empirisch begründet vertreten:

Über alle drei Generationen hinweg betrachtet verbinden sich drei Viertel aller Opfer-Biographien mit einem puritanischen Charakter, während bei den unauffälligen Bilanzen deutlich weniger als die Hälfte Puritaner sind; statt dessen gewinnen pragmatische und hedonistische Orientierungen an Raum – verdoppeln bzw. verdreifachen sich sogar. Dies ist das herausragende Resultat der folgenden Tabelle.

Tab. 12.1: Monetärer Sozialcharakter nach objektiver Krisenbiographie (N = 144, Spalten-%)

Monetärer Sozialcharakter	Opfer-Biographie		Unauffällige Biographie – durchgängig		Gewinner-Biographie		Summe bzw. Mittelwert	
	N	%	N	%	N	%	N	%
Monetärer Puritanismus	32	74,4	35	43,8	11	52,4	78	54,2
Monetärer Pragmatismus	8	18,6	28	35,0	7	33,3	43	29,9
Monetärer Hedonismus	3	7,0	16	20,0	2	9,5	21	14,6
Residual	0	0,0	1	1,3	1	4,8	2	1,4
Summe	43	100,0	80	100,0	21	100,0	144	100,0

Natürlich ist dieses Ergebnis auch durch die Hintergrundvariable „Generation" mit gesteuert: Mehr als 80% aller Angehörigen der ältesten Generation sind monetäre Puritaner, und fast die Hälfte dieser Generation wurde in den Währungskrisen des 20. Jahrhunderts mindestens einmal Opfer. Hingegen wird der monetäre Puritanismus in der jüngsten Generation nur noch von einer Minderheit von 23% geteilt, während genau die Hälfte dem monetären Pragmatismus zuzuordnen ist. In dieser Generation hat die überwältigende Mehrheit von 85% eine unauffällige Krisenbiographie. Dennoch handelt es sich keinesfalls um eine Scheinkorrelation. Denn wie schon die theoretischen Erörterungen ergaben, ist der Puritanismus mitursächlich für ein negatives Abschneiden in der Krise. Die folgenden Ausführungen werden überdies zeigen, daß sich bei der ältesten Generation der Sozialcharakter unter dem Eindruck der Krisenerfahrungen nicht grundlegend geändert hat. Trotzdem ist eine nach Generationen differenzierende Auswertung dringlich, zumal diese zu Ergebnissen führt, die Eisermanns Ansatz prinzipiell bestätigen.

Für die älteste Generation ist zwar mit Bezug auf die Hyperinflation von 1923 keine signifikante Korrelation zwischen den familialen Krisenbilanzen und dem individuellen Sozialcharakter nachzuweisen[169], aber ein zweiter Blick auf

169 Dies gilt auch für die Korrelation zwischen den familialen Krisenbilanzen von 1923 und dem mit Hilfe der Sprichwort-„Batterie" ermittelten Sozialcharakter der Elternhäuser unserer ältesten Befragten (siehe 5.2.1); da 44 von 48 der Eltern der ältesten Generation von ihren Nachkommen als dezidierte Puritaner

puritanertypische Krisennachteile vermittelt hier ein genaueres Bild. Die Entwertung von Ersparnissen und Bargeld, von Versicherungspolicen oder von Erbschaften sind typische Nachteile, die ein Puritaner bzw. jemand, der puritanisch sozialisiert worden ist, in einer Währungskrise gerade aufgrund seines individuellen bzw. familialen Sozialcharakters erleidet. So ergibt sich folgende Tragik auf der Zeitachse: Aufgrund seines Sozialcharakters kann der Puritaner nur Anlageformen wählen und letztwillige Verfügungen einer Art treffen, daß er selbst und seine Nachfahren in einer Währungskrise Opfer sein werden. Zu Lebzeiten schadet er sich, im Todesfall der nächsten Generation.

Schlüsselt man diesen Zusammenhang von sozialcharaktertypischen Nachteilen und dem jeweiligen Sozialcharakter der Personen selbst für die ersten beiden Währungskrisen dieses Jahrhunderts auf, so ergibt sich ein Bild, das lerntheoretischen Annahmen im Sinne Waldmanns[170] widerspricht. Für alle diejenigen, deren Familien in der Hyperinflation solche Nachteile erlitten, daß in der großen Mehrzahl auch persönlich negative Krisenbilanzen gezogen werden mußten, gilt: Die Leidtragenden der zwanziger Jahre bleiben trotz alledem zeitlebens monetäre Puritaner. Besonders deutlich zeigt sich dieser Zusammenhang bspw. im Falle der Entwertung von Erbschaften. Sieben unserer ältesten Befragten traf dieses Schicksal mit zumeist dramatischen Konsequenzen wie dem Verlust der Selbständigen-Existenz der Familie, der Vereitelung der schon geplanten Ausbildung oder der Notwendigkeit, ganz von vorne anzufangen. Diese sieben Personen sind deshalb nicht subjektiv, sondern auch objektiv eindeutig Krisenopfer. Dennoch verharren alle sieben in der „Familientradition“ und bleiben dem Puritanismus ihrer Eltern treu.

Für die Sequenz von Krise und Reform der vierziger Jahre führen die sozialcharaktertypischen Nachteile nicht mehr naturwüchsig zu negativen Krisenbilanzen. Vielmehr ist dies nur noch bei ca. einem Drittel derjenigen, die eine eigene Bilanz ziehen, der Fall. Für diese relevante Minderheit gilt jedoch ausnahmslos, daß sie dem monetären Puritanismus verhaftet bleiben, während in der Gruppe der befragten Personen mit unauffälligen Bilanzen schon erste sozialcharakterologische Erosionen zu konstatieren sind. Dies kann als Indiz für die These gelten, daß Personen auf Verlusterfahrungen im Sinne von Peter Marris mit einem „konservativem Impuls“[171] reagieren, während das Ziehen krisenrationaler Konsequenzen auf dem Boden nicht gravierender Krisenbilanzen besser gedeiht.

---

beschrieben werden, lassen sich logischerweise im quantitativen Bereich aussagekräftige Zusammenhänge nicht finden.

170 Vgl. hierzu Waldmann (1987) und oben 4.2 und 6.1-6.2.

171 Peter Marris kritisiert die systematische Unterschätzung des „konservativen Impulses“ in Theorien sozialen Wandels und plädiert stattdessen für seine theoretische und praktische Relevanz bei der hermeneutischen Rekonstruktion der Adaptionsfähigkeit von Personen an veränderte Umstände: „When we argue about the need for social change, we tend to explain conservatism away as ignorance, a failure of nerve, the obstinate protection of untenable privileges – as if the resistance could be broken by exposing its irrationality. But when we turn from general questions of policy to the experience of people in society as they struggle to maintain their hold on life, the conservative impulse appears more pervasive and profound than simple prejudice or class interest. It is necessary for survival as adaptability: and indeed adaptability itself depends upon it. For the ability to learn from experience relies on the stability of the

Mit Blick auf die Währungsreform von 1948 ergibt sich aber auch ein für die älteste Generation spezifischer Zusammenhang von Sozialcharakter und subjektiver Krisenbilanz. *Alle* Opfer sind ausgeprägte Puritaner (insgesamt elf Personen). Umgekehrt haben *alle* der bei den Ältesten noch seltenen Nicht-Puritaner (insgesamt zehn Personen) eine unauffällige Bilanz. Dieser Befund deutet darauf hin, daß im Puritanismus selbst zum ersten Mal Reflexionen über ihm inhärente Opferdispositionen einsetzen.

Für die mittlere Generation läßt sich der Zusammenhang von Betroffenheit und Sozialcharakter besonders nachdrücklich belegen. So sind zwei Drittel aller faktischen Opfer von 1948 ausgeprägte Puritaner, während zwei Drittel aller Personen mit ausgeglichenen Bilanzen differenzierten sozialcharakterologischen Lagen zuzuordnen sind. Mit dieser Generation wird auch objektiv deutlich, daß der Puritaner den klassischen sozialen Abstiegskandidaten verkörpert, während die Distanz zum monetären Puritanismus einen Platz in geschützteren sozialen Segmenten verheißt.

Die familialen Bilanzen sind in der jüngsten Generation gerade deshalb von besonderem Interesse, weil einschneidende eigene Krisenerfahrungen zumeist fehlen. Aus Opferstafetten stammen mehr als die Hälfte aller monetären Hedonisten – eine Position, die geringe Sparsamkeit mit der Bereitschaft zur Verschuldung verbindet und die nennenswert überhaupt erst bei den Jüngeren vertreten ist. Im äußersten Falle artikuliert sich hier wie bei Herrn Bruns (*1966) ein völliges Unverständnis gegenüber den Normen und den Kognitionen der Urgroßelterngeneration. (Siehe auch 18.2.1) Deren Inflationsverluste werden als selbstverschuldet begriffen: „viel Dummheit von den Menschen. Z. B. der Vater von meiner Oma, das war auch so ein Geizhals. Und immer auf dem Geld sitzengeblieben. Geld war wichtiger für den wie alles andere – wie Immobilienbesitz oder sonstige Dinge. Geld war – um Ansehen im Dorf oder worum es da ging. Das war natürlich alles futsch dann, nicht. Schadet nichts. Das sind so intensive Sachen, wo ich mir schon oft Gedanken drüber gemacht habe, warum das so gewesen ist, warum der so gehandelt hat."

So können historische Wandlungen im Sozialcharakter auch als wohl vorbereitete, aber sich erst langfristig entfaltende Rückwirkungen monetärer Krisen begriffen werden. Diese Rückwirkungen stellen sich auf der Basis des vorliegenden Materials in der folgenden Form dar: (1) Der durchgängige Puritanismus der Eltern der ältesten Generation, der diese ungeschützt in die erste Währungskatastrophe dieses Jahrhunderts gleiten läßt, erlebt seine erste Erschütterung. Denn bei den Ältesten bildet sich vermehrt das Bewußtsein aus, gerade aufgrund des Puritanismus auf der Verliererseite zu stehen, ohne sich jedoch damit vom eigenen monetären Sozialcharakter dispensieren zu können oder zu wollen. (2) Die mittlere Generation bietet sozialcharakterologisch ein facettenreicheres Bild, auch wenn der monetäre Puritanismus immer noch die Mehrheitsposition inne hat. An dieser Generation zeigt sich

interpretations by which we predict the patterns of events. We assimilate new experiences by placing them in the context of a familiar, reliable construction of reality. This structure in turn rests not only on the regularity of events themselves, but on the continuity of their meaning." (Marris 1974: 5f.)

aber gleichzeitig, daß ein ausgeprägter Puritanismus den sozialcharakterologischen Habitus eines geborenen Krisenverlierers verkörpert. (3) So wird der Puritanismus in der jüngsten Generation zur relevanten Minderheitenposition, erstmals überflügelt vom bisher allenfalls peripheren Hedonismus. Dessen Vertreter ziehen vermehrt – ob bewußt oder unbewußt – die Konsequenz aus den Krisenverlusten ihrer Großeltern, indem sie charakterologisch deren diametrales Gegenstück darstellen.

12.2 Typisierung sozialcharakterologisch präformierter Krisenbewältigung

Bestätigen die genannten Korrelationen die Hypothese eines Zusammenhangs von Krisenopferstatus und puritanischer Disposition quantitativ, so kann doch erst eine qualitative Auswertung darüber Auskunft geben, wie sich die monetären Krisenerfahrungen und Krisenschicksale jeweils sozialcharakterologisch niedergeschlagen haben. Welche typischen Formen der Krisenbewältigung gibt es bei den verschiedenen sozialcharakterologischen Fraktionen? Welches sind charakterologisch aufschlußreiche Wahrnehmungen? Welche normativen Überzeugungen bestimmen die verschiedenen Sozialcharaktere, und wie dirigieren sie das Handeln, das gesamte Leben betreffende Grundsatzentscheidungen oder ein speziell krisenbezogenes Verhalten? Und lassen sich gerade im Falle des Puritanismus kognitive Dissonanzen zwischen dem eigenen Sozialcharakter und einem inflationsadaptierten strategischen Verhalten im Sinne des homo oeconomicus aufweisen?

Von einer solchen qualitativen Auswertung ist nicht nur die Darstellung des großen Unterschieds zwischen puritanischen (siehe 12.2.1) und hedonistischen (siehe 12.2.2) Krisenkonsequenzen zu erwarten. Darüber hinaus werden die feinkörnigeren Differenzierungslinien *innerhalb* der jeweils sozialcharakterologisch präformierten Krisenbewältigungsmuster zeigen, auf welch verschlungenen Wegen die krisenbiographischen Erfahrungen Eingang in den monetären Sozialcharakter finden. Löst man Mertons oben skizzierte (siehe 4.2) Formen der individuellen Anpassung an Krisen aus der Enge ihres historischen und theoretischen Ursprungs, so können sie als ein Leitfaden für diese Differenzierungslinien gelten.

12.2.1 Der Puritanismus in der Krise

Der monetäre Puritanismus als das sozialcharakterologische „Erfolgsmodell" des 19. und beginnenden 20. Jahrhunderts gerät mit den ersten beiden großen Währungskrisen des 20. Jahrhunderts selbst in die Krise. Denn die für ihn konstitutiven Normen und Prinzipien von Schuldenvermeidung, Sparsamkeit, hohem Arbeitsethos und konsumtiver Einschränkung verlieren in der Ökonomie der Inflation ihre Funktionalität und objektive Gültigkeit. Sie stempeln den Puritaner vielmehr zum prädestinierten Krisenopfer. Die Bandbreite der möglichen Reaktionen zwischen Resignation und Revolte spiegelt sich auch empirisch in unserem Sample wider.

Der häufigste Fall des klassischen puritanischen Krisenopfers (siehe 12.2.1.1) erfüllt Paretos Diktum über den furchtsam-hasenfüßigen Sparer, der weiß, daß er die Kosten historischer Umwälzungen zu tragen hat. *Ritualistisches* Beharren auf den überkommenen monetären Normen sowie deren moralische Überhöhung sind die Markenzeichen dieses Typus. Der Puritaner, der in *Konformität* mit seinem Normenset langfristige Anti-Krisenstrategien entwickelt und umzusetzen sucht (siehe 12.2.1.2), dokumentiert die Möglichkeit, seinen Prinzipien treu zu bleiben, ohne der Inflation hilflos ausgesetzt zu sein. Die dritte eher seltene Variante bildet der Puritaner, der sich unter Krisenbedingungen *innovativ* von seinem Normenset dispensiert und ein strategisch-situatives Handeln im Sinne des homo oeconomicus an den Tag legt (siehe 12.2.1.3).

12.2.1.1 Der klassische Fall: verharrende Opfer und ihr Ritualismus

Der enge Zusammenhang von Opferstatus und Puritanismus dokumentiert sich eindrucksvoll im Lebensschicksal von Frau Eikermann (*1904) und ihrer Familie. Ihre Eltern sind Inhaber eines Textilgeschäftes, das zu Inflationszeiten rote Zahlen schreibt; Ersparnisse und Erbschaften der Großeltern werden entwertet. Die Eltern unternehmen nichts, um gegenzusteuern, haben aber ein klares Bewußtsein des Katastrophischen der Ereignisse, wenn Frau Eikermanns Mutter nach der Einführung der Rentenmark dem Bericht ihrer Tochter zufolge sagt: „Nur gut, daß unsere Eltern das nicht erleben, wie ihr zeitlebens erspartes Geld auf einmal nichts mehr ist.“ Im Glauben, die Rentenmark gelte „nun für ewige Zeiten“, schlittert Frau Eikermann selbst, deren erster Ehemann, ein Bankkassierer, verstorben ist, in die nächste Währungskrise, leidet Not und muß sich einschränken: „Für das Kind habe ich ja monatlich etwas hier Waisengeld, oder wie man das nennt, bekommen. Na ja, und ich bin zeitlebens sparsam gewesen, das ist nicht raus zu kriegen, und da bin ich so hingekommen.“ Nach der Währungsreform von 1948 sind wieder Verluste von Geld, Ersparnissen und Aktien zu beklagen; hingegen bleibt die Hypothek auf dem Grundstück.

Obwohl zweifaches Krisenopfer zieht sich das Prinzip „Sparsamkeit“ wie ein roter Faden durch das Leben von Frau Eikermann. Es ist ein wie selbstverständlich befolgter elterlicher Grundsatz: „Die Sparsamkeit, die ist sozusagen Fleisch und Blut.“ Mit gleicher Selbstverständlichkeit wird das Prinzip in der Erziehung der eigenen Kinder tradiert: „Die Sparsamkeit war angeboren.“ Im Gegensatz zu anderen, die verschwenderisch leben, ist Sparsamkeit intrafamilial ein gemeinsam geteilter Wert: „Meine Familie ist sparsam erzogen und verhält sich normal. Was gebraucht wird, wird gekauft, aber unnötig Luxus machen sie nie, aber verreisen tun sie.“ Intergenerativ existieren aber durchaus noch feine Unterschiede: „So geizig wie ich sind sie [die jüngere Generation – d. Verf.] nicht ganz, aber unnötig geben sie auch nicht Geld aus.“ Schulden werden kategorisch abgelehnt, auch um den Preis existentieller Einschränkung beim Konsum: „Geld geborgt? Niemals, da hätte ich eher gehungert.“ Kurzum: Das puritanische Sparsamkeitsideal ist in allen Lebenszusammenhängen krisenhafter, alltäglicher oder pädagogischer Natur für

Frau Eikermann das identitätsstiftende Prinzip schlechthin: „Und ich bin immer wieder, immer sparen, immer sparen, ich kann mir das Sparen heute noch nicht abgewöhnen. Das steckt, ist so und so fest, daß man das nicht ablegen kann. Wenn Sie wüßten, wie ich heute noch spare in allem."

Es ist offensichtlich, daß der Sparsamkeitspuritanismus schon ihrer Eltern zur Zeit des Goldstandards eine maßgebliche Ursache für die negativen Krisenbilanzen von Frau Eikermann ist; konsumtive Askese ist unter den Bedingungen der Krise die subjektiv einzig mögliche Handlungsoption, und Sparsamkeit verstanden sowohl als Geldhortung wie als Konsumverzicht ist auch nach den Währungsereignissen uneingeschränkt in Kraft. Sämtlichen Annahmen über Lerneffekte und inflationsadaptiertes Verhalten im Sinne eines homo oeconomicus spricht das Leben von Frau Eikermann Hohn. Die Verinnerlichung der Sparsamkeitsnorm, die Senkung des Anspruchsniveaus bis hin zum Existenzminimum sowie das Verharren in routinisierten Handlungsabläufen sind die typischen Merkmale des von Merton als Ritualismus bezeichneten Anpassungsmodus, „bei dem Menschen, indem sie diese Ziele [Reichtum, Erfolg – d. Verf.] aufgeben und sich um so zäher an die gesicherten Abläufe und institutionellen Normen klammern, individuell und *privat* den Gefahren und Frustrationen zu entgehen suchen, die ihnen der Konkurrenz um die wichtigsten kulturellen Ziele inhärent zu sein scheinen." (Merton 1995: 145)

Grundsätzliche krisenrationale Überlegungen stellt erst ihre Tochter (*1931) an, wenn sie – damit zugleich die Annahme der Mutter über die familiale Unhintergehbarkeit des Sparsamkeitsprinzips dementierend – auf die Frage nach den elterlichen Prinzipien, die sich weniger bewährt haben, antwortet: „Ja, vielleicht das Sparen, daß man zuviel verzichtet, und nachher das Geld doch verliert."[172]

Ein Drittel der ältesten Generation, zugleich die Hälfte aller ausgeprägten Puritaner, läßt sich dem Typus des klassischen puritanischen Krisenopfers subsumieren. Hierbei bildet die Verbindung von negativer Krisenbilanz und puritanischem Sozialcharakter keinesfalls ein Signum der bürgerlichen Mittelschichten, sondern ist überall anzutreffen. So stammt der Maurer Otte (*1912) aus einem Arbeiterhaushalt mit angeschlossener kleiner Landwirtschaft. Seine Eltern fallen – in damals weit verbreiteter Geldillusion[173] – Gerüchten über eine Aufwertung des Inflationsgeldes zum Opfer: „Manche Leute haben ja gedacht, sie verkaufen und dann sind sie Millionär, und hinterher sind sie bettelarm geworden. Andere Leute, die sehr viel Schulden hatten, die haben ein Schwein verkauft auf dem Lande, vom Land her gesprochen, oder irgendwas verkauft und haben für ein Butterbrot ihre Schulden bezahlt [...]. Und meine Eltern haben da eine Kuh verkauft, hat 3 000 Mark gekostet. Und da gab es dann diese großen Tausendmarkscheine, da gab es grün gestempelte und rot gestempelte, und da hat, da war das Gespräch so im Um-

172 Siehe 10.2.3 in der intergenerativen Perspektive zur Generationen-Kritik der mittleren an den Sparambitionen der älteren Generation ausführlich

173 Siehe 6.1.1 zur Verbreitung von Geldillusion auch im Rahmen unseres Samples und der damit einhergehenden Fragwürdigkeit von Coping-Modellen à la Kruedener.

lauf, die würden wieder gültig." Obwohl Herr Otte gelernt zu haben meint, daß Geld nichts sicheres ist, verrät auch er unfreiwillig die Wirkungsmächtigkeit von Geldillusionen. Auf die Frage: „In der Bundesrepublik hat es nahezu immer eine Geldentwertung gegeben. Wieviel ist die D-Mark im Vergleich zu 1948 heute noch wert?" erwidert er: „Ich würde sagen, sie ist viel mehr wert." Mag dies auch ein ostdeutsch geprägter Blick auf die westdeutsche „Wohlstandsgesellschaft" sein, so verwundert es doch nicht, daß Herrn Otte 1948 wie 1990 Nachteile zu verbuchen hat, da beide Male Ersparnisse entwertet werden. Seine ritualistische Grundhaltung wird deutlich in seiner Antwort auf die Frage nach den bewährten monetären Grundsätzen der Eltern: „Sparsam erzogen, bin es heute noch"; er tradiert dieses Prinzip seinerseits in Verbindung mit den „preußischen" Tugenden[174]: „Treu, brav, ehrlich, pflichtbewußt."

Sein Enkel, Herr Otte junior (*1963), zählt zu den seltenen ausgeprägten Puritanern in der jüngsten Generation und sagt von sich: „Ich habe den Geiz von meinem Großvater geerbt." Er bestätigt die Tendenz des Großvaters zum Aufbewahren und Geldhorten in der Frage nach dessen Krisenlehren (siehe 10.3.3) mit einem unüberhörbar distanzierten Unterton: „Schaffe Grund und Boden so viel, wie du kannst. Hebe auf, was du hast. Lege beiseite, was du hast. Grund und Boden verkauft man nicht. Hebe alles auf für die lachenden Erben. Das sind die Grundsätze meines Großvaters, und nach denen lebt er noch und steht auch fest auf diesem Standpunkt. Und er hat immer gespart, und er spart heute noch. Wenn Sie ihm eine Mark geben, legt er eine Mark und einen Pfennig beiseite, das ist mein Großvater."

Stellvertretend für viele zeigen die monetären Grundeinstellungen von Frau Eikermann und Herrn Otte, daß auch prekäre Krisenbilanzen und deren Wiederholung den Sozialcharakter nicht im Kern tangieren. Rose Markwart (siehe 6.5) lebt weiter.

Moralisierung als Rationalisierung

Angesichts der Signifikanz des Zusammenhangs von puritanischem Normenset und Krisenopferstatus bei vielen unserer Interviewpartner ist es nicht nur eine naheliegende, sondern auch besonders spannende Frage, wie er sich in ihrem eigenen Bewußtsein abbildet: sei es in Form einer expliziten Erklärung für das – im Einzelfall desaströse – Abschneiden der eigenen Familie, oder sei es eher in der Form latenter Rationalisierungen angesichts der Dialektik von Tugend und Weltlauf. Die Antworten auf die direkte Frage nach den persönlich plausiblen Gründen für die jeweiligen familialen Bilanzen „Woran lag es Ihrer Meinung nach, daß Ihre Fami-

---

174 Hermann Bausinger stellt aus der Perspektive der empirischen Kulturwissenschaften anschaulich dar, wie zwar die Proklamation der sogenannten „deutschen Tugenden" in offiziell-öffentlichen Rede eher gemieden wird, die Berufung auf sie in anderen Diskursen wie dem Sport jedoch nach wie vor manifest ist, und sie auch außerhalb intellektueller Eliten die charakterologische Selbstdefinition vieler Menschen bestimmen: „Schon wenige Tage nach den Kontroversen über die deutschen Tugenden lancierte ein Meinungsforschungsinstitut eine Pressemeldung über eine repräsentative Umfrage, in der Auskunft erbeten wurde, was typisch deutsch sei. Die Spitzenposition nahm dabei der Begriff ‚Zuverlässigkeit' ein, gefolgt von ‚Fleiß', ‚Perfektion', ‚Ordnung' und ‚Pünktlichkeit'." (Bausinger 2000: 30)

lie im Vergleich zu anderen gerade so abgeschnitten hat?" können hier nur eingeschränkt Aufklärung bieten. In den für die charakterologische Fragestellung aufschlußreichen Passagen werden nämlich zumeist ohne erkennbaren inneren Vorbehalt gerade jene puritanischen Einstellungen als Grund für das Ertragen und die Bewältigung der Krisensituation genannt, die mitursächlich für die ökonomische Misere sind. Frau Menne (*1911), eine selbständige Kauffrau, deren Mann 1944 fällt und der es trotzdem gelingt, das gemeinsam aufgebaute Porzellangeschäft weiter fortzuführen, begreift sich persönlich als schweres Krisenopfer, da durch die Währungsreform von 1948 sowohl die Erbschaft des Mannes als auch eigene Ersparnisse in der Höhe von 10 000 RM entwertet werden: „Wir haben immer gespart und immer gespart, nicht. Und auch wo wir verheiratet, immer wieder gespart und Geld weggebracht. Und mit einem mal war es flöten. Im Gegenteil, wir mußten doch Steuer bezahlen, daß wir überhaupt gespart hatten, nicht." Aber bei der Frage nach den Ursachen für das eigene Abschneiden wird nicht auf die monetären Verluste eingegangen, sondern die puritanischen Tugenden der Askese und Konsumeinschränkung begründen das erfolgreiche Überleben: „Weil wir keine großen Ansprüche ans Leben gestellt haben, nicht wahr. Immer zufrieden waren mit dem, was wir hatten." Wie Frau Menne rekurrieren viele Befragte trotz subjektiv wie objektiv negativer Krisenbilanzen auf Grundsätze der sparsamen Haushaltsführung, das puritanische Arbeitsethos, Fleiß und Genügsamkeit oder moralische Spruchweisheiten wie „Ehrlich währt am längsten." In der Selbstdeutung haben diese Charaktereigenschaften das Überstehen der Krise ermöglicht und nicht etwa den Opferstatus in der Krise verursacht.

Es ist einer der wesentlichen Vorteile des Hybrid-Interviews, daß man in narrativen Passagen und den Korridoren geduldeter Abschweifung u. U. Auskunft auf Fragen erhält, die sich einem direkten explorativen Zugriff entziehen. Dies gilt auch für die Suche nach sozialcharakterologisch typischen Rationalisierungen der puritanischen Krisenopfer. Diese offenbaren sich an teilweise unerwarteter Stelle im Interview, z. B. im Kontext der monetären Gegenwart und Zukunft, der Bewertung von Preissteigerungsraten oder der Wahrscheinlichkeit einer neuen monetären Mega-Krise. Diese Rationalisierungen sind eben nicht ohne weiteres abrufbar und exakt als Teil der eigenen oder der familialen Krisenbiographie zu thematisieren.

Eine für puritanische Krisenopfer typische Rationalisierung besteht in einem Moralisierungsschema, das sich zwecks analytischer Beschreibung in drei Komponenten zerlegen läßt: Erstens werden die für den eigenen Sozialcharakter konstitutiven Prinzipien von Anti-Verschuldung, Sparsamkeit, Arbeitsamkeit und Askese moralisch überhöht. (Siehe 3.7) Zweitens werden große Teile der Welt als verdorben, ungerecht o. ä. beschrieben, eben weil die eigenen Prinzipien dort keine normative Gültigkeit besitzen. Und drittens wird mit Hilfe einer historischen Verfallsphilosophie der Verlust der moralischen Werte einer ehemals intakten Gesellschaft wie selbstverständlich angenommen.

Spuren und einzelne Elemente dieses Moralisierungsschemas finden sich in den Äußerungen vieler Befragter aus der ältesten Generation, aber fast in Reinkultur sind sie versammelt bei der aus einer wohlhabenden und angesehenen Kaufmannsfamilie stammenden Frau Möller (*1905). Ihr Vater ist Fuhrunternehmer, der nach der Hyperinflation wieder von vorne anfangen muß; 1948 erleiden sie und ihr Mann, der ein Spirituosengeschäft betreibt, ebenfalls gravierende Verluste. Frau Möller, die sich selbst als zweifaches schweres Krisenopfer sieht, antwortet auf die Frage, wie sie über die Jahre seit 1948 mit dem Problem der Geldentwertung umgegangen sei: „Ich bin immer sparsamer geworden, ja."

Nicht nur undenkbar, sondern moralisch verwerflich erscheint ihr die hypothetische Strategie, den Geldentwertungserfahrungen des Jahrhunderts durch zunehmende Verschuldung zu begegnen: „Nein, nein, nein [energischer Ausruf während des Verlesens] Wo soll denn das hin? Das ist moralisch doch furchtbar. Denn die anderen die leiden doch darunter, denen nimmt man das doch weg, nein das finde ich, das ist, das ist Betrug." Auf die Prognose einer zweiprozentigen Inflationsrate für das Jahr 1996 reagiert sie mit vehementen Vorhaltungen an die Gegenwartsgesellschaft: „Ja, es ist furchtbar, daß es eben immer, immer wieder steigt, immer wieder, daß wir überhaupt da wieder hingekommen sind, das finde ich furchtbar. [...] Früher kriegte ein Gymnasiallehrer 560 Mark, glaube ich, na ja der Wert des Geldes war ja was anderes, aber durch unser Nichtsparen wird es ja immer schlimmer."

Das dritte Element des Moralisierungsschemas, den historischen Verfall, artikuliert Frau Möller auf die Frage, ob es noch einmal eine schwere Währungskrise wie in den zwanziger oder vierziger Jahren geben werde: „Ja, das kann man gar nicht sagen, denn wir haben nach der ersten furchtbaren Inflation auch gedacht, es gibt keine zweite, und es hat eine gegeben. Und je nach dem, wie wir regiert werden. Ich bin ja immer noch für das Kaiserreich, also das Kaiserreich war für mich das Ideale. Die Menschen waren anständig, sauber. Sie waren arm zum Teil, aber anständig [...]. Es ist doch wie Tag und Nacht, hat sich das doch geändert." Frau Möller gelingt es mit Hilfe ihres so konstruierten moralischen „Superduals"[175], die eigene Krisenbiographie als durch den allgemeinen Weltlauf bedingt zu begreifen. Diesen kann sie auf der Basis ihres puritanischen Wertekanons moralisch mißbilligen, aber nicht selbst beeinflussen.

Die Regression in eine weniger erfahrene denn als Ideal imaginierte Vergangenheit kann aber auch durch ein soziologisches „Gesellschaftsbild"[176] ersetzt werden, das eine Dichotomisierung der Gesellschaft und die damit verbundene Anklage von gravierender sozialer Ungleichheit beinhaltet. Frau Tappe (*1912) stammt aus einer Bauernfamilie, heiratet ebenfalls in eine Landwirtschaft ein und wird – nach dem frühen Tod ihres Mannes – aus den ehemaligen Ostgebieten vertrieben, um dann in

175 Zur Limitiertheit solcher Argumentationsfiguren wie der von Frau Möller verwendeten siehe die prägnanten Feststellung von Luhmann: „Die Dualisierung von ‚gut' und ‚schlecht' hat in allen Gesellschaftssystemen nur eine begrenzte Tragweite. Sie eignet sich nicht dazu, als eine Art Superdual alle anderen Duale zu strukturieren mit der Folge, daß es sich bei allen Oppositionen letztlich um eine Variante von „gut" und „schlecht" handeln würde. Moral ist und bleibt eine problemspezifische Entwicklung, und jede Gesellschaft hat mehr Grundprobleme als nur dieses eine zu lösen." (Luhmann 1978: 58)

176 Siehe zum Begriff und zur Realität solcher Gesellschaftsbilder die bahnbrechende Forschungsarbeit von Popitz u. a. (1957: 1-9).

der DDR in einer LPG als Näherin und Köchin zu arbeiten. Da sie bzw. ihre Familie in allen drei Währungsgroßereignissen des 20. Jahrhunderts Verluste bilanzieren müssen (Vereitelung einer möglichen Ausbildung, Entwertung von Geldvermögen), ist Frau Tappes Leben von der Erfahrung einer sozialen Abwärtsspirale geprägt, die sie auch heute noch Abstiegsangst empfinden läßt. Diese ändert nichts an der normativen Verbindlichkeit des puritanischen Menschenbildes: „Also es ist doch so das Richtige, wenn man ein ehrlicher und ordentlicher Mensch bleibt, und der Mensch, das ist ja ein alter Spruch ja, der Mensch er strebt, so lang er lebt." Dieses Ideal dient sogar implizit als Berufungsinstanz für die subjektive Rationalität ihrer Sparmentalität angesichts der Vorhaltungen des jüngsten Sohnes: „Ja, ja, der Jüngste, der sagt dann, ja warum hast du denn soviel gespart, warum hast du denn das nicht verlebt? Ich sage ja, sage ich, und was wäre los mit mir, wenn ich nun nichts mehr gehabt hätte." Statt aber wie Frau Möller die ferne Vergangenheit des Kaiserreiches zu idealisieren, führt Frau Tappe mit Bezug auf die für sie besonders entbehrungsreiche Nachkriegszeit Klage über ihre soziale Marginalisierung: „Na, die kleinen Leute waren die Verlierer, also wir waren die Sklaven des 20. Jahrhunderts. Ja, so kann man das richtig nennen, ja. So richtig, wir waren die Sklaven des 20. Jahrhunderts. Haben viel arbeiten müssen und haben nichts davon gehabt. Ja. Ja, ich sage ja, ich habe mit 160 Mark brutto, habe ich da in S. angefangen." Die lebenslang bekräftigte Erfahrung, durch ihre Zugehörigkeit zu den kleinen Leuten ungerechterweise geborenes Opfer in Währungskrisen zu sein, läßt Frau Tappe auch für die Einführung des Euro nichts Positives ahnen: „Ja, ich hab das Gefühl, daß man uns da ganz schön wieder über das Ohr haut."

Eine im Spektrum unseres Samples randständige, fast exotisch zu nennende Position, die ebenfalls eine Rationalisierung des puritanischen Opferstatus durch moralische Überhöhungen beinhaltet, nimmt Frau Grübbel (*1913) ein. Frau Grübbel ist allein bei ihrer Mutter, einer Landarbeiterin, aufgewachsen; sie selbst war alleinerziehende Mutter, wurde Gesundheitsfürsorgerin und engagierte sich besonders in der DDR-Friedensbewegung. Frau Grübbels Lebenseinstellung ist von einer protestantisch-christlichen Grundhaltung geprägt, die sowohl den gesamten puritanischen Wertekanon umfaßt als auch Nächstenliebe und Altruismus einschließlich der Kritik am Götzen Mammon: „Also wissen Sie, das Geld, ich habe da einen Spruch hängen: ‚Für Zeit bekommst du Geld, aber für Geld bekommst du keine Zeit.' Das könnte man ja weiter fortführen, daß der Mensch sich an den wirklichen Werten orientiert. Der Volksmund hat ja vieles ausgedrückt, was aus Erfahrung kommt, und dazu gehört ja auch ‚Geld verdirbt den Charakter' und ‚Arme reiche Menschen'. Und wie man immer sagen will, es, es geht um die wirklichen Werte, daß die noch immer ihren Bestand behalten."

Frau Grübbel, die von ihrer Kindheit und Jugend sagt, „daß Geld nicht reichte, also, das gehörte ja auch zu meinem Leben dann", wird 1948 zusammen mit ihrer Mutter aufgrund des Verlustes von Ersparnissen und Wertgegenständen Krisenopfer. Nicht dies stellt sie jedoch in den Vordergrund, sondern die Empfindung einer kollektiven Schuld für den unter Hitler entfesselten Krieg gegen Rußland.

Auch die Geldentwertung von 1948 stellt sich so als verdiente Sühne einer Schuld dar: „Wir haben die kaputtgemacht, jetzt haben wir die Schuldigkeit, jetzt müssen wir wiedergutmachen so gut wir können, das war unsere Einstellung. Und so habe ich auch, ich sage Ihnen ganz ehrlich, so habe ich auch diese Geldentwertung empfunden.“

Im Gegensatz zu den oben geschilderten Formen von Rationalisierung durch Moralisierung gerinnen im Falle von Frau Grübbel die eigenen Krisenverluste nicht zum Beweis der Schlechtigkeit der Welt, sondern fungieren positiv als Wiedergutmachung für Verbrechen, an denen sie sich mitschuldig fühlt, da sie in deutschem Namen begangen wurden. Die als Krisenopfer erlittenen Verluste bekommen so den Status einer persönlichen Sühneleistung, die ihrerseits Zeugnis für die unbedingte Gültigkeit der wahren Werte eines christlichen Puritanimus ablegt.

12.2.1.2 Normkonforme Konsequenzen

Mit den Begriffen „Verharren“ und „Moralisierung“ ist zwar der wichtigste Teil der Reaktion des Puritanismus auf die monetären Krisen dieses Jahrhunderts beschrieben, aber es wäre ein einseitiges und damit falsches Bild, ihn sich darin erschöpfen zu lassen. Gerade angesichts der besonderen Ungeschütztheit vor den Folgen monetärer Krisen und des sich in den moralisierenden Reflexionen artikulierenden Bewußtseins hiervon ist es nicht verwunderlich, daß auch im Puritanismus selbst langfristig angelegte Konsequenzen aus den Währungskrisen gezogen werden.

Das puritanische Dilemma besteht im Kern darin, daß der Normenset aus Schuldenvermeidung, Sparsamkeit, Arbeitsamkeit und Askese nicht dementiert werden darf, andererseits jene Sicherheit, die insbesondere der Pareto-Puritaner anstrebt, eben wegen dieser Normen in monetären Krisen nicht erreicht wird. Im Streben nach Sekurität bietet sich der Ausweg, die traditionelle Geldform so zu substituieren, daß ein besserer Schutz zustande kommt und zugleich eine weitgehende Beibehaltung der eigenen Normen möglich ist. Hier sind im wesentlichen drei Formen von Vorsorge zu nennen: (1) die Bildung von Humankapital, (2) die Schaffung von Sachwerten, und in engem Zusammenhang hiermit, (3) Investitionen in eigene Unternehmungen bis hin zur Gründung eines selbständigen Betriebes. Da insbesondere die ersten beiden Modi der Krisenverarbeitung schon bei den Krisenlehren (siehe 10.3.5) eine wichtige Rolle spielen, sollen sie hier allein unter dem Gesichtspunkt einer puritanisch immanenten Krisenkonsequenz thematisiert werden.

Für diesen Typus kann die oben geschilderte Krisenbiographie von Frau Pochadt (*1907) als Beispiel dienen, in der sogar von deviantem Verhalten[177] die Rede war

177 So stellt von Kruedener fest: „Im Jahre 1923 erreichte die Zahl der Verbrechen und Vergehen gegen das Vermögen mit 593 000 Personen den in der deutschen Kriminalstatistik einzigartigen Wert von 72,1 v.H. der gesamten abgeurteilten Verbrechen. Allein die Diebstähle beliefen sich mit etwas über 44 v. H. auf einen Anteil, der 1913 für alle Vermögensdelikte ausgereicht hatte.“ (von Kruedener 1989: 271) Zur Frage von Devianz unter den Bedingungen der Inflation siehe in anomietheoretischer Hinsicht Waldmann. (1987: 384ff.) und in episch breiter Darstellung Ostwald (1931). Zwar ist zu bedenken, daß die Bezeichnung „deviant“ für bestimmte inflationstypische Handlungsweisen ihren Maßstab aus Zeiten

(siehe 6.2.2.2). Die gravierende negative Ereignisbilanz der Hyperinflation besteht unter anderem in einer quasi wertlosen Erbschaft der Mutter (statt Wohnungseinrichtung zwei Bahnen Stoff) und der Vereitelung der geplanten Lehrerinnenausbildung von Frau Pochadt selbst. An ihrem puritanischen Sozialcharakter scheinen diese Verluste zwar – wie auch in den oben geschilderten Fällen der verharrenden puritanischen Krisenopfer – relativ spurlos vorübergegangen zu sein. Dies dokumentiert z. B. die Antwort auf die Frage nach den bewährten elterlichen monetären Grundsätzen: „‚Wer den Pfennig nicht ehrt, ist den Taler nicht wert.‘ (X) Na, immer versuchen, so sparsam wie möglich zu sein, damit man nicht in Versuchung kommt, woanders was zu begehren, was man nicht ermöglichen kann.“ An anderen Stellen des Interviews bekundet sie jedoch auch Formen der Geldskepsis, die bis hin zu aktueller Inflationsphobie reichen, und auch die Monolithizität des puritanischen Sozialcharakters tangieren: „Das ist fast das Gleiche, wie es jetzt ist, Sie können sagen, was Sie wollen, es ist, meine Kinder und Enkelkinder, die sagen immer ‚Oma, Du unkst!‘. [BP weint wieder] Ich sage: ‚Kinder, tut mir leid, aber ich habe das Gefühl, kauft euch das, was ihr braucht und laßt das Geld nicht aufstocken, das wird nichts. Das Geld verliert an Wert.‘ Da kann einer sagen, was er will. Also das ist meine persönliche Meinung, aber kann ja jeder für sich so denken. Aber ich sage das meinen Kindern und Enkeln ganz offen so, wie ich es Ihnen jetzt sage.“

Aus dieser Erkenntnis und der Prägung durch die Inflationsereignisse resultiert bei Frau Pochadt eine erste Krisenkonsequenz des Erwerbs von Sachwerten in Form eines Grundstückskaufs: „Na ja, das Einzige war, unser Prinzip als junge Leute, wir kaufen uns ein Grundstück, dann haben wir etwas, worauf wir wohnen können, ja. (X) Das haben wir dann später gemacht, das war das, was wir uns vorgenommen hatten, daß wir nicht Geld aufsammeln, sondern uns irgendwas anschaffen, was für die Dauer, für das Leben, für uns sein kann, das waren die Ergebnisse und noch die Nachwirkungen der Inflation.“ Allerdings scheitert der geplante Hausbau aufgrund von Arbeitslosigkeit von Frau Pochadt und ihrem Ehemann. Die zweite wesentliche und dann realisierte Krisenkonsequenz besteht in einer Humankapital-Orientierung für die eigenen Kinder, die bei den Krisenlehren an die nächste Generation artikuliert und im Bereich der Grundfragen in der Reaktion auf den Satz „Eine gute Ausbildung ist das beste, was man den Kindern mitgeben kann“ noch einmal bekräftigt wird: „Die höchste, die es gibt! (X) Nach dem Prinzip: ‚was Du im Kopf hast, ...!‘ “ Unter sozialcharakterologischem Gesichtspunkt ist wichtig, daß die bei Frau Pochadt virulente Form der Geldskepsis zu keinem tiefen Einbruch in ihrem puritanischen Normenhaushalt führt, sondern – aufgrund ihrer krisenkonsequenten Orientierung an Sachwerten sowie an Humankapital – die Prinzipien der Schuldenvermeidung, ein hohes Arbeitsethos und Konsumverzicht eher eine Renaissance erfahren.

Schon das Beispiel Frau Pochadts zeigt, daß der Puritanismus in monetären Krisen nicht einfach vor die Alternative „hilflose Resignation“ oder „strategische

---

einer stabilen Ökonomie nimmt, jedoch entspricht dies – wie im Falle von Frau Pochadt – gerade dem subjektiven Bewußtsein der Befragten.

Abkehr von den eigenen Grundsätzen“ gestellt ist. In unserem Sample versucht etwa ein Viertel aller ausgeprägten Puritaner der ältesten Generation einen ähnlichen „Mittelweg“ zu finden.

Insbesondere Selbständige halten oft an puritanischen Prinzipien fest, ohne daß damit die negativen Krisenbilanzen von 1923 fortgeschrieben würden. Vielmehr gelingt es durch Vermeidung der Geldform und durch Investitionen in den eigenen Betrieb, u. U. sogar Gewinne zu realisieren. Paradigmatisch für diesen Typus steht Herr Gerke (*1903), dessen Vater, ein abhängig beschäftigter Werkmeister in einer mittelständischen Firma, im Nebenerwerb eine Mosterei betrieb, die Herr Gerke selbst – ursprünglich akademisch geprüfter Landwirt und in eine bäuerliche Familie einheiratend – dann in der Zeit des Zweiten Weltkriegs und danach zum Haupterwerb ausbaut. (Siehe 5.2.2)

1923 zählt sich Herr Gerke noch zu den Krisenopfern, weil eine Erbschaft des Großvaters in Höhe von 1 000 RM, die für seine Ausbildung gedacht war, entwertet wird. Diese Geschichte hatte auch in der familialen Krisenkommunikation eine Rolle gespielt, wie seine Tochter Frau Gerke medio (*1943) berichtete. (Siehe 10.1.2)

Nach der Währungsreform 1948 sind demgegenüber keine Nachteile – auch nicht durch entwertetes Bargeld – zu verzeichnen: „Nein, das habe ich vorher ausgegeben für den Anbau, die Aufstockung des vorderen Hauses, und da ist das ganze Geld draufgegangen, was ich so immer erarbeitet habe.“ Durch den bäuerlichen Schwager gut mit Lebensmitteln versorgt und aufgrund eigener Ernteerträge zählt sich Herr Gerke 1948 sogar zu den Krisengewinnern: „Auch während des Krieges hat er [Schwager – d. Verf.] uns gut versorgt. Während ich weg war, hat meine Frau das ganze Grundstück ... Waren immerhin knapp zwei Morgen, die bepflanzt waren, und ehe ich eingezogen wurde, habe ich 1 000 Rhabarberpflanzen gekauft, [...] und habe gesagt: ‚da hast du nicht soviel Arbeit‘. Der Rhabarber überdeckt das Land, brauchst Du nicht zu hacken und kannst nachher nach zwei Jahren Rhabarber ziehen.‘ Und wir ziehen heute noch Rhabarber.“ Die diversen Hinweise Herrn Gerkes über die Schwierigkeiten beim Aufbau der Mosterei, eigene Entbehrungen und harte Arbeit atmen gleichsam noch die „Erdenschwere“ auch des bäuerlichen Puritanismus. Sie tradieren die puritanischen Klassiker und verweisen mitnichten auf ein krisenadaptiv-strategisches Handeln; aber gleichzeitig dokumentieren sie in der Ausrichtung an Sachwerten in Form von Wohn- oder von Betriebseigentum einen Puritanismus, der durchaus krisenbelehrt und inflationsgeschützt ist: „Und da haben wir, wir hatten das Grundstück und den alten Bau hatten wir stehen, das alte Gartenhaus, und da haben wir aufgestockt und ’48 im April sind wir denn hier in unser neu erbautes Heim eingezogen, mit Schwierigkeiten, haben wir es endlich geschafft. Es mußten erst mal neue Geräte für die Mosterei gekauft werden, das war wichtiger, daß der Betrieb ging, als daß wir eine pompöse Wohnungsausstattung hatten.“

Konformität als der Anpassungsmodus, den Frau Pochadt (*1907) und Herr Gerke (*1903) gewählt haben, bringt die gewünschten Ziele und die erlaubten institutionellen Mittel in einen positiven Zusammenhang. Er ist nach Merton „der üblichste und am weitesten verbreitete. Wäre dem nicht so, könnten die Stabilität und Kontinuität der Gesellschaft nicht aufrechterhalten werden.“ (Merton 1995: 136) Der Plausibiliät dieser Behauptung zum Trotz ist im Puritanismus Konformität jedoch nicht der bevorzugte Anpassungsmodus, sofern es um die Verarbeitung und Bewältigung der eigenen Krisenerfahrungen geht.

12.2.1.3 Innovativ-situative Strategien

Strategisches Handeln während der Hyperinflation war ein Privileg junger Männer, zumeist aus geldnahen urbanen Milieus. (Siehe 6.1.2) Im Sinne Mertons wählen sie den Anpassungsmodus der Innovation, da sie zur Erreichung ihrer Ziele neue monetäre Mittel und Wege finden, die nicht in der vorinflationären Ökonomie institutionalisiert sind.

Allerdings zeigt die Analyse ihrer Verteilungspositionen, daß auch rationalkalkuliertes Krisenmanagement nicht zwangsläufig zu positiven Krisenbilanzen führt. (Siehe 6.2) Diese insgesamt wenigen Fälle inflationsadaptierten Verhaltens verdienen im vorliegenden Rahmen der Darstellung des Zusammenhanges von Krisenschicksal und Sozialcharakter jedoch insofern besondere Aufmerksamkeit, weil sich die Frage stellt, wie sich strategische Orientierungen zu dem in der Generationslage der Ältesten verbreiteten puritanischen Sozialcharakter generell verhalten. Denn da nur einer von den fünf bis sechs hier in Rede stehenden Personen ein hedonistischer Sozialcharakter zu eigen ist, die übrigen aber ausgeprägte Puritaner sind, ist dieser empirische Befund zu klären: Wie kommt es, daß ein puritanischer Sozialcharakter strategisches Krisenhandeln nicht prinzipiell ausschließt, auch wenn er sicher hierfür nicht den günstigsten Boden bildet? Um krisenstrategische Orientierung und Puritanismus in Verbindung zu bringen, eröffnen sich schon logisch zwei Wege: Entweder wird sogar noch das krisenstrategische Handeln als Ausfluß des eigenen Sozialcharakters begriffen oder die monetäre Krise wird auch unter charakterologischem Gesichtspunkt als Ausnahmesituation interpretiert, die einen zeitweiligen Dispens von den Normen rechtfertigt. Für den ersten Weg soll exemplarisch die Krisenbiographie Herrn Tillys (*1903), für den zweiten die von Herrn Lehmann (*1903) stehen.

Bei Herrn Tilly, einem Bankkaufmann, dessen Eltern wirtschaftlich sehr gut gestellt waren und eine Wäscherei betrieben, dienen die strategischen Verhaltensweisen vornehmlich dem Ziel der Schadensminderung und -abwehr. Wie gezeigt hatte er seine Eltern durch einen guten Rat vor dem ökonomischen Absturz bewahrt. (Siehe 6.2.1.1) Bei Herrn Tilly verbinden sich diese inflationsadaptierten Handlungsweisen mit einem puritanischen Arbeitsethos, das für ihn sogar trotz einer selbst besonders prononcierten negativen Krisenbilanz das familiale Abschneiden unter den Bedingungen der Hyperinflation erklärt: „Ja, daß wir eben gearbeitet haben. Gearbeitet, gearbeitet, gearbeitet.“ Diese fundamentale Stellung von Arbeit auch in monetären Ausnahmesituationen bekundet sich noch in Herrn Tillys Reaktion auf die Frage nach einem hypothetischen Lottogewinn: „Erst mal auf Konto schreiben und dann abwägen, was meine Kinder, ob da irgendwie eine Hilfe sein könnte, also von wegen, daß ich da gleich die Arbeit hinschmeiße."

Bei Herrn Tilly vermitteln sich strategisches Handeln und puritanischer Sozialcharakter über die hohe Bedeutung von Arbeit relativ zwanglos; hingegen sind dann stärkere Einbrüche in den puritanischen Normenhaushalt zu erwarten, wenn durch das strategische Agieren die genuin monetären Essentials des Puritanismus wie z. B. Schuldenvermeidung in Mitleidenschaft gezogen werden.

Herr Lehmann, der uns vorne als gewiefter Spekulant auf Kreditbasis begegnet ist (siehe 6.1.2), verneint an anderer Stelle des Interviews, jemals Kredite aufgenommen oder selbst Geld verliehen zu haben. Er konstatiert jedoch eine allgemeine Zunahme privater Borggeschäfte, die er mit scharfen Worten geißelt, und bewertet diesen Trend als „schlecht, unsolide, ja und deswegen Verleitung zur Kriminalität." Ganz offensichtlich hat sich Herr Lehmann damals in der Zeit der Hyperinflation als homo oeconomicus vom puritanischen Sozialcharakter so weit dispensiert, daß er seine über siebzig Jahre zurückliegenden Aktienkäufe auf Kreditbasis überhaupt nicht als Schulden im eigentlichen Sinne begreift.

In der Nachkriegszeit verrät er einen zeitweiligen Abschied von puritanischen Moralprinzipien erneut. Als er nach eigenem Bekunden „finanziell ausblutete", befreit er sich aus der Situation: „Und nun hatten wir, das sage ich Ihnen ganz offen, ich habe ein paar Geschäfte gemacht außerhalb des Berufs, in Geldsachen, mit denen ich also mich über Wasser halten konnte. Und meine Frau, die hat, ich sage es Ihnen ganz offen, ganz schön gekungelt [Lachen], so daß wir also die Zeit gut überwinden konnten."

Interessanterweise haben beide Bankkaufleute ihre strategische Orientierung nicht beibehalten und sich nicht prinzipiell zu Finanzstrategen entwickelt, sondern sind zu ihren puritanischen Ursprüngen zurückkehrt. Da beide sich für die zwanziger Jahre als schwere Krisenopfer darstellen, nach den objektivierenden Kriterien der Auswertung aber nur benachteiligt sind, mag dies ihre Bereitschaft gefördert haben, den Kern der dem Puritanismus offenstehenden Handlungsoptionen inflationsadaptiert zu erweitern oder sogar zeitweilig zu verlassen und dies in der Interviewsituation auch an den entsprechenden Stellen freimütig zu offenbaren.

Wenn die Verhältnisse etwas verwickelter liegen, wie im Fall des ältesten Befragten, Herrn Haase (*1896), zeigen sich die Vorteile des Hybrid-Interviews und des „holistischen Blicks" als Auswertungsperspektive. Herr Haase begreift sein objektiv der ökonomischen Situation angepaßtes zweckrationales Verhalten, das auch den Interessen anderer Akteure zuwiderläuft, subjektiv gar nicht als Strategie. Er war Tischlermeister und tritt mit dieser Berufswahl in die Fußstapfen seiner Altvorderen, denn auch der Vater, der zwei Angestellte hatte, und der Großvater übten diesen Beruf aus. Persönlich stellt Herr Haase die Krisenbilanzen der Familie sowohl für 1923 wie für 1948 als ausgewogen dar; für beide Krisen verneint er mit fatalistisch klingenden Worten die Möglichkeit der Einflußnahme: „Nein, wir konnten ja nichts unternehmen. Wir sind so mit der Zeit mitgeschleift."

Charakterologisch präsentiert sich Herr Haase als Puritaner mit den bekannten residualen Gefühlsstrukturen. Diese betreffen zum einen die eigene Lebensführung: „Ich lebe bescheiden, habe mein Auskommen mit der Rente" oder beziehen sich auf die monetären Prinzipien bei der Kindererziehung: „Keine Spekulationen, arbeitsam sein, rücksichtsvoll gegenüber anderen, ehrlich." Entsprechend zieht sich durch viele Äußerungen Herrn Haases auch durchgängig eine Ablehnung von Verschuldung, sei es als faktische Kreditaufnahme, sei es als Strategie, um der Inflation vorzubeugen, oder sei es als bewährter elterlicher monetärer Grundsatz: „Schulden konnte man nicht machen – oder haben wir nicht gemacht." Nur mit diesen Informationen bestückt ließe sich Herrn Haases Krisenschicksal als das eines klassischen Puritaners einordnen, der durch den Sachwertbesitz als selbständiger Tischler vor negativen Inflationsfolgen geschützt ist. Dieses Bild ändert sich jedoch grundlegend, wenn man erfährt, daß Familie Haase sowohl 1923 wie 1948 objektiv zu den Krisengewinnern zählt, weil in beiden Fällen Hypothekenschulden günstig zurückgezahlt werden konnten: „Vorteile haben wir weiter nicht gehabt. Nur so, wie ich vorhin schon bemerkte, daß wir eben die Hypothek von 5 000 Mark, die konnten wir, die konnten wir ja schon vorher, das war in der ersten Inflation, da konnten wir 5 000 Mark, wie das ziemlich zu Ende ist – hatten wir vom Bauern 5 000 Mark geborgt und die Inflation war noch nicht zu Ende, da konnten wir diese 5 000 Mark man so hinblättern." Herr Haase hat die Hypothekenschulden an den entsprechenden Stellen zur Frage der Verschuldung nicht etwa bewußt verschwiegen und erst auf die bohrende und explizite Frage nach den Inflationsvorteilen: „Wir haben alte Hypothekenschulden vorteilhaft beglichen" preisgegeben. Denn schon zu Beginn des Interviews, als es um die Transparenz der monetären Verhältnisse im Elternhaus aus der Kindersicht ging, hatte er freimütig berichtet: „Na ja, wir haben ja dieses und jenes aufgeschnappt. Ich weiß, daß meine Eltern Schulden hatten und daß Hypotheken hier auf dem Hause waren – und daß sie auch ihre Last hatten, diese Hypotheken, die Zinsen zu zahlen und später dann auch abzuzahlen. Das waren gewisse Schwierigkeiten bei der großen Familie, das muß man sagen." Deshalb verhält es sich offenkundig so, daß die vorteilhafte Entschuldung subjektiv gar nicht als strategisches Handeln verstanden wird, das mit seinem puritanischen Normenset in Kollision hätte geraten können. Es war einfach eine günstige Gelegenheit, die die eigenen charakterologischen Fundamente einschließlich des Prinzips der Schuldenmißbilligung überhaupt nicht tangiert. Der Fall Haase dokumentiert somit eindrucksvoll den hohen Grad an Normativität, der dem puritanischen Sozialcharakter innewohnt; deshalb ist es hier nicht möglich, ein Verhalten als intendiert strategisch zu interpretieren, selbst wenn der homo oeconomicus faktisch grüßen läßt. Und es wird einsichtig, wie weit die historische und mentale Wegstrecke zwischen der Monolithizität des puritanischen Sozialcharakters und einem innovativen Habitus ist, der Verschuldung als Strategie zum Schutz vor den Folgen von Inflation bewußt zustimmt. (Siehe 11.2.2)

12.2.2 Hedonistische Reaktionen

Der Zusammenhang von Währungskrisenschicksal und hedonistischem Sozialcharakter entfaltet sich wie beim Puritanismus gemäß des in der Einleitung skizzierten Doppelaspektes ebenfalls in zwei Richtungen: Unter dem Gesichtspunkt der *kriseninduzierten Veränderung* sozialcharakterologischer Einstellungen bilden die sechs bis sieben Befragten, die auf familiale oder eigene Krisenverluste mit hedonistischen Verarbeitungs- und Rationalisierungsmustern reagieren, in der Generationslage der Ältesten gleichsam die „Avantgarde". Denn sie selbst sind es, die bereits den charakterologischen Wandel dokumentieren – im Gegensatz zu den verharrenden Opfern oder den Puritanern, die normkonforme Konsequenzen ziehen, und damit dem Sozialcharakter der Altvorderen treu bleiben. Wird die Blickrichtung umgekehrt und der *Sozialcharakter als mitbedingend* für das Abschneiden von Personen in Währungskrisen angesetzt, so avanciert der Hedonismus selbst zur Gewinnerstrategie. Im Gegensatz zu vielen zeitgenössisch-feuilletonistischen und belletristischen Darstellungen, in denen die Figur des hedonistischen Krisengewinnlers oder erfolgreich spekulierenden Börsenjünglings breiten Raum einnimmt, bleibt diese Position im Rahmen unseres Samples unbesetzt. Die Sozialfiguren des Spekulanten, des Schiebers und des Spielers, wie sie oben (siehe 4.2) mit zeitgeschichtlichem Bezug entwickelt wurden, waren hier auch nicht zu erwarten.

Die mögliche Zahl hedonistischer Krisengewinner wird auch durch den Opferbias in der ältesten Generation sowie die in ihr vorherrschende hohe Zustimmung zu puritanischen Wertvorstellungen von vornherein begrenzt. Dies hat zur Folge, daß die ohnehin kleine Fraktion der situativen Krisenstrategen in sozialcharakterologischer Hinsicht von Puritanern, die sich zeitweilig vom Kern ihres Normensets entfernen, dominiert wird, während die charakterologisch homogene Position des strategischen Hedonismus bei den Ältesten exotisch bleibt.

Das Modell eines monetären Hedonismus als Antwort auf gravierende Krisenverluste läßt sich exemplarisch am Lebensschicksal von Frau Ungerer (*1916), der jüngsten Befragten aus der ältesten Generation, demonstrieren. Da ihr Vater im Ersten Weltkrieg fällt, wächst das Mädchen mit seiner Mutter im Haushalt der kleinbäuerlichen Großeltern auf. Nach der Hyperinflation muß die Familie zum ersten Mal eine negative Bilanz ziehen, da erhebliche Bargeldverluste zu verzeichnen sind und der Großvater eine Hypothek aus Anstand nicht ablöst; und auch 1948 zählt die Mehr-Generationen-Familie zu den Krisenbenachteiligten.

Die Erfahrungen aus beiden Währungskrisen haben sich bei Frau Ungerer in einer starken und generationsuntypischen Abkehr von Sparsamkeitsüberlegungen niedergeschlagen, wie sie selbst auf die Frage nach möglicher Rücklagenbildung zu DDR-Zeiten ausführt: „Ach, Rücklagen so gut wie keine. [...] Einmal war es ja so, daß ich zwei Währungsreformen ja nun schon hinter mir hatte und sowieso nicht für das übermäßige Sparen war. Und der andere Grund war auch der, ich habe ja relativ spät geheiratet, [...]. Nein, wir haben nicht von der Hand in den Mund gelebt. Mein Mann hat immer für den nächsten Wagen gespart. Das hat er gemacht und – nein, ich habe eigentlich nichts gespart, dafür war er zuständig. [...]. Und für heute gilt: ‚Also Rücklagen mache ich nicht.‘ [...]. Na ja, also was das Wichtigste ist, dafür wird Geld ausgegeben und da wird auch nicht geguckt wieviel. Also ich habe meinen achtzigsten Geburtstag gefeiert mit ganz großem Bahnhof." Frau Ungerer vollzieht bewußt den Bruch mit den monetären Grundsätzen von früher: „Na ja, ich wollte nicht so sparen, wie die Großeltern das gemacht haben und auch nicht, wie meine Mutter das gemacht hat. Das wollte ich nicht. Ich wollte auch leben."

Und in der Logik ihres nicht auf Sparsamkeit, sondern auf Befriedigung von Konsumbedürfnissen ausgerichteten monetären Regimes liegt die frappierend gleichgültig anmutende Bewertung einer zweiprozentigen Inflationsrate: „Das ist mir völlig wurscht. Habe ich 100 Mark weniger, muß ich damit auskommen, habe ich 100 Mark mehr, werde ich sie ausgeben." Zwar besitzt der Hedonismus im Falle von Frau Ungerer keine situativ-strategische Komponente, verbindet sich dafür insbesondere im Bereich der Humankapital-Orientierung aber mit langfristigen Formen der Krisenvorsorge und präsentiert sich auch nicht ohne innerpsychische Ambivalenz: „Na ja, sonst gehöre ich nicht zu den Geizigen, im Gegenteil – leider." Die Diskrepanz zur puritanischen Mehrheitsfraktion und deren oben dargestellten Moralisierungen wird jedoch deutlich.

Das Phänomen, daß in der Folge gravierender Verluste aus Währungskrisen monetäre puritanische Ideale zugunsten hedonistischer Einstellungen verblassen, zeigt sich auch am Beispiel von Frau Sittler (*1911). Die Tochter eines selbständigen Fleischermeisters stammt aus einer wohlhabenden Familie, die aber, wie gezeigt, in der Hyperinflation große Verluste erlitt. In der Währungskrise der vierziger Jahre gibt es ebenfalls so große Probleme, daß die Familie am Rande des Existenzminimums lebt. Diese Krisenerfahrungen führen bei Frau Sittler in eine hedonistische Richtung. Die Geldform wird nicht nur aus Knappheit, sondern aus Prinzip gemieden: „Mein Sparbuch war also immer abgeräumt." Frau Sittler ist eine der wenigen aus der ältesten Generation, die gute Erfahrungen mit der Kreditaufnahme für Konsumgüter bekundet; und sie ist die einzige, die von sich sagt, sie habe sich „möglichst oft Luxus gegönnt". (Zur konsumistischen Grundeinstellung der Stafette Sittler unter dem Aspekt der Krisenlehren siehe 10.3.4; zur gesamten Stafette 19.4) Zwar wäre es eine unzulässige Übertreibung, wollte man Frau Sittler ein direktes Dementi der Ideale des monetären Puritanismus unterstellen, zumal sie die strategische Verschuldung statt des Sparens von sich weist: „Nein, nein, man sollte schon; es tut gut, wenn ein bißchen was auf der Kante ist." Aber Sparsamkeit und Konsumeinschränkung sind für Frau Sittler keine Prinzipien mit normativem Anspruch, sondern eher Indikatoren für Mangelsituationen und für eine schlechte Realität, die die eigentlichen hedonistischen und konsumistischen Wunsch(t)räume nur negativ kontrastieren.

Die sozialcharakterologisch nachweisbaren Folgewirkungen von monetären Krisen sind in den beiden oben skizzierten Fällen innerhalb der ältesten Generation deshalb am weitreichendsten, weil *alle* Puritaner-Essentials (Anti-Verschuldung,

Sparsamkeit, hohes Arbeitsethos und Askese) von normativen Erosionen betroffen sind. Bei anderen Befragten zeigt sich hingegen, daß nur in einzelnen Bereichen Konsequenzen aus negativen Krisenerfahrungen gezogen werden, während in anderen puritanische Tugenden beibehalten werden.

So ist die aus einer Richterfamilie stammende ehemalige Richterin Negel (*1906) sozialcharakterologisch eine monetäre (eher defensiv eingestellte) Pragmatikerin, die einerseits Schulden dezidiert ablehnt, andererseits auch keinerlei Sparsamkeitsorientierung erkennen läßt. Dies zeigt sich bspw. in der Frage der Möglichkeit von strategischer Verschuldung statt zu sparen: „Weder noch. Also, ich versuche auszugeben, was ich kriege, aber ich mache keine Schulden." Im „höchsten Grade unsympathisch" ist ihr die Rigidität einer Kollegin, die „mit sich sehr sparsam" ist.

Selbst der „holistische Blick" kann die hedonistischen Anflüge der Frau Negel zunächst nicht in Zusammenhang mit ihren Krisenerfahrungen bringen. Sie hat in beiden Sequenzen aus Krise und Reform Verluste durch die Entwertung von Ersparnissen erlitten, stellt diese jedoch als wenig schwerwiegend dar. Erst die „cross examination" innerhalb des Stafettensets führt hier weiter. Denn die Tochter von Frau Negel weiß von weiteren Verlusten in den vierziger Jahren. Und anders als die Mutter ist die Tochter der Auffassung, daß die Erfahrungen aus den Währungskrisen später sehr wohl berücksichtigt worden sind: „Ja, diese Erfahrung, daß es nicht sehr viel brachte, sich Reichtümer anzulegen. Das schon, ja. Aber das hat sich heute schon ein bißchen wieder geändert. Übrigens, diese Aktien, die wir hatten, das weiß ich noch, so ein Ausspruch meiner Mutter, die mein Vater also deutschlandweit untergebracht, und die westlichen waren erhalten. Und es ging uns zeitweilig doch ziemlich schlecht. Und da hat meine Mutter alle Aktien verkloppt. Also, um zu überbrücken. Und da sagte sie doch: ‚Wenn das euer Vater wüßte, der würde sich im Grab umdrehen, daß ich hier alle Aktien verkaufe'."

Auch wenn sich Frau Negel senior im gesamten Interview nicht als Krisenopfer präsentieren will, ist es doch alles andere als interpretatorische Willkür, ihre hedonistische Wende *auch* als Konsequenz der monetären Krisen darzustellen. Vor diesem Hintergrund ist es auch nicht verwunderlich, daß Frau Negel in der ältesten Generation zu der Minderheit von unter 20% gehört, die eine zweiprozentige Inflationsrate akzeptiert. In ihrer Begründung hierfür verbindet sie makroökonomische Überlegungen keynesianischer Provenienz mit der eigenen Anti-Sparmentalität: „Es ist ja wahrscheinlich so, daß ganz ohne einen gewissen Rest von Inflation kein Währungssystem bestehen kann. Weil, dann wird nämlich nichts ausgegeben. Also, es muß schon irgendeine Bewegung geben, die die Menschen veranlaßt zu sagen: ‚Ach, was wird aus dem Geld, lieber gibst Du es aus'. Also, diese – das steckt im System drin, daß ein gewisses Absinken sein müßte – ich weiß auch nicht, aber wahrscheinlich ist es so."

Bei Frau Wellstein (*1903) hingegen werden, unter Beibehaltung der monetären Tugenden Anti-Verschuldung und Sparen, die Bereiche Arbeit und Konsum hedonistisch besetzt. Ihre Familie hatte in der Hyperinflation schwere Verluste. Als junge Erwachsene nimmt Frau Wellstein – ganz im Sinne Eulenburgs – die Zeit als

„Ellenbogenleben" wahr. So bestimmt Geldflucht das Leben und sie bekundet, in ihrer Berufsentscheidung stark von dieser Phase geprägt worden zu sein: „ich bin dann Buchhalterin geworden, und da konnte ich wunderbar mit den großen Zahlen umgehen."

Die Krisenerfahrungen schlagen sich bei Frau Wellstein auch charakterologisch nieder: Schuldenvermeidung und zielorientiertes, mit einer Sachwert- und Immobilienstrategie verbundenes Sparen sind Ausdruck eines kontrollierten Finanzregimes in puritanischer Tradition; das dezidierte Dementi aller Formen von protestantischer Pflichterfüllungsethik zugunsten von Lebensfreude ist Ausdruck eines ebenso kontrollierten Hedonismus: „Das wäre ja noch Gelächter, wenn ich lebe, um zu arbeiten, da wäre ich verrückt!" Diese verschiedenen Facetten kommen in Frau Wellsteins Antwort auf die Frage nach den Prinzipien für die Verteilung von Ausgaben und Rücklagen prägnant zum Ausdruck: „Also ich bin dafür, gut zu leben. Im Rahmen meiner Möglichkeiten. Sollten meine Möglichkeiten noch größer sein, bin ich für Rücklagen. Dann wird es nicht auf den Kopf gekloppt, sondern dann mache ich Rücklagen. Und sonst hätten wir die Wohnung ja auch nicht kaufen können. Und wir sind viel gereist und haben uns alles geleistet, was wir wollten."

So ist festzustellen, daß auch in den wenigen Fällen[178], in denen in der ältesten Generation hedonistische und konsumistische Reaktionen auf monetäre Krisenverluste nachweisbar sind, die puritanischen Ideale nur langsam und nicht ohne innerpsychische Ambivalenzen verblassen bzw. nur teilweise außer Geltung gesetzt werden.

---

178 Daß die in diesem Unterkapitel vorgestellten Krisenerfahrungen allesamt von Frauen gemacht wurden, sollte nicht nur wegen der geringen Fallzahlen nicht geschlechtsspezifisch interpretiert werden. Dies ist vielmehr auch der Tatsache geschuldet, daß die Krisenschicksale von Herrn Hagenberg (*1908) und Herrn Hermes (*1908), die mit gleichem Recht hier hätten thematisiert werden können, schon oben ausführlicher dargestellt wurden. (Siehe 6.1.2, 10.3.4)

IV. Geld-Gegenwart

„Anzunehmen, es gäbe Gefühlsbewegungen, die ohne Vernunft wären, hieße, unter der Vernunft etwas Falsches zu verstehen."
(Brecht: Me-ti. Buch der Wendungen, Über die Prüfung der Gefühlsbewegungen)

Die eingangs umrissenen monetären Basistrends vom 19. in das 21. Jahrhundert (siehe im einzelnen 3.1) erfassen die privaten Haushalte ganz unterschiedlich und zeitversetzt. Während die monetären Krisen und Währungsschnitte die Zeit, die Familiengeschichte und das eigene Leben mit scharfen, noch im Sprachgebrauch bewahrten Zäsuren unterteilen (vor/nach „der Währung", „noch in der D-Mark-Zeit" etc.), setzen sich die übrigen Tendenzen eher schleichend durch, wobei sich die Entwicklungen nach dem Zweiten Weltkrieg beschleunigen.

Geldgeschichtlich wird endgültig die dritte Stufe erklommen, auf der der Wert des Geldstoffs seine Bedeutung verliert und der *Substanzverlust* fortschreitet. Als 1975 die letzte silberhaltige Münze à fünf DM aus dem Verkehr gezogen und durch eine Nachfolgerin ersetzt wurde, ging zugleich eine Ära zu Ende, die – je nach Optik und geographischem Bezug – Jahrhunderte oder auch Jahrtausende umfaßt hatte. (Weimer 1992: 257) Gegen Ende des 20. Jahrhunderts werden dann erste Schritte in Richtung der vierten Stufe getan: die Elektronisierung des Geldes vollendet seinen Substanzverlust *und* perfektioniert einige seiner Funktionen.

Zeitgleich hat die „große" Währungspolitik ihren Charakter als bloße Krisenreparatur überwunden, der sie in der ersten Hälfte des 20. Jahrhunderts beherrscht hatte. Nach der Einführung der D-Mark in der DDR ist auch die Europäische Währungsunion (EWU) ein monetäres Großprojekt, bei dem Freiwilligkeit und Planung stärkeres Gewicht haben als ein ökonomischer, sozialer oder politischer Handlungsdruck. Geldpsychologisch freilich ist die EWU vielfach mit Erwartungen und Befürchtungen befrachtet, die ihren Ursprung in der monetären (Leidens-)Geschichte haben; Vorfreude oder gar Euphorie sind ihr – im genauen Gegensatz zu den Ereignissen der Jahre 1924, 1948 und 1990 – kaum entgegengeschlagen.

Die *Monetarisierung des Lebens* bei gleichzeitiger *Komplizierung der Geldwelt* sind parallel zu jener sozialgeschichtlich einmaligen Steigerung des Volkseinkommens vorangeschritten, die – bei allen Unterschieden zwischen den sozialen Gruppen – als „Wohlstandsexplosion" bezeichnet werden konnte. (Geißler 1992: 38) Kaum etwas anderes illustriert die quantitative Seite dieses Prozesses besser als die Menge an Bargeld, die im Vergleich der Jahre 1913 und 1989 pro Kopf der Bevölkerung durchschnittlich zur Verfügung stand: aus einem Geldschein wurden 29, aus knapp einem Fünf-Mark-Stück 15 und aus 24 Pfennig-Stücken über 200. (Sprenger 1995: 205f.) Die Einführung des Euro dürfte diesen Trend nur proportional berührt haben. Ihm korrespondiert qualitativ jenes Eindringen des Geldes in „alles und jedes", das Needleman (1993: 12) geortet hat. Es erfaßt auch die Kinderzimmer, die innerhalb eines Jahrhunderts von nahezu geldlosen zu durchmonetarisierten Räumen geworden sind.

Die monetäre Sozialisation, die durch den Zusammenprall von wachsender Bedeutung des Geldes und immer weniger durchschaubarer Geldwelt in eine Krise geraten ist, sei hier nur angerissen; sie muß wegen ihrer überragenden Bedeutung für die Transformation des Sozialcharakters an einem anderen systematischen Ort behandelt werden (siehe v a. 20.1).

Steter Weggefährte von Monetarisierung und Komplexitätssteigerung wird die *säkulare Inflation*, die der DM – bei aller relativen Stabilität und massiver Stabilitätsrhetorik – bis zu ihrem eigenen Aufgehen im Euro einen wesentlichen Teil ihrer ursprünglichen Kaufkraft geraubt hat. Am Ende war der Pfennig vom „Mark der Währung" (siehe 5.1) zu einem monetären Nichts heruntergesunken; der Euro-Cent hat seine Existenz gleich als ein solches begonnen.

Die rekapitulierend angetippten Trends manifestieren sich in sämtlichen Facetten des Verhältnisses der Deutschen zu ihrem Geld. Eine solche Vielfalt läßt sich (empirisch) nicht erfassen und (verbal) auch nicht zusammenfassen; möglich sind jedoch exemplarisch gemeinte Skizzen zu einigen der neuen Konstellationen, die sich im Wirken und Zusammenwirken der Basistrends ergeben.

Das Girokonto, zuvor eine Domäne der Bank- und Geschäftswelt, erobert seit Ende der sechziger Jahre die Privathaushalte (Weimer 1992), wobei sich sein Status vom prestigeträchtigen Extra für einige zur unerläßlichen Voraussetzung des Lebens aller wandelt; die Ärmsten mußten den Anspruch auf ein Girokonto vor Gericht durchsetzen. Die prima facie banale Etablierung des Girokontos ist Voraussetzung und Instrument eines grundlegenden Wandels der Geldkultur: mit dem Primat des Bargeldes und speziell der Münze verlieren deren überkommene Manifestationen (Spardose, Schatulle, Lohntüte etc.) an Gewicht und die des Giralgeldes (Scheck, Überweisungs-„Träger" etc.) gewinnen zunächst an Bedeutung, um alsbald durch die des elektronischen Geldes ergänzt oder auch ersetzt zu werden. Denn die Ubiquität des Girokontos ist zugleich Triebkraft für monetäre Innovationen, die es zur Voraussetzung haben: Geldautomaten beginnen ihren Siegeszug erst Anfang der achtziger Jahre (Weimer 1992: 260) und vollenden ihn zur Jahrhundertwende mit der Präsenz an praktisch jeder Filiale aller Geldinstitute; mehrere hundert Millionen Zahlungskarten verschiedenster Art (Weimer 1992: 267) sind im Umlauf. Die monetären Zeremonien der Vorfahren wandeln sich zu mechanischen Routinen, die vom sozialisatorisch wirksamen Familientisch in normativ neutrale Orte wie die (Vor-)Räume von Geldinstituten verlagert werden. Der „moderne Mensch" von heute steht in seiner Existenz verstärkt, aber im Prinzip wie bei Simmel, auf zahlreichen „durch Geldinteressen gestifteten Verbindungen“ (Simmel 1992a: 182), deren Konkretisierung zu wirtschaftlichem Handeln heute freilich oftmals erst durch das Girokonto möglich ist.

Die technischen Hilfsmittel und Erscheinungsformen dieser Prozesse haben komplizierte Verbindungslinien zu den monetären Normen und dem Sozialcharakter, die ebenfalls exemplarisch angerissen seien. Indem die Zahlungskarten vielfach auch als Schlüssel zum unkomplizierten Kredit fungieren können, sind sie zugleich eine Pforte für Attacken auf das Verschuldungstabu der Altvorderen, das an vielen Fronten in der Defensive ist: so unterschiedliche Dinge wie die Explosion der Preise für inflationsgeschützte Immobilien, die durch die Permanenz der Geldentwertung entstandene ökonomische Rationalität der Schuldnerposition, die Werbung für kreditfinanzierte Güter und Dienstleistungen vielerlei Art, die hedonistische Komponente im Wertewandel und zahlreiche andere Faktoren wirken in diesem Sinne zusammen. Der ganz selbstverständlich und ohne Antrag eingeräumte Dispositionskredit kann sogar den dezidierten Puritaner in die Situation bringen, versehentlich gegen das Tabu zu verstoßen.

Auch die monetären Hierarchien mit ihrer Symbolik werden umstrukturiert, was für die Ältesten einen mehrfachen grundlegenden Wechsel bedeutet. Der höchste metallene Nominalwert im frühen 20. Jahrhundert, das goldene Zwanzig-Mark-Stück mit dem Kaiserporträt, symbolisierte zugleich die höchsten Ebenen des politischen Systems und der Gesellschaftsstruktur; die wertbenennende Zahl konnte klein und unscheinbar gehalten werden. In der BRD schrumpft der höchste Münzwert auf fünf DM, wobei die von der nackten Zahl belegte Fläche der Münze so kräftig wächst wie Wert und Kaufkraft sinken; damit entwickelt sich ein Spannungsverhältnis zum Adlersymbol auf der Rückseite der „großen Mark“, das weiterhin (Kauf-)Macht und Größe suggeriert. Der Hundertmarkschein, bei den Altvorderen prestigeträchtiger „blauer Lappen“, hat seine Besonderheit verloren und war vor dem Übergang in den Euro zum ordinären „Hunni“ abgesunken. Die Stückelung des Geldes und die Farben der Banknoten haben sich nur geringfügig verändert; die Repräsentation bürgerlicher Kultur auf den Bildseiten der Geldscheine der BRD ist als solche konstant geblieben und hat lediglich einige neue Gesichter und einen erhöhten Frauenanteil gebracht. In Sachen Kultur hat die Mark der DDR partiell mit der D-Mark korrespondiert, während sie ansonsten kontrastiert hat, indem die symbolische Seite wesentlich für die Welt der Arbeit und sozialistische Persönlichkeiten reserviert war.

Der Euro hat diese umrissenen Stränge von Geldkultur und monetärer Symbolik regelrecht liquidiert. Bei den Münzen ist der höchste Nominalwert ein weiteres Mal ermäßigt worden, wodurch sich in Deutschland der Widerspruch zwischen der symbolischen Macht des Adlers und der realen Ohnmacht der Münze verschärft hat. Allgemein haben die national gestalteten Rückseiten der Münzen mit ihrer Vielzahl königlicher Häupter einen regelrechten Schub symbolischer Refeudalisierung gebracht; ansonsten wird entgrenzt und gemeinsames baugeschichtliches Erbe exponiert. Parallel wird die ästhetische Seite des Geldes immer stärker durch technisch-funktionale Komponenten überformt; Bemühungen um die Fälschungssicherheit und Automatentauglichkeit haben die Münzen und Scheine zu Industrieprodukten auf Basis fortgeschrittener Technologien gemacht. (Detert 1998: 44)

Das empirische Material, das bisher ausgebreitet worden ist, betraf im wesentlichen erlebte, gelebte und erzählte *Vergangenheit* und hat nur bei jenen Fragen des familialen Nahraums in die Gegenwart und Zukunft gegriffen, die das Individuum gestalten oder zumindest stark beeinflussen kann (Geldanlage, Kreditaufnahme etc.). Teil der Lebenswirklichkeit sind aber auch jene (monetären) Dimensionen, in denen die Menschen eher Objekt als Subjekt, externen und kaum beeinflußbaren Prozessen unterworfen sind. Von den weitläufigen Problemfelders, die angerissen und durch exemplarische Skizzen verdeutlicht worden sind, ist nur ein Teil für die empirische Forschung zugänglich[179] und im vorliegenden Projektzusammenhang (siehe v. a. 2.2) von Interesse.

Im Mittelpunkt stehen vier ringsum an- oder schon ablaufende Prozesse, die z. T. miteinander verschränkt und unterschiedlich weit fortgeschritten sind. Die stete Erfahrung säkularer Inflation ist über die „one way expectation" (Katona) mit der Zukunft verbunden, daß sich die allmähliche Erosion des Geldwerts quasi naturgesetzlich fortsetzen werde, eine Trendwende somit nicht mehr denkmöglich ist. (Siehe 14) Zum Erhebungszeitpunkt hatte sich die Wahrscheinlichkeit einer Europäischen Währungsunion gefestigt, und die Vorboten des Euro wurden seinerzeit zumeist als Risiko interpretiert, daß sich der Geldwertschwund beschleunigen könnte. (Siehe 16) Als *werdende Realität* begannen weitere Nova in die (Lebens-)Geschichte zu dringen. Der Wandel der Geldkultur (siehe 13) mit Bedeutungsverlust des Bargeldes und die korrespondierende Elektronisierung der Zahlungen mit dem Siegeszug des Plastikgeldes sind untereinander nach Art eines Nullsummenspiels verknüpft (siehe 15) und zugleich in die Europäisierung der Währung mit der ihr zugeschriebenen Gefahr für den Geldwert eingebunden.

Zwangsläufige Konsequenz dieser miteinander verwobenen Prozesse ist, daß das gewohnte Geld nach allen Seiten zerrinnt oder zerronnen ist. Während das Geld durch die Elektronisierung entstofflicht wird, *physisch* entschwindet und sich auch verstärkt der *Vorstellung* entzieht, hat sich mit der Umstellung auf den Euro die vertraute *nationale Währung* insgesamt verflüchtigt; die „one way expectation" anhaltenden *Wertschwundes* überspannt und verbindet die monetären Epochen. Alle vier Prozesse sind für die Beziehung des Menschen zum Geld von einschneidender Bedeutung. Und zu all diesen Fragen müssen Meinungen entwickelt, Urteile gefällt, partiell auch Entscheidungen getroffen und Handlungen ausgeführt werden. Für die objektiv neuartigen Themen kann der Mensch kein erprobtes kognitives Schema und keinen verläßlichen Lehrmeister haben, was zu Unsicherheiten führt. Der subjektive Ausweg aus diesen negativen Gefühlen ist oftmals die Benutzung von Mustern aus der (Lebens-)Geschichte, was die Unsicherheiten freilich noch verstärken kann. Für viele Menschen ist die monetäre Gegenwart ungemütlich und die monetäre Zukunft (siehe 20.2) oft ein Angst(t)raum.

---

179 In den Gesprächen vornehmlich mit G1 waren schon die hier gewählten Themen und Operationalisierungen bisweilen grenzwertig!

13. Scheck, Schein und Plastik – Geldkultur heute

Unter dem Goldstandard war die Geldkultur auf Bargeld, speziell das Hartgeld und ganz besonders die Goldmünze zentriert und von einer Aura der Unumstößlichkeit durchzogen. (Siehe 5.1) Aus Kindersicht war die Welt des Geldes entfernt oder selten präsent, aber dennoch (oder deshalb?) bunt, aufregend und so außergewöhnlich, daß noch die Hochbetagten prägende Erlebnisse erinnern und eindrucksvolle, oftmals anrührende Geschichten von damals zu erzählen wußten. Ihre frühen monetären Erfahrungen erfüllen die „ursprünglichste Voraussetzung" allen Erzählens, „daß etwas erzählens*wert* sein muß." (Alheit 1994: 2)

Vor diesem Hintergrund ist die heutige Geldkultur voller Paradoxien. Mit der Steigerung des Wohlstandes nimmt auch der Monetarisierungsgrad der Kindheit umfassend und erheblich zu; parallel dazu reduziert sich jedoch die Eindrücklichkeit der monetären Früherlebnisse bis hin zum Verschwinden jedweder Erinnerung. Die emotionale Prägekraft des Geldes hat sich weithin aufgelöst und schwingt nur noch in einigen wenigen Geschehnissen nach, die im Gedächtnis geblieben sind. Des weiteren teilt sich der Geldwertschwund den Kindheitserinnerungen als solchen mit: die verfallene oder ganz entfallene Kaufkraft der kleinsten Nominale verbannt den Pfennig aus dem Erfahrungshorizont der jüngsten Generation; ihre Geldwelt beginnt mit der größeren Münze oder der Banknote.

Beim Umgang mit dem Geld in den privaten vier Wänden löst sich die Geldkultur der Altvorderen ebenfalls auf. Bei steigenden Einkommen flachen die geldkulturellen Besonderheiten der privaten Haushalte ab; die Welt der Scheine, Schecks und Chips hält wenig Mitteilenswertes bereit. Die Komplexität der Geldwelt geht so mit einer Simplizität der Geldkultur einher. Lebendig in der Gleichförmigkeit sind pikanterweise jene Haushalte, in denen die monetären Bräuche aus der Goldstandardzeit im Original überlebt haben bzw. graduell an die Gegebenheiten der heutigen Zeit angepaßt worden sind.

13.1 Monetäre Kindheitserinnerungen

Die Erinnerungen der jungen Generation an den ersten Geldkontakt – wenn überhaupt vorhanden – sind vielfach farblos, um nicht zu sagen langweilig. Darin spiegelt sich sicherlich der eingangs dargestellte Trend wider, daß die in die monetäre Nachkriegszeit Hineingeborenen die Variationen am Geld nicht als Brüche erlebt haben, die den monetären Kindheitserinnerungen über die Andersartigkeit Auffälligkeit verleihen könnten. Die Inhalte und Tonlagen der Gespräche lehren indes, daß diese sachliche Erklärung zu kurz greift.

Das Überreichen von Originalgeld aus der Kindheit, bei den Ältesten ein sehr kräftiger Erzählimpuls, stößt bei einigen Angehörigen der jüngsten Generation buchstäblich ins Leere. Bei Frau Zubke (*1972) ist es „nicht so, daß es mir völlig fremd ist, aber irgendwelche besonderen Erinnerungen habe ich da irgendwie keine." Bisweilen, wie bei Herrn Negel (*1970), enthält der Mitschnitt nur das erfolglose „Kramen" im Gedächtnis: „Mein Gott, muß ich überlegen. Allererste Erinnerungen an Geld. Ich habe da jetzt keine Erinnerung, wo ich jetzt sagen würde, das ist jetzt die Erinnerung. Ich habe da jetzt im Prinzip keine spezielle Erinnerung. Ich glaube, ich würde erinnern, daß ich Geld in den Händen gehabt habe, aber da ist kein Zeitpunkt, wo ich sagen würde, daß ist jetzt meine erste Erinnerung. Also, das kann ich nicht sagen." Während es hier bei der monetären „tabula rasa" bleibt, kommt Frau Möller (*1963) nach ähnlichem Beginn („weiß ich jetzt nicht mehr, ist mir gar nicht mehr so bewußt") doch noch die auf das Kindergartenalter datierte „allererste Erinnerung, daß ich damit wunderschön mit Knete spielen konnte, also da habe ich ins Förmchen Knete reingedrückt, das war meine allererste Erinnerung. (X: Mit Fünfmarkstücken?) Ja, nein, damit habe ich sicher nicht spielen dürfen, ich nehme an, es war ein kleinerer. Also ich kann mich gut an den Zehner erinnern, mit dem Bäumchen hinten drauf, und da ist dieses Mädchen mit der Pflanze in der Hand, also dieses Kleingeld, das durfte ich zum Spielen irgendwie damals wohl irgendwie nehmen, in Knete so reindrücken, das ist, würde ich jetzt mal sagen, meine erste Erinnerung."

Wenn der Sprechimpuls umgehend wirkt, wie bei Frau Ide (*1969), sind die Erzählungen meist knapp, unaufgeregt, beiläufig. „Ja, zu Grundschulzeiten da gab es dann so einen Süßigkeitenladen und da gab es immer für zwei Pfennig Brausetabletten und so was, das heißt, so das kleinere Geld mehr. Sonst das größere Geld, ja ganz normal halt, mit bezahlt, umgegangen und so eigentlich nichts Neues." Herr Pietsch (*1969) erinnert sich nur, „daß ich für fünf Pfennig Sauerstäbchen beim Kiosk gekauft habe."

Nur vereinzelt gibt es Anklänge an die Erinnerungen der Ältesten oder auch typologische Brücken dorthin. Das ist etwa bei Herrn Sauters (*1955) der Fall: „Ich hatte einen Kasten früher, das war so eine kleine Schmuckkassette und da drin habe ich mein Geld gespart. Und das war dann – habe ich immer versucht, so als kleineres Kind, möglichst viel silbernes Geld da rein zu kriegen. Und solche Fünfmarkstücke, das waren dann die größten, dann fand man die da immer so. Also, das sehe ich dabei so vor Augen. Aber es war nicht viel Geld eben. Es war immer nur Hartgeld, was ich hatte. Scheine, erinnere ich mich nicht dran in meiner Kindheit. Das hatten Erwachsene irgendwie." Interessant an diesem und dem folgenden Beleg ist auch, wie die säkulare Inflation in die kindliche Geldwelt durchschlägt, wo sie sich als Erhöhung der wertgeschätzten Nominale darstellt. Auch die Differenzierung zwischen der Münze als dem „Kindergeld" und dem Schein als „Erwachsenengeld“ ist beiden gemeinsam. Bei der Vorlage des Geldes ihrer Kindheit assoziiert Frau Albrecht (*1966) „viel Wert für mich als Kind, also Scheine überhaupt, aber auch ein Fünfmarkstück war mir schon viel wert und zehn Pfennige auch. Und sonst kommen mir keine. [...] Halt, ganz begehrt auch als Taschengeld oder mal verdient. [...] Das war es eigentlich.“ Als erzählenswerte erste Erinnerung steht ihre dann folgende Geschichte von der „Zahnmaus“, die auf das fünfte bis sechste Lebensjahr datiert wird, einsam da: „Meine erste bewußte Erinnerung ist, daß, als wir die Milchzähne verloren haben, daß dann eine Zahnmaus kam, die holte sich die nachts und legte statt dessen 20 Pfennig hin. Das ist das erste Bewußte, was ich jetzt so noch in Erinnerung habe. Es gab sicher auch vorher schon Kontakt mit Geld, aber da habe ich halt nicht konkrete Erinnerungen.“

Die stoffliche und ästhetische Seite des Geldes, die bei den Ältesten eine große und durchgehend positive Rolle gespielt hatte, wird bei den Jüngsten kaum thematisiert; die seltenen wertenden Vergleiche gehen i. d. R. zu Lasten der Gegenwart. „Das alte Fünfmarkstück kenne ich nicht selber, ich kenne nur die neueren. Ich finde die alten Scheine schöner. Die neuen Scheine kann man so schlecht unterscheiden. Das ging früher besser. Wenn man die so zusammenfaltet, dann sieht man so schlecht den Unterschied zwischen Zehn- und Hundertmarkscheinen. Das ging früher besser.“ (Frau Menne, *1970) Frau Möller (*1963) steigt beim Anblick des Geldes aus ihrer Kindheit die Erinnerung auf, „daß ich die Scheine immer sehr schön fand und mich immer gefragt habe, also jetzt was die Scheine anbetrifft, was die Symbole darauf bedeuten sollten, und es mir immer peinlich war, daß ich es nicht wußte, wer darauf ist, das ging also immer so. [...] die neuen Scheine danach sind eben unschöner, sachlicher einfach, die anderen fand ich einfach schöner, weil sie mir etwas historischer, irgendwie altmodischer auszusehen schienen.“

Die erste Gelderinnerung von Herrn Teske (*1965) repräsentiert einen neuen Typus, der bei den Altesten undenkbar gewesen wäre. „Wenn ich allgemein an Geld denke, immer daran, daß ich immer schon mit für mein Taschengeld sorgen mußte. Ich habe also sehr früh angefangen, die regionale Zeitung, so Sonntagszeitungen auszufahren. Es ging dann weiter über die Bild am Sonntag. Das habe ich sicherlich alles über einen Zeitraum von sechs, sieben Jahren gemacht, jeden Sonntag. Hab mir dazu, auch von meinen Eltern aus gesponsort, [...] angefangen, Geld zu verdienen. D. h., wenn es ums Autowaschen ging, da habe ich mal eine Mark oder zwei von meinem Vater gekriegt dafür. Oder wenn andere Dinge anstanden. Mir ist nie was, wie vielen Freunden damals, da habe ich noch in Erinnerung, daß denen ziemlich viel von den Eltern geschenkt wurde. Das war bei mir also nicht. Ich hatte mein festes Taschengeld und alles das, was man sich so leisten wollte, das mußte ich mir erarbeiten. Habe ich auch nie bedauert. Man bekommt dann doch eher die Relation zum Geld. Meine ich jedenfalls.“ Hier erzählt kein Kind „alter Schule“, sondern eine junge Erwerbsperson, die gleichsam neben sich tritt und die eigene monetäre Sozialisation würdigt. Dieser Typus dürfte in später geborenen Jahrgängen noch häufiger sein.

Ein Kapitel für sich sind die Erinnerungen aus DDR-Kindheiten, die mit einem längeren Seitenblick gestreift, aber auf spezifische Kernaspekte reduziert werden;

daher bleiben Äußerungen unberücksichtigt, die typgleich mit solchen aus der BRD sind (Erinnerungslücken, erster Einkauf etc.). Dieser Seitenblick rechtfertigt sich zum einen dadurch, daß die in der DDR geborenen BPn mit der Einführung der DM einen radikalen monetären Schnitt erlebt haben, der anders verarbeitet worden sein könnte als die Kontinuitätserfahrung der jüngsten Generation in der BRD. Zum anderen war der ästhetisch-kulturellen Dimension des Geldes von politischer Seite ein hoher Rangplatz in der Sozialisation der sozialistischen Persönlichkeit zugewiesen worden. (Staatsbank 1989: 8)

Die spezifischen Erinnerungen zeichnen sich zunächst durch den allen gemeinsamen Umstand aus, daß der Beitritt der DDR zur BRD in der Geldsphäre einen radikalen Bruch bedeutet und den BPn ein monetäres Kontrasterlebnis beschert hat; dieses ist allerdings so intensiv mit anderen Veränderungen verwoben, daß die Isolierung des Faktors Geld oft nicht auf Anhieb gelingt. Die vorn herausgearbeitete Spezifik der Währungsunion von 1990 (siehe 9) erscheint hier erneut. Die Erinnerungen, die der überraschende Anblick des in der Kindheit gültigen Geldes anstößt, sind daher oft umfassender Natur; und der monetäre Aspekt mußte gezielt freigelegt werden. Zum anderen macht die kurze Zeitspanne zwischen dem Ereignis (1990) und dem Interview (1996) die Schilderungen lebhafter, wie das folgende Beispiel verdeutlicht. Es zeigt zugleich exemplarisch, wie schwer es fällt, die monetären Erinnerungen aus der Gesamtheit der Umstände um 1990 herauszulösen und gedanklich in die Kindheit zurückzugehen. Herr Kröger (*1975) reagiert bereits spontan, während die Interviewerin noch ihren Geld-Set zurechtlegt: „Hei, das Geld lange nicht mehr gesehen! Kennt man kaum noch, zumindest die Scheine. (X) Eigentlich keine negativen. [...] (X: Denken Sie so eher an die Veränderungen?) Ja. (X: Welches ist Ihre erste Erinnerung an dieses Geld?) Wenn ich jetzt zurück überlege, die Schule, Taschengeld in der Schule, so in der Woche. Ich hatte kein festes Taschengeld, ich habe immer fünf, sechs Mark die Woche, und wenn ich mal was brauchte, habe ich halt schon bekommen. Mußte ich halt fragen. Hat schon gepaßt. (X) Ich sage mal, die größte Erinnerung hat man damals an das Westgeld gehabt, wenn man 50 Mark oder so in der Hand hatte zu Weihnachten. Das war eigentlich die größte Erinnerung. (X: Und in welchen Alter war das denn so?) Zehn sage ich mal, zehn Jahre." Während hier ein spannungsreicher Verbund von Nostalgie und beschädigtem monetärem Selbstwertgefühl unverkennbar ist, kann die Erzählstruktur bleiben, auch wenn die politische Stoßrichtung konträr ist; auch bei Frau Wegener (*1969) muß das Spezielle aus dem Allgemeinen herausgeschält werden. Bei ihr weckt die Vorlage des Geldes „eigentlich Erinnerungen, daß ich denke, gut daß es vorbei ist. (X: Also wird gleich die ganze DDR damit assoziiert?) Ja. Alles was es gab und was es nicht gab, was das Geld bedeutete, ja, daß man eigentlich in ganz anderen Mengen mit dem Geld umging und von ganz anderen Mengen ganz andere Dinge kaufen konnte. Also, daß ein Brot 90 Pfennige kostete, im Gegensatz zu heute, wo es vier Mark kostet."

Die stofflich-ästhetische Dimension des Geldes spielt nur oberflächlich eine gewisse Rolle. So erinnert sich Herr Bruns (*1966) an „die großen Fünfmark-Lappen hier. Noch größer wie der hier. Vielleicht so groß wie der Hunderter." In der Erinnerung von Frau Hermes (*1963) war das Geld nur „schön leicht, das war schön leicht das Portemonnaie, auch wenn man viel drin hatte. Nicht so wie heute das schwere Zeug.“ Derselbe Aspekt ist bei Herrn Tappe (*1967) negativ besetzt: „Papiergeld. Papiergeld und Aluchips [lacht]. (X) Weil die kleiner sind als heute und, ja klar, und eben Aluminium und nicht richtiges Metall. Ist zwar auch Metall, aber weiches Metall. Und damit einfach herzustellen und zu bearbeiten und deswegen nicht so edel. Und Geld ist eigentlich doch edel.“ Frau Ungerer (*1972) räumt ein, „daß das ziemlich verblaßt ist. Also wenn ich jetzt aus dem Kopf die Banknoten beschreiben sollte, wüßte ich es wahrscheinlich nicht mehr.“ Und für Herrn Beyer (*1963) schließlich ist „eigentlich das Aussehen des Geldes zweitrangig.“

Zusammenfassend läßt sich sagen, daß Geld für die Kindheit der jüngsten Generation und als Thema von Erinnerungen an Prägekraft und Aura eingebüßt hat. Das Gedächtnis hält wenig bereit, was aus eigenem Antrieb als erzählenswert empfunden werden könnte, und auch die Impulse im Interview fördern viel Beiläufiges, Selbstverständliches, fast schon Banales zu Tage. Indem die Monetarisierung der Kindheit fortschreitet, verliert das Geld als Thema schöner oder schmerzlicher, in jedem Fall intensiver Erinnerungen an Bedeutung. Die beabsichtigte ideologische Funktion der stofflich-ästhetischen Seite des Geldes in der DDR hat bei den BPn keine Spuren hinterlassen, die per Interview sichtbar zu machen wären.

13.2 Monetäre Sitten und Gebräuche

Zwischen der ältesten und der jüngsten Generation verlagert sich das Zentrum der alltäglichen Geldkultur im elterlichen Haushalt auf charakteristische Weise, die hier noch einmal zusammengefaßt sei: das Bargeldmonopol wird erheblich seltener, während der Vorrang des Buchgeldes (Monopol und Dominanz) stark ansteigt. (Siehe 5.1.2) Nun geben diese sinnfälligen Zusammenhänge nur die blasse Oberfläche jener tieferen Veränderungen wieder, die eingangs skizziert worden sind. Markant an den buchgeldorientierten Erinnerungen ist zunächst ihre weitgehende Farblosigkeit, in der sich die gestiegene Abstraktheit und Distanz des Geldes selbst niederschlägt. Während in den Interviews mit den Ältesten der Sprechimpuls Erzählenswertes mehr oder weniger nur abrief, merkt man bei Statements wie dem von Frau Grübbel (*1970), daß das Thema überhaupt erst durch den Sprechimpuls zum Thema wird, und man wohnt dem Prozeß des (Re-)Konstruierens von Erinnerungen richtiggehend bei: „Puh! Meine Eltern hatten halt ein Girokonto, da gingen so die Gelder drauf und da ging auch wieder was runter. Meines Vaters Konto war irgendwie, ja, das war schon irgendwie geregelt. [...] Ja und dann gab es natürlich irgendwelche Sparbücher, wo man als Kind noch nichts von wußte, wo man dann irgendwann merkte, was die Eltern so angehäuft haben.“ Die Tonlage ist bei Herrn Bruns (*1966), der den intergenerativen Wandel von sich aus berührt, nicht viel anders: „Von frühester Jugend an weiß ich – immer auf Kasse, also Sparkasse. Und ist nie viel im Haus gehalten worden. Ist dann immer sukzessive geholt worden, fertig.

Das gab es nicht, nein. Schon eher meine Oma, die hatte immer so eine Kasse.“ Die Farblosigkeit der erlebten Geldkultur bleibt selbst in der Variante von Herrn Teske (*1965) spürbar, der sich mit einem spöttischen sprachlichen Lächeln von den als altmodisch empfundenen Praktiken der Vorfahren distanziert: „Also nicht der berühmte Strumpf unter dem Bett, das gab es nicht.“

Aus einigen Haushalten werden geldkulturelle Mischformen erinnert, die Komponenten der Moderne mit Rudimenten aus der Zeit des Goldstandards vereinen; die Trennlinie zwischen dem Bargeld und dem Buchgeld scheidet zugleich die kleinen von den größeren Beträgen, die Lebenswelt von der Geldwelt. In der Aussage von Frau Lehmann (*1936) ist diese Konstellation besonders klar ausgeprägt: „Eine getrennte Haushaltskasse für verschiedene Belange. Also: für Essen und für Anschaffungen und so ein Reisefonds, und für Kultur, Theater oder so was. Also da hatte meine Mutter so eine Kasse, in der verschiedene Fächer waren, und da wurde das also aufgeteilt. Ich glaube, das macht sie heute noch mit ihrem eigenen Geld, was sie hat. Diese verschiedenen Ressorts, das ist also für Kosmetik und das ist für Kleiderkasse und so [...]. Und ich nehme an, mein Vater als Bankmann, der wird also größere Summen natürlich angelegt haben, nehme ich an.“ Diese Konstellation ist eine des Übergangs, die sich bevorzugt in der mittleren Generation auszuprägen scheint. Sie sei daher durch weitere Äußerungen abschließend verdeutlicht. „Ja, meine Mutter hat die Verwaltung des Täglichen immer ganz konkret gemacht, in Schachteln – in Form von Bargeld. Die großen Beträge, soweit vorhanden, waren auf einem Sparbuch. Da gab es dann Zigarrenkisten und da stand genau drauf, wofür das ist, ja.“ (Herr Söder, *1943) Bei Frau Schäffer (*1944) hat dieses zweigleisige Vorgehen traditionsbildend gewirkt: „Ja, diese Besonderheiten habe ich dann versucht, genau so nach zu üben. Meine Mutti hatte das Wirtschaftsgeld im Küchenschrank, und die Sparbücher hat mein Vater im Schreibtisch verwaltet. Ich halte das heute auch noch ähnlich. Ich habe mein persönliches Schränkchen, da habe ich nur soviel Geld, mit dem ich dann auch wirtschaften möchte. Und ansonsten habe ich die Sparbücher auch gut versorgt, daß da alles seine Ordnung hat.“ Herr Tilly (*1935) erinnert sich an „eine schöne große Tasse, wo das Geld immer drin steckte. Eine Tasse fürs Haushaltsgeld, so ungefähr.“ Das leichte Amüsement, mit dem die jüngere Frau Gerke (*1971) die elterlichen Gewohnheiten schildert, deutet schon an, daß hier eine wirkliche Geschichte zu erzählen ist, die denen der Ältesten an Farbigkeit nicht nachsteht: „Das darf man ja jetzt nicht sagen [lacht], da liegt es ja heute noch. (X) Ja doch, das ist eigentlich ganz lustig. Mein Vater hat immer so einen Pappkarton, und der ist, den kann man ja ineinander stecken. Und dann wurde halt der, also der Boden muß das ja sein, in den Deckel gesteckt, das heißt praktisch mit der Öffnung nach oben und in diesem Zwischenraum, da liegt immer das Geld. Aber ich sage nicht wo.“

Über drei Generationen und gut ein Jahrhundert betrachtet haben sich mit dem Wandel der Geldwelt auch die häuslichen Umgangsweisen mit dem Geld grundlegend geändert. Die Transformation vom Geld als Gold zur Welt der Scheine, Schecks und Chips hat der überkommenen Geldkultur des privaten Haushalts den Boden entzogen und nichts Neues hervorgebracht, das die Aufmerksamkeit von

Kindern fesseln und so prägend ins Gedächtnis dringen könnte, daß es später zur erzählenswerten Geschichte taugte. Was spürbar gern erzählt worden ist, gilt fast immer Rudimenten der Geldkultur aus der Ära des Goldstandards, die sich intergenerativ erhalten haben oder sogar bewußt tradiert worden sind. Auch hier regiert der homo sociologicus des Geldes und setzt sich gegen den homo oeconomicus durch, der bei säkularer Inflation keine Bargeldbestände im Hause dulden würde.

Parallel zur weitgehenden Erosion der überkommenen bargeldorientierten Geldkultur haben die monetären Innovationen des letzten Drittels des 20. Jahrhundert die Haushalte mehr oder minder erreicht: im Sinne von *Bekanntheit* ist dies fast immer der Fall; hinsichtlich der *Benutzung* und der *Bewertung* wird sich jedoch ein deutlich differenziertes Bild ergeben. Was die Geldkultur des privaten Haushalts an qualitativem Reichtum einbüßt, gewinnt sie in der Quantität und in der Breite von Erscheinungsformen.

13.3 Monetäre Innovationen

War der alltägliche Geldverkehr um die Wende zum 20. Jahrhundert noch primär durch den Gebrauch der Münze geprägt und damit handfest und sinnlich (siehe 5.1), so läßt sich unschwer ein säkularer Trend zur Rationalisierung und Abstrahierung erkennen, der sich wesentlich als wachsende Vielfalt von Mitteln zur bargeldlosen Verfügung über Geld darstellt. In Wechselwirkung mit der Ausbreitung des Girokontos und seiner Etablierung als Basis der monetären Infrastruktur werden die überkommenen Verkehrsformen ergänzt, transformiert und allmählich verdrängt: zum *Dauerauftrag* tritt die *Einzugsermächtigung*; *Scheckkarten* und *Geldautomaten* lösen den Gang zum Schalter ab; *elektronische Formen* verlagern das Geschehen an den häuslichen PC. Die modernere Form ist dabei jeweils besser auf die säkulare Inflation gerüstet als die Vorläufer, ist unpersönlicher und zeichnet sich durch die eigentümliche Tendenz aus, vom Angebot zum mehr oder minder sanft durchgesetzten Regelfall zu werden, der vielfach Geld kostet.

Um die Breite des Umgangs mit diesen Instrumenten zu erfassen und das Verständnis der gegenwärtigen alltäglichen Geldkultur zu vertiefen, wurden der Gebrauch und die Bewertung ausgewählter Innovationen[180] standardisiert erhoben. Um außer der bloßen Tatsache der (Nicht-)Benutzung auch die Einstellungen zu erfassen, konnten die Befragten ihr „Ja" durch einen wertenden Zusatz („ganz gern" oder „aber :mit Vorbehalt") spezifizieren; entsprechende Kategorien wurden für ein „Nein" angeboten („aus praktischen Erwägungen nicht" oder „aus grundsätzlichen Überlegungen nicht"). Die zentralen Ergebnisse der standardisierten Erhebung sind der folgenden Abbildung zu entnehmen, die mit denselben Kategorien arbeitet wie ihr Gegenstück für die Kreditofferten im monetären Alltag. (Siehe Abb. 9)

180 Im Erhebungsjahr (1996) wären noch modernere Formen wie Geldkarten oder E-Banking bei der Mehrzahl der Befragten auf Unverständnis gestoßen und schieden daher für die Befragung aus.

Abb. 10: Nutzung monetärer Innovationen (N = 144, Spalten-% ohne Sonstige und Residual)

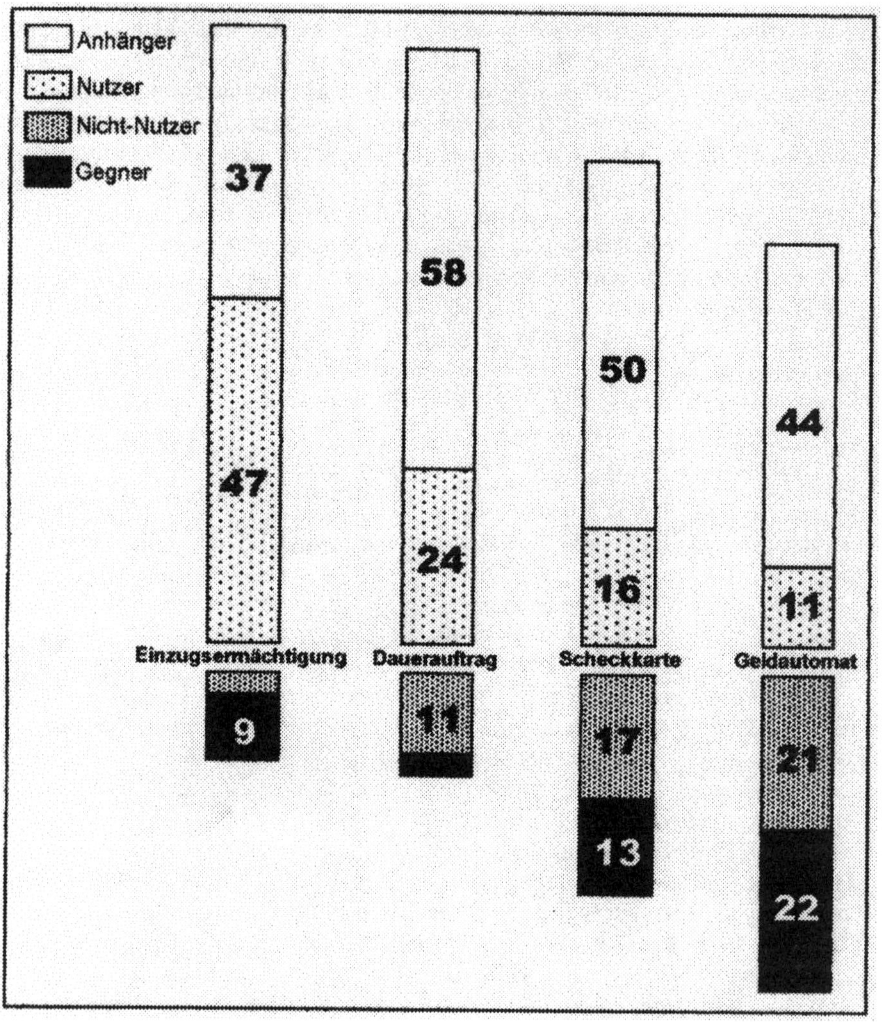

Man sieht, daß sich die monetären Innovationen auf der Ebene der *Benutzung* umfassend durchgesetzt haben, wobei aber deutliche Unterschiede in der Bewertung bestehen. Sowohl der Dauerauftrag als auch die Einzugsermächtigung werden zwar von breiten Mehrheiten genutzt; letztere trifft aber doppelt so oft auf Vorbehalte und wird auch doppelt so oft aus grundsätzlichen Überlegungen gemieden wie jener. Bei der Scheckkarte und dem Geldautomaten wird die Mehrheit der Nutzer sukzessive schwächer, und die grundsätzliche Ablehnung steigt entsprechend an.

Art und Inhalt dieser Vorbehalte sind aus einigen Kommentaren der BPn zu erahnen, die am Rande der standardisierten Erhebung gegeben worden sind: der Zwangscharakter der Ausbreitung wird als Beeinträchtigung der monetären Freiheit, die externe Veranlassung als Gefahr eines Kontrollverlustes über die monetäre Sphäre erlebt; auch Zweifel an der Sicherheit und die Gefahr einer ungeplanten Verschuldung spielen ihre Rolle. Herr Batte (*1934) z. B. lehnt die Einzugsermächtigung ab: „Ich mag es nicht, wenn an meinem Konto von jedem rumgebucht wird." Und Herr Pohl (*1951) bemerkt resigniert: „Es bleibt einem ja fast nichts anderes übrig oder irgendwelche Zahlungen an die Gemeinde [...]." Sorge um die Transparenz der eigenen monetären Sphäre spricht auch aus der Reserve von Herrn Pohl (*1951) gegenüber der Scheckkarte: „Ich gebe eigentlich lieber nur soviel Geld aus, wie ich in der Tasche habe." Herr Schäffer (*1906) verweigert die Benutzung des Geldautomaten „aus Sicherheitsgründen" und trifft sich in dieser Orientierung mit dem jüngeren Herrn Batte (*1934): „den Geheimcode, den hab ich vernichtet. Das ist ein Sicherheitsfaktor einfach für mich." Die angeführten Kommentare beanspruchen keinerlei Beweiskraft, sondern haben lediglich dazu gedient, die Konturen eines Syndroms zu umreißen, das wenig später (siehe 15) auf einer besseren Materialgrundlage genauer und umfassender bestimmt werden kann.

Insgesamt läßt sich sagen, daß die neuen Standardofferten für monetäre Transaktionen auf breiter Basis angenommen worden sind. Sie sind inzwischen für eine Mehrheit fester Bestandteil des Alltags und prägen ihn in zunehmendem Maße, obwohl vielfach Bedenken bestehen. Bei der Scheckkarte und dem Geldautomaten gibt es generationsspezifisch stark unterschiedliche Muster: die überzeugten Nutzer nehmen von alt nach jung in großen Sprüngen zu (Scheckkarte 19% bei G1 auf 73% bei G3; Geldautomat 6% bei G1 auf 81% bei G3), während der Anteil der Gegner gegenläufig abnimmt (Scheckkarte 25% bei G1 auf 2% bei G3; Geldautomat 42% bei G1 auf 0% bei G3). Scheckkarten und Geldautomaten sind also monetäre Innovationen mit breitester Akzeptanz in der jüngsten Generation. Die analogen, aber schwächer ausgeprägten Befunde bei den Kreditkarten und dem Überziehungskredit (siehe 11.2.1) seien in Erinnerung gerufen. Überdies hat sich über die stetige Funktionsausweitung der Scheckkarte eine Berührungsfläche mit den Problemen des Kredits entwickelt: vom bloßen Mittel zur Identifizierung des *Verfügungsberechtigten* erweiterte sie sich zum selbständigen Mittel der *Verfügung*, das im Prinzip weltweit greift und zunehmend den Zugang zum Geld schlechthin erschließt. Im Rahmen der eingeräumten Dispositionskredite und geduldeten Kontoüberziehungen ist die Scheckkarte zugleich der bequemste Weg zum Kredit.

Bei der Einzugsermächtigung ergibt sich ein konträres Bild: hier halbiert sich der Anteil der überzeugten Nutzer von alt nach jung, (46% bei G1 und 21% bei G3), während sich die Vorbehalte verdoppeln (29% bei G1 und 65% bei G3). Über die Gründe dieser auffälligen und nicht erwarteten Gegenläufigkeit könnte nur spekuliert werden. Jedenfalls geht die vielfach gültige Gleichung „jünger = aufgeschlossener für monetäre Neuerungen" nicht bruchlos auf.

14. Die säkulare Inflation und die Bewertung der üblichen Inflationsrate

Ungeachtet aller Stabilitätsrhetorik hat die säkulare Inflation die Kaufkraft der D-Mark zwischen dem Gründungsjahr und ihrem Aufgehen im Euro stark angefressen, was hier nur exemplarisch zu verdeutlichen ist.[181] Wählt man den Preisindex für die Lebenshaltung im Jahre 1991 als 100%, ergibt sich für das erste Halbjahr von 1948 ein Wert von 27,1%. Was kurz nach der Währungsreform für 27,10 DM zu haben war, kostete also im Jahre 1991 100,-- DM. 1996, Erhebungsjahr des Göttinger Projekts, war der Index für alle privaten Haushalte auf 135,6% gestiegen (Institut der deutschen Wirtschaft 1997: 51); derselbe Einkauf hätte somit 135,60 DM gekostet.

In der Vergangenheit ist den Deutschen ein besonders hoher Kenntnisstand und eine ausgeprägte Sensibilität gegenüber inflationären Entwicklungen attestiert worden; die Unterschiede zwischen Alt und Jung waren relativ gering, was mit dem lebhaften Erfahrungsaustausch zwischen den Generationen erklärt wurde. (Noelle-Neumann 1968: 35f.) Schon vorher war allerdings auch die konträre Auffassung vertreten worden, daß das Rechnen mit weiteren inflationären Entwicklungen die Selbstverständlichkeit einer „Einbahnstraßenerwartung" angenommen habe. „Man nimmt nicht nur an, daß die Preise steigen werden, sondern hält es gleichzeitig für ausgeschlossen, daß sie fallen." (Katona 1960: 314) Diese Polarisierung der Urteile blieb erhalten: der Behauptung einer mittlerweile „inflationserfahrenen Bevölkerung" (Wannenmacher 1975: 118) stand weiterhin die Position von der „Inflationsphobie" (Waldmann 1987: 367) der Deutschen entgegen. Inwiefern und inwieweit die Erosion der Kaufkraft ein weiteres Jahrzehnt später noch registriert[182] und ins kollektive Gedächtnis eingearbeitet worden ist, war somit eine interessante und überfällige Frage an die Empirie.

Im vorliegenden Forschungszusammenhang konnte das Thema anspruchsvoller behandelt werden als in der Meinungsforschung. Die Operationalisierung wirft aber schwierige Fragen auf, die eingangs skizziert seien. Die Preisstatistik ist so kompliziert, daß eine wirkliche Vertrautheit mit den Prozeduren (Costas 1985: 161-202) beim Normalverbraucher praktisch nicht erwartet werden kann. Das gilt

---

181 Siehe zum folgenden Statistisches Jahrbuch für die Bundesrepublik Deutschland 1998: 638 für Arbeitnehmerhaushalte mit mittlerem Einkommen.

182 Entsprechende Meldungen finden sich durchaus auch in der Tagespresse, so daß die Auseinandersetzung mit dem Thema nicht nur dem Fachpublikum möglich ist.

allemal für die fachliche Diskussion um die Aussagekraft des Index, die nach beiden möglichen Richtungen problematisiert wird: er untertreibe (Hofmann 1962) bzw. übertreibe (J. Hoffmann 1998: 198, Marazzi 1999: 20ff.) die tatsächliche Geldentwertung. Weiterhin sind die Inflationsraten in den Medien aus mehreren Gründen anders als die Erfahrungswelt der Menschen. Zum einen werden die meisten gängigen Indices aus Gründen der historischen Kontinuität für festgelegte Haushaltstypen[183] ermittelt, die heute weniger repräsentativ sind als früher. Singles, Alleinerziehende, kinderlose Doppelverdiener, Menschen in WGs und anderen modernen Lebensformen werden sich daher in den traditionellen Familienzuschnitten der amtlichen Daten nur bedingt wiederfinden. Zum anderen basiert der Index auf einem Warenkorb, der die *gesamtwirtschaftlichen* Güter- und Dienstleistungsstrukturen abdecken soll und mit dem Konsum des *Individuums* oder der *konkreten Familie* in ihrem sozialen, regionalen und lokalen Kontext nur in einigen Hinsichten vergleichbar ist. So muß die Statistik z. B. langlebige Güter gleichsam auf die Fläche *aller* einbezogenen Haushalte im laufenden Jahr verteilen, während der einzelne Haushalt entweder kauft oder nicht kauft und damit die Preisentwicklung voll oder gar nicht erlebt. Der Preis für den *statistischen* Herrenanzug beträgt dann z. B. 2,54 DM (Beispiel bei Costas 1985: 183) – ein für die *realen* Lebenshaltungskosten der Haushalte belangloser Wert. Wer Kaufkraft in Analogie zum wirklichen Einkaufsverhalten zu messen versucht, kommt daher zu ganz anderen Ergebnissen als die amtliche Statistik.[184]

Vor diesem Hintergrund seien die Operationalisierungsschritte knapp erläutert. Zunächst wurden die BPn standardisiert um eine Schätzung gebeten, wieviel die „D-Mark im Vergleich zu 1948 heute noch wert“ ist. Der Kaufkraftschwund über die Jahrzehnte ergibt sich als Summe der jährlichen Inflationsraten, deren Beobachtung und Interpretation durch die BPn daher das zweite Thema war. Das Rezeptionsverhalten wurde durch folgende Fragesequenz erhoben: „Im Fernsehen und in der Zeitung wird regelmäßig über die Inflationsrate berichtet. Verfolgen Sie diese Meldungen mit einer gewissen Regelmäßigkeit?“ Unmittelbar anschließend wurde die erwartete Inflationsrate im Erhebungsjahr verlesen und gefragt, ob die selbst erlebten Preissteigerungen „höher oder niedriger als 2%“ seien. Des weiteren ging es um die „Gefühle und Gedanken“ gegenüber der amtlichen Prognose von 2%, und schließlich wurde – mit Ausnahme der Ältesten (G1 alt)[185] – vorsichtig der Kenntnisstand geprüft: „Können Sie etwas dazu sagen, wie die Inflationsrate ermittelt wird?“ Ein Urteil über den Wissensstand der Deutschen kann sich nicht auf eine Selbsteinschätzung verlassen.

---

183 Z. B. die „Vier-Personen-Haushalte von Arbeitern und Angestellten mit mittlerem Einkommen“; zwei dieser Personen sind Kinder, von denen mindestens eins unter 15 Jahren ist.

184 Ein aktuelles Beispiel ist der für das Nachrichtenmagazin Focus durchgeführte Preisvergleich zwischen dem Ende der DM-Ära und Einführung des Euro: hier wurden für 130 Produkte und Dienstleistungen in über 200 Erhebungsstellen die Preise verglichen; jedesmal wurde die prozentuale Entwicklung pro Produkt bzw. Dienstleistung berechnet. (Focus, H. 2/2002, S. 142-150)

185 Diese zugleich ethische (Überlastung vermeiden) und pragmatische (gemäß explorativer Phase unergiebig) Entscheidung verbietet es auch hier, die Befunde bis zur Spitze der Alterspyramide aufzufächern.

14.1 Geldwertschwund und Geldillusion

Die knifflige Frage nach dem Ausmaß der Geldentwertung zwischen 1948 und dem Erhebungsjahr wurde überraschenderweise von einer starken Mehrheit (85%) mit der erbetenen Wahl zwischen den vorgegebenen Kategorien beantwortet und nur von der verbleibenden Minorität mit einem (durchaus verständlichen) „Weiß nicht" (13%) kommentiert; das nicht auswertbare Residual umfaßt ganze drei Personen (2%). Jeder Zehnte (10%) meint, daß der heutige Geldwert „ungefähr drei Viertel von damals" oder mehr betrage und erweist sich damit als Geldillusionist. Ein knappes Drittel (30,6%) hält „ungefähr die Hälfte von damals" für richtig; hier liegt eine moderate Geldillusion vor. Die Mehrheit (43,8%) urteilt, daß der heutige Geldwert „ungefähr ein Viertel von damals" oder weniger betrage, womit ein kundiger Realismus erreicht wird.

Interessanterweise hängt das Ergebnis dieser Wissensfrage weniger mit der Generation als mit dem Bildungsstand zusammen: je höher der Abschluß desto seltener die Geldillusion und desto häufiger der monetäre Realismus. Männer sind dichter an der Wahrheit des Geldwertschwundes als Frauen. Alt-Bundesbürger sind der Realität ihrer DM näher als BPn aus der früheren DDR. Krisenopfer zeichnen sich durch geringfügig schärfere Realitätswahrnehmung aus. Der interessanteste Zusammenhang besteht jedoch, wie die folgende Tabelle eindrucksvoll lehrt, mit dem Sozialcharakter.

Tab. 14.1: Geldwertillusion und -realismus nach Sozialcharakter (N = 144; Spalten-%; Auszug)

Geldwertillusion bzw. Geldwertrealismus	**Monetärer Puritanismus (%)**	**Monetärer Pragmatismus (%)**	**Monetärer Hedonismus (%)**
Starke Illusion	12,8	7,0	4,8
Moderate Illusion	41,0	20,9	14,3
Realismus	30,8	58,1	66,7

Bei den Puritanern ist die illusionäre Wahrnehmung signifikant häufiger als bei den Pragmatikern und insbesondere bei den Hedonisten, die zugleich den mit Abstand höchsten Anteil an Realisten haben. Hinter diesen markanten Werten könnte der folgende Zusammenhang stehen. Der Puritaner mit seinem Konsumverzicht und seiner Sparneigung ist durch eben diese Sozialcharakterzüge gegen die Wahrnehmung des Geldwertverfalls abgeschirmt. Pragmatiker und Hedonisten, die sich oft und gern an der Konsumfront tummeln, registrieren Preissteigerungen weit eher und sind offenbar auch in der Lage, die Geldillusion zu überwinden und eine realistische Position zu gewinnen, die sie zugleich in ihrer Grundorientierung bestärkt. Wer ein (halbwegs) korrektes Urteil zum Wertschwund der Ersparnisse hat, wird die Sparneigung (weiter) problematisieren, sich in der schon angelegten Konsumneigung bestätigt fühlen und sie daraufhin eventuell noch intensivieren. Dieses Phänomen könnte, analog zur „self fulfilling prophecy“, als sich selbst bestärkende Disposition bezeichnet werden.

Diese unscheinbar wirkende Konstellation trägt durch ihre Permanenz und Tagtäglichkeit entscheidend zur Transformation des Sozialcharakters (siehe V, vor allem 18) bei. Der aktuelle Geldwert ist die Aggregation der Einzelwerte vieler Jahre; der folgende Abschnitt gilt, mit ähnlicher Stoßrichtung der Erkenntnis, dem laufenden Jahr.

14.2 Schleichende Inflation – (k)eine Kleinigkeit?

Die Berichterstattung der Medien über die Inflationsrate wird von gut der Hälfte der Befragten (55%) „mit einer gewissen Regelmäßigkeit“ verfolgt. Zur inneren Struktur dieser Interessierten sind viele Hypothesen möglich, von denen die wohl unwahrscheinlichste zutrifft. Es besteht nämlich ein ausgeprägt positiver Zusammenhang mit dem Alter, der, mit der Generation als Indikator, aus der folgenden Tabelle zu entnehmen ist.

Tab. 14.2: Medienrezeption zur Inflationsrate nach Generation (N = 144; gerundete Spalten-%)

Medienrezeption	**G1**	**G2**	**G3**	**Mittelwert**
Bejahung	65	58	42	55
Verneinung	30	42	58	43
Residual	7	0	0	2
Summe	102	100	100	100

Je *älter* die Menschen sind, desto stärker beachten sie die Medienberichterstattung zur Inflationsrate. Dieser Befund muß überraschen, weil sowohl die Bildungsexpansion als auch die anzunehmende Verteilung körperlicher Beeinträchtigungen das Gegenteil hätten erwarten lassen. Daher wurde das Ergebnis mit zwei weiteren Variablen überprüft, die das Alter[186] genauer messen als die familial ausgewiesene Generationszugehörigkeit. Schaltet man die *Feingliederung* der Generationen dazu, bleibt die obige Formulierung gültig: mit Hilfe des strikt altersabhängigen *Gesprächsleitfadens* erhärtet sich der Überraschungsbefund weiter und profiliert sich zu einer vollendeten Spiegelbildlichkeit. Bei den Ältesten der Alten (Leitfaden 1) wächst die rezeptive Mehrheit weiter an (72% ja), und bei den Jüngsten der Jungen (Leitfaden 5) geschieht dasselbe mit umgekehrtem Vorzeichen (71% nein).

186 Einzelne Geburtsjahre und Fünfer- oder Zehnergruppen führen bei N = 144 zu zu kleinen Zellenbesetzungen, um sinnvoll interpretiert zu werden.

Weiter unten wird sich zeigen, daß dieser Befund keine Variation des Themas „vitale Hochbetagte“ vs. „schlaffe Jugend“ ist. Zuvor ist allerdings eine eigentümliche Gegenläufigkeit herauszupräparieren.

Die zu Beginn des Abschnitts formulierte Überzeugung, daß eine Erhebung über den Kenntnisstand zur Inflationsrate nicht auf Selbsteinstufungen durch Befragte vertrauen dürfe, wurde über die bereits zitierte vorsichtige Annäherung an das heikle Thema umzusetzen versucht. Bei der Auswertung wurde ebenfalls Abstand zu subjektiven Beliebigkeiten gehalten und, an ein gängiges Lehrbuch zur Wirtschaftsstatistik (Costas 1985: 161ff.) angelehnt, auf den Wissensstand über die komplexen Erhebungsmodi für Preisindices abgehoben (von „umfassend“ bis „Unkenntnis“). Trotz befragtenfreundlicher Kodierkriterien sind die positiven Kategorien so schwach besetzt[187], daß von einem überlegenen oder auch nur guten Kenntnisstand keine Rede sein kann. Im Rahmen des Projekts vereitelt diese Ausprägung differenzierte Berechnungen, so daß eine aggregierte Variable mit nur noch zwei Kategorien errechnet wurde. Deren zugegebenermaßen grobe Polarisierung in „Kenntnis“ vs. „Unkenntnis“ überwindet diese Schranke und führt zu einer folgenreichen Erkenntnis. Zunächst erhält die Hypothese Unterstützung, daß der Ausbau des Bildungswesens und die stärkere Bildungsbeteiligung „von alt nach jung“ in Fragen wie dieser Folgen gezeitigt haben: der Anteil der zumindest vage Informierten steigt zunächst von den jüngeren Ältesten (Leitfaden 2: 32%) bis zu den älteren Jüngsten an (Leitfaden 4: 56%), um dann bei den jüngeren Jüngsten unter den Ausgangswert zu fallen (Leitfaden 5: 29%).

Zunächst entwickeln sich also Rezeptionsinteresse und Wissensstand nach zwei gegenläufigen Formeln: „je älter desto interessierter“ und „je jünger desto informierter“. Die Dissonanz der Ältesten, ihr starkes Interesse mit schwachen Kenntnissen zu verfolgen, löst sich also für eine wachsende Minderheit zunächst auf. Bei den jüngeren Jüngsten kippt dann aber die gesamte Dynamik um und weicht einer kognitiv wie psychisch sehr viel schlichteren und „gemütlicheren“ Formel: „Desinteresse trifft mit Unkenntnis zusammen“.

Rezeptionsinteresse und Urteilsvermögen standen für die eher kognitive Seite der Inflationsrate, die natürlich auch Gefühle wecken oder aktivieren kann. Ihnen galt die folgende Frage: „Welche Gefühle und Gedanken haben Sie, wenn für 1996 eine Inflationsrate von ungefähr zwei Prozent vorhergesagt wird?“ Hier urteilt gut die Hälfte der Befragten „insgesamt negativ“ (54%) und Minderheiten stehen dieser Prognose „ambivalent“ (6%), „gleichgültig“ (19%), „akzeptierend“ (11%) oder gar „dezidiert positiv“ (7%) gegenüber. Dieser breite Meinungskorridor wird auf der negativen Seite etwa durch die Äußerung begrenzt, „daß das Geld immer weniger wird. Daß das beängstigend ist, denke ich mal. Es wird ja nicht mehr. Es wird immer schlechter mit dem Geld. (X) Da kommen eben diese Erfahrungen, daß man Angst hat, das Geld geht wieder weg, was man sich erspart hat. Wie das schon mal war.“ Oder „es steuert sachte auf eine neue Inflation zu.“ Diese Position ist in der

187 Umfassende Kenntnis 11%, lückenhafte Kenntnis 10%, vage Kenntnis 11%.

ältesten Generation nicht markant, sondern nur etwas häufiger zu finden als in der jüngsten (54% / 44%).

Auf dem anderen Extrem der dezidiert „positiven" Urteile findet man die Zwei-Prozent-Prognose „sehr gering, ist ja so gut wie überhaupt nichts mehr." Man könne „froh sein, daß sie nicht höher ist." Dieses Extrem ist eine Domäne der mittleren und der jüngsten Generation; nicht ein Angehöriger von G1 ist hier zu finden. Hier ist nicht der leiseste Anflug von „Inflationsphobie" zu spüren. Das ist bei der „akzeptierenden" Position nicht anders, deren Vertreter die zwei Prozent „im normalen Bereich" sehen oder „noch gar nicht mal so schlimm" finden. Wer „gleichgültig" ist, ist definitionsgemäß frei von Phobie und anderen stärkeren Gefühlen: „Egal. Ja, kommt halt. Kann ich eh nichts machen." „Das berührt mich nicht." „Das interessiert mich gar nicht."

Statistisch gibt es einige plausible, aber keineswegs aufregende Zusammenhänge, die für die Verteilung der „insgesamt negativen" Urteile referiert seien: überdurchschnittlich häufig sie werden von Krisenopfern (67%) und Menschen in den östlichen Bundesländern geäußert; Puritaner äußern diese Auffassung deutlich als öfter als Hedonisten (67% / 48%). Der Bildungsabschluß spielt in dieser Frage keine Rolle. Interessant ist auch ein weiterer Zusammenhang, der das bislang Ausgeführte erhärtet: wer der Inflationsrate „gleichgültig" gegenübersteht, nimmt die entsprechenden Meldungen in den Medien mit Abstand am seltensten wahr (nur 36% ja).

Interessanter sind die Muster, die sich, locker mit dem Antworttenor assoziiert und zwischen den Zeilen bereits angeklungen, in den Antworten abzeichnen. Das Material insgesamt stützt die Auffassung, daß die Fortsetzung der Inflation sich im Bewußtsein als „one way expectation" festgesetzt hat. Herr Pietsch (*1969) fragt sich in Sachen Inflationsrate, „ob es da irgendwann auch mal negative Werte von gibt, aber die ist – glaube ich – immer positiv definiert. Aber man sagt, es wird immer teurer, es wird nie billiger." Eine andere Befragte spricht ähnlich prägnant von einer „Schraube ohne Ende".

Auch die These von der inflationsgewöhnten, schicksalsergebenen Bevölkerung wird gestützt. Herr Flebbe (*1936) „hat sich schon zu sehr daran gewöhnt. [Lacht] Gut finde ich es überhaupt nicht. Aber ich glaube, das ist so ein Gewöhnungseffekt, der inzwischen eingetreten ist."

Die Zukunft des Geldwerts wird gleichwohl oft in jenen Gefühlslagen von Machtlosigkeit, Resignation, Fatalismus kommentiert, die in der Auseinandersetzung mit den vergangenen Währungsereignissen eine so große Rolle gespielt haben. In diesem Sinne findet man die 2% prognostizierter Inflationsrate „bedauerlich, aber unabänderlich" oder verspürt „eine gewisse Hilflosigkeit. [...] Das geht sicherlich nicht nur mir allein so, den anderen auch. Ich hoffe, es wäre nicht so. Ich würde sicherlich einiges drum geben, ich würde sicherlich auch einiges dafür tun, wenn ich könnte. Aber man steht doch relativ hilflos daneben, man muß zugucken, was die machen." „Man muß es so hinnehmen, man kann ja doch nichts anderes machen. Und man muß zusehen, daß man so einigermaßen über die Runden kommt." Man fühlt sich „machtlos", „kann nichts daran ändern." Diesen Beiklang von Fatalismus kann sogar ein ansonsten positiver Urteilstenor haben!

Das negative Urteil ist oft mit Skepsis oder Mißtrauen gegenüber den amtlichen Werten gepaart und von einer bereits angeklungenen dichotomischen Sicht der Dinge begleitet. „2%, ich glaube das nicht, das sind immer mehr als die sagen." „Ich halte die für zu niedrig angesetzt. Die ist geschönt." „Die werden uns ja noch was vorlügen." Im Extrem ist die Rede von „Betrug. Der größte Betrug, den wir haben, heißt Statistisches Bundesamt."

Es gibt viele Traditionsbrücken, auf denen v. a. das negative Urteil oder die Skepsis in die jüngeren Generationen herüberwandern. Dies mag auch ein Grund dafür sein, daß der Stachel der Vergangenheit in den Interviews zwar signifikant spürbar ist, aber keine statistische Signifikanz (mehr) hat. Dieser Stachel wiederum belegt, daß auch die These vom Fortbestand der Inflationsphobie ihre Berechtigung hat. Das Verlesen der Frage stößt bei Frau Wegener medio (*1934) die rhetorische Gegenfrage an „wo soll das hinführen? Dann denke ich an die Billionen 1923 für ein Brot." Und Herr Raabe (*1909) erwidert auf die Nachfrage des Interviewers, was denn seine „unsicheren" Gefühle bedeuten: „Daß man wieder einmal dieselbe Scheiße erlebt, die man zwei oder dreimal mitgemacht hat. Das liegt auf der Hand."

Summa summarum bleibt festzuhalten, daß die Gewöhnung oder, bei den Jüngeren, das Dauererlebnis säkularer Inflation und die resultierenden Normalitätsgefühle eine große Bresche in die Sensibilität oder gar Phobie der Deutschen geschlagen haben. Auch die Stabilitätsrhetorik der Politik und der Medien hat bei den Jüngeren Wirkung gezeigt. Neu ist der Nachweis von ausgesprochen positiven Urteilen zur säkularen Inflation. Neu ist umgekehrt aber auch der gestaltartige Zusammenhang von negativer Sicht, Fatalismus und Mißtrauen gegenüber der Statistik. Vielleicht sollte man die konkurrierenden Thesen von der Inflationsphobie, der one way expectation und der inflationsgewöhnten Bevölkerung schlicht als existierende und konkurrierende Flußgrößen auffassen, die auf der Zeitachse variieren.

15. Elektronisierung des Geldes

Die Elektronisierung des Geldes war vorn als einer der globalen, säkularen Trends gewertet und der vierten, qualitativ neuen Stufe in der Entwicklung des Geldwesens zugeordnet worden (siehe 3.1); sie sei hier ein wenig genauer charakterisiert.[188]

15.1 Wesensmerkmale

Anders als bei den bisherigen Modernisierungen und Rationalisierungen im Geldwesen (Scheckkarten etc.) sind nunmehr Bezahlung und Kontobewegung entkoppelt. Elektronische Geldformen können „als Zahlungsmittel anstelle von Bargeld oder Buchgeld verwendet werden, ohne daß bei der einzelnen Transaktion eine Kontobewegung stattfindet." (Friedrich/ Möker 1996: 6) Dabei werden elektronische Werteinheiten „auf Smart Card's (SC's) oder auf PC-Festplatten gespeichert und zur Durchführung von Präsenz- und/oder Fernzahlungen durch Interaktion zwischen Karten und/oder Rechnern benutzt. [...] Beim Bezahlen werden weder Bar- noch Buchgeld bewegt, sondern die Werteinheiten werden direkt von Speicher zu Speicher übertragen. Konten- oder Bargeldbewegungen entstehen insofern nur bei der Beschaffung und ggf. beim späteren Einzahlen auf Konten." (Mucksch/Leuck 1997: 1)

Aus dieser eher technischen Definition wird das spezifisch neue Wesensmerkmal elektronischen Geldes (im Unterschied zum Bargeld) deutlich: es wird mittels digitaler Daten repräsentiert. In Form des Binärcodes ergibt sich eine „Transformation des Geldes in reine Zeichen – in 0 und 1. Sie impliziert, daß die Bits nicht nur das Geld codieren, [...], sondern daß sie selber Geld *sind* und daß das Geld ein *Code* ist." (Vief 1991: 117) Trotz dieser potentiellen Flüchtigkeit des elektronischen Geldes kann es grundsätzlich alle Geldfunktionen sowie die weiteren allgemeinen Anforderungen an Geld (Knappheit, Haltbarkeit, Homogenität und Teilbarkeit, niedrige Kosten, Wertbeständigkeit und Akzeptanz) erfüllen. (Leuck 1997: 19, Vief 1991: 128)

Besonderes Kennzeichen der Zahlungsvorgänge mit elektronischem Geld ist jedoch der Übertragungsweg, „d. h. Geld wird nicht mehr physisch, sondern über Telekommunikationseinrichtungen übertragen." (Mucksch/Leuck 1997: 1)[189] Dieses

188 Gemeinsam mit Peter Fischer.

189 Als Steigerung interessant sind noch die Trends zur Netzgeld/Kartengeld-Integration sowie zur kontaktlosen Karte, bei der optische oder sprachliche Erkennungssysteme den Berechtigten identifizieren: „SCs der nächsten Generation können auch kontaktlos aus bis zu einem Meter Entfernung abgefragt werden,

wesenseigene Angewiesensein auf technische Systeme für die Existenz und das Funktionieren elektronischen Geldes bringt es also unweigerlich mit sich, daß „Maschinen“ wie Magnetstreifen, Computer und Lesegeräte zwischen den Menschen und das Geld treten. „Anstelle von Markstücken und Dollarscheinen zirkulieren dann Stromimpulse.“ (Worm 1996: 21) Auf diese Weise beinhaltet und fördert das Verschwinden des stofflichen Geldes den schon früher angelegten Prozeß der Abstraktion.

Damit ändert sich auch „die Vorstellung vom Geldausgeben. Wer als Karten-User lebt, empfängt, ohne etwas dafür fortzugeben. [...] Man neigt zum Überziehen, und der Dispo macht's möglich. Später dann, wenn diese eine Karte oft genug gespielt wurde, bezeugen nur noch Ziffern auf den Kontoauszügen die Geldausgabe. Abstrakte Symbole, im Unterschied zu zerknitterten Fünfzigmarkscheinen und abgewetzten Groschen. Geld zerrinnt nicht mehr zwischen den Fingern.“ (Worm 1996: 21) Es kann die Verschuldungsgefahr wachsen, denn „das Gefühl für die eigentlich beschränkte Barschaft geht nach und nach verloren.“ (Worm 1996: 24) Mit dem Verschwinden des Bargeldes werden sodann gleichzeitig „zahllose kleine Rituale des Alltags“ wie das Schlachten des Sparschweins, das Sammeln für die Kaffeekasse oder das Klimpern von Münzgeld verschwinden, was auch als Entsinnlichung bezeichnet wird. (Worm 1996: 22) Zugleich verschwindet damit aber auch ein wesentliches Medium monetärer Sozialisation.

Des weiteren sind mit dem elektronischen Geld (gegenüber dem Bargeld) weitere optionale Funktionen verbunden, die gesellschaftlich sowohl positive als auch negative Implikationen mit sich bringen können: Die Verknüpfung elektronischen Geldes mit anderen Funktionen der Datenverarbeitung bietet bspw. dem Staat die Möglichkeit der Verwendungsbindung, d. h. „E-Cash auch so auszustatten, daß Bürger, die Sozialhilfe beziehen, nur bestimmte Einkäufe damit tätigen können.“ (Mucksch/Leuck 1997: 18) Neben dieser Diskriminierungsgefahr können zudem Benachteiligungen für diejenigen entstehen, die nicht über entsprechende Lesegeräte verfügen, da eine bare Geldübergabe nicht mehr üblich oder technisch nicht möglich ist. Hier sind bspw. Bettler, Straßenmusikanten, Toilettenpersonal oder auch kleinere Läden als mögliche Benachteiligte zu nennen. Ein anderer Aspekt liegt in der Möglichkeit, durch Nutzung elektronischen Geldes kriminelle Handlungen zu unterbinden. So soll in der portugiesischen Diözese Braga durch Einführung einer Geldkarte („church card“) den Opferstockdieben das Handwerk gelegt werden, indem zukünftig die Zahlungen der Gläubigen über moderne Geldkartenlesegeräte abgebucht werden (SZ vom 31.12.1998).

Außerdem kann durch elektronische Geldformen die Emanzipationsfunktion (Burghardt 1977: 21) des Bargeldes beeinträchtigt werden. Zwar können alle Nutzer des fortschrittlichen, virtuellen Geldes als modern gelten. Jedoch wird durch das

---

was die Bequemlichkeit erhöht, aber auch den Verlust der Verfügungsmacht über die eigene „Geldbörse“ bedeuten kann.“ Und: „Die Entwicklung von SC- und Internetzahlungssystemen 'verschwimmt' zur Zeit. Es wird versucht, beide Zahlungssysteme zu integrieren bzw. das digitale Geld sowohl mit dem einen als auch dem anderen nutzbar zu machen.“ (Leuck 1997: 7)

differenzierte Kartenangebot („Goldene Kreditkarte" etc.), das dem Prestige- und Abgrenzungsbedürfnis Rechnung trägt, Freiheit und Unabhängigkeit symbolisiert und die Validität der Karte über die persönliche Kreditlinie repräsentiert, zwangsläufig auch eine soziale Differenzierung der Nutzer nach außen sichtbar.

Derzeit gibt es eine Fülle verschiedener Erscheinungsformen elektronischen Geldes, die sich jeweils unter die Kategorien *Kartengeld* (Geldkarte, Scheck-, Kredit-, Telefon- etc.) und *Netzgeld* (Internetwährung, Intranetwährung) subsumieren lassen. Die Geldformen unterscheiden sich zudem je nach Produktanbieter hinsichtlich ihrer Funktionsweisen, Verwendungsmöglichkeiten (pay before, pay now, pay later), technischen Standards und somit auch hinsichtlich Sicherheits- und Haftungsfragen. Hieraus resultiert auch die derzeitige Begriffsverwirrung bezüglich elektronischer Geldformen, die Auswirkungen auf Verständnis, Akzeptanz und Überblick haben dürfte. „So gibt es eine Unmenge von Bezeichnungen für die verschiedenen Systeme und Zahlungsmethoden. Hinzu kommt, daß einige dieser Bezeichnungen gleichzeitig Firmennamen sind." (Leuck 1997: 17) Aber auch die uneinheitliche Benennung des bargeldlosen Geldverkehrs findet in einer Vielzahl von Wortschöpfungen ihren Ausdruck (z. B. digitale Währung, virtuelles Geld, CyberCoins bis hin zu elektronisch melkbares Stück Plastik). Die Unüberschaubarkeit und Schnelligkeit der Neuerungen kann möglicherweise eine Erklärung für den geringen und recht heterogenen Kenntnisstand über die neuen Geldformen, deren Funktionsweisen und Implikationen sein.

Was die *Intentionen* der Befürworter und Entwickler elektronischen Geldes anbetrifft, so schimmern diese bei der Verwendung von Schlagworten und Überschriften in der medialen Berichterstattung deutlich durch. Wenn z. B. vom „Kampf dem Kleingeld", von der „Glasfaser bis in die Brieftasche", oder vom „Ende des Bargeldzeitalters" gesprochen wird, so wird neben einem Spektrum von Assoziationen und Visionen auch die Aufmerksamkeit auf Interessen, Chancen und Risiken elektronischen Geldes gelenkt. Während vordergründig auf die Bequemlichkeit und Vereinfachung für die Konsumenten abgestellt wird, sind die Triebkräfte der Banken, Anbieter und Händler für diese mit enormen Investitionen verbundene Entwicklung auf einer anderen Ebene angesiedelt: Da der Zahlungsverkehr zu einem Wettbewerbsfaktor geworden ist, sollen durch die weitere Automatisierung des Massenzahlungsverkehrs die Effizienz gesteigert und die Kosten gesenkt werden. Des weiteren bietet elektronisches Geld für die Banken neben Rationalisierungspotentialen auch die Möglichkeit, über vertragliche Bindungen an die jeweilige Geldform neue Kundenpotentiale und Marktanteile am Geldgeschäft zu gewinnen.[190] Der Handel erhofft sich vom elektronischen Geld ein verändertes, konsumfreudigeres Käuferverhalten, Möglichkeiten der Kundenbindung z. B. über Bonussysteme und den Durchbruch für neue Vertriebswege beim elektronischen Handel.[191] In ähnlicher Weise wurde durch die Ausstattung der Bahncard mit

190 „Das Zahlen mit der Karte gilt als ‚Schlüssel zum Girokonto', [...]. Denn wer einem Kunden eine Karte verkauft, [...], hat eine Kontoverbindung gewonnen." (Perina 1992: 270)

191 In Konkurrenz zu den Banken versuchen diverse Kaufhausketten, „die Kunden mit einer Karte an das eigene Haus zu binden. Mit den Rechtecken eröffnet sich ihnen die Möglichkeit, neben Waren auch Finanzdienstleistungen anzubieten – eine Horrorvision für die Vorstände in Kreditinstituten."

Zahlungsfunktion durch VISA versucht, strategischen Zugang zu neuen Kundensegmenten zu gewinnen.

Als negativer Schatten der Elektronisierung können folgende Problemfelder für die Akzeptanz des neuen Geldes, die als grundlegende Voraussetzung für das erfolgreiche Funktionieren des neuen Geldsystems gilt, angedeutet werden: Technische Sicherheitsrisiken und Manipulation mit ungeklärter Haftung, mißbräuchliche Verwendung von Nutzungsprofilen mit der Gefahr des „gläsernen Konsumenten", Verschuldungsgefahr durch Kontrollverlust, Infrastrukturfinanzierung über Gebühren oder Überwälzung[192] und das Problem der Geldmengenkontrolle durch die Notenbanken. (Perina 1992: 275, Mucksch/Leuck 1997: 199ff.) Die Überwindung der aus diesen Problemfeldern resultierenden Vorbehalte bei den Kunden und Händlern sowie die Bewährung der Vorzüge des elektronischen Geldes gelten als dessen wichtigste Akzeptanzvoraussetzung. So vollzieht sich der Elektronisierungsprozeß in einer Weise, in der durch die Entwicklung der Geldformen und das strategische Setzen von technischen Standards das Angebot der Nachfrage vorauseilt, um so den Markt zu entwickeln und die Bedürfnisse zu wecken. (Mucksch/Leuck 1997: 7)

Die Elektronisierung des Geldes, ein Prozeß „der Beschleunigung des Geldes von der Goldmünze zum energetischen Zeichenträger" (Vief 1991: 128), wird tiefgreifende Veränderungen im Alltag der Menschen und „eine neue Qualität des wirtschaftlichen Lebens mit großen gesellschaftlichen Auswirkungen" (Mucksch/Leuck 1997: 29) hervorbringen. Durch die digitale Qualität des Geldes, die den Bildschirm als Medium zum Markt werden läßt (Vief 1991: 122), wird möglicherweise auch die Hierarchie der Leitwährungen in der globalen Geldordnung dadurch ausgehöhlt, daß die „Bits als neues Weltgeld und Zeichenesperanto" (Vief 1991: 129) den Dollar als Leitwährung bedrohen.

Offen sind dabei die Fragen, ob und inwieweit das elektronische Geld das Bargeld vollständig ersetzen wird, wo der partielle Einsatz elektronischen Geldes sinnvoll erscheint und wie die Menschen das neue Geld emotional annehmen. Ein komplexes, im Fluß befindliches Phänomen wie die Elektronisierung des Geldes ist empirisch schwer zu fassen. Der Kenntnisstand und die Erfahrungen der BPn sind so unterschiedlich, daß ein für alle gangbarer und zeitlich überschaubarer Mittelweg gefunden werden mußte, der sich auf zwei Aspekte konzentriert. Während es einerseits um die Bewertung des Bedeutungsverlustes von Bargeld und der damit einhergehenden Verbreitung neuer, elektronischer Geldformen ging, ist in der vorliegenden Untersuchung auch nach der Vorstellbarkeit einer bargeldlosen Zukunft gefragt worden.

(Perina 1992: 273) Hieran zeigt sich, daß elektronisches Geld in seiner Tauschmittelfunktion nicht nur ein bloßer Ersatz für Bargeld ist, sondern aufgrund seiner optionalen Funktionen auch eine neue Qualität in die Wirtschaftsbeziehungen bringt.

192 Hier wird bspw. von einer „Diskriminierung der Barzahler" gesprochen: „Es ist deshalb wahrscheinlich, daß ein Erfolg der Kreditkarten bundesweit zu einem höheren Preisniveau führt, das nicht nur die Kartenbenutzer zu tragen haben." (Perina 1992: 268, 275)

Begrifflich und definitorisch sind die Interviews natürlich laxer als dieser Text.Beim *ersten Zugang* haben wir die Frage gestellt: „In unserem alltäglichen Leben wird sich die Bedeutung von Geldscheinen und Münzen weiter verringern. Bewerten Sie diese Entwicklung eher als positiv oder als negativ?“ Das ursprüngliche Kategoriensystem der Primärvercodung wurde zunächst erweitert. Die in den qualitativen Antworten enthaltenen Begründungen der Bewertung sind dann mit Hilfe von zwei analog aufgebauten Kategoriensystemen erfaßt worden. Sie erfassen die Aussagen in ihren ökonomischen, psychologischen und soziologischen Dimensionen. Dies sind die Variablen „Positivargumente zur Elektronisierung des Geldes“ und „Negativargumente zur Elektronisierung des Geldes“. Mehrfachnennungen waren hier möglich.

15.2 Vom Rückzug des Bargeldes

Zur *Elektronisierung des Geldes* besteht ein klares Meinungsbild. Der Bedeutungsverlust des stofflichen Geldes (Münzen und Scheine) wird von etwa der Hälfte der Befragten als negativ (49%) und von gut einem Viertel (28%) als ambivalent bewertet; nur knapp ein Fünftel (17%) signalisiert Zustimmung, und 4% äußern eine indifferente Einstellung. Die Einzelheiten sind der folgenden Tabelle zu entnehmen.

Tab. 15.1: Urteilstenor zur Elektronisierung des Geldes nach Generation (N = 144; gerundete Spalten-%)

Urteilstenor	**G1**	**G2**	**G3**	**Mittelwert**
Positiv	10	19	23	17
Neutral/indifferent	6	2	2	4
Ambivalent	10	29	44	28
Negativ	67	50	31	49
Residual	6	0	0	2
Summe	99	100	100	100

© Heisterhagen / Hoffmann, Soziologisches Seminar, Universität Göttingen

Auch zu diesem Komplex sind die Generationsspezifika eindeutig: in der ältesten Generation haben zwei Drittel der Befragten einen negativen Urteilstenor und nur ein Zehntel hat einen positiven. In der mittleren Generation hat die Hälfte einen negativen Urteilstenor und bereits ein Fünftel einen positiven. In der jüngsten Generation setzt sich diese Entwicklung fort.

Die Antworthorizonte und die inhaltliche Quintessenz der Erläuterungen zu der offenen Frage lassen sich wie folgt zusammenfassen: Argumentativ werden als wichtigste *Einwände* gegen die Elektronisierung des Geldes genannt: lebenspraktische Aversionen, Angst vor Kontrollverlust und Verschuldungsgefahr, Sicherheitsbedenken hinsichtlich der technischen Systemrisiken (wie Datenmanipulation, Betrug, Haftung) sowie eine starke Bindung an das herkömmliche Geld, hinter der sich häufig fehlende Bereitschaft oder Fähigkeit zur Umgewöhnung verbergen. Es zeigt sich ein enormes Beharrungsvermögen hinsichtlich des stofflichen Geldes – eng verbunden mit Skepsis oder Aversion gegenüber elekronischen Geldformen, das auf interessante Bezüge zu geldkulturell erworbenen Dispositionen bis hin zu Kindheitserfahrungen verweist. Für viele Befragte ist „ihr" gewohntes Geld auch ein identitätsstiftender Bezugspunkt im Leben, also mehr als ein unter technischen und funktionalen Gesichtspunkten zu betrachtendes Medium. Demgegenüber führen die der Elektronisierung des Geldes *positiv* gegenüberstehenden Befragten überwiegend lebenspraktisch-alltagsökonomische Vorteile und den Zugewinn an Sicherheit an. Die positiven und die negativen Argumente lassen sich mit einem identischen Kategoriensystem codieren, wie die folgende Aufstellung zeigt:

Tab. 15.2: Themen der Argumente zur Elektronisierung (N = 144; Spalten-%; Mehrfachnennungen)

Themengruppe	**Positiv (%)**	**Negativ (%)**
Lebenspraxis	69,7	20,9
Kontrolle / Übersicht	1,5	46,1
Kredit / Verschuldung	1,5	17,4
Sicherheit	27,3	18,3
Innere Beziehung Mensch / Geld	9,1	42,6
Soziale Beziehungen / Geld	3,0	0,9
Volkswirtschaft	4,5	3,5
Allgemeine Wertungen	7,6	9,6
Residual	6,1	4,3
Summe	130,3	163,5

© Heisterhagen / Hoffmann, Soziologisches Seminar, Universität Göttingen

Die Auswahl und Präsentation von Belegen steht nun vor der Schwierigkeit, daß viele Aussagen sehr konzentriert und reichhaltig sind und verschiedene, durchaus auch gegensätzliche Dimensionen umfassen, zwischen denen gesprungen und gewechselt wird. Dies ist oftmals Ausdruck des Ringens um die Bewertung der Elektronisierung, die ja ihrerseits, wie gezeigt, neu, ambivalent und widersprüchlich ist.

Darauf wird im folgenden Rücksicht genommen: neben der systematischen Darstellung soll die Einheit der Antwortsequenzen möglichst gewahrt bleiben. Leichte Wiederholungen werden zugunsten dieses Ziels in Kauf genommen.

Die *lebenspraktischen Vorteile*, die am stärksten besetzte Kategorie, konzentrieren sich auf die Handhabung des Geldes im Alltag, die Verbesserung der Liquidität und die Begünstigung der Mobilität. Vielfach wird der Umgang mit elektronischen Geldformen schlicht als einfacher, praktischer oder bequemer angesehen, was durch die Antwort von Frau Korte (*1975) stellvertretend für viele verdeutlicht werden kann: „Na, ich finde das gut, wenn man dann nicht mehr groß mit Geld rumhantieren muß." Ein weiterer lebenspraktischer Vorteil wird in der zeit- und psychoökonomischen Entlastung bei der Geldversorgung gesehen, „weil man sich nicht mehr so Gedanken machen muß, habe ich nun genug Geld dabei?" (Herr Beyer, *1963) Die Bedeutung dieses Aspekts potenziert sich auf Reisen: „Ja, das ist natürlich ungeheuer praktisch, wenn man viel unterwegs ist oder so, dann ist das unheimlich praktisch mit dieser Bank-Card da." (Herr Hermes, *1938) Geradezu schwärmend wirft Herr Teske (*1928) nach einem Besuch in Übersee einen Blick in die elektronische Zukunft: „Ich finde es gut. Ich habe jetzt in Kanada – meine Verwandtschaft zahlt alles mit der Karte. Das ist doch so was Tolles, egal, ob das eine Apotheke ist, nicht. Legt die Karte hin und kriegt einen Coupon, schaut sich das an und dann ist der Film gelaufen. Und einen Monat später kommt dann die Abrechnung."

Die *negativen Argumente* zur Lebenspraxis stellen sich zunächst als Spiegelbilder der positiven dar. Herr Deschner (*1935) fürchtet die mit elektronischem Geld verbundenen Zusatzkosten: „das sind ja auch wieder alles Buchungen, die auf uns zukommen. Wenn ich Überweisungen oder sonst etwas mache, das sind Buchungen und das kostet ja alles Buchungsgebühr. Und da bin ich da geneigter dazu, daß man das mit normalen Geld bezahlt. Für Kleinigkeiten nur mit Karten bezahlen, das würde ich nicht bejahen." Die Reserve von Frau Sittler (*1936) resultiert aus ihrer Berufserfahrung, „denn wir haben im Geschäft ja auch so ein Teil, wo dann Kunden mit der Karte bezahlen können. Und gerade, wenn so Hauptgeschäftszeiten sind, dann verharren sie dann eine Ewigkeit vor diesem Gerät, wie die da nicht durchkommen. In der Zeit haben sie dreimal das Portemonnaie gezückt und haben bar beglichen."

Andere BPn sehen gewissermaßen sich selbst als das lebenspraktische Problem. Unter zeit- und psychoökonomischen Aspekten wird in vielen Antworten eine fehlende Umstellungsbereitschaft bekundet, die zum Teil auf das Alter, auf fehlenden Bedarf oder auf eine skeptische Zurückhaltung gegenüber Neuerungen rekurriert. Frau Drewes (*1899) bewertet elektronisches Geld negativ, „weil man sich ja da erst daran gewöhnen muß. Das ist doch wieder was Neues." Auch Frau Gerke (*1943) kann sich mit dem elektronischen Bezahlen nicht anfreunden, sieht keinen vorteilhaften Unterschied zum Bargeld und kommt zu der deutlichen Negativbewertung: „Finde ich schrecklich, finde ich nicht gut, aber das mag auch vielleicht am Alter liegen, daß man dann einfach sagt, nein man will sich nicht mehr umstellen. Das ist ja eine Umstellung, und hier ist so das kleine Einmaleins gefragt."

Der *Sicherheit* kommt in beiden Ausprägungen ein großer Stellenwert zu. Bei den Positivargumenten ist es die am zweitstärksten besetzte Kategorie der Nennungen, und auch bei den Negativargumenten erwähnt fast jede fünfte BP diesen Aspekt. Die Äußerungen stehen in einem spiegelbildlichen Entsprechungsverhältnis, das sich unmittelbar aus den spezifischen Eigenschaften von Bargeld und elektronischem Geld ergibt: Die *positiven Argumente* für das elektronische Geld beziehen sich auf die systemischen Vorteile, daß mit dem bargeldlosen Zahlen die Probleme rings um Verlust, Fälschung, Diebstahl oder Raub vermieden werden können. Dagegen sind die Negativargumente auf die entsprechenden Systemrisiken elektronischen Geldes bezogen, die Gefahren rings um Kartenverlust, Datenmanipulation, Fälschung und Haftungsrisiken. Da bei der Bewertung der Elektronisierung unter dem Sicherheitsaspekt systemische und technische Kenntnisse von Bedeutung sind, sind die einseitigen Befürchtungen oder Belobigungen wahrscheinlich auf den unterschiedlichen Kenntnisstand diesbezüglich und die jeweils geprägten Wahrnehmungsweisen zurückzuführen. Für Herrn Tiemeyer (*1911) jedenfalls ist die Verdrängung des Bargeldes nahezu identisch mit Sicherheit: „Ja, man braucht das Geld nicht bei sich führen, Sicherheit. Nicht mehr ist wie es früher war, überfallen, das Geld geklaut, zusammengeschlagen, das ist ja furchtbar. Sicherheit ist da im Land." Frau Sittler (*1967) gewährt einen weiteren Einblick in die Psychologie jener Unsicherheit, die sich mit der Elektronisierung des Geldes verlieren soll: „wenn ich irgendwo im Kaufhaus bin oder so, dann habe ich halt da meine Scheckkarte oder wie auch immer, weil einfach auch aus einem Sicherheitsgrund, weil, wenn ich losgehe und will größere Sachen kaufen und habe dann 3 000 Mark in der Tasche, fühle ich mich unsicherer als mit meiner Karte."

Andere BPn begründen eine ambivalente Sicht mit dem Gleichgewicht beider Seiten der „Sicherheits-Medaille": „Vielleicht positiv in dem Sinn, wenn man nicht mehr so viel Geld mit sich umher trägt, aus Sicherheitsgründen. Aber die andere Seite ist genauso, wenn sie einem die Scheckkarte klauen." (Frau Bruns, *1943) Auch für Herrn Tappe (*1939) stehen widersprüchliche Aspekte unentschieden nebeneinander: „Ich würde es als negativ bewerten. Aber aus praktischen Gründe müßte ich es auch positiv bewerten, denn die Kriminalität nimmt zu. Aber selbst dieser bargeldlose Verkehr ist auch vor den Kriminellen nicht sicher."

In den zitierten Ambivalenzen haben sich schon die wesentlichen *Negativargumente* angekündigt. In den folgenden Belegen werden die systemischen Risiken elektronischen Geldes durch zwei sich überschneidende Facetten konkretisiert: Zum einen geht es um die manipulative Einflußnahme Dritter, zum anderen um die Zuverlässigkeit und Pannenanfälligkeit der Computer-Technik an sich. Herr Lehmann (*1903) lehnt die Elektronisierung ab, „weil die Technisierung des Geldbetriebes durch Automaten erstmal zu Betrug und zu Kriminalität veranlaßt." Diese Einschätzung teilt Frau Tilly (*1963), „weil auch der Zugriff aus dritter Hand einfach immer leichter wird. ... Ich meine, bequemer ist es, aber ich mag nicht, wenn dann irgend jemand anders da mit dem Computer z. B. in meinem Konto rumfummelt." Ähnlich informativ sind die Besorgnisse zur Sicherheit der Systeme selbst. So wird die Elektronisierung z. B. deswegen abgelehnt, „weil ich diesen ganzen Karten wenig traue“ (Frau Raabe, *1941) oder, „weil die Computer noch nicht so sicher sind, daß man da jetzt wirklich Computerkriminalität ausschließen könnte. Solange die Banken noch mauern, wenn da mal jemandem was vom Konto fehlt.“ (Herr Sauters, *1955)

Eng beieinander liegt die stark besetzte Befürchtung, die Elektronisierung könnte die *Kontrolle/Übersicht* mindern und die Sorge, ungeplant in eine Position von *Kredit/Verschuldung* hinein zu gleiten. Daß Bargeld wie eine automatische Buchführung und dezente Kontrollinstanz wirkt, ist für Herrn Evers (*1940) der entscheidende Vorteil: „Weil, wenn ich Geld im Portemonnaie habe, dann sehe ich die Menge, die ich habe. Einfach visuell kann ich sehen, also ich habe noch soviel Geld. Wenn ich jetzt aber mit Kreditkarte, mit Scheckkarte bezahle, dann bezahle ich anonym. Ich trage nur eine Summe ein. Die Zahl ist weg. Wenn ich nicht so bin, daß ich mir also alles aufschreibe und dann genau notiere und jedesmal darauf gucke. Man verliert, nach meinem Dafür, ein bißchen den Überblick, oder sehr leicht den Überblick, wenn man mit Scheckkarte oder mit Kreditkarte bezahlt.“ Wie gleitend der Übergang vom Kontrollverlust zur ungewollten Verschuldung ist, wird bei Frau Batte (*1912) klar, die ihre Aversionen gegenüber dem bargeldlosen Zahlen besonders negativ und sehr bestimmend düster ausdrückt: „Ach, das finde ich schrecklich, finde ich furchtbar. Dann weiß man dann nämlich gar nicht mehr, was man ausgegeben hat. Es ist sehr schwierig. Also, es wird einem ja in Amerika vorgemacht. Alles nur auf Karte, auf Karte, auf Karte und dann nachher, wenn sie dann ihr Konto ansehen, auf einmal ist alles überzogen. Also, dann muß man sich doch jedes bißchen notieren. Also für meine Begriffe scheußlich.“ Eine andere Facette ist die Gefahr der Verführbarkeit durch den Schein unbeschränkter Liquidität, die von mehreren BPn thematisiert wird. Dabei spricht Herr Behr (*1974) zugleich für andere: „Also ich habe lieber Bargeld und auch die Personen, die ich kenne, die Bekannten und Arbeitskollegen, die sagen alle, das bargeldlose Bezahlen das verführt einen manchmal, und wenn man es in der Hand hat, dann guckt man in den Geldbeutel und es ist nichts mehr da, dann ist es aus. Und so das bargeldlose Zahlen, das verführt einen einfach.“ Frau Grübbel (*1970) verweist zunächst auf das Risiko des Kontrollverlusts und fährt dann fort: „Und gerade für Leute, denen der Umgang mit Geld nicht so leicht fällt, daß die dann damit auch in arge Schwierigkeiten geraten können.“ Herr Hagenberg (*1908) sieht im Rückzug des Bargeldes „eine furchtbare Versuchung für nicht ganz charakterfeste Menschen. Ich fürchte, daß bei Leuten – und das trifft wahrscheinlich auch die ärmere Bevölkerung mehr als die Gebildeten – daß die sich so wahnsinnig leicht verschulden können mit dem Kartengeld, so daß das von Staats wegen abgeschafft gehört.“ Einen wieder anderen Akzent zu diesem Thema setzt Frau Pietsch (*1940) mit ihrem Hinweis auf eine altersspezifische Gefährdung „für junge Leute vor allen Dingen. Da wird gekauft und gekauft und auf einmal kommt einen Monat später die große Abrechnung, das haben die alles gar nicht mehr registriert, negativ, also ich meine es ist alles einfacher geworden, aber für denjenigen ist es wahrscheinlich negativ.“ Schließlich reflektiert Frau Stupp (*1907) auf die wesentliche Rolle von

Bargeld bei der monetären Sozialisation und findet dessen Bedeutungsverlust „nicht gut! Die Kinder lernen nicht mit Geld umzugehen, also wie meine Enkelkinder, die lernen nicht, mit Geld umzugehen, mit den Scheckkarten."

Während es bisher um praktische Aspekte und Konsequenzen der Elektronisierung des Geldes gegangen ist, stehen bei der *Inneren Beziehung Mensch/Geld* die psychischen Aspekte, die Emotionalität, die Sinne und die geldkulturelle Dimension im Vordergrund; die Kategorie hat bei den Negativargumenten ein sehr hohes Gewicht, während sie positiv nur wenig zu Buche schlägt. Insbesondere weil diese Kategorie bei den Negativargumenten am zweitstärksten besetzt ist und weil die facettenreichen Aussagen das sonst schwer zugängliche Terrain der Emotionen und der alltagsweltlichen Selbstbetrachtung tangieren, sollen die BPn im folgenden ausführlich zu Wort kommen.

Wer den Rückzug des Bargeldes neutral oder gar positiv kommentiert, hebt in der Regel auf die Gleichwertigkeit allen Geldes und die immanenten Modernisierungstendenzen ab. Für Frau Otte (*1941) ist die Liquidität unabhängig von der Geldform, so daß sich Kartengeld und Bargeld als gleichwertig darstellen: „Wer kein Geld hat, kann nicht zahlen. Wenn ich eine Karte habe, da muß ja Geld dahinter stecken, also muß ich auch damit bezahlen können." Frau Lehmann (*1936) erkennt im elektronischen Geld eine fortschrittliche Weiterentwicklung: „Diese Währungsgeschichte, also Geld, das ist doch im Grund überholt. Also ich finde, diese Geldscheine und das alles ist eigentlich nicht so sehr wesentlich. Also mit Chipkarten kann man genauso gut umgehen." Für Herrn Teske (*1928) schließlich ist das herkömmliche Geld nur noch ein Anachronismus: „Bargeld, sicher, früher haben wir Jahrzehnte oder Jahrhunderte mit Bargeld mit rumgekrebst, aber ich bin der Meinung, das ist heute nicht mehr nötig. Das kann heute alles über Karte gemacht werden."

Quantitativ gewichtiger sind die negativen Argumente, die in ihrer Summe viele Nuancen des Unbehagens an dem neuen elektronischen Geld offenbaren, die vertiefte Interpretationen ermöglichen. Es gibt zunächst eine naheliegende Alterskomponente, in der das Neue in Kategorien von Anforderung bis *Überforderung* thematisiert und deshalb verworfen wird. Etwa Frau Tappe (*1912) erklärt ihre Ablehnung des elektronischen Geldes auf diese Art: „Nein, nein. Also dieses, das ist viel zu aufregend für alte Leute, ja. Also das wird jeder alte Mensch sagen, laß mich damit in Ruh." Des weiteren kommt eine *vage Präferenz* für Bargeld vor, die den Menschen selbst nicht recht klar ist und daher auch nicht begründet werden kann. „Ich werde sicher vorläufig mir keine Kreditkarten oder sowas zulegen, ich bezahle mit Bargeld. Warum, weiß ich nicht, gefühlsmäßig." (Herr Lange, *1940) Frau Bruns (*1943) bekennt sich richtiggehend zum Bargeld: „Nein, ich habe das Bargeld auch lieber. Also ich bezahle auch lieber bar mit Geld wie mit Scheckkarte oder mit, also ich, mir ist Bargeld lieber." Und Frau Gerke (*1943) hat „lieber Bargeld dabei, muß ich ganz ehrlich sagen, ich zahle gern mit Bargeld. Ich habe auch gerne Geld in der Tasche, wenn ich Geld habe."

In komplexeren Argumentationen wird deutlich, daß dem Bargeld, oftmals personalisierend, ein *Wert an sich* beigemessen wird, der sich keineswegs in ökonomischen Funktionen erschöpft. Die Ausdrücke, mit denen über die Beziehung zum Geld gesprochen wird, ähneln vielfach jenen, die für menschliche Beziehungen verwendet werden, was den Eindruck assoziiert, daß dem stofflichen Geld eine personifizierte Eigenschaft beigemessen wird. Die Wortwahl fällt oft auf Begriffe wie Beziehung oder Verhältnis. Herr Behr (*1948) findet den Bedeutungsverlust des Bargeldes „schlecht, weil die Beziehung zum Geld schwindet. Z. B. wenn ich die Karten habe, wenn ich 1 000 Mark in der Tasche habe und das Geld und die Karten, das ist überhaupt keine Beziehung zum Geld mehr." Frau Menne (*1970) hat eine Präferenz für Bargeld, „weil es realer ist, man kriegt eher eine Beziehung, wenn man einen Geldschein hat, als einen Kontoauszug. Das ist übersichtlicher. [...] Ich finde, man kann einfach zum Geld noch eine Beziehung aufbauen als zu so einer Karte." In derselben Tonlage beschreibt Herr Haase (*1959) seine emotionalen Bezüge: „Ich habe das Gefühl, man hat mehr Zugang zu der Bedeutung des Geldes, wenn man es auch greifen kann. Also es wird immer abstrakter, und wenn es nur noch irgendwo auf einem Konto vorhanden ist und nicht mehr greifbar ist, dann hat man nicht mehr das richtige Verhältnis dazu."

Diese „Beziehung", dieses „Verhältnis" wird durch die Äußerungen anderer BPn noch besser greifbar. Man findet zunächst jene konkrete *sinnliche Dimension* von Bargeld wieder, die vorn als wesentliches Charakteristikum der Geldkultur der Goldstandardzeit beschrieben worden ist. (Siehe 5.1). In der Summe der Zitate werden sukzessive alle Sinne auftauchen – mit Ausnahme des Geschmacks- und Geruchssinns, die hier keine Rolle spielen können. Frau Ide (*1938) sieht elektronisches Geld zwar „im Gebrauch und in der Handhabung positiv, aber im Verhältnis, was man zu dem Geld hat, negativ, weil man sieht nicht mehr so, wie die Pfennige durch die Finger rinnen, also man ist irgendwie nicht mehr so direkt damit in Beziehung." Für Frau Pochadt (*1957) ist das Bargeld wegen seiner haptischen und akustischen Qualitäten vorzuziehen, denn sie „möchte irgendwie was auch in der Hand haben, was klimpert oder, daß man es fühlt, oder ansonsten das wäre mir nicht so angenehm." Ähnlich erklärt Herr Bruns (*1966) seine Bargeldpräferenz: „weil das so schön knistert zwischen den Fingern. Das ist ein ganz anderes Gefühl." Und für Frau Grübbel (*1946) „ist das Gegenständliche auch noch wichtig. Und auch mit dem Einteilen, so, ja, man hat ja doch nicht so die Übersicht, was man hat und was man nicht mehr hat, wenn man es bloß immer nur auf dem Kontoauszug sieht. Mir ist das Gegenständliche dann doch noch lieber." Für Frau Zubkes (*1972) Ablehnung spielt wiederum der visuelle Aspekt eine herausragende Rolle, „weil es also dann zu unpersönlich ist. Also ich will noch in irgendwie einen Laden gehen und dann das Geld auch sehen, was ich ausgebe und nicht nur an irgendwelchen Bildschirmen dann oder so irgendwelche Auszüge bekommen." Bei Herrn Albrecht (*1937) schließlich drückt sich die Affinität zum stofflichen Geld facettenreich und auf fast alle Sinne bezogen aus: „Ich schätze alles, was ich mit Händen machen kann, anfassen kann. Und dazu gehört auch, daß ich also ein dickes Portemonnaie habe und ein dünnes Portemonnaie habe. Und daß ich dadurch auch immer rein vom Gewicht informiert bin, was ich habe."

Die hier aufschimmernde *symbolische Dimension* des Geldes entfaltet Herr Kröger (*1940) subtil: „Das Gefühl für Geld, nicht das Gefühl des Berührens, sondern daß ich weiß, wenn ich einen Hundertmarkschein in der Hand habe, dann habe ich einen Hundertmarkschein in der Hand. Dieses Gefühl habe ich nicht, wenn ich mit der Karte 100 Mark bezahlen muß oder für 100 Mark mit der Karte bezahle. Und wenn man das ständig macht, man verliert das Gefühl fürs Geld irgendwie." Auch Frau Zubke (*1948) steuert eine wichtige Nuance bei: „Na ja, ich denke, es ist einfach transparenter, wenn man das Geld sieht oder mal in der Hand hat und ungefähr weiß, welcher Wert damit verbunden ist, als wenn ich es nicht mehr, nur als Karte, in der Hand habe." Die Äußerung von Frau Evers (*1904) wirkt demgegenüber ein wenig holperig und offenbart ihre Tiefenschicht erst bei genauer Interpretation. „Ja, also ich bin eher, daß ich mein Geld in der Hand habe. Mit diesem Plastikgeld, das ist mir nichts, muß ich ganz ehrlich sagen. Da möchte ich mich auch nicht mehr damit befassen. Also das Geld, das ich zu verbrauchen habe, das will ich auch in der Hand haben, ich meine, wenn es gar nicht anders geht, wenn es alles weg ist, dann muß ich mich damit noch befassen, aber ob ich das noch erlebe, weiß ich nicht, und, ich meine, vielleicht wenn das Eurogeld kommt, weiß ich nicht, aber, das weiß ich nicht. Also mit diesem Plastikgeld und auch mit dem Geldautomaten, das mag ich nicht. [Lachen]" Die alte Dame setzt sich auf der geldsymbolischen Ebene (siehe 3.6) mit der lebenslang „er-lebten" Entwicklungsstufe stofflichen Geldes gleich („ich bin eher", „ist mir nichts", „mein Geld"). Schon die im Interview erzwungene gedankenexperimentelle Trennung davon erschüttert sie und evoziert neben Widerwillen („mag ich nicht", „nicht mehr mit befassen", „wenn es gar nicht anders geht, [...] dann muß ich mich") die in der menschlichen Kommunikation häufigen Ausdrucksweisen von Irritation (Stammeln, Kichern, Wiederholungen etc.) Die Verbindung zum Euro, die sie mehr beiläufig oder auch zufällig herstellt, besteht auch sachlich und ist an ihrem Ort (siehe 15.4) zu vertiefen.

Der Schritt auf die geldsymbolische Ebene erklärt vielleicht auch eine letzte Auffälligkeit im qualitativen Material zur Elektronisierung des Geldes, eine zutiefst pessimistische Weltsicht. Für G1 und ihre Altersgenossen ist das Betreten dieser neuen Entwicklungsstufe des Geldes die zweite revolutionäre Umwälzung in ihrem Leben: in ihrer Kindheit und Jugend hatten sie sich ja schon von der Goldwährung als Inbegriff stoffwertgedeckten Geldes verabschieden müssen. Möglicherweise schafft diese Verbindung den Redeanlaß für so pessimistische Szenarien wie bei Frau Teske (*1907), die fragt, „wenn das immer weitergeht und immer weitergeht, wo soll denn das hingehen? Bis es einen großen Knall gibt, wie damals bei Hitler, wie mit dem ganzen Scheißdreck, bis alles verloren ist. Tja. Wir können dazu nichts sagen. (X) [...]. Immer wieder was Neues, nicht. Und schadet dann den anderen. Immer mehr Arbeit verlieren sie dadurch, nicht, ist doch so. Wollen doch ganz ehrlich sein." Des weiteren werden Abneigung und Ablehnung gegenüber dem elektronischen Geld mit der Befürchtung begründet, daß „es zu unbeständig alles ist, [...] es ist doch kein Verlaß mehr auf nichts." (Frau Dobler, *1900) Die ablehnende Einstellung gegenüber Neuerungen ist auch Ausdruck von Orientierungslosigkeit und wird mit Mitleidsbekundungen für die Jugend verbunden: „Für diese Neuerungen, die sie eingeführt haben. Wie sie das alles machen. Das sind alles böhmische Dörfer für mich, nicht. [...] Die haben ja soviel verändert in den letzten Jahren, daß man da gar nicht mehr durchfindet. Die jungen Leute, die sich damit abfinden müssen, die bedauere ich. So Neuerungen, alles." (Herr Pohl, *1905)

Auf der geldsymbolischen Ebene ist kein schärferer Kontrast denkbar als der zwischen den eben zitierten Äußerungen und der leicht unbestimmten Vision von Herrn Negel (*1970), daß die neue monetäre Epoche auch ein neues Beziehungssystem hervorbringen wird: „Ich würde sagen, zunächst mal eher negativ. Weil man das Geld, das zwar nur ein Symbol ist, in der Hand hat, hat man noch eher ein Gefühl für den Wert. Wenn man nur mit der Karte zahlt, dann verliert man zunächst mal ganz den Wert – den Bezug zum Geld. Aber ich denke mal, daß sich dann irgendwann mal ein neues Beziehungssystem entwickelt, wo man dann eine neue Beziehung zur Karte dann entwickelt. Wobei ich dann noch nicht weiß, wie das dann aussieht. Aber ich bin ziemlich sicher, daß sich das dann entwickelt. Ob das dann mit dem Kontoauszug zusammenhängt oder so. Jedenfalls wird sich da ein neues Beziehungssystem entwickeln."

15.3 Bargeldlose Zukunft?

Im Reich der Phantasie spielt die Frage, ob die BPn sich vorstellen können, „irgendwann einmal ganz ohne Bargeld auszukommen?" Hier ist ein bewußt grobes Kategoriensystem entwickelt worden; die Ergebnisse seien gleich in Abhängigkeit von der Generationszugehörigkeit präsentiert.

Tab. 15.3: Vorstellbarkeit einer bargeldlosen Zukunft nach Generation (N = 144; gerundete Spalten-%)

Vorstellbarkeit einer bargeldlosen Zukunft	**G1**	**G2**	**G3**	**Mittelwert**
Uneingeschränkt vorstellbar	8	8	56	34
Eingeschränkt vorstellbar	15	23	21	19
Unvorstellbar	63	40	21	41
Residual	15	0	2	6
Summe	101	101	100	100

In dieser Frage besteht ein noch auffälligerer Zusammenhang als beim Urteil zur Elektronisierung des Geldes. In der ältesten Generation ist für fast zwei Drittel (63%) der Befragten eine bargeldlose Zukunft unvorstellbar, in der mittleren Generation sinkt dieser Wert auf zwei Fünftel (40%) und bei den Jüngsten auf ein Fünftel (21%). Komplementär nimmt die uneingeschränkte Vorstellbarkeit kontinuierlich zu: sie findet sich bei jedem Zwölften in der ältesten Generation (8%) und bei jedem Zweiten in der jüngsten (56%).

Der Wortlaut der Frage legt kurze Antworten nahe und läßt so gut wie keine Möglichkeit zu sinnvollen Nachfragen. Nur wer das Thema von sich aus anregend oder aufregend fand, konnte weitergehende Kommentare liefern, die für die qualitative Auswertung von Interesse sind. Insbesondere festigen sie das Bild von den monetären Fixierungen der G1, die auch im Sinne einer historischen Spurensicherung dokumentiert werden sollen. Frau Evers (*1904) kann sich rein praktisch nicht vorstellen, wie man ohne Bargeld auskommt, und sie artikuliert ihre Hilflosigkeit mit Hilfe der kaufmächtigen Münzen ihrer Kindheit: „Nein. Das kann ich mir nicht denken. Man weiß es nicht, wenn es noch kommt, wenn ich das noch erlebe? Also dann müssen meine Kinder das machen. Ich kann es mir auch nicht vorstellen, wie man ohne Bargeld auskommt, also das muß ich sagen, irgendwie müßte man doch nun auch mal mit Groschen, oder rechnet man denn überhaupt nicht mehr mit Groschen und Pfennigen? Also das kann ich mir nicht vorstellen." Einige Befragte, unter ihnen Frau Batte (*1912), betonen ihre innere Bindung und Gewöhnung: „Nein, kann ich mir nicht vorstellen. Das ganze Leben hat man Bargeld gehabt." Herr Lehmann (*1903) geht es „wegen der Alterspyramide" genau so, „denn die alten Menschen, die können sich vom Geld nicht lösen." Andere Antworten können geradezu als Bestätigung dieses verallgemeinernden Urteils gelesen werden. „Nein, nein, der allergrößte Mist, den es gibt." (Herr Raabe, *1909) „Ohne Bargeld, ungesund. Das ist ja weiterhin nur Betrug." (Herr Lange, *1912) Auch Frau Möller (*1905) hat die Frage nach der Vorstellbarkeit einer bargeldlosen Zukunft erregt und erbost: „entsetzlich, entsetzlich, das möchte ich gar nicht mehr erleben, nein, nein, möchte ich nicht mehr erleben." Diese Sicht ist keine ausschließliche Domäne der Ältesten, sondern sie kann auch bei Angehörigen der G3 nachgewiesen werden. Etwa für Herrn Stupp (*1977) wäre eine bargeldlose Zukunft „schon der Horror."

15.4 Elektronisierung und Europäisierung

Nicht nur in der Wahrnehmung einiger BPn, sondern auch real ist die Elektronisierung der Zahlungen mit der Europäischen Währungsunion verzahnt, was hier nur anzudeuten ist. So war schon vor der Einführung der gemeinsamen europäischen Währung der Tagespresse zu entnehmen, daß z. B. die Sparkassen die Umstellung von D-Mark auf Euro nutzen wollten, um der Geldkarte zum Durchbruch zu verhelfen: „Dabei hoffen die Sparkassen vor allem auf die Kommunen, die zahlreiche Automaten in der dreijährigen Übergangsphase auf den parallelen Gebrauch von D-Mark und Euro einrichten müssen." Aber auch umgekehrt wird die Geldkarte als förderlich für die praktische Bewältigung des Euro angesehen, denn „krumme" Beträge, die durch die entstehen, lassen sich bequem begleichen.

Auch gibt es bereits Bestrebungen, das in Währung (Euro) und Form (Elektronisierung) veränderte Geld durch Verschmelzung beider Stränge noch europäischer, internationaler, grenzenloser und damit abstrakter zu gestalten. Da die derzeit rund 20 verschiedenen Varianten von elektronischen Geldbörsen in Europa technisch nicht kompatibel sind, soll in zwei Schritten eine internationale Einsetzbarkeit der Geldkarte erreicht werden. Hier wird durch Schaffung des gemeinsamen Geldbörsenstandards „Ceps" (Common Electronic Purse Specification) zunächst eine Kompatibilität für Europa angestrebt und in einem zweiten Schritt eine international einsetzbare elektronische Geldbörse. „Getrieben wird diese Entwicklung von der bevorstehenden Einführung des Euro."[193]

Es läßt sich also feststellen, daß der Prozeß der Elektronisierung des Geldes nicht nur zeitlich mit der Einführung der europäischen Währung einher geht. Vielmehr sind beide Prozesse miteinander verschränkt, so daß versucht wird, sie in technischer Hinsicht füreinander nutzbar zu machen. Daß diese Vorgänge für viele Menschen mehr als nur ein technisches Problem sind, sondern vielmehr nicht ohne Auswirkungen auf die Wertschätzung des Geldes und die Beziehung zum Geld bleiben, hat sich deutlich in den qualitativen Antworten zum Bedeutungsverlust des Bargeldes und zur bargeldlosen Zukunft widergespiegelt.

Die Elektronisierung des Geldes und die Perspektive einer bargeldlosen Zukunft haben sich als spannungsreiche Themenfelder erwiesen, auf denen Dissens und Kontroverse herrschen. Einige Aspekte seien als Abschluß des Abschnitts bilanziert. Allgemein hat sich gezeigt, daß eine einmütige Bewertung und ein objektiver Vergleich nicht möglich sind, weil Widersprüche objektiv *bestehen* und unterschiedlich *gewichtet* werden können. Die Interessen der Befragten an einer Rationalisierung des Zahlungsverkehrs korrespondieren partiell mit jenen der Vereinfachung, Liquidität und Mobilität, während der erhoffte Beitrag zu einem konsumanregenden Geldverhalten sich den betroffenen Menschen mehr als Gefahr darstellt, die Hoheit in ihrem monetären Alltag zu verlieren oder gar in die Verschuldungsfalle zu geraten. Weiterhin hat sich in Gestalt neuer Aspekte bestätigt, daß Geld eine fein verästelte psychische Bedeutung hat, die offiziell noch nicht einmal thematisiert wird. Sehr groß sind die Differenzen zwischen den Generationen; für die Ältesten stellt sich die Elektronisierung besonders oft als monetäre Zumutung dar, während die Jüngeren eher damit leben können.

In loser Koppelung mit dem ausgewerteten Material haben sich tiefgehende Veränderungen angedeutet, die abschließend auf den Begriff gebracht werden sollen. Die Elektronisierung des Geldes bewirkt immanente Vervollkommnungen einiger seiner traditionellen Funktionen und Aspekte (siehe 3). Die punktgenaue Abrechnung beliebiger Beträge ist eine Weiterentwicklung des Tauschmittels und die Perfektionierung jener präzisen Teilbarkeit, die bei jeder noch so feinen Abstufung der Scheine und Münzen an physische Schranken gestoßen war. Der überall mögliche Zugriff auf Liquidität schlechthin ergänzt die Freiheit und Unabhängigkeit, die vorn als wesentliche soziale Funktionen von Geld aufgezeigt worden sind und be-

193 Die Geldkarte soll künftig auch im Ausland akzeptiert werden. Europay und deutsche Banken entwickeln Technik gemeinsam weiter. „Brücken zwischen den Systemen bauen", in: F.A.Z. vom 11.9.1998.

deutet einen weiteren Schritt in Richtung Universalität und Weltgeld. Die Entkoppelung von Mensch und Besitz erhält so eine weitere Facette. Die Beschleunigung, die schon beim Schritt vom physischen Geldtransport zum bargeldlosen Verkehr erheblich war, ist nunmehr so groß, daß der Faktor Zeit vollständig zu vernachlässigen ist.

Die Rationalisierung des Geldwesens tritt in neue Dimensionen, insofern große Teile der monetären Sphäre schlicht entfallen, was auch die Geldkultur und die Sozialisation verändert. Dies geschieht praktisch zeitgleich mit der EWU, die, indem sie das nationale Geld aller Mitgliedsländer durch Euro-Scheine und Cent-Münzen ersetzt hat, noch im traditionellen Medium und auf einer früheren Stufe des Geldes verbleibt. Zwischen der Elektronisierung des Geldes und der Europäischen Währungsunion ist somit ein historisch wohl einmaliges Spannungsverhältnis entstanden: Die EWU ist als epochales Großprojekt *auf* der dritten Stufe monetärer Entwicklung angesiedelt (stofflich präsente Banknoten und Münzen mit minimalem Eigenwert als Papier bzw. Metall), die durch die zeitgleich vordringende Elektronisierung des Geldes *als* Stufe gewissermaßen angefressen wird. Indem die Elektronisierung die vierte und vielleicht letzte Stufe monetärer Entwicklung verkörpert, wirkt der (junge) Euro genau so überholt wie die in ihm aufgegangenen und die fortbestehenden alten Währungen außerhalb der EWU.

Es wird sich im folgenden zeigen, welche Wahrnehmungen und Bewertungen den Euro betreffen. Auch sie sind, so die Hypothese, viel stärker auf der psychologischen und soziologischen Ebene angesiedelt als im gesamten Prozeß der Vorbereitung der EWU berücksichtigt wurde.

16. Europäische Währungsunion (EWU)

„Der Euro macht die Welt verrückt, und die ist nicht entzückt." (Achim Konejung, Kabarettist, 1998)

Im Erhebungsjahr (1996) waren die Weichen für die monetäre Zukunft der Deutschen noch nicht endgültig gestellt. Dieser Situation wurde durch einen Fragewortlaut Rechnung getragen, der diesen Schwebezustand abgebildet hat: „In einigen Jahren wird es die D-Mark möglicherweise nicht mehr geben. Stattdessen wird in einigen Ländern eine gemeinsame Euro-Währung gelten. Welche Gefühle haben Sie, wenn Sie an die Europäische Währungsunion denken?" Die Frage ermöglichte und erbrachte alle nur denkbaren Antworttypen – vom knappen Kommentar bis zur ausführlichen Darlegung. Weil die artikulierten Gefühle oft mit Reflexionen vermischt sind, wurde in einem ersten Auswertungsschritt der in beidem enthaltene *Tenor* herauspräpariert und zwischen den Polen positiv/negativ kodiert. Dieses Verfahren ergibt bereits ein aussagestarkes Bild, das erheblich differenzierter ist als das Standardmaterial aus der Meinungsforschung, und das auch im 21. Jahrhundert aktuell und wichtig ist. Die Aufschlüsselung nach Generation vermittelt weitere Einsichten.

Tab. 16.1: Gefühls- und Urteilstenor zur EWU nach Generation (N = 144; gerundete Spalten-%)

Gefühls- und Urteilstenor	**G1**	**G2**	**G3**	**Mittelwert**
Stark positiv	0	0	0	0
Positiv	4	15	13	10
Neutral/gleichgültig	8	10	21	13
Ambivalent	6	21	21	16
Negativ	60	48	40	49
Stark negativ	13	6	6	8
Residual	8	0	0	3
Summe	99	100	100	99

Das augenfällige Ergebnis (Summenspalte) einer Anti-Euro-Mehrheit fügt sich in das Grundmuster des Bildes und Erwartungskorridors, das Dutzende von Umfragen[194] geschaffen haben. Selbst der Anteil der Neutral-Gleichgültigen liegt noch geringfügig über dem Wert der eindeutig Positiven. Die feinere Kategorisierung, die aufgrund des qualitativen Materials möglich war, läßt darüber hinaus einen ersten Unterschied zu den Standarderhebungen erkennen: *stark* positive Gefühle werden nicht ein einziges Mal artikuliert, während ein knappes Zehntel der Befragten den Gegenpol der *stark* negativen Gefühle besetzt. Dieses vollständige Fehlen von Begeisterung und (Vor-)Freude unterscheidet den Übergang zum Euro von den Reformjahren 1924 (siehe 6.3), 1948 (siehe 7.3) und 1990 (siehe 9.2)!

Die Betrachtung nach Generation ordnet sich tendenziell und zunächst ebenfalls in die vorliegenden Ergebnisse ein, die auf die Formel hinauslaufen: je älter desto reservierter. Unser analoger Befund lautet: die Großelterngeneration hat erheblich seltener positive, neutrale und sogar ambivalente Gefühle zur EWU als die der Eltern und Enkel; entsprechend ist sie deutlich öfter negativ und sogar doppelt so häufig stark negativ gestimmt.

Der *entscheidende* Vorteil der offenen Erhebung liegt jedoch auf einer ganz anderen Ebene: sie gibt Aufschluß über die *Intensität* und oft sogar über die *Art* und die *Auslöser* der Gefühle. Diese Dimension ist zentral bedeutsam für die Frage, ob es eine solide Zukunft für den Euro geben oder die „vierte Stufe" der Währungsunion eintreten wird, das Scheitern und die Auflösung (Schachtschneider 1998: 313). Die psychosozialen Bedingungen der Geldwertstabilität sind als solche unbestritten: etwa eine durch Angst oder Mißtrauen ausgelöste Welle antizipierter oder gar panischer Käufe wirkt über die Steigerung der Umlaufgeschwindigkeit des Geldes genau so inflationär wie eine Erhöhung der Geldmenge. Während die in den Konvergenzkriterien gebündelten ökonomischen Größen politisch beeinflußt werden können, ist das emotional veranlaßte individuelle Kollektivhandeln (oder das kollektive Individualhandeln) kaum zu steuern.

Die folgende Darstellung wird durch Anleihen aus der Psychologie der Emotionen (vgl. Fußnote 118) strukturiert und macht sich deren Einsicht zunutze, daß Gefühle oft mit spezifischen Handlungsdispositionen verbunden sind (z. B. *Kummer-Schmerz* mit Passivität und Rückzug). Auf seiten der Befragten ist die Basis, von der aus Gefühle gegenüber der EWU geäußert werden können, sehr unterschiedlich. Bei einigen enthält die Lebensgeschichte Erfahrungen mit früheren Währungsereignissen, die nicht nur ein mehr oder minder passendes kognitives Schema zur Verfügung stellen, sondern auch die emotionale Seite prägen: hier hat das mitgeteilte Gefühl etwas von einer *Projektion*. Anderen fehlt diese Erfahrungsbasis, so daß die Gefühle, die anläßlich eines identischen Redeimpulses geäußert werden, *Imaginationen* sind. Die Darstellung orientiert sich an der *Art und Intensität* der Gefühle gegenüber der EWU und versucht dabei, auch die *Auslöser und Themen* deutlich zu machen. Diese unsichtbare Hintergrundgliederung führt

194 Vgl. für den damaligen Stand die Zusammenfassung zahlreicher Umfragen bei Hoffmann 1996.

dazu, daß ambivalente und besonders nuancenreiche Erläuterungen bisweilen zerlegt und in verschiedenen Kontexten verwendet werden.

Die positiven Gefühle beziehen sich im wesentlichen auf alltagspraktische Vorteile, auf gesamtwirtschaftliche Zusammenhänge und auf Keime einer europäischen Identität. Dreh- und Angelpunkt der positiven Gefühle wegen *alltagspraktischer Vorteile* sind die Erleichterungen beim Reisen. „Ja, da wird vieles einfacher werden, Geldtausch, wenn ich in ein anderes Land gehe, fällt weg, also ich möchte sagen, das ist besser." (Herr Otte, *1963) Ganz ähnlich beginnt Frau Pochadt (*1957), die im Verlauf einen weiteren Aspekt anfügt: „Und jedes Mal zahlt man ja drauf an Gebühren und geht ja doch immer noch was verloren von dem Privatvermögen."

Gesamtwirtschaftlich ist der positive Teil der „eher gemischten" Gefühle von Herrn Tiemeyer (*1973) begründet: „grundsätzlich wird die ganze Sache ja gemacht, weil Europa am Vereinigen ist, um wirtschaftlich stärker zu sein gegenüber globalen Konkurrenten wie Amerika, Japan oder den anderen Tigerstaaten." Eine ebenfalls jüngere Gesprächspartnerin artikuliert „zwiespältige" Gefühle und verweist im positiven Teil auf „diese wirtschaftliche Weltsituation, die es einfach erfordert, daß wir jetzt europäisch denken müssen und nicht mehr deutsch oder englisch oder französisch, weil sonst das Gleichgewicht der Kräfte – wie es so schön heißt – doch ein bißchen auseinander gerät oder ins Wanken kommt. Und eine Grundvoraussetzung dafür ist die Währungsunion." (Frau Wegener, *1967) Ein Angehöriger der mittleren Generation drückt „differente" Gefühle aus, formuliert zunächst seine Skepsis und sagt dann: „Aber ich sehe auch, daß das die einzige Chance ist für Europa, noch einigermaßen in der Wirtschaft mitzusprechen, dadurch." (Herr Evers, *1940)

Die bislang angeführten Belege für positive Gefühle gegenüber der EWU sind offensichtlich durchweg auf den schwachen Intensitätsstufen angesiedelt – mehr als Billigung drücken sie nicht aus. Beim dritten Thema, den Ansätzen einer Identifikation mit Europa, ändert sich dies zwar nicht substanziell, wohl aber graduell. Etwa bei Herrn Flebbe (*1936) schwingt das emotionale Pendel ein wenig auf diese andere Seite: „Im Prinzip finde ich das gut. Aus praktischen Erwägungen und auch aus politischen, wenn wir schon seit Jahrzehnten über Europa reden, dann ist das eigentlich eine logische Folgerung, finde ich, daß das Geld auch Euro heißt oder wie es dann heißen soll, europäisch ist, einheitlich. Finde ich dann eine logische Folgerung. Ja, finde ich gut." Eine andere Gesprächspartnerin aus der mittleren Generation findet den gesamten Prozeß der europäischen Integration „grundsätzlich gut. Weil ich meine, ein Stück mehr Einigung bringt auch ein Stückchen mehr Verbindung auf dem menschlichen, auf dem wirtschaftlichen Sektor, auch ein Stückchen Ausgleich, das finde ich gut." (Frau Ahrens, *1931) Bei ihr und bei Herrn Hagenberg (*1939) ist allerdings auch schon die größte Intensitätsstufe erreicht, die sich in der Summe der Interviews findet: der bejahte Keim einer neuen europäischen Identifikation: „Nach einigen Vorträgen bin ich eigentlich immer sicherer geworden und von der anfänglichen Skepsis, daß man dadurch Verluste erleidet, abgewichen. Ich denke mal, der Gedanke an eine wirkliche europäische

Union nimmt einen immer wichtigeren Rang ein. Ich bin eigentlich überzeugter Europäer, oder will es werden. Und insofern sehe ich die Sache eigentlich relativ sicher.“ Die hier ausgedrückten Gefühle gehen über bloße Billigung hinaus in Richtung Interesse-Freude, sind aber mit zu vielen kleinen Vorbehalten durchsetzt, um als starke Emotion codiert zu werden. Euphorie und Begeisterung fehlen ganz.

Die Emotionen der Neutral-Gleichgültigen sind naturgemäß blasser, seien aber dennoch in den wichtigsten Varianten knapp vorgestellt, weil ihnen im Hinblick auf Handlungen eine Disposition zur Passivität beigelagert ist. Die Gleichgültigkeit gilt einerseits den Erscheinungsformen des Geldes schlechthin. Etwa Frau Lange (*1965) ist es „eigentlich egal, ob ich jetzt in Euros zahle oder ob ich in D-Mark zahle, wenn die Voraussetzungen stimmen.“ Weiterhin existiert ein Phänomen, das, eine hochbetagte Frau selber als „altersgemäß uninteressiert“ (Frau Eikermann, *1904) umreißt. Außer dieser Altersdistanz ist noch eine durch zurückliegende Erfahrungen bewirkte monetäre Abstumpfung nachweisbar. Etwa Frau Pochadt (*1907) würde es „nichts ausmachen. Habe so viel schon mitgemacht mit den Geldsachen, da würde ich da dann auch noch drüber hinkommen.“

Auf den folgenden Seiten wird es darum gehen, jene negativen Gefühle zur Eurowährung differenziert auszuleuchten, die eine Mehrheit der Befragten artikuliert; in der Summe sind sie ein brisanter Cocktail, der die Zukunft des Euro nachhaltig beeinflussen könnte. Als Vorschau auf die Befunde zu den Negativgefühlen läßt sich zusammenfassend sagen, daß die schon bekannten Themenschwerpunkte mit anderer und reicherer Binnenakzentuierung wiederkehren, andererseits aber ganz andere emotionale Dimensionen und insbesondere die schärfsten Intensitätsstufen von Gefühlen in den Blick treten werden.

Bei den Gefühlen der *lebenspraktischen Art* existiert zunächst die spiegelbildliche Entsprechung zur Genugtuung über den Wegfall umständlicher Prozeduren beim Geldwechseln. Eine Angehörige der jüngsten Generation findet die Vorstellung einer europäischen Einheitswährung nämlich „nicht schön. (X) Weil ich es schon ganz nett finde, daß wir unsere Währung haben. Die Mark ist für mich stabil zum einen und [es] ist auch im Ausland mal ganz interessant, mal anderes Geld in der Hand zu haben. Es ist jetzt vielleicht ein bißchen doof, aber wenn ich ins Ausland fahre – ich war gerade in Paris – und habe dann ausländisches Geld, das vermittelt mir auch das Gefühl, im Urlaub zu sein. Wenn ich jetzt mal mit DM alles bezahlen könnte und ich müßte mir auch nicht überlegen, wie ich das umrechne und so – ich weiß nicht, da fehlt mir einfach etwas.“ (Frau Hagenberg, *1966) Bei einem Teil der Älteren spielt die Sorge eine Rolle, bei der Umstellung auf das neue Geld Schwierigkeiten zu haben. Das ist etwa bei Frau Uhlenbrock (*1915) der Fall: „Ja, bis man das wieder im Kopf hat, da wird man sowieso wirr, das ist doch so. Wenn man über 80 ist, da kriegt man das Zeugs gar nicht mehr rein, das ist doch so.“ Die hierzu angeführten Belege drücken schwache negative Emotionen aus: Irritationen oder allenfalls leichte Besorgnisse.

Bei den gesamtwirtschaftlich induzierten Emotionen spielt die *Geldwertstabilität* eine herausragende Rolle, und dabei ändert sich die emotionale Klangfarbe der

Äußerungen. Etwa Frau Negel (*1938) artikuliert zunächst ein „ganz ungutes Gefühl", das sie dann in moderater Tonlage erläutert: „Ich glaube, die DM steht ja im Moment ja noch, obwohl sie entwertet ist, aber im Vergleich zu anderen Währungen noch ganz gut da. Und ich habe das Gefühl, das wird verschlechtert durch diese Einheitswährung. Die müssen ja auch andere Länder hinzuziehen, und ich glaube, das bringt eine Entwertung unserer DM mit sich." „Schlechte Gefühle, denn diese Europäische Währungsunion gleicht einer Inflation." (Herr Wellstein, *1934) Über diese Zwischenstufe eskalieren die Emotionen, wie bei der alten Frau Pietsch (*1913), zu blanker Angst: „Nein, ich nicht, ich hätte keine gute Meinung, weil ich die DM als so gut halte und soviel, zwei Inflationen, mitgemacht habe, daß ich buchstäblich Angst vor einer neuen Inflation hätte, vielleicht, es ist sicherlich falsch, aber ich hätte Angst vor einer neuen Inflation. Zwei Inflationen mitgemacht, da hätte ich echte Angst vor einer neuen Inflation." Im Dialog mit Frau Menne (*1911) zeigt sich ebenfalls eine stark negative Emotionalität. „Ach Gott, da habe ich keine guten Gefühle. Ehrlich, ich weiß nicht, da habe ich nicht ... (X) Gott, ich weiß nicht. Ist wieder das Geld futsch. Ich meine, das war schon mal und dann wieder noch mal und dann noch mal, also nein, also da ... (X: Haben Sie Angst, daß das wieder so kommen könnte, wie es schon mal war?) Ja." „Ein ganz ungutes" Gefühl hat unsere Frage bei der gleichaltrigen Frau Sittler (*1911) ausgelöst, „weil wir die armen Länder mit durchschleppen müssen, und wir sind so schon ein armes Land geworden. Wir haben die Höchstverschuldung von ganz Europa und Waigel hat ja schon eins auf die Nase gekriegt. Ich habe ein ganz ungutes Gefühl. Tut mir leid, daß ich das sagen muß, also wir haben, wir sind wieder in den zwanziger Jahren, was meinen Sie, was sich noch tut. Und dieses Mal wird es noch affiger [...]." Auch Herr Kröger (*1940) als Angehöriger der mittleren Generation hat „keine guten Gefühle, die Angst, daß eine nochmalige Geldentwertung kommt, obwohl das ja bestritten wird." Noch weiter gehen die Befürchtungen eines jungen Mannes: „Ich habe da Sorge. (X) Ich fürchte, daß das in eine Wirtschaftskrise führen wird, für alle Länder. Und da weiß ich dann nicht, wie sich das dann auswirkt. Vielleicht ist so eine Krise in Europa auch mit einer Weltwirtschaftskrise verbunden, das weiß ich nicht." (Herr Negel, *1970)

Eine andere Version des Stabilitätsproblems hebt auf den befürchteten Verlust einer relativ privilegierten *Position der BRD* ab. „Der Durchschnitt wird sich verringern und die Leidenden werden wir sein. Wir werden verlieren, die anderen werden gewinnen, so sehe ich es eigentlich." (Herr Bruns, *1966) Ein anderer junger Mann befürchtet, „daß unsere Mark eben entwertet wird, um die anderen hochzukaufen praktisch. Und andere Währungen stabil zu kaufen." (Herr Wellstein, *1965) Herr Lehmann (*1903) aus der ältesten Generation hat schlechte Gefühle, „weil erst die politische Union nötig wäre und weil sehr viele Länder schwächer sind und die Gefahr besteht, daß der Lahme den Blinden Huckepack nimmt."

Vereinzelt werden die Interessenbezüge der Eurowährung gestreift, wobei sich Normalverbraucherinnen wie Frau Tilly (*1963), auf der Verliererseite verorten. Sie hat „keine guten" Gefühle: „Ich kann mir einfach nicht vorstellen, daß es klappt, da hängt mehr dran, als nur Geld. Ich meine, die größeren Firmen können die Vorteile sicher gut ausschöpfen, aber das normale Fußvolk hat da nichts davon. Ich sehe da nicht nur alles in Gold." Hier klingt schon eine allgemeinpolitische Einbindung der Währungsfrage an, die bei anderen Befragten im Zentrum steht. Auch Frau Grübbel (*1946) äußert negative Emotionen und erläutert: „Also das hat jetzt nicht nur mit der Währung was zu tun, das ist jetzt eben auch meine Meinung überhaupt mit der Europäischen Gemeinschaft: Alles unter einen Hut, das ist ja eigentlich dafür die Voraussetzung für die gemeinsame Währung. Das kann ich mir eben nicht vorstellen, weil einmal durch die verschiedenen wirtschaftlichen Zustände in jedem Land, aber dann auch außerdem noch, also ob man das überhaupt hinkriegt, daß diese vielen Länder einig werden. Wenn man sieht, daß noch nicht mal in einem Land Einigkeit herrscht, und dann will man erreichen, daß die ganzen europäischen Länder also sich einigen! Also, das kann ich mir nicht vorstellen. Also meiner Meinung nach gibt das so viel Probleme, die man nicht lösen kann; also da habe ich ein ganz ungutes Gefühl, und ich empfinde das als sehr problematisch."

Häufiger wird das Bedrohungsgefühl als *vage Dichotomie* formuliert. „Also nicht gut. Nicht gut. Auf jeden Fall. Es tut sich zwar auch nachher wieder einspielen oder wie man das gerade nun nennt, aber ich finde das nicht gut, ehrlich gesagt. Und da ist ja, wir wollen mal ganz ehrlich sein, in allen Sachen ist einer drunter, der das dann aufbringt. Ob das nun in der Krankheit ist oder in der Politik oder wie mit dem Geld, einer ist immer drunter, der was mehr zu sagen hat. Und dann wird es nachher abgestimmt und dann wird es gemacht. Ist das so? Auf jeden Fall." (Frau Teske, *1907) Andere Äußerungen sind in dem Sinne vage, daß die große Intensität der Emotion augenfällig ist, während es Mühe bereitet, sie dem Inhalt nach zwischen Wut, Angst und Schmerz einzuordnen. Eine dieser Antworten lautet: „Daß wir wieder beschissen werden." (Frau Bruns, *1911) Auch der hochbetagte Herr Pohl (*1905) hat „keine guten Gefühle", was er so erläutert: „Bisher wollen sie von den Deutschen immer nur haben. Bei jeder Gelegenheit da warten sie drauf, daß der Deutsche da so und soviel Milliarden wieder hinpulvern soll, was verlorene Gelder sind, die sie nie wieder kriegen. Und das Volk muß darunter leiden. Das wird eingestellt und das wird umgeändert und so." Gerade diese vagen Dichotomien spiegeln intensive Gefühle von Bedrohung und sind zum Teil voller Aggression. Dieses Potential sei mit stark verkürzten Gesprächsauszügen weiter verdeutlicht: jemand sieht „uns" in der Rolle der „größten Zahlmeister der EU" und nimmt an, „wir werden da weiter untergebuttert werden"; ähnlich hart sind die Erwartungen, „daß man uns nachher richtig rasieren wird", „daß man uns da ganz schön wieder über das Ohr haut", „daß da Deutschland ganz schön bluten muß." oder „daß wir dann furchtbar viel dafür bezahlen müssen, denn wir Deutschen sind ja für so ziemlich alles die Melkkuh."

Bemerkenswerterweise thematisieren die Befragten unerwartet häufig Aspekte, die im politischen Hauptstrom der Eurodebatten kaum eine Rolle gespielt haben und nur in der sozialwissenschaftlichen Literatur berührt und ernst genommen worden sind. (Hoffmann 1996) Hier geht es vornehmlich um die Rolle des Geldes für die kollektive und individuelle Identität des Menschen und um die Geldkultur. Der alte Herr Kröger (*1908) greift weit in die Geschichte zurück, wenn er ausführt: „Da bin ich genauso betrübt wie über das Verschwinden der Talerwährung, als die Reichsmark gekommen ist [...]. (X) Weil eine gewisse Vielfalt und Schönheit verloren geht. Es wird ein Einheitsbrei, vom Visuellen her.“ Eine jüngere Frau betont die geldkulturelle Dimension des Reisens, die weiter vorn schon angeklungen ist: „Ich finde das bedauerlich, daß man nicht mal mehr Geld wechseln muß, wenn man ins Ausland fährt. Das macht auch einen Reiz aus, ins Ausland zu fahren. Die andere Sprache, die Lebensbedingungen, und dazu gehört auch das andere Geld. (Frau Menne, *1970) Ähnlich argumentiert Herr Albrecht (*1937): „Ich schätze die Münze, die individuelle Münze, wenn ich irgendwohin komme, in irgendein Land, gucke ich, wie es da ist, wie sehen die aus.“ Nach einer z. T. unverständlichen und nicht voll transkribierbaren Zwischenbemerkung über die eigene Währungsgeschichte folgt das bedauernde Fazit: „da war das was, was man viel aus der Zeit, aus den Ländern ablesen konnte, und das ist alles weg.“ Eine andere Interviewpartnerin findet es negativ, „daß mit dem Verlust der nationalen Währung auch wieder ein Bezug zu dem Geld verloren geht, vor allem vielleicht auch so ein bißchen das nationale Gefühl so zum eigenen Geld irgendwie so verloren gegangen ist und man zu diesem neuen Geld nicht so den Bezug haben wird. Gut, das wird vielleicht nur am Anfang so sein, das wird sich verwischen.“ (Frau Möller, *1963) In den Erwartungen von Herrn Negel (*1970) wird man aufgrund der psychischen und kulturellen Bedeutungen des Geldes sogar „ganz außerordentlich Probleme haben, vermutlich auch soziologischer Art, weil Währung auch immer eine Form von Identifikation ist, also kultureller Identifikation, weil es halt auch Teil des Kulturgutes ist. Und nicht zuletzt daher wird es da Probleme geben.“ Nur ein einziges Mal wird diese Dimension mit einem nationalen Anklang thematisiert: „Hm, also ich habe das Gefühl, daß die einzelnen Staaten und Völker dann unwichtiger werden. Also, es wird irgendwas, ja es wird irgendwas verdrängt. Also diese Gleichmacherei ist für mich nicht anzustreben, und deshalb glaube ich, daß die Währung auch ein Stück Identität für jeden ist. Wir haben schon Schwierigkeiten, uns als Deutsche zu fühlen, und wenn wir noch nicht einmal mehr deutsches Geld haben und keine Grenzen mehr, und dann haben wir vielleicht noch unsere Sprache und irgendwo löst sich das immer mehr auf, diese Identität.“ (Herr Haase, *1959) Mit einer seltenen Denkrichtung stellt der hochbetagte Herr Hagenberg (*1908) die Querverbindung zwischen Geld und Psyche und den weiter oben behandelten Besorgnissen rings um den Geldwert her. Er artikuliert „ungute“ Gefühle, „weil ich mir nicht vorstellen kann, daß die Mentalität der Sicherheit des Geldes bei Leuten in den Ländern wie Portugal und vor allem Griechenland gewährleistet ist. Und ich fürchte, daß die standardmäßige Sicherheit verloren geht.“

Etwas außerhalb der bislang beschrittenen Hauptlinie der Auswertung ist ein weiterer Befund vorzustellen, der interessant und auf seine Art ebenfalls brisant ist. In der Frage der Eurowährung gibt es nämlich in den östlichen Bundesländern spezifische Akzente. Die großen Unterschiede im Erleben der deutsch-deutschen

Währungsunion von 1990 zwischen Ost und West (Hoffmann/ Rühmann 1993 und oben 9.2) haben sich fortgezeugt. Für die Menschen im Osten – und nur für sie – sind verschiedene Typen dieser Nachwirkung zu erkennen. Für die einen ist der Schritt von der DDR-Mark zur DM ein so eindeutig positives Aufwertungserlebnis gewesen, daß ein Preisgeben dieser Errungenschaft zugunsten eines ungewissen Euro abgelehnt worden ist. Bei Herrn Güthoff (*1962) ist dies besonders deutlich: „Das stimmt mich ein bißchen traurig, weil nämlich auf die D-Mark haben wir sehr lange gewartet, bis wir sie bekommen haben, und jetzt auf einmal soll die ganze Sache vorbei sein? Gerade der Punkt stimmt mich sehr traurig." In der zweiten Verarbeitungsfigur kommt 1990 ebenfalls als ungetrübter Erfolg vor, aber die Konsequenz ist konträr: Gelassenheit oder auch Optimismus beim nächsten monetären Großereignis. Dieser Typus sei exemplarisch durch zwei Aussagen illustriert. „Dadurch, daß es die DDR-Mark auch irgendwann nicht mehr gab, weiß ich nicht, ob das jetzt so wichtig ist, daß es nachher bloß noch den Euro gibt." (Frau Haller, *1971) „Sorglos bin ich da, weil ich diesmal bei der D-Mark sitze und nicht DDR-Mark in der Hand habe." (Herr Söder, *1943) Vertreter des dritten und letzten Typs haben die Währungsunion von 1990 als Abwertung erlebt, deren Wiederholung gefürchtet wird. Lakonisch knapp erklärt Herr Otte (*1912) seine Gefühle zur EWU: „Da wird die Hälfte von unserem Ersparten wieder weggenommen." Das Abwertungserlebnis ist auch der Kernpunkt im zwiespältigen Gefühl von Frau Wegener (*1967). „Daß man irgendwie denkt: Man hat die deutsche Währung schon in einer gewissen Stabilität erlebt. Und hatte jetzt so ein ‚Aufwärts' von der DDR-Währung zur DM und hat auf der einen Seite eine Abwertung damit verbunden erlebt. Und ist jetzt froh, sich in dieser DM stabilisiert zu haben, auch wieder eine gewisse Summe angespart zu haben und sich eingefunden zu haben in das System. Und daß man denkt: Wer weiß, wenn jetzt die Währungsunion kommt, geht das ganze von vorne los. Im Hinterkopf habe ich immer: jetzt sparst du, sparst du, und irgendwann ist wieder alles futsch!"

Als Zusammenfassung, Zwischenbilanz und Überleitung sind die folgenden Punkte hervorzuheben. Trotz der und gegen die Stabilitätsrhetorik in der politischen Debatte um die EWU hat auch in dieser Untersuchung die Mehrheit der Befragten Reserven gegen das monetäre Großprojekt artikuliert. Die Skepsis als solche war zunächst einmal rational, weil Prognosen über den Ausgang eines nie zuvor unternommenen Experiments nicht möglich sind. Auf der emotionspsychologisch angeleiteten Hauptachse der Auswertung haben sich brisante Befunde ergeben. Die Minderheit der Befragten mit positiven oder ambivalenten Gefühlen zur Europäischen Währungsunion war gewissermaßen auf emotionaler Sparflamme und primär durch Themen stimuliert, die der alltagspraktischen oder gesamtwirtschaftlichen Sphäre entstammen. Die weitergehenden positiven Gefühle einer randständig winzigen Teilgruppe waren weit von freudiger Identifikation oder gar Euphorie entfernt; sie konnten als tastende Ansätze einer neuen Europa-Identität gewürdigt werden. Negative Gefühle waren nicht nur häufiger, sondern auch schärfer ausgeprägt. In der Summe hatte die Eurowährung 1996 nur marginale emotionale

Ressourcen auf ihrer Seite, denen intensive Antigefühle einer Mehrheit gegenüberstanden. Teilweise haben sich allgemeine Auffassungen von nationaler und kultureller Identität unmittelbar als Anti-Euro-Position manifestierten. In der Tonlage erinnert vieles an die Charakterisierungen, die Theodor Geiger für vormals privilegierte soziale Gruppen im „Verteidigungszustand" gewählt hat.

Daten, Argumente und Aspekte von 1996 bleiben u. E. auch nach dem Eintritt in die offizielle Endstufe der EWU brisant, und zwar vor allem aus drei Gründen. (1) Die Kursentwicklung des Euro zum Dollar, die heftig beklagten Preissteigerungen („Teuro"-Debatte), die steigende Staatsverschuldung in einigen Mitgliedsländern und die drohenden Sanktionen aus Brüssel (Oktober 2002) sind Nahrung für die Skeptiker. (2) Das damals erschlossene emotionale Vorfeld der EWU ist, solange Erweiterungen angestrebt werden, ein unmittelbar aktuelles Thema. (3) Die Gefährdung von Währungen durch psychosoziale Faktoren ist eine im Prinzip stets präsente Unsicherheit.

V. Die mentale Transformation

An vielen Stellen der Monographie hat sich gezeigt, daß der traditional-vorinflationäre Sozialcharakter der Deutschen gesamtgesellschaftlich unter massiven Transformationsdruck geraten ist: Webers Puritaner, „Erfolgsmodell" in der Ära des Goldstandards, ist zum prädisponierten Opfer der Währungskrisen und der säkularen Inflation geworden. Indem der Puritaner nicht nur der Möglichkeit nach, sondern wirklich verliert, wird er sowohl ökonomisch als auch quantitativ geschwächt. Eine (Teil-)Antwort auf die provozierende Frage an die Soziologie, woher denn die Werte und der oftmals bloß konstatierte Wertewandel kommen (Boudon/ Bourricaud 1992: 659), ist in der Wirkung und Verarbeitung der Währungsgroßereignisse des 20. Jahrhunderts zu suchen. Die tiefgehende Transformation des Sozialcharakters, die ja zunächst als Wandel von Werten und Normen erscheint, ist somit eine – und zugleich die höchstrangige – der Antworten auf Eulenburgs Frage nach den „sozialen Wirkungen der Währungsverhältnisse" (Eulenburg 1924).

Die einschneidenden Währungserfahrungen im 20. und 21. Jahrhundert gehören fraglos zu den „critical life events", die besonders wichtige Impulse für ein Umsteuern und erneutes Lernen im Erwachsenenalter (Filipp 1990) sind. Solche Ereignisse können „für viele gemeinsam (Krieg, Wirtschaftskrisen) oder aber nur für den einzelnen (als nur für ihn bedeutsam interpretiertes Ereignis) den künftigen Lebenslauf maßgeblich bestimmen". (Oerter 1995: 381) Die Währungskrisen und -reformen treffen die gesamte Gesellschaft, Generationen und Kohorten, Familien sowie das Individuum mit seinem sozialen Umfeld. Die in jeder Sequenz aus Krise und Reform identifizierbaren Erfolgsrezepte und Absturzkonstellationen (siehe 6.2, 7.1 und 9.3) können zusammen als ein säkulares Kraftfeld betrachtet werden, das auf Menschen wirkt wie ein Magnet auf Eisenspäne, also gleichrichtet, fokussiert, anzieht oder abstößt. Die entsprechenden Lernprozesse können sich in einer Veränderung der (monetären) Verhaltensweisen, Werte, Normen und Moralvorstellungen niederschlagen. Sie hinterlassen vor allem in der jüngeren Generation Verschiebungen im relativen Gewicht der einzelnen Fraktionen, die in Richtung eines pragmatischen und hedonistischen Sozialcharakters weisen.

Nun ist schon seit Anfang des 20. Jahrhunderts immer wieder – aber mit verschiedenen Stoßrichtungen – eine anti-puritanistische Wende konstatiert bzw. prognostiziert worden; die Phänomene des Hedonismus und Konsumismus haben die Aufmerksamkeit schon der klassischen Autoren gefunden. So hat Werner Sombart, zeitgenössischer Antipode Max Webers, dem im 18. Jahrhundert eine neue Qualität gewinnenden Luxuskonsum eine maßgebliche Rolle bei der Ausbildung der Strukturen der kapitalistischen Wirtschaft zugeschrieben. Seine Konstruktion dieses Zusammenhanges gipfelt in dem berühmten Schlußsatz von „Luxus und Kapitalismus“: „So zeugte der Luxus, der selbst, wie wir sahen, ein legitimes Kind der illegitimen Liebe war, den Kapitalismus.“ (Sombart 1983:194)

In der Absicht einer Soziologie des Prestiges stellt Veblen von einem institutionalistischen Standpunkt aus seine beiden zentralen Grundbegriffe der „demonstrativen Muße“ und des „demonstrativen Konsums“ in eine dezidiert hedonistische Perspektive: „Aus diesem Überblick über die Entwicklung der demonstrativen Muße und des demonstrativen Konsums scheint hervorzugehen, daß der Nutzen, den beide Institutionen für das Prestige besitzen, in dem ihnen beiden gemeinsamen Element der Vergeudung und Verschwendung liegt. Im einen Fall handelt es sich um eine Verschwendung von Zeit und Mühe, im anderen um die Vergeudung von Gütern. Beides sind Methoden, um den persönlichen Besitz zur Schau zu stellen, und beide gelten als gleichwertig.“ (Veblen 1986: 93f.)[195]

Im Gegensatz zu Sombart und Veblen teilt Schumpeter in „Kapitalismus, Sozialismus und Demokratie“ zwar bei der Beschreibung der Entwicklung der kapitalistischen Wirtschaft den Weberschen Ausgangspunkt: die Dominanz des Prinzips der Akkumulation über das der Konsumtion. In der Frage nach den Gründen für die von ihm sogenannte „Zersetzung“ des kapitalistischen Geistes in der Gegenwart der fünfziger Jahre macht er jedoch das Schwinden von Familienorientierung und Häuslichkeit als ursprünglich zentrale Antriebsfedern der bürgerlichen Ökonomie namhaft: „Die Bourgeoisie arbeitete in erster Linie, um zu investieren; und es war nicht so sehr ein Standard des Konsums als ein Standard der Akkumulation, für den die Bourgeoisie kämpfte [...]. Mit dem Schwächerwerden der im Familienmotiv enthaltenen Antriebskräfte schrumpft der Zeithorizont des Geschäftsmannes, grob gesprochen, auf seine Lebenserwartung zusammen. Und er wäre heutzutage wohl weniger willens als früher, die Funktion des Verdienens, Sparens und Investierens zu erfüllen, selbst wenn er keinen Grund zur Befürchtung hätte, daß die Resultate nur seine Steuern anschwellen ließen. Er gerät in Anti-Spar-Gesinnung hinein und akzeptiert mit zunehmender Bereitwilligkeit Anti-Spar-*Theorien*, die kennzeichnend für eine kurzfristige *Philosophie* sind.“ (Schumpeter 1950: 260)

Stimmen Sombart, Veblen und Schumpeter so in der Diagnose einer Zunahme hedonistischer und konsumistischer Einstellungen überein, so divergieren sie doch schon in der Frage des Zeitpunktes und der Ursachen für diese Entwicklung nach Maßgabe des je eigenen historischen Ortes und des Erklärungsanspruchs ihrer jeweiligen Theorie.

---

195 Veblen sieht im ostentativen Konsum das klassenunspezifische Signum moderner Gesellschaften: „In jeder hoch industrialisierten Gesellschaft beruht das Prestige letzten Endes auf der finanziellen Stärke, und die Mittel, um diese in Erscheinung treten zu lassen, sind Muße und demonstrativer Konsum. Beide Methoden finden sich demgemäß bis fast ans Ende der sozialen Stufenleiter, wo sie größtenteils an Frau und Kinder delegiert werden. [...] Keine Klasse, nicht einmal die allerärmste, versagt sich jeglichen demonstrativen Verbrauch.“ (Veblen 1986: 93) Ohne die Beweislast für Veblens generalistische Aussagen zu übernehmen, zeigen seine Ausführungen zur Bedeutung von Konsum und Muße eine nichtklassenspezifische Konzeption des hedonistischen Sozialcharakters.

Die Erosion des puritanischen Sozialcharakters läßt sich aber auch mit verschiedenen anderen Wandlungsprozessen auf monetärem Gebiet, wie sie im vorigen Buch geschildert wurden (siehe 11.2), in Zusammenhang bringen. So hat Bell im Rahmen seiner Beschreibung der Ablösung puritanischer Einstellungen durch hedonistische nicht nur auf die Rolle technologischer Innovationen, sondern auch auf die Bedeutung neuer Kreditformen verwiesen: „Der Massenkonsum, der in den zwanziger Jahren dieses Jahrhunderts einsetzte, wurde durch die Revolutionen in der Technologie, [...] und durch drei soziale Innovationen ermöglicht: Durch die Massenproduktion am Fließband, die zum billigen Automobil führte; durch die Entwicklung des Marketings, das die Kunst der Identifizierung verschiedener Käufer- und Zielgruppen und der Anregung von Kauflust bei den Konsumenten rationalisierte; und durch die Popularisierung von Ratenzahlungen, die gründlicher als irgendeine andere soziale Innovation die alte protestantische Angst vor Schulden beseitigte.“ (Bell 1976: 83f.)

Auch in sozialcharakterologischem Zusammenhang ist es von Bedeutung, auf die Interdependenz von monetären Sozialcharakteren und bestimmten Formen der Geldkultur hinzuweisen: Während Tresore, Spardosen und Geldgürtel den Hort einer puritanisch dominierten Bargeldkultur auf Edelmetallbasis verkörpern, erfordert der souveräne Umgang mit elektronischem Geld die Abstraktionsfähigkeit und Flexibilität pragmatischer und hedonistischer Einstellungen.

Deren Zunahme vollzieht sich aber nicht im Sinne eines kohärent-linearen Wertewandels, sondern geht oft mit sehr widersprüchlichen Anforderungen an das Individuum einher. So kontrastieren nach Bell karriereorientierte Arbeits-Imperative mit den Konsumangeboten der Freizeitindustrie: „Mit der Preisgabe des Puritanismus und der protestantischen Ethik bleibt der Kapitalismus natürlich ohne Moral und transzendentale Ethik zurück. Damit wird nicht nur die Trennlinie zwischen den Normen der Kultur und den Normen der Sozialstruktur, sondern auch ein ungewöhnlicher Widerspruch in der Sozialstruktur deutlich sichtbar. Einerseits möchten die Wirtschaftsunternehmen, daß der Mensch hart arbeitet, eine Karriere anstrebt, Aufschub von Befriedigungen hinnimmt – daß er, im kruden Sinn, ein Organisationsmensch ist. Im Gegensatz dazu propagieren sie in der Werbung und mit den Produkten Lust und Vergnügen, sofortigen Spaß, Erholung und Sichgehenlassen. Man hat am Tage ‚korrekt‘ und am Abend ein ‚Herumtreiber‘ zu sein. Das ist Selbsterfüllung und Selbstverwirklichung.“ (Bell 1991: 90) Bells Diagnose bedeutet für die sozialcharakterologische Fragestellung, daß auch bestimmte Verbindungen von puritanischen und hedonistischen Elementen in der Form eines „gespaltenen“ Sozialcharakters zu berücksichtigen sind. (Siehe 18.2)

Wählt man mit Bezug auf die achtziger und neunziger Jahre einen kürzeren Zeithorizont von Wertewandel, so lassen sich weitere mögliche Bedingungsfaktoren für die mentale Transformation anführen: Dies dokumentiert z. B. die Speyrer Werteforschung mit der Konstruktion verschiedener Wertetypen, unter denen sie in den achtziger Jahren ein neues hedonistisch-materialistisches Wertmuster entdeckt[196], das als „Hedomat" in den neunziger insbesondere unter Jüngeren (18-30jährigen) aus folgenden Gründen eine deutliche Zunahme erfahren soll: „Ein Hintergrundfaktor der Expansion des Hedomaterialismus unter den jungen Leuten auf Kosten des Idealismus ist sicherlich der Zusammenbruch des Staatssozialismus, der bis dahin als idealistisches Gegenmodell zum kapitalistischen System fungierte. Ein weiterer Faktor dürfte das expandierende Privatfernsehen sein, das inzwischen die jungen Leute von Kindheit an fest im Griff hat und diese dem Trommelfeuer der Konsumwerte aussetzt. Wenn man außerdem die weithin grassierende Politikverdrossenheit bedenkt, läßt sich der erdrutschartige Verfall des Idealisten bei jüngeren Leuten verstehen. Profiteur war der Hedomat, ein jugendlicher Typus, der einen offenen – ‚natürlichen' – Egoismus zur Schau stellt und – deutlich stärker als alle anderen Wertetypen – Gewalt als Mittel der Problemlösung akzeptiert." (Gensicke 1996: 14) Inwiefern die heterogenen Erklärungsmuster „Zusammenbruch des real existierenden Sozialismus", „Privatfernsehen" und sogenannte „Politikverdrossenheit"[197] tatsächlich zur Veränderung von Werthaltungen führen und wieweit die Erklärungskraft der diversen Faktoren reicht, bleibt allerdings eine offene Frage.[198]

Castells wählt mit dem neuen Informationalismus eine technologische Referenz, wenn er mit Hinweis auf die Komprimierung und Beschleunigung von finanziellen Transaktionen im globalen Maßstab das Ende des Puritanismus erst auf das Jahr 1995 datiert: „Die materiellen Konsequenzen dieser scheinbar abstrakten Abschweifung über Zeit und Kapital machen sich auf der ganzen Welt in Wirtschaft und Alltagsleben immer stärker bemerkbar: sich wiederholende Wirtschaftskrisen, die eine Ära struktureller wirtschaftlicher Instabilität einleiten [...]; die Zerstörung des Verhaltensmusters der aufgeschobenen Belohnung in der gesellschaftlichen Erfahrung zugunsten der weit verbreiteten Ideologie der ‚schnellen Mark', die dem

---

196 Siehe Herbert 1988. Ob allerdings durch die blanke Zustimmung zu Formulierungen wie „einen hohen Lebensstandard haben" als Item „Lebensstandard" im Wertkomplex „Materialismus" oder „die guten Dinge des Lebens in vollen Zügen genießen" als Einzelitem „Hedonismus" im Wertkomplex „Hedonismus" (Herbert 1988: 145, Tabelle 1) die tatsächliche Gültigkeit von Werten angemessen zum Ausdruck gebracht wird, darf methodisch wie sachlich bezweifelt werden.

197 Vgl. zur mangelnden empirischen Fundierung und zur geringen analytischen Aufschlußkraft der Begriffe „Parteien-" oder „Politikverdrossenheit" im öffentlichen Diskurs Mitte der neunziger Jahre die Kritik von Lösche (1995).

198 In diesem Zusammenhang ist auch auf eine Kritik an Ingleharts Konstruktion von Wertetypen mit Bezug auf das Inflationsthema hinzuweisen: „Bleibt abschließend noch die Frage zu klären, warum sich der Wertewandel in den bislang vorgestellten Zeitreihen als eher diskontinuierlicher Prozeß darstellt, obgleich theoretisch ein durch die Generationensukzession verursachter langfristiger Trend erwartet wird. In diesem Zusammenhang ist wiederholt darauf hingewiesen worden, dass die kurzfristigen Schwankungen in den gemessenen Wertorientierungen auf den Einfluss der Inflationsrate zurückzuführen sind [...]. Da eines der beiden materialistischen Items des Inglehart-Index „Kampf gegen steigende Preise" lautet, besteht auf der Aggregatebene ein enger Zusammenhang zwischen dem Anteil der Materialisten und der Inflationsrate. [...] Strittig ist allerdings, wie dieser Zusammenhang mit der Inflationsrate theoretisch zu interpretieren ist: Während ihn Inglehart als das Ergebnis kurzfristiger Wertanpassungen in Reaktion auf sich verändernde ökonomische Rahmenbedingungen interpretiert [...], weisen Kritiker darauf hin, dass sich eine solche Interpretation nur schwer mit dem theoretischen Status von Wertorientierungen als langfristig relativ stabiles Konstrukt in Einklang bringen lässt [...]." (Klein/Pötschke 2000: 208)

individuellen Glücksspiel mit dem Leben und der Wirtschaft Vorschub leistet; und die fundamentale Schädigung der gesellschaftlichen Wahrnehmung der Zusammenhänge von Produktion und Gegenleistung, Arbeit und Sinn, Ethik und Reichtum. Der Puritanismus scheint 1995 zusammen mit der ehrwürdigen Barings Bank zu Grabe getragen worden zu sein." (Castells 2001: 492f.) Auch wenn die mißglückten Börsenspekulationen des englischen Brokers Nick Leeson eine hohe – vornehmlich mediale – Aufmerksamkeit erfahren haben, so vermag Castells Datierungsvorschlag aus einem doppelten Grund wenig zu überzeugen: Zum einen ignoriert er die historische Dimension des vielfältigen Faktorengeflechts, das zur Schwächung des puritanischen Sozialcharakters geführt hat. Zum anderen klassifiziert er diese als ein punktuelles Ereignis, obwohl sie doch angemessener als ein säkularer Prozeß zu beschreiben ist.

Die Entkoppelung von Leistung und Erfolg bildet auch den sozialpsychologischen Anknüpfungspunkt für Haubl, der unter Rekurs auf die zunehmende Relevanz des Börsengeschehens dessen sozialcharakterologische Auswirkungen unter dem Stichwort der „Verschiebung unserer Kapitalkultur von einer Kultur der Produktionsprofite hin zu einer Kultur der Spekulationsprofite" (Haubl 2002: 212) diskutiert: „Die postmoderne marktwirtschaftliche Gesellschaft geht anders mit dem Leistungsprinzip um. An die Stelle eines Lebensplanes treten im Casino-Kapitalismus Flexibilität und Risikobereitschaft. Erfolg ist nicht länger das Resultat stetig erbrachter Leistungen, wie das tradierte Arbeitsethos es fordert, sondern das Resultat der Bereitschaft, Erfolgschancen, die sich momentan bieten, sofort und ohne Rücksicht auf bisherige Bindungen – sei es an Personen oder Überzeugungen – zu ergreifen." (Haubl 2002: 223f.) Die Allusionen an die Charakter-Beschreibungen des spekulierenden Börsenjünglings der zwanziger Jahre bei Faßland oder Ostwald sind hier zum Greifen nahe. (Siehe 4.2)

Die Untersuchung des Verhältnisses von Währungskrisenschicksal und nachinflationärem Sozialcharakter erhebt somit einen systematisch und historisch weitreichenderen Anspruch als die letztgenannten Auffassungen, die die mentale Transformation erst für das letzte Viertel des 20. Jahrhunderts ansetzen und in Sachen Ursachenforschung nicht mehr als ein „Kausalitätsfaktoren-Potpourri" bieten. Denn es gilt, auf einen zumeist ignorierten, mindestens aber unterschätzten Komplex bei der Entstehung des pragmatischen und hedonistischen Sozialcharakters aufmerksam zu machen: die Nachwirkungen monetärer Krisen.[199]

199 Selbst Ernest Zahn, der in seiner erstmals 1960 erschienen wirtschaftssoziologisch orientierten Darstellung der Veränderung der Sparmentalitäten und Konsumbedürfnisse das Inflationsthema immerhin anspricht, reflektiert nur beiläufig die säkulare Inflation, nicht aber die monetären Krisen mit ihrer Opferstruktur: „Mit steigendem Lebensstandard entstehen neue Formen des Sparens – genauso wie neue Formen des Kaufens. Vor allem aber ändern sich jetzt die Motive und Ziele des Sparens. Sparen und das Streben nach sozialer Sicherheit sind sicher nicht mehr schlechthin identisch zu nennen. Es stimmt auch nicht länger, daß nur gespartes Geld Bedürfnisse der Zukunft befriedigt, ganz abgesehen von der Tatsache, daß langfristige inflationäre Tendenzen zur offenbar unvermeidlichen Begleiterscheinung der Prosperität werden. Die Planung der Familienhaushalte unter neuen Gegebenheiten konzentriert sich vielmehr auf die Möglichkeiten des Investierens. Kredite und Darlehen sind heute nicht eine Last für

Zwar hatten die Darlegungen oben ergeben, daß konsumistische Überlegungen im Bereich der expliziten Krisenlehren eher randständig sind. (Siehe 10.3.4) Dennoch bleibt dieser Zusammenhang ein wichtiges Thema – wie schon die grundlegenden theoretischen Überlegungen zur antithetischen Stellung des hedonistischen gegenüber dem puritanischen Sozialcharakters in Währungskrisen (siehe 4.2) sowie der quantitative empirische Befund einer überproportionalen Zunahme des Hedonismus bei Befragten der jüngsten Generation mit negativen familialen Krisenbiographien (siehe 12.1) gezeigt hatten.

Den Ausgangspunkt für die mentale Transformation bilden die vielschichtig normativ imprägnierten Wahrnehmungen, die sich mit der von Simmel schon vor hundert Jahren diagnostizierten, aber im 20. Jahrhundert allererst Realität gewordenen Dominanz des Geldes verbinden. (Siehe 17) Vor diesem Hintergrund sind quantitativ fundierte (siehe 18.1) und qualitativ typisierende (siehe 18.2) Antworten auf die Frage nach dem Wandel des Sozialcharakters der Deutschen zu geben. Hierzu zählen auch Neubesetzungen bei den monetären Idealen (siehe 18.3), Diskrepanzen in der intergenerativen Wahrnehmung (siehe 18.4) sowie Veränderungen in der monetären Sozialisation der jüngsten Generation (siehe 18.5). Die mentale Transformation vollzieht sich auch in den einzelnen Familien und generiert so verschiedene Stafettentypen. (Siehe 19)

An dieses Thema schließen prospektive Grundsätze zur monetären Sozialisation der (z. T. noch ungeborenen) G4 an, die geradezu als „Produktionsstätte" des Sozialcharakters der Zukunft aufgefaßt werden kann. (Siehe 20.1) Auch die mehrfach über die Bande gespielte Frage nach monetären Lernprozessen in und Bewältigungsstrategien für Währungskrisen harrt der vorerst finalen und überraschenden Antwort. Virulent ist schließlich die Frage, ob dem 20. Jahrhundert als einem der Währungskrisen nun in den Erwartungen der Menschen ein 21. Jahrhundert der geruhsamen Entwicklungen folgen wird, oder ob insgeheim mit dem „Big Bang" gerechnet wird. Hat der Lehrmeister Währungskrise für diesen Fall der Fälle Rezepte geliefert? (Siehe 20.2)

---

arme Gruppen, sie sind eher eine Lust hoffnungsvoller, wohlhabender Mittelschichten. Genauso wie wir unbefangener konsumieren, sind wir auch unbefangener beim Thema Schuldenmachen." (Zahn 1964: 67)

17. Geld als „Gott unserer Zeit“

„Es ist mancher, der meint, er habe Gott und alles genug, wenn er Geld und Gut hat; er verläßt und brüstet sich darauf so steif und sicher, daß er niemand etwas gibt. Siehe: dieser hat auch einen Gott, der heißt Mammon, das ist Geld und Gut, darauf er all sein Herz setzt, was auch der allergewöhnlichste Abgott auf Erden ist.“ (Luther)

Im Zuge der Vorarbeiten zu seiner „Philosophie des Geldes“ hat Georg Simmel – hundert Jahre vor unserer empirischen Erhebung und Auswertung[200] – den Prozeß der Verwandlung des Geldes von einem „bloßen Mittel“ zum Zwecke ökonomischer Transaktionen in ein „unbedingte[s] Ziel, dessen Erstrebung überhaupt in jedem Augenblick principiell möglich ist, im Gegensatz zu den constanten Zielen, von denen nicht jedes zu jeder Zeit gewünscht wird und erstrebt werden kann“ (Simmel 1992a: 191), beschrieben. Da das Geld damit in eine Position gerät, die in Theorien der philosophischen Theologie (Nikolaus von Kues und Schleiermacher werden von Simmel als Beispiele genannt) dem Gottesbegriff vorbehalten ist, zieht Simmel die Schlußfolgerung: „So ist das Verlangen nach Geld die dauernde Verfassung, welche die Seele bei durchgeführter Geldwirthschaft aufweist. So kann der Psychologe überhaupt nicht achtlos an jener häufigen Klage vorbeigehen, daß das Geld der Gott unserer Zeit wäre.“ (Simmel 1992a: 191)[201]

---

200 Gemeinsam mit Holger Jendral.

201 Die Formulierung vom Geld als „Gott unserer Zeit“ findet sich schon sehr früh bei Simmel. Er beschließt mit ihr seinen Vortrag „Zur Psychologie des Geldes“, den er im Alter von 31 Jahren in einem von Gustav Schmoller geleiteten staatswissenschaftlichen Seminar hielt. Im Gegensatz zu allen Beschleunigungs- und Temporalisierungstheoremen verbindet Simmel mit Geld – in historischer Übereinstimmung mit dem puritanischen Sozialcharakter der Goldstandardzeit – ein Gefühl der „Ruhe und Sicherheit“: „Wenn man, in elegischem wie in sarkastischem Tone, ausgesprochen hat, daß das Geld der Gott unserer Zeit wäre, so sind in der That bedeutsame psychologische Beziehungen zwischen beiden scheinbar so entgegengesetzten Vorstellungen aufzufinden. Der Gottesgedanke hat sein tieferes Wesen darin, daß alle Mannigfaltigkeiten der Welt in ihm zur Einheit gelangen, daß er nach dem schönen Worte des Nikolaus von Kusa die coincidentia oppositorum ist; aus dieser Idee, daß alle Gegensätzlichkeiten und Unversöhntheiten der Welt in ihm ihre Ausgleichung und Vereinheitlichung finden, stammt der Frieden und die Sicherheit, zugleich aber auch die verdichtete Fülle der mitschwebenden Vorstellungen, die wir in der Vorstellung Gottes finden. Die psychologische Ähnlichkeit ihrer mit der des Geldes ist nach dem Vorhergegangenen klar. Das tertium comparationis ist das Gefühl von Ruhe und Sicherheit, das gerade der Besitz von Geld im Gegensatz zu allem sonstigen Besitz gewährt und das psychologisch demjenigen entspricht, welches der Fromme in seinem Gott findet; in beiden Fällen ist es die Erhebung über das Einzelne, die wir in dem ersehnten Objekt finden, das Zutrauen in die Allmacht des höchsten Prinzips, uns dieses Einzelne und Niedrigere in jedem Augenblick zu gewähren, sich sozusagen wieder in dieses umsetzen zu können. Gerade wie Gott in der Form des Glaubens, so ist das Geld in der Form des Konkreten die höchste Abstraktion, zu der die praktische Vernunft

Die zunehmende Vergesellschaftung, die mit der machtvollen Durchsetzung der Monetarisierung verbunden ist, zielt dabei nach Simmel in zwei „entgegengesetzte Richtungen“: Zum einen auf „Nivellirung“, auf „Herstellung immer umfassenderer socialer Kreise durch die Verbindung des Entlegensten unter gleichen Bedingungen“, zum anderen auf „Herausarbeitung des Individuellsten hin, auf die Unabhängigkeit der Person, auf die Selbständigkeit ihrer Ausbildung. Und beide Richtungen werden durch die Geldwirthschaft getragen, die einerseits ein ganz allgemeines, überall gleichmäßig wirksames Interesse, Verknüpfungs- und Verständigungsmittel, andererseits der Persönlichkeit die gesteigertste Resevirtheit, Individualisirung und Freiheit ermöglicht.“ (Simmel 1992a: 184)

17.1 Kleine Reverenz an Georg Simmel

„Es ist eben nur die Brücke zu definitiven Werthen, und auf einer Brücke kann man nicht wohnen.“ (Georg Simmel)

Um zu erfahren, ob und ggf. in welchem Sinne Simmels Diktum von der bestimmenden gesellschaftlichen Macht des Geldes[202] (auch noch) heute gilt, haben wir die offene Frage gestellt: „Häufig wird gesagt: ‚Heute dreht sich alles nur ums Geld!‘ Stimmt das nach Ihren Erfahrungen oder ist das überzogen?“ Anschließend wurden die Befragten noch durch den Zusatz „Und woran zeigt sich das?“ aufgefordert, Beispiele und Bereiche zu nennen, auf die sich ihre Wahrnehmung der Bedeutung von Geld gründet. Die Antworten konnten trotz ihrer Vielfarbigkeit problemlos in eine Hierarchie von Graden der Dominanz des Geldes eingeordnet werden. Es erwies sich hierbei als notwendig, der Codierungslogik eine Asymmetrie zugrunde zu legen, die schon im Fragekorridor zwingend angelegt war, da das Thema eine gewisse Schlagseite aufweist: Niemandem kann im Ernst unterstellt werden, dem Geld in der heutigen Gesellschaft keinerlei Bedeutung zuzusprechen, und de facto gab es auch keine Äußerung in dieser Richtung. Folglich kann also auch nur negativ von einer ausgeprägten, nicht aber von einer vollständigen Ablehnung der Dominanz des Geldes gesprochen werden. Dieser Gesamtlogik fügt sich das Kategoriensystem der folgenden Tabelle.

---

aufgestiegen ist.“ (Simmel 1989a: 64f.) Über die strukturelle Identität von Gott und Geld unter dem Aspekt der coincidentia oppositorum, die Konkurrenz von religiösem und monetärem Sektor sowie über die Zuständigkeit der Psychologie für das Gebiet der Geldwirtschaft handelt Simmel in seiner „Philosophie des Geldes“ ausführlich im II. Abschnitt des dritten Kapitels „Das Geld in den Zweckreihen“, direkt vor seiner berühmt gewordenen Darstellung geldcharakterologischer Verhaltensweisen und Typen. „Das Geld tut sich eben gar zu leicht als Endzweck auf, es schließt bei gar zu vielen die teleologischen Reihen endgültig ab und leistet ihnen ein Maß von einheitlichem Zusammenschluß der Interessen, von abstrakter Höhe, von Souveränität über den Einzelheiten des Lebens, das ihnen das Bedürfnis abschwächt, die Steigerung eben dieser Genugtuungen in der religiösen Instanz zu suchen. Aus all diesen Zusammenhängen heraus sind also doch mehr als die auf der Hand liegenden Vergleichungspunkte wirksam, wenn Hans Sachs schon einen Vertreter der allgemeinen Meinung den Schluß ziehen läßt: Gelt ist auff erden der irdisch got.“ (Simmel 1989b: 307)

202 „Gesellschaftliche Macht des Geldes“ lautet der treffende Titel des von Deutschmann (2002) herausgegebenen Sammlbandes.

Tab. 17.1: Einschätzung der Dominanz von Geld für die heutige Zeit (N = 144; Spalten-%)

Einschätzung	N	%
Vollständige Dominanz	83	57,6
Abgeschwächte Dominanz	27	18,8
Teils/teils	8	5,6
Eingeschränkte Ablehnung der Dominanz	10	6,9
Ausgeprägte Ablehnung der Dominanz	12	8,3
Residual	4	2,8
Summe	144	100,0

© Heisterhagen / Hoffmann, Soziologisches Seminar, Universität Göttingen

Zwei Definitionen müssen erläutert werden: Eingeschränkte Ablehnung" ist dadurch definiert, daß ein hoher Stellenwert von Geld zwar virulent bleibt; nichtmonetäre Werte werden jedoch übergeordnet. Bei der „Ausgeprägten Ablehnung der Dominanz" wird die Bedeutung des Geldes zwar nicht völlig ignoriert, doch sind hier andere Werte zentral.

Das wichtigste Ergebnis springt sogleich ins Auge: Eine sehr große Mehrheit der Befragten räumt dem Geld eine vollständige oder abgeschwächte Dominanz ein. Für die meisten Menschen stellt das Geld also einen zentralen gesellschaftlichen Faktor dar. Deutlicher kann sich die herrschende Monetarisierung des Alltages auf breiter Front kaum abbilden. Und nur wenige Befragte bekunden eine ausgeprägte Ablehnung der Dominanz des Geldes unter Berufung auf „ideelle Werte wie Freundschaft oder Gemeinschaft" (Herr Negel, *1970). Die Priorität besitzen selten „Dinge, die man mit Geld überhaupt nicht aufwiegen kann, von Reisen, von Unternehmungen, von Spaß haben, Feste feiern, Spielen" (Herr Albrecht, *1937).

17.2 Formen der Gelddominanz

*„Ob man will oder nicht, kommt die Rede auf das liebe, dumme Geld." (Frau Pochadt, *1935)*

Um das Ergebnis qualitativ aufzuschlüsseln und Kenntnis über die gesellschaftlichen Bereiche zu erlangen, von denen her die Dominanz des Geldes wahrgenommen wird, sind drei Felder herauszupräparieren, in denen das Geld laut Befragtenurteil seine beherrschende Kraft entfaltet:

(1) In einem Teil der Aussagen dominiert das Geld durch seine omnipräsente Funktion als stets knappes *Mittel* zum Zweck. Man begründet die alles beherr-

schende Rolle des Geldes einerseits aus der materiellen Notwendigkeit, jeden Pfennig zwei mal umdrehen zu müssen wie Frau Drewes senior (*1899): „Na ja, weil man muß schon sagen, wenn die Rente nicht reicht, wo will ich dann was herkriegen?" Oder man hebt, wie Frau Hagenberg (*1966), die gesellschaftliche „Ausgrenzung" und „Verelendung" hervor, die bei Geldmangel droht. Frau Pohl (*1930) bringt diesen Komplex des Ausgeliefertseins auf den Punkt: „wenn Sie kein Geld haben, dann können Sie nichts machen. Oder?" Virulent werden solche Erfahrungen in der Äußerung von Herrn Batte (*1966): „Ja, das zeigt sich eben an der momentanen wirtschaftlichen Lage, weil die meisten Leute eben schon fast am Existenzminimum leben. Und dann gibt es Probleme mit dem Geld und darum dreht sich auch vieles ums Geld."

Ceteris paribus kann das Gefühl von Mangel auch durch säkulare Inflation aufkommen. Frau Möller (*1905) verspürt permanent den Preisschmerz: „es ist schlimm. Erstmal ist alles viel viel teurer, sehen Sie mal früher, das war ja natürlich sehr wenig, aber man kriegte ja für eine Mark wohl sehr viel mehr. Eine Waschfrau kriegte drei Mark den ganzen Tag, heute ist das ja ein Trinkgeld ungefähr für die viele Arbeit. [...] ja 15 Mark müssen Sie sowieso erstmal einer Frau bezahlen, und wenn Sie jemanden im Garten haben wollen, 20 Mark. Das sind ganz andere Ausmaße, und das Geld ist viel weniger geworden, also für mich, für mich ist es sehr viel weniger geworden. Also ich brauche nicht so zu sparen, aber das liegt einfach in mir, ich kann das nicht anders."

Auch ohne solche Restriktionen ist Geld doch der zentrale Vermittler, der sich zwischen Bedürfnis und dessen Befriedigung schiebt. Nicht ohne generationenkritischen Vorbehalt bewegt Frau Stupp (*1944) dieser Gedanke: „Weil, unser ganzes Denken, unsere Wünsche lassen sich halt nur mit Geld realisieren. Das Hauptproblem ist doch, sehen Sie doch mal gerade bei uns, bei den Jungen, der Wunsch: das eigene Auto, der Wunsch: der eigene Fernseher, der Wunsch: Urlaub zu machen – das ist alles nur mit Geld zu realisieren. Und daher wird sich alles wohl oder übel mehr oder weniger um das Geld drehen, damit ich meine Vorstellungen, meine Wünsche in die Wirklichkeit umsetzen kann. Andere Ideen vermisse ich doch heute gerade bei den Jungen. Vielleicht, wenn sie mal älter werden, ich weiß es nicht."[203]

(2) Geschieden von der Auffassung, Geld sei vor allem das zentrale Mittel zur Erlangung von Gütern, steht für Dominanz bei einer anderen Gruppe von Befragten die allgemeine gesellschaftliche *Ubiquität* und die Einschätzung des Geldes als alles überragender *Wert an sich*. Diese Wahrnehmung kann sich in einer lapidaren Formulierung wie bei Frau Raabe (*1941) bekunden: „unsere Wertevorstellung ist

203 Frau Stupps Ausführungen bilden eine durchaus eindrucksvolle Illustration von Simmels Gedanken zum Verhältnis von Wünschen und Geld: „Das Geld hat dem Einzelnen die Chance völliger Befriedigung seiner Wünsche in viel größere, versuchungsvollere Nähe gerückt. Es giebt die Möglichkeit, gleichsam mit einem Schlage zu gewinnen, was überhaupt begehrenswerth erscheint. Es schiebt zwischen den Menschen und seine Wünsche eine vermittelnde Stufe, einen erleichternden Mechanismus, und weil mit der Erreichtheit dieses Einen unzähliges Andere erreichbar wird, erregt es die Illusion, als sei alles dieses Andere leichter als sonst zu erreichen." (Simmel 1992a: 190)

halt Geld und Macht.“ Oder es wird betont, „daß in fast allen Lebensbereichen das Problem Geld mit reinspielt.“ (Frau Möller, *1963) Für Herrn Pietsch (*1969) „zeigt sich einfach, daß Geld oder einfach diese Summen auch in Gesprächen sehr häufig auftauchen, wenn man über irgendwas redet“, und Frau Pochadt (*1935) prägt mit Bezug auf Gespräche im Familien- und Freundeskreis eine besonders markante Äußerung: „ob man will oder nicht, kommt die Rede auf das liebe, dumme Geld.“

Geld wird über den eigentlich ökonomischen Bereich hinaus weisendes Zentrum der gesellschaftlichen Synthese wahrgenommen. Herr Evers (*1940) stellt fest: „Die Wertevorstellungen haben sich vielleicht auch ein bißchen geändert, bei manchen, und insofern ist für viele eben Geld gleich Macht. Da haben sich also mehrere Wertevorstellungen zusammengezogen unter dem einen Begriff ‚Geld‘. Was früher vielleicht getrennt worden ist, das hat sich jetzt also praktisch unter diesem Sammelbegriff ‚Geld‘ zusammengezogen und ist jetzt ein Begriff geworden, da trennt man nicht mehr.“ So stellt Geld nicht einen beliebigen Wert unter anderen Werten dar, sondern es wird zum Maßstab für Werthaftigkeit schlechthin und garantiert dadurch die soziale Kohäsion einer Gesellschaft.[204]

Neben der häufiger akzentuierten Allgegenwart von Geld sowohl in lebensweltlich-alltäglichen wie auch in hauptsächlich via TV medial vermittelten Diskursen rückt in einer weiteren wichtigen Gruppe von Äußerungen die identitätsstiftende Funktion des Geldes als Grund für seine Dominanz in den Vordergrund. Herr Sauters (*1955) hebt die Bedeutung des Geldes als zentrales Wertmaß für die psychi-

204 Den von Herrn Evers thematisierten Aspekt einer historisch zunehmenden Wert-Synthese durch Geld formuliert Simmel wie folgt: „So ist es schließlich das Geld, das unvergleichlich mehr Verknüpfungen zwischen den Menschen stiftet, als sie je in den von den Associations-Romantikern gerühmtesten Zeiten des Feudalverbandes oder der gewillkürten Einung bestanden.“ (Simmel 1992a: 182) An der zitierten Stelle zieht Simmel die Quintessenz aus dem Zusammenhang von Arbeitsteilung und objektiver Vergesellschaftung durch Geld. Hierzu, aus der Perspektive einer materialistisch gefärbten Geschichtstheorie, bemerken Negt/Kluge zum Geld als Medium der gesellschaftlichen Kohäsion: „Man muß sich vorstellen, daß in einer vom Kapitalprozeß unberührten Agrargesellschaft ein Interesse erweckt werden soll für Universalien wie Geld und Logik. Dieses Interesse kann im Individuum, das von einer Blutsverwandten- oder Stammesgesellschaft hergestellt wird, nur als schwache Kraft entwickelt sein. Das, was ich um keinen Preis verkaufen würde, wird stärkere Kraftfelder in mir besetzt halten als die gewiß auch vorhandene schwache Vorstellung, es könnte ein abstrakt Allgemeines geben, das die Welt untereinander verbindet. Es ist ein komplexer Prozeß, der stattfindet, damit unter Einwirkung des Kapitals und seiner Fähigkeit, starke fremde Faktoren in seinem Kreislauf zu vereinigen, das schwache Bedürfnis, etwas, das ich von meinem Besonderen erübrige, als Allgemeines zu bezeichnen und zu tauschen, zur starken Eigenschaft wird. Dies ist auch nur deshalb möglich, weil die in jedem Einzelnen nur schwach vorhandene Reaktion auf den kapitalistischen Vorschlag – und auch nach gewaltsamer Trennung von den ursprünglichen Produktionsmitteln und gewaltsamer Durchsetzung der Ware als Kategorie der Realität macht das Kapital der Form nach nur Vorschläge – sich assoziativ zur gleichen schwachen Kraft in den anderen Menschen verhält.“ Negt/Kluge fahren etwas weiter unten fort: „Sind einmal die individuell schwachen Kräfte verallgemeinert, d. h. ist durch kollektiven Austausch von Erfahrung ein kollektiver gemeinsamer Bestand des Verhaltens entstanden, erweisen sich Geld und in begrenzterem Umfang Logik als dominierende Mächte, die in Rückwirkung die schwache Kraft im einzelnen Menschen als starkes Motiv erscheinen lassen. In Wahrheit ist es als einzelne Eigenschaft nicht stark geworden, aber es hat sich gesamtgesellschaftlich assoziiert.“ (Negt/Kluge 1981: 116) Die der Gesellschaftsbildung durch Geld zugrunde liegende Abstraktheit erklärt die unten ausführlich thematisierte eigentümliche Diskrepanz in vielen Aussagen, die dem Geld einerseits eine dominierende Stellung zusprechen und ihm andererseits den Eigenwert hierfür absprechen.

sche Identität hervor: „Alles wird in Geld gemessen, jede Leistung, jede Kleinigkeit wird berechnet usw. Das Selbstwertgefühl hängt anscheinend am Geld." Wie eine Konkretisierung am Beispiel der eigenen beruflichen Karriere muten die Ausführungen von Herrn Lange (*1940) an, die mit Abstand umfänglichsten zu dieser Frage. Er stellt einen allgemeinen Zusammenhang zwischen Entlohnung, beruflicher Stellung und sozialem Ansehen her, beklagt seine als zu niedrig empfundene Gehaltsgruppe und bekundet ein daraus resultierendes Gefühl der Entwertung des eigenen Selbst: „Dadurch ist meine Gehaltsgruppe, denn ich habe die unterst mögliche, die ich in meinem Alter haben kann. Das heißt, ich bin angeblich durch nichts positiv aufgefallen. Und damit haben Sie keine Chance, damit bin ich also eine Niete. Bei dem bißchen Gehalt? Da müssen Sie eine Niete sein, da können Sie nichts taugen."[205] Als Wertmaß für Waren hat das Geld über die Ware „Arbeitskraft" auch für den Menschen insgesamt bestimmende Kraft.

Diskursive Omnipräsenz von Geld, Geld als Medium sozialer Synthese sowie Geld als entscheidender Faktor für psychische Stabilität und Identät – auf diesen drei Hauptachsen entfaltet sich die Dominanz des Geldes in seiner Eigenschaft, höchster Zweck und Wert allen Strebens zu sein. Die Äußerungen unserer Befragten entfalten durchaus ein plastisches und facettenreiches Bild der hundert Jahre zuvor von Simmel behaupteten monetären Durchdringung des gesellschaftlichen Lebens.

(3) In einem dritten Feld wird die Gelddominanz sozialökonomisch auf den Wohlstand zurückgeführt. Auch diesen Gesichtspunkt hatte Simmel bereits als „Blasirtheit in unseren wohlhabenden Ständen" (Simmel 1992a: 187) aufgegriffen: „Weil sie jetzt ein Mittel besitzen, mit dem sie trotz seiner farblosen Immergleichheit das Mannigfaltigste und Speziellste erkaufen; weil ihnen die Frage, was es werth ist, mehr und mehr durch die Frage, wie viel es werth ist, verdrängt wird, muß die feine Empfindlichkeit für die spezifischen und individuellsten Reize der Dinge sich mehr und mehr zurückbilden." (Simmel 1992a: 187) Wird Geld zum *demonstrativen Selbstzweck*, so verbinden sich damit Phänomene wie Statussymbole, Selbstdarstellung, Konsumhaltung bis hin zur ostentativen Verschwendung und dem korrespondierenden sozialen Neid. Da dies alles Themen sind, die Veblen in seiner 1899 erschienen „Theory of the Leisure Class" abgehandelt hat, könnte man die Gruppe von Befragten, die diese mit der Dominanz des Geldes verbundenen Zustände geißelt, etwas plakativ als „Anti-Veblen-Fraktion" bezeichnen. Eine ihrer typischen Vertreterinnen ist Frau Dobler (*1929): „Ja, in dem Wohlstandsgehabe und in dem Überbieten, daß einer immer mehr haben will als der andere und immer besser sein will als der andere in seinem äußeren Erscheinungsbild oder in Besitz, in Besitztum. Es dreht sich schon sehr viel ums Geld, viel

205 Die Ausführungen von Herrn Lange beweisen nicht nur die Urteilskraft und Hellsichtigkeit von Simmel, der in dem eingangs erwähnten Zitat die Relevanz der zunehmenden Dominanz von Geld insbesondere für die Psychologie reklamiert hatte. Sie sind vielmehr auch geeignet, die oben (siehe 3.6) ausgeführte These Canettis über den Zusammenhang von Geld und Selbstwertgefühl zu bestätigen.

Verdienen ist wichtig." Ähnlich äußert sich auch Herr Flebbe (*1964): „Ja, daß so ein bißchen geprotzt wird, teilweise. Also irgendwie in Statussymbolen dann aufgefahren wird und die Leute dann schon zeigen wollen, daß sie irgendwo was besitzen, und das können sie eigentlich nur über das Geld wieder erlangt haben, den Besitz."[206] Sehr deutlich schwingt in den Stellungnahmen die Verurteilung von Gier und Protzertum mit. Das Geld selbst ist hier – zumindest im Fremdbild – weder primäres und damit dominantes Ziel von Handlungen und Bestrebungen noch besitzt es Mittelcharakter, verliert also in den Augen von vielen sein Maß. Statt dessen findet Geld seinen Sinn dadurch, daß sein Besitz offensichtlich wird.

Die vielen Befragten *gemeinsame* Einschätzung der heutigen[207] Dominanz des Geldes beruht also zum Teil auf erheblichen *Differenzen* in der Erfahrung der ökonomischen Lage und speist sich aus diametral entgegengesetzten Erlebnishorizonten, die aber dennoch zu einem gemeinsamen Urteil führen. Damit wird der hohe Anteil an Zustimmung – der keineswegs mit Einverständnis zu verwechseln ist – zum Teil erklärlich. Geld drückt jeder sozialen Lage seinen zwar je spezifisch geprägten, aber eben dennoch beherrschenden Stempel auf.

17.3 Dominanz des Geldes und soziale Fremdwahrnehmung

*„Jeder hamstert und betrügt." (Frau Dobler, *1900)*

Die Frage nach dem Stellenwert von Geld in der heutigen Gesellschaft wird von einem großen Teil der Befragten zum Anlaß genommen, eine deutliche Differenz zwischen individuell Gültigem und allgemeiner Fremdwahrnehmung zu markieren – eine Differenz, die sich sowohl in deskriptiver als auch in kognitiver, speziell in normativ-moralischer Hinsicht zeigt. Von den Älteren wird diese Differenz gegenüber der jüngeren Generation zum Ausdruck gebracht (siehe 17.3.1) und von den Bürgern der ehemaligen DDR als Ost-West-Gegensatz artikuliert (siehe 17.3.2).

Der Gedanke vom Geld als Gott unserer Zeit wird nach Simmel „in elegischem wie in sarkastischem Tone" (Simmel 1989a: 64) ausgesprochen, wie auch die durch ihn indizierte Weltverfassung Gegenstand häufiger „Klage" (Simmel 1992a: 191) ist. Diese Vermutung wird durch unser Material in vielfältiger Weise bestätigt. So behaupten viele, wie etwa Frau Gerke (*1942), daß sich bei ihnen selbst gerade

---

206 Für einen unserer Befragten, Herrn Hagenberg (*1939), führt interessanterweise die gleiche Einschätzung zu einer Ablehnung des Dominanzurteils: „Wenn der Lebensstandard so hoch ist, wie wir ihn heute anfinden, dann zeigt das eigentlich schon, daß sich nicht alles um das Geld drehen kann, sonst würden sich nicht viele Luxusdinge erlaubt, und große Reisen erlaubt und wie auch immer. Es geht den Leuten gut, der Lebensstandard ist gut." Herr Hagenberg setzt offensichtlich Gelddominanz und Sparsamkeit in eins.

207 Vier unserer Befragten nehmen Anstoß an dem „Heute" in unserer Frage. So bspw. die Älteste aus unserem Sample, Frau Sauters (*1896): „Das ist überzogen. Früher hat sich auch alles ums Geld gedreht, ganz früher und in der mittleren Zeit, ums Geld hat sich ja immer alles gedreht."

nicht alles ums Geld drehe: „Das stimmt schon, höre ich doch oft. Also jetzt nicht bei mir, sondern allgemein.“ Die Differenz zwischen der Wahrnehmung des Selbst und der Welt führt für die Frage nach der Dominanz des Geldes in der Gesellschaft allgemein zu entgegengesetzten Konsequenzen. Eine Gruppe von Befragten konstatiert für die Allgemeinheit den höchsten Grad von Dominanz und bezeichnet den eigenen Bereich als insular wie z. B. Frau Schäffer (*1944): „Und es ist die Tatsache, daß es sich nur darum dreht. Daß man dem anderen mal eine Freude machen möchte, das ist inzwischen schon fast vergessen. Ich behaupte, daß hier in meiner Schule [BP ist die Leiterin – d. Verf.] vor Ort ich daran noch ein bißchen festhalten kann, daß es noch eine kleine Insel ist. Aber ich muß ja auch darüber hinausschauen und da steckt es schon. Leider.“ Auch Herr Bruns (*1966) stellt eine universelle Monetarisierung aller gesellschaftlichen Bereiche fest, nimmt aber die eigene Person explizit davon aus: „Es stimmt. Aber bei mir persönlich dreht sich nicht alles nur ums Geld. Aber in der Gesellschaft ist das so“, um weiter auszuführen: „Das ist im Beruf, dreht sich alles nur ums Geld. Bei Freizeit, alles nur ums Geld. Und überhaupt, das ist ja der eigentliche Sinn der ganzen Wirtschaft.“

Während in den bislang zitierten Äußerungen eine Ausklammerung des eigenen Selbst aus der Welt festzustellen ist, generalisiert eine andere Gruppe von Befragten die Erfahrungen aus dem eigenen sozialen Umfeld: Deshalb wird der Behauptung einer allgemeinen Dominanz von Geld nicht zugestimmt, und nur bestimmte Personen oder Sektoren werden ausgenommen. So sieht Frau Scholz (*1935) zwar den Alltag der materiell Beengten, nicht aber den der Allgemeinheit von Geld dominiert: „Das ist überzogen, meine ich, das stimmt nicht so. Ist zwar schön, wenn man es hat, aber ich glaube, das ist überzogen. Gut, natürlich, ich habe so vieles mitbekommen auch in der Schule, wenn ich mit Eltern gesprochen habe. Da ist natürlich, die sehr wenig haben, da dreht sich natürlich mehr ums Geld als in unserer Familie.“ Und auch Herr Tiemeyer (*1973) bekundet seine Ablehnung der Dominanz von Geld im deskriptiven Sinne, sieht allerdings nur bei einer „Wohlstandsfraktion“ gegenläufige Tendenzen: „Das ist überzogen. (X) Ich würde dem für mich persönlich nicht zustimmen. Es dreht sich wirklich nicht alles ums Geld. Es gibt Leute, die das sicherlich behaupten und sicherlich in verschiedenen Hierarchiestufen der Gesellschaft, wo es wirklich so sein mag. Aber der gehöre ich nicht an, ich bin einfacher Student, und ich denke mal, man kann auch viel ohne Geld erreichen.“ Wenn auch der Grad der Dominanz von Geld bei beiden Gruppen sehr unterschiedlich eingeschätzt wird, so ist doch allen Befragten eines gemeinsam: Die Bruchlinie zwischen Individuellem und Allgemeinem wird in deskriptiver Form gezogen: Die Geldbestimmtheit, die in der Selbsteinschätzung zurückgewiesen wird, wird in der Fremdwahrnehmung für gültig erachtet.

Eine zweite, noch wichtigere Bruchlinie, die ebenfalls zwischen Individuellem und Allgemeinem verläuft, ist eher normativ-moralischer Natur. In vielen Äußerungen wird die Interviewfrage zum Anlaß genommen, auf der Basis von Fremdwahrnehmungen die Diagnose einer ausnahmslos hohen Dominanz von Geld mit vehementen persönlichen Verurteilungen dieses Sachverhalts zu verbinden. Das Spektrum der Aussagen reicht von einem lakonisch resignierten „Das stimmt leider“ (Frau Möller, *1963) bis zu Klagen über einen durch überbordenden Materialismus indizierten Kultur- und Werteverfall, den Frau Grübbel (*1946) diagnostiziert: „Ja, die Leute sind wahrscheinlich doch materialistischer geworden. Aber woran sich das zeigt? Ja, die erste Frage ist eben immer nur die, was es kostet und was oder was bei irgendeiner Sache rauskommt oder, ich glaube, der Materialismus ist stärker geworden im Vergleich zu früher.“

17.3.1 Gelddominanz und Generationenverhältnis

Die Diagnose einer durch Monetarisierung induzierten Erosion von emphatisch als wahr und gültig erachteten Werten ist insbesondere typisch für die ältere Generation, so bspw. für Herrn Schäffer (*1906): „Also, zur Zeit stimmt das hundertprozentig. Es gab aber auch mal Zeiten, da war es nicht ganz so schlimm. (X) Da meine ich das ganze Jahrhundert durch. Das waren immer mal Zeiten, wo man den Wert einer Arbeit noch schätzen konnte und richtig eingeschätzt hat. Meine Großmutter hat gesagt: ‚wenn ich schon Schmuck trage, dann muß es echter sein oder gar keiner.‘ Und dann gab es welche: ‚wenn ich mir schon Möbel kaufe, dann will ich die von einem Tischlermeister gemacht haben, der was davon versteht.‘ Der will eine Wertarbeit sehen für das, was er ausgibt. Und das ist heute nicht mehr der Fall. Heute geht es nur: ‚Oh, das ist aber billig, nehmen wir.‘ Der Mensch wird nicht mehr erzogen zum Wertgefühl einer Materie, sondern er wird dazu erzogen, für Ramsch recht viel Geld auszugeben, damit der Rubel rollt bei denen, die diesen Ramsch verkaufen. Aber das ganze Jahrhundert können Sie beobachten, daß es Menschen gab, immer schon, die auch Wert auf Echtes legten und welche, denen es ganz wurscht ist, wie dies oder jenes aussieht, Hauptsache ich habe es. Das ist auch so ein Grundsatz: ‚Hauptsache ich habe es.‘ Ob ich es gebrauchen kann, ist eine ganz andere Sache.“[208]

Zwar findet sich bei der Beurteilung der Gelddominanz keinerlei signifikante statistische Differenz zwischen den Generationen. Häufig sind aber Urteile über das Verhältnis von verschiedenen Generationen und ihrem jeweiligen Geldumgang – in der Regel über das der jüngeren Menschen – in die Aussagen mit eingewoben. So sehen einige der Ältesten in unserem Sample die heutige Jugend als geldorientiert: „die legen schon Wert aufs Geld“ (Frau Ahrens *1903); sie schreiben die Dominanz des Geldes damit letztlich einer geschichtlichen Entwicklung zu, die erst in neuerer Zeit sich entfaltet. Es entsteht dabei manchmal der Eindruck, als würde damit implizit eine regelrechte Verfallstheorie der Gesellschaft verbunden. So konstatiert

208 Herrn Schäffers Äußerung läßt sich als kulturpessimistische Variante der These von der Verwandlung von Substanzwerten in Funktionswerte verstehen – eine Behauptung, die nicht allzu weit von Simmels Position entfernt ist, auch wenn dieser in der Zeit vor 1900 noch eher die Ambivalenz des Fortschritts hervorhebt: „Wollte man den Charakter und die Größe des neuzeitlichen Lebens in eine Formel zusammenzufassen wagen, so könnte es diese sein: daß die Gehalte der Erkenntniß, des Handelns, der Idealbildung aus ihrer festen, substantiellen und stabilen Form in den Zustand der Entwicklung, der Bewegung, der Labilität übergeführt werden.“ (Simmel 1992a: 194)

Frau Evers (*1904): „ich habe da eine Bekannte, wenn die Kinder was tun, dann muß sie schon mit dem Geldschein wedeln, wenn die mal helfen sollen. Und dann machen sie es noch mit einem sauren Gesicht.“
Die Bestätigung eines so bestimmten Veränderungsprozesses unter Hinweis auf generationenspezifische sozialcharakterologische Ausprägungen bleibt aus der Perspektive der jüngeren Generation die Ausnahme – wie in der Feststellung Herrn Teskes (*1965): „Es dreht sich sehr viel ums Geld, ja, das ist leider so. (X) Das Konsumleben ist ja – macht man das Fernsehen an, guckt man auf die Straße – das ist überall. Unser ganzes Leben wird von Produkten bestimmt, die sehr viel kosten. Und das Geld muß man erst einmal verdienen. Die Leute früher waren bescheidener als wir das heute sind.“

Ein regelrechtes Loblied auf die jüngere Generation, das in eine ausgeprägte Ablehnung der Dominanz von Geld für die heutige Zeit mündet, ist in unserem Sample ein Unikat. Frau Pietsch (*1913) „muß die heutige, die junge Generation sehr loben, weil ich denke, die sind unwahrscheinlich sozial eingestellt. Sicher, sie haben mehr Geld, aber sie sind auch, manchmal denke ich mehr noch, sozialer eingestellt. Wenn ich an meinen Sohn denke, die waren in den Jahren sozialer eingestellt wie wir, weil wir es nicht so gekannt haben. Und wenn ich viele junge Leute sehe, ich bin vor zwei Jahren lange im Krankenhaus gewesen, da habe ich mich immer gewundert, wie viele junge Leute, gerade auch für Alte was tun. Und das habe ich so lobend empfunden, daß ich heute sagen würde, die junge Generation, Gott es sind der eine oder andere, aber im großen und ganzen muß ich die junge Generation loben.“

17.3.2 Gelddominanz als Erfahrung von Bürgern der ehemaligen DDR

Die *quantitative* Auswertung der Daten zur Dominanz des Geldes ergibt bei den Menschen in Ost und West ein nahezu identisches Bild; erst die *qualitative* Analyse des Materials legt die Unterschiede frei. So wird von Bürgern der ehemaligen DDR ein *starkes Unbehagen* an der Macht des Geldes artikuliert, das sich bis zu regelrechter Geldverachtung steigern kann; sie haben den Übergang vom Geld im Realsozialismus (siehe 8) zum entwickelten Kapitalismus als scharfen Einschnitt erlebt. So unterstreicht Herr Tappe (*1939): „Das Geld ist heutzutage der Maßstab der Dinge. Und darunter leidet ja auch der ordentliche Verkehr der Menschen untereinander. Wir zumindest hier, die ehemaligen DDR-Bürger, spüren das recht deutlich, den Unterschied.“ Im Vergleich der Lebensverhältnisse vor und nach der Wende bildet sich für viele Menschen aus dem Osten in der Zentrierung auf das Geld ein neuer und ungewohnter Erfahrungshorizont, der kognitive, diskursive und psychische Bereiche berührt.

Kognitive Veränderungen im Verlauf einer sich ausdehnenden Monetarisierung lassen sich an Hand der verschiedenen Funktionen des Geldes (siehe 3.2) nachweisen. Durch die Aufhebung fester Güterpreise wird die Funktion des Geldes als

Maßstab für Preise wie als Rechenmittel ausgeweitet. Frau Drewes (*1921) betont, daß alte stabile Orientierungen aufgelöst werden und – mit unwillkürlichem Anklang an Simmels Diktum – Geld zum Gott werde: „Na ja, zum Beispiel, wenn man was kaufte, wußte man immer von vornherein, was es kostet und ob ich nun in B. oder in R. oder hier einkaufte, das waren überall dieselben Preise und die standen überall drauf. Und es war nicht so, daß ich ein Seifenpulver hier kaufte und in R. mußte ich da meinetwegen die Hälfte mehr bezahlen oder umgekehrt. So etwas gab es ja nicht, das war ja überall dasselbe. Und ich konnte dadurch natürlich eigentlich mein Geld ganz gut so einteilen. Ich konnte ganz gut so übersehen, was ich ausgeben kann und wie ich damit fahre, wissen Sie. [...] Das Geld war eigentlich für uns im Ansehen nicht das, was es heute ist. Heute ist das Geld da oben, wie so ein Gott. Alle beten es an. Das war es zu Zeiten der DDR nicht."

Geld verändert auch seine Funktion als Maßstab für Werte, indem Güter, die bisher einer geldfernen Sphäre zugerechnet wurden, nun monetären Kategorien unterworfen werden. Dies geschieht bspw. in Bezug auf die „Früchte" der eigenen gärtnerischen Betätigung wie bei Frau Grübbel (*1970): „Stimmt schon, doch. Viel dreht sich um Geld. Oft fragt man sich halt bei manchem, was man macht, ist es jetzt das wert? Gerade jetzt zu DDR-Zeiten konnte man das halt immer sehen, man ist halt in den Garten gegangen, hat seinen Kleingarten, seinen Acker beackert, um die Tomaten nach Hause zu kriegen, die man halt vielleicht nicht so bekam oder was weiß ich. Und heute überlegt man sich, ist es mir das wert? Kann ich doch eigentlich draußen auch gut kaufen, viel preiswerter, liegt mir was an der Gartenarbeit oder mache ich es einfach nur, damit ich halt die Tomate zu Hause auf dem Tisch liegen habe oder so. Also man bezieht die Kosten und das Geld schon viel mehr in das Denken ein als man das vielleicht zu DDR-Zeiten gemacht hat. Auf jeden Fall. Aber daß es jetzt vielleicht nun alles bestimmt, würde ich nun auch nicht sagen, aber bei manchen Dingen schon. Vielen Dingen."

Ebenso wird die Funktion von Geld als Standard zukünftiger Zahlungen anders und neu definiert, wenn Gegenstände, die früher einer primär sozialen oder ästhetischen Beurteilung unterlagen, auf einmal in die Bestimmungsgewalt einer ökonomischen Logik geraten. So behauptet Frau Beyer (*1936): „Stimmt. Und zwar wenn man auch so um sich rum guckt, wenn was erzählt wird, dies oder jenes gekauft oder was, wird immer gleich gesagt, was es gekostet hat, sofort, das ist fast das Wichtige. Es ist nicht so wichtig, wie schön oder wie es ist, wie es aussieht oder was, es ist das super Wichtigste, und das finde ich zum Teil furchtbar. Und Sie können auch rumgucken überall, es wird irgendeine Kirche aufgebaut oder irgendwas gemacht und sofort wird gesagt, es hat soundsoviel gekostet. Es ist nur das Geld das Wichtige, das finde ich ein bißchen schade. Wir haben früher auch Geschenke gemacht zu Weihnachten oder irgendwas, und es war nicht so wichtig, was es gekostet hat, sondern daß es demjenigen gefallen hat und daß er es gut gebrauchen konnte, das war wichtig und nicht, was es gekostet hat."

In *diskursiver* Hinsicht wird nun die Lebenswelt im vereinigten Deutschland im Gegensatz zur Vergangenheit durch das Thema Geld beherrscht – so die Wahrnehmung von Frau Wegener (*1967): „Ja, daß viel über Geld geredet wird! Auch in

Bereichen, in denen ich früher nie über Geld geredet hätte! Also mit Freunden, ich weiß auch nicht, war Geld nie so ein Gesprächsthema wie heute! [...] Das gibt oft Situationen, daß ich manchmal sage: Ach früher war irgendwie Geld nicht so wichtig!"

Dieser Bedeutungszuwachs von Geld kann für die Betroffenen auch mit erheblichen *psychischen* Problemen bis hin zum Gefühl der Marginalisierung verbunden sein. Dies dokumentiert die Äußerung von Frau Eikermann (*1931): „Die allgemeine Einstellung und Orientierung, es muß sich rechnen. Ich habe die noch nicht so ganz und komme mir da manchmal auf verlorenem Posten vor. Das heißt, in meinem Bekanntenkreis treffe ich noch ähnliche Einstellungen, aber ansonsten ist das weit verbreitet. Und hier war es anfangs zögerlich angelaufen, aber ist nun auch schon stärker ausgeprägt."

Während man bei der Ablehnung der Dominanz des Geldes im Fall des Generationengegensatzes aufgrund der langen Fristen, innerhalb derer sich die Allmacht des Geldes durchsetzt, noch von einer Historisierung der Monetarisierung seitens der Befragten sprechen kann, verbietet der abrupte Umbruch der Jahre 1989/90 eine solche Interpretation. Diese Zäsur führt bei vielen zu einer teilweise positiven, weil geldfernen Erinnerung der DDR-Vergangenheit, einer Entfremdung gegenüber der westdeutsch geprägten Gegenwart und einer generellen Kritik an den Lebensumständen im neuen Deutschland, wie bspw. bei Herrn Lange (*1940): „Es dreht sich zu viel ums Geld. Besonders in dieser Bundesrepublik."

Was Simmel noch philosophisch-theoretisch vermutete, kann durch die vorliegende Untersuchung empirisch untermauert werden. Geld ist für die meisten Menschen lebensweltlich zum alles dominierenden Faktor geworden – ein Prozeß, der allerdings aus sehr unterschiedlichen Perspektiven wahrgenommen wird: Geld erscheint dabei entweder als stets knappes Mittel zur Erlangung von Gütern oder als allgemeingültiger Wert allen Strebens, als demonstrativer Selbstzweck und Ausdruck von Wohlstand. Als historisch ebenso konstant erweist sich die Klage über diesen Zustand. Viele unserer Befragten geben in beschreibender Hinsicht Beispiele für die monetäre Allgewalt und distanzieren sich häufig gleichzeitig normativ-moralisch von diesem Prozeß. So bildet die Frage nach der Dominanz von Geld in der heutigen Gesellschaft einen offensichtlich besonders geeigneten Ort für die Artikulation von Fremdwahrnehmungen, die auch in die sozialchakterologische Transformation eingehen. Im Generationenverhältnis wie auch insbesondere von Bürgern der ehemaligen DDR wird die fremde Gegenwart im neuen Deutschland als geldbestimmt verstanden. Ein Gefühl der Unbehaustheit wird zur grundierenden Erfahrung der Moderne. Simmels Formulierung vom Geld als Gott unserer Zeit ist auch in der Umgangssprache zur umlaufenden Münze geworden.

18. Endstation Hedonismus?

„Vielleicht verdirbt Geld den Charakter. Auf keinen Fall macht Mangel an Geld ihn besser." (John Steinbeck)

Die mentale Transformation, die sich über ein Jahrhundert im Sozialcharakter der Deutschen vollzogen hat, muß sich intergenerativ in einer deutlichen Verschiebung des Gewichts der einzelnen Fraktionen widerspiegeln. Die allgemeine Hypothese der Erosion des Puritanismus als des für die älteste Generation konstitutiven Sozialcharakters (siehe 5.2) wurde in einer Weise operationalisiert, die die Möglichkeiten der Verbindung von traditioneller Interpretation mit moderner EDV-Unterstützung nutzt und die im folgenden zu beschreiben ist.

Die Darstellung beginnt mit einer knappen Skizze der quantitativen Ergebnisse, wie sie sich auf der Grundlage der für alle Personen des Samples gebildeten Sozialcharakter-Variable ergeben. Diese basiert auf der Lektüre umfangreicher Passagen des gesamten Interviews (selektiv C-, D- und E-Block, gründlich und umfassend G-, H-, und die erste Hälfte des J-Blocks) und mündet in die Bestimmung des monetären Sozialcharakters einer jeden BP. Da das Sozialcharakter-Konzept vom Puritanismus nicht nur als historischem, sondern auch als theoretischem Ausgangspunkt (siehe 4.1) her angelegt ist, wurden die vier Komplexe „Sparsamkeit" (als monetäres Ideal, als faktische Rücklagenbildung, als – u. U. auch nicht – bewährter elterlicher Grundsatz, als DDR-spezifische Prägung), „Schulden" (als strategische Option, als faktische Kreditaufnahme größerer Beträge, als kreditäre Offerte des Alltags), „Arbeit" (als Grundverhältnis und als faktische Selbstcharakterisierung) und „Konsum" (als faktisches Ausgabeverhalten und als gedankenexperimentelle Option) als normatives Syndrom für jede BP großflächig ausgewertet werden.

Die Ermittlung des jeweiligen Sozialcharakters einer BP erfolgte jedoch in keinem Falle durch ein quasi-mechanisches Verfahren, sondern beruhte auf dem „holistischen Blick", der sich auf die grundlegenden monetären Einstellungen der gesamten Person richtet. Bei der Codierung insgesamt war es besonders wichtig, andere die Geldmentalität prägende Oppositionslinien wie bspw. „Geldnähe vs. Geldferne" neutral zu halten, d. h. der Versicherungskaufmann wie die Hausfrau müssen die theoretisch gleiche Chance haben, als Puritaner oder als Hedonist codiert zu werden.

Der für die Zuschreibung des Sozialcharakters maßgebliche Zeitpunkt wird durch die höchste wirtschaftliche Verantwortlichkeit der Person bestimmt, um insbesondere lebensphasenspezifische Einflüsse (Jugend- oder Altershedonismus) auszuschließen. In den wenigen Fällen einer Diskrepanz zwischen Selbst- und Fremdcharakterisierung (durch die nachfolgenden Generationen) sind die Selbstaussagen der BP für die Zuweisung des Sozialcharakters entscheidend; nur in sehr wenigen Ausnahmefällen führt dies dazu, daß charakterologisch interessante Informationen aus dritter Hand nicht verwertet werden.

Um das „Innenleben" dieser Variable deutlich zu machen und gleichzeitig den Facettenreichtum, der selbst den einzelnen Kategorien noch zu eigen ist, zur Geltung zu bringen, liegt der Schwerpunkt der folgenden Auswertung auf der qualitativen Beschreibung und Analyse der monetären Sozialcharaktere in Form diverser Porträts. Erneut werden sich quantitative Analyse und holistischer Blick ergänzen und wechselseitig stützen.

18.1 Der Trend im Sozialcharakter der Gegenwart

Über drei Generationen hat sich, wenn die Göttinger Stichprobe allgemeinere Veränderungen anzeigt, der Sozialcharakter der Deutschen so grundlegend geändert, daß von einer mentalen Transformation gesprochen werden muß. Dieser Trend erscheint quantitativ als Verschiebung im Gewicht der einzelnen Fraktionen, die aus der folgenden Tabelle ersichtlich ist.

Tab. 18.1: Sozialcharakter nach Generation (N = 144; Spalten-%)

Sozialcharakter	**G1**	**G2**	**G3**	**Mittelwert**
(1) Umfassender Puritanismus	54,2	6,3	0,0	20,1
(2) Abgeschwächter Puritanismus	20,8	41,7	12,5	25,0
(3) Rein monetärer Puritanismus	8,3	8,3	10,4	9,0
(4) Defensiver Pragmatismus	2,1	10,4	10,4	7,6
(5) Differenzierter Pragmatismus	2,1	14,6	27,1	14,6
(6) Offensiver Pragmatismus	2,1	8,3	12,5	7,6
(7) Rein monetärer Hedonismus	0,0	8,3	4,2	4,2
(8) Relativierter Hedonismus	6,3	2,1	16,7	8,3
(9) Dezidierter Hedonismus	0,0	0,0	6,3	2,1
(10) Residual	4,2	0,0	0,0	1,4
Summe	100,0	100,0	100,0	100,0

Der *umfassende Puritanismus*[209] hat in der ältesten Generation die absolute Mehrheit. Schon in der mittleren Generation dünnt er dramatisch aus, um in der jüngsten Generation vollständig zu verschwinden. Bildlich gesprochen mutiert der Puritanismus zwischen G1 und G2 vom „Tabellenführer" zum Abstiegskandidaten, und in G3 löst sich der Verein auf! Der monetäre Puritanismus *insgesamt* (Code 1-3) erodiert jedoch erheblich langsamer. Er hat bei den Ältesten eine extreme Mehrheit von gut vier Fünfteln (G1: 83,3%), die in den mittleren Generationen lediglich zur schwächeren absoluten Mehrheit absinkt (G2: 56,3%) und in der jüngsten eine Minderheitenposition einnimmt (G3: 22,9%).

Dem Bedeutungsverlust des monetären Puritanismus korrespondiert ein stetiges Anwachsen pragmatischer und hedonistischer Positionen. Der monetäre *Pragmatismus* (Code 4-6) wird in der mittleren Generation schon von einem Drittel der Befragten vertreten; in der jüngsten Generation hat er bereits die Mehrheit und löst den Puritanismus der Altvorderen ab. Dies zeigt auch eine spezielle Betrachtung des frappierenden Anstiegs in der Kategorie des differenzierten Pragmatismus (Code 5): In der ältesten Generation ist er singulär, in der mittleren schon eine relevante Minderheitenposition und bei den Jüngsten besitzt er die relative Mehrheit.

Ähnlich kontinuierlich, wenngleich langsamer, vollzieht sich der Zugewinn beim monetären *Hedonismus* (Code 7-9). In der ältesten Generation ist überhaupt nur die Position des relativierten Hedonismus (Code 8) schwach besetzt, und der Zuwachs der Hedonisten in der mittleren Generation ist gering. Aber in der jüngsten Generation avanciert der *relativierte* Hedonismus zu einer starken Minderheitenposition von einem Sechstel; erstmals tritt der *dezidierte* Hedonismus (Code 9) überhaupt auf den Plan.

Das Vorhalten von differenzierten Kategorien, die für Puritanismus, Pragmatismus und Hedonismus jeweils drei Ausprägungen vorsehen, ist für die Bestimmung des Trends wie auch für seine alsbald folgende „dichte Beschreibung" durch konkrete Porträts (siehe 18.2) unerläßlich. Zum sichtbareren Verständnis des Zentrums der sozialcharakterologischen Transformation sei jedoch die folgende Abbildung eingeblendet, die in aggregierter Form auf die drei Kernfraktionen abzielt.

---

209 Die Codierungslogik der tabellarischen Darstellung in neun Kategorien hat für die vier oben genannten Bereiche Schulden, Sparsamkeit, Arbeit und Konsum folgende Implikationen: (1) Die Ablehnung von Verschuldung nimmt von 1-9 kontinuierlich ab. (2) Die Ausprägung von Sparsamkeit nimmt zwar in der „globalen" Perspektive von Puritanismus über Pragmatismus bis hin zum Hedonismus ebenfalls ab, pragmatismusintern zwischen Code 4-6 nimmt sie jedoch zu. (3) Der Stellenwert von Arbeit ist zwischen den beiden höchsten Puritanismus- und Hedonismus-Kategorien entgegengesetzt (hoch vs. untergeordnet); die logisch einander korrespondierenden Kategorien 3 (rein monetärer Puritaner) und 7 (rein monetärer Hedonist) bringen signifikante Brechungsverhältnisse zwischen monetären Normen und jeweiligem Arbeitsethos zum Ausdruck; pragmatismusintern nimmt der Stellenwert von Arbeit – analog zu Sparsamkeit – wieder zu. (4) Der Bereich „Konsum" unterliegt wieder derselben gradualistischen Logik wie beim Thema Schulden, d. h. die Konsumbereitschaft nimmt von Code 1-9 kontinuierlich zu mit Ausnahme des „gespaltenen" Sozialcharakters in Code 3, der eine tendenziell hedonistische Konsumauffassung hat.

Abb. 11: Sozialcharakter nach Generation (aggregiert)

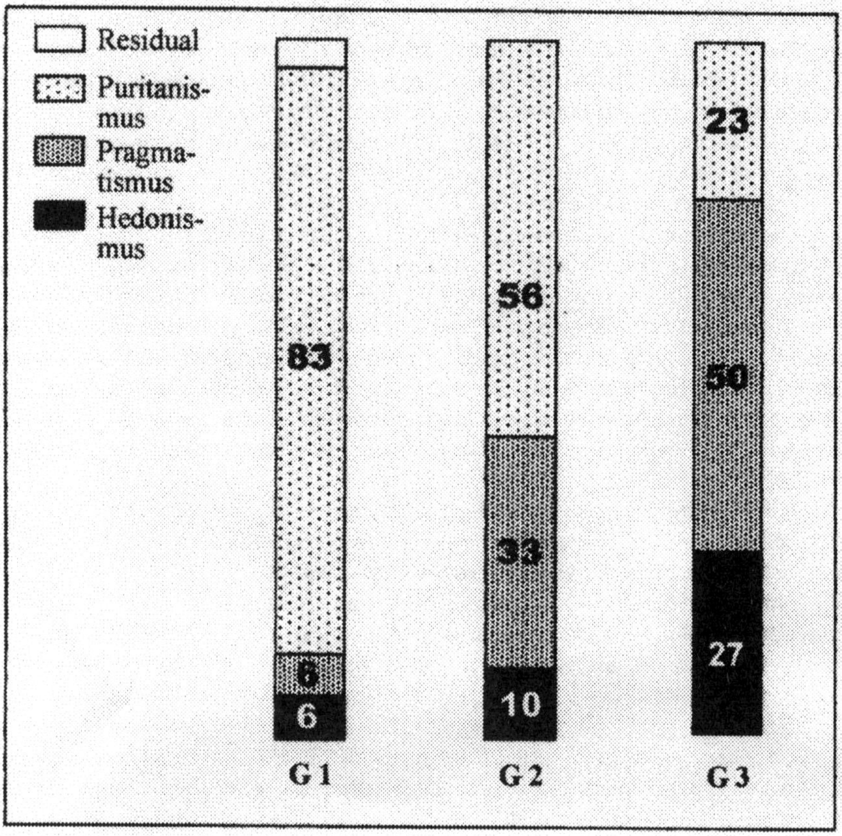

Zur mentalen Transformation des Sozialcharakters im Lauf der Generationen ist zusammenfassend dreierlei zu konstatieren:

(1) Der Puritanismus der Ältesten schwächt sich schon in der mittleren Generation ab, um in der jüngsten vollends in die Defensive zu geraten. Gleichzeitig wird deutlich, daß der monetäre Puritanismus noch ein starkes charakterologisches Bindeglied zwischen der ältesten und der mittleren Generation gegenüber der jüngsten bildet.

(2) Der monetäre Pragmatismus ist in kontinuierlich großen Sprüngen angewachsen. Insbesondere durch die jüngste Generation hat er bereits die Nachfolge des Puritanismus als Mehrheitsposition angetreten. Hierbei gilt die Mehrheitsbehauptung in beiden Richtungen: Genau die Hälfte der Jüngeren sind monetäre Pragmatiker, und mehr als die Hälfte aller monetären Pragmatiker (55,8%) kommen aus der jüngsten Generation. Da überdies mehr als ein Drittel (37,2%) der

monetären Pragmatiker der mittleren Generation angehört, fungiert er im selben Sinne als charakterologisches Bindeglied zwischen jüngerer und mittlerer Generation wie der Puritanismus zwischen älterer und mittlerer. Die mittlere Generation ist mithin nicht nur im familial-genealogischen sondern auch im monetär-charakterologischen Sinne eine „Zwischen-Generation“.

(3) Auch wenn der monetäre Hedonismus für die Gegenwart nicht als charakterologisch dominant angesehen werden kann, hat er doch in der jüngsten Generation bereits den Puritanismus überflügelt. Da gleichzeitig fast zwei Drittel aller monetären Hedonisten (61,9%) der jüngsten Generation angehören, stellt er seinerseits ein monetäres Spezifikum der Jüngeren dar.

Während beim Sozialcharakter die generationale Aufspaltung durchschlagend ist, ergibt eine Korrelation mit anderen grundlegenden Variablen des Samples kaum einschlägige Signifikanzen. Zwischen Ost und West herrscht praktisch Parität: sowohl für den monetären Puritanismus (56,5% zu 52,0%) als auch den monetären Pragmatismus (29,0% zu 30,7%) und den monetären Hedonismus (13,0% zu 16,0%). Hiermit lassen sich auf der Basis unseres Samples Vermutungen, der Osten sei besonders puritanisch oder hedonistisch, nicht bestätigen. Auch eine nach Generationen differenzierende Auswertung führt hier zu keinem wesentlich anderen Ergebnis. Allein für den monetären Puritanismus gilt, daß er in der jüngsten Generation vornehmlich ein Ost-Phänomen darstellt (acht von elf Puritanern kommen aus dem Osten).

Geschlechtsspezifische Aussagen des Typs, Frauen seien besonders puritanisch oder hedonistisch, besitzen ebenfalls wenig empirischen Rückhalt. Das Verhältnis „Weiblich-Männlich“ ist bei den monetären Puritanern 56,0% zu 51,7% und bei den monetären Pragmatikern 32,1% zu 26,7%. Allein bei den monetären Hedonisten sind Männer prozentual fast doppelt so häufig vertreten wie Frauen (20,0% zu 10,7%), ohne daß sich bei den geringen zahlenmäßigen Belegungen hierauf irgendwelche weitreichenderen Annahmen gründen ließen.

Scheinbar auffällige Korrelationen z. B. in der Frage des Bildungsabschlusses der Befragten und ihres monetären Sozialcharakters sind hingegen primär der Hintergrundvariable Generation bzw. Alter geschuldet. So sind fast zwei Drittel aller Personen mit niedrigem Bildungsabschluß monetäre Puritaner (64,6%), während es bei Personen mit hohem Bildungsstand deutlich weniger als die Hälfte ist (41,5%). Bei den monetären Pragmatikern und Hedonisten haben hingegen prozentual gesehen doppelt so viele einen hohen gegenüber einem niedrigen Bildungsabschluß. Eine nach Generationen differenzierende Auswertung zeigt jedoch, daß dieser Effekt fast ausschließlich auf der Tatsache beruht, daß mehr als drei Viertel aller Angehörigen der ältesten Generation einen niedrigen Bildungsabschluß besitzen, während in der jüngsten fast zwei Drittel Abitur oder gar einen Hochschulabschluß aufweisen.

Die Präsentation der Befunde verdankt sich den Möglichkeiten moderner EDV-Unterstützung; die genannten Trends wären auf rein qualitativer Basis schwerlich zu ermitteln gewesen. Ihre unvermeidliche Allgemeinheit soll nunmehr durch „Zuschalten“ des holistischen Blicks konkretisiert werden.

18.2 Charakteristische Porträts

Zum Zwecke der Kontrastierung mit dem puritanischen Sozialcharakter der ältesten Generation widmet sich die qualitative Darstellung der monetären Sozialcharaktere der Gegenwart ausführlich dem Hedonismus, stellt den Pragmatismus als die für die jüngste Generation moderne Form der Einstellung zu Geld ins Zentrum, um abschließend den Puritanismus als einen für die Jüngeren obsolet gewordenen Anachronismus zu streifen. Auch wenn zum Zeitpunkt der Erhebung die mittlere Generation die wirtschaftlich aktivere ist, so zeigt doch der Blick auf die quantitativen Ergebnisse, daß die maßgebliche Richtung des sozialcharakterologischen Gesamttrends nicht durch sie, sondern durch die jüngste bestimmt wird. Mithin gelten dieser die meisten der ausgewählten Porträts, in denen sowohl die jeweils typischen monetären Besonderheiten entfaltet werden als auch die Frage eines möglichen Zusammenhanges mit der familialen Krisenbiographie erörtert wird. Aufgrund der Fokussierung auf die jüngste Generation ist es darstellungstechnisch sinnvoll, mit dem dezidierten Hedonismus (Code 9 in Tab. 18.1) als der radikalsten Form zu beginnen, um dann sukzessive zu den übrigen Kategorien aufzusteigen.

18.2.1 Die hedonistische Avantgarde

Der vehementeste Vertreter eines *dezidierten Hedonismus* ist Herr Batte junior (*1966),Versicherungskaufmann, ledig, in einem Einpersonenhaushalt wohnend, ein typischer Yuppie. Er ist im Rahmen unseres Samples der einzige, der bei den Selbstattribuierungen den beiden folgenden Aussagen „Ich gönne mir möglichst oft Luxus" und „Glücksspiele, Spekulationen finde ich reizvoll" vorbehaltlos zustimmt.

Eigentlich wollte Herr Batte Bundeswehrpilot werden, fiel aber durch die psychologische Tauglichkeitsprüfung, da ihm unterstellt wurde, „daß ich in erster Linie bloß fliegen möchte und als Soldat gar kein Interesse hätte." Jetzt startet er wenigstens monetär durch; in der Meinung, bestens informiert zu sein, peilt er seine strategischen Ziele an. Die Aussage „Schulden statt Sparen" bejaht er mit einer rein ökonomischen Argumentation: „Ist zum Teil richtig. Wenn ich die Schulden an der richtigen Stelle mache, kann ich dadurch sparen, also Steuern sparen." Dementsprechend hat er schon mehrmals kleinere Kredite aufgenommen und ist begeisterter Anhänger aller Kreditierungsformen. Sein Arbeitsverständnis ist das eines klassischen Hedonisten: „Ich möchte ja soviel Spaß in meinem Leben haben, wie es nur geht, ja. Der Sinn meines Lebens ist nicht die Arbeit, sondern daß ich mein Leben genieße. Und um mein Leben genießen zu können, brauche ich eben Geld, und deswegen arbeite ich."

Die Höhenflüge des Herrn Batte führen zwar gelegentlich zu monetären Abstürzen, aber zwingen ihn nicht wirklich zu Boden – so bei seiner bisher schlechtesten finanziellen Entscheidung: „Ich habe mich mal in so eine Firma eingekauft, so ein Franchising-Unternehmen. Das ganze Ding ist geplatzt, und da habe ich ein paar tausend Mark kaputt gemacht."

Herr Batte behauptet, auch von den Währungskrisen ein klareres Bewußtsein als seine Altvorderen zu haben. In seiner Sicht war die wirtschaftliche Entwicklung seines Elternhauses „katastrophal väterlicherseits! Durch den Zweiten Weltkrieg überhaupt, weil die Familie hätte ja heute noch Ländereien und die Firma, was eben dann alles im Osten war und nach der Wiedervereinigung nicht zurückgegeben worden ist." Für mögliche zukünftige Mega-Krisen hält Herr Batte deshalb großräumige Ausweichstrategien parat, während er der Großelterngeneration in der Frage des adäquaten Lernens aus Währungskrisen radikale Unfähigkeit attestiert: „Meine Großmutter, die ist ja sehr intensiv mit Geldgeschäften beschäftigt, aber wenn man das in Hinblick auf die Währungsreform sieht, dann hat sie auch nichts daraus gelernt, [...]. Aber einen Großteil von ihrem Geld steckt sie immer noch in irgendwelche Geldgeschäfte, wo keine Sachgüter dahinterstehen. Also sie hat zwar Immobilien, aber im Vergleich zu dem, was an Vermögen da ist, relativ wenig. Also wenn es heute noch mal kommen würde, würde die genauso wieder reinlaufen wie die Generationen vorher."

Obwohl Batte junior im Bewußtsein eines völligen Bruches mit Eltern und Großeltern lebt, zeigt die familiale Betrachtung doch interessante Kontinuitäten für seinen Sozialcharakter: Die Familie der kritisierten Großmutter zählte faktisch zu den Inflationsgewinnern von 1923, da der Aufbau der väterlichen Fabrik durch Schulden finanziert worden war. (Siehe 6.2.1.1) Die Stafette selbst ist eine der wenigen, die durchgängig ein abgeschwächtes Arbeitsethos tradiert, und Herr Batte medio ist der einzige in der mittleren Generation, der dem relativierten Hedonismus zuzurechnen ist.

Der dezidierte Hedonismus tritt in unserem Sample jedoch nicht nur in der strategisch formierten Variante von Herrn Batte auf. Demselben Geburtsjahrgang gehört Frau Hagenberg (*1966) an; sie ist ebenfalls unverheiratet, Chemotechnikerin von Beruf, ihrem Wohn- und Lebensstil nach eher einem urban-alternativen Milieu zuzurechnen. Dementsprechend sympathisiert sie mit den Grünen, während Herr Batte die CSU präferiert.

An vielen Stellen des Interviews intoniert sie die Melodie: „ich bin eigentlich nicht gerade der Spartyp." Aber ihr Hedonismus ist sozial eingebunden, wie z. B. ihr Engagement bei einer Obdachlosenzeitung zeigt. Des weiteren schließt er auch eine explizite Kritik an dessen sozial dissoziativer, individualistischer Ausrichtung à la Batte mit ein, wie ihre Antwort auf die Frage nach einem negativem Geldumgang verrät: „Sie sind einfach unbedacht, vielleicht verschwenderisch oder sie sind so – wie soll ich sagen – Lebemenschen. Oder sie sind vielleicht unabhängig und müssen keine Familie versorgen, sind sich selbst verantwortlich und können ganz spontan und selbst entscheiden: Ich kaufe dies und das, und sehen vielleicht nicht immer, wohin das führt."[210] Diese Aussage darf jedoch nicht als verzichts-

210 Sprachlich verweist Frau Hagenbergs Verwendung des Ausdrucks „Lebemenschen" auf eine durchaus weit verbreitete negative Konnotation von Hedonismus im Sinne einer selbstsüchtigen Verschwendungssucht. Es ist jedoch weder ein Widerspruch zu ihrem Selbstbild noch ein sachlicher Hinderungsgrund, aufgrund der definierten Merkmale Verschuldungsbereitschaft, geringe Sparsamkeit, Konsumfreude und

ethisch motivierte Absage an ein schönes Leben mißverstanden werden, wie ihre Begründung für die Nichtaufnahme eines Studiums – ihre beste finanzielle Entscheidung – zeigt: „Da denke ich mir, da habe ich die ganzen Jahre verschenkt, konnte nichts verdienen, konnte mir ein angenehmes, tolles Leben eigentlich nicht leisten. Hatte zwar mehr Freizeit und so vielleicht, aber ich bin so zufrieden, wie ich es gemacht habe. Und ich bin über die Anschaffungen, die ich gemacht habe, auch ganz froh. Wie der Kauf eines schönen Fahrrades oder das Auto, das ich habe. Ja, Sachen, wo ich auch Spaß habe zu arbeiten, wo ich denke, ich möchte das haben. Das ermöglicht mir eben das Arbeiten. Und eben auch Gutes tun für andere, wenn ich das will, wenn ich das finanziell möchte."

Trotz des markanten Inflationsschicksals ihres Großvaters (siehe 6.2.1.1) wäre es wegen der geringen familialen Kommunikation über Währungskrisen übertrieben, Frau Hagenbergs Abkehr von der Sparsamkeit und ihre Konsumfreude hauptsächlich als späte Folgen daraus zu interpretieren. Gerade vor diesem Hintergrund ist es jedoch aufschlußreich, daß sich ihre Distanz zum Sparen auch als von den Eltern tradierte Inflationslehre bruchlos ins eigene Weltbild integriert: „Ich würde sagen, z. B. wenn man jetzt jede Menge Geld gespart hat und es kommt zu einer ganz ekligen Inflation, dann hat man ja hinterher nicht viel davon. Also, daß es sich nicht lohnt, über alle Maßen zu sparen."

Die Differenz des dezidierten zum *relativierten Hedonismus* (Kategorie 8) liegt darin, daß mindestens eine der für den Hedonismus konstitutiven Eigenschaften geringer ausgeprägt ist. Bei den Befragten weist jedoch fast immer die Einstellung zur Verschuldung – und nicht die Frage des Konsums, der Anti-Sparsamkeit oder des geringen Stellenwerts von Arbeit – relevante puritanische Einsprengsel auf. Ein typisches Beispiel aus der jüngsten Generation ist Herr Evers (*1964), der sein Studium der Musik und Volkskunde abgebrochen hat, als freier Autor lebt und in wechselnden Beschäftigungsverhältnissen u. a. im Museumsbereich arbeitet. Sein monetäres Ideal ist der schuldenfreie Hedonist: „Also vielleicht jemand, der genießen kann, ein Genußmensch vielleicht, ohne daß er sich irgendwie verschulden muß dabei."[211] Die Bruchstelle zu den monetären Grundsätzen der Eltern markiert er wie folgt: „Also wo ich nicht mehr so folge, ist so dieses Sparen, dieses Sparprinzip. Da neige ich eher so zu hedonistischen [Lachen] Zügen, Ausgaben." Der Hedonismus des in Geldfragen eher unsicher wirkenden Herrn Evers hat keine Wurzeln in der von einschneidenden Inflationserfahrungen freien Familiengeschichte, sondern ist Ausdruck eines auf eine Sinnbastlerexistenz angelegten Lebensentwurfs eines im universitären Milieu der alten Bundesrepublik sozialisierten Studenten der achtziger Jahre.[212]

abgeschwächtes Arbeitsethos Frau Hagenberg sozialcharakterologisch einem monetären Hedonismus zuzurechnen.

211 Der sprachliche Ausdruck „Genußmensch" für den Hedonisten bezeichnet bei Herrn Evers das semantisch von vornherein positiv konnotierte Gegenstück zum negativ gefärbten „Lebemenschen", wie ihn Frau Hagenberg apostrophiert.

212 Matthias Horx hat diesem Typus unter der ironisch-liebevollen Überschrift „Geniale Versager" ein pointiertes Porträt gewidmet: „Ein Puzzle-Lebensstil: Aus den Siebzigern ist das moralische Kreativitäts-

Eine auf ganz anderen Voraussetzungen beruhende und dennoch ähnliche monetäre Einstellung zeigt der etwa gleichaltrige Herr Beyer (*1963). Er ist Elektroniker, hat insbesondere in der DDR als Schichtarbeiter gut verdient, und diese Zeit hat sowohl zu einer Anti-Sparorientierung wie zu einer hohen Konsumneigung geführt: „Tja eigentlich, wenn ich irgendwo mal was Tolles gesehen habe, was mir gefallen hat, was ich mir kaufen wollte, dann hab ich das eben mir gekauft, weil ich eben – wie gesagt – da genügend noch hatte als Reserve und ich weiß nicht, ich habe gar nicht so ein großartiges Sparziel gehabt, wo ich sage, das will ich mir irgendwann noch leisten, da muß ich jetzt sparen, sondern ich habe eigentlich mehr oder weniger alles, was ich mir so augenblicklich leisten wollte, auch leisten können." Konfrontiert mit dem damals weit verbreiteten „automatischen Sparen" bestätigt er seinen DDR-spezifischen Hedonismus: „daß ich mir gar nicht so toll Gedanken gemacht habe, ob das Geld irgendwie reichen könnte oder so, ich habe mir gedacht, was ich gerne haben möchte, das kann ich haben, kein Problem. Und wenn die Stereoanlage 2 000 Mark kostet, ist auch kein Problem, es ist genügend da." Allerdings ist auch darauf hinzuweisen, daß Herr Beyer an verschiedenen Stellen des Interviews für sich gegenwärtig ein Geldregime reklamiert, das nicht mehr vorbehaltlos von konsumtiven Neigungen geprägt ist und insgesamt einen höheren Regulationsgrad aufweist. Es ist zum Zeitpunkt der Erhebung nicht auszuschließen, daß unter dem Transformationsdruck der Anpassung an die Verhältnisse in der neuen Bundesrepublik auch der hedonistische Sozialcharakter von Herrn Beyer sich in pragmatische Dimensionen entwickelt.

Vor der Darstellung des Pragmatismus ist das Augenmerk noch auf eine quantitativ kleine, sozialcharakterologisch allerdings sehr bedeutsame Kategorie zu richten: den *rein monetären Hedonismus* (Kategorie 7). Insofern dieser die monetäre Kombination von Verschuldungsbereitschaft und Anti-Sparhaltung mit einem hohen, häufig über selbstzweckhafte Sinn- und Selbstverwirklichungszuschreibungen definierten Arbeitsethos verbindet, stellt er das empirische Gegenstück zu Bells theoretischen Ausführungen über den gespaltenen modernen Sozialcharakter dar (siehe Einleitung zu Buch V). Er ist in unserem Sample insgesamt nur sechs Mal vertreten; da hiervon gleich vier Personen der mittleren Generation angehören, bildet er innerhalb dieser zwar einerseits ein „Reservat"[213]; unter modernisierungstheoretischem Gesichtspunkt könnte man ihn jedoch besser als „Avantgarde" apostrophieren.

Ethos geblieben, die Abneigung gegen alle Routine, gegen Anpassung und Norm ist eher noch gewachsen – die Leute aus Rudolfs Clique würden in jedem noch so kreativen Alternativprojekt vor Langeweile sterben. Aus den Achtzigern beziehen sie ihre Lust am Luxus, die aber auf seltsame Weise vom puren Geld losgelöst ist, und ihre schier grenzenlose Sehnsucht nach Aufmerksamkeit. „Genial sein", das heißt eben auch: Bewundert werden. Jemand sein. Streicheleinheiten. Verschieben, ergänzen: man spart exzessiv am einen, um das andere exzessiv zu betreiben, um *das Große* zu finden." (Horx 1987: 60)

213 Bei einer rein quantitativen Betrachtung fällt auf, daß neben dem abgeschwächten Puritanismus als Mehrheitskategorie der mittleren Generation der rein monetäre Hedonismus die zweite Kategorie ist, der von seiten der mittleren Generation mehr Personen im Vergleich mit der älteren wie der jüngeren Generation angehören.

Ein guter Repräsentant dieser Kategorie ist Herr Albrecht (*1937) aus der mittleren Generation. Als Geologe ist er häufiger in Afrika tätig, gleichzeitig handelt er mit afrikanischen Masken und ist überdies noch als Erfinder von Spielen tätig. Herr Albrecht versteht sich in vielerlei Hinsicht als aktiven Menschen, wie er auch in seiner Antwort auf die Frage nach dem Verhältnis von Arbeit und Leben bekundet: „ein Teil meiner Arbeit ist direkt Leben auch. Auch diese Afrika-Arbeiten, geologische Afrika-Arbeiten, das ist also verquickt, nicht. Wir haben in Wüsten gearbeitet zu zweit, und da greift das ohne erkennbaren Übergang ineinander. Genauso vorgeschichtliche Sachen mitbeachtet und haben selber so gelebt, und so ist da Arbeit und Berufsleben. Also ich habe auch Verständnis für Leute, die Arbeit eben als wichtigen Lebensinhalt ansehen." Beim Handel mit Masken hat er auch die beste finanzielle Entscheidung seines Lebens getroffen: „Abends vorher Handel abgeschlossen, und morgens kam über Nachrichten, daß über Nacht der Rand um 20% abgewertet ist. Und am Morgen sollte ich in deutschem Geld bezahlen. Nicht, also im Schlaf 20 000 Mark verdient. Und niemand hat verloren, das war das Kuriose dabei. Niemand hat verloren. Der Eine hat am Morgen seine 100 000 Rand gekriegt."

Bei diesen monetären Erfolgen nimmt es nicht wunder, daß Herr Albrecht auch durchaus spekulative Kredite aufnimmt: „Bei der Bank schon, und mich elegant gemacht, und, das war ein großer Spaß, da habe ich mich also erkundigt und so Spielraum gesagt, vorher war alles sehr eng, und klar, das waren dann 1,5 Millionen, und dann sagte er, das geht dann. Ich habe dann auch sehr schnell eine halbe Million gekriegt, ohne Sicherheiten." Unter den Bedingungen der säkularen Inflation bekundet er seine Freude über Schulden: „Ich habe mich darüber gefreut, wenn ich Schulden hatte, also Bausparvertrag oder so was, und geärgert, aber meist punktuell, wenn ich auf irgendwas gestoßen bin. Z. B. fällt mir gerade ein, für ein Spiel brauchen wir Perlonschnüre, die kaufen wir bei B., und die sind also im letzten Herbst von 4,60 auf 6,60 DM hochgegangen. Das ist sicher dann wieder ausgeglichen, dafür ist anderes billiger geworden, aber das ist dieses, wenn man auf was stößt, eben, wo es so sprunghaft mehr wird. Aber, ich habe es mir nie groß zu Herzen genommen, es ist halt so. Und wenn wir Zinsen vergleichen mit der Inflationsrate, dann reden wir auch mit den Kindern, was ist das so, was ist das Geld, keine grauen Haare drum. Das ist überall so, und das kann man auch sehen. Wenn es hier weniger ist, dann heißt das, daß hier doch relativ viel intakt ist als in anderen Ländern. Da hilft das Über-die-Grenzen-Gucken natürlich." Bei Herrn Albrecht hat der Lehrmeister Währungskrise offensichtlich besonders facettenreich gewirkt.

Die Inflationsbelehrtheit und -adaptiertheit des rein monetären Hedonismus zeigt sich auch am Beispiel des Forstwirts Bruns (*1966), dessen Urgroßvater in der Hyperinflation viel verloren hat und bei seinem Tode trotz lebenslanger Sparsamkeit verarmt war. Intergenerativ hat mit der Großmutter eine intensive Kommunikation stattgefunden, die bei Herrn Bruns zu der schon oben zitierten Quintessenz geführt hat, die Inflationsverluste der Urgroßeltern seien aufgrund des dieser Generation eigenen Geizes selbst verschuldet. (Siehe 12.1) Ganz in dieser Logik liegt die bedingte Zustimmung zu der provokativen These „Schulden statt Sparen", wie sie Herr Bruns ohne die Einrede eines normativ zensierenden Über-Ichs artikuliert: „Das klingt ganz gut, wenn es in einem gewissen Rahmen ist. D. h. Sparen sollte man schon, aber durch die Inflation ist es sicherlich eine Überlegung wert, gutes Geld von heute mit schlechtem Geld von morgen zurückzuzahlen." Gleichzeitig wäre es eine einseitige Zeichnung des monetären Sozialcharakters von Herrn Bruns, wollte man seinen Hedonismus allein als Resultat der emotionalen und reflexiven Verarbeitung der Währungskrisen dieses Jahrhunderts ausweisen. Eine mindestens ebenso bedeutsame Rolle haben die prägenden Erfahrungen mit Geld in der DDR gespielt: „Ja, es ist sehr schnell in die Vollen gegriffen worden, was Geld betrifft. Ich habe das selber gemerkt. Ich habe unwahrscheinlich viel Geld für ein Auto ausgegeben, das war total unvernünftig. Aber es ist gemacht worden, weil Geld eben nicht diesen Stellenwert hatte. Hatte also für ein Auto mehr als den Neupreis bezahlt. Geld war mir in dem Moment wurschtegal."

Der monetäre Hedonismus insgesamt kann insbesondere in seinen beiden äußersten Bezirken als eine Domäne der jüngsten Generation angesehen werden. Die hedonistischen Charaktere weisen insofern eine große Bandbreite auf, als sie sich jeweils mit strategisch-materialistischen, sozial-emanzipatorischen oder individualistisch-spontaneistischen Überzeugungen verbinden können. Es ist deshalb nicht trivial, darauf hinzuweisen, daß diese Hedonisten nur in *monetärer* Hinsicht eine homogene Fraktion darstellen, die ansonsten vielfältig zerklüftet ist, da sich ihr Hedonismus aus verschiedenen Quellen speist. Durch die Wertewandelforschung gut bekannt sind die verschiedenen Facetten des auf Selbstentfaltung abzielenden Postmaterialismus im alternativ-urbanen Milieu der alten Bundesrepublik. Weniger erforscht ist der einer spezifischen DDR-Geldkultur inhärente Hedonismus, während das eigentlich unbekannte Wesen, nämlich der Hedonismus als mittelbarer charakterologischer Reflex auf Währungskrisenereignisse, erst durch das Design der vorliegenden Untersuchung entdeckt werden konnte.

18.2.2 Das pragmatische Zentrum

Nicht der Hedonismus, sondern der *Pragmatismus* (Kategorien 4-6) steht charakterologisch im monetären Zentrum der Gegenwart. Diese Aussage ist in einem dreifachen Sinn zu verstehen. In einem rein *quantitativen* Sinn stellt der monetäre Pragmatismus wie oben belegt die Mehrheitsposition der beiden zum Zeitpunkt der Erhebung wirtschaftlich aktiven Generationen dar; in einem *historisch-dynamischen* Sinn markiert er den zentralen Fluchtpunkt der charakterologischen Gesamtentwicklung; und in einem *qualitativen* Sinn bildet er die zentrierende Mitte zwischen Hedonismus und Puritanismus, indem er verschiedene für diese Sozialcharaktere typische Elemente einer eigenen Logik unterwirft. Er differenziert sich ebenfalls in drei Untergliederungen: den offensiven (Kategorie 6), den differenzierten (Kategorie 5) und den defensiven Pragmatismus (Kategorie 4), der schon eine gewisse Nähe zu puritanischen Dispositionen offenbart.

Der *offensive Pragmatismus* ist dem rein monetären Hedonismus am engsten benachbart, teilt er mit ihm doch den gleichermaßen hohen Stellenwert von Arbeit und Konsum. Er unterscheidet sich nur dadurch, daß er Schulden und Sparen insofern in ein austariertes Verhältnis setzt, als eine mögliche Verschuldungsbereitschaft durch entsprechende Sparleistungen kompensiert wird. Ein hochinteressanter Vertreter ist der junge Herr Schäffer (*1971), der nach einer Lehre als Maschinentechniker in der DDR schon im Februar 1990 in den Westen übersiedelte und zur Zeit des Interviews als Ausbildungslehrer im Metallbereich tätig ist. Denn Herr Schäffer repräsentiert nicht einfach nur den offensiven Pragmatismus, sondern seine monetäre Biographie dokumentiert auch den Wandel zu diesem. Der traditionelle monetäre Normenhaushalt und die kognitive Inflationsadaptiertheit von Herrn Schäffers Großvater, einem wertkonservativem, noch im Alter hochaktiven Puritaner (siehe 6.1.2) und dessen Tochter, die in monetärer Hinsicht das spiegeltreue Abbild ihres Vaters ist, haben auch beim Junior deutliche Spuren hinterlassen. Er hat aus den Erzählungen des Großvaters gelernt, „daß es eigentlich nicht so gut ist, wenn man so Riesensummen auf dem Sparbuch liegen hat." Deshalb hätte er in der Retrospektive im Vorfeld der Währungsunion gerne trickreiche Spekulationsgeschäfte getätigt, die ihm seine Sparorientierung aber verbaut hat: „Hätte man es gewußt, wie das Geld getauscht wird, hätte ich mein ganzes Geld, was ich im Westen verdiente, an der Grenze konnte man tauschen, 1:10. Sagen wir, nach Abzug aller Kosten, die ich hatte, hätte ich 1 000 Mark genommen, über die Grenze gefahren, 10 000 daraus gemacht, bei meiner Mutter aufs Konto gepackt, dann hätten sie es zurückgetauscht und hätten 5 000 Westmark daraus gemacht. Und das werden einige gemacht haben, die mal eben 100 000 übrig hatten, wo das nicht so auffällt. Aber das war noch so, ich war noch so und habe mein Westgeld gespart. Man wußte ja nicht, was noch passiert mit dem Geld. Und wenn ich dann am Wochenende in den Osten gefahren bin, habe ich von meinem Konto gelebt, das DDR-Geld noch gebraucht. Im Nachhinein wäre es natürlich günstiger gewesen, ich hätte Westgeld getauscht in Ostgeld. Aber hinterher ist man klüger."

Auch in der Abwägung zwischen der strategischen Verschuldung und der traditionellen Sparsamkeit ist Herr Schäffer rein pragmatisch: „Wenn man die Nerven dazu hat, hat man bestimmt besser Geld verdient als wenn man spart. Aber es lebt sich, glaube ich, doch noch ruhiger, wenn man ein bißchen über hat." Besonders manifest wird die für den offensiven Pragmatiker typische dezidiert strategische Einstellung zur Kreditaufnahme bei Herrn Schäffers Antwort auf die Frage nach seinen Erfahrungen mit institutionellen Krediten: „Gute, sonst hätte ich mir das Auto nicht leisten können. Und es hing auch damit zusammen, die Zinsen habe ich wieder eingekriegt, von diesem Kredit, weil es noch eine Steuerersparnis gab, wenn man das bis zu diesem Zeitpunkt gekauft hatte. Hätte ich das einen Tag später gekauft, hätte ich diese Steuerersparnis nicht gehabt. Und das war mir nur möglich dadurch, daß ich diesen Kredit aufgenommen habe. Da habe ich den zwar auf Raten abgezahlt, aber im Endeffekt habe ich für den Kredit dadurch keine Zinsen bezahlt."

Mit der Bejahung der Sparsamkeit und dem Bekenntnis zum kontrollierten Konsum zieht Herr Schäffer eine klare Grenzlinie zum Hedonismus: „Also heute gebe ich zum Beispiel auch Geld aus, wenn ich was haben will und was brauchen kann. Aber trotzdem bin ich noch bemüht, daß ich auch was in der Hinterhand habe und nicht alles ausgebe. So wie ich auch welche kenne, die froh sind, wenn das Konto nur um 2 000 Mark überzogen ist. Die schon ihren Nullpunkt bei minus 2 000 gesetzt haben. Und das kann ich mir schlecht vorstellen. Ich weiß jetzt nicht, ob das aus DDR-Zeiten kommt, das ist wohl die ganz normale Erziehung oder wie man halt zum Geld steht." Herr Schäffer darf durchaus als jemand gelten, der ein puritanisches „Familienerbe" und die Prägung durch die DDR relativ harmonisch mit den als aktuell und rational empfundenen monetären Erfordernissen der Gegenwart verbindet.

Die Leistungsfähigkeit des qualitativ fundierten Kurzporträts zur Erarbeitung der Binnendifferenzierung *innerhalb* einer Kategorie verdeutlicht ein Vergleich zwischen Herrn Schäffer als einem offensiven Pragmatiker der jüngsten Generation und Herrn Tappe (*1939) aus der mittleren Generation, der sich noch in hohem Maße mit der DDR identifiziert und auf diese auch seine monetären Grundsätze zurückführt. Herr Tappe votiert ebenfalls eher für Sparsamkeit, obwohl auch er kreditäre Erfahrungen im institutionellen wie privaten Bereich besitzt und Schulden nicht prinzipiell ablehnt; desgleichen besitzt Arbeit einen hohen Stellenwert: „Ich habe mir oft Situationen auferlegt, in denen ich zu kämpfen hatte, gegen den inneren Schweinehund. Z. B. daß ich mich in noch relativ hohem Alter zu einer Aspirantur entschlossen habe." Auch Herr Tappe ist währungskrisenbelehrt. Zumindest kognitiv zieht er die Konsequenzen aus den beiden negativen Krisenbilanzen seiner Mutter in den zwanziger und vierziger Jahre sowie dem eigenen schlechten Abschneiden bei der Währungsunion 1990, u. a. durch die Entwertung von Ersparnissen[214]: Die scharfe Kritik an einer Mutter, die „spart, was sie sparen kann", dürfte erinnerlich sein. Und wie Herr Schäffer erweist sich auch Herr Tappe als situativ-strategischer Kopf: „Mein Grundsatz ist: Risikohafte Anlagen nur, wenn man das Geld wirklich überflüssig hat."

Eine letzte Gemeinsamkeit zwischen beiden, die Prägung durch die DDR-Geldkultur, erweist sich jedoch eher als Ursprung von wichtigen Unterschieden, wie sie für Angehörige unterschiedlicher Geld-Generationen typisch sind. Als NVA-Offizier in privilegierter Stellung nutzt Herr Tappe nämlich im September 1990 die erste Möglichkeit zur Ausmusterung, um sich mit einem kleinen Laden selbständig zu machen. Diesen Statuswechsel empfindet er als sozialen Abstieg. An vielen Stellen des Interviews bekundet Herr Tappe – wie oben im Detail dargelegt (siehe 9.3.1) – seine Identifikation mit der DDR und seine Kritik an den herrschenden Verhältnissen in der bundesrepublikanischen Gegenwart. Auch im moralischen Vergleich von monetären Mentalitäten schneiden die DDR und er selbst gut ab: „Auf alle Fälle hatten wir, glaube ich, doch ein anderes Verhältnis zum Geld in der

214 Die Stafette Tappe ist bei den objektiven Gesamtbilanzen die einzige, die fünffach Opfer wurde und damit den höchstmöglichen negativen Wert erreicht.

Hinsicht, wenn man was gekauft hat, dann hat man das auch bezahlt. Ich meine, ich habe auch in der DDR-Zeit mal Schulden gemacht, und zwar hatte ich einen Kredit aufgenommen, da hatte ich ein gutes Radio gekauft. Und da hatte ich auch zugesehen, daß ich die Raten schnellstens abbezahlt habe, vorfristig abbezahlt habe. So eine Einstellung hatten wir – in der Regel. Das glaube ich nicht nur auf mich beziehen zu können; wenn es da auch Ausnahmen gab, so waren die doch eher selten. Solche Dinge wie heute, so eine betrügerische Machenschaft, daß sich jemand etwas kauft, von vornherein mit dem Wissen, es ohnehin nicht zu bezahlen. Das war die ganz unrühmliche Ausnahme und solche Dinge wurden von der Gesellschaft geächtet."

Der *differenzierte Pragmatismus* (Kategorie 5) ist eine sozialcharakterologische Position, die mit dem offensiven Pragmatismus insofern eng verwandt ist, als auch ihr die modernistische Transformation wertrationaler Normen in zweckrationale Kalküle zugrunde liegt. Sie unterscheidet sich von ihm nur durch eine tendenziell restriktivere Einstellung in der Konsum- und Schuldenfrage. Eine typische Repräsentantin ist Frau Möller (*1963), Pharmazeutin und Mutter von drei Kindern, die aus einer trotz Inflationsverlusten der Großeltern wirtschaftlich gut gestellten Familie mit starken Vorsorgeorientierungen stammt. Bei ihr fügen sich die Rezeption von Währungserfahrungen und die Antizipation der möglichen Anti-Krisenstrategien zwanglos in ausgeprägt pragmatische Denkmuster ein. So fungiert als monetäres Ideal ein rational kalkulierender homo oeconomicus, der puritanische und hedonistische Motive seiner eigenen Logik unterwirft: „Das ist meist, würde ich mal sagen, eine disziplinierte Person. Eine, ja gut, diszipliniert, die ihre Sachen geordnet hat, also auch Überblick hat über ihre finanziellen Möglichkeiten, die sich meinetwegen jetzt ihr Leben leistet, trotzdem noch Geld auf die hohe Kante kann." Auch in der Abwägung der strategischen Verschuldung gegen das traditionelle Sparen schlägt sie einen zweckrationalen Kriterien unterworfenen Mittelweg ein: „Ach nein, das kann man nicht so pauschalisieren. Also, beides hat seinen Sinn. Also, es ist durchaus sinnvoll zu sparen, und auf der anderen Seite ist es in geschäftlichen Bereichen auch sinnvoll, Schulden zu machen, das ist ganz klar. Auf zwei ganz verschiedenen Ebenen würde ich dem durchaus Berechtigung zusprechen, also sowohl dem Sparen als auch dem sich Verschulden. Persönlich würde ich das eine lieber als das andere machen." Diese leichte Präferenz für das Sparen ist nicht zu verwechseln mit dem normativ verankerten Akkumulationsregime der Altvorderen. Konsequenterweise werden deren monetäre Grundsätze verworfen: „nicht bewährt hat sich z. B. auch eine generelle Sparsamkeit, also generell das Geld zurückzuhalten. Das habe ich versucht zu pointieren, anders ein bißchen zu verlagern, für das eine vielleicht was zu sparen, um auf der anderen Seite großzügiger sein zu können. Generell Geld zurückzuhalten, generell den Pfennig rumzudrehen hat sich nicht bewährt." Über die hierin liegenden intergenerativen monetären Brechungsverhältnisse unter Einschluß der hedonistischen Momente reflektiert Frau Möller eigens noch einmal am Ende des Interviews: „daß ich nicht alles angewendet habe, was mir Eltern gesagt haben, ich gehe leichtfertiger mit dem Geld um, großzügiger als meine Eltern, was nicht heißen soll, daß es besser ist.“

Während im Bereich des monetären Pragmatismus sowohl der Sozialcharakter des differenzierten wie des offensiven Pragmatikers als moderne Varianten angesehen werden können, die aufgrund ihrer Belehrung durch Währungskrisen auch die These vom langsamen Katalysator stützen (siehe 3.4), gilt dies nicht für den *defensiven Pragmatiker* (Kategorie 4). Seine Anti-Sparorientierung sowie der geringe Stellenwert von Arbeit unterscheiden ihn zwar signifikant vom Puritanismus, aber seine dezidierte Ablehnung von Schulden und seine geringen konsumtiven Ansprüche trennen ihn noch deutlicher vom Hedonismus. Der defensive Pragmatismus beruht nicht primär auf der Verarbeitung von Währungskrisenerfahrungen, sondern ist eher in persönlicher Geldferne sowie einer zumindest subjektiv schlechteren Einschätzung der eigenen wirtschaftlichen Stellung, als es dem Querschnitt unseres Samples entspricht, fundiert. Der defensive Pragmatismus ist ein Phänomen der mittleren und der jüngsten Generation, und er ist tendenziell eher weiblich (acht Personen) als männlich (drei Personen).

Die Geldferne des defensiven Pragmatismus als Reflex einer sozial prekären Existenz prägt Frau Söder (*1968), die in der DDR zur Unterstufenlehrerin ausgebildet wurde. Zum Befragungszeitpunkt studiert sie und ist mit einem arbeitslosen gelernten Versicherungsverwalter verheiratet. Obwohl sie zu den nur ca. 5% unseres Samples gehört, die die eigene wirtschaftliche Stellung als schlecht einschätzen, antwortet sie auf die Frage nach dem Verhältnis von Geld und Selbstwert: „Für mich hat Geld nicht so eine große Bedeutung, also das ist für mich eine Zahl, ein bunter Schein.“ Sie verneint jede Sparorientierung: „ich lege nichts mit Absicht zurück oder, wenn ich etwas brauche, gebe ich es aus.“ Diese Haltung ist aber nicht hedonistisch motiviert, sondern entspringt einer ökonomischen Mangelsituation, die ihrerseits bereits zur Senkung der eigenen Konsumbedürfnisse geführt hat: „Also ich komme mit dem aus, was ich habe und so viel ist es nicht. Und ich muß mich, wie gesagt, auch nicht einschränken, habe auch nicht die Bedürfnisse, die andere Leute haben.“ Ihre derzeitige monetäre Situation steht so auch offensichtlich in Kontinuität zu derjenigen in DDR-Zeiten: „Na ja, ich hatte nicht allzuviel und das hat gerade mal so gereicht. Da gab es nicht viel zu entscheiden. Also da war Miete zu bezahlen und Essen, und das war es.“

Die resignativen Züge, die dem defensiven Pragmatismus zu eigen sein können, werden bei Frau Haase (*1929) deutlich sichtbar. Sie hat eine hauswirtschaftliche Lehre absolviert, ohne später berufstätig gewesen zu sein, ist mit 31 Jahren verwitwet in den Haushalt ihrer Eltern zurückgekehrt und lebt von einer kargen Rente. Sie lehnt Schulden dezidiert ab, besitzt dementsprechend auch keine kreditären Erfahrungen, ist aber ebenso der Auffassung: „wenn man das Geld hat, dann soll man es kaufen, aber zu toll sparen braucht man auch nicht.“ Für Frau Haase ist Geld fast ausschließlich auf die Möglichkeit konsumtiver Ausgaben bezogen. Sie präsentiert sich in dieser Frage ohne den verzichtsethischen Überbau des klassischen Puritaners in einer pragmatisch ausgegebenen Logik als anspruchslos und bescheiden: „Tja, also ich könnte mir den teureren Mantel kaufen, aber ich nehme mit dem billigeren vorlieb, weil ich denke: ‚Wozu brauchst Du einen teuren Mantel?' Oder auch, mit allen Sachen, wenn ich es nicht brauche, also ich brauche mein Geld nicht ganz auszugeben. Und manchmal ist es natürlich so, daß man es ganz ausgegeben hat. Was man gerade für Anschaffungen hat, aber so große Anschaffungen habe ich ja nicht." Auffällig viele Antworten von Frau Haase beginnen mit „Nein" und bekunden ein Sich-Dispensieren von Meinungen, Handlungen oder gar möglichen Entscheidungen.

Zu den pragmatischen Sozialcharakteren ist abschließend festzustellen, daß auch sie, wie die Hedonisten, eine erhebliche Bandbreite aufweisen. Ihre Gemeinsamkeit besteht darin, daß monetären Fragen mit einer zweckrationalen Logik begegnet wird, die ihre Entscheidungen an den maßgeblichen Parametern der jeweils individuell vorfindbaren ökonomischen Situation ausrichtet. Eingebunden ist ein wichtiger allgemeiner Aspekt in der Modernisierung des Sozialcharakters. Früher hatte sich der Mangel in Gestalt der rigiden Sparsamkeit einen unerbittlichen normativen Überbau geschaffen. Heute regiert eher der Pragmatismus, der bei geänderter Situation auch zu anderen Entscheidungen kommen könnte. Der Pragmatismus als Fluchtpunkt des charakterologischen Gesamttrends markiert somit das unwiderrufliche Ende der Monolithizität des Puritanismus mit seinem hohen Grad an normativer Regulierung.

Während der monetäre Hedonismus als direkter Widerpart einen Bruch mit den puritanischen Prinzipien vollzieht, indem er seine monetären Einstellungen in eigene Vorstellungen eines sinnvollen Lebens einbettet, gestaltet sich der Abschied der Pragmatiker weniger schroff. Dadurch, daß die pragmatische Zweckrationalität an die Stelle der puritanischen Wertrationalität tritt, entscheidet sich im Einzelfall und mit Bezug auf die jeweilige Situation, welche monetären Grundsätze in welcher Weise zur Anwendung kommen. Diese können u. U. auch Verschuldungsablehnung und Sparsamkeit lauten und somit puritanischer Provenienz sein; allerdings sind sie nicht mehr aus einer puritanischen Moral heraus motiviert. Auf einer überindividuellen Ebene, die die Charaktere rein als solche thematisiert, kann deshalb von einer *mentalen Transformation* des puritanischen in den pragmatischen Sozialcharakter gesprochen werden, wenn alte Bestände an monetären Normen in ein neues Gesamtarrangement eingefügt werden.

Für die Binnendifferenzierung innerhalb der pragmatischen Sozialcharaktere gilt, daß der offensive und der differenzierte Pragmatismus insbesondere unter dem Gesichtspunkt eines währungskrisenbelehrten Modernismus eine hohe Übereinstimmung aufweisen und sich hierdurch zusammen vom defensiven Pragmatismus mit seiner ihm inhärenten Selbstbeschreibung von sozialer Randständigkeit unterscheiden. Die liberalere Einstellung in Fragen der Verschuldung und Kreditaufnahme ist es auch, die den offensiven und differenzierten Pragmatismus in eine partielle Nähe zum monetären Hedonismus setzt, während die rigide Ablehnung von Schulden seitens des defensiven Pragmatismus[215] diesen in die Nachbarschaft zum Puritanismus bringt.

18.2.3 Ausläufer des Puritanismus

Im Rahmen der Darstellung aller sozialcharakterologisch relevanten Fraktionen in der Gegenwart kann die qualitative Behandlung des monetären Puritanismus knapp ausfallen. In der jüngeren Generation markiert er einen Anachronismus, der nur noch geringe Aufmerksamkeit verdient. Dieses Argument hat für die mittlere Generation keine Gültigkeit; hier sind ausführlichere Darstellungen aber entbehrlich, weil alle einschlägigen Phänomene bereits mit Bezug auf die älteste Generation, behandelt worden sind. (Siehe 5.2) Zudem stehen in der Frage eines expliziten Lernens aus Währungskrisen besonders die Einsichten der mittleren Generation im Mittelpunkt der Darstellung. (Siehe 10.2.3) So käme an diesem Ort der Monographie eine Erörterung des Zusammenhanges von Puritanismus und Währungskrisenkonsequenzen für die mittlere Generation in Wahrheit einer Verdoppelung gleich; überdies wird dieses Thema in der Perspektive einer intrafamilialen Stafettenlogik im nachfolgenden Kapitel zu behandeln sein. (Siehe 19).

Die folgende kurze Darstellung konzentriert sich auf neue Aspekte. Auch der monetäre Puritanismus differenziert sich in drei Untergliederungen: den rein monetären (Kategorie 3), den abgeschwächten (Kategorie 2) und den umfassenden Puritanismus (Kategorie 1). Aus den genannten Gründen soll jedoch nur der erste ausführlicher behandelt werden; dem zweiten gilt immerhin ein Porträt in exemplarischer Absicht, während das überkommene Extrem nicht mehr dargestellt wird.

Der *rein monetäre Puritanismus* (Kategorie 3) ist dem defensiven Pragmatismus insofern benachbart, als er mit diesem die Ablehnung von Verschuldung sowie das Fehlen eines hohen Arbeitsethos teilt. Die Konsumbereitschaft ist zwar tendenziell etwas ausgeprägter, aber nur insoweit, als die monetären Prinzipien nicht tangiert werden. Allein die unterschiedliche Einstellung zum Sparen bildet das unterscheidende Merkmal.

Wie der oben thematisierte rein monetäre Hedonismus stellt auch der rein monetäre Puritanismus eine charakterologisch gespaltene Position dar. Er bildet hierzu das inverse Gegenstück: Während jener die hedonistische Verschuldungsbereitschaft und Anti-Sparhaltung mit einem hohen Arbeitsethos verbindet, kombiniert dieser die traditionellen Normen der Anti-Verschuldung und der Sparsamkeit mit einem puritaneruntypisch deutlich geminderten Stellenwert von Arbeit. Der rein monetäre Hedonismus hat seine Domäne in der mittleren Generation; dagegen ist der rein monetäre Puritanismus in keiner Generation besonders stark vertreten, sondern ist jeweils Signum einer relevanten Minderheitenfraktion.

Der rein monetäre Puritanismus wird z. B. durch Herrn Wellstein (1965) verkörpert, einen in einer ländlichen Gegend seßhaften Arbeiter in der Autobranche.

215 Alle elf defensiven Pragmatiker lehnen in der Frage Verschulden statt Sparen (siehe 11.2.2) die Verschuldung dezidiert ab; bei den differenzierten Pragmatikern sind es elf von 21, bei den offensiven gar nur zwei von elf.

Seine monetären Überzeugungen werden bei der Frage nach den bewährten elterlichen Ratschlägen deutlich: „Das war der Ratschlag meiner Mutter, eben immer das Geld zusammenzuhalten, immer etwas im Rückhalt zu haben. Um für sogenannte schlechte Zeiten irgendwas zu haben. Mir ist es auch schon einmal so gegangen, daß, wenn ich da kein Geld gehabt hätte, dann hätte ich mir was borgen müssen von irgendwoher. Und so konnte ich auf den Betrag, den ich hatte, zurückgreifen. Das wäre sonst nicht möglich gewesen." Angesichts des provozierenden Ansinnens „Verschulden statt Sparen" offenbart Herr Wellstein auch die puritanertypische psychische Innenaustattung in Form eines rigide zensierenden Über-Ichs: „Wie gesagt, weil ich da auch so ein Typ bin wie meine Mutter. Lieber ein bißchen Geld im Rückhalt haben als sich da groß zu verschulden und dann irgendwie, daß es, wie es vorhin war, mit dem Haus da, wo es zur Pfändung kommt oder sonst was. Also rein gefühlsmäßig, also ich kann bspw. nicht ruhig schlafen, wenn ich mein Konto mit 50 Mark überzogen hätte, also da bin ich schon vorsichtig. Und wenn es dann um die große Verschuldung geht, da bin ich überhaupt kein Freund von. Von daher sage ich das mal so."

In der Frage der Sparsamkeit und der Verschuldung ist Herr Wellstein lupenrein puritanisch; zu seiner gespaltenen Position kommt es durch Erosionen beim Arbeitsethos. Er hat massive Vorbehalte gegenüber einer Überbetonung von Arbeit: „Ja, weil der erste Spruch, man lebt, um zu arbeiten, der erinnert mich so an die Japaner. Und die werden bei uns so oft als Beispiel, gerade an der Arbeit, gebracht. Mit ihrer Mentalität und so. Und ich bin da eigentlich ein bißchen anders dran. Wenn es so um Überstunden oder so was geht, gut, die mache ich auch, das ist ganz klar. Aber wenn es nicht unbedingt sein muß, bin ich lieber so und sage, ich fahre mit meiner Familie weg oder sonst was. Oder bin bei meiner Familie. Das ist mir eigentlich als erstes Prinzip wichtiger als die Arbeit. Ich sage immer, die Arbeit ist das nötige Übel, um zu leben. [Lachen]"

Im Rahmen unseres Samples ist der rein monetäre Puritanismus in der jüngeren Generation vornehmlich ein Ost-Phänomen, da vier von fünf seiner Vertreter in der DDR aufgewachsen sind. Auch wenn sich bei einer so geringen Anzahl weitreichendere Spekulationen selbstredend verbieten, so ist es doch bemerkenswert, daß in den Aussagen ein Zusammenhang von historisch einschneidenden monetären Erfahrungen mit sozialcharakterologischen Merkmalen sichtbar wird. Frau Deschner (*1965), von Beruf Zahnarzthelferin und mit einem Monteur verheiratet, hat nach eigenem Bekunden in der DDR gut gelebt und empfand bei der Grenzöffnung „eine gedrückte Freude". Ohne in nostalgische Verklärung zu verfallen ist der Blick auf die Vergangenheit bei Frau Deschner vom Gefühl der Sicherheit, der in die Zukunft hingegen von dem der Unsicherheit begleitet. Ihre puritanischen Grundsätze Anti-Verschuldung und Sparsamkeit führt sie in deutlicher Selbstabgrenzung von hedonistischen Gelüsten auf ihre DDR-Prägung zurück: „Daß man sich das Geld zusammengerafft hat und was damit geschaffen hat, schon zu DDR-Zeiten. Und nichts irgendwo sinnlos ausgegeben hat." Gleichzeitig empfiehlt sie die Puritaner-Essentials als Remedium für die Gefahren der Zukunft: „Weil, man weiß wirklich nicht, was in nächster Zukunft auf uns zukommt. Wird so viel geredet über die neue Währungsreform. Also verschulden würde ich mich auf gar keinen Fall, und ich würde auch keinem dazu raten. Weil, man kommt da nicht wieder raus, wenn man sich zu hoch verschuldet. Ich würde eher zum Sparen raten." Ihre Verunsicherung angesichts der Einführung des Euro wird von Frau Deschner unumwunden eingestanden und führt in Fragen der Geldanlage zu dem schon von Pareto beschriebenen typisch puritanischen Verhaltensmuster „Vorsicht": „Wir sind im Geldanlegen sehr vorsichtig geworden. Normalerweise hätte man das immer langfristig anlegen müssen oder sollen. Dann kommt da mehr raus. Aber durch die Währungsunion legen wir lieber kurzfristig an, weil man ja nicht weiß, wie es danach weiter geht." Gleichzeitig distanziert sich aber Frau Deschner von einem puritanischen Akkumulationsregime und dem damit verbundenen Arbeitsethos, indem sie für sich eine instrumentelle Arbeitsorientierung reklamiert: „Ich lebe nicht nur für die Arbeit. Man lebt auch mal, um eine schöne Urlaubsreise zu machen oder sich was Schönes zu gönnen. Und da guckt man auch mal nicht so auf das Geld. Daß man nicht zur Arbeit geht und dann: Geld scheffeln, Geld scheffeln und dann nichts davon hat."

Für den *abgeschwächten Puritanismus* (Kategorie 2) gilt, daß bei einem oder mehreren der vier konstitutiven Faktoren (Anti-Verschuldung, Sparsamkeit, hohes Arbeitsethos, konsumtive Einschränkung) Relativierungen oder akzentuierte Abstriche vorgenommen werden, die jedoch nicht dazu führen, daß das puritanische Paradigma selbst außer Kraft gesetzt wird. Eine typische Vertreterin aus der mittleren Generation ist Frau Scholz (*1935), Lehrerin an einer Grund- und Hauptschule. Die finanziellen Geschäfte der Familie regelt ihr Mann, der als Ingenieur abhängig beschäftigt ist, während sich Frau Scholz an Geldfragen eher desinteressiert zeigt und auf die bewährten Grundsätze ihrer Eltern baut: „Daß man nie mehr ausgeben sollte als man hat und daß man auch sparen soll, um sich irgendwann etwas Größeres zu leisten oder leisten zu können. Geld verleihen, da bin ich auch nicht für. [Lacht]. Gut, damals hatten wir es nicht, daß wir es verleihen können, aber das würde ich auch heute nicht tun. Es sei denn, die Kinder kämen in irgendeine mißliche Lage, wäre klar, daß man denen helfen würde." Als Mittelpunkt des Denkens und Handelns auch in monetärer Hinsicht wird bei Frau Scholz der Stolz und die Zufriedenheit über ihr Eigenheim sichtbar. Es war die finanziell beste Entscheidung, für die sogar Schulden in Kauf genommen wurden, und gleichzeitig war es Ziel aller Sparanstrengungen: „Ja als wir sagten, wir wollen bauen. Wie gesagt, dann haben wir auch, wir haben fünfeinhalb Jahre nur gespart, aber eisern. Da ist über ein Gehalt nur zur Bausparkasse gegangen, da haben wir wirklich eisern gespart und hatten auch in dreizehneinhalb Jahren das Haus bezahlt nachher." Und auch wenn Frau Scholz dem Satz „Ich bin ein Arbeitstier" nur teilweise zustimmt – genauso wie dem Satz „Ich gönne mir möglichst oft Luxus" – so ist doch ihre Arbeitsorientierung ebenfalls auf den Hausbau bezogen gewesen: „Ich bin mit Freude, eigentlich fast immer mit Freude, arbeiten gegangen und ja und dann haben wir uns so etwas unseren Wohlstand aufgebaut dadurch. Wir haben auch alles, was wir verdient haben, in unser Haus gesteckt." Der Puritanismus im Dienste des Eigenheims ist eine sozialcharakterologische Figuration, die in der mittleren Generation häufiger vorkommt.

Geht man aber gezielt der Frage nach, ob die Eigentumsfixierung von Frau Scholz in möglichem Zusammenhang mit der familialen Krisenbiographie steht, so fördert die „cross examination" Erstaunliches zu Tage: Ihre wohlhabende Großmutter verarmte in der Hyperinflation, und auch die vorgesehene Ausbildung ihres Vaters wurde vereitelt. All diese dramatischen Ereignisse werden von Frau Scholz als Thema der intrafamilialen Kommunikation nicht erinnert. Sie reproduziert in sehr lakonischer Form das stereotype Bild der Geldscheine in Waschkörben.[216] Und obwohl das Krisenschicksal der eigenen Familie durch die Anekdote ersetzt worden zu sein scheint, wird bei der Frage nach einem möglichen Schutz vor Währungskrisen deutlich, daß es dennoch untergründig und gleichsam osmotisch als Determinante der Eigenheimszentrierung fungiert hat: „Ja, z. B wenn man sich ein Häuschen baut. Das kann ja nachher nicht entwertet werden, denn ich weiß, wie mein Vater im ersten, die erste Währungs..., wie nennt man das? (X) ... krise, da, meine Großeltern, ging die Ehe auseinander. Und die hatten ein Gut, das Gut hatten sie verkauft, und jeder hatte das Geld auf der hohen Kante liegen. Und da kam die Währungsunion und da, oder Währungskrise, und da war das Geld weg, und da hatten sie kein Gut mehr und kein Geld mehr. Jetzt Gut im wahrsten Sinne des Wortes [Lacht]. Gut wie Hab und Gut! [Lacht] Und deshalb haben wir das auch so gemacht."

18.3 Monetäre Ideale: vom Sparer zum Finanzgenie

Eigenschaften und Merkmale, die mit einem als vorbildlich empfundenen Geldumgang assoziiert werden, können sich zu geldkulturellen Idealen verdichten, die für das monetäre Selbstverständnis der Gegenwartsgesellschaft leitende Kraft besitzen und ihrerseits Entwicklungen beim Sozialcharakter indizieren. Der protestantischen Ethik in der Weberschen Darstellung ist ein solches Ideal eingeschrieben, das ausdrücklich monetäre Momente (v. a. Sparsamkeit, Kreditwürdigkeit) stimmig mit anderen wie Fleiß, Zuverlässigkeit und Pünktlichkeit zusammenbringt. Auf diesen Aspekt zielte die offene Frage „Wenn Sie von jemandem sagen würden: ‚Der oder die kann wirklich gut mit Geld umgehen!' Wodurch zeichnet sich diese Person aus?" Die Codierung des sehr heterogenen Antwortmaterials erfolgte im Sinne der Typenbildung[217] mit konzeptionellem Anschluß an das Sozialcharakter-Konzept bei Berücksichtigung des Kriteriums der Distanz bzw. Nähe zum Konsum. Die sich ergebenden Typen seien analytisch zunächst kurz vorgestellt.

216 „Ach so, das weiß ich auch nur so vom Hörensagen von meinem Vater. Ja okay, und daß sie mit Waschkörben zum Broteinkaufen gingen, das hat er mir oft erzählt, ja."

217 Da die Codierung auf Typenbildung abzielt, erfordert sie bei der Interpretation der Äußerungen hermeneutisches „Fingerspitzengefühl". Kontextanalysen waren kaum zu erwarten und wurden nur in Ausnahmefällen zu Rate gezogen.

Für das *strategische* Finanzgenie ist die Vermehrung von Geld das Ziel seiner rationalen Handlungen. Sein Akkumulationsregime basiert auf speziellem Wissen, renditeorientierten Überlegungen, kontrollierten Risikoabschätzungen und der Disposition zu Investitionen. Die Frage des Zweckes der Geldverwendung spielt keine Rolle, sondern Geld ist als universales Mittel selbst letzter Zweck. Prinzipiell ist diese strategische Haltung von allen Sozialcharakteren adaptierbar, sie weist jedoch eine besondere Affinität zu den modernen Ausprägungen des monetären Pragmatismus auf.

Der traditionelle Sparer hingegen pflegt einen *thesaurierenden* Geldumgang, der eine Spannbreite von Rücklagenbildung (Notgroschen) über bewahrende Sparsamkeit bis hin zur intendierten Hortung von Geldvorräten besitzt. Die Extremposition bestünde in der Qualifizierung von Geiz als einer positiven Eigenschaft. Der Sparer übt Zurückhaltung beim Konsum, vermeidet prinzipiell Risiken und verbindet seine Anstrengungen mit der Hochschätzung von Arbeits- und Sekundärtugenden. Er ist geradezu die Inkarnation des Puritanismus.

Der Hausvater aristotelischer Provenienz zeichnet sich durch ein *reguliertes* Gleichgewichtsregime bei seinen Einnahmen und Ausgaben aus. Maßhalten beim Konsum, kontrolliertes Einteilen und Auskommen mit dem Vorhandenen prägen seinen Geldumgang. Charakteristisch ist für ihn die Wahl des „goldenen" Mittelweges und die entschiedene Vermeidung der Extreme Geiz und Verschwendung. Dieses monetäre Ideal ist mit allen sozialcharakterologischen Ausprägungen vereinbar, findet aber in den verschiedenen Spielarten des monetären Pragmatismus seine eigentliche Heimat.

Für den *Konsumorientierten* ist Geld das Mittel, um Lebensqualität zu gewinnen, zu sichern oder zu steigern. Die Wahl der Konsumsphäre als bevorzugter Ort der Geldverwendung zeigt die enge Verbindung des Konsumorientierten mit dem monetären Hedonismus.

Die ausschließliche Nennung von *allgemein positiv* qualifizierten Verhaltensweisen, Eigenschaften oder „Kardinaltugenden" statt spezifisch monetärer Umgangsweisen war aufgrund des Wortlauts der Frage möglich: das „Gut-mit-Geld-umgehen" wird mit dem moralisch Guten in eins gesetzt. Und auch der Ausdruck „Charakter" weist ja die Polysemie von „Eigentümlichkeit" und „Vorzüglichkeit" auf. Ebenso denkbar ist die bewußte und intendierte Gleichsetzung des monetären Erfolgs mit dem moralisch Guten, die schon im Porträt der Rose Markwart (siehe 6.5) aufgefallen war. Dieser Code wurde sehr restriktiv nur dann vergeben, wenn keine monetären Spezifika genannt wurden, wie bei Herrn Hagenberg (*1908): „Ein ordentlicher Mensch. Wird einfach ordentlich sein, wenn er mit Geld umgehen kann."

Tab. 18.2: Monetäre Ideale der Generationen (N = 144; gerundete Spalten-%)

Monetäre Ideale	G1	G2	G3	Mittelwert
Strategisch	0	15	29	15
Thesaurierend	44	32	19	31
Reguliert	23	38	35	32
Konsumorientiert	0	0	10	3
Allgemein positiv	17	8	4	10
Residual	17	8	2	9
Summe	101	101	99	100

Über drei Generationen hat sich das Idealbild grundlegend geändert. Der traditionell thesaurierende Sparer ist das monetäre Ideal einer relativen Mehrheit der ältesten Generation, die bei G2 und G3 erodiert. Spiegelbildlich steil ist der Aufstieg des Strategen, der bei G1 noch gar nicht vorkommt, aber in der jüngsten Generation schon fast für jeden Dritten das monetäre Ideal bildet. Ebenfalls spiegelbildlich, aber schwach, gewinnt auch der Konsumorientierte Terrain: dieses Ideal hat bei G1 und G2 keinen einzigen Anhänger, während sich bei den Jüngsten (schon oder erst!) jeder Zehnte in diesem Sinne äußert. Relativ stetig ist demgegenüber der regulierende Finanzverwalter, der quer durch die Generationen seinen Platz hat.

Die Illustrationen aus dem Interviewmaterial dienen dem Zweck, die sozialcharakterologischen Pole zu markieren und den Korridor zwischen ihnen ein wenig auszuleuchten. Die Extremposition eines traditionellen Sparers wird von Frau Vogel (*1940) eingenommen, die Geiz direkt als Ideal qualifiziert: „Wenn jemand geizig ist. (X) [Die geizige Person - d. Verf.] dreht jeden Pfennig dreimal um, bevor sie ihn ausgibt, ist nicht so [für] spontane Geschäfte oder Käufe, überlegt alles zehnmal.“ Daß diese Ansicht selbst unter Puritanern alles andere als unumstritten ist, zeigt die Äußerung von Frau Uhlenbrock (*1915). Während ihr Sohn dem Interviewer ein Weizenbier anbietet, nimmt die Gesprächspartnerin die Situation als Anlaß für eine humorvoll-ironische Bemerkung: „Daß er niemandem etwas gibt, das ist doch so. (X) Der ist zu geizig, daß er einem ein Fläschchen Bier gibt, das ist doch so. (X) Was soll ich da sagen, der ist knickrig, ich weiß gar nicht, wie ich das sagen soll. Er tut es eben, daß er meint, er sei besser dran.“

Auf dem pragmatischen Gegenpol steht zunächst das Ideal vom Finanzstrategen wie bei Frau Zubke (*1948): „jemand, der selbstbewußt ist und auch risikobereit ist, der tut sich leichter als jemand, der ängstlich ist und zurückhaltend und so.“ Frau Güthoff (*1937) hebt besonders die kognitiven Fähigkeiten und das schnelle Reaktionsvermögen hervor: „Daß sie alle Vorteile für sich nutzt, wenn irgendwas Neues rauskommt und gleich informiert ist, oder sich immer informiert, was eben gewinnbringend für jemand ist.“ Diesem Maximierungsprinzip stellt Herr Kröger junior (*1975) seine Version eines Optimierungsprinzips zur Seite: „Wenn sie mit dem gleichen Geld, was ich habe, bei gleichen, also wenn er ungefähr das gleiche Einkommen hat wie ich und lebt ungefähr auf den gleichen Standard und hat mehr Geld übrig. Das ist dann jemand, der gut mit Geld umgehen kann oder besser als ich halt.“ Frau Schäffers (*1944) monetäres Ideal orientiert sich am „Rumpelstilzchen, das aus Stroh Gold spinnt. Wenn mich jemand überzeugt, daß er aus wenig viel macht und das ist dann auch noch sehr gut.“ Man könnte diese Position etwas salopp als Minimax-Prinzip bezeichnen. Indem dieses Ideal seinen Ausgangspunkt von einer Situationsdefinition des Mangels nimmt, zeigt sich, daß eine strategische Ausrichtung sogar mit einem puritanischen Sozialcharakter konform gehen kann.

Der hedonistische Gegenpol zum traditionellen Sparer ist durch die Konsumorientierten besetzt wie z. B. Frau Menne (*1970): „Na, es hinzukriegen, daß man so seine ständigen Ausgaben hat, daß man das bezahlen kann, aber trotzdem noch soviel übrig ist, daß man sich schon noch was leisten kann, daß das Leben nicht zu kurz kommt.“ Die Äußerung von Frau Grübbel junior (*1970) liegt genau auf derselben Linie und bietet eine Konkretisierung solcher Lebensinhalte: „daß sie so nach ihren Vorstellungen halt ihr Leben leben kann, ohne daß sie sich einschränken muß, daß sie sich auch halbwegs eine Urlaubsreise leisten kann oder auch mal noch einen Kurzurlaub dazu.“ Die wenigen den konsumorientierten Typus illustrierenden Zitate sind jedoch weit von der Proklamation eines exzessiven Hedonismus entfernt.

Für den in allen Generationen vertretenen regulierten Typus ist gerade die Abgrenzung von den Extremen zentral. Obwohl selbst Puritanerin hat Frau Grübbel medio (*1946) hier besonders den Geiz im Visier: „Daß die eben genau diesen Mittelweg trifft, sich nicht zuviel zu versagen, aber auch nicht mehr als nötig auszugeben und dabei auch noch ein bißchen sparen zu können, ja, dieses Gleichgewicht so zu halten. Also man kann auch geizig sein, dann kann man eben sparen und sich nichts mehr leisten, aber das finde ich nicht sehr erstrebenswert, das ist, also daß man diesen Ausgleich so findet beim Geldausgeben und Sparen, das meine ich.“ Der junge Herr Pietsch (*1969) teilt diese Meinung und distanziert sich gleichzeitig vom Eingehen unkalkulierbarer monetärer Risiken: „Weniger durch großartige Spekulation mit Geld als eher durch vernünftigen, langsamen Aufbau, sage ich mal, von Geld, aber genauso auch nicht übermäßige Anhäufung von Geld. (X) Also der intelligente Umgang ist, halt genau soviel auszugeben, daß man noch genug hat und andererseits auch wieder soviel anzuhäufen, daß es nicht zu viel wird.“ Eine günstige Mischung aus residualem Beharrungsvermögen und situativen Aktivitäten verficht Herr Söder (*1943) und erklärt damit gleichzeitig den Pareto-„Hasen“ für obsolet: „daß man sich da nicht gleich breitschlagen läßt, das ist notwendig, um Geld zusammenzuhalten. Aber man muß auch entschlußfreudig sein, wenn man dann den Entschluß faßt und dann nicht aus Ängstlichkeit verzichtet, das Geld auszugeben.“

Die Darstellung der monetären Ideale der Gegenwart liegt genau im Trend der sozialcharakterologischen Gesamtentwicklung: Der Puritanismus der Ältesten, der durch den thesaurierenden Sparer verkörpert wird, erodiert stark. Der Hedonismus eines konsumorientierten Ideals gewinnt erst bei den Jüngeren an Boden, bleibt dennoch stark beschränkt und äußert sich moderat. Strategische und regulierte Umgangsweisen, wie sie am ehesten dem monetären Pragmatismus entsprechen, sind die monetären Ideale der Gegenwart. Interessanterweise sind die gleichläufigen Zusammenhänge aber längst nicht so ausgeprägt wie bei den Veränderungen zwischen den sozialcharakterologischen Fraktionen. Der wesentliche und aufschlußreiche Grund hierfür dürfte sein, daß sich neue Orientierungen auch in die Tradition einfügen: dies kann eine Erosion einleiten, aber auch eine leicht gespannte Koexistenz bedeuten. Das mögliche Zusammenspiel eines puritanischen Sozialcharakters mit einem strategischen Finanzideal ist kein Zufall, sondern einer der Entwicklungsmodi, die das je ihre zur mentalen Transformation beitragen.

18.4 Konsens im Gegensatz: Verzichtsethik contra Lebensfreude

Die charakterologischen Gegensätze zwischen den Generationen und die Differenzen in ihren monetären Idealen lassen vermuten, daß diese sich auch in stark divergierenden intergenerativen Fremdwahrnehmungen äußern: Während die Alten den Jungen vorhalten, sie seien zu verschwenderisch, mindestens doch zu wenig verzichtsbereit, weisen die Jungen diesen Vorwurf empört zurück und sehen in ihm nur den Ausdruck von Geiz oder eines kognitiven Verharrens in vergangenen, durch starke Entbehrungen geprägten Krisenzeiten. Diese Hypothese eines – zugespitzt formuliert – Kampfes der Generationen um die Frage der moralischen Vorherrschaft des puritanischen Sozialcharakters bedarf der Fokussierung: Wie beurteilen die Befragten die Fähigkeit und Bereitschaft zur Selbsteinschränkung seitens der jüngeren Generation?

18.4.1 Unerwartete Übereinstimmungen

„Häufig wird gesagt, daß die jüngere Generation verlernt hat, auch mit weniger auszukommen. Was sagen Sie dazu?" Diese Operationalisierung der umrissenen Erkenntnisabsicht und Hypothese knüpft zwar provozierend bei einem gängigen Stereotyp an, vermeidet aber weitgehend Begriffe einer moralisch aufgeladenen Semantik wie Genügsamkeit, Bescheidenheit, Verzichtsbereitschaft o. ä. Die doppelte Negation („verlernt, mit weniger auskommen") ist deutlich wertneutraler, lädt aber dennoch zur Selbstverortung zwischen Puritanismus und Hedonismus ein. Zu beachten ist hierbei noch, daß es sich für G1 und G2 jeweils um Fremdeinschätzungen handelt; für G3 ist hingegen ist die Referenz des Ausdrucks „jüngere Generation" nicht ganz einheitlich: von den Älteren wird er zuweilen schon auf G4 bezogen, von den meisten (ca. 80%) jedoch auf die eigene Generation. Das Ziel, eine allgemeine Einschätzung und Bewertung der jüngeren Generation zu erhalten, wurde in den allermeisten Fällen erreicht.

Tab. 18.3: Intergenerative Einschätzung des Fehlens der Bereitschaft zur Selbsteinschränkung in der jüngeren Generation (N = 144; gerundete Spalten-%)

Position	**G1**	**G2**	**G3**	**Mittelwert**
Bejahung	58	40	52	50
Eingeschränkte Bejahung	17	23	17	19
Teils/teils	8	4	2	5
Eingeschränkte Verneinung	6	6	6	6
Verneinung	8	23	15	15
Explizite Verneinung eines generationsspezifischen Faktors	0	4	8	4
Residual	2	0	0	1
Summe	99	100	100	100

Das symmetrisch um Code 3 zentrierte Kategoriensystem von prinzipieller „Bejahung“ (Code 1) bis zu radikaler „Verneinung“ (Code 5) mußte im Verlauf der Auswertung um Code 6 „Explizite Verneinung eines generationsspezifischen Faktors“ erweitert werden. So wird der Tatsache Rechnung getragen, daß in einigen wenigen Fällen die Frage – teilweise sogar sehr differenziert und ausführlich – beantwortet wurde, aber die generationsspezifische Ausrichtung dezidiert als unangemessen, irrelevant oder gar als klischeehaft und vorurteilsbeladen zurückgewiesen wurde. Eine Rubrizierung unter „Residual“ erschiene dem Antwortverhalten der Befragten mehr als unangemessen.

Das Unerwartete des Ergebnisses besteht in der weitgehenden Übereinstimmung zwischen der Fremdeinschätzung der Älteren und der Selbsteinschätzung der Jüngeren: Sowohl die älteste wie die jüngste Generation stimmt zu mehr als zwei Dritteln prinzipiell darin überein, daß die jüngere Generation das Mit-Weniger-Auskommen verlernt habe. Von empörter Zurückweisung eines intergenerativ zu Unrecht erhobenen Vorwurfes an G3 zeigt die quantitative Verteilung kaum eine Spur. Eine sozialcharakterologische Auswertung bestätigt diesen Befund: Zwei

Drittel aller monetären Hedonisten attestieren den Jungen eine fehlende Bereitschaft zur Selbsteinschränkung.

Die für die qualitative Auswertung entscheidende Fragestellung besteht nun darin, wie die Identität der Einschätzungen zwischen den Generationen ihrerseits zu interpretieren ist. Ist hier etwa der seltene Fall einer generationsübergreifenden Harmonie unter Einschluß von Selbstkritik der Jungen zu konstatieren?

18.4.2 Empörte Puritaner: „Die schlagen das Geld auf den Kopf"

Die ältere Generation richtet ihren Blick auf die Jüngeren durch eine stark normativ gefärbte Brille. Die Erosion des puritanischen Normensets wird als maßgeblicher Grund gesehen, warum die Jungen es verlernt hätten, mit weniger auszukommen. In den Antworten der Befragten spiegelt sich die gesamte Palette der oben (siehe 3.7) thematisierten monetären Normen.

Der älteste Befragte, Herr Haase (*1896), geißelt eine generelle Verschuldungsmentalität, die im ausbleibenden Schuldendienst gipfelt, und setzt diese in entschiedenen Gegensatz zu den Einstellungen seiner eigenen Generation: „Ich finde, die jungen Leute, die quasen mit dem Geld. Borgen sich Gelder, die sie vielleicht nachher gar nicht wieder zurückzahlen können, kaufen sich Möbel auf Kredit. So etwas haben wir nie gekannt, haben nur das uns angeschafft, was wir auch bezahlen konnten." Frau Wellstein (*1903) hat Verschwendung und fehlende Vorsorge der Jüngeren, die sich im Schlaraffenland wähnen, im Blick, wenn sie sagt: „Ich sehe es. Ich sehe es, wenn sie was kaufen. Die schlagen das Geld auf den Kopf und haben nichts dafür. Verstehen Sie? Und meckern. Das hat doch keinen Zweck. Und denken nicht daran, daß sie selbst vielleicht dazu beitragen können, was zu haben, nicht. Das fehlt manchmal. Es fliegen keine gebratenen Tauben." Auf derselben Argumentationslinie liegt Herr Hagenberg (*1908), wenn er ironisch-süffisant das Fehlen von Verzichtsethik und die Erosion von Sparsamkeit anprangert: „Als ich mal anfing, da hatten wir zwölf Tage Urlaub, heute haben wir 30. Als ich mal anfing, redete kein Mensch davon, daß es eine Karibik gab. Mallorca war vielleicht von irgend jemandem schon mal andeutungsweise erwähnt worden. Und daß man unbedingt drei mal im Jahr Urlaub machen muß, das war völlig ein Traum. Meine Eltern sind nach 30jähriger Ehe zum ersten Mal weggefahren. Also, daß die sparsamer geworden wären [Schüttelt mit dem Kopf]."

Herr Söder (*1908) begründet seine Zustimmung mit einer dezidiert monetären Argumentation, die auf die Höhe des Preisniveaus abzielt und bei der vermutet werden darf, daß der Befragte selbst dem generations- und altersspezifischen Phänomen der Geldillusion unterliegt: „Das stimmt. [...] Ja, Sie können doch ohne weiteres – also, wenn ich hätte müssen früher für eine Theaterkarte, sagen wir mal, 20 Mark bezahlen, da wäre ich nicht hin gegangen. Aber die gehen da hin, und die können das Geld so ruhig ausgeben, um das zu erleben oder zu sehen, aber wir wären da ein bißchen vorsichtiger gewesen."

Eine generalisierende Ausweitung erfährt die Vorwurfshaltung bei Herrn Lehmann (*1903), der den Verfall von Gemeinschaftswerten und deren Substitution durch individuelles Anspruchsdenken beklagt: „Das kann ich Ihnen mit wenigen Begriffen sagen: Erstmal, ‚ich‘ wird großgeschrieben, ‚wir‘ wird kleingeschrieben; ‚Forderung‘ wird großgeschrieben, ‚Leistung‘ wird kleingeschrieben; ‚Anspruch‘ wird großgeschrieben und ‚Leistung‘ wird kleingeschrieben. Und Gemeinschaftsgefühl ist nicht vorhanden, die ganze Jugend denkt mindestens egoistisch, wenn nicht egozentrisch.“ Gegenüber diesen fein ziselierten semantischen Differenzierungen im Dienste des Kampfes um die moralische Überlegenheit einer Generation klingt die Antwort von Frau Güthoff (*1911) vergleichsweise traditionalistisch-konservativ: „Ja, ja, ja, das ginge mit weniger in vielem. Das Alte muß geachtet werden und ein bißchen erhalten werden, und dann braucht man schon weniger auszugeben.“

Moralisierende Begründungen sind jedoch keineswegs allein eine Domäne der älteren Generation. Vielmehr werden Statements dieses Tenors auch von einer Minderheitenfraktion der Jüngeren geäußert, die mit den Älteren zwei Gemeinsamkeiten haben: Sie sind ebenfalls Puritaner und sie artikulieren ihre Vorhaltungen mit Blick auf die nachfolgende Generation ihrer Kinder, also G4. Die folgenden beiden Aussagen stammen zudem von Anhörigen durchgängig puritanischer Traditionsstafetten. Herr Otte junior (*1963) kritisiert die Höhe des Taschengeldes und den Umgang damit unter den normativen Gesichtspunkten von Verschwendung und Verfall der Gesellschaft: „Die Kinder in der heutigen Zeit, die wollen leben wie die Reichen, ohne was dafür zu tun, und das im großen Maßstab. Die wollen alles sofort haben, und wenn ich das sehe, in der Klasse von meinem Sohn, was die Kinder mit dem Taschengeld machen, wieviel Taschengeld sie bekommen und wie sie damit umgehen, muß ich sagen, die Kinder werden dazu erzogen, verschwenderisch zu leben. Und wenn sie sich dann nachher einschränken müssen, dann können sie es nicht. Aufgrund dessen geht es in der Gesellschaft immer mehr bergab, davon bin ich überzeugt.“ Auch Herr Teske junior (*1965) wählt für seine aus der Elternsicht instrumentierten Vorhaltungen am Ende eine gesamtgesellschaftliche Perspektive: „Ja, das habe ich auch so festgestellt. Denen geht es heute einfach sehr gut. Diese ganzen Umstände, die ich vorhin geschildert habe, mit Zeitungen-Austragen und sich das Geld wirklich zusammenzuverdienen, das hört man in Gesprächen mit anderen Leuten, die heranwachsende Kinder haben, da hört man das immer wieder, den Kinderchen geht es einfach zu gut, in Anführungsstrichen. Die kriegen, wenn sie es wünschen, sofort ihre Rollerblades, die kriegen, weiß ich nicht – wir leben in einer zu ausgeprägten Wohlstandsgesellschaft, wo die Eltern ohne Probleme die Möglichkeit haben, den Kindern die Wünsche zu erfüllen.“

Der Moralismus ist zwar die unter den Puritanern am weitesten verbreitete, aber nicht die einzige Begründungsstrategie, um eine fehlende Selbsteinschränkung der jüngeren Generation zu konstatieren. Dies zeigt die Aussage von Frau Deschner junior (*1965), die ihre DDR-Erfahrungen heranzieht: „Ich glaube schon, ja, daß das stimmt. Weil, früher hatten die Leute zu DDR-Zeiten manchmal nur 300 bis 400 Mark Einkommen und mußten damit auskommen. Heutzutage ist es schon, da kostet eine Jeans 100 DM, die Markenjeans für Kids. Das ist schon ein Problem für die Eltern. Aber wiederum muß man dann sehen, daß das Geld heute viel weniger Wert hat. Es wird ganz schnell mal 100 Mark ausgegeben, und es ist nichts, was man dafür gekriegt hat. Also, das ist schon richtig, was die Leutchen da sagen." Auch wenn Frau Deschner ihre Zustimmung so mit einem geänderten Konsumverhalten begründet, so verrät sie doch – im Unterschied zur Stellungnahme von Herrn Söder senior (*1908) oben – auch ein klares Bewußtsein von der historischen Differenz von verschiedenen Preisniveaus wie dem in der früheren DDR und der heutigen BRD.

Im Sinne einer Zwischenbilanz ist festzuhalten, daß große Teile der Stellungnahmen der Älteren jenen Tribunalen ähneln, die vorn bereits als Störfaktoren für die intergenerative Kommunikation identifiziert worden sind. (Siehe 10.1.2)

18.4.3 Begründungen der Jungen: „Weil man eigentlich nie eine Notsituation mitgemacht hat"

Der Mainstream der Reaktionen der jungen Pragmatiker und Hedonisten folgt jedoch nicht dem Weg einer Gegen-Empörung. Vielmehr stimmen die meisten selbst der Meinung zu, es verlernt zu haben, mit weniger auszukommen und begründen dies mit gravierenden historischen Veränderungen der ökonomischen Situation und der entsprechenden Erziehungsvorstellungen – so bspw. Herr Kröger (*1975): „Na ja, das paßt schon. Weil man von Kind auf anders erzogen wurde. Weil man ja nicht die Armut mitgemacht hat oder so eingeschränkt zu leben an sich, wie das früher mal war. Wir kennen das ja nicht. Weil jetzt rein aus Prinzip zu sagen: ich brauche das nicht, und dann hole ich mir das nicht. Aber wenn ich das Geld trotzdem habe, dann geht das nicht. Wenn man das einmal gewöhnt ist, macht man das."

Herr Haase (*1959) bedient sich desselben Erklärungsmusters, kehrt jedoch die Perspektive genau um, indem er eine sozialisatorische Prägung zur Sparsamkeit aufgrund von Krisen bei der älteren Generation postuliert: „Ja, wahrscheinlich stimmt das. Weil man eigentlich nie eine Notsituation mitgemacht hat, dann prägt einen das wahrscheinlich so, daß man nie das im Hinterkopf hat, wenn man sich entscheidet. Also, die meisten können sich wahrscheinlich gar nicht vorstellen, mit ganz wenig Geld auszukommen – oder mit fast gar nichts, so wie das die letzten Generationen gemacht haben. Also da merkt man schon im Umgang, daß die ganze Generation sparsamer ist. Die meisten, die ich kenne."

Für die interne Bandbreite einer hedonistischen Position, die der vorgelegten Behauptung zustimmt, können die beiden folgenden Antworten stehen. Sehr selbstbewußt bejaht Herr Pietsch (*1969) die Steigerung des Lebensstandards im historischen Maßstab und die Ausbildung eines dementsprechenden Habitus: „Das glaube ich schon, daß das zutrifft. (X) Ja ich sehe es ja an mir selber, also der Lebensstandard an sich: einfach dadurch, daß die Eltern reicher geworden sind im Laufe der Zeit, haben die Kinder auch einen wesentlich höheren Lebensstandard. Und wenn man den einmal hat, gewöhnt man sich den nicht ab, sondern man steigert ihn höchstens noch.“

Hingegen thematisiert Herr Raabe (*1974) – als einer der drei dezidierten Hedonisten des Samples selbst verschuldungsbereit – im Sinne von Veblens Theorem des demonstrativen Konsums den Zusammenhang zwischen der Steigerung des Selbstwertgefühls und Markenlenkung: „Stimmt. [...] Ja, z. B. das Beispiel, das ich vorhin gebracht habe mit den Kindern, die nur in Markenkleidern rumlaufen. Wenn man denen nun einen 20-Mark-Pulli gibt von Hertie oder Woolworth, egal, die würden das, glaube ich, nicht als gleichwertig akzeptieren. Obwohl das der gleiche Stoff, die gleiche Qualität ist, nur steht eben keine Marke drauf. Das ist – das sehen sie dann nicht als vollwertiges Kleidungsstück an, weil es eben nicht die eigene Persönlichkeit hebt.“

Während hier eine gewisse Vorwurfshaltung gegenüber G4 vernehmbar ist, wird der Moralismus in der Aussage von Frau Möller (*1963) normativ entkernt: „Da ist was, sicher was Wahres daran, daß wir schludriger oder leichtsinniger mit Geld umgehen, das ist, denke ich, schon richtig. (X) Ja, daß wir, von meiner Person oder von Beobachtung her ausgehend, doch schon sehr viel großzügiger einfach mit Geld umgehen, daß man großzügiger mal Geld für Eis ausgibt oder für Kleidung oder so, ins Kino geht. Oder daß man seinen sekundären oder noch weiteren Bedürfnissen noch sehr viel schneller nachgibt als das früher gewesen ist, wo man sich doch mehr auf wesentliche Dinge beschränkt hat und das andere mehr als Luxus angesehen hat und sich auch öfter überlegt hat oder häufiger überlegt hat, man die Mark dreimal rumgedreht hat, denke ich schon.“ Die moralischen Wertungen werden so durch eine rationalisierende objektivistische Analyse der eigenen Präferenzstrukturen nach dem Modell der Maslowschen Bedürfnispyramide ersetzt.

Ganz selten wird das Selbstbild gegen das Generationenbild abgegrenzt, wobei freilich die postulierte Verzichtsbereitschaft mit einem zufriedenstellenden Lebensstandard konform geht. In diesem Sinne konstatiert Herr Negel (*1970): „Ich kann nicht für andere sprechen, aber ich würde sagen, für mich stimmt es nicht. Ich kann auch mit relativ – ich könnte auch mit weniger auskommen, was ich jetzt habe. (X) Ja, ich sehe, ich habe eine Miete hier, die ich zu zahlen habe. Habe ich immer noch sehr viel Geld für mein Leben. Ich muß nicht immer den billigsten Aufschnitt kaufen. Und ich habe noch relativ viel Geld für Kino und sonstige Vergnügungen. Und ich sehe, daß ich mich da auch noch weiter einschränken könnte und damit auch keine Probleme hätte.“

Abschließend seien zwei Zitate angeführt, die das Generationenspezifische der vorgelegten Behauptung stark relativieren oder sogar in Abrede stellen. In der Variante von Herrn Evers (*1940) wird die eigene Generation gleichsam der jüngeren einverleibt und das Generationen-Image durch ein Modell von Wohlstandsgesellschaft ersetzt, die die Bedürfnisstruktur aller ihrer Mitglieder nach oben vereinheitlicht: „Wahrscheinlich sind sie auch gar nicht gefordert worden, mit weniger auszukommen. Dieses Mit-Weniger-Auskommen wage ich auch zu bezweifeln, daß wir das noch können. Denn wir haben uns ja an einen wirtschaftlichen Umstand gewöhnt, und daraus leiten wir auch immer Ansprüche ab, das ist eben unsere Normalität. Und es würde für uns einen harten Einschnitt bedeuten, wenn wir jetzt mit weniger auskommen müßten. Und ich glaube, da gibt es keinen Unterschied zu der jüngeren Generation. Das würde uns genauso hart treffen wie die jüngere Generation auch. Auch wenn wir sagen, wir haben Erfahrung darin, das wage ich auch zu bezweifeln, das haben wir wahrscheinlich schon vergessen. Vielleicht haben wir es schneller drauf. Daß wir schneller lernen wieder, das mag der einzige Unterschied sein. Daß wir wieder schneller hinkommen zu diesem mit weniger auskommen. Aber ob wir das in Wirklichkeit könnten, das glaube ich nicht, das würde ich stark bezweifeln. Da gibt es keinen Unterschied. Das ist meine Meinung."

In der anderen Variante wird diese Sicht zu einer übersäkularen Gesetzmäßigkeit ausgeweitet, in der die Generation als Generation keine Rolle mehr spielt. Die je Jüngeren stehen automatisch an der Spitze einer durchgehenden Fortschrittsdynamik, wodurch jegliche Form der Polemik gegen Lebensstile von Altersgruppen im Ansatz unterbunden wird. Diese globale Deutung unterliegt der Äußerung von Frau Ungerer (*1972): „Das sagt sich natürlich immer einfach. Es stimmt auf der einen Seite, andererseits ist es so, zur damaligen Zeit, als die ältere Generation jünger war, gab es gar nicht diese Vielfalt an Produkten, die es heute gibt. Und von daher, denke ich, kann man das gar nicht vergleichen miteinander. Das ist ähnlich, wie wenn meine Uroma zu meiner Mutter gesagt hat: ‚Wie gut, daß Du eine Waschmaschine hast oder was habt Ihr es heute gut, Ihr habt eine Waschmaschine!' Und meine Mutter sagt das heute zu mir noch: ‚So viel Geld wie Du als Student hattest, hatte ich nicht.' Das sind so verschiedene Zeiten, und wenn man weiter zurückgeht ins 18., 17. Jahrhundert, da war es wahrscheinlich ganz genauso."

Im Sinne eines kurzen Fazits stimmen die Generationen zwar *deskriptiv* in starkem Maße darin überein, daß die Jüngeren die Fähigkeit und Bereitschaft zur Selbsteinschränkung verloren haben. Die Gegensätze liegen in den Begründungsmustern mit ihrem verschiedenen normativen Implikationen. Wird die fehlende Bereitschaft zur Selbsteinschränkung von den Älteren noch im Sinne eines moralischen Defekts den Jüngeren vorgeworfen, so konstatieren diese erfreut das Obsoletwerden jeder Form von Verzichtsethik, weil sich die Zeiten grundlegend geändert haben. Insgesamt weisen die Antworten der Befragten eine große Bandbreite auf: Neben dem hauptsächlich von den puritanischen Älteren artikulierten Moralismus sind pädagogische, sozialisatorische, aber auch ökonomische Argumente als Begründungsmuster zu verzeichnen. Von ganz hoher Warte wird das Verlernen des Mit-Weniger-Auskommens auch quasi als historisch-anthropologisches Naturgesetz deklariert. Wendet man den Blick ins Positive, so zeigt sich, daß die Steigerung des Lebensstandards als ein maßgeblicher Faktor für die mentale Transformation anzusehen ist.

18.5 Monetäre Sozialisation heute: „Konnte kaufen, was ich wollte"

Ähnlich fundamental wie der Sozialcharakter wandelt sich über ein Jahrhundert die monetäre Sozialisation. Zwischen G1 und G3 sind die Änderungen so grundlegend, daß von einem Umbruch gesprochen werden kann: Geldlosigkeit weicht hochgradiger Monetarisierung, entsprechend wird der Geldumgang insgesamt lässiger und selbstverständlicher, und die Normen von Sparsamkeit und Anti-Verschuldung lockern sich (zum Kontrast siehe 5.1.3). Indem die jungen Erwachsenen von heute an ihre monetäre Kindheit zurückdenken, werden andere und neue Facetten der langsamen katalytischen Prozesse in den letzten hundert Jahren deutlich.
Zunächst einmal hat sich der *Monetarisierungsgrad der Kindheit* explosiv entwickelt: was für G1 Ausnahme war, wird für G3 Regel – und umgekehrt. Das einst Majoritäre verschwindet, und das zuvor nicht Existente steigt zur Mehrheit auf. Die folgende Grafik zeigt den Trend auf einen Blick.

Abb. 12: Monetarisierungsgrad der Kindheit nach Generation

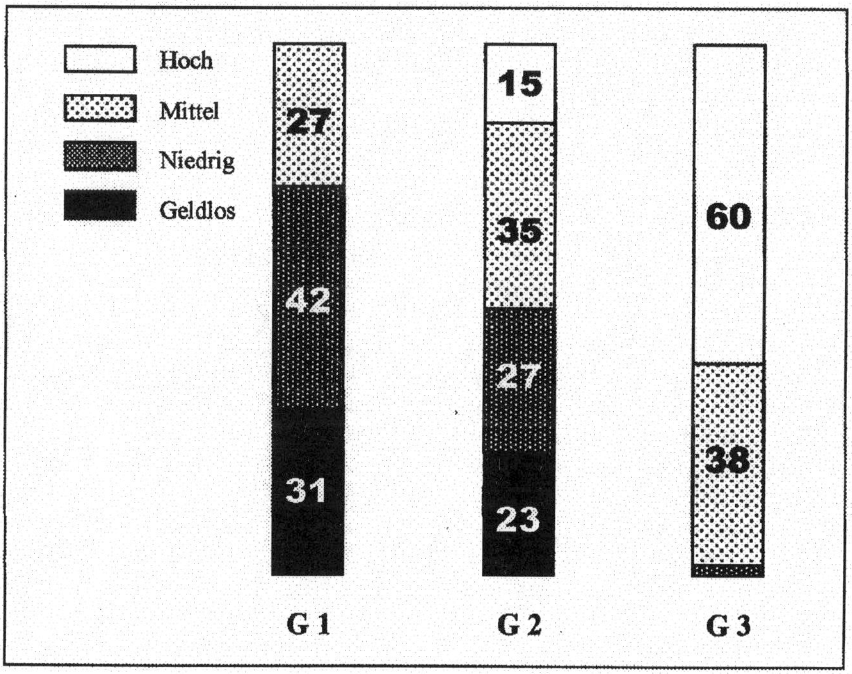

Als Betrachter dieser Daten ist man förmlich Zeuge, wie das Geld die Kindheit erobert! Formelhaft knapp lautet der Kernpunkt: niemand aus der Enkelgeneration ist geldlos aufgewachsen, während die hochgradig monetarisierte Kindheit in der Großelterngeneration überhaupt nicht vorkommt.

Diese aggregierte Form der Darstellung ist in der gebotenen Kürze aufzubrechen, um die Bedeutung der einzelnen Geldquellen zu zeigen, aus denen sich der Monetarisierungsgrad zusammensetzt. Überall gibt es nämlich auch im Detail zwischen G1 und G3 gewaltige Anstiege, bei denen die Verdoppelung der Anteile von Beziehern der kleinste Wert ist! Nach Bedeutung der Geldquelle geordnet ergeben sich die folgenden Werte: beim Taschengeld umfassend gut vervierfacht (16,7% auf 83,3%), bei den Geldgeschenken verdreifacht (25% auf 75%), bei den gelegentlich zugesteckten Beträgen mehr als verdreifacht (20,8% auf 72,9%), bei der finanziellen Belohnung guter Schulleistungen Anstieg um Faktor acht (6,3% auf 50%), mehr als verdreifacht bei der Bezahlung von Leistungen im Haushalt (6,3% auf 22,9%), schließlich besagte Verdoppelung bei entlohnter Arbeit (22,9% auf 45,8%).

Ähnlich gründlich wie die finanzielle Ausstattung haben sich auch die monetären Normen geändert, die im vorliegenden Zusammenhang noch wichtiger sind. Nur noch (aber auch immer noch) drei Viertel der G3 haben ein einhellig positives Urteil beider Eltern zum Sprichwort über das Sparen erlebt (72,9%). Erheblich deutlicher ist die Front der Altvorderen gegen Schulden gebröckelt: daß ein „ordentlicher Mann" keine Schulden hat, wird nur noch von zwei Fünfteln der G3-Eltern bejaht (39,6%); die Gegenposition ist nur minimal schwächer besetzt (35,4%). Dabei sind die sozialisatorisch relevanten Meinungsunterschiede zwischen Mutter und Vater häufiger geworden; „die" Eltern treten seltener als Monolith auf.

Auch für die jüngste Befragtengeneration lassen sich die monetären Vorschriften, Erwartungen und Prinzipien anhand der Antworten auf die einschlägigen offenen Fragen deutlicher herauspräparieren als mit den Prozentwerten aus der Sinnspruch-Batterie und anderen quantitativen Daten. Bis in die Tonlage hinein wird das monetäre Klima liberaler, lockerer. Etwa bei Herrn Pietsch (*1969) „ist es eigentlich oft so gewesen, daß ich mit dem Geld, was ich hatte, das machen konnte, was ich wollte. Und [...] mir wurden keine Vorschriften auferlegt, aber man wußte ganz genau, daß man das Geld natürlich nicht für irgendeinen Mist ausgeben soll möglichst. Und von daher habe ich immer relativ viel auch gespart und dann mir irgendwas Nützliches davon gekauft lieber, anstatt das für, was weiß ich, Süßigkeiten oder sonstwas auszugeben." Im Hause Pohl (*1951) hieß es „immer: ‚Verleckere aber nicht alles!' oder so." Ganz analog war die Erwartung an Frau Scholz (*1965): „Ja, das Geld wurde gespart und wenn man denn etwas zusammengespart hatte, dann durfte das Geld auch für eine sinnvolle Investition ausgegeben werden, wie Spiele."

Die Normvermittlung wird weicher, und bisweilen verschwindet die für das Kind spürbare Erwartungshaltung der Eltern ganz. Frau Menne (*1970) bspw. kann sich bei der Frage nach den Vorschriften und Erwartungen zunächst „nicht erinnern", präzisiert auf Nachfrage mit „die gab es nicht", um bezüglich des eigenen Geldes zu enden: „das konnte ich ausgeben, wie ich wollte." Nach einem ähnlichen kommunikativen Wechselspiel kann sich auch Frau Lange (*1965) an Vorschriften oder Erwartungen „nicht erinnern. Das war relativ großzügig in meiner Kindheit." Ebenso konnte Frau Hagenberg (*1966) als Mädchen über ihr Geld „eigentlich frei verfügen, konnte kaufen, was ich wollte." Frei von jeglicher Restriktion und Verpflichtung hat Frau Pochadt (*1957) ganz explizit ihrem kindlichen Hedonismus gefrönt: „Ich weiß nur, daß wir uns davon keine Schulsachen kaufen brauchten. Also das Geld war dann für uns da, und da haben wir uns dann meistens Süßigkeiten von gekauft. Die waren damals nicht so reichlich, und wir haben ja alle gerne genascht. Und ja, für was anderes habe ich es eigentlich auch nicht ausgegeben."

Normativer Wandel manifestiert sich noch im Konflikt und im Normverstoß, die gleichsam einen Takt selbstbewußter thematisiert werden als bei den Kindern von früher; die Verinnerlichung fehlt, die Instanzen des Über-Ichs sprechen nicht mehr mit. Bei Herrn Stupp (*1977) ist das nicht zu überhören: „Ja gut, also Vorschriften gab es schon, befolgt habe ich sie eh nie. Es war halt so, es hat halt geheißen, ich soll einen Teil auf das Sparbuch immer tun, und den Rest soll ich mir halt für den und den Zeitraum einteilen. Hat zwar nie funktioniert, aber na ja." Herr Teske (*1965) ist sogar leicht empört über die puritanischen Zumutungen seines Elternhauses und durchaus stolz auf den hedonistischen Missetäter von damals: „Also, daß im Grunde genommen immer gepredigt wurde, ich solle mein Geld zusammenhalten. Soll versuchen, von den paar Mark, die ich mir da erwirtschafte oder auch an Taschengeld bekomme, ein paar Mark zurückzuhalten und zurückzulegen. Was allerdings nie gelungen ist. So wie es reingekommen ist, ist es auch ausgegeben worden. Ich weiß noch, daß das Konfirmationsgeld irgendwann einmal auf dem Sparbuch gelandet ist und ich da keinen Zugang zu hatte. Sonst wäre es auch ..."

Nicht nur der unverhohlene kindliche Hedonismus ist ein Novum in G3, sondern auch der sporadische spontane Altruismus, der in Mangelsituationen ebenfalls nicht denkbar war. Auf diesem Gebiet hat Herr Bruns (*1966) „einmal ein bißchen über die Stränge geschlagen. Da war früher immer Spendensolidarität, so Sachen waren immer in. Und da hatte ich mal, ich glaube, erste oder zweite Klasse, da hatte ich von meinem Taschengeld sieben Mark geopfert. Und das war für die Woche alles, was ich hatte. Habe ich einfach so da hingegeben. Da gab es ein bißchen Ärger. Das war ein bißchen zu viel."

Auch die Differenzierung zwischen den Werthaltungen der Eltern, die schon quantitativ belegt werden konnte, wird angesprochen, z. B. von Frau Dobler (*1959): in ihrer Erinnerung waren die Erwartungen der Eltern „sehr unterschiedlich. Also mein Vater hat keine so gute Beziehung zu Geld, meine ich jetzt, der ist nicht sehr sparsam, der kann es gut ausgeben. Ein Stück habe ich davon auch geerbt zum Glück. Und meine Mutter hatte, glaube ich, die Erwartung ‚Sparsamkeit'. Das ist so, also die mütterliche Linie, Sparsamkeit. Ich habe irgendwann mal, so fünfte/sechste Klasse, da muß ich dann also so 12, 13 gewesen sein, da hatte mir meine Mutter doch vorgeschlagen, ich sollte mal, so um mit Geld richtig umgehen zu können, also so ein kleines A6-Heft, so ein Vokabelheft, so mit Einnahmen und Ausgaben, weil die Einnahmen ja ziemlich festgelegt waren, die Ausgaben."

Der mehr oder minder erfolgreiche Versuch, solche reglementierenden Umgangsweisen in G3 zu verankern, findet sich als Ausläufer älterer Rigiditäten auch an anderen Stellen des Materials. Bei Frau Wegener (*1967) ist eine längere Traditionsbrücke augenfällig: „Meine Mutter wollte immer, daß wir so ein Heft anlegen mit Einnahmen, Ausgaben und Bestand und, also wie ein Kaufmann. Aber das war eine Zeit lang, da hat sie so drauf gedrungen, als sie das Taschengeld eingeführt hatte und sie merkte, daß ich irgendwann mal nicht so über meinen Kontostand Bescheid wußte, da sagte sie: ‚Du mußt Dir das aufschreiben!' Da kam so das Kaufmännische durch und außerdem glaube ich, daß sie auch so erzogen wurde. Ich hatte richtig so ein kleines Heft, wo ich das dann eine Weile eingetragen habe und muß sagen, daß ich das später, also als ich wirklich merkte und mich fragte, wo ist jetzt eigentlich das Geld dieses Monats hin, dann gesagt habe: ‚Jetzt mußt Du das mal aufschreiben, damit Dir das bewußt wird.'" Mutter Drewes hat ihre Tochter (*1947) entsprechend angehalten: „Ja, [...] und dann hatte ich mir so ein kleines Büchlein zugelegt, so ein kleines Heft und dann habe ich das da auch eingetragen, ja. Also wie so eine Haushaltsführung, wenn man so will." Die unauffällige Analogie zwischen dem „Kaufmännischen" und der „Haushaltsführung" sei behutsam angemerkt.

Vereinzelt wird ein gezieltes Heranführen des Kindes an die monetäre Sphäre Teil der monetären Sozialisation, wobei eine rechenhaft-strategische Komponente eingewoben sein kann. Herr Tappe (*1967) erinnert sich sehr deutlich, wie er monetär „eingefädelt" worden ist: „Sorgsam umgehen, das war immer das Motto, das wurde ein bißchen eingeprägt. Oder wenn bestimmte Sachen waren, die man als Kind haben wollte, haben die Eltern eben gesagt: ‚Überleg dir das doch mal, brauchst Du das wirklich?' So wurde man eigentlich schon auf Geld, sagen wir mal, drauf hingearbeitet, daß man eben sorgsam damit umgeht." Das fast schon kommerzielle Extrem dieser Hinführung zur Geldwelt findet sich in der Familie Söder; die Tochter (*1968) sollte „möglichst sparen. Also Taschengeld möglichst sparen, und mein Vater hat mir dann auch Zinsen darauf, hat er vorgehabt, mir welche darauf zu geben. Also Geld sparen."

Die Trendskizze zur monetären Sozialisation von G3 wäre unvollständig, wenn sie inmitten des Wandels die durchaus sichtbaren weiteren Traditionslinien ignorierte. Etwa bei Herrn Schäffer (*1971) ist der normative Apfel nicht weit vom Stamm gefallen: „Ich weiß eigentlich nur, daß ich sehr sparsam mit dem Geld umgegangen bin, als ich klein war. Aber ob es auch eine Erwartung war? Das hatte ich schon mit auf den Weg gekriegt, daß man sein Geld nicht für irgend welchen Blödsinn ausgeben soll oder unnütz ausgibt. (X) Ich wußte, daß es vielleicht auch gern gesehen wird, daß man vernünftig mit dem Geld umgeht und sich nicht sinnlos Süßigkeiten, oder was weiß ich, kauft, was sowieso im Schrank liegt." Womöglich noch fester gefügt ist die Traditionsbrücke zwischen den Generationen der Familie

Gerke; in den Worten der Juniorin (*1971) stellt sich diese Kontinuität folgendermaßen dar: „Meine Eltern sind oder auch meine Großeltern waren immer so selber sehr sparsam, so daß das für mich auch immer ein Vorbild war. Also ich habe nie irgendwie Geldprobleme gehabt, obwohl ich nicht so viel Taschengeld gekriegt habe – aber ich habe auch nie Geld für Schallplatten oder irgendwas ausgegeben. Also ich hatte, habe immer einen schönen Batzen immer angespart gehabt. Also was heißt, was für ein Kind viel ist, na das ist dann, wenn man ganz klein ist, mal fünf Mark, und wenn man denn größer ist, dann sind es vielleicht auch noch 500 Mark. Aber, also, ich hatte immer ein Sparkonto, was ich selber, oder sagen wir mal so ein Sparschwein, was ich dann selber gefüllt hatte." Traditionsbrücken als Sonderform normativer Übereinstimmung schaffen natürlich Harmonie zwischen den Generationen, die Frau Hermes (*1963) so nachdrücklich betont: „Also, ich war immer sehr sparsam, also bin ich da insofern sehr wahrscheinlich nicht mit meinen Eltern in Konflikt gekommen." Auf Nachfrage wird der starke Konsens noch einmal bekräftigt: „Wie gesagt, wir waren immer sehr sparsam, haben das Geld nie zum Fenster rausgeworfen, also da waren wir uns alle einig, irgendwie die ganze Familie." Die puritanische Traditionsbrücke hat auch bei Deschners Generationenkonflikte gar nicht erst aufkommen lassen. „Vorschriften, hm. Also, unsere Eltern haben uns eigentlich immer sehr sparsam erzogen und auch sehr gut im Umgang mit Geld, so wie ich das jetzt einschätzen kann. Und haben auch uns immer angehalten, Geld zu sparen. Weil, im Prinzip, man steht immer mal irgendwann da vor einer Situation und braucht vielleicht mal mehr Geld und hat dann nichts auf der hohen Kante. Das ist mir eigentlich so in Erinnerung. Sie haben auch sehr unterstützt, daß ich mir ein Sparbuch angeschafft habe und eigentlich immer sehr sparsam war." (Frau Deschner, *1965)

Das Generationsporträt der G3 zur monetären Sozialisation läßt sich bei allen Nuancen gut auf den Punkt bringen und gegen das der Vorfahren (siehe 5.1.3) absetzen. Der Mangel als unerbittlicher Produzent von Sparnormen ist bei G3 ganz verschwunden, und an die Stelle des Sparens um zu sparen sind Plädoyers zum Zwecksparen und zur sinnvollen Verwendung des Geldes getreten. Waren *Restriktionen* vielerlei Art für die Ältesten vorherrschender Oberbegriff für die monetäre Sozialisation, rückt bei den Jüngsten die *Umsicht*, die gut *austarierte Balance* in den Vordergrund. Gewisse Trends in Richtung Konsum und Genuß sind unverkennbar, doch von einem hedonistischen Schwenk kann keine Rede sein. Vielmehr sind puritanische Traditionsbrücken durchaus vorhanden, und auch bei den Umgangsnormen gibt es familiale Fortsetzungsgeschichten. Andererseits werden die Botschaften auch in dem Sinne mehrdeutiger, daß Eltern seltener als Monolith auftreten und häufiger verschiedene bis gegensätzliche Werte vertreten.

Als Hilfs-Sheriff für außermonetäre Normen wird das Geld in dieser Generation nicht mehr eingesetzt. Müßte das Generationsporträt eine Überschrift erhalten, könnte sie heißen: gelockerte Normativität mit Traditionseinsprengseln.

19. Tradition und Transformation in den Familien: Stafettenporträts

„Das Familienleben ist ein Eingriff in das Privatleben." (Karl Kraus)

Nach der Darstellung der Zunahme von Pragmatismus und Hedonismus im Sozialcharakter der Gegenwart sowie der Wandlungen der monetären Sozialisationsbotschaften sind verschiedene typische sozialcharakterologische Verlaufsformen von Stafetten exemplarisch zu betrachten. Auch wenn in den bisherigen quantitativen Auszählungen und qualitativen Porträts die Logik der Generation dominierte, weil sie die „durchschlagendste" Variable darstellt, so ist eine stafettenbezogene Auswertung nicht einfach eine Zusatzkür oder gar Verdoppelung. Sie spiegelt vielmehr das Design der Studie mit ihrer Konzentration auf drei Generationen einer Familie wider. Die Erosion des Puritanismus muß notwendigerweise ihren Niederschlag in den einzelnen Familien selbst finden. Hiermit werden die stafettenbezogenen Ergebnisse aus den Kapiteln über die familiale Kommunikation (siehe 10.1.3) und die expliziten Lehren der einzelnen Familien aus den Währungskrisen (siehe 10.3) um einen wichtigen Aspekt ergänzt. Während dort aufgrund von gezielten „cross-examinations" der Transport und die Verarbeitung der Währungskrisenerfahrungen des 20. Jahrhunderts direkt ermittelt wurde, zeigt die mentale Transformation die langfristige Veränderung von monetären Einstellungen und Mentalitäten in den Familien, ohne daß diese zwischen den einzelnen Familienmitgliedern zwangsläufig thematisch werden müssen. Der Aspekt ist nicht unmittelbar erfragbar, sondern nur *errechenbar*, was hier auf Basis einer aggregierten Version[218] der Variablen „Sozialcharakter" geschieht. Es handelt sich also nicht länger um die Häufigkeit einer Merkmalsausprägung *in* den verschiedenen Generationen (Kreuztabelle), sondern um die Verlaufsmuster *zwischen* ihnen (Zusammenhangsanalyse).

Wendet man sich in dieser Form dem familialen Gedächtnis zu, so empfiehlt es sich, die folgenden vier Verlaufsformen in den Stafettentypen analytisch zu unterscheiden:

218 Der (1) „Puritanismus" umfaßt hier die drei dort getrennten Spielarten (umfassend, abgeschwächt, rein monetär); der (2) „Pragmatismus" faßt entsprechend zusammen (defensiv, differenziert, offensiv); entsprechend ist es beim (3) „Hedonismus" (rein monetär, relativiert, dezidiert).

Die *Traditionsbrücke* zeichnet sich durch die sozialcharakterologische Identität aller befragten Familienmitglieder (technisch gesprochen: identische Codes aller drei Generationen auf der aggregierten Variablen zum Sozialcharakter) aus. Insgesamt ein Achtel des Samples folgt dem Muster einer puritanischen Traditionsbrücke (Codes 111) (siehe 19.1), eine einzige Stafette ist durchgängig pragmatisch (Codes 222) bestimmt, eine hedonistische Traditionsbrücke (Codes 333) gibt es nicht.

Unter *moderatem Wandel* wird der Übergang vom Puritanismus zum Pragmatismus verstanden. Bei insgesamt einem Viertel aller Stafetten – dies bedeutet die relative Mehrheit – erfolgt dieser erst mit der jüngsten Generation (Codes 112), bei einem weiteren Achtel bereits in der mittleren (Codes 122). Dieser Typus ist mit 37,5% mithin der im ganzen Sample am weitesten verbreitete. (Siehe 19.2) Überraschenderweise existiert keine Stafette, bei der ausschließlich ein Übergang von Pragmatismus zu Hedonismus, sei es in der mittleren oder in der jüngsten Generation, zu konstatieren wäre. Allerdings folgen vier Stafetten dem Muster eines Puritanismus der Ältesten, Pragmatismus der mittleren und Hedonismus der jüngsten Generation (Codes 123). Bezogen auf die einzelnen Generationen verkörpern diese vier Stafetten ebenfalls einen moderaten Wandel, im Vergleich der ältesten mit der jüngsten aber einen krassen Bruch.

Unter *krassem Bruch* soll aber im folgenden ausschließlich der direkte Übergang von Puritanismus zu Hedonismus angesehen werden. Bei fünf Stafetten findet er mit der jüngsten (Codes 113) und bei weiteren zwei bereits mit der mittleren Generation (Codes 133) statt. Er ist damit quantitativ genauso häufig wie die reine Traditionsbrücke. (Siehe 19.3)

Überhaupt nicht vertreten ist in unserem Sample das Muster der puritanischen *Traditionslücke*, die rein begrifflich in einer puritanischen Übereinstimmung der ältesten und der jüngsten Generation unter Einschluß eines Hedonismus der mittleren bestünde (Codes 131). Dafür gibt es als Unikat die spiegelbildliche Verlaufsform einer hedonistischen Traditionslücke (Codes 313). (Siehe 19.4) Keinem der genannten Muster sind die übrigen elf Stafetten zuzuordnen.[219]

Die folgende exemplarische Porträtierung der vier genannten typischen Verlaufsformen steht ohnehin unter einer dreifachen Restriktion:

(1) Da die Krisenschicksale der ältesten Generation (siehe 12) ausführlich dargestellt worden sind, werden sie im folgenden nur in sehr geraffter Form präsentiert und auch nur insoweit, wie es für die interne Stafetten-Geschichte als notwendig erscheint.

219 Zum geringeren Teil (bei zwei) liegt dies daran, daß eine Person sozialcharakterologisch nicht bestimmt werden konnte; zum größeren Teil ist es der Tatsache geschuldet, daß diverse Stafetten Momente einer Rückentwicklung, die dem generativen Gesamttrend widerspricht, aufweisen. So kehrt bspw. bei drei Stafetten, die in der zweiten Generation den Übergang von Puritanismus zu Pragmatismus vollziehen, die jüngste wieder zum Puritanismus zurück. Aber auch der Fall eines Puritanismus der ältesten, Hedonismus der mittleren und Pragmatismus der jüngsten ist zweimal vertreten. Diese Stafetten bilden als Gruppe allerdings intern keine auch nur halbwegs homogene Verlaufsform aus und können schon gar nicht den obigen vier Typen umstandslos zugeordnet werden. Eine qualitative Darstellung erscheint auch deshalb überflüssig.

(2) Die einzelnen Filiationen der drei Sozialcharaktere, wie sie analytisch und empirisch ausgeführt wurden (siehe 18.2), sind für die stafettenbezogene Auswertung ebenfalls nicht von vorrangigem Interesse. Diese orientiert sich deshalb an den großen Linien des Puritanismus, Pragmatismus und Hedonismus.

(3) Um eine Dopppelung in der Darstellung zu vermeiden und insgesamt einen möglichst umfassenden qualitativen Blick über das Sample zu geben, wurden hier nur solche Stafetten ausgewählt, deren Angehörige bisher nicht ausführlich porträtiert wurden. Für die ersten drei folgenden Abschnitte läßt sich dieses Prinzip auch mit einer geringfügigen Ausnahme durchhalten, da sich dort Stafettenverläufe finden, die ihren Ausgang beim Puritanismus der ältesten Generation nehmen. Im vierten Abschnitt, der das Muster einer hedonistischen Traditionslücke am Beispiel der Stafette Sittler zeigt, bestand aufgrund der geringen Anzahl von Hedonisten bei den Ältesten und der singulären Verbreitung dieses Typus keine Wahlmöglichkeit.

19.1 Puritanische Traditionsbrücken

Die puritanische Traditionsbrücke (111) sei durch die rein weibliche Ost-Stafette Wegener verkörpert. Die ökonomische Existenz der selbständigen Großhandelskauffrau Wegener senior (*1906) ist nicht nur durch das im Zweiten Weltkrieg ausgebombte Geschäft und die typischen Unternehmer-Probleme bei dessen Wiederaufbau im Osten nach 1945 bestimmt. Auch aufgrund der Entwertung von puritanertypischen Anlageformen wie Ersparnissen und Lebensversicherungen der Kinder wird sie zum Opfer in der Sequenz von Krise und Reform der vierziger Jahre. Die Wahrnehmung von Währungskrisen folgt jedoch keinen ökonomischen Mustern, sondern ist einem schon durch ihre Mutter tradierten Normengerüst verhaftet, das auch nach der Krise gültig bleibt. Ihr Puritanismus konkretisiert sich in einer Mischung aus protestantischer Kaufmannsethik, der die Bonität wichtiger ist als die absolute Vermeidung von Schulden, und christlicher Verzichtsethik, wie sie bspw. in der Begründung für den Vorrang der Arbeit vor dem Leben zum Ausdruck kommt: „Weil man nicht berechtigt ist zu fordern, sondern man soll sich einbringen." Das gesamte Interview ist von vielen moralischen Argumentationslinien durchzogen, die allesamt Tugenden wie Sparsamkeit, Bescheidenheit und Ehrlichkeit direkt oder indirekt in den Mittelpunkt stellen. So antwortet Frau Wegener auf die Frage, wie sie nach der deutsch-deutschen Währungsunion mit dem Problem der Geldentwertung umgegangen ist: „Was ich habe, kann ich ausgeben, was ich nicht habe, kann ich nicht ausgeben. Und die Wünsche sind auch nicht gewachsen."

Frau Wegener medio (*1934) hat durch die Übernahme des Geschäftes nicht nur denselben Beruf wie die Mutter ergriffen, sondern ist auch in ihrem Puritanismus weitgehend deren Abbild. Bewährt hat sich das Prinzip „Genügsamkeit" seitens der Eltern auch in der Geschäftsführung: „Wir haben nie irgendwie Inflationsgeschäfte gemacht, und ich bin normalerweise immer ein vorsichtiger Kaufmann gewesen." Die Vorstellung, sich durch Verschuldung statt Sparen Vorteile zu verschaffen, wird aus moralischen Gründen rigoros abgelehnt: „Das ist das Schlimmste, was man tun kann. Das ist doch das, was die Menschheit ins Verderben bringt.“ Wie der Blick auf die Sozialisationsthematik zeigt, gibt es zwar mit dem Leiden an der autoritären elterlichen Erziehung sowie mit dem Vorwurf an die Mutter, dem Betrieb Geld entnommen zu haben, auch gravierende Konfliktthemen zwischen den Generationen. Sozialcharakterologisch haben diese jedoch keine Relevanz, sondern beruhen eher auf der Tatsache, daß Frau Wegener medio, die Präsidentin des einschlägigen Verbandes auf Landesebene werden sollte, die Belange des Unternehmens generell stark in den Vordergrund stellt.

Frau Wegener junior (*1967), deren Bilanz für die Währungsunion 1990 vorgestellt wurde (siehe 9.3.1), schlägt zwar beruflich, aber nicht sozialcharakterologisch aus der Stafettentradition. Als Lehrerin und Doktorandin präsentiert sie sich auf der Suche nach Sinn und gesellschaftlicher Anerkennung. Ihre monetären Überzeugungen und Reflexionen, die als Verschuldungstabu, Achtung vor den kleineren Nominalen und Preisschmerz wegen der säkularen Inflation auch wesentlich puritanischer Provenienz sind, führt sie weitgehend auf die Prägung durch den Geldumgang in der DDR zurück: „Erst mal denke ich, daß es auch für viele DDR-Bürger prägend war, dieser Gedanke, keine Schulden zu haben, keinen Kredit zu haben. Daß man heutzutage doch lockerer damit umgeht. Ich allerdings immer noch nicht. Dann, daß ich mich schön umgewöhnen mußte, daß einfach der Pfennig nicht mehr diese Bedeutung hat. Also zu DDR-Zeiten konnte man für 30-40 Pfennig doch schon was kaufen, und wenn es eine Straßenbahnfahrt war. Und heute fängt der wirkliche Wert für mich erst bei einer Mark an. Trotz Euphorie über die Grenzöffnung steht Frau Wegener junior der westlichen Konsumverführung kritisch gegenüber und vertritt eher eine Position der Konsumzurückhaltung.

Für die sozialcharakterologische Betrachtung der Stafette Wegener ist sowohl die kontinuierliche Tradierung des monetären Puritanismus kennzeichnend als auch dessen Verbindung mit nicht-monetären Wertvorstellungen und Überzeugungen. In deren konkreten Ausformungen unterscheiden sich die Angehörigen der Stafette jedoch: Frau Wegener senior ist stark durch einen christlich fundierten Altruismus geprägt, ihre Tochter verficht vehement die Philosophie eines selbständigen Unternehmertums, während der „Schöngeist“ Frau Wegener junior einem alternativen Idealismus frönt. Die verschiedenen „Lebensphilosophien“ bilden sich so auf der Basis eines weitgehend identischen Normenhaushaltes, der sich trotz negativer Ereignisbilanzen in der Stafette als sehr resistent gegenüber dem Lehrmeister Währungskrise zeigt.

19.2 Moderater Wandel: vom Puritanismus zum Pragmatismus

Der generationenübergreifende allmähliche Wandel von Puritanismus zu Pragmatismus ist die am weitesten verbreitete Verlaufsform in unserem Sample. In der Binnenbetrachtung aller Wandlungsstafetten findet dieser Übergang zwischen zweiter und dritter Generation doppelt so häufig statt wie zwischen erster und zweiter. Diese langsame, fast schleichende Erosion des Puritanismus läßt sich besonders gut an der ebenfalls rein weiblichen Ost-Stafette Dobler zeigen.

Die Stafette Dobler kann in doppelter Hinsicht als Repräsentant des in unserem Sample vorherrschenden Mehrheitstypus angesehen werden. Nicht nur gehören die Angehörigen der einzelnen Generationen sozialcharakterologisch jeweils der intragenerativen Mehrheitsfraktion an, sondern auch die Verlaufsform insgesamt, die dem Muster Puritanismus in der älteren und mittleren, Pragmatismus in der jüngeren Generation folgt (112), ist mit einem Viertel die häufigste.

Die ehemalige Verkäuferin Frau Dobler (*1900) verkörpert in beiden Sequenzen aus Krise und Reform des 20. Jahrhunderts aufgrund der Entwertung von Ersparnissen und Bargeld das klassische puritanische Krisenopfer. Für die Tochter eines Landarbeiters haben sich dennoch die Grundsätze ihrer Eltern bewährt: „Das Reelle, das Sparsame, das Ehrliche."

Frau Dobler medio (*1929), eine Laborleiterin, weist in rein monetärer Hinsicht dieselbe normative Innenausstattung wie ihre Mutter auf; allein ihr Arbeitsethos ist instrumenteller Natur. Ihre Erfahrungen als DDR-Bürgerin haben sie in ihrer Sparmentalität eher bestärkt: „Ich habe immer mit dem Geld gerechnet, ich habe immer das Geld eingeteilt, ich habe immer geachtet, daß ich was unter den Bedingungen möglichst ordentliche Ware bekomme für mein Geld, was möglich war, und daß ich was spare. Typisch würde ich aus heutiger Sicht sagen, die Verführung zum Geldausgeben war nicht groß." Aufgrund der Entwertung von Ersparnissen durch die Währungsunion gilt sie als Krisenbenachteiligte und formuliert demzufolge auch vorsichtige Kritik an einer Geldhortung um jeden Preis: „Na ja, das wäre weniger bewährt, wenn man also vielleicht jetzt doch ein bißchen mehr anspart und dann plötzlich so einer Krise gegenüber steht. Also sinnvoller wäre es halt, das in Gegenstände umzusetzen, das Bargeld."

Frau Dobler junior (*1959), Ärztin mit „künstlerischer Ader", verabschiedet sich hingegen von der prinzipiellen Gültigkeit der puritanischen Normen der Altvorderen zugunsten einer pragmatischen Logik mit hedonistischen Einsprengseln: „Also ich kann es mir finanziell eigentlich nicht leisten, aber ich mache einfach vier Wochen Pause, weil es für mich persönlich, abgesehen von Finanzen, einfach wichtig ist." Ihr monetärer Sozialcharakter ist stark durch die Heterogenität ihres Elternhauses geprägt (siehe 18.5), die sich in einer „gespaltenen" monetären Sozialisation manifestiert. So weist sie allein ihrer Mutter die Normen Sparsamkeit, Anti-Verschuldung und Maßhalten zu und spricht sie dem Vater ausdrücklich ab. Gleichzeitig versucht sie, die positiven Elemente dieser konträren Einstellungen harmonisch für sich zu integrieren: „Ich habe ja immer so zwei sehr gegensätzliche Eltern, glaube ich, also sowohl die gelegentliche Sparsamkeit hat sich bewährt als auch andererseits, daß man gut leben kann, ohne darauf zu gucken." Negative Implikationen wie Verantwortungslosigkeit bzw. Mangel an Lebensgenuß hingegen sucht sie zu meiden: „Was sich weniger bewährt hat? Na ja, zum Teil wieder das ‚Nicht-an-morgen-denken' von meinem Vater, also so in der Zeit leben und nicht vorzusorgen, also was so väterlich geprägt wurde, das bewährt sich nicht, [...]. Also diese Sparsamkeit, die so mütterlicherseits ausging, hat sich auch nicht immer bewährt, wenn man dann vieles an Genuß vorbeigehen läßt."

Die Komplementarität dieser familialen Einflüsse wird noch verstärkt durch den gesellschaftlichen Transformationsprozeß von der DDR zur bundesrepublikanischen Gesellschaft. Denn die pragmatische Symbiose aus väterlichem Hedonismus und mütterlichem Puritanismus bei Frau Dobler junior wird grundiert durch den Widerstreit eines aus DDR-Zeiten stammenden und mit der DDR-Mark verbundenen liberalen Geldregimes mit gegenwärtigen Thesaurierungs- und Vorsorgeanstrengungen, die sich auf die D-Mark richten, ihren Ursprung aber ebenfalls in der DDR-Vergangenheit haben. Für sie waren diese Gelderfahrungen „insofern prägend, als daß ich DDR-Geld ziemlich locker auch so ausgegeben habe, weil ich mich weder um eine Vorsorge, altersmäßig, noch sonst irgendwelche Versicherungen kümmern mußte. Das hatte sozusagen der Vater Staat abgenommen, und ich sah gar keinen Grund zu Sparen, weil mir auch gleichzeitig der doch etwas geringere Wert bewußt war. Wenn ich eben DM in die Hand gekriegt hatte, was bei uns also höchstens über die Verwandtschaft selten vorkam, [war] ich schon sehr sehr sparsam damit. Damit bin ich sehr sehr sparsam umgegangen, die habe ich immer ein bißchen gehortet, also es war nicht soviel zum Horten, aber aufgehoben." Der Übergang zum Pragmatismus verdankt sich mithin bei Frau Dobler junior einer Kombination von familialen und gesellschaftlichen Einflußfaktoren.

Bei insgesamt sechs Stafetten findet der Wandel zum Pragmatismus bereits in der mittleren Generation statt und wird von der jüngsten bekräftigt (122). Die Stafette Sauters weist diese Verlaufsform auf. Eine unserer ältesten Befragten, Frau Sauters (*1896), die mit einem Volksschullehrer verheiratet war, ist zumindest im persönlichen Selbstbild das klassische puritanische Krisenopfer, das einen Verlust von 1 000 RM während der Hyperinflation auch noch nach mehr als siebzig Jahren für besonders gravierend erachtet. Bewährt hat sich für sie „die Sparsamkeit meiner Mutter. Daß sie immer die Sparsame – und immer hatte ich ein schlechtes Gewissen, wenn ich mal was ausgegeben hatte, was nicht nötig war. Oder – darf ich wohl? Das hat sich bei mir eingeprägt."

Auch ihre Tochter (*1926) hat wegen diverser Nachteile – insbesondere der vereitelten Studienaspiration durch die Sequenz von Krise und Reform der vierziger Jahre – das klare Bewußtsein, nicht zu den Krisengewinnern zu gehören. Sie begründet dieses negative Abschneiden mit einer Überlegung, die auf den puritanischen Sozialcharakter der Eltern abzielt und an Paretos Formulierung über den traditionellen Sparer als furchtsamen Hasen erinnert: „Weil wir nun ein Beamtenhaushalt, der wirtschaftlich nicht so tüchtig ist, sind, also keine Initiative auf wirtschaftlichem Gebiet entwickeln. Nicht risikofreudig sind. Und uns das eben nicht liegt." In ihren Überlegungen zur Frage „Verschulden statt Sparen" dokumentiert sie gleichzeitig ein differenziertes ökonomisches Kalkül, das von genannten sozialcharakterologischen Hypotheken frei ist. „Verschulden finde ich nicht so gut, aber manchmal Schulden machen ist manchmal gar nicht so schlecht. Weil man es wieder von den Steuern absetzen kann, sind die Schulden ja nicht so gravierend. Vor ein paar Jahren war es noch so, wenn man Schuldzinsen und die Zinsen auf dem Sparbuch miteinander verglich, dann machte man überhaupt kein schlechtes Geschäft dabei, wenn man da dann doch einen Kredit in Raten in Anspruch nahm."

Daß der Pragmatismus jedoch nicht nur eine Frage der rationalen Entscheidung ist, sondern es auch der Überwindung residualer Gefühlsstrukturen bedarf, zeigt Frau Sauters medio in ihrer Antwort auf die Frage, welche elterlichen Grundsätze sich nicht bewährt haben: „Daß man es manchmal ein bißchen zu ernst nimmt, daß man sich nicht genug gönnt. Daß man dann dreimal so sparsam erzogen ist, und ich nun auch so veranlagt bin. Daß ich mir dann manches nicht gegönnt habe, was ich mir ruhig hätte gönnen können, dann wäre das Geld nämlich auch für da gewesen. Um nicht verschwenderisch zu sein oder es für den Haushalt lieber zu haben, hat man sich vieles nicht gegönnt, was anders vielleicht auch gegangen wäre, wenn man nicht so sparsam gewesen wäre."

Bei Herrn Sauters junior (*1955), einem selbständigen Diplomdesigner, verblaßt dieses puritanische Über-Ich zur pragmatisch und situativ begründeten Ablehnung von Spekulation, zumal er bei einem übereilten Goldkauf am Ende Verluste realisieren mußte: „Vorsichtig zu sein. Also, dieses ‚so konservativ wie möglich mit dem Geld umzugehen'. Alles, was ins Experimenthafte geht, Spekulative, das lieber nicht zu machen." Diese Vorsicht hat mit der althergebrachten puritanischen Angst vor Schulden nicht mehr viel gemein, sondern entspringt einer ihrerseits reflektierten und kalkulierten Risikoaversion bei gleichzeitiger kognitiver Transparenz der ökonomischen Logik: „Ich habe jetzt keine Schulden. Aber wenn man was tut, dann sollte man sich eher verschulden, als daß man spart. (X) Durch die Geldentwertung sehe ich eben nicht, daß, wenn ich da Geld hinlege, daß ich dann da einen Vorteil hätte. Besser ich habe Waren da oder ich habe Sachwerte da oder Immobilien, die eben inflationssicher sind. Und darum kann man nichts besseres tun, wenn man Geld über hat, das irgendwo zu investieren. Nur andererseits bin ich nicht so risikobereit, daß ich mir irgendwo Geld leihen würde. [Lacht]." Herrn Sauters positive Erfahrung mit Existenzgründungsdarlehen sowie eine bewußt gewählte Lagerhaltung auf Verschuldungsbasis, um dem Problem der Geldentwertung zu begegnen, dokumentieren den unbefangenen Umgang mit Kreditaufnahmen und ein offenes Ohr für die Botschaften des Lehrmeisters Währungskrise.

Die Entwicklung der Stafette Sauters zeigt wie unter einem Brennglas die allmählichen Veränderungen in den Gefühlshaushalten, die sich auf dem Weg zwischen Puritanismus und Pragmatismus vollziehen. Die auch noch Jahrzehnte später artikulierte Klage über objektiv gesehen eher geringe Inflationsverluste von Frau Sauters senior wird abgelöst durch eine reflektierte und kritische Auseinandersetzung mit der puritanischen Wirtschaftsmentalität und dem entsprechend sozialisierten Über-Ich in der mittleren Generation, während die jüngste bereits kalkuliertes Risikomanagement betreibt. Diese Wirkung von Währungskrisen als einem langsamen Katalysator bestätigt gleichzeitig die Behauptung, daß der Übergang von Puritanismus zu Pragmatismus besser als moderater Wandel denn als krasser Bruch zu beschreiben ist.

19.3 Krasse Brüche: von Puritanismus zu Hedonismus

Die weibliche West-Stafette Menne weist hingegen – wie auch noch vier andere Stafetten des Samples – einen krassen Bruch zwischen dem Puritanismus der älteren und mittleren Generation und dem Hedonismus der jüngsten auf (113).

Frau Menne senior (*1911) wie medio (*1939) haben in ihrer kaufmännischen Prägung eine ungewöhnlich hohe Rigidität bei der Ablehnung von Schulden. Sie hat schlechte Erfahrung mit dem Verborgen, weil „für gegessen Brot ist schlecht arbeiten"; auch weist die Seniorin für sich selbst die strategische Verschuldung entschieden zurück: „Das ist gegen mein Prinzip." In diesen Tenor stimmt Frau Menne medio ebenfalls ein. Schlechter Geldumgang zeigt sich für sie bei Leuten, „die dann borgen müssen oder so. Ich meine, wir haben das im Geschäft oft genug erlebt. Daß man dann gefragt wurde, am Ersten schon, ob wir was verborgen konnten und so. Das sind Leute, die können nie mit Geld umgehen. Das gibt es ja."

Die Sparsamkeit von Frau Menne senior hat – wie oben ausführlicher beschrieben (siehe 12.2.1.1) – dazu geführt, daß sie aufgrund ihres Währungsschicksals in den vierziger Jahre zum verharrenden puritanischen Krisenopfer wird. Ihre Tochter zieht daraus die puritanisch normkonforme Lehre des Sparens und Vermeidens der Geldform: „Ja, also wir haben gesagt, wie gesagt man soll immer sparen und soll sich dann was dafür anschaffen, daß das Geld nicht wieder, das war die Devise bei uns, daß das Geld nicht wieder verlorengeht. Daß man wenigstens dann was dafür hat. Denn wir haben ja viel von Geld verloren, was dann einfach weg war. Wo man für gearbeitet hat, d. h. meine Mutter. Und da war das bei uns immer so, wir sparen und machen irgendwas dafür, wir machen am Haus was, oder wir schaffen uns was an, oder ins Geschäft gesteckt und so, also das war halt immer unsere Devise so."

Die Anti-Verschuldungs- und Sparsamkeitsnormen ihrer Mutter und Großmutter werden von Frau Menne junior (*1970), die sich als Großhandelskauffrau beruflich durchaus in der Stafettentradition bewegt, einem grundlegenden Revirement unterzogen. So bildet ihre Antwort auf die Frage nach der Verwendung eines hypothetischen Lottogewinnes ein primär hedonistisches Amalgam aus konsumtiven, distributiven und strategischen Einstellungen, das an seinem Ort zitiert worden ist (siehe 11.4) und hier durch Bruchstücke in die Erinnerung zurückgerufen sei: sie würde eine Reise machen, „einfach mal so einkaufen gehen" und „einfach mal sinnlos das Geld verprassen. Und dann würde ich mir überlegen, mir auch einen Wert zu schaffen. Aber ich weiß nicht, in welcher Form." In der Logik dieser Antwort liegt auch ihr konsumorientiertes monetäres Ideal eines guten Geldumganges, daß „noch soviel übrig ist, daß man sich schon noch was leisten kann, daß das Leben nicht zu kurz kommt." Frau Menne junior hat gute Erfahrungen mit einem Bankdarlehen und akzeptiert auch unter Vorbehalt den Überziehungskredit. Als Maxime für die monetäre Erziehung vertritt sie die Auffassung: „Also nicht so eine ‚Scheffelmentalität' fördern, daß also nur Geld das einzig Wahre ist."

Von den monetären Prinzipien ihrer Altvorderen bejaht Frau Menne junior allein den Ratschlag, daß man schon noch so einen Notgroschen hat, das finde ich nach wie vor." Gefragt nach den weniger bewährten Grundsätzen verrät sie jedoch ihre kritische Auseinandersetzung mit dem Puritanismus durch eine für eine monetäre Hedonistin zunächst ungewöhnlich anmutende Selbstattribuierung: „Ich finde mich selber manchmal zu geizig. Ich weiß aber nicht, ob das unbedingt an der Erziehung liegt, aber ich denke doch, daß ist eher eine Erziehungssache. (X) Mir ist das einfach auch zu bewußt, wenn ich weggehe, was das kostet.“ Gerade diese Aussage zeigt, daß der intergenerative und intrafamiliale Bruch zwischen Puritanismus und Hedonismus nicht einfach von den Jüngeren bloß faktisch vollzogen wird, sondern mit starken innerpsychischen Ambivalenzen behaftet ist. Psychologisch gesprochen wird der Puritanismus ins Über-Ich verbannt, um diesem möglichst wenig Spielraum auf die Vorstellungen und Handlungen der Person einzuräumen, die sich vielmehr durch ein hedonistisches Es bestimmen lassen möchte. Der Kampf zwischen Über-Ich und Es macht genau den Kern dieser innerpsychischen Ambivalenz aus. Diese fällt noch deutlich heftiger aus, als es bei der oben am Beispiel der Stafette Sauters beschriebenen Ablösung des puritanischen Normengerüstes durch den monetären Pragmatismus der Fall war.

In der Stafette Raabe wird der Puritanismus durch den Hedonismus bereits in der mittleren Generation (133) abgelöst und ist vom Wandel einer klassischen Arbeiterfamilie in der Großstadt zu einer in der Kleinstadt lebenden Familie begleitet, deren ganzer Stolz das Eigenheim ist. Insbesondere jedoch kann die Stafette Raabe als Beleg für die Möglichkeit einer generational verzögerten Geburt des Hedonismus aus den Erfahrungen von Währungskrisen dienen.

Die Familie von Herrn Raabe senior (*1909) erlitt in der Nachkriegs- und Inflationszeit ein schweres Opferschicksal. Der Großvater von Herrn Raabe senior war selbständiger Tischlermeister und besaß eine große Tischlerei und einen großen Hof. Nach seinem Tode zahlte dessen Schwester den Vater von Herrn Raabe senior zunächst nicht aus; hinterlistigerweise wurde dieses Quasi-Darlehen unter Verwandten dann zu Inflationszeiten zurückgegeben. Überdies konnte das Haus des Vaters in dieser Zeit nicht gehalten werden; aber der Erlös war nach kurzer Zeit nichts mehr wert. All diese Ereignisse haben an der grundlegenden, familial sozialisierten Einstellungen von Herrn Rabe senior zu Sparsamkeit und Verschuldung nichts geändert: „Also Schulden hatten wir nie. Und ich habe mich auch sehr daran gehalten.“

In der Familie von Frau Raabe medio (*1941), die mit einem Systementwickler für Flugsicherheit verheiratet ist, gelten diese überkommenen Vorstellungen nicht mehr. Frau Raabe medio verkörpert sozialcharakterologisch den Typus der rein monetären Hedonistin mit hohem Arbeitsethos: „Ich will so viel arbeiten, daß ich mir ein gutes Leben leisten kann. Das reicht mir vollkommen. Ich bin da nicht unbedingt darauf aus, irgendwelche Geldmengen zu horten. [Lacht].“ An vielen Stellen des Interviews wird eine hohe Immobilienorientierung und ein ausgesprochener Stolz auf einen erfolgreichen Hausbau deutlich: „Die beste Entscheidung war eigentlich, daß wir hier gebaut haben.“ Es nimmt deshalb nicht wunder, daß Frau Raabe medio der institutionellen Kreditaufnahme zustimmt: „So Krediten, wenn man es überblickt, stehe ich eigentlich positiv gegenüber, weil man ja sich etwas früher leisten kann." Aber auch zu der Frage „Verschulden statt Sparen" äußert sie eine gerade im Kontext der Antworten der anderen Befragten fast schon emphatisch klingende Begeisterung: „Ich sagte ja, wenn ich etwas haben kann, finde ich den Ratenkauf toll."

In der Antwort auf die Frage nach den Lehren aus den Währungskrisen dieses Jahrhunderts wird deutlich, daß diese einen maßgeblichen Anteil am monetären Hedonismus und der hohen Sachwertorientierung von Frau Raabe medio besitzen: „Was wir eben, mein Mann und ich, gelernt haben ist, daß wir eben sagen, das Geld nicht arbeiten zu lassen. Wir bauen lieber was und stellen eine Immobilie so hin, daß man das Geld nicht so hat. Daß man das Geld so spart oder anlegt in Aktien, davon sind wir abgekommen."

Herr Raabe junior (*1974) ist einer der drei dezidierten Hedonisten unseres Samples, der in vielen Äußerungen den rein monetären Hedonismus seiner Mutter noch überbietet. Als einzige Person des Samples stimmt er der Aussage „Verschulden statt Sparen" uneingeschränkt zu: „Ich denke schon mal, daß ich sagen werde, daß ich mich eher verschulden werde, wenn ich dann weniger zahlen muß im Endeffekt." Genau wie seine Eltern meidet er die Geldform und gibt wichtigen Anschaffungen das Primat. Trotzdem grenzt er sich von seinen Eltern ab, indem er deren Sicht auf ihn als stereotypes Fremdbild des Hedonismus thematisiert, ohne diesem inhaltlich zu widersprechen: „In Sachen Geld? Nein. In Sachen Geld hatte ich immer meinen eigenen Kopf. Meine Eltern sahen das dann manchmal so, daß ich das Geld rausgehauen habe. Und wenn ich mal Kinder in diesem Alter habe, dann denke ich wahrscheinlich genauso darüber."

Als Lehre aus den Währungskrisen zieht er die Forderung: „Risikobereit sein, aber kontrolliert." Seine Grundstimmung gegenüber der Möglichkeit einer zukünftigen Währungskrise (siehe 20.2.1) ist entspannt, und er ventiliert sogar die sich hieraus ergebenden Gewinnchancen: „Man kann sein Geld ja so anlegen, daß es unabhängig von der Währungskrise ist. Gerade im Bereich Immobilien. Die Häuser – es gibt ja auch Leute, die gewinnen durch eine Währungskrise, das darf man auch nicht vergessen. Wenn man das dann in Werte anlegt, die sicher sind, Häuser oder Grundstücke oder Wertgegenstände: Insofern kann man sich schon schützen, zumindest sein Vermögen." Nicht zufällig hat Herr Raabe in dieser eventuellen Situation besonders weitreichende prospektive Handlungsmuster.

In der Stafette Raabe ist der monetäre Hedonismus von deutlich weniger psychischen Ambivalenzen begleitet als in der zuvor erörterten Stafette Menne. Dies mag zum einen daran liegen, daß er bei Raabes bereits mit der mittleren Generation einsetzt, ist aber sicherlich auch der Tatsache geschuldet, daß gerade vor dem Hintergrund des Schicksals des Seniors der eigene Sozialcharakter den Angehörigen der mittleren und jüngsten Generation als eine rationale Form der Bewältigung von Währungskrisen erscheint.

19.4 Tradierungslücken im Hedonismus

Im gesamten Material gibt es nur eine Tradierungslücke, die noch dazu für eine kaum zu erwartende Verlaufsform (313) steht: Die Skizze zum Krisenschicksal von Frau Sittler senior (*1911) (siehe 12.2.2) konnte den hedonistischen Sozialcharakter unserer Gesprächspartnerin auch auf ihre einschneidenden Krisenerfahrungen zurückführen. Frau Sittler medio (*1936), als Augenoptikerin tätig, stellt als Puritanerin das genaue Gegenbild zum Sozialcharakter der Mutter dar. Sie lehnt Schulden dezidiert ab: „das wäre mir so ein Risiko, das käme überhaupt nicht!“ Sie bejaht statt dessen eine DDR-Prägung durch das „automatische Sparen“. Ihr monetäres Ideal ist traditionell puritanisch: „Wozu zeichnet die sich aus? Durch Sparsamkeit, durch Überlegen des Kaufes, das würde ich so bezeichnen, ja. Es ist nicht absolut Geiz damit gemeint, das möchte ich sagen, also Sparsamkeit und Geiz sind für mich zwei Paar verschiedene Schuhe.“ Während Frau Sittler senior der Kreditaufnahme für Konsumgüter vorbehaltlos zustimmt, vertritt die Tochter ein striktes Barzahlungsprinzip – um den Preis des Unverständnisses der sozialen Umwelt. Und mit unüberhörbar konsumkritischen Unterton geißelt sie die Dominanz des Geldes in der heutigen Zeit; diesen „Konsumrausch, die Werbung, daß die Leute dazu animiert werden, das zu kaufen und dann wieder Geld haben müssen, um es zu realisieren. Also da würde ich sagen, da ist eben die Wirtschaft und die Medien und daß die da eben einen großen Beitrag dazu leisten.“

Die Abwertungsverluste bei der Währungsunion von 1990 werden retrospektiv eher begrüßt denn beklagt und zudem in gut puritanischer Weise durch vermehrte Sparanstrengungen kompensiert: „Und da sollten wir ja dann ‘89 wieder den neuen [Pkw] bekommen, und der sollte ja 20 000 Mark kosten, und diese 20 000 Mark hatten wir ja auch gehabt. Aber dann war die Währungsunion schneller als der Trabi. Heute sagen wir, es war unser Glück gewesen, ja. Aber da hieß es eben doch ein bißchen zu sparen. Mein Mann hatte dann sich da so, ohne daß ich das erst mitbekommen habe, extra noch ein Sparbuch angelegt, wo er all seine Prämien und all die Sondervergütungen, die er bekommen hat, da eingezahlt hat. Ja, also, er ist sehr sparsam eigentlich auch und rechnet genau. Nicht daß er geizig ist, also das kann man nicht sagen, also, aber er rechnete doch genau aus, wo was wofür weggeht, ja.“

Die Prägung des Sozialcharakters von Frau Sittler medio durch die puritanischen Elemente der DDR-Geldkultur war stärker als familiale Einflußfaktoren. Dies erklärt sich relativ zwanglos durch die Tatsache, daß ihre Mutter bereits 1960 in den Westen ging und der Familienkontakt so über fast drei Jahrzehnte nur per Brief oder später per Telefon gepflegt werden konnte. Dennoch zeigen sich an zumindest zwei Stellen des Interviews auch Wahrnehmungsmuster zur Bewältigung von Währungskrisen, die eine familiale Tradierung verraten. Ein hedonistisches Einsprengsel liegt im Bejahen der konsumistischen Anti-Krisenstrategie der Mutter: „Wenn ich persönlich jetzt in die Zukunft blicke, man sollte einen Notgroschen haben, aber man sollte nicht irgendwie ein Vermögen anhäufen, man sollte sich selbst was persönlich Gutes tun.“ Eine „urpuritanische“ Krisenprophylaxe in Form von Golderwerb stammt aus der Erinnerung an die Schmuckverkäufe der Mutter: „da erinnere ich mich eigentlich viel an die Zeit nach dem Krieg, wie meine Mutter uns mit ihrem Schmuck über Wasser gehalten hat, mit dem Gold, was sie eben verkaufen konnte. Und das hat sich eigentlich ziemlich bei mir eingeprägt, ja. Und ich habe eigentlich nach der Währungsunion, wenn ich Geld so hatte, was ich nicht unbedingt gleich ausgeben wollte, habe ich mir kleine Goldbarren gekauft, ja, also die habe ich auch dann wieder praktiziert. Die sind vielleicht heute nicht ganz so viel wert wie damals, aber man weiß nie, was kommt und wenn der Euro eingeführt wird, weiß man nicht, was dann ist, und eigentlich hat ja die Geschichte gezeigt zur Inflationszeit, daß auch da, wer Gold hatte, über die Runden gekommen ist. Und da denke ich, daß doch die Goldwährung eine relativ stabile Währung ist."

Frau Sittler junior (*1967), zu DDR-Zeiten Krippenerzieherin und zum Zeitpunkt des Interviews in einer Zusatzausbildung zur Prophylaxeassistentin, weist in sozialcharakterologischer Hinsicht alle Züge der modernen Variante eines rein monetären Hedonismus auf. Als Lebensmotto kann ihre Antwort auf die Frage nach der Verteilung von Rücklagen und Ausgaben gelten: „Ich habe eigentlich immer so in meine Lebensqualität investiert, und da habe ich eigentlich nicht so richtig gespart." Sie nutzt gerne die Möglichkeiten von Überziehungskrediten und bekundet ohne Anflüge von Zurückhaltung oder gar Peinlichkeit: „Ich bin ja Experte im Kontoüberziehen, jetzt, wo man viele Möglichkeiten hat, und die hatte man damals halt nicht." In diesem Zusammenhang erzählt sie, wie sie zu DDR-Zeiten noch bei der Post Geld bekam, wenn sie ihren finanziellen Rahmen bei der Bank schon ausgeschöpft hatte, und reklamiert dies als prägende Erfahrung.

Mit der Welt des monetären Puritanismus sieht sich Frau Sittler junior sowohl durch die Erziehung ihres Elternhauses als auch durch ihre Schwester, die die elterlichen Normen internalisiert hat, konfrontiert. Von dieser sagt sie: „die kann dann richtig hart zu sich selbst sein, okay, wir sparen jetzt mal zwei Monate richtig und dann ist wieder alles in Ordnung" und führt dies als Beispiel für guten Geldumgang an. Entscheidend für die sozialcharakterologische Verortung von Frau Sittler junior ist jedoch, daß dieses puritanische Muster ein Fremdbild ist, das sie sich persönlich nicht zu eigen machen will; in lakonischem Ton sagt sie von sich: „ich kann nicht so gut mit Geld umgehen."

Obwohl Frau Sittler junior ebenso dem monetären Hedonismus zuzuordnen ist wie ihre Großmutter, sind doch dessen Quellen sehr verschieden. Was für Frau Sittler senior maßgebliches Resultat von Währungskrisenerfahrungen darstellt, ist für Frau Sittler junior die Nutzung der monetären Möglichkeiten am Ende des 20. Jahrhunderts, die sie in den Horizont der eigenen persönlichen Selbstentfaltung stellt. Intrafamilial grenzt sich Frau Sitttler junior entschieden vom Puritanismus der Eltern und der Schwester ab; sie beruft sich aber nicht auf den Hedonismus der Großmutter, zu der auch wenig Kontakt besteht.

Die Stafette Sittler ist mithin nicht nur das einzige Beispiel für eine hedonistische Traditionslücke in dem äußerlichen Sinne, daß nur die mittlere Generation dem Puritanismus verhaftet ist. Diese Lücke betrifft vielmehr auch die Art und

Weise der Tradierung selbst, insofern der Hedonismus der Enkelin gerade keine währungskrisenbedingten Momente aufweist.

Neben der erwartbaren Vielfalt von familialen, historischen und gesellschaftlichen Faktoren bei der Erosion des Puritanismus zeitigt die besondere Betrachtung der verschiedenen Verlaufsformen der Stafetten zwei wesentliche Ergebnisse:

(1) Nicht nur die Kommunikation und direkte Reflexion auf Währungskrisen, sondern auch die hiermit einher gehende Veränderung habitueller monetärer Einstellungen führt zur langfristigen Veränderung der monetären Sozialcharaktere.

(2) Auch der stafettenbezogene Blick dokumentiert, daß diese Entwicklung häufiger von einer zähen Transformation der entsprechenden Gefühlshaushalte begleitet ist und nicht ohne psychische Ambivalenzen verläuft. Dieser wichtiger Aspekt des Wirkens langsamer Katalysatoren hatte sich schon selbst im Falle der wenigen hedonistischen Reaktionen der ältesten Generation gezeigt. (Siehe 12.2.2)

20. Monetäre Zukunft

Das Projekt-Design erlaubt, wie andernorts im einzelnen erläutert (siehe 2.2.2), empirische Rückblicke ins 19. Jahrhundert und, indem die jüngsten Befragten über ihre Pläne, Sichtweisen und – ganz besonders – ihre (prospektiven) Kinder sprechen, Vorschauen bis weit ins 21. Jahrhundert, die in diesem Schlußkapitel vorgestellt werden.

20.1 Sozialisation und Sozialcharakter

Sozialcharaktere und die monetäre Sozialisation stehen in einer eigentümlich zeitversetzten Interdependenz. Die *Maßeinheit* von Veränderungen ist die Generation und die *Verlaufsform* eher der sanfte Wandel als der abrupte Bruch. Kontinuität über zwei oder auch drei Generationen ist in Gestalt von vielerlei *Traditionsbrücken* faßbar geworden. Im Nachdenken der G3 über die monetäre Sozialisation der Kinder von heute oder morgen können die Erfahrungen im eigenen Leben und in der Familiengeschichte beurteilt und gedanklich umgesetzt werden. Bei positivem Ergebnis sollen sie als Pfeiler einer Traditionsbrücke in die Zukunft fungieren, im negativen Fall geht es um Wandel oder Bruch. So oder so enthalten diese Reflexionen zugleich *Prognosen* über den Sozialcharakter der Zukunft, der durch das Erziehungshandeln und die vorgelebte Praxis der G3 Akzente erhält. Absichtserklärungen können natürlich idealistischer sein als das wirkliche Handeln in der Elternrolle – doch selbst nach Abstrichen sind einige neue Tendenzen nicht zu übersehen.

Vor jeder monetären Spezifität tritt G3 mit zwei Grundsachverhalten in die (prospektive) Elternschaft, die bei den Vorfahren keine oder eine weniger exponierte Rolle gespielt hatten. Zum einen muß den Kindern von heute und morgen die umfassende monetäre Durchdringung des Lebens, vor allem die Universalität des Arbeit-Geld-Konsum-Zyklus, vermittelt werden. So möchte Frau Möller (*1963) erreichen, daß die Kinder „eine gewisse Vorstellung davon haben, daß Geld eben erst verdient werden muß, daß das also nicht etwas ist, was ständig vorhanden ist und selbstverständlich vorhanden ist, sondern daß man es sich erarbeiten muß. Und daß man sich mit dem Geld, wenn man es hat, Dinge leisten kann, die man gerne haben möchte. Daß es notwendig ist, im täglichen Leben zurecht zu kommen, also schon einen bewußten Umgang einfach mit dem Geld, [...] daß ich eben mir überlege, wofür gebe ich jetzt was aus, was bedeutet Sparen, warum soll man mal was sparen – bewußten Umgang ganz einfach mit dem Geld.“ Auf diesen einen Punkt konzentrieren sich auch die Überlegungen von Frau Gerke (*1971). In ihrer Sicht soll Kindern deutlich werden, „daß das Geld auch erarbeitet wird, und daß man dafür sehr viel Zeit und Energie aufwenden muß, egal in welchem Beruf, ob das nun geistig, körperlich oder auch in sozialen Berufen [ist]. Das wird ja auch immer unterschätzt, was man dafür, sagen wir mal für eine seelische Energie verwenden muß. Und daß man da praktisch abschätzen muß, was man dafür kauft und wieviel man dafür einsetzt, also an Leistung."

Zum anderen ist wohl G3 als die erste Generation anzusehen, die die Durchsetzung der säkularen Inflation als unhinterfragte Gegebenheit voll realisiert hat und über die entsprechende „one way expectation" verfügt. Vor diesem Hintergrund muß der Geldwert Thema der monetären Sozialisation werden, was auch verschiedentlich anklingt. So hat Frau Ahrens (*1960) das monetäre Erziehungsziel, „daß man den Kindern schon vermittelt, was Geld wert ist, also was für einen Gegenwert man erwarten kann," und Frau Ide (*1969) möchte erreichen, „daß man halt den Geldwert einschätzen kann, was man sich halt dafür kaufen kann, und was halt nicht."

Bei den speziell monetären Normen wird es keine Rückkehr zu den Rigiditäten und Restriktionen der Altvorderen geben: die verbissene Sparsamkeit, das Verschuldungstabu und der reglementierte Geldumgang finden in der jüngsten Generation keinerlei Fürsprache und werden sozialisatorisch für G4 bedeutungslos sein. Die Schulden streifen ihre Über-Ich-Komponente gewissermaßen ab, die spezifisch deutschsprachige Konnotation mit Schuld lockert sich auf, und die fast schon zwanghafte Sparnorm liberalisiert sich. Die folgenden Erziehungskonzepte für die Kinder von heute und morgen, die um der Wirkung der Tonlage willen kommentarlos gereiht werden, wären Angehörigen von G0/G1 schwerlich über die Lippen gekommen: „So, wie mich meine Eltern erzogen haben. Also sparsam, aber eben auch nicht übertreiben. Aber auf keinen Fall zu hoch verschulden, das ist immer schlecht für das weitere Leben." (Frau Deschner, *1965) „Man sollte ein Kind schon sparsam erziehen und vom Prinzip her so erziehen, daß es nur das ausgibt, was es hat. Ja, nicht alles, klar. Aber das Prinzip ‚Keine Schulden machen', sollte man einem Kind schon erstmal beibringen. Daß das heute im Prinzip nicht mehr geht, ist auch klar. Ich meine, ich sehe es nicht als Schulden an, wenn ich mir zum Beispiel heute ein Auto hole für 20 000 [gemeint sind DM – d. Verf.] und zahle das normal ab, wenn ich weiß, ich habe meine Arbeit. Das finde ich dann normal." (Herr Kröger, *1975) „Also ich denke schon, daß man, sage ich mal so, sein Konto zum Beispiel nicht überziehen sollte. Daß man nicht Kredite aufnehmen sollte. Das heißt sicher, zum Beispiel, wenn man ein Haus baut, läßt sich das nicht vermeiden. Aber nicht, zum Beispiel für Möbel würde ich keine Kredite aufnehmen. Für das Auto, kommt darauf an, ob ich das zum Beispiel brauche, um zur Arbeit zu fahren. Aber wenn es nicht notwendig ist, würde ich auch für das Auto keinen Kredit aufnehmen und für alle anderen Sachen auch nicht. Die einzige Ausnahme ist halt Haus oder Auto, wenn ich es brauche. So, daß man vielleicht auch immer einen Notgroschen hat, in der Tasche hat, ja." (Frau Ungerer, *1972) Die lockerere Sicht und die Umdefinition der Schulden sind eine deutlich sichtbare Tendenz, die von G3 auf G4 wirken wird.

Der Dreh- und Angelpunkt in der monetären Sozialisation der G4 wird aber die Fortsetzung oder Etablierung jenes gut tarierten, durchaus ein wenig lässigen monetären Regimes sein, das zwischen G2 und G3 so rapide Fortschritte gemacht hatte. Dies sei durch zwei Zitate aufgefrischt und illustriert. Herr Teske (*1965) denkt mit großer Selbstverständlichkeit „in die Richtung, wie ich auch einmal erzogen worden bin. Nicht mehr Geld auszugeben als man hat. Vernünftig damit haushalten, sich ein gewisses Polster zu schaffen, damit auch mal Notsituationen überbrückt werden können. Oder damit mal ein Auto angeschafft werden kann, wenn das andere aus irgendwelchen Gründen mal versagt. Da sollte man schon ein Polster haben." Herr Bruns (*1966) möchte G4 klarmachen, „daß das, was sie ausgeben, unwiederbringlich weg ist. Die Sachen, die sie dafür kaufen, ob die dann so wichtig oder wertvoll ist, das steht auf einem anderen Blatt. Nur die Kohle ist erst einmal weg. Und sonst – ich kann nicht zu übertriebener Sparsamkeit ermutigen. Das finde ich nicht in Ordnung, das ist Quatsch. Das geht dann irgendwann in Geiz über, und davon halte ich überhaupt nichts. Aber so übertrieben im Geldrausschmeißen – die Extreme halt, die finde ich nicht in Ordnung."

Als Gegenstand dieser Umsicht gewinnt auch die Geldsphäre selbst ihren Platz in der monetären Sozialisation. Herr Tappe (*1967) führt das Plädoyer für einen sorgsamen Geldumgang in diesem Sinne fort: „heute, klar, erst sparen und wenn die Summe ein bißchen größer ist, vielleicht anlegen. Das sollte man Kindern begreiflich machen." Ganz in diesem Sinne knüpft Frau Lehmann (*1969) bei einer Familientradition an, die sie fortsetzen möchte: Sie votiert für eine Erziehung durch „Vorleben, daß man ihnen zeigt, wie man eben nicht sinnlos sein Geld zum Fenster rauswirft. Und ich denke mir, wichtig ist, die Möglichkeiten aufzuzeigen, wie man mit Geld umgehen kann. Also eher sinnvolle Hinweise als Verbote."

Einer der interessantesten und der überraschendste Befund ist die Renaissance der Normativität in der monetären Sphäre, wobei gerade das Exzessive und das Gleichgültige der entwickelten Geldwirtschaft im Vordergrund der Kritik stehen. Die neue Normativität wird selten im Alleingang formuliert; charakteristisch ist die Verbindung mit der relativ behaglichen Umsicht, die schon deutlich geworden ist. In diesem Sinne eingehüllt ist es eines der „Grundprinzipien", die Herr Haase (*1959) in Sachen Geld vermitteln möchte: „man sollte es nicht vergöttern und als das Wichtigste nehmen. Und man sollte es aber auch nicht geringschätzen und zum Beispiel sich nach dem Pfennig bücken, wenn man einen findet. Und man sollte diese Symbolik hinter dem Geld irgendwie erfassen können, daß das Geld nichts Absolutes ist, sondern daß es nur ein Symbol ist für den Wert, der da geschaffen wurde." Auch Frau Menne (*1970) beginnt mit einem Plädoyer für einen balanciert-austarierten Geldumgang, um dann als Lernziel für die nächste Generation zu formulieren, „daß man es trotz allem nicht überbewertet. Also nicht so eine ‚Scheffelmentalität' fördern, daß also nur Geld das einzig Wahre ist. Also es gibt schon noch etwas anderes." Was dieses andere sei oder sein könnte, liest sich in den Worten von Frau Wegener (*1967) so: „Erst mal, daß man auch weiß, daß es ohne geht! [Lacht] Daß die inneren Werte doch sehr viel zählen. Gerade in der heutigen Zeit ist das wichtig. Und daß das Leben nicht davon abhängen muß, daß man sich alles kaufen kann. Daß man sich sein Leben auch so schön einrichten kann und das lernen muß! Und dann denke ich, daß man sich schon überlegen sollte, wofür man sein Geld ausgibt. Daß man auch nicht verlernen sollte, abzugeben von seinem Geld. Mit dem, wofür man sein Geld ausgeben sollte, das hängt auch mit der Einteilung des Geldes zusammen. Daß man sein Geld eben einteilen muß! Und im Zusammenhang mit Geld ist es eben heutzutage auch wichtig, sich zu informieren." Eine ähnliche Einbindung altruistischer Normen in die Monetarisierung des Lebens schwebt auch Herrn Negel (*1970) vor. Er möchte den Kindern einerseits eine „eigene Entwicklung" ermöglichen, strebt aber durchaus ein „Zwischending" mit seinen Erziehungszielen an: „daß Geld, gerade wenn man genug davon hat, nicht nur für einen selbst da ist, sondern daß man auch vielleicht anderen damit helfen könnte. Das ist nicht so einfach. Ich denke mal, daß man das Geld nicht horten sollte. Weil, wenn man es hortet, wird es halt der Wirtschaft entzogen und dann funktioniert das Wirtschaftssystem nicht. Aber man soll es halt auch nicht für Unsinn ausgeben."

Herrn Pietsch (*1969) geht die gegenwärtige Monetarisierung der Kindheit und die daran haftende Funktion des Geldes als Geltungsmittel entschieden zu weit: „Ja, ich denke heutzutage einfach, das ist so, daß das einfach viel zu viel Überfluß ist und daß Kinder schon viel zu viel Geld besitzen. Und dadurch auch schon dieses gesellschaftliche Rollenspiel, der eine kriegt mehr Taschengeld als der andere und zeigt das vielleicht dann auch noch oder so. Und solche Sachen würde ich denen schnellstens abgewöhnen!" In dieselbe Kerbe schlägt Herr Raabe (*1974) mit seiner noch frischen Erinnerung an die Schulzeit: „Und mir ist es richtig aufgefallen, wie die [...] Jugendlichen, die nach mir auf die Schule kamen, wie die ein anderes Verhältnis zu Geld hatten. Also, da sind sie teilweise wirklich in Markenkleidung angekommen, teuerste Klamotten, so Fünft-, Sechstklässler, so 12-13 Jahre alt. Und die werden zu früh, finde ich, an das Geld gewöhnt. Gut, bei mir war das vielleicht genauso. Aber das ist mir so richtig intensiv aufgefallen. Die haben das Geld halt."

Zur Polemik gegen die Suprematie des Geldes tritt die Reflexion von Frau Grübbel (*1970), die vorleben und klarmachen möchte, daß „halt alles, was man halt irgendwann mal erwerben kann durch Geld oder so, daß da Arbeit hintersteckt und dann einfach nicht nur, daß da Arbeit hintersteckt, sondern auch im Konsum überhaupt mal um diesen Stoffkreislauf, Rohstoffkreislauf der Erde, überhaupt mal Gedanken zu machen. Denn es geht ja nicht nur einfach darum, daß mein Geld irgendwann mal alle ist, sondern daß vielleicht auch mal die Naturressourcen der Erde aufgebraucht sind." In dieser ökologischen Reflexion stellt sich die universelle Kaufmacht des Geldes als bloßer Schein dar; nach sehr speziellen Aspekten zu den Grenzen des Recycling schließt sich der Bogen zur monetären Sozialisation: „Man sollte viel viel sorgsamer umgehen und sich dessen bewußt sein und das halt auch schon Kindern vermitteln, weil da fruchtet es und da hält es auch am besten." Ohne diese ökologische Einbettung will Herr Schäffer (*1971) konsumtiv mäßigen und erreichen, „daß man das halt vernünftig ausgibt und nicht sämtlichen unnützen

Kram [kauft], den es ja an jeder Ecke gibt [...], solche Sachen, die viel Geld kosten und nix wert sind." Ganz auf dieser Linie ist sich Frau Zubke (*1972) sicher, „daß man Kindern vermitteln kann, ob sich eine Sache lohnt zu kaufen oder nicht. Ich denke jetzt nicht daran, ob sie jetzt ein Bonbon oder so was kaufen wollen, sondern irgendwie so was, was einfach gerade in der Mode ist."

Insgesamt entwickelt sich die monetäre Sozialisation, eine wichtige Produktionsstätte für den Sozialcharakter der Zukunft, äußerst spannungsreich. Der *Monetarisierungsgrad* der Kindheit, dessen extremer Anstieg zwischen G1 und G3 aufgezeigt werden konnte, dürfte bei den jüngeren Angehörigen dieser Generation und bei den Folgegenerationen noch einmal gewachsen sein. In der Beziehung der G3 zu den Kindern von morgen, seien es eigene oder fremde, löst sich der *Normenhaushalt* der Altvorderen weitgehend und in den verschiedensten Hinsichten auf. Die monolithische *Homogenität*, die bei G0/G1 Klassen- und Schichtgrenzen überspannt und in den Elternhäusern für identische sozialisatorische Botschaften der Väter und Mütter gesorgt hatte, existiert nicht mehr und wird nicht wiederkommen. Die *Rigidität* der monetären Normen im engeren Sinne lockert sich: Das im Über-Ich verankerte Verschuldungstabu weicht einer pragmatischen Toleranz, und das Spargebot schwächt sich zum Geheiß umsichtiger Lebensführung, manchmal auch zum Vorschlag oder zur bloßen Anregung ab. Die starke *Reglementierung* im Bereich der Umgangsnormen tendiert zum Verschwinden. Was früher Grundsatzfrage war, ist zur Ermessensfrage geworden, optional.

Die *monetäre Symbolik* auf den Geldscheinen und Münzen, aufgrund der Massenhaftigkeit der Stückzahlen und der Händewechsel wesentliche Formkraft kollektiver Identitäten, hat sich nach zwei Richtungen aufgelöst: während die europäische Einheitswährung die meisten nationalen Symbole ausgelöscht hat, rückt die Elektronisierung der Zahlungen dieser uralten Dimension von Geld existenziell zu Leibe. Ob und inwieweit mit der Symbolik des Euro Gegentendenzen auf den Plan getreten sind, erscheint momentan als offene Frage.

Die aufgezeigte Konstellation bedeutet mitnichten, daß sich die monetäre Sphäre normativ entleert hat und weiter ausdünnt. Ganz im Gegenteil haben sich gerade im Zentrum des Materiellen postmaterialistische Werte eingenistet, die ausdrücklich gegen das Geld als Gott unserer Zeit in Position gebracht werden. Keinesfalls wird G3 in der Elternrolle einem ungezügelten Hedonismus das Wort reden. Es hat sich sogar gezeigt, daß das Pendel bei einem Teil der G3 zurückschwingt.

Zudem sind immer wieder Tradierungsbrücken in den Blick getreten, die bis zum Extrem vollständiger Identität reichen und die Vergangenheit mit der Zukunft verbinden: „Also ich würde es praktisch genauso weitergeben, wie es [...] meine Eltern mit mir gemacht haben. Genauso würde ich das machen." (Herr Wellstein, *1965) „Ich glaube, man gibt eigentlich seine Erziehung fast so weiter." (Herr Pohl, *1951) Parallel dazu hat sich aber das frühere Gewicht der Eltern bei der monetären Sozialisation, das fast ans Monopol herangereicht hatte, ein wenig abgeschwächt. Andere Mitwirkende sind hinzugetreten – eine Tendenz, die sich bei G4 ohne Frage verstärken wird.

Es ist kein Zufall, daß G3 beim Nachdenken über die monetäre Sozialisation von G4 und folgende Generationen vermehrt die Hinführung zur und die Vermittlung von Haltungen gegenüber der monetären Sphäre einbezieht. Die Antwort von Frau Pochadt (*1957) auf die Frage, ob man Kindern im Umgang mit Geld „Prinzipien oder gewisse Grundsätze vermitteln" solle, ist hierfür informativ: „Gerade in der jetzigen Zeit, denke ich mal! Ich hatte ja erzählt, meine Eltern haben uns weniger Grundsätze vermittelt, da gab es ja auch nicht so viel. Aber wenn ich jetzt an meinen Sohn denke." Mit gewachsenem Monetarisierungsgrad des Lebens und speziell der Kindheit bei sprunghaft gestiegener Komplexität der monetären Sphäre ist das Thema als solches zunächst einmal wichtiger geworden. Im dritten Jahrtausend gerät die monetäre Sozialisation aber in eine Aporie, die sich bereits im vorigen Jahrhundert vorstrukturiert hat. Die vorn dargestellten entwicklungspsychologischen Möglichkeiten und Grenzen beim Verstehen monetärer Vorgänge (siehe 4.3) sind mehr oder minder konstant und begleiten die Zeitachse als eine *Schar von Parallelen*, die für jede neue Generation gültig bleiben. Die sozialcharakterologischen Festlegungen und die monetären Wissensstände sind *intragenerativ* relativ starr, während sich beides – wie gezeigt – *intergenerativ* stark verändert. Die globalen monetären Tendenzen (siehe 3.1, 14, 15) folgen hingegen Mustern von *(exponentiellem) Anstieg*, so daß sie die entwicklungspsychologischen Konstanten gewissermaßen von unten durchstoßen und oberhalb davon Räume von sozialisatorischen Defiziten begründen. Extrem zugespitzt kann man sagen, daß der Bedarf an monetärer Sozialisation quantitativ und vor allem qualitativ steigt, während die Möglichkeiten der Elternhäuser relativ dazu sinken. Die in der menschlichen Natur begründeten *Verständlichkeitsdefizite* der Kinder und Jugendlichen gehen einher mit *Verständnisdefiziten* der familialen Sozialisationsagenten – eine Konstellation mit sich verschärfender Tendenz.

Die Krisenerfahrungen in der Familiengeschichte hätten praktisch gegen den Wortlaut der Frage in die Reflexionen der G3 über die monetäre Sozialisation der G4 hineingezwungen werden müssen, was explizite kein einziges Mal geschieht. Erneut konnten aber die Wirkungen des langsamen Katalysators aufgewiesen werden.

20.2 „Big Bang" oder monetärer Frieden?

Am Ende und zur Wende des Jahrhunderts monetärer Mega-Krisen lag es nahe, sich auch empirisch der Frage anzunehmen, ob die *monetäre Zukunft* als Angst(t)raum erlebt wird oder ob nach Jahrzehnten relativer Ruhe, meist „nur" schleichender Inflation und gewissen Erfolgen im Management von Großprojekten wie der deutsch-deutschen Währungsunion und der EWU die Vision monetären Friedens Platz gegriffen hat.

Vor dem Hintergrund der deutschen Währungserfahrungen und der grundlegenden Transformation des monetären Sozialcharakters lautet die erste Frage, ob die Menschen für die Zukunft überhaupt noch einmal mit einer schweren Geldkrise rechnen. Diese Dimension ist eine *fiktive Realität*, in der man sich nur gedankenexperimentell bewegen kann; allerdings liefert die (Familien-)Geschichte hierfür vielleicht Erfahrungswerte, wohl auch Rudimente kognitiver Schemata, die bei der Navigation im Krisenszenario herangezogen werden können. Es geht hier primär um die Wirkungen des Lehrmeisters Krise und die Erkenntnisse, die das „Schul-Volk" von der „Lehr-Bank" mitgenommen hat. Würde und wie würde im Falle einer monetären Mega-Krise versucht, das Gelernte umzusetzen? Hielte man es mit der Tradition oder gäbe es das Bemühen, monetäre Fehlentscheidungen in der Familiengeschichte durch Umdenken zu vermeiden? Das Gedankenexperiment im fiktiven Krisenszenario ist zugleich die letzte „Arena" für „coping"-Prozesse i. S. von Kruedeners und Bewältigungsstrategien i. S. von Waldmann.

Im Interview wurden die Befragten per Kartenvorlage gebeten, sich mit zwei Grundstimmungen gegenüber einer Währungskrise[220] auseinanderzusetzen. Sodann wurde das Urteil zur Wahrscheinlichkeit einer solchen Krise eruiert, gefolgt von der Frage, was man in diesem Fall des Falles tun werde. Hier ist erneut (und letztmals!) das Thema aufgerufen, ob und inwiefern es zu Lernprozessen und Bewältigungsstrategien der Krisen im 20. Jahrhundert gekommen ist, die dann ggf. im 21. Jahrhundert Früchte tragen können.

20.2.1 Monetäre Mega-Krise: Naturkatastrophe oder Handlungsfeld?

Die fatalistische Meinung „A" lautete: „Gegen eine Währungskrise kann man sich nicht schützen. Für den einzelnen Menschen ist das wie eine Naturkatastrophe." Der forsche Antipode erwiderte mit Ansicht „B": „Natürlich kann man sich gegen eine Währungskrise schützen. Man muß nur überlegen und die richtigen Entscheidungen treffen." Zusätzlich wurde als Denkimpuls die Frage formuliert: „Welcher dieser Meinungen neigen Sie eher zu?" Diese Inszenierung schafft einen fiktiven Raum, der durch zwei Achsen gegliedert ist, an und zwischen denen sich die BPn bewegen konnten: eine *emotionale*, mit der man sich über die Artikulation von Angst oder Bedrückung identifizieren, von der man sich aber auch durch die Äußerung von Gelassenheit oder Souveränität distanzieren konnte. Die zweite Achse ist in einem ideellen („überlegen") und einem aktivistischen („Entscheidungen treffen") Doppelsinn auf Handeln bezogen und animiert das Individuum wiederum zu Identifikation (Betonung der eigenen Handlungsfähigkeit) oder Distanzierung (Bekundung von Hilflosigkeit). Aus dem reichhaltigen und oft sehr ausdrucksstarken Material wurde zunächst ein Kategoriensystem entwickelt, das sich auf die emotionale Achse konzentriert. Erwartungsgemäß ergeben sich starke Zusammenhänge mit der Generationszugehörigkeit, die in der folgenden Tabelle aufgezeigt werden.

---

220 Diese Meinungen wurden sinngemäß von Gesprächspartnern in der explorativen Phase geäußert.

Tab. 20.1: Grundstimmung gegenüber künftiger monetärer Mega-Krise nach Generation (N = 144; gerundete Spalten-%)

Grundstimmung	**G1**	**G2**	**G3**	**Mittelwert**
Souveränität	2	2	6	3
Gelassenheit	15	25	44	28
Gemischte Gefühle	2	21	19	14
Bedrücktheit	71	48	31	50
Angst	4	2	0	2
Residual	6	2	0	3
Summe	100	100	100	100

Souveränität wie auch Gelassenheit steigen von G1 zu G3 in genau so klaren Sprüngen an wie die Bedrücktheit und die Angst abnehmen. Drei Viertel der Ältesten sehen der Eventualität einer Mega-Krise bedrückt oder angstvoll entgegen; die Hälfte der Jüngsten ist gelassen oder gar souverän. In anderen Worten haben die Zeugen und Leidtragenden aller großen Währungsereignisse des 20. Jahrhundert am seltensten eine (gedankenexperimentelle) Verhaltenssicherheit erlangt, während die Jüngsten mit ihrem oftmals sehr begrenzten Fundus an einschlägigen Erfahrungen das fiktive Krisenszenario recht entspannt betreten. Bisher hat es jedenfalls den Anschein, daß sich zentrale Befunde zur Navigation in der *realen* Geldwelt (siehe 11) im *gedankenexperimentellen* Krisenmanagement wiederholen. Das würde bedeuten, daß die Nachwirkung der Hyperinflation über Generationen in ganz spezifischer Weise eingetreten wäre: als fortwirkender und niemals wirklich durchdrungener Schock in der *Generation der Betroffenen* bei langsam fortschreitenden *intergenerativen Lernprozessen.* So gesehen würde sich die vorn entwickelte These von der langsamen katalytischen Wirkung von Währungskrisen und der Generation als Maßeinheit der Belehrung bis in die Zukunft verlängern.

Bevor weitere Zusammenhänge analysiert werden, ist der Charakter des qualitativen Materials durch eine nicht zu kleine Auswahl an Belegen zu verdeutlichen. Sie verfolgt primär das Ziel, die Logik der Klassifizierung, das Innenleben der Kategorien und ihre definitorischen Grenzen deutlich zu machen; dabei soll auch die Praxis der Kodierung transparent werden. Zugleich entsteht ein *holistischer Unterbau,* der später einige interessante und für die Prüfung der angedeuteten Hypothesen wichtige *quantitative Zusammenhänge* tragen soll.

Zunächst sei das vertikale Spektrum zwischen „Angst" und „Souveränität" durch Blicke auf die Extreme illustriert. Frau Pietsch (*1913), zur Zeit der Hyperinflation ein kleines Mädchen, schließt sich vorbehaltlos und voller *Angst* der fatalistischen

Meinung zur Währungskrise an: „Denn gegen die beiden, die ich mitgemacht habe, konnte man sich nicht schützen. Das war doch unmöglich, daß der einzelne sich da schützen konnte. (X) Das waren Naturkatastrophen durch die Kriege, oder Folgen durch die Kriege." Mit Blick auf die heutige Situation fährt sie unmittelbar fort: „Denn wenn ich die ganze Entwicklung sehe, würde ich Angst davor haben. Ja, ich würde Angst davor haben, kann ich Ihnen ehrlich sagen, ich würde Angst davor haben." Frau Sittler (*1936) gibt die Frage, was sie im Fall einer Krise tun würde, zunächst zurück: „Und wissen Sie vorher die richtige Entscheidung? Also ich würde mich hier, das wäre wie eine Naturkatastrophe. (X) Man weiß ja nicht, was von oben runterkommt, das ist wie eine, ja die Naturkatastrophe charakterisiert das richtig. Man muß nur überlegen und die richtige Entscheidung treffen, ich meine, das kann man nicht, das kann man eigentlich nicht, man weiß nicht, wie sich das alles entwickelt, das ist undenkbar."

Die *Bedrücktheit* von Frau Menne (*1911) hat dieselben Quellen, ist jedoch deutlich moderater. „Sehen Sie mal, wie können Sie sich davor nur schützen? Können sich doch eigentlich gar nicht davor schützen, wenn der Staat herkommt und sagt, so Euer Geld ist soviel weniger wert oder Ihr, es gibt wieder eine ... Was können Sie denn dagegen machen? Gucken Sie, ist doch in '23 da war futsch, wars Geld weg. In '48 husch wars Geld weg, was soll man dagegen machen? Gar nichts." Bedrückten, in ein dichotomisches Gesellschaftsbild eingebetteten Fatalismus äußert auch Herr Pohl senior (*1905): „Was unsere Meinung und unserer Bereich ist, können wir da nichts gegen machen. Da sind wir zu, zu winzig gegen, daß wir da irgendwie was Entscheidendes finden können und treffen können, da sind wir viel zu klein zu. Und es ist immer so, die Großen läßt man laufen und die Kleinen hängt man auf. So ist es auch hier. Diejenigen, die mit Milliarden Dollar Geschäfte machen, Waffenkäufe und alles mögliche, gegen die tut kein Mensch was. Die gehen immer wieder frei raus. Und diese kleinen Mitläufer, die müssen darunter leiden. Und so wird es auch ewig bleiben. Das ist nicht nur jetzt, sondern das wird auch in Zukunft so sein."

Zwischen den angstvollen und bedrückten Vertretern der fatalistischen Meinung A und der *Souveränität,* mit der Herr Haase junior (*1959) der aktivistischen Meinung B zustimmt, liegen Welten: „Ja, man kann sich schützen, indem man die richtigen Entscheidungen trifft und sich nicht von einer einzigen Anlageform oder von einer einzigen Entscheidung abhängig macht, daß man plötzlich sein ganzes Geld verlieren kann. Und dann kann man schon selber entscheiden, ob man das Risiko verteilen kann. Da ist man nicht machtlos." Souveränität spiegelt auch der Kommentar von Herrn Behr (*1974), der zusätzlich von den traditionellen Vorteilen des primären Sektors profitiert: „wenn ich jetzt ein Stückchen Land besitze, das gehört mir auch nach der Währungsreform noch, egal wieviel das wert ist, oder ein Haus, je nach dem. Deshalb. (X: Deshalb kann man sich eher gegen eine Währungskrise schützen?) Vielleicht der Otto Normalverbraucher nicht. Der normale Arbeitnehmer, der in der Stadt arbeitet und seine Eigentumswohnung hat, was will der machen. Aber so wie wir auf dem Land, wir können das schon ein wenig besser.

Ganz können wir uns auch nicht davor schützen, aber besser sage ich mal, weil das, was wir im Stall stehen haben, ist auch Kapital."

Die quantitativ stärker besetzten Kategorien zwischen den Extremen sind schwerer mit repräsentativen Zitaten abzudecken. Die oft langen Reflexionen, Abwägungen und Assoziationen erfordern redaktionelle Kompromisse zwischen dem Originalton und den Desideraten der Lektüre. *Gelassenheit* spricht etwa aus den Worten von Frau Pochadt (*1907), die als Ergebnis ihres Nachdenkens über die vorgelegten Karten rät, „den Besitz so verändern, daß man denkt, man hat den gleichen Wert nach der Währung." Sie teilt die Kategorie mit Frau Korte (*1954), die ihre Entscheidung für die forsche Meinung B so begründet: „Ja, wenn ich mir Eigentum anschaffe oder Haus und Land, das wird immer im Wert bleiben – oder der Wert wird immer erhalten bleiben, also kann man sich da auch schützen." Auch Herr Kröger (*1975) formuliert gelassen: „Ja, man muß sehen, wie man sein Geld anlegt. Also man sollte es nach Möglichkeit, wenn man große Geldbeträge hat, nicht einfach auf einem Konto lassen, sondern man sollte es halt in eine Immobilie oder irgendwas investieren, was nach einer Währungsumstellung immer gleich bleibt. Also ein Haus bleibt ein Haus oder irgend so was in die Richtung. Ja."

Gemischte Gefühle wurden allen attestiert, die in der einen oder anderen Form Momente beider vorgelegter Meinungen übernehmen. Für Frau Wegener (*1934) kommt es in diesem Sinne „immer darauf an, wo ich stehe. Otto Normalverbraucher kann sich gegen eine Währungskrise nicht schützen. Wenn er nichts hat, braucht er sich nicht zu schützen, aber es ist trotzdem wie eine Naturkatastrophe. Und wenn ich was habe, dann kann ich mich bedingt schützen, aber es kann trotzdem zu einer Naturkatastrophe werden. [Lacht] Man kann das nicht so pauschalisieren." Frau Pietsch medio (*1940) macht die Entscheidung für bzw. gegen jede der beiden Meinungen „von dem Ausmaß der Währungskrise" abhängig und bilanziert dann: „Ja, das ist also für mich beides nicht so, also liegt auch wieder einmal die Wahrheit in der Mitte, würde ich sagen." Genau in diesem Sinne würde auch Frau Ide (*1938) „aus beiden etwas herausnehmen! Vielleicht kann man sich schützen, indem man vernünftig überlegt und die richtigen Entscheidungen trifft. Aber im Grunde genommen glaube ich das nicht. Wenn es wirklich zu einer Katastrophe kommt, dann sind wir als einzelner ziemlich machtlos."

Die Grundstimmung gegenüber der Eventualität einer Krise ist die eine und das Urteil zu ihrer *Wahrscheinlichkeit* die andere Seite der Problematik. In der Frage der Krisenwahrscheinlichkeit gibt es erneut eindeutige, starke Zusammenhänge mit der Generationsvariablen. Ein krasser Krisen-Pessimismus kommt in der ältesten Generation doppelt so oft vor wie in der jüngsten (17% zu 8%), während sich bei den Krisen-Optimisten die konträre Verteilung ergibt: die relative Mehrheit der jüngsten Generation hält eine monetäre Mega-Krise für unwahrscheinlich oder unmöglich, was nur bei jedem Sechsten bei den Ältesten der Fall ist (38% zu 16%).

Psychisch besonders brisant ist die *Kombination* beider Aspekte: wenn Krisenpessimismus und Fatalismus zusammentreffen, ist die Konstellation ausgesprochen ungemütlich, während es sich unter der Verbindung von Optimismus und Gelassenheit recht komfortabel lebt. Dieser polarisierende Zusammenhang besteht in der Tat: die Optimisten sehen der Krise doppelt so oft entspannt entgegen wie die Pessimisten (39,5% / 22,5%) und sind etwas seltener verstört (41,9% / 57,5%).

20.2.2 Zwischen Passivität und Strategie: das Verhaltensrepertoire der Deutschen

Die Grundhaltung gegenüber einer eventuellen Mega-Krise und das Urteil zur Wahrscheinlichkeit ihres Eintretens waren um das Thema zu ergänzen, wie man sich im Falle des Falles verhalten[221] werde. Hier kann und muß sich abschließend zeigen, inwieweit aus Krisen gelernt und prospektive Verhaltenssicherheit erlangt worden ist. Das reichhaltige Material wurde nach zwei analogen, aber doch divergenten Kodierungslogiken ausgewertet: einmal als erschöpfende *Bestandsaufnahme*, die alle vorkommenden Handlungsmuster mit Mehrfachnennungen kodiert; zum anderen als soziologische Beurteilung der *Krisenadäquanz* unter dem Aspekt des strategischen Horizonts (Einfachnennung). Das Ergebnis der Bestandsaufnahme sei univariat vorgestellt, kommentiert und illustriert.

Tab. 20.2: Prospektive Handlungsmuster in eventueller Mega-Krise (Mehrfachnennungen)

Prospektive Handlungsmuster	**N**	**%**
Passivität	34	30,4
Monetärer Traditionalismus	4	3,6
Geldflucht – diffus/konsumistisch	8	7,1
(Über-)Lebenspraktische Improvisation	12	10,7
Attentismus	21	18,8
Improvisierte Bewältigungsstrategie	17	15,2
Definitive Bewältigungsstrategie	22	19,6
Definitive großräumige Ausweichstrategie	6	5,4
Offensive Nutzungsstrategie	0	0,0
Residual	2	1,8
Summe	126	112,5

221 Diese Frage wurde im Leitfaden 1 (G1 alt) nicht gestellt.

Schon auf dieser schlichten Auswertungsebene fallen einige erstaunliche Dinge auf. Die niedrige Summe (112,5%) lehrt, daß die Möglichkeit zu Mehrfachnennungen relativ selten genutzt worden ist, und deutet an, daß kaum wesensverschiedene Handlungsmuster (z. B. Improvisation *und* Strategie) genannt worden sind. Die größte Zahl der Nennungen entfällt auf die *Passivität*, die en passant durch einige Belege verdeutlicht sei. „Was soll ich da tun? Muß ich hinnehmen." (Frau Drewes, *1921) „Ja, ich glaube, man kann nicht viel tun als darauf warten, daß, wenn sie vorbei ist, das Geld vielleicht wieder irgendwann mal was wert ist, also im Prinzip abwarten." (Herr Pietsch, *1969) „Gar nichts" antwortet Herr Lange (*1912), und Frau Gerke (*1971) würde sogar ihren „Kopf in den Sand stecken."

Der theoretische Gegenpol von Passivität ist eine *offensive Nutzungsstrategie*, bei der die begriffene Mechanik der Krise interessendienlich eingesetzt würde; sie kommt im gesamten Material kein einziges Mal vor. Der faktische Gegenpol, also das weitreichendste vorkommende Muster, ist eine *definitive, großräumige Ausweichstrategie,* die nur einer kleinen Minderheit (5,4%) zu Gebote steht. Einer ihrer Repräsentanten ist Herr Raabe (*1974): „Im Falle einer ...? Über den See schwimmen und in die Schweiz gehen. (X: Auswandern?) Ja, kann sein. Erst mal abwarten und wenn alle Stricke reißen, dann ja. Ich meine, man hat ja hier Eigentum. Irgendwie versuchen, sich durchzuwurschteln. Dieses Währungsrad, nein, Inflationsrad. Daß das alles mehr oder weniger in einem Kreis abläuft. Insofern kann man davon ausgehen, daß wenn die Währungskatastrophe kommt, daß es dann wieder aufwärts geht. Fragt sich nur, ob man so lange durchhalten kann. Ich würde wohl erst mal abwarten und wenn alle Stricke reißen – rüber. Und vorher versuchen, sich vor einer Währungskatastrophe möglichst gut abzusichern."[222] Etwa ein Viertel der Befragten würde mit definitiven, also nicht erst in der Situation improvisierten Strategien in das Krisenszenario gehen, wobei der Löwenanteil (19,6%) der internen *Bewältigung* diente. Jeder Siebente würde erst in der Krise selbst eine *improvisierte Bewältigungsstrategie* (15,2%) zu entwickeln versuchen.

Nach den Extremen sind nunmehr auch die Kategorien dazwischen mit ausgewählten Zitaten zu verdeutlichen. Die *(über-)lebenspraktische Improvisation* steht recht nahe bei der Passivität und ist bar jeder belehrten Reflexion auf monetäre Krisen. Das zeigt sich sehr klar an der Antwort von Frau Ide (*1938) auf die Frage, was sie in einer Krise tun würde: „Hoffen, daß ich meinen Arbeitsplatz behalte, meinen Garten vielleicht umfunktionieren in ein Gemüsebeet. [Lacht] Ja, kann man wahrscheinlich wenig tun." Frau Sittler (*1911) ist vollständig auf Naturalien festgelegt: „So viele Nahrungsmittel wie möglich einhamstern und einfrieren und und und. (X:Vorräte anlegen?) Nur! Gehungert haben wir genug." „Einschränken" wäre die Devise von Herrn Sauters (*1955): „Also, ich würde so lange wie möglich damit warten, sagen wir mal, mein Tätigkeitsfeld zu wechseln. Da würde ich mich

---

222 An diesem Beispiel lassen sich die beiden Kodierungslogiken gut verdeutlichen. In der *Bestandsaufnahme* mit den Mehrfachnennungen erhält Herr Raabe vier Codes: (Über-)Lebenspraktische Improvisation, Attentismus, definitive Bewältigungsstrategie und definitive großräumige Ausweichstrategie; beim weitreichendsten Handlungsmuster mit der Einfachnennung nur letztere.

erst mal in allem einschränken und erst mal weitermachen. So Vorräte schaffen, und ich kann das sicherlich eine ganze Zeit durchhalten. [Lacht]" Frau Ungerer (*1916) setzt sich richtiggehend von monetären Strategieüberlegungen ab und verortet sich fest in der Lebenspraxis: „Na ja, ich würde überlegen, ob ich noch etwas notwendig brauchte. Das würde ich dann vielleicht auch kaufen. Aber ich würde nichts kaufen, nur um Geld anzulegen."

Während die lebenspraktische Improvisation geldlos oder zumindest geldindifferent operiert, ist das Handlungsmuster *Geldflucht* natürlich in der monetären Sphäre angesiedelt; gemeinsam ist beiden das eher Spontane und wenig Strategische, was etwa die lapidare Antwort von Frau Bruns (*1911) zeigt: „Nicht sparen". Bei Frau Zubke (*1948) wird die Substanz dieses Handlungsmusters vollständig klar: „Ich würde all mein Geld nehmen und würde mir da irgendwas für kaufen, wo ich was besitze halt, eine neue Küche oder einen Schrank oder was auch immer, was ich für mein Geld eben kriege, fertig, aus. Ich würde es ausgeben."

Auch der nahezu ausgestorbene *monetäre Traditionalismus*[223] ist frei von krisenverarbeitenden Reflexionen. Im Sinne dieses Musters würde Herr Hagenberg (*1939) „versuchen, noch mehr Rücklagen zu schaffen". Umgekehrt in der Richtung, aber genau so traditionell, würde Frau Lehmann (*1969) „erstmal versuchen, das Geld, was ich angelegt habe, in Sicherheit zu kriegen, also mir auszahlen zu lassen, soweit das eben noch geht. ... Ja, also alles zu tun, damit öffentlich keiner rankommt an mein Geld, daß ich es im Privatbesitz habe."

Dem *Attentismus*, in der jüngsten Generation das häufigste Handlungsmuster, fehlt der resigniert-fatalistische Beiklang. Man ist zwar nicht wirklich vorbereitet, hat auch keine Strategien im Repertoire, sieht der Eventualität einer Mega-Krise jedoch gleichwohl so gelassen entgegen wie z. B. Frau Pochadt (*1957) mit ihrem Verweis auf die deutsch-deutsche Währungsunion: „Nein. (X: Wissen Sie nicht?) Nein, weil ich so etwas noch nicht erlebt habe, deswegen kann ich dazu nichts sagen. Die Umstellung der D-Mark war keine Währungskrise für mich. Deswegen, und das andere habe ich nicht erlebt. Keine Ahnung, wie ich da reagieren soll. Also ich würde da nicht auf die Bank rennen und mein Geld reinholen, nein, weiß ich nicht. Weiß ich nicht. Erstmal auf mich zukommenlassen, erstmal abwarten, was dann passiert." Eine typische Attentistin ist auch Frau Söder (*1968): „Nichts Vorausgeplantes. Was da in der Situation eben – was mir dann am besten erscheint." Herr Bruns (*1966) schließlich plädiert für „Abwarten und Tee trinken".

Jenseits des Attentismus beginnt das Reich der *Strategien*, das sich bezüglich der Reichweite noch einmal nach dem Grad der Ausarbeitung (improvisiert/definitiv) und dem Typus (bewältigen/ausweichen/nutzen) untergliedert. Genauer werden sich diese Unterschiede durch Auszüge aus dem Material erklären. Noch recht nahe am Attentismus ist die *improvisierte Bewältigungsstrategie* von Herrn Flebbe (*1964): „Ja, ich würde versuchen, mein Geld irgendwie in wertbeständige Güter anzulegen. Gold oder so vielleicht. [Lacht heftig] Keine Ahnung. Dann würde ich mir Gedanken machen, dann ja." Auf Bewältigungs*strategie* wurde erkannt, weil Herr

223 Die Kategorie spielt auf das psychomonetäre Porträt der Rose Markwart an (siehe 6.5).

Flebbe bei aller Vorläufigkeit und Unverbindlichkeit doch in Richtungen denkt, die auch der krisenverarbeitende homo oeconomicus einschlagen würde. Das ist auch bei der lakonischen Devise von Frau Negel (*1938) der Fall: „Also, nichts verkaufen!"

Die *definitive Bewältigungsstrategie* ist daher auch nicht im inhaltlichen Kern anders, sondern nur im Grad der Vorbereitung. Dieser ist bei Herrn Ungerer (*1949) so hoch, daß er die Frage nach seinen Aktivitäten im Falle einer Krise so beantworten kann: „Wahrscheinlich relativ wenig, weil ich von vornherein damit rechne oder ständig mich so verhalte, daß ich gegen eine Inflation weitgehend geschützt bin." Eine solche permanente Krisenverarbeitung ist jedoch die absolute Ausnahme. In der Regel würde die Bewältigungsstrategie, wie bei Frau Sauters (*1926), erst beim Erkennen der monetären Krise eingeschlagen: „Falls ich Spargeld habe, dann würde ich das erst mal anders anlegen, würde ich Sachwerte kaufen. Ja, das meine ich, was man machen kann." Definitiv argumentiert auch Herr Tappe (*1967): „Wenn ich Geld habe, dann Grundstücke oder Sachwerte kaufen. Aktien, das ist so eine Sache. Immobilien, das ist das einzig Wahre, das einzige, wo man was anlegen kann. Eine Inflation beschränkt sich ja nicht bloß auf Deutschland oder Europa, da ist die ganze Welt betroffen, auch der Dollar, da kann man nichts machen."

Weiter vorn ist bereits ein Vertreter einer *großräumigen Ausweichstrategie*, zu Wort gekommen, um die Logik der Kodierung zu erläutern; auch dieses Handlungsmuster ist nunmehr in seinen Varianten darzustellen. Herrn Tiemeyer (*1973) stünde ohne weiteres eine avancierte Strategie zu Gebote: „Ich glaube, ich würde versuchen, das Land zu verlassen und mich in einer anderen Volkswirtschaft ansiedeln, vielleicht Amerika." Frau Lange (*1965) bewegt sich ähnlich souverän im fiktiven Krisenszenario: „ich denke mal, daß ich gucken würde, daß ich möglichst Kapital krisensicher anlegen würde. Es kommt halt drauf an, inwieweit jetzt diese Währungskrise ringsum alles erfaßt, man kann ja immer sein Geld ins Ausland bringen. Man kann sich Immobilien anschaffen, man kann, was weiß ich, irgendwas kaufen, Kunstgegenstände oder so, krisensicher halt irgendwas. Das würde ich sicherlich tun." Mit einem ähnlichen Horizont operiert Frau Möller (*1963): „[Lacht] Flüchten. Ja gut, wahrscheinlich ist jede Antwort: Erstmal flüchten aus der Währung hinaus in andere Währungen hinein, soweit es denn überhaupt noch möglich ist; wenn es schon alles absehbar ist, dann kann man so was machen. Oder halt in Wertbeständigkeiten investieren, was weiß ich jetzt, entweder in Gold, in Grundstücke, in Immobilien oder halt in etwas investieren, was eben Wert behält, währungsunabhängig Wert behält. Ja, wenn gar nichts mehr geht, auswandern, da ich ja nicht heimatbeständig bin, ja das war jetzt nicht so ernst gemeint."

20.2.3 Monetäre Angst(t)räume

Schon die bislang gefertigte Skizze rechtfertigt die weitreichende Hypothese, daß der Lehrmeister Krise auch in dieser neuen und letzten Dimension weder umfassend noch radikal konsultiert worden ist. Wie sich das generationsspezifisch ausprägt, zeigt die folgende Abbildung.[224]

Abb. 13: Weitreichendstes prospektives Handlungsmuster in eventueller Megakrise nach Generation (aggregierte Version, N = 112; Spalten-%)[225]

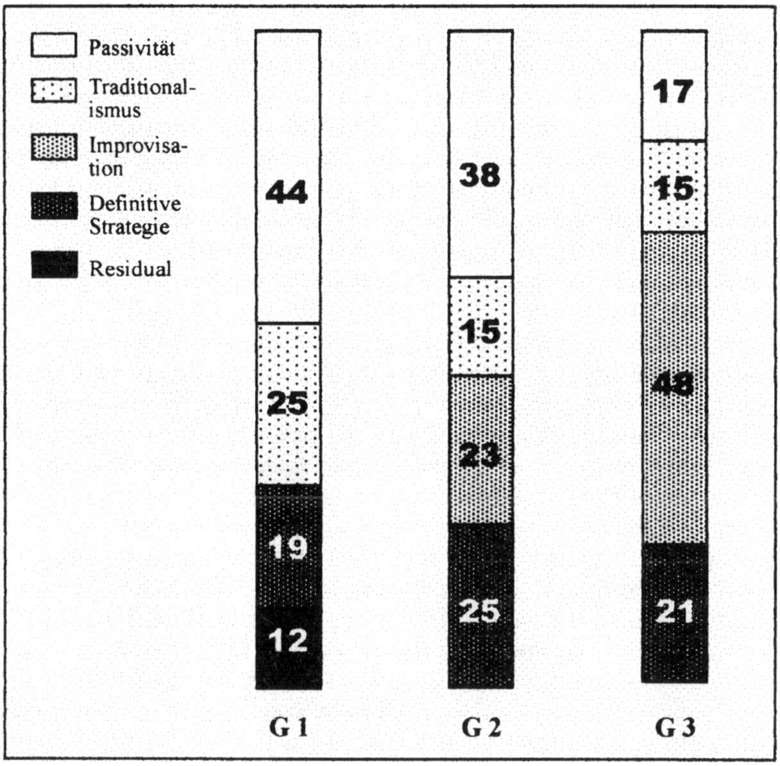

224 Es sei noch einmal daran erinnert, daß nur die Jüngeren innerhalb von G1 zu diesem Thema befragt werden konnten.

225 Die Überführung der Kategorien aus Tab. 20.2 in die folgende aggregierte Version, in der jeweils das weitreichendste Handlungsmuster benannt wird, sei kurz dargestellt. Die Kategorie „Passivität" bleibt identisch; „Traditionalismus" umfaßt die Kategorien des monetären Traditionalismus sowie der Geldflucht bis hin zu diffusen und konsumistischen Verhaltensweisen. Mit „Improvisation" ist der Bereich von der lebenspraktischen Improvisation über den Attentismus bis hin zu den improvisierten Bewältigungsstrategien angesprochen, während unter „Definitiver Strategie" sowohl die definitiven Bewältigungsstrategien als auch die definitiven großräumigen Ausweichstrategien zu verstehen sind.

Es sind ungewöhnlich klare, dichte Zusammenhänge zu erkennen, die zunächst auf das Äußerste komprimiert seien: Je älter die Befragten sind, desto passiver und schlechter gerüstet stehen sie der Eventualität einer monetären Mega-Krise gegenüber; die Jüngsten sind nicht nur aktiver, sondern verfügen in Teilen auch über ein ausgefeiltes strategisches Verhaltensrepertoire. innerhalb dieses Bildes sind die folgenden Einzeltendenzen hervorzuheben. Bei den Ältesten wären zwei von fünf passiv (43,8%), und nur einer von fünf hätte eine strategische Handlungsoption in petto (18,8%). Bei den Jüngsten ist es genau umgekehrt: nur jeder sechste (16,7%) bliebe in einer Krise passiv. Bei den definitiven Strategien unterscheiden sich die Jüngsten kaum von den Vorfahren, aber jeder zweite (47,9%) traut sich zu, im Fall der Fälle interessendienlich zu improvisieren – eine Zuversicht, die es in G1 einfach nicht gibt.

Einige weitere Tendenzen, die interessant und wichtig, aber nicht unbedingt überraschend sind, seien im Telegrammstil vorgestellt. Der *sozialökonomische Status* wirkt sich nur dahingehend aus, daß die Selbständigen erheblich häufiger eine definitive Strategie in petto haben als die abhängig Beschäftigten. Beim *Bildungsstand* gilt die Gleichung: je länger in der Schule und ggf. Hochschule, desto besser die intellektuelle Ausstattung mit Anti-Krisen-Strategien; ansonsten sind die Werte unauffällig. Die eigentlichen Überraschungen sind die Befunde im Zusammenhang mit der Krisenbiographie und dem Sozialcharakter.

Durch das Studium der *krisenbiographischen Besonderheiten* festigen sich Eindrücke und Hypothesen, die weiter vorn entwickelt und dargestellt worden sind. (Siehe 20.2.1) Die BPn mit Opfer-Biographien präsentieren ein eigentümliches Spannungsverhältnis: Sie sind seltener als alle anderen Pessimisten, die eine erneute Mega-Krise für sicher oder wahrscheinlich halten *und* werden häufiger als alle anderen von Angst oder Bedrücktheit geplagt; *zusätzlich* verfügen sie am seltensten über gedankliche Strategien. Diese Konstellation, die auf eine „Vogel-Strauß-Komponente" hindeuten könnte, ist jedoch nicht sonderlich scharf ausgeprägt und wird daher nur in aller Vorsicht angedeutet.

Markant, konsistent und kräftig sind demgegenüber die Zusammenhänge mit dem Sozialcharakter. Die Puritaner sind halb so oft Krisenpessimisten wie die Hedonisten, die in dieser Frage die skeptischste Fraktion sind (24,4 / 52,4%). Zwei von drei Puritanern werden von Bedrücktheit geplagt, was bei den Hedonisten deutlich seltener vorkommt (66,6% / 38,1%); umgekehrt steht fast die Hälfte der Hedonisten, aber nur ein Fünftel der Puritaner der eventuellen Mega-Krise entspannt gegenüber. Um Paretos schönes Bild vom furchtsamen Sparer analog anzuwenden: man sieht den Puritaner geradezu geduckt in der Furche liegen. (Siehe 4.1) Unter dem Blickwinkel des strategischen Horizonts konsolidiert sich dieses Ergebnis: jeder vierte Puritaner, aber nur jeder siebente Hedonist wäre im Fall der Fälle passiv (24,4% / 14,3%); die Hedonisten könnten der Krise doppelt so oft strategisch begegnen wie die Puritaner (42,8% / 21,8%). Aus einem anderen Blickwinkel erhärten sich diese Resultate weiter: bei den Pessimisten verfügt jeder Zehnte (10,0%), bei den Optimisten aber jeder Vierte (25,6%) über eine definitive Bewältigungsstrategie; jeder dritte Pessimist (33,3%), aber nur jeder fünfte Optimist (21,2%) bliebe beim Hereinbrechen einer Währungskrise passiv.

Doch auch die internen Zusammenhänge zwischen den Variablen des krisenhaften Gedankenexperiments sind eindrucksvoll und wichtig. So korreliert das Urteil zur Krisenwahrscheinlichkeit in bedrückender Signifikanz mit dem prospektiven Handlungsmuster; dieser spannende Zusammenhang kann nur für einen Teil der Ältesten (ohne G1 alt) gerechnet werden, so daß die Werte nur vorsichtig zur Kenntnis genommen werden sollten. Die Pessimisten wären in einer Währungskrise fast doppelt so oft passiv wie die Optimisten (34,4% / 18,4%) und hätten nur knapp halb so oft eine definitive Strategie im Arsenal (12,5% / 28,9%). Wir stoßen auf eine scharfe Polarisierung: das Matthäus-Prinzip begegnet gewissermaßen seiner Kehrseite. Wer zuversichtlich ist, hat ein besseres Anti-Krisen-Arsenal als der Furchtsame, der die beängstigende Situation noch dazu als aussichtslos empfindet. Für einen beträchtlichen Teil der Deutschen wäre, eine gewisse Repräsentativität der Ergebnisse vorausgesetzt, die monetäre Zukunft ein Angst(t)raum.

Vergleicht man die gedankenexperimentelle Navigation in einem fiktiven Krisenszenario mit dem realen Verhalten in den monetären Großereignissen des 20. Jahrhundert, so hat die strategische Komponente im Bewußtsein der Menschen deutlich zugenommen. Ob man sie deshalb als „stark“ bezeichnen sollte, steht angesichts der ähnlich verbreiteten Passivität (22,9%) in einer eventuellen Krise auf einem anderen Blatt. Sicher ist demgegenüber der schillernde Befund, daß die erfahrenen Zeitzeugen weniger Anteil an dieser Tendenz haben als die unerfahrenen Jungen. Der aufgezeigte Wandel *zwischen* den Generationen hat sich *innerhalb* der jüngsten Generation noch einmal dramatisch beschleunigt. Zwischen den beiden *jüngsten Jahrzehnten* unserer BPn (*1960-69 zu 1970-79) hat es kaum vorstellbare Umbrüche gegeben: die entspannte Grundstimmung gegenüber einer eventuellen monetären Mega-Krise hat sich in dieser kurzen Zeit fast verdoppelt (von 37% auf 66,7%), während die Bedrücktheit minoritär geworden ist (von 44,4% auf 13,3%). Über das Jahrhundert betrachtet ist jedoch selbst dieser Umbruch bescheiden: denn verstört (= Angst + Bedrücktheit) ist in den beiden *ältesten Jahrgangsjahrzehnten* des 20. Jahrhundert[226] eine sehr starke Mehrheit (*1900-09: 75,9%; 1910-19: 75%). In der Kreuztabelle stellt sich diese Dynamik nicht nur numerisch, sondern fast schon graphisch dar: der höchste Wert wandert von der rechten oberen Zelle über die Diagonale nach links unten. Dieser enorme Zugewinn an Souveränität hat interessanterweise nichts mit dem Urteil über die Wahrscheinlichkeit einer monetären Mega-Krise zu tun; hier schwanken die Anteile der Pessimisten, Ungewissen und Optimisten ohne erkennbare Regelmäßigkeit zwischen den Alters-Jahrzehnten.

226 Vor 1900 sind nur drei BPn geboren, weshalb dieses Jahrzehnt außer Betracht bleibt. Die übrigen verglichenen Jahrzehnte sind demgegenüber gut besetzt: 1900 ff. mit N = 29, 1910 ff. mit N = 16, 1960 ff. mit N = 27, 1970 ff. mit N = 15.

Der Lehrmeister Währungskrise hat die Deutschen auf zwei grundverschiedene Arten erreicht. Die Betroffenen und Erfahrenen sind schockiert und dermaßen traumatisiert worden, daß sie nur ganz ausnahmsweise zu einer kognitiven Verarbeitung des Geschehens vorgedrungen sind. Vor dem Hintergrund der insgesamt vorgelegten Ergebnisse rechtfertigt dieser Befund wohl die weitreichende Schlußfolgerung, daß Menschen, die im Hinblick auf Währungskrisen – real wie im fiktiven Szenario – keine Abwehrreaktionen haben, aus eigener reflexiver Kraft auch keine erwerben können.

Die angstvollsten und die wütendsten Gefühlsäußerungen zur EWU wie zur Eventualität einer Mega-Krise in der Zukunft haben zwischen den Zeilen einen grundlegenden Sachverhalt angedeutet, der nunmehr genauer entfaltet werden kann. In den massiven Ausdrücken von Zorn/Wut und Furcht/Angst wird ein fundamentales emotionspsychologisches Dilemma deutlich. Einerseits wird erneut klar, daß Geld für die Identität des Menschen eine überragende Rolle spielt. Andererseits zeigt sich, daß Verstörte tendenziell in diesem Zustand verharren und ihr Verhalten in der Krise mit hoher Wahrscheinlichkeit immer wieder nachteilig und widersprüchlich zu den Strategien des homo oeconomicus sein wird. Diese weitreichende Bemerkung sei mit einem aussagestarken Beispiel aus der Emotionspsychologie verdeutlicht (Krech/Crutchfield u. a. 1985: 60). Darin taucht ein Bär auf („Reizereignis"), der als Gefahr erkannt wird („Kognition") und Furcht erregt („Gefühl"), so daß es zur Flucht kommt („Verhalten"), wodurch die Gefahr gebannt ist („Wirkung"). Mit diesem angeborenen oder erlernten Verhaltensrepertoire ist eine Währungskrise nicht nur nicht zu bewältigen, sondern das zuvor Bewährte schlägt qualitativ um und wird potenziertes Versagen. Erfolgsrezepte bewirken Scheitern. An der literarischen Figur der Rose Markwart (Brandt 1991) und ihrem psychomonetären Porträt (siehe 6.5) ist diese Konstellation herauspräpariert worden. Auch Benjamins Metaphern zur Hyperinflation der zwanziger Jahre (1972: 94ff.) lesen sich im Lichte dieser Interpretation mit neuen Augen. „Die Volksgemeinschaften Mitteleuropas leben wie Einwohner einer rings umzingelten Stadt, denen Lebensmittel und Pulver ausgehen und für die Rettung menschlichem Ermessen nach kaum zu erwarten. Ein Fall, in dem Übergabe, vielleicht auf Gnade oder Ungnade, aufs ernsthafteste erwogen werden müßte. Aber die stumme, unsichtbare Macht, welcher Mitteleuropa sich gegenüber fühlt, verhandelt nicht." (Benjamin 1972: 94) „Wo der dunkle Trieb des Tieres [...] aus der nahenden Gefahr, die noch unsichtbar scheint, den Ausgang findet, da verfällt diese Gesellschaft, deren jeder sein eigenes niederes Wohl allein im Auge hat, mit tierischer Dumpfheit, aber ohne das dumpfe Wissen der Tiere, als eine blinde Masse jeder, auch der nächstliegenden Gefahr, und die Verschiedenheit individueller Ziele wird belanglos vor der Identität der bestimmenden Kräfte. Wieder und wieder hat es sich gezeigt, daß ihr Hangen am gewohnten, nun längst schon verlorenen Leben so starr ist, daß es die eigentlich menschliche Anwendung des Intellekts, Voraussicht, selbst in der drastischen Gefahr vereitelt." (Benjamin 1972: 94f.) Benjamin für die *Beschreibung* des hier interessierenden Dilemmas heran zu ziehen impliziert Verwerfen seiner Fortsetzung, daß „das Bild der Dummheit sich vollendet." (1972: 95)

„Coping"-Prozesse und Lernprozesse finden deshalb *in* der Währungskrise kaum statt (siehe 6.1.1) und bleiben auf einen kleinen Kreis beschränkt. Doch auch *danach* sind sie eher die Ausnahme als die Regel (siehe 10.2); oftmals bleiben sie ganz aus. Bewältigungsstrategien sind naturgemäß erst möglich, wenn Lernprozesse absolviert worden sind. So verharren die meist puritanischen Opfer in der schlimmsten aller vorstellbaren Konstellationen: sie haben die größte Angst vor dem „Big Bang", rechnen am stärksten damit und sind am hilflosesten.

Der Lehrmeister Währungskrise hat viele unterrichtet – nur nicht die Opfer.

Auf die Jüngeren als *Generation* hat der langsame Katalysator sowohl intellektuell als auch psychisch gewirkt, hat sie sowohl kenntnisreicher als auch gelassener gemacht. Was davon speziell die Krisenerfahrungen bewirkt haben und was auf andere Lern- und Ausbildungsprozesse zurückgeht, läßt sich allerdings nicht reinlich scheiden. Die mentale Transformation in hedonistische Rationalisierungen und pragmatische Orientierungen ist auf jeden Fall ein Reflex der Währungskrisen-Ereignisse des 20. Jahrhunderts. Ob jedoch die so souverän vorgetragenen strategischen Überlegungen in einer wirklichen Krise auch umgesetzt würden, steht auf einem anderen Blatt. Die unerfahrenen „Verbal-Strategen" müssen nicht per se gegen die „Bären-Reaktion" gefeit sein. Sicher ist demgegenüber, daß größere monetäre Turbulenzen gerade die Opfer weiter dezimieren, die ohnehin durch die kleinen kumulativen Effekte der säkularen Inflation Jahr für Jahr geschwächt werden.

Nicht nur der Sozialcharakter der Deutschen hat sich gewandelt; auch Währungskrisen nehmen eine neue Gestalt an. Die mentale Transformation führt dazu, daß die „alten" Währungskrisen vom Typus der offenen und zurückgestauten Inflation in der westlichen Hemisphäre ihre Erfolgsaussichten einbüßen. Die Währungskrisen neuen Typs werden durch globalisierte Finanzmärkte und deren irrationalen Überschwang herbei geführt. Sie sind passgenau auf den pragmatischen Sozialcharakter zugeschnitten, der zur Zukunft ein rein kalkulatorisches Verhältnis besitzt, situativ handelt und sich gerne von optimistischen Experten überzeugen läßt.

Die monetären Turbulenzen nehmen zu – und die mentale Transformation setzt sich beschleunigt fort.

21. Literaturverzeichnis

Abelshauser, Werner (1981): Verelendung der Handarbeiter? Zur sozialen Lage der deutschen Arbeiter in der großen Inflation der frühen zwanziger Jahre, in: Hans Mommsen / Winfried Schulze (Hrsg.), Vom Elend der Handarbeit. Probleme historischer Unterschichtenforschung. Stuttgart, S. 445-476.

Alheit, Peter (1994): Das narrative Interview. Eine Einführung, in: Volksenpaedagogisk Teorieudvikling, Arbejdstekster Nr. 11, Roskilde, S. 1-12.

Altvater, Elmar (1991): Ist das Wirtschaftswunder wiederholbar? Ein Leistungsvergleich zwischen Währungsreform 1948 und Währungsunion 1990, in: Blätter für deutsche und internationale Politik 36, S. 695-707.

Altvater, Elmar (1999): Wirtschaftspolitik im Globalisierungstrilemma, in: Blätter für deutsche und internationale Politik 44, S. 1074-1082.

Andersen, Arne (1999): Der Traum vom guten Leben. Alltags- und Konsumgeschichte vom Wirtschaftswunder bis heute. Frankfurt a. M. / New York.

Autorenkollektiv (1969): Politische Ökonomie des Sozialismus und ihre Anwendung in der DDR. Berlin.

Autorenkollektiv (1973): Geschichte der politischen Ökonomie des Sozialismus. Berlin.

Autorenkollektiv (1978): Das sozialistische Finanzwesen der DDR. Fachschullehrbuch. Berlin.

Bahrdt, Hans Paul (1984): Schlüsselbegriffe der Soziologie. Eine Einführung mit Lehrbeispielen. München.

Bamberger, Ludwig (1876): Reichsgold. Studien über Währung und Wechsel. 2. Auflage. Leipzig.

Baurmann, Michael (1996): Der Markt der Tugend. Recht und Moral in der liberalen Gesellschaft. Eine soziologische Untersuchung. Tübingen.

Bausinger, Hermann (2000): Typisch deutsch: Wie deutsch sind die Deutschen. München.

Becker, Ulrich u. Horst Becker / Walter Ruhland (1992): Zwischen Angst und Aufbruch. Das Lebensgefühl der Deutschen in Ost und West nach der Wiedervereinigung. Düsseldorf.

Bell, Daniel (1991) [1976]: Die kulturellen Widersprüche des Kapitalismus. Frankfurt a. M. / New York.

Benjamin, Walter (1972) [1928]: Reise durch die deutsche Inflation, in: Ders., Einbahnstraße. Hrsg. v. Tillmann Rexroth, Gesammelte Schriften. Band IV,1. Frankfurt a. M., S. 94-101.

Berger, John (1995): Von ihrer Hände Arbeit. Eine Trilogie. München / Wien.

Berger, Peter L. u. Thomas Luckmann (1980) [1966]: Die gesellschaftliche Konstruktion der Wirklichkeit. Eine Theorie der Wissenssoziologie. Frankfurt a. M.

Bertaux, Daniel u. Isabelle Bertaux-Wiame (1980): Autobiographische Erinnerung und kollektives Gedächtnis, in: Lutz Niethammer (Hrsg.), Lebenserfahrung und kollektives Gedächtnis: Die Praxis der „oral history". Frankfurt a. M., S. 108-122.

Bessau, Gerhard u. Werner Keil (1975): Inflation heute. Hintergründe der Preissteigerungen und Geldentwertung in der BRD. Gewinner und Verlierer. 3. überarb. und erweiterte Auflage. Frankfurt a. M.

Bethge, Jan-Alexander (2001): Der Umgang mit der Geldentwertung und seine sozialen Folgen – ökonomische Rationalität vs. konkrete Handlungsweisen. Unveröffentliche Magisterarbeit. Göttingen.

Bethge, Jan-Alexander u. a. (2002): Geldkrisen und Währungsreformen. Schichten-Schicksale, Sozialcharaktere und Sozialisation, in: Christoph Deutschmann (Hrsg.): Die gesellschaftliche Macht des Geldes. Leviathan Sonderheft 21, S. 286-315.

Beutter, Friedrich (1965): Zur sittlichen Beurteilung von Inflationen. Grundsätze und Mass-Stäbe. Freiburg / Basel / Wien.

Beutter, Friedrich (1977): Zur ethischen Dimension des Geldes, in: Acta Monetaria. Jahrbuch für Geldordnung und Geldethik. Bd.1, S. 11-29.

Bickerich, Wolfram (1999): Die D-Mark. Eine Biographie. Reinbek bei Hamburg.

Blaich, Fritz (1985): Der schwarze Freitag. München.

Boelke, Willi A. (1986): Der Schwarzmarkt 1945-1948. Vom Überleben nach dem Krieg. Braunschweig.

Bollnow, Otto Friedrich (1958): Wesen und Wandel der Tugenden, Berlin.

Borchardt, Knut (1972): Die Erfahrung mit Inflationen in Deutschland, in: Johannes Schlemmer (Hrsg.), Enteignung durch Inflation? Fragen der Geldwertstabilität. München, S. 9-22.

Borchardt, Knut (1978): Grundriß der deutschen Wirtschaftsgeschichte. Göttingen.

Born, Karl Erich (1994): Die ethische Beurteilung des Geldwesens im Wandel der Geschichte, in: Helmut Hesse / Otmar Issing (Hrsg.), Geld und Moral. München, S. 1-20.

Boudon, Raymond u. François Bourricaud (1992) [1984]: Soziologische Stichworte. Ein Handbuch. Opladen.

Bourdieu, Pierre (1983): Ökonomisches Kapital, kulturelles Kapital, soziales Kapital, in: Reinhard Kreckel (Hrsg.), Soziale Ungleichheit. Soziale Welt Sonderband 2, S. 183-198.

Bracher, Karl Dietrich (1982): Die Krise Europas 1917-1975. Propyläen Geschichte Europas. Band 6. Frankfurt a. M.

Brandt, Sabine (1991): Einmal Berlin, einfach. Bergisch Gladbach.

Bresciani-Turroni, Constantino (1937) [1931]: The Economics of Inflation. A Study of Currency Depreciation in Post-War Germany 1914-1923. London.

Brockhaus' Konversationslexikon (1902), 14., vollständig neubearbeitete Auflage in 16 Bänden. Neue revidierte Jubiläumsausgabe. Neunter Band: Hencke-Iuxta. Berlin / Wien.

Bronfenbrenner, Martin (1955): Some neglected implications of secular inflation, in: Kenneth K. Kurihara: Post-Keynesian economics. London, S. 31-58.

Brown, Arthur Joseph (assisted by Jane Darby) (1985): World Inflation Since 1950. An International Comparative Study. Cambridge.

Buchheim, Christoph (2001): Währungsreformen in Deutschland im 20. Jahrhundert: Ein Vergleich. Vierteljahrsschrift für Sozial- und Wirtschaftsgeschichte 88, S. 145-165.

Bühl, Walter L. (1987): Kulturwandel. Für eine dynamische Kultursoziologie. Darmstadt.

Bundesministerium für innerdeutsche Beziehungen (Hrsg.) (1979): DDR Handbuch. 2., völlig überarbeitete und erweiterte Auflage. Köln.

Burghardt, Anton (1977): Soziologie des Geldes und der Inflation. Wien / Köln / Graz.

Büsch, Otto u. Gerald D. Feldman (Hrsg.) (1978): Historische Prozesse der deutschen Inflation 1914-1924. Ein Tagungsbericht. Berlin.

Canetti, Elias (1988) [1960]: Masse und Macht. Frankfurt/Wien.

Canetti, Elias (1992) [1980]: Die Fackel im Ohr - Lebensgeschichte 1921-31. Frankfurt a. M.

Cassel, Dieter (1985): Inflation und Inflationswirkungen in sozialistischen Planwirtschaften, in: H. Jörg Thieme (Hrsg.), Geldtheorie. Entwicklung, Stand und systemvergleichende Anwendung. Baden-Baden, S. 255-286.

Castells, Manuel (2001): Der Aufstieg der Netzwerkgesellschaft. Teil 1 der Trilogie: das Informationszeitalter. Opladen.

Claessens, Dieter (1980): Das Konkrete und das Abstrakte. Soziologische Skizzen zur Anthropologie. Frankfurt a. M.

Claessens, Dieter (1992): Kapitalismus und demokratische Kultur. Frankfurt a. M.

Contoli, Melanie u. a. (2001): Vorsicht, Euro!, in: Die Telebörse vom 7.6.2001, S. 70-77.

Costas, Ilse (1985): Grundlagen der Wirtschafts- und Sozialstatistik. Frankfurt a. M. / New York.

Craig, Gordon A. (1980): Deutsche Geschichte 1866-1945. Vom norddeutschen Bund bis zum Ende des dritten Reiches. München.

Detert, Klaus (1998): Eine Plauderei ums liebe Geld aus Sicht der Werkstofftechnik, in: Karl Riha (Hrsg.), Pop und Go. Schriften zur Populären Kultur. Thema: Geld. Moos, Zaster, Piepen, Penunzen etc. – interdisziplinär. Bd. 2. Frankfurt a. M., S. 41-45.

Deutsche Bundesbank (Hrsg.) (1976): Währung und Wirtschaft in Deutschland 1876-1975. Frankfurt a. M.

Deutschmann, Christoph (1995): Geld als soziales Konstrukt. Zur Aktualität von Marx und Simmel, in: Leviathan 23, S. 376-393.

Deutschmann, Christoph (1999): Die Verheißung des absoluten Reichtums. Zur religiösen Natur des Kapitalismus. Frankfurt a. M. / New York.

Deutschmann, Christoph (2000): Geld als „absolutes Mittel". Zur Aktualität von Simmels Geldtheorie, in: Berliner Journal zur Soziologie 10, S. 301-313.

Deutschmann, Christoph (Hrsg.) (2002): Die gesellschaftliche Macht des Geldes. Leviathan. Sonderheft 21. Wiesbaden.

Dewey, Charles (1956): Die Planung und Regulierung des Bargeldumlaufs in der Deutschen Demokratischen Republik. Berlin.

Diewald, Martin (1995): „Kollektiv", „Vitamin B" oder „Nische"? Persönliche Netzwerke in der DDR, in: Johannes Huinink u. a., Kollektiv und Eigensinn. Lebensverläufe in der DDR und danach. Berlin, S. 223-259.

Diewald, Martin u. Solga, Heike (1995): Soziale Ungleichheiten in der DDR. Die feinen, aber deutlichen Unterschiede am Vorabend der Wende, in: Johannes Huinink u. a., Kollektiv und Eigensinn. Lebensverläufe in der DDR und danach. Berlin, S. 261-293.

Doberer, Kurt Karl (1998) [1987]: Der Pfennig war das Mark der Währung. in: Rudolf Pörtner (Hrsg.), Kindheit im Kaiserreich. Augsburg, S. 223-228.

Dubiel, Helmut (1986): Autonomie oder Anomie. Zum Streit über den nachliberalen Sozialcharakter, in: Johannes Berger (Hrsg.), Die Moderne – Kontinuitäten und Zäsuren. Soziale Welt Sonderband 4, S. 263-281.

Ehlert, Willi u. a. (1985): Geld und Kredit in der Deutschen Demokratischen Republik. Berlin.

Ehrenberg, Herbert (1991): Abstieg vom Währungsolymp. Zur Zukunft der Deutschen Bundesbank. Frankfurt a. M.

Eisermann, Gottfried (1967): Gesellschaftspolitische Aspekte der Geldentwertung, in: Die wirtschaftlichen und sozialen Folgen der Geldentwertung. Nürnberger Fakultätswoche 14.-24. November 1966. Berlin, S. 47-68.

Eisermann, Gottfried (1977): Geldentwertung als Sozialverbrechen. Die Zerstörung unserer Gesellschaftsordnung durch Inflation, in: Gerd-Klaus Kaltenbrunner (Hrsg.), Inflation ohne Ende: wer verliert, wer gewinnt? Freiburg u. a., S. 47-71.

Elster, Karl (1928): Von der Mark zur Reichsmark. Die Geschichte der deutschen Währung in den Jahren 1914 bis 1924. Jena.

Engelhardt, Michael von, (1997): Generationen, Gedächtnis und Erzählen. Zur Bedeutung des lebensgeschichtlichen Erzählens im Generationenverhältnis, in: Eckart Liebau (Hrsg.), Das Generationenverhältnis: Über das Zusammenleben in Familie und Gesellschaft. Weinheim/München, S. 53-76.

Epstein, Max (1919): Spielclubs, in: Die Weltbühne. Wochenschrift für Politik, Kunst, Wirtschaft 15, S. 649-654.

Eulenburg, Franz (1919): Inflation, in: Archiv für Sozialwissenschaft und Sozialpolitik 45.

Eulenburg, Franz (1924): Die sozialen Wirkungen der Währungsverhältnisse, in: Jahrbücher für Nationalökonomie und Statistik 122, S. 748-794.

Fahlbusch, Jürgen (1996): Tausch-Akte: dekonstruktivistische Interventionen zur Freilegung der ungedachten Voraussetzungen in ökonomischen und anthropologischen „Theoriebildern". Essen.

Fallada, Hans (1978) [1937]: Wolf unter Wölfen. Reinbek bei Hamburg.

Fallada, Hans (1991): Der Pleitekomplex: sieben Malheurgeschichten. Berlin.

Faßland, Frank (1923): Wirtschaftsführer: XXII. Dreißigjährige, in: Weltbühne 19, S. 327-333.

Feldman, Gerald D. (1984): Vom Weltkrieg zur Weltwirtschaftskrise. Studien zur deutschen Wirtschafts- und Sozialgeschichte 1914-1932. Göttingen.

Feldman, Gerald D. (1996): The Great Disorder. Politics, Economics and Society in the German Inflation 1914-1924. New York.

Feldman, Gerald D. (1998): Hugo Stinnes. Biographie eines Industriellen 1870-1924. München.

Fetchenhauer, David (1999): Zur Psychologie des Versicherungsbetruges, in: Lorenz Fischer / Thomas Kutsch / Ekkehard Stephan (Hrsg.), Finanzpsychologie. München / Wien, S. 188-213.

Filipp, Sigrun-Heide (1990): Ein allgemeines Modell für die Analyse kritischer Lebensereignisse, in: Dies. (Hrsg.), Kritische Lebensereignisse, 2., erweiterte Auflage. München.

Fisher, Irving (1948): Feste Währung. Illusion und Wirklichkeit. Heidelberg.

Flemming, Jens u. a. (1978): Sozialverhalten und politische Reaktionen von Gruppe und Institutionen im Inflationsprozeß, in: Otto Büsch / Gerald D. Feldman (Hrsg.), Historische Prozesse der Inflation 1914 bis 1924. Ein Tagungsbericht. Berlin, S. 239-263.

Folkers, Cay (1980): Vermögen. I: Struktur und Verteilung, in: Handwörterbuch der Wirtschaftswissenschaften. Bd. 8. Stuttgart u. a., S. 265-282.

Franz, Gerhard u. Willi Herbert (1987): Werte zwischen Stabilität und Veränderung: Die Bedeutung von Schichtzugehörigkeit und Lebenszyklus, in: Helmut Klages / Gerhard Franz / Willi Herbert (Hrsg.), Sozialpsychologie der Wohlfahrtsgesellschaft. Zur Dynamik von Wertorientierungen, Einstellungen und Ansprüchen. Frankfurt a. M./New York, S. 55-104.

Frenzel, Paul (1989): Die rote Mark. Perestroika für die DDR. Hrsg. v. Fritz Schenk. Herford.

Freud, Sigmund (2000) [1930]: Das Unbehagen in der Kultur, in: Ders., Fragen der Gesellschaft. Ursprünge der Religion. Studienausgabe Bd. IX. Hrsg. v. Alexander Mitscherlich u. a. Frankfurt a. M., S. 167-270.

Fricke, Dieter (1981): Verteilungswirkungen der Inflation. Baden-Baden.

Friederich, Hans-Jürgen u. Ulrich Möker (1996): Elektronisches Geld (E-Geld) aus Sicht einer Notenbank. Arbeitspapier der Bundesbank. Frankfurt a. M.

Friedrich, Heinz (Hrsg.) (1988): Mein Kopfgeld. Die Währungsreform - Rückblicke nach vier Jahrzehnten. München.

Friedrich-Ebert-Stiftung (Hrsg.) (1980): Lebenshaltung und Lebensniveau in der DDR. Bonn.

Friedrich-Ebert-Stiftung (Hrsg.) (1986): Der Alltag in der DDR. 3., überarbeitete Auflage. Bonn.

Fromm, Erich (1981) [1943]: Fragen zum deutschen Charakter, in: Ders., GA, Bd. V.: Politik und sozialistische Gesellschaftskritik. Hrsg. v. Rainer Funk. Stuttgart, S. 3-7.

Fuchs-Heinritz, Werner (2000): Biographische Forschung. Eine Einführung in Praxis und Methoden. 2., überarbeitete u. erweiterte Auflage. Wiesbaden.

Furnham, Adrian u. Michael Argyle (1998): The Psychology of Money, London / New York.

Gaettens, Richard (1982) [1955]: Inflationen. Das Drama der Geldentwertungen vom Altertum bis zur Gegenwart. München.

Galbraith, John Kenneth (1976): Geld. Woher es kommt, wohin es geht, München / Zürich.

Ganßmann, Heiner (1996): Geld und Arbeit. Wirtschaftssoziologische Grundlagen einer Theorie der modernen Gesellschaft. Frankfurt a. M. / New York.

Gebhardt, Gerd u. a. (1987): Finanzen und Finanzsystem im Sozialismus. 2., wesentlich überarbeitete Auflage. Berlin.

Geiger, Theodor (1931): Zur Kritik der arbeiterpsychologischen Forschung. in: Die Gesellschaft 8, S. 237-254.

Geiger, Theodor (1932): Die soziale Schichtung des deutschen Volkes. Soziographischer Versuch auf statistischer Grundlage. Stuttgart.

Geiger, Theodor (1962) [1955]: Typologie und Mechanik der gesellschaftlichen Fluktuation, in: Ders., Arbeiten zur Soziologie. Methode – Moderne – Großgesellschaft – Rechtssoziologie – Ideologiekritik. Ausgewählt und eingeleitet v. Paul Trappe. Neuwied am Rhein / Berlin, S. 114-150.

Geißler, Rainer (1992): Die Sozialstruktur Deutschlands. Ein Studienbuch zur sozialstrukturellen Entwicklung im geteilten und vereinten Deutschland. Opladen.

Geißler, Rainer (1996): Die Sozialstruktur Deutschlands. Zur gesellschaftlichen Entwicklung mit einer Zwischenbilanz – mit einem Beitrag von Thomas Meyer. 2., neubearbeitete und erweiterte Auflage. Opladen.

Gensicke, Thomas (1996): Sozialer Wandel durch Modernisierung, Individualisierung und Wertewandel, in: aPuZ, B 42, S. 3-17.

Gerloff, Wilhelm (1947) [1940]: Die Entstehung des Geldes und die Anfänge des Geldwesens, 3., neubearbeitete Auflage. Frankfurt a. M.

Gerth, Hans u. C. Wright Mills (1970) [1953]: Person und Gesellschaft. Die Psychologie sozialer Institutionen. Frankfurt a. M. / Bonn.

Geyer, Martin H. (1998): Verkehrte Welt. Revolution, Inflation, Moderne. München 1914-1924. Göttingen.

Giddens, Anthony (1979) [1973]: Die Klassenstruktur fortgeschrittener Gesellschaften. Frankfurt a. M.

Giersch, Herbert (1956): Inflation, in: Handwörterbuch der Sozialwissenschaften. Hrsg. v. Erwin von Beckerath. Bd. 5. Stuttgart, S. 281-293.

Glaser, Hermann (1991): Kleine Kulturgeschichte der Bundesrepublik Deutschland 1945-1989, München.

Glaser, Hermann (1994) [1981]: Industriekultur und Alltagsleben. Vom Biedermeier zur Postmoderne. Überarbeitete und erweiterte Neuausgabe. Frankfurt a. M.

Gramsci, Antonio (1998): Die Religion, das Lotto und das Opium des Elends, in: Ders., Gefängnishefte. Bd 8. 16.-21. Heft. Hamburg, S. 1791-1794.

Godelier, Maurice (1972): Rationalität und Irrationalität in der Ökonomie. Frankfurt a. M.

Gutmann, Gernot (Hrsg.) (1983): Basisbereiche der Wirtschaftspolitik in der DDR. Geld-, Finanz- und Preispolitik. Schriftenreihe der Gesellschaft für Deutschlandforschung e. V., Bd. VII. Asperg b. Stuttgart.

Halbwachs, Maurice (1985) [1925]: Das Gedächtnis und seine sozialen Bedingungen. Frankfurt a. M.

Haller, Heinz (1976): Die Rolle der Staatsfinanzen für den Inflationsprozeß, in: Deutsche Bundesbank (Hrsg.), Währung und Wirtschaft in Deutschland 1876-1975. Frankfurt a. M., S. 115-156.

Haller, Max (1983): Theorie der Klassenbildung und sozialen Schichtung. Frankfurt a. M. / New York.

Haller, Max (1989): Klassenstruktur und Mobilität in fortgeschrittenen Gesellschaften. Eine vergleichende Analyse der Bundesrepublik Deutschland, Österreichs, Frankreichs und der Vereinigten Staaten von Amerika. Frankfurt a. M. / New York.

Hankel, Wilhelm (1999): Ein Impuls, der Geld schafft. Betrachtungen über die Zukunft des Zahlungsverkehrs, in: Süddeutsche Zeitung vom 6. März 1999 (SZ am Wochenende, S. 3).

Hankel, Wilhelm und Robert Isaak (1981): Die moderne Inflation. Ein Fall für Exorzismus oder Moderation? Köln.

Hansen, Klaus P. (1992): Die Mentalität des Erwerbs. Erfolgsphilosophien amerikanischer Unternehmer. Frankfurt a. M. / New York.

Hansen, Klaus (1996): Nichts trennt uns mehr als die gemeinsame Sprache. Deutsche Verständigungsprobleme, in: Universitas 51, S. 226-238.

Hardach, Gerd (1989): Der lange Abschied vom Gold: Geldtheorie und Geldpolitik in Deutschland 1905-1933, in: Bertram Schefold (Hrsg.), Studien zur Entwicklung der ökonomischen Theorie VIII. Berlin, S. 141-170.

Harrod, Roy Forbes Sir (1972): The Life of John Maynard Keynes. Harmondsworth.

Harwood, Edwin (1983): Towards a Sociology of Inflation, in: Nathan Schmuckler / Edward Marcus (Hrsg.), Inflation through the Ages. New York, S. 792-803.

Haubl, Rolf (2002): Money madness. Eine psychodynamische Skizze, in: Christoph Deutschmann (Hrsg.), Die gesellschaftliche Macht des Geldes. Leviathan Sonderheft 21. Wiesbaden, S. 203-225.

Haupt, Jürgen (1988): Die Entwertung des Geldes und der Gefühle. Heinrich Manns „Inflationsnovellen“ zur Gesellschaftskrise der zwanziger Jahre, in: Heinrich Mann-Jahrbuch 6. Hrsg. v. Helmut Koopmann u. Peter-Paul Schneider, S. 52-69.

Hauser, Richard (1998): Einkommen und Vermögen, in: Bernhard Schäfers/Wolfgang Zapf (Hrsg.), Handwörterbuch zur Gesellschaft Deutschlands. Opladen, S. 154-166.

Hauser, Richard u. Holger Stein (2001): Die Vermögensverteilung im vereinigten Deutschland. Frankfurt a. M.

Heimann, Eduard (1929): Soziale Theorie des Kapitalismus. Theorie der Sozialpolitik. Tübingen.

Heinemann, Klaus (1969): Grundzüge einer Soziologie des Geldes. Stuttgart.

Heinemann, Klaus (1993): Geld und Vertrauen, in: Jeff Kintzelé / Peter Schneider (Hrsg.), Georg Simmels „Philosophie des Geldes". Frankfurt a. M., S. 301-324.

Heisterhagen, Tilman u. a., (2000): Geld – Krise – Generation. Soziomonetäre Streifzüge im 20. Jahrhundert, in: Soziale Welt 51, S. 463-486.

Henkel, Arthur u. Albrecht Schöne (Hrsg.) (1967): Emblemata. Handbuch zur Sinnbildkunst des XVI. und XVII. Jahrhunderts. Stuttgart.

Herbert, Willi (1988): Wertwandel in den 80er Jahren: Entwicklung eines neuen Wertmusters?, in: Heinz Otto Luthe / Heiner Meulemann (Hrsg.), Wertwandel - Faktum oder Fiktion? Bestandsaufnahmen und Diagnosen aus kultursoziologischer Sicht. Frankfurt a. M. / New York, S. 140-160.

Hermann, Georg (1934): Eine Zeit stirbt. Berlin.

Herr, Hansjoerg (1992): Geld, Währungswettbewerb und Währungssysteme. Theoretische und historische Analyse der internationalen Geldwirtschaft. Frankfurt a. M. / New York.

Herz, Thomas A. (1983): Klassen, Schichten, Mobilität. Stuttgart.

Hesse, Helmut (unter Mitarbeit von Gisela Roth) (1994): Moral der Stabilitätspolitik, in: Ders. / Otmar Issing (Hrsg.), Geld und Moral. München, S. 41-55.

Hoffmann, Johannes (1998): Probleme der Inflationsmessung in Deutschland. Diskussionspapiere der volkswirtschaftlichen Forschungsgruppe der Deutschen Bundesbank 1/ 98, S. 1-11.

Hoffmann, Rainer-W. (1990): Implikationen von Inflationen. Notizen zu den oft verborgenen Verzweigungen eines globalen Problems, in: Universitas 45, S. 310-321.

Hoffmann, Rainer-W. u. Peter Rühmann (1993): Währungsunion 1990 – soziomonetäre Prozesse im Vorfeld der deutsch-deutschen Vereinigung. Eine spurensichernde empirische Untersuchung über die Gefühle, Verhaltensweisen und Zukunftserwartungen der Menschen in Ost und West. Hans-Böckler-Stiftung.

Hoffmann, Rainer-W. (1994a): Währungsunion 1990 – ein soziomonetärer Prozeß, in: Reiner Hoffmann u. a. (Hrsg.), Problemstart: Politischer und sozialer Wandel in den neuen Bundesländern. Köln, S. 52-78.

Hoffmann, Rainer-W. (1994b): Inflation and Democracy, in: Wiking Ehlert / Raymond Russell / György Széll (Hrsg.), Return of Work, Production and Administration to Capitalism. Europe between Restructuring an Adaptation. Frankfurt a. M. u. a., S. 180-186.

Hoffmann, Rainer-W. (1996): Der schwierige Abschied von der D-Mark. Sozialwissenschaftliche Aspekte der EWU, in: WSI-Mitteilungen 49, S. 170-182.

Hoffmann, Rainer-W. (1997): Inflation, in: Dieter Nohlen (Hrsg.), Lexikon der Politik. Band 4. Die östlichen und südlichen Länder. Hrsg. v. Dieter Nohlen / Peter Waldmann / Klaus Ziemer, München, S. 262-267.

Hoffmann, Rainer-W. (1998): Geldkultur in Haushalt und Gesellschaft. Ausgewählte Facetten, in: Sylvia Gräbe (Hrsg.), Vom Umgang mit Geld. Finanzmanagement in Haushalten und Familien. Frankfurt a. M. / New York, S. 17-33.

Hoffmann, Rainer-W. (1999): Deutsche, Mark und Euro. Befunde und Fragezeichen, in: Universitas 54, S. 232-244.

Hoffmann, Rainer-W. (2001): Euro! Niemand ist begeistert, in: dresdner banker 227, S. 48-51.

Hofmann, Werner (1962): Die säkulare Inflation. Berlin.

Holling, Eggert u. Peter Kempin (1989): Identität, Geist und Maschine. Auf dem Weg zur technologischen Zivilisation. Reinbek bei Hamburg.

Holtfrerich, Carl-Ludwig (1980): Die deutsche Inflation 1914-1923. Ursachen und Folgen in internationaler Perspektive. Berlin / New York.

Hooffacker, Gabriele (1988): Avaritia radix omnium malorum. Barocke Bildlichkeit um Geld und Eigennutz in Flugschriften, Flugblättern und benachbarter Literatur der Kipper- und Wipperzeit (1620-1625). Frankfurt a. M.

Hörisch, Jochen (1996): Kopf oder Zahl. Die Poesie des Geldes. Frankfurt a. M.

Horx, Matthias (1987): Die wilden Achtziger. Eine Zeitgeist-Reise durch die Bundesrepublik. München / Wien. S. 51-63.

Hösle, Vittorio (1997): Moral und Politik. Grundlagen einer Politischen Ethik für das 21. Jahrhundert. München.

Hradil, Stefan (1987): Sozialstrukturanalyse in einer fortgeschrittenen Gesellschaft. Opladen.

Hradil, Stefan (1999): Soziale Ungleichheit in Deutschland. 7. Auflage. Opladen.

Hülst, Dirk (1999): Symbol und soziologische Symboltheorie. Untersuchungen zum Symbolbegriff in Geschichte, Sprachphilosophie, Psychologie und Soziologie. Opladen.

Huntemann, Willi (1990): Überlegungen zum Begriff der sozialen Konvention, in: Brigitte Schultze u. a. (Hrsg.), Literatur und Theater. Traditionen und Konventionen als Problem der Dramenübersetzung. Tübingen, S. 15-33.

Hurrelmann, Klaus (1995): Einführung in die Sozialisationstheorie. Über den Zusammenhang von Sozialstruktur und Persönlichkeit. 5. überarb. u. ergänzte Auflage. Weinheim / Basel.

Huppes, Tjerk (1976): Anomie and inflation, in: Ders. (Hrsg.), Economics and Sociology: Towards an Integration. Leiden, S. 128-160.

Inglehart, Ronald (1977): The Silent Revolution. Changing Values and Political Styles among Western Publics. Princeton, N. J.

Issing, Otmar (1998): Einführung in die Geldtheorie. 11. überarbeitete Auflage. München.

Izard, Carroll E. (1981): Die Emotionen des Menschen. Eine Einführung in die Grundlagen der Emotionspsychologie. Weinheim / Basel.

Jaeger, Hans (1988): Geschichte der Wirtschaftsordnung in Deutschland. Frankfurt a. M.

Jarchow, Hans-Joachim (1998): Theorie und Politik des Geldes I. 10., überarbeitete und wesentlich erweiterte Auflage, Göttingen.

Jung, Franz (1988) [1961]: Der Weg nach unten. Aufzeichnungen aus einer großen Zeit. Hamburg.

Katona, George (1960): Das Verhalten der Verbraucher und Unternehmer. Über die Beziehungen zwischen Nationalökonomie, Psychologie und Sozialpsychologie. Hrsg. v. Erik Boettcher. Tübingen.

Keegan, John (1995) [1993]: Die Kultur des Krieges. Reinbek bei Hamburg.

Kellenbenz, Herrmann (1981): Deutsche Wirtschaftsgeschichte. Bd. II: Vom Ausgang des 18. Jahrhunderts bis zum Ende des Zweiten Weltkrieges. München.

Kiehling, Hartmut (1999): Die Bevölkerung in der Hyperinflation 1922/23, in: Scripta Mercaturae 33. Heft 2, S. 1-60.

Kindleberger, Charles P. (1984): A Structural View of the German Inflation, in: Gerald D. Feldman u. a. (Hrsg.), Die Erfahrungen der Inflation im internationalen Zusammenhang und Vergleich. Berlin / New York, S. 10-33.

Klages, Helmut (1988): Wertedynamik. Über die Wandelbarkeit des Selbstverständlichen. Osnabrück.

Klein, Markus u. Manuela Pötschke (2000): Gibt es einen Wertewandel hin zum „reinen" Postmaterialismus? Eine Zeitreihenanalyse der Wertorientierungen der westdeutschen Bevölkerung zwischen 1970 und 1997, in: Zeitschrift für Soziologie 29, S. 202-216.

Kluckhohn, Clyde (1951): Values and Value-orientations in the Theory of Action: An Exploration in Definition and Classification, in: Talcott Parsons / Edward Shils (Hrsg.), Toward a General Theory of Action. Cambridge, MA, S. 388-433.

Köberling, Claudia (1995): Monetäres Selbstwertgefühl der ostdeutschen Bevölkerung. Unveröffentlichte Diplomarbeit. Göttingen.

Königswieser, Roswita u. a. (1992): Aschenputtels Portemonnaie. Frauen und Geld. Frankfurt a. M. / New York.

Kocka, Jürgen (1978) [1973]: Klassengesellschaft im Krieg. Deutsche Sozialgeschichte 1914-1918. 2., durchgesehene und ergänzte Auflage. Göttingen.

Kohli, Martin u. Marc Szydlik (Hrsg.) (2000): Generationen in Familie und Gesellschaft. Opladen.

Korschunow, Irina (1992) [1990]: Fallschirmseide. München.

Koslowski, Peter (1988): Prinzipien der ethischen Ökonomie: Grundlegung der Wirtschaftsethik und der auf die Ökonomie bezogenen Ethik. Tübingen.

Koslowski, Peter (1994): Die Ordnung der Wirtschaft. Studien zur praktischen Philosophie und politischen Ökonomie. Tübingen.

Kracauer, Siegfried (1984) [1947]: Von Caligari bis Hitler. Eine psychologische Geschichte des deutschen Films. Frankfurt a. M.

Kramer, Rolf (1996): Ethik des Geldes. Eine theologische und ökonomische Verhältnisbestimmung. Berlin.

Kowal, Sabine u. Daniel C. O'Connell (2000): Zur Transkription von Gesprächen, in: Uwe Flick u. a. (Hrsg.): Qualitative Forschung. Reinbek bei Hamburg, S. 437-447

Krech, David u. Richard S. Crutchfield (1985): Grundlagen der Psychologie in acht Bänden. Band 5: Motivations- und Emotionspsychologie. Weinheim.

Kruedener, Jürgen Freiherr von (1989): Die Entstehung des Inflationstraumas. Zur Sozialpsychologie der deutschen Hyperinflation 1922/23, in: Gerald D. Feldman u. a. (Hrsg.), Konsequenzen der Inflation. Berlin, S. 213-286.

Kück, Marlene (1988): Die Geldgeschäfte der Privat- und Geschäftsfrau, in: Dies. (Hrsg.), Der unwiderstehliche Charme des Geldes. Vom Umgang mit Geld aus der Sicht von Frauen. Reinbek bei Hamburg, S. 25-33.

Kuczynski, Jürgen (1966): Die Geschichte der Lage der Arbeiter unter dem Kapitalismus. Band 5: Darstellung der Lage der Arbeiter in Deutschland von 1917/18 bis 1932/33. Berlin.

Kuhlmann, Ellen (1995): Geld und Geschlecht. Der gender-bias in den monetären Verhältnissen, in: Soziale Welt 46, S. 385-402.

Kunz, Andreas (1982): Verteilungskampf oder Interessenkonsensus? Einkommensentwicklung und Sozialverhalten von Arbeitnehmergruppen in der Inflationszeit 1914 bis 1924, in: Gerald D. Feldman u. a. (Hrsg.), Die deutsche Inflation. Eine Zwischenbilanz. Berlin / New York, S. 347-384.

Langner, Annette (1998): Antwortstrukturanalyse digitalisierter Audiodaten. Erprobung zur vertiefenden Auswertung qualitativer Interviews. Unveröffentlichte Diplomarbeit. Göttingen.

Läge, Karl-Friedrich (1959): Die säkulare Inflation. Frankfurt a. M.

Lea, Stephen E. G u. a. (1993): The individual in the economy. A textbook of economic psychology. Cambridge.

Lehmann, Karl (1994): Geld – Segen oder Mammon. Biblische Aspekte, in: Helmut Hesse / Otmar Issing (Hrsg.), Geld und Moral. München, S. 125-137.

Lenz, Siegfried (1964): Lehmanns Erzählungen oder So schön war mein Markt. Aus den Bekenntnissen eines Schwarzhändlers, Hamburg.

Leithäuser, Thomas (1994): Formen des Alltagsbewußtseins. 2., korr. Auflage. Frankfurt a. M./ New York.

Leuck, Aymon (1997): Elektronisches Geld. Grundlagen und Propagierer einer neuen Geldidee, Arbeitsbericht 97-3 des Lehrstuhls für Informationsmanagement und Datenbanken, Oestrich-Winkel.

Liebau, Eckart (1997): Generationen – ein aktuelles Problem? in: Ders. (Hrsg.), Das Generationen-Verhältnis. Über das Zusammenleben in Familie und Gesellschaft. Weinheim / München, S. 15-37.

Lohnes, Karl (1959): Die deutschen Währungsreformen 1923 und 1948. Zürich.

Lohoff, Ernst (1995): Die harte Landung des Dollar. Von der währungspolitischen Pax Americana zum Weltmarkt ohne Weltgeld, in: Krisis 16/17, S. 77-125.

Lösche, Peter (1995): Parteienverdrossenheit ohne Ende? Polemik gegen das Lamentieren deutscher Politiker, Journalisten, Politikwissenschaftler und Staatsrechtler, in: Z. Parl. 26, S. 149-159.

Luhmann, Niklas (1978): Soziologie der Moral, in: Ders. / Stephan H. Pfürtner (Hrsg.), Theorietechnik und Moral. Frankfurt a. M., S. 8-116.

Luhmann, Niklas (1984): Soziale Systeme. Frankfurt a. M.

Maier, Charles S. (1978): Die deutsche Inflation als Verteilungskonflikt: soziale Ursachen und Auswirkungen im internationalen Vergleich, in: Otto Büsch / Gerald D. Feldman (Hrsg.), Historische Prozesse der deutschen Inflation 1914 bis 1924. Berlin, S. 329-342.

Mandeville, Bernard (1980) [1724]: Die Bienenfabel oder Private Laster, öffentliche Vorteile. Mit einer Einleitung von Walter Euchner. Frankfurt a. M.

Mann, Heinrich (1925): Kobes. Berlin.

Mannheim, Karl (1964) [1928]: Das Problem der Generationen, in: Karl Mannheim. Wissenssoziologie. Auswahl aus dem Werk. Eingeleitet und herausgegeben von Kurt H. Wolff. Berlin / Neuwied, S. 509-565.

Marbach, Jan H. (1997): Sozialer Tausch unter drei familiär verbundenen Generationen, in: Jürgen Mansel / Gabriele Rosenthal / Angelika Tölke (Hrsg.), Generationen-Beziehungen. Austausch und Tradierungen, Opladen, S. 85-96.

Marris, Peter (1974): Loss and change. London.

Marazzi, Christian (1999): Fetisch Geld: Wirtschaft, Staat, Gesellschaft im monetaristischen Zeitalter. Zürich.

Marx, Karl (1961a) [1844]: Zur Judenfrage, in: Karl Marx – Friedrich Engels. Werke. Bd. 1. Berlin, S. 347-377.

Marx, Karl (1961b) [1859]: Zur Kritik der politischen Ökonomie. Erster Band, in: Karl Marx – Friedrich Engels. Werke. Bd. 13. Berlin.

Marx, Karl (1962) [1867]: Das Kapital. Kritik der politischen Ökonomie. Erster Band, in: Karl Marx – Friedrich Engels. Werke. Bd. 23. Berlin.

Marx, Karl (1964a) [1894]: Das Kapital. Kritik der politischen Ökonomie. Dritter Band, in: Karl Marx – Friedrich Engels. Werke. Bd. 25. Berlin.

Marx, Karl (1964b): Nationalökonomie und Philosophie. Über den Zusammenhang der Nationalökonomie mit Staat, Recht, Moral und bürgerlichem Leben, in: Ders., Die Frühschriften. Hrsg. v. Siegfried Landshut. Stuttgart.

Matthes, Joachim (1985): Karl Mannheims „Das Problem der Generationen", neu gelesen. Generationen-„Gruppen" oder „gesellschaftliche Regelung von Zeitlichkeit"? in: Zeitschrift für Soziologie 14, S. 363-372.

Merkel, Ina (1999): Utopie und Bedürfnis. Die Geschichte der Konsumkultur in der DDR. Köln / Weimar / Wien.

Merton, Robert K. (1995) [1938]: Sozialstruktur und Anomie, in: Ders., Soziologische Theorie und soziale Struktur. Hrsg. u. eingel. v. Volker Meja u. Nico Stehr. Berlin / New York, S. 127-185.

Merton, Robert K. u. Patricia L. Kendall (1979): Das fokussierte Interview, in: Christel Hopf / Elmar Weingarten (Hrsg.), Qualitative Sozialforschung. Stuttgart, S. 171-204.

Meyers Großes Konversationslexikon (1908). Ein Nachschlagewerk des allgemeinen Wissens. Sechste, gänzlich neu bearbeitete und vermehrte Auflage in 20 Bänden. Neunter Band: Hautgewebe bis Ioniens. Leipzig-Wien.

Millman, Marcia (1991): Warm Hearts and Cold Cash. The Intimate Dynamics of Families and Money. New York.

Moeller, Robert G. (1982): Winners as Losers in the German Inflation: Peasant Protest over the Controlled Economy 1920-1923, in: Gerald D. Feldman u. a. (Hrsg.), Die deutsche Inflation. Eine Zwischenbilanz. Berlin / New York, S. 255-288.

Möller, Hans (1976): Die westdeutsche Währungsreform von 1948, in: Deutsche Bundesbank (Hrsg.), Währung und Wirtschaft in Deutschland 1876-1975. Frankfurt a. M., S. 433-483.

Möller, Horst (1985): Weimar. Die unvollendete Demokratie. München.

Mucksch, Harry u. Aymon Leuck (1997): Elektronisches Geld, Potentiale und Auswirkungen. Arbeitsbericht des Lehrstuhls für Informationsmanagement und Datenbanken, Oestrich-Winkel.

Müller, Burkhard K. (1996): Was will denn die jüngere Generation mit der älteren? Versuch über die Umkehrbarkeit eines Satzes von Schleiermacher, in: Eckart Liebau / Christoph Wulf (Hrsg.), Generation. Versuch über eine pädagogisch-anthropologische Grundbedingung. Weinheim, S. 24-41.

Müller, Hans-Peter (2000): Geld und Kultur. Neuere Beiträge zur Philosophie und Soziologie des Geldes, in: Berliner Journal für Soziologie 10, S. 423-434.

Münch, Paul (Hrsg.) (1984): Ordnung, Fleiß und Sparsamkeit. Texte und Dokumente zur Entstehung der „bürgerlichen" Tugenden. München.

Muthesius, Volkmar (1973): Augenzeuge von drei Inflationen. Erinnerungen und Gedanken eines Wirtschaftspublizisten. Frankfurt a. M.

Nave-Herz, Rosemarie (1994): Familie heute. Wandel der Familienstrukturen und Folgen für die Erziehung. Darmstadt.

Needleman, Jacob (1993): Geld und der Sinn des Lebens. Frankfurt a. M.

Neumark, Fritz (1976): Inflationsprobleme – alt und neu. Vortrag gehalten aus Anlaß der Verleihung der Ehrendoktorwürde durch die Wirtschafts- und Sozialwissenschaftliche Fakultät der Universität Göttingen am 26.11.1975. Göttingen.

Negt, Oskar u. Alexander Kluge (1981): Geschichte und Eigensinn. Frankfurt a. M.

Niehuss, Merith (1985): Arbeiterschaft in Krieg und Inflation. Soziale Schichtung und Lage der Arbeiter in Augsburg und Linz 1910 bis 1925. Berlin / New York.

Niehuss, Merith (1986): Lebensweise und Familie in der Inflationszeit, in: Gerald D. Feldman u. a. (Hrsg.), Die Anpassung an die Inflation. Berlin / New York, S. 237-277.

Nipperdey, Thomas (1992): Deutsche Geschichte 1866-1918. Zweiter Band: Machtstaat vor der Demokratie. München.

Noelle-Neumann, Elisabeth (1968): Geldwert und öffentliche Meinung. Anmerkungen zur „Psychologie der Inflation", in: Clemens August Andreae / Karl Heinrich Hansmeyer / Gerhard Scherhorn (Hrsg.), Geldtheorie und Geldpolitik. Günter Schmölders zum 65. Geburtstag. Berlin, S. 35-46.

Nollmann, Gerd (2002): Die Einführung des Euro. Vom Edelmetall zum reinen Beziehungsgeld. KZfSS 54, S. 226-244

North, Michael (1994): Das Geld und seine Geschichte. Vom Mittelalter bis zur Gegenwart. München.

North, Michael (Hrsg.) (1995): Von Aktie bis Zoll. Ein historisches Lexikon des Geldes. München.

Nunner-Winkler; Gertrud (1998): Erziehung und Sozialisation, in: Bernhard Schäfers/ Wolfgang Zapf (Hrsg.), Handwörterbuch zur Gesellschaft Deutschlands. Opladen, S. 178-188.

Oelenheinz, Theodor (1928): Spiegel der deutschen Inflation: Dokumente, Berichte, Urteile. Mannheim.

Oerter, Rolf (1995): Entwicklung, in: Dieter Lenzen / Klaus Mollenhauer (Hrsg.), Theorien und Grundbegriffe der Erziehung und Bildung. Band 1 der Enzyklopädie Erziehungswissenschaft. Stuttgart / Dresden, S. 379-382.

Ostwald, Hans (1931): Sittengeschichte der Inflation. Kulturdokument aus den Jahren des Marksturzes. Berlin.

Ottich, Christian (2000): Vom „Alugeld" zur „harten D-Mark". Retrospektive und perspektivische Überlegungen zur deutsch-deutschen Währungsunion unter besonderer Berücksichtigung der DDR bzw. der neuen Bundesländer. Unveröffentlichte Magisterarbeit. Göttingen.

Pareto, Vilfredo (1962) [1916]: System der allgemeinen Soziologie. Einleitung, Texte und Anmerkungen von Gottfried Eisermann. Stuttgart.

Perls, Thomas T. (1995): Vitale Hochbetagte, in: Spektrum der Wissenschaft. Heft 3, S. 72-77.

Perina, Udo (1992): Kursbuch Geld. Frankfurt a. M.

Petzina, Dietmar (1977): Die deutsche Wirtschaft in der Zwischenkriegszeit. Wiesbaden.

Peukert, Detlev J. (1987): Die Weimarer Republik. Krisenjahre der Klassischen Moderne. Frankfurt a. M.

Pfister, Jürgen (1981): Grundzüge einer „Soziotheorie" der Inflation. Ein Beitrag zur (Re)Integration der Sozialwissenschaften. Berlin.

Pfleiderer, Otto (1976): Die Reichsbank in der Zeit der großen Inflation, die Stabilisierung der Mark und die Aufwertung von Kapitalforderungen, in: Währung und Wirtschaft in Deutschland 1876-1975. Hrsg. v. Deutsche Bundesbank. Frankfurt a. M., S. 157-201.

Pfleiderer, Otto (1978): Das Prinzip „Mark = Mark“ in der deutschen Inflation 1914 bis 1924, in: Otto Büsch / Gerald D. Feldman (Hrsg.), Historische Prozesse der Inflation 1914 bis 1924. Ein Tagungsbericht. Berlin, S. 69-82.

Piachaud, David (1978): Inflation and Income Distribution, in: Fred Hirsch / John H. Goldthorpe (Hrsg.), The Political Economy of Inflation. London, S. 88-116.

Pierenkemper, Toni (1998): Die Angst der Deutschen vor der Inflation oder: Kann man aus der Geschichte lernen? in: Jahrbuch für Wirtschaftsgeschichte, S. 59-84.

Pohlmann, Friedrich (1997): Die europäische Industriegesellschaft. Voraussetzungen und Grundstrukturen. Opladen.

Polanyi, Karl (1977) [1944]: The Great Transformation. Politische und ökonomische Ursprünge von Gesellschaften und Wirtschaftssystemen. Frankfurt.

Polt-Heinzl, Evelyne u. Christine Schmidjell (Hrsg.) (1998): Das liebe Geld. Stuttgart.

Popitz, Heinrich (1961): Soziale Normen, in: Europäisches Archiv für Soziologie 11, S. 185-198.

Popitz, Heinrich u. a. (1957): Das Gesellschaftsbild des Arbeiters. Soziologische Untersuchungen in der Hüttenindustrie. Tübingen.

Reifner, Udo u. Achim Tiffe (1998): Das Girokonto – ihr Geldmanager. Die beste Kontogestaltung für die eigenen Bedürfnisse. Reinbek bei Hamburg.

Reinhold, Gerd (Hrsg.) (1997): Wirtschaftssoziologie. München / Wien.

Richter, Ursula u. Gudrun Reher (Hrsg.) (2000): Das Buch der Hundertjährigen. Reinbek bei Hamburg.

Riehl, Hans (1978): Die Mark. Die aufregende Geschichte einer Weltwährung. Hannover.

Riese, Hajo (1986): Theorie der Inflation. Tübingen.

Riesman, David, Reuel Denney u. Nathan Glazer (1958) [1950]: Die einsame Masse. Eine Untersuchung der Wandlungen des amerikanischen Charakters. Reinbek bei Hamburg.

Riesser, Jakob (1915): Das Gold zur Reichsbank, in: Bank-Archiv 14, Nr. 6, S. 105-106.

Rittmann, Herbert (1986): Deutsche Geldgeschichte seit 1914. München.

Robinson, Joan (1938): The Economics of Inflation. By C. Bresciani-Turroni – a review, in: Economic Journal 48, S. 507-512.

Roesler, Konrad (1967): Die Finanzpolitik des Deutschen Reiches im Ersten Weltkrieg. Berlin.

Röhrbein, Waldemar (1990): Hannover – so wie es war. 2., verb. Auflage. Düsseldorf.

Rolff, Hans-Günter (1997) [1967]: Sozialisation und Auslese durch die Schule. Überarbeitete Neuausgabe. Weinheim / Berlin.

Roeper, Hans u. Wolfram Weimer (1996): Die D-Mark. Eine deutsche Wirtschaftsgeschichte. Frankfurt a. M.

Röpke, Wilhelm (1954): Borgkauf im Lichte sozialethischer Kritik. Köln/Berlin.

Rosendorfer, Tatjana (1998): Kinder und Geld – Gelderziehung in der Familie, in: Sylvia Gräbe (Hrsg.), Vom Umgang mit Geld. Finanzmanagement in Haushalten und Familien. Frankfurt a. M. / New York, S. 35-62.

Rosendorfer, Tatjana (2000): Kinder und Geld. Gelderziehung in der Familie. Frankfurt a. M. / New York.

Rosenthal, Gabriele (1995): Erlebte und erzählte Lebensgeschichte. Gestalt und Struktur biographischer Selbstbeschreibungen. Frankfurt a. M.

Rosenthal, Gabriele (1997): Zur interaktionellen Konstitution von Generationen. Generationenabfolgen in Familien von 1890 bis 1970 in Deutschland, in: Jürgen Mansel / Gabriele Rosenthal / Angelika Tölke (Hrsg.), Generationen-Beziehungen, Austausch und Tradierung. Opladen, S. 57-73.

Rüden, Bodo von (1991): Die Rolle der D-Mark in der DDR: von der Nebenwährung zur Währungsunion. Baden-Baden.

Ruedorffer, Robert Axel Freiherr von (1968): Reichsbank und Darlehenskassen in der Kriegsfinanzierung 1914-1918. Köln.

Rühmkorf, Peter (1972): Die Jahre die Ihr kennt. Anfälle und Erinnerungen. Reinbek bei Hamburg.

Sahlins, Marshall (1981) [1976]: Kultur und praktische Vernunft. Frankfurt a. M.

Salomon, Alice (Hrsg.) (1930): Das Familienleben in der Gegenwart: 182 Familienmonographien. Berlin.

Samuelson, Paul Anthony u. William D. Nordhaus (1987): Volkswirtschaftslehre. Grundlagen der Makro- und Mikroökonomie, 8., grundlegend überarbeitete deutsche Neuauflage. Bd 1. Köln.

Schachtschneider, Karl Albrecht (1998): Die Euro-Klage, in: Hans-Ulrich Jörges (Hrsg.), Der Kampf um den Euro. Wie riskant ist die Währungsunion? Hamburg, S. 312-325

Schanz, Günther (1979): Ökonomische Theorie als sozialwissenschaftliches Paradigma? in: Soziale Welt 30, S. 257-274.

Schickele, René (1959) [1924]: Die neuen Kerle. Komödie in dri Aufzügen, in: Ders., Werke in drei Bänden. Dritter Band. Hrsg. v. Hermann Kesten unter Mitarbeit von Anne Schickele. Köln / Berlin, S. 161-234.

Schinckel, Max (1915): Unsere Geldwirtschaft vorher, jetzt und nachher, in: Bank-Archiv 14, Nr. 14, S. 235-241.

Schlemmer, Johannes (Hrsg.) (1972): Enteignung durch Inflation? Fragen der Geldwertstabilität. München.

Schlomann, Heinrich (1992): Vermögensverteilung und private Altersvorsorge. Frankfurt a. M.

Schmidt, Wilhelm (1988): Geld in der ideologischen Auseinandersetzung. Berlin.

Schmölders, Günter (1966): Psychologie des Geldes. Reinbek bei Hamburg.

Schmölders, Günter (1970): Finanz- und Steuerpsychologie. Das Irrationale in der öffentlichen Finanzwirtschaft, Reinbek bei Hamburg.

Schmölders, Günter (1972): „Geldillusion" oder „Angst vor Geldentwertung"? in: Johannes Schlemmer (Hrsg.), Enteignung durch Inflation? Fragen der Geldwertstabilität. München, S. 77-89.

Schmölders, Günter (1984) [1978]: Verhaltensforschung im Wirtschaftsleben. Theorie und Wirklichkeit. München.

Schmölders, Günter (1988): „Gut durchgekommen?" Lebenserinnerungen. Berlin.

Scholz, Robert (1986): Lohn und Beschäftigung als Indikatoren für die soziale Lage der Arbeiterschaft in der Inflation, in: Gerald D. Feldman u. a. (Hrsg.), Die Anpassung an die Inflation, Berlin / New York, S. 278-322.

Schorer, Edgar (1938): Die Abwertung. Ihre Geschichte, ihre Probleme, ihre Technik und ihre Auswirkung auf die Wirtschaft. Jena.

Schönberger, Klaus (Hrsg.) (2000): Vabanque. Bankraub. Theorie. Praxis. Geschichte. Hamburg.

Schulz, Marianne u. Jan Wielgohls (1990): DDR-Identität zwischen Demokratie und DM, in: Thomas Blanke / Rainer Erd (Hrsg.), DDR – Ein Staat vergeht. Frankfurt a. M, S. 123-136.

Schulze, Hagen (1994) [1982]: Weimar. Deutschland 1917-1933. Berlin.

Schultz, Irmgard (1994): Der erregende Mythos vom Geld. Die neue Verbindung von Zeit, Geld und Geschlecht im Ökologiezeitalter. Frankfurt a. M.

Schumpeter, Joseph A. (1950): Kapitalismus, Sozialismus und Demokratie. Einleitung von Edgar Salin. 2., erweiterte Auflage. München.

Schumpeter, Joseph A. (1970): Das Wesen des Geldes. Aus dem Nachlaß herausgegeben und mit einer Einführung versehen von Friedrich Karl Mann. Göttingen.

Schütz, Alfred (1971) [1955]: Symbol, Wirklichkeit und Gesellschaft, in: Ders., Gesammelte Aufsätze. Bd. I: Das Problem der sozialen Wirklichkeit. Mit einer Einführung von Aron Gurwitsch und einem Vorwort von H. L. van Breda. Den Haag, S. 331-411.

Schütze, Fritz (1984): Kognitive Figuren des autobiographischen Stegreiferzählens, in: Martin Kohli / Günther Robert (Hrsg.), Biographie und soziale Wirklichkeit. Neue Beiträge und Forschungsperspektiven. Stuttgart, S. 78-117.

Sedillot, René (1992): Muscheln, Münzen und Papier. Die Geschichte des Geldes. Frankfurt a. M.

Seehase, Gunter (1998): Beschriftungen von deutschem Notgeld. Zum Nachdenken und Schmunzeln. Borgentreich.

Seiler, Thomas B. (1978): Überlegungen zu einer kognitionstheoretischen Fundierung des Konstrukts der kognitiven Komplexität, in: Heinz Mandl / Günter L. Huber (Hrsg.), Kognitive Komplexität. Bedeutung, Weiterentwicklung, Anwendung. Göttingen / Toronto / Zürich, S. 111-139.

Sennett, Richard (1998): Der flexible Mensch. Die Kultur des neuen Kapitalismus. Berlin.

Simmel, Georg (1989a) [1889]: Zur Psychologie des Geldes, in Ders., Aufsätze 1887-1890. Über sociale Differenzierung. Die Probleme der Geschichtsphilosophie (1892). Hrsg. v. Heinz-Jürgen Dahme. Frankfurt (= GSG, Bd. 2), S. 49-65.

Simmel, Georg (1989b) [1907]: Philosophie des Geldes. Hrsg. v. David P. Frisby u. Klaus Christian Köhnke. Frankfurt a. M. (= GSG, Bd. 6).

Simmel, Georg (1992a) [1896]: Das Geld in der modernen Cultur, in: Ders., Aufsätze und Abhandlungen 1895-1900. Hrsg. v. Heinz-Jürgen Dahme u. David P. Frisby. Frankfurt a. M. (= GSG, Bd. 5) S. 178-196.

Simmel, Georg (1992b) [1897]: Die Bedeutung des Geldes für das Tempo des Lebens. In: Ders., Aufsätze und Abhandlungen 1895-1900. Hrsg. v. Heinz-Jürgen Dahme u. David P. Frisby. Frankfurt a. M. (= GSG, Bd. 5), S. 215-234.

Smith, Adam (1984) [1981]: Der Wert unseres Geldes. Paper Money. Die Hintergründe der weltweiten Inflation. München.

Sombart, Werner (1983) [1922]: Liebe, Luxus und Kapitalismus. Über die Entstehung der modernen Welt aus dem Geist der Verschwendung. Berlin.

Sombart, Werner (1987) [1927]: Der moderne Kapitalismus. Historisch-systematische Darstellung des gesamteuropäischen Wirtschaftslebens von seinen Anfängen bis zur Gegenwart. Dritter Band: Das Wirtschaftsleben im Zeitalter des Hochkapitalismus. München.

Spengler, Oswald (1923): Der Untergang des Abendlandes. München.

Sprenger, Bernd (1995) [1991]: Das Geld der Deutschen: Geldgeschichte Deutschlands von den Anfängen bis zur Gegenwart. 2., durchgesehene u. erweiterte Auflage. Paderborn u. a.

Staatsbank der DDR (1989): Die Banknoten und Münzen der Deutschen Demokratischen Republik. Von einem Autorenkollektiv unter Leitung von Bruno Meier erarbeitet. Berlin.

Statistisches Bundesamt (Hrsg.) (1998): Statistisches Jahrbuch 1998 für die Bundesrepublik Deutschland. Wiesbaden.

Stephan, Ekkehard (1999): Die Rolle von Urteilsheuristiken bei Finanzentscheidungen: Ankereffekte und kognitive Verfügbarkeit, in: Lorenz Fischer / Thomas Kutsch / Ekkehard Stephan (Hrsg.), Finanzpsychologie. München / Wien, S. 101-134.

Stihler, Ariane (1998): Die Entstehung des modernen Konsums: Darstellung und Erklärungsansätze. Berlin.

Strauss, Anselm L. (1994): Grundlagen qualitativer Sozialforschung. Datenanalyse und Theoriebildung in der empirischen soziologischen Forschung, München.

Stucken, Rudolf (1964): Deutsche Geld- und Kreditpolitik: 1914 bis 1963. 3. Aufl. Tübingen.

Thieme, H. Jörg (1985): Geldpolitik im Wirtschaftssystem der DDR, in: Ders. (Hrsg.), Geldtheorie. Entwicklung, Stand und systemvergleichende Anwendung. Baden-Baden, S. 187-212.

Trapp, Manfred (1986): Utilitaristische Konzepte in der Soziologie. Eine soziologische Kritik von Homans bis zur Neuen Politischen Ökonomie, in: Zeitschrift für Soziologie 15, S. 324-340.

Tucholsky, Kurt (1999) [1922]: Raffke. Couplet, in: Ders., Gesamtausgabe. Bd. 5: Texte 1921-22. Hrsg v. Elfriede u. Roland Links. Reinbek bei Hamburg.

Türk, Klaus (1987): Einführung in die Soziologie der Wirtschaft. Stuttgart.

Veblen, Thorstein (1986) [1899]: Theorie der feinen Leute. Eine ökonomische Untersuchung der Institutionen. Frankfurt a. M.

Veit, Otto (1969): Grundriß der Währungspolitik. 3., durchgängig erweiterte Auflage. Frankfurt a. M.

Vief, Bernhard (1991): Digitales Geld, in: Florian Rötzer (Hrsg.), Digitaler Schein. Ästhetik der elektronischen Medien. Frankfurt a. M. S. 117-146.

Wagner, Wolfgang (1994): Alltagsdiskurs. Die Theorie sozialer Repräsentationen. Mit einem Vorwort von Serge Moscovici. Göttingen u. a.

Waldmann, Peter (1987): Lernprozesse und Bewältigungsstrategien in einer inflationären Wirtschaft. Das Beispiel der deutschen Inflation 1914 bis 1923, in: Soziologie wirtschaftlichen Handelns. Hrsg. v. Klaus Heinemann. KZfSS Sonderheft 28, S. 367-392.

Waldmann, Peter (1997): Von der Mega- zur Hyperinflation. Zur argentinischen Währungskrise der 80er Jahre aus Sicht eines Nichtökonomen, in: Rafael Sevilla / Ruth Zimmerling (Hrsg.), Argentinien – Land der Peripherie? Unkel bei Bonn, S. 276-286.

Walitzek, Jörg (1990): Die D-Mark – Chancen und Risiken, Leipziger Volkszeitung vom 30.6./1.7.1990.

Walther, Joachim (1996): Papiergeld, in: Cornelia Saxe / Gerburg Treusch-Dieter (Hrsg.) Bar-Geld-Los. konkursbuch 31. Tübingen, S. 87-94.

Wannenmacher, Walter (1975): Überleben in der Inflation. Frankfurt a. M./Berlin/Wien

Weber, Max (1967): Rechtssoziologie. Hrsg. nach den Manuskripten von J. Winckelmannn, 2. Auflage. Neuwied / Berlin.

Weber, Max (1972) [1921]: Wirtschaft und Gesellschaft. 5., revidierte Auflage. Besorgt v. Johannes Winckelmann. Tübingen.

Weber, Max (1993) [1904/05]: Die protestantische Ethik und der „Geist" des Kapitalismus. Bodenheim.

Weber, Wilhelm (1974): Artikel „Geld", in: Joachim Ritter (Hrsg.), Historisches Wörterbuch der Philosophie. Bd. 3: G-H. Basel / Stuttgart.

Wehler, Hans-Ulrich (1983) [1973]: Das Deutsche Kaiserreich 1871-1918. 5. durchges. u. bibliogr. erweiterte Auflage. Göttingen.

Weimer, Wolfram (1992): Geschichte des Geldes. Eine Chronik mit Texten und Bildern. Frankfurt a. M.

Weise, Peter (1989): Homo oeconomicus und homo sociologicus. Die Schreckensmänner der Sozialwissenschaft. Zeitschrift für Soziologie 18, S. 148-161.

Weiß, Helmut (1998): Verbraucherpreise in der DDR. Wie stabil waren sie? Schkeuditz.

Widdig, Bernd (1995): Tägliche Sprengungen. Elias Canetti und die Inflation, in: Michael Krüger (Hrsg.), Einladung zur Verwandlung. Essays zu Elias Canettis „Masse und Macht". München / Wien, S. 128-150.

Widdig, Bernd (2001): Dr. Mabuse, der Spieler und die deutsche Inflation, in: Der Deutschunterricht LIII, Heft 3: Kulturwissenschaft. Hrsg. v. Klaus Michael Bogdal, S. 22-29.

Widmaier, Hans Peter (1993): Zur Psychologie des Geldes. Die Rolle der Rentenmark bei der Überwindung der Hyperinflation in der Weimarer Republik, in: Hans-Joachim Stadermann / Otto Steiger (Hrsg.), Der Stand und die nächste Zukunft der Geldforschung. Festschrift für Hajo Riese zum 60. Geburtstag. Berlin, S. 57-68.

Wilken, Folkert (1926): Die Phänomenologie des Geldwertbewußtseins, in: Archiv für Sozialwissenschaft und Sozialpolitik 56, S. 417-469.

Wingender, Perdita A. (1989): Westdevisen und Devisenschwarzmärkte in sozialistischen Planwirtschaften. Stuttgart / New York.

Wiswede, Günter (1995): Einführung in die Wirtschaftspsychologie. 2., neubearb. und erweiterte Auflage. München / Basel.

Worm, Thomas (1996): Virtuelles Geld, in: Cornelia Saxe / Gerburg Treusch-Dieter (Hrsg.), Bar-Geld-Los. konkursbuch 31, S. 21-25.

Zahn, Ernest (1964): Soziologie der Prosperität. Wirtschaft und Gesellschaft im Zeichen des Wohlstandes. München.

Zapf, Wolfgang (1989): Sozialstruktur und gesellschaftlicher Wandel in der Bundesrepublik Deutschland, in: Werner Weidenfeld / Hartmut Zimmermann (Hrsg.), Deutschland-Handbuch. Eine doppelte Bilanz 1949-1989. Bonn, S. 99-124.

Zapf, Wolfgang u. Roland Habich (Hrsg.) (1996): Wohlfahrtsentwicklung im vereinten Deutschland. Sozialstruktur, sozialer Wandel und Lebensqualität, Berlin.

Zelizer, Viviana A. (1994): The Social Meaning of Money. Pin Money, Paychecks, Poor Relief, and other Currencies. New York.

Ziemer, Gerhard (1971): Inflation und Deflation zerstören die Demokratie. Lehren aus dem Schicksal der Weimarer Republik. Stuttgart.

Zweig, Arnold (1987) [1928]: Alter Mann am Stock, in: Ders., Novellen. 2. Bd. Frankfurt a. M. S. 174-182.

Zweig, Stefan (1927): Die unsichtbare Sammlung. Eine Episode aus der deutschen Inflation. Berlin.

Zweig, Stefan (1955) [1944]: Die Welt von Gestern. Erinnerungen eines Europäers. Stockholm.

22. Verzeichnis der Tabellen und Abbildungen

22.1 Abbildungen

22.2 Tabellen